ヘルゴラント島
エッカーンフェルデ
キール湾
フェーマルン島
北海・バルト海運河
キール
東フリージア諸島
リューベック湾
英仏海峡
トラーヴェ川
リューベック
ヴィスマル
エムデン
ハンブルク
フレーデブルク
エルベ川
ドルトムント・エムス運河
エムス川
ブレーメン
アムステルダム
ヴェーザー川
エルベ川
オランダ
アラー川
レック川
ドイ
オスナブリュック
ミンデン
ロッテルダム
アルンヘム
モイラント
ハノーファー
ワール川
ナイメーヘン
エメリヒ
ミッテルラント運河
ミュンスター
ビーレフェルト・
トイトブルクの森
ベーテル
バート・
ザルツデトフルト
ワルヘレン島
クレーヴェ
テルクテ
ブラウンシュヴァイク
ヒルデス
ハイム
アイントホーフェン
マース川
ゴッホ
クサンテン
ライン・ヘルネ運河
ハム
アルテンベーケン
エッゲ山地
アントウェルペン
パーダーボルン
マグデブルク
スヘルデ川
デュースブルク
エルベ川
ヴェーヴェルス
ブルク城
クレーフェルト
エッセン
ハルバーシュタット
ブリュッセル
デッサウ
ルーヴェン
デュッセル
ドルフ
ボッフム
ブリーロン
フレーデブルク
カッセル
ノルトハウゼン
ハレ
ワーテルロー
アーヘン
ケルン
ルール川
エーダーダム
ロイナ
ザンブル川
ヒュルトゲンの森
ズィーゲン
ヴェラ川
アフォルダーン
フルダ川
ボン
ベルギー
シュミット
ライン川
アイゼナハ
エアフルト
ヴァイマル
レーマーゲン
ラーン川
イェーナ
アルデンヌ
テューリンゲンの森
アイフェル高地
コブレンツ
ギーセン
フルダ
コッフム
フランクフルト
アム・マイン
ヴィースバーデン
セダン
ルクセン
ブルク
モーゼル川
ビンゲン
マインツ
リュッセルハイム
トリーア
ライン川
シャンパーニュ
ザール川
シュヴァインフルト
マイン川
ダルムシュタット
マイン川
ヴォルムス
ザール
ンハイム
バイロイト
ヴュルツブルク
ヴェルダン
ペグニッツ
エアランゲン
マース川
マルヌ川
ップザール
ーエ
ヤクスト川
ニュルンベルク
モーゼル川
フォルツハイム
シュトゥットガルト
フランス
バーデン
ナゴルト川
ラウフェン
レーゲンスブルク
ネッカー川
ドナウ川
ヴォージュ山脈
ラウインゲン
コルマル
ブライザハ
ドナウ川
ウルム
アウクスブルク
フライブルク
ベルフォール
ブルゴーニュの谷
レヒ川
ミュンヘン
イン
ドゥー川
ボーデン湖
ザルツァ
スイス
アルゴイ

イェルク・フリードリヒ

ドイツを焼いた戦略爆撃
1940-1945

香月恵里訳

みすず書房

DER BRAND

Deutschland im Bombenkrieg 1940-1945

by

Jörg Friedrich

First published by Propyläen Verlag, 2002

ドイツを焼いた戦略爆撃　目次

第3章　国土

第4章　防衛

第1章

兵器

「爆撃機は常に到達する」*
スタンリー・ボールドウィン

爆弾というものは正確に目標に行き着くわけではない。だから、爆弾が到達できるもの、つまり町が目標となる。一個の爆撃飛行隊が搭載している三〇〇〇トンの爆薬で町を破滅させることはできない。しかし焼夷弾がもたらす被害はおのずから拡大する。そのためには放火術と電波航法という二つの研究が必要となる。消防隊のエンジニアと電気物理工学の学者たちが三年かかって、燃えやすい構造の住宅地の位置を測定し、その周囲を明るい光で照らし出し、炎上させるシステムを作り出した。燃料と爆弾を満載して目標に向かう爆撃機はそれ自体が危険この上ない目標である。高射砲と戦闘機に追われ、大量殺人の任務を負った乗員はもっぱら自分が生き延びるのに忙しかった。

* 一九三二年一一月一〇日に、当時のイギリス前首相が下院で行った演説中の有名な一節。後には、「唯一の防衛とは攻撃にある。つまり、もし助かりたいなら、敵より素早くより多くの女と子供を殺さなくてはならないということだ」と続く。（訳者）

目標への接近

四発機ランカスターの爆撃照準器では、ヴッパータールのような町を高度六〇〇〇メートルから見ることはできない。住人は町の灯りを消しているし、靄（もや）が盆地を包んでいる。パイロットは一分でこの細長い町を横切る。郊外地域のことはほとんど気にかけない。もっと狭い目標区域に爆弾を投下する。時間は一〇秒である。前方の二キロ下方を飛ぶ先導機（パスファインダー）がなかったら、イギリス南部の海岸を離陸してから丸二時間も経った後のパイロットには、この一〇秒がいつ始まるのか分からないだろう。その上、爆撃機は目標を横切る時点で爆弾を投下してはならない。爆弾は垂直方向ではなく、放物線を描いて落下するからである。爆弾には慣性と重力が別方向に作用する。爆弾が地上に落ちる頃、飛行機は三キロも先にいる。

ドイツのどんな戦闘機も追いつけない高速のモスキートに乗務したパスファインダー集団は、二分遅れて到着した[1]。ドイツ軍聴音哨は四五分前にスヘルデ川の河口で集団の位置を確認していた。航路はマーストリヒト、メンヒェングラットバハ上空をたどる。零時四〇分に部隊がライン川を東に進み、ゾーリンゲンを過ぎた頃、目標はヴッパータールではないかとの予測が出された。ルール地方では既に零時頃空襲警報が鳴っていたのだが、一九四三年五月のこの夜、ヴッパータール市民はとくに不安に怯えてはいなかった。イギリスの爆撃機は今まで、スモッグで包まれたヴッパー川渓谷を見つけ出すことができなかったからだ。高高度から見ると、町の霧を湖と見間違えるからである。それで町の人々は「ルール地方の防空壕」という名声に甘んじていた。その上、ここは信仰篤い町だから大丈夫、とも言われていた。

爆撃機の川の主部は航路をはずれてしまった。風、高射砲、あるいは航法上のミスで南方向に逸れたので、予定を変えてレムシャイト方面からヴッパータール上空に飛来した。最初に第一〇九飛行中隊のパスファインダー集団のモスキートが北方の集合地点ライネからヴッパータールに向けて驀進した。モスキートはバルメン地区に六分おきに赤いマーカー弾（吊光弾）で印をつけた。目標の一〇〇〇メートル上空でマーカー弾が分解し、その一つ一つが六〇個の蝋燭状の明かりを出し、塊となって降下した。地上では一つの塊が一〇分間炎上し、続いて投下されたマーカー弾がバルメン地区を緑色に照らし出した。今度は五五の「放火機」がやって来て、密集した火の花輪の中に火薬を投下し、周囲は明るくなる。爆撃機の主要部隊は、もし見えれば赤の部分を、赤が見えなければ緑の部分を狙うよう指令を受けていた。部隊は、長さ二四〇キロ以上、幅一〇キロにもおよび、高度三キロで轟音とともに進んだ。六〇〇機が、一分につき一〇個、積荷の爆弾を投下した。

四四機からなる空襲の第一波は焼夷弾だけを落とした。この夜、三〇万個を優に超える焼夷弾が、かつてなかった密度で町に降り注いだ。上空から見るとそれはまるで、斜面を転がり落ちるかのようだった。一時二〇分にはバルメンの劇場からアードラー橋まで、すっぽりと火に包まれてしまった。

ベルク地方特有の木組み家屋が、小路の多い狭い通りが、暖炉のような形をしたすり鉢状の谷が、そして邪悪な風が炎を煽った。すべてを覆う煙、家々を軒並みなぎ倒すブロックバスター弾の炸裂音、屋根や正面玄関が崩壊する轟音、途方もない速度で広がる炎の中では、まだ何か救い出せるか判断することなど無理だった。建物の住人は室温の低い地下室に逃げたが、炎はその間、三、四時間にわたって拡大した。数キロの範囲で建物から建物へと、ときには屋根裏が、ときには地下室まで燃え広がった。二時三〇分にはまだ個々の火災はつながっていなかった。しばらく時間が経ったあと、ようやく炎が燃え広がって面状になる。そうすると、もはやそこから逃げることは不可能となる。嵐が発生し、それは、動くものをかまどの中へ引き込むのだ。

パスファインダーは、「オーボエ」と名づけられたレーダーのパルスによって、ヴッパータールへと操縦桿を向けていた。イギリスの爆撃機軍団はその年のはじめからオーボエという呼び名を使っていた。信号はイギリスから送られ、三月からルールの戦いの最中にあったルール地方をやっとのことでカバーしていた。七月に戦いが終わるまでに、オーボエは三万四〇〇〇トンの爆弾と一万八五〇〇機の航空機を目標まで導いたのだった。マーカー弾を落とすパイロットにはある短いメロディーがヘッドフォンから聞こえる。そのメロディーが、目的地上空に飛来したことと爆弾投下のタイミングを教える。機体が航路上に達すると、地上にある基地がオーボエに似た音を流し続け、航路をはずれると一種のモールス信号のコードに変わった。編隊が目標に接近するとパイロットには第二の信号が聞こえる。今度は短-長の音がすばやく続き、それから短音が連続する。それがやんだら、爆撃兵は爆弾投下のボタンを押す。

ヴッパータールでは、初夏のこの夜、まだ多くの人々が戸外にいる。消防隊の任務に当たる当直者の数は縮小され、隊員の多くは週末の挨拶を交して緑の戸外に寝そべっていた。ハルトの丘にある森の城では結婚式の最中だった。[2] 新郎新婦は歌と演奏を楽しんでいたのでホテル、ヴッパータールラー・ホーフに一行が出発するのが一時間ずれた。それは幸運だった。ダンスの最中に灯りが消えた。警報を聞いた者は誰もいなかったので、混乱が生じ、レストランのシェフは客全員に防空抗道に入るよう要請した。

バルメン地区のルイーゼ・ロンプフはサイレンで目を覚まし、用意しておいた服を引っかけて息子のウーリを抱きかかえた。建物の住人たちは泣き叫びながら地下室に走る。仕切り板ははずしてあり、行き止まりの壁には隠し穴が開けられていて、隣の地下室に通じている。「地下室に行き着く前にもう、火の臭いがして、上の階段室の開いた窓から黄色味を帯びた赤い炎が燃え上がるのが見えました」[3]。爆弾が破裂しながら屋根に命中する前にヒューッという音がする。老夫婦は体を寄せ合って聖母マリアに祈りを捧げ、子供のない、アルコール中毒の女はひっきりなしに「くそったれ」と金切り声を上げている。外の様子を見に行ったルイーゼの夫が戻ると、煙が彼と一緒に扉から押し寄せて来る。「ここから出るんだ！」

別の地下室に身を隠していたイギリス人女性、シビル・バニスターは、ドイツの地下室をまずまず信用していた。「教会の地下礼拝室のように堅固だから」[4]。一階に住む彼女の友達は急いで上着を取りに上階へ行ったが、階段室は上から下まで燃えていたと言った。「焼夷弾が一〇〇個も屋根裏に落ちたとしたって、五階建ての建物にあんなに早く火が広がるなんて、とても信じられませんでした」。防空監視員が言った。「もし階段室が崩壊したら、燃える瓦礫が地下室に落ちてくる。そうなると中の人間は熱と煙で残らず死んでしまうぞ」。監視員は壁に開いた穴から女たちを隣の地下室に連れていった。「真っ暗で、それに穴はとても狭かったんです。この不気味な狭い道に閉じ込められるかも知れないと考えると恐怖でした」。

二人の少女が庭を通って壁を乗り越えたが、そこにはもう誰もいなかった。あらゆる方向から火が襲ってきたので、二人は向かいにある室内プールへ走った。炎が迫っていたので、それしか方法はなかったのだ。そこには、二〇人の人々が待っていた。炎に閉じ込められてもう外に出られないのだった。そして熱から逃げようと何度もプールに飛び込み、頭や体に濡れた服がまとわり付いていた。ホールのいたるところが燃えていて、タイルはまるでパン焼き釜のような熱さだった。

火に包囲され、多くの人がヴッパー川に助けを求めた。人々は川に飛び込みはせず、堤防を滑り降りた。救護所で勤務していた女医のエリーザベト・シュタルクは消防隊に呼ばれて、火災による負傷者を水から引き上げようと縄梯子を降りた。「負傷者の体の半分だけが広く傷を負っていて、服の切れ端がくっついていました」。シュタルク医師は傷を手当てし、痛み止めにモルヒネの注射をした。

ルイーゼ・ロンプフは家族とともに隣の建物の地下洗濯場へと這っていった。「洗濯場はすすり泣きや祈りの声や大声で罵る声で大変な騒ぎでした。一人の母親が生まれて間もない女の子の顔に濡れた布を当てて、息がしやすいようにしていました。私も息子のウーリに同じことをしてやりました。刺すような煙で、息をするのはますます難しくなりました」。

アドルフ・ヒトラー通りの、燃え落ちそうな工場の下にある公共防空壕は壊れはしなかったが、空気が悪くてルート・アダムセンは不安になった。「私は、もう危ないので一緒に逃げようと母と叔母を説得しました。運良く、外はとても広い通りでした」。熱い灰と火花が彼女らを追い立てた。開いた窓から炎がめらめらと燃え上がり、両側から結びついて「まるで高いドームのようでした」。二四歳のルートはレーネおばさんを抱え、母親は目をつむってその横を走る。「エーリヒ通りの上の階の窓から恐ろしい叫び声がしました。助けてくれ、燃えてしまう！　と。後で、それは私がいつもノートを買っていた店のデーリングさんだったと知りました」。

洗濯場から出る煙を見てロンプフ一家は脱出を決意した。誰かが三番目の地下室への穴を開ける。三棟の建物の住人にとってこの空間は狭すぎる。「皆黙って外を覗っていました。上空は静かで、あたりに聞こえるのは、火柱が空に向かってパチパチいう音だけでした」。飛行機は去り、中にいた人間は地上に出て、「黄色や赤や灰色の雲が渦巻く空を呆然として眺めていました」。親とはぐれた子供たちが小さな袋を手にして突っ立っていて、人々は「引きつった、あるいは虚ろな目をして、多くは感情が麻痺した表情で」急ぎ足で通り過ぎていく。

結婚式を祝っていた家族の一一人も急いで穴蔵から出る。七人は「虚無を目の当たりにしました。私は、小さな声で泣き続ける従姉妹に付いてロット地区へ行きました。従姉妹には三人の幼子がいて、隣の人に預けていたんです。従姉妹はともかく先へ行こうとして、建物が崩れ落ちるから危険だと言って消防隊員が止めても聞きませんでした。従姉妹は、自分の住んでいた建物を見て気を失ってしまいました。家は燃えていたんです。でも、子供たちは隣の建物の地下室にいて無事でした」。

爆撃が終わった後、外へ出たバニスター夫人には、飛行機は去ったものの攻撃は始まったばかりだと分かった。「建物は皆、見渡す限り赤々と燃えていました。私は通りの真中へ行こうとしました。どの窓からも炎がめらめらと出ていて、歩道脇の並木も燃えているし、火のついた枝を振り回していたからです。熱で道のアスファルトが溶けて、歩くのは大変でした」。逃げ込んだ地下室から外へ出ようとして、溶けたアスファルトに足を取られ、上から落ちてくる火の粉で火がついた人も多かった。

今や古い木造家屋は傾き、煙はますます立ち込め、道はますます狭くなった。「私はもう引き返すこともできず、火の輪は迫っていました。それで、炎がそれほど激しくなく、膝の高さくらいまでしか上がっていない場所を探しました」。バニスター夫人は自分の両脚が焼けるのも、煙が目を、口を、喉を刺して窒息寸前なことにも、まったく気がつかない。「私はただ、それよりもっと恐ろしいだるさに襲われていたんです」。脳から酸素が奪われるのである。バニスター夫人は、これで自分も、腕に抱いている子供もおそらく終わりだろうと思った。

「膝の力が抜けて、私はもうマニーを抱いていられなくなりました。マニーは腕から落ちてしまいました。あの子はまだ毛布にくるまっていて、両脚だけが外に出ていました。脚に炎がかかると、あの子は痛さで泣き出し、私の目の前で地面を転がって暴れました」。その叫び声で麻痺した頭が元に戻った。パトロール中の救急車が二人を見つけ、警察本部に連れていった。そこでは煤で真っ黒な負傷者たちが医師の手当てを受けていた。「救急業務はとても手際よくされているように見えました」。バニスター夫人のふくらはぎは火傷を負っていたので、「化学物質が筋肉までおよばないように、何かの液体を浸した包帯」をしてもらった。

帰る途中、バニスター夫人は、町の壊された部分がざっくりと切り取られているのに気づいた。「筋の片側には地獄の穴が開いていましたが、もう一方の側は元のままの町でした。確かに空気は煙臭く、真夜中なのに人が大勢いるのは普通ではありませんでしたが、ともかく、建物はまっすぐに建っていましたから。本当に、爆撃は正確に行われたのです」。四週間後に戻ってきたとき、爆撃機はこのヴッパータール・バルメンのきわから爆撃を始め、ヴッパータール・エルバーフェルトを破壊した。

ガス、炎、土の腐ったような臭いが町中を漂っていた。煙は太陽を隠し、オレンジ色の空が谷の上に架かっていた。シュタルク医師の救護所から三〇〇メートル離れたところにフィッシャータール診療所があった。そこでは三〇人の産婦たちが新生児もろとも焼死した。ルイーゼ・ロンプフが草地を横切っているとき、フィッシャータール通りの建物は暗灰色の煙を噴き出していた。「建物群の真中で、屋上に大きな赤十字を掲げた産科病院が燃えていました」。何人かの患者は外に脱出できた。「草地の上のあちこちに、この病院の患者たち、病人や妊婦や、お産の最中の女の人たちが横になっていました」。看護師たちは走り回って毛布を広げ、うめき声や泣き叫ぶ声のあいだに新生児のかわいらしい泣き声があった。

九歳のヴィルフリート・ピカートはエルバーフェルトの南部で屋根窓から空襲を見ていて、次の朝バルメンで「生まれてはじめて死人を見た[5]」。人々の話によると、焼死体は人形くらいの大きさに縮んでいるということだったので、ヴィルフリートは「裸で、真っ黒な皮膚をして、縁石近くの歩道にうつぶせになった女の人」が普通の大きさだったのを不思議に思った。一六歳の実習生ハインリヒ・ビーアガンはドイツ帝国鉄道で研修したことがあったのでトラックの運転免許を持っていて、遺体の撤去作業に当たった。彼は語る。

そこに六人、あそこに二〇人いる、と指示されました。まるで眠っているように、とても穏やかな顔の人もいました。酸素不足で亡くなった人たちです。他の人たちは完全に燃えてしまっていました。炭化した遺体は五〇センチくらいの大きさでした。私たちはその人たちをトタンの浴槽や洗濯桶に収容しました。桶一つに三体が、浴槽には七、八体が入りました。

ビーアガンに辛かったのは、一部だけが焼けた遺体を見ることだった。例えば、瓦礫の下になっていた片腕は、炭化してはいなかった。

通常の焼死体はもはや人間とは関係ないもので、黒い小包のようなものです。でも、無事な部分が残っていると、それが何なのか、突然意識にのぼるのです。このストレスに耐えるため、私たちはしきりに強い酒を飲まずにはいられませんでした[6]。

バルメン地区にある住宅密集地、フィッシャータール通りの被害が最も大きかった。ツォイクハウス通りのある場所では三二人の住人が抹殺された。家族全員が亡くなった場合、身元確認は困難であった。こうした場合、墓地管理所の死者リストには次のように書かれる[7]。「女、青と白のチエックの服、結婚指環、歯は欠損、黒い紐靴」「女、炭化している（胴体のみ）、下着、金歯」「一三歳くらいの少年、黒いコールテンのズボン、ヘリンボーン模様の薄赤のジャンパー、そして炭化した少女」「成人の頭骨二つと小児の頭骨二つ」。

イギリスはヴッパータール作戦をそれまでで最大の成果を収めた攻撃とみなした。『タイムズ』紙は「ドイツの工業都市の中でこれほど完全に地図から消された町はなかった」と伝えている。飛行機の一〇%以上はこの町を通り越して南にあるレムシャイトとゾーリンゲンを爆撃していたものの、他の五〇〇機は目標から半径五キロ以内に命中させた。犠牲者の収容には数週間かかった。住宅地の八〇%が破壊され、三四〇〇人が死亡した。その直前、ドルトムントで同トン数の規模で遂行された爆撃の死者数はそれまでで最大の六九三人であったが、この数字はその五倍である。この年、他に四つの町で二〇〇人以上の民間人が死亡していた。ミュンヘンでは三月一〇日の夜に二〇八人、デュースブルクでは五月一三日に二七二人、エッセンでは三月六日に四六一人、シュトゥットガルトでは四月一五日に六一九人が犠牲となっていた。

ヴッパータールの受難はドイツ国民のあいだですぐにニュースとなって伝わった。犠牲者の数は四〇〇〇人とも四万人とも言われ、信頼できる報道はなかった。しかし、人々は空襲がこれまでと違う様相を呈しつつあることを感じ、その原因は火災兵器にあると見た。遅かれ早かれ、毒ガスが使われるだろうと人々は予測していたが、今や明らかになったように、じつは別の化学物質が活躍しだしていた。火災戦争への転換は、地上の観察者には「燐の雨」と解釈されたが、それは本質的な誤りではなかった。照明弾とマーカー弾の輝く滝が、点火剤の燐を混ぜた燃焼物質と間違えられたのである。

放火術のエンジニアたち

一九四二年から四三年へ変わる頃から、イギリス空軍省の研究者らは、火器の殺傷能力の改良に熱心に取り組んだ。通常爆弾は輸送が困難なわりに、敵にたいした損害を与えなかった。軽量の可燃物は大量に搭載可能で、もし目標に当たれば被害はおのずと拡大する。四ポンドの焼夷弾があれば、条件によっては一〇〇〇倍から二〇〇〇倍の重量がある通常爆弾以上に広い面積を壊滅状態にできる。ただし、攻撃目標地域をもっと詳細に分析することが必要であった。

二年間、テルミット棒がやみくもに投下されたが、町の燃えやすさは考慮されていなかった。それを調査するための専門知識が空軍指揮官たちには欠けていたのだ。

消防の防火技師が爆撃計画に加わった時点で、新しい学問が誕生することとなった。[8] 火と戦う職業と火をつける職業は同じ事柄、つまり物の燃えやすさに関わっている。ドイツの居住地域の物理的特性から、効率的な放火方法が導き出された。爆弾は命中した地点で八分から三〇分間燃え続ける必要がある。その火はただの芽にすぎない。その火がどんなふうに拡大し、炎が飛び散り、障害物を越えて通りの空き地を横切り、数キロにわたって範囲を広げるかは、数学者、統計学者、作戦分析者の課題であった。

放火技師はドイツの家財の特性を教えた。最初に燃えるのは住居内の家財だからだ。屋根裏のがらくた、貯蔵された食料、衣類、クッションなどである。こうした家財道具が今度は建物に火をつけることになる。火災保険書類が準備され、航空写真が立体的に展開され、火災を阻む障壁となる防火区域や防火壁の場所を推測した。こうした設備を十分備えたベルリンのような町は燃やすのが難しい。まず、防火壁を破壊しなくてはならないからだ。それはブロックバスター弾の仕事であった。

通常爆弾では、爆発物が重い鋼鉄の殻を粉々にし、その破片が人体を破壊する。それに耐えられるのは鉄筋コンクリート、煉瓦、バラストと砂でできた厚さ六〇センチのシェルターだけである。爆撃機軍団はこのような爆弾を八〇万個以上投下したものの、じつはほとんど評価していなかった。[9] それはあまりに多量の金属を浪費し、重すぎ、中の爆薬は少なすぎた。その機能は手榴弾のようなもので、塹壕の中には多大な損害を与えるが、上空から落とされた場合、七〇〇〇万人のドイツ人の身体と家屋にとくに甚大な損害を与えることはできなかった。

高容量爆弾、あるいはブロックバスター弾では事情が違った。その弾殻は薄く、爆薬の割合は三〇から七〇％で、爆風を発生させることができた。高い割合で含有された爆薬は炸裂時に同量のガスとなって高圧で拡大し、周囲の空気を圧縮し、超音速で広がる衝撃波を発生させる。その爆風が、それに対して垂直に立っている障害物、例えば建物にぶつかると、爆風はそれをなぎ倒し、広範囲にわたって屋根をはぎ、窓ガラスを破る。空襲で使用される爆弾は四〇〇〇ポンド爆弾［以下、原史料に従い、イギリス式のポンド、トンを使用する。イギリスの一ポンドは〇・四五三キログラム、イギリスの一トンは一〇一六キログラムに相当する］で、「ブロックバスター」、つまり「街区殲滅弾」と呼ばれた。円筒形をしていたので、ドイツ人が「ボイラー」とも呼んでいたこのタイプを、イギリス側は六万八〇〇〇個投下した。[10]

重いコンクリート製建造物、鉄道施設、橋、高架橋、運河を破壊するため、圧力と爆破効果のバランスを考えた中容量爆弾が製造された。この爆弾は五〇〇から二万二〇〇〇ポンドまでのさまざまな重量で作られ、七五万個が投下された。戦争勃発時には爆撃機軍団は炸裂弾と高性能爆薬弾を中心兵器と考えていたが、一九四二年以降、爆薬では爆撃戦争を遂行できないことが分かった。爆薬は他のもの、つまり燃焼物質と結びついてはじめて、かつてない規模の威力を発揮する武器なのであった。兵器の殺傷力を決めるのは、破片弾、ブロックバスター弾、焼夷弾の混合の割合、爆撃の順序、密度であった。

一九四〇年と四一年には、爆弾を投下するパイロットにとって問題は、命中したかはずれたかの二つであった。二年後に戦争は別の様相を呈した。研究班は測量図と航空写真を仔細に調べ上げ、防火区域を彩色し、攻撃対象となる町のために必要な爆薬投下量の構成を計算し、最新の空襲の写真を分析し、学習したことを次の空襲に活かした。爆弾と一緒にフラッシュ爆弾が落下し、カメラが作動した。次の日には偵察機が飛んで、成果を写真に収めた。戦略家と手だれの勇士による戦争は常に経験によって得られた事実と、着想と、直感にもとづいていた。学問がそれに正確無比な仕事をつけ加えた。

こうした研究で明らかになったのは、町は空からの攻撃によって完全に焼き払うことが可能なこと、煉瓦作りのドイツの堅固な町も例外でないことであった。燃えやすさは、町の外側から内側へと進むにつれて増大する。町の外縁は一九世紀と二〇世紀に建てられており、工場地帯と新構造の住宅地を含んでいる。鋼鉄製の梁が使用され、防火区域が設けられ、建物のあいだには広い空間がある。それが外郭である。そこから内側へ入ると、大都市では泡沫会社乱立時代〔普仏戦争直後、フランスからの賠償金によって多くの泡沫会社ができた時代。一八七一―七三年〕にできた安普請の建物が広がっている。そこは通気が悪く、暗く、熱を吸収しやすく、燃えやすい。それは一八世紀の町並みである。長方形に街路が巡り、隔壁は共有、梁は木製、そして物でいっぱいの天井が内部にある、四階から七階建ての建物が林立する。屋根の棟木は通りと平行に、重なり合って走っている。町の中核、旧市街は中世や近代初期の建築様式である。通りは狭く、入り組みながら結びついている。建物を支える木製梁は煉瓦で覆われているが、以前は粘土が使われていて、今でも粘土で修繕された部分がある。隔壁は連続して建てられ、炎は容易に隣へと広がる構造である。屋根裏は多くの木材で分けられている。このような中核があるところはどこでも目標となったし、それは周辺に火を拡大するための点火地点として役立った。

拡大した中核部のアキレス腱となったのは街区であった。もともとは四方を街路で囲まれた住宅群であったが、一階部分に店舗や営業所が混在する形式となっていた。急激な勢いで建造されたので、以前は空き地であった中庭の空間を埋め尽くしていた。物でいっぱいの倉庫や工場の多くは木製で、炎を橋渡しすることとなった。炎が燃え上がるには、狭い空間と、建物の高さに比してずっと狭い通りが必要である。空き地、前庭部分、建物の空隙が消えることで、燃えやすい地域に爆弾が落下するチャンスが増大する。

建物の最も燃えやすい部分が建物の上方にあったのが運の尽きだった。爆撃機から見えるからだ。煉瓦と木組み材でできた屋根は火災を起こしやすく、火は下へ燃え広がる。それには一階ごとに約三時間の時間がかかる。爆破地点をもっと下の階に置くこともできる。爆弾はその重量で三、四階を貫き、それから木製の床で発火する。それには信管を調節すればよい。他に必要なのは通風であるが、四〇〇〇トンのブロックバスター弾が屋根や窓を吹き飛ばし尽くしたら、建物は暖炉のようなものだ。そこに焼夷弾が雨となって降り注ぐ。

ドイツの地下室は、煉瓦製もしくは鉄骨の梁を入れたコンクリート製で、堅固な避難場所であった。地下室天井は爆発力に耐える優れた防御能力を持っていたが、ただ燃焼ガスの侵入と酸素不足にはなす術がなかった。まさにこの点に火災戦争の主要効果があることを、当初イギリスはまったく知らなかった。

それに対して、攻撃側によく分かっていたのは消防隊の侵入による効果である。もし消防隊が到着すれば、炎は発火点から街区を越えることはできない。消防隊が来れば、火災は面となって広がることはない。消防隊は二つの場所に到達しなければならない。火元と水場である。爆弾はその行く手を阻む。前方に重い頭部、後方に軽い垂直安定板を取り付けた型の爆弾は地中深くまで入り込み、水道管をズタズタにする。さらには通りが穴だらけになり、もちろん短時間ではあれ、通行不可能となる。そうなると、瓦礫を片付け、川か、用心のために設けられた防火用池から水を汲み上げなくてはならない。時限信管を装着し比較的軽量な破片榴弾が地表に残り、周囲で攻撃を広げる。それは爆撃機が去って数時間してから爆発し、弾丸様の破片をまき散らすのだ。消防士たちはその間避難を余儀なくされる。さもなければ全滅である。

爆撃研究者は、投擲物の配合と直径の決定に倦まずたゆまず努力した。他の誰もこんなに複雑な仕事をやり抜くことはできなかった。仕事の一つは、目標がどのくらいの範囲で、どのくらいの時間燃えるかを調べることであった。

他に、温度、湿度、風などの自然現象も作用した。しかし結局、人的要素がすべてを狂わせる。パイロットにはどんな公式も存在しない。積荷のうち、どの程度が指定外の場所に落ちるかは計算不可能であった。行動の変更の仕方をあらかじめ計画に組み込んでおいても、ほとんど何の役にも立たなかった。予測できるような変化などめったにないからである。その埋め合わせに、目標は大量の爆弾で何度も繰り返し爆撃された。終戦後の調査は、ドイツ国土が「過剰爆撃」を受けたとみなした。

戦史上、火災攻撃兵器ほど研究者が徹底的に主導権を握ることによって生まれた武器は存在しなかった。この武器の開発と使用とは同時期に行われ、技術と装備と能力が並び立ったとき、戦争は終わりを迎えた。抹殺という目的がなかったら、火災兵器の性能は開戦時と同じく低いままであっただろう。兵器改良は試行錯誤の中を手探りで前進していった。

もともと炎は、夜間に爆弾を使用する際、目標区域を照らし出すために投下された。爆弾の中の七〇〇〇トンの爆薬は三〇キロメートルにわたる被害をもたらすが、火災物質による被害は一五〇キロメートルにも広がることが航空写真の比較分析から明らかになった。一つの町を爆破するよりも燃やし尽くすほうが容易であること、しかし十分な火災を発生させるには爆破と燃焼力の両方が必要であることがはっきり認識されたのは、一九四三年夏のことであった。この認識は経験によって得られたものであった。それ以前にも多彩な爆弾が作られたが、役に立つものもあれば立たないものもあった。

失敗作だったのは、小型焼夷装置ラズルとデッカーで、少量の白燐を浸み込ませた層状の布を張った細長いセルロイドであった。一九四〇年夏、イギリス空軍はドイツの収穫作物を全滅させ、黒い森、チューリンゲンの森、ハルツ高地を焼き尽くすため、森と畑にこれを大量にばら撒いた。一九四一年夏にはゴムと燐の溶液を充塡した五〇ポンド缶を積んでその作戦を繰り返した。イギリスでの実験は成功裏に終わり、何万もの缶が生産され、それは地面に衝突する際に飛び散るようになっていた。その黄灰色の液体は空気中の酸素によって燃え上がった。しかしドイツの森や農地は燃えないことが明らかになった。緑が多すぎて湿っていたからである。この爆弾には、点火可能なほど乾燥した植物が必要だったのだ。せっかく作った分を廃棄しなくてすむよう、イギリスはそれを都市部に向けることにし、一九四一年九月八日にベルリンのリヒテンベルク地区とパンコウ地区で使われた。三万個はヴッパータールに落とされた。

反対に大成功だったのは暗赤色の三〇ポンド液体爆弾で、一九四〇年に構想され、一九四一年に製造されて一九四四年までに三〇〇万個が投下された。それは長さ八三センチ、尾翼を付けたシガー状で、建物三階分を打ち抜き、小規模な爆発で粘度の高い燃料を五〇×四〇メートルの平面に投下できた。ベンゾールとゴムの溶液は三〇分間激しく燃え、家庭用の消火器では消すことができない。とくにリューベックとロストックがその犠牲になった。しかし、航空省の燃焼物質委員会は一九四四年の終わりにはこれを使うのをやめた。というのも、この爆弾は一ポンド当たり、焼夷弾の四分の一の燃焼力しかなかったからである。

四ポンド焼夷弾を凌駕するものを作ろうという次なる試み、三〇ポンドの火炎放射爆弾では意見が分かれた。多くの指揮官はこれを、実験室では印象的であるものの実際に効果を発揮するには複雑すぎる花火のようなものと考えた。それは長さ五メートル幅五〇センチの火炎を六〇秒間、見事に放射した。この火炎放射爆弾が四一万三〇〇〇個も使用されたのは、枯渇していたマグネシウムとゴムを使わずにできるという生産上の利点によるものであった。これは六リットルのガソリンを使用し、ドイツの消防隊で重宝された。というのは、メタンガスの起爆装置が不確実で不発弾が多く、ドイツ人は自分たちのタンクの中にこのガソリンを入れたからだ。一九四四年にこれが大量に生産されたとき、イギリスはその効果を体系的に試験しようと無傷の都市を探したが、そんな都市はなかったので、比較的ましな目標としてブラウンシュヴァイクが選ばれた。四月二二日の夜、この爆弾三万二〇〇〇個がこの町に降り注いだが、成果のほどは不明であった。キール（七月二四日）、シュトゥットガルト（七月二四―二九日）、シュテッティン（シュチェチン）（八月一七日）、ケーニヒスベルク（カリーニングラード）（八月三〇日）で続けられた空襲でも結果は似たようなものだった。しかし九月二七日夜のカイザースラウテルン空襲だけは圧倒的成果を収めた。市街地の三六％が破壊され、一四四人の市民が、多数は女性と子供であったが、生きながら焼かれた。もっとも、そこでは焼夷弾も混ざっていたし、燃やす物はあまり残っていなかったので、爆撃機軍団は火炎放射爆弾をお払い箱にして、この戦争で使われた完璧な爆弾、四ポンド焼夷弾を使うことに決めたのだった。この爆弾八〇〇〇万個によってドイツの都市は火災による廃墟と化した。たった一種類の武器がこんなにも広範囲を破壊したことはかつてなかった。ドレスデンだけでも六五万個が投下された。

これは長さ五五センチの細長い棒状で、マグネシウムと亜鉛の合金であった。六角形の形状は爆弾槽によく合う形で、格納が容易であった。個々の棒は投下されるとすぐバラバラになり、断面が細いため高速度と大きな貫通力を得たものの、予定通りの軌跡をたどらず、きりもみ状態となった。この爆弾が持つ弾道学上の利点は一九三六年夏に十分にテストされ、戦争中、変更が加えられることはなかった。一九四二年中頃には、消防隊が近づけないよう破片を撒き散らすため、小さな炸裂物が装填された。

　雷管、導火紙、導火成分と導火剤によって単純な撃針点火装置が一七個のテルミット剤〔アルミニウム粉と酸化鉄の等量混合物。これを燃やすと約三〇〇〇度になる〕を発火させた。炎が上がり、マグネシウム合金は溶けて白く燃える塊となり、八分後には消える。屋外ではこの過程は何の影響もおよぼさないが、家屋という燃える物質と結びつくと、数キロにもおよぶ火災嵐が発生する。破壊の主因は、家屋が通りと町を焼く燃焼物質と化したことに尽きる。このマグネシウム合金テルミット棒状爆弾が家屋の持つ燃えやすい性質を引き出したのである。そのためにはまず爆弾が家屋に直接届く必要があったが、それを行ったのが四〇〇〇ポンド爆弾ブロックバスターであり、続いて集中攻撃と大量攻撃が行われた。

　インペリアル・ケミカル・インダストリー社は一九三六年にイギリス空軍と協同でこの兵器を多様な高度から投下してみたが、それは常に発火し、失敗することは決してなかった。一一月には政府からの注文は四五〇万個以上に上り、戦争勃発時には五〇〇万個の在庫があった。このマグネシウム合金テルミット棒状爆弾の頑丈さ、強い火力、圧倒的な数量はブロックバスターの威力と相まって、この上なく強力な火災戦争の兵器となった。一九四四年には単純な作業を加えることで致命的作用が加わった。この棒は従来のように飛行機の爆弾槽から落とされるのではなく、目標を狙いやすいように束ねられ、地上に衝突する直前にバラバラになった。今や爆撃の密度はめざましく上昇し、火災嵐を発生させることができるようになり、ダルムシュタット、ハイルブロン、プフォルツハイム、ヴュルツブルクを打ちのめした。ガソリン、ゴム、合成樹脂、油、液体状アスファルト、ゼリー状物質とわずかの金属塩、脂肪酸、少量の燐がたいへんな破壊力を生み出し、それを凌ぐのはただ核兵器のみであった。

　市街地における火災を数倍に広げるため、アメリカはモデルを用いた分析で破壊力を試験した。そのためにアメリカは実験的にドイツと日本の街の町並みを再現し、細かい点まで解明しようとした。一般住宅は、火器による空からの集中的な攻撃に非常に弱いという原則は簡単に認識できた。それはあまりにも簡単に思えたので、実行が決定され

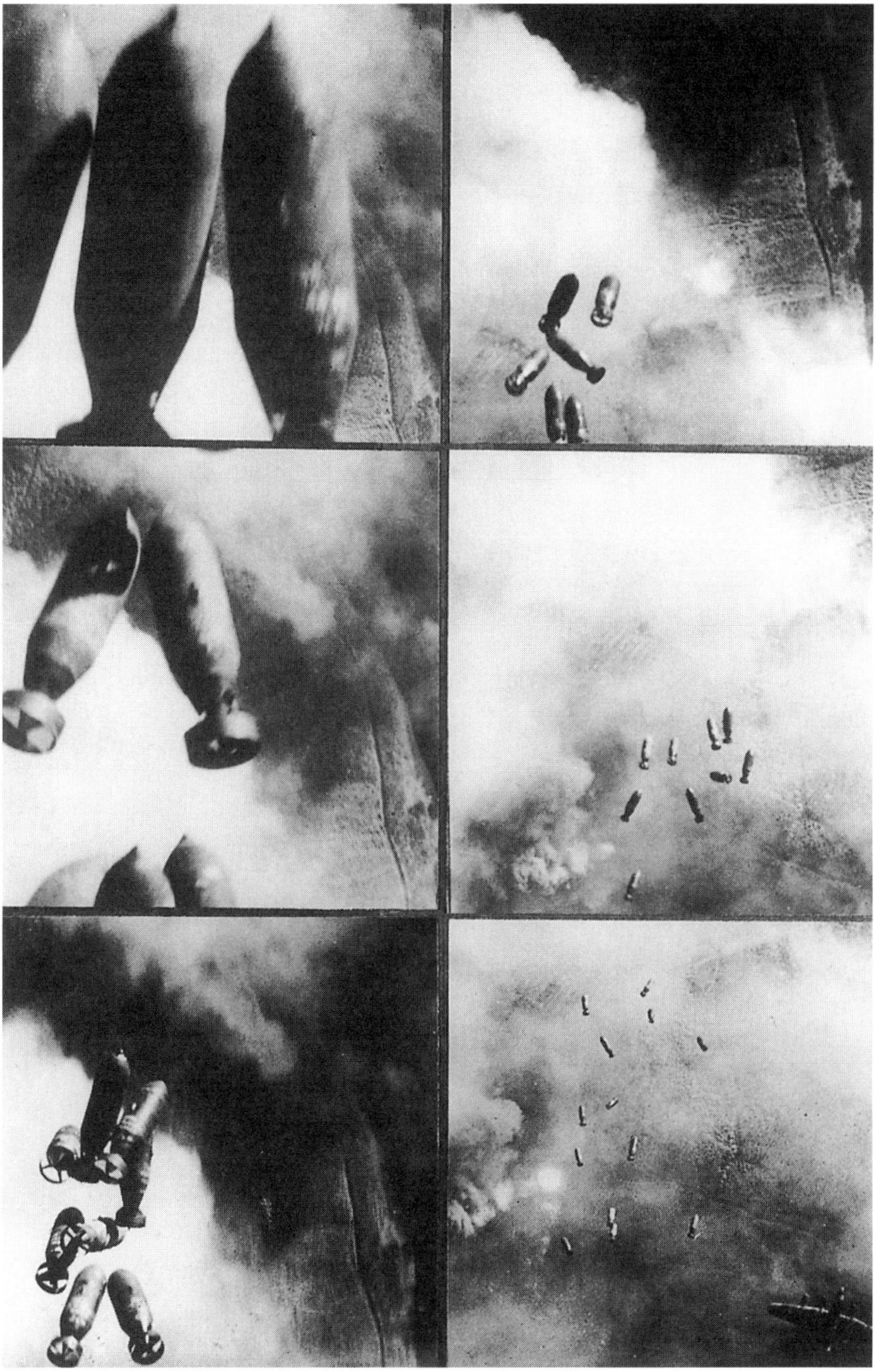

500ポンド高性能爆薬弾

た。一方で、困難だったのは火器の輸送であった。数千の飛行機を擁する飛行隊の全機が遠距離の目標に確実に到着するには、テルミット棒状爆弾以外の工業的備蓄品が必要である。それでも、西側連合国がヨーロッパの戦場に二七〇万トンの爆弾[11]を投下したことは——そのうち一三五万六八二八個がドイツに落とされたのだが——途方もない勢いで軍需品が製造されたことを示している。この戦場の上空に一四四万回爆撃機を送り、また二六八万回援護戦闘機を送った、連合国軍側すべての国の科学・技術・工業・組織力の機構は、まさに歴史上最大の巨大軍事組織と呼ばれるにふさわしい。一九四四年から四五年の期間にヨーロッパの空襲に従事した人間は一八〇万人に達した。火災戦争用飛行隊であるイギリス爆撃機軍団は爆撃機、あるいは戦闘機を三八万九八〇九回出撃させた。爆撃機軍団は夜間に一四八一回[12]、昼間に一〇八九回、作戦のために出動した。大英帝国は戦費の約半分を、アメリカ合衆国は三五％を空戦に費やした。

重爆撃機

イギリスとアメリカが空から攻撃を行えるようになったのは、重爆撃機のおかげであった。イギリスは一九二四年からこれを開発していた。実際に投入された型はほとんどすべて、三〇年代に製造、あるいは設計されたものである。重爆撃機の使命は敵地の低空にまで攻め入ることである。その重量は積荷と、遠距離飛行に必要な燃料を入れたタンクの重さによるものだった。さらには戦闘機と高射砲からの防衛のため、装甲板と機上砲が必要となる。戦争末期の二つの最良の爆撃機、アメリカのB17とイギリスのランカスターは、積荷をフルに搭載した際の重量が二五トンであった。

重さゆえの不利は、速度が遅くなり、高度が低くなり、操縦が困難になることである。このような機種からなる部隊を編成した者はそれなりの戦争像を抱いている。つまり、非常に遠くの敵地を攻撃可能で、標的にたどりつくことができるが、抵抗勢力は最小であるとの計算にもとづいているのだ。それは、白昼に飛来し、攻撃目標が視界にあり、こちらも敵から見られるかもしれないが攻撃はされないという場合である。そのどれも現実とはそぐわないことが明らかになった。しかしそれは戦前における空襲のユートピア的イメージであった。

平和主義者も軍国主義者も同じように、ボールドウィン首相が言った「爆撃機は常に到達する」という誤謬の中に生きていた。ホイットレー、ハンプデン、ウェリントンといった時速三〇〇から四〇〇キロ、最大高度七〇〇〇メートルで一トンも搭載できない爆撃機では、政治的威嚇の役には立つかもしれないが、真にひるませるべき相手を攻撃する役には向いていなかった。構想では、小規模の編隊が敵地に侵入し、協力して集中援護射撃で敵の戦闘機を締め出し、機上砲兵が尾部にある回転可能なプレキシガラス〔ガラスに似た合成樹脂〕製の半球の中や回転砲塔、もしくは銃架で位置に就いて、二連、多連機関銃や高性能の三〇口径（七・七ミリ）機関銃で追撃機を追い払うことになっていた。

重装備にもかかわらず、重く黒いこの巨人が空中戦に勝てなかった場合に備え、爆撃機軍団は中爆撃機を用意していた。それがブレニムで、これは失敗作であった。ブレニムは他の機より小型だったので、高射砲は当たりにくいはずだったし、速度も戦闘機を凌ぐほどだったので火砲も砲手も必要ないだろうと思われた。この考えは、ドイツの戦闘機は速度の面で進歩していないということを前提としていたが、それは間違っていた。戦闘機が兵器として稼動している限り、競争は続くことになった。

爆撃機というものは日中も、夜間でさえも非常に攻撃されやすい乗り物であった。それは、九〇〇〇リットルの高オクタン燃料と、高性能の爆薬と焼夷弾の他、機関銃弾薬と照明弾を搭載した火災の使者で、耐火性のある設備とはとうてい言えなかった。速度と機敏性は制限されているので、いったん戦闘機に発見されれば逃げきれる可能性はほとんどなく、戦闘に勝つ可能性など皆無であった。まとまった編成を組んで飛行するという計画は、一九四二年五月まで手をつけられないままであった。夜闇と高高度に紛れて単独で何とか敵の目をかいくぐり、発見を逃れ、無事に飛行するという期待の方が現実的に思えたからである。

四発爆撃機の製造において最大の進歩を収めていたのはアメリカ合衆国であったが、二つの大洋にはさまれたこの強国は、民間人を目標にした空襲に最も強く反対することができた。「飛ぶ要塞（フライング・フォートレス）」B17と「解放者（リベレーター）」B24はあらゆる方面から射撃可能な武器を満載した陵堡で、一九四三年以来、恐怖の飛行大隊ブロックとなって三段階に分かれた高度で目標へと飛行していた。そんなことはイギリスにはできなかった。B24は二二七五キロの積荷と一二人の乗員を乗せ、五〇口径（一二・七ミリ）の機関銃一〇丁で武装していた。

こうした空の要塞はドイツの戦闘機にそれなりの脅威を与えたが、ドイツ軍はその射撃密度に耐えられることを確認した。爆撃機群は、先頭の機体が正面アプローチで攻撃されるとひどく脆かった。先頭の爆撃機を戦いに巻き込みながら、ドイツ戦闘機群の個々の機体は爆撃編隊の内部へと巧みに割り込んでいった。すると小回りがきき、大胆な動きのできる戦闘機はこの鈍重な怪物に致命傷を与えることができるのだった。爆撃機とは、あいかわらず非常に攻撃されやすい乗り物であった。

兵器を消尽するほどの損失を経験した後ようやくアメリカは、上空での戦争に勝利した者だけが上空以外での戦争をリードするという認識に膝を屈した。剝き出しの爆弾を地上で炸裂させるには、上空でウルトラ級のテクノロジーが必要となる。さもなければ爆撃機は破滅である。ほとんどの場合、この殺戮飛行団はもっぱら自分たちを守ることに手いっぱいだった。爆弾投下によってドイツを降伏に追い込むため、頑丈な飛行機を大量にドイツに飛ばすという計画は、技術的に困難だと判明した。戦略がいかに優れていても、実行する段になるとすぐ失敗した。何よりまず、敵の攻撃から生き残れる兵器が空中にとどまる必要があった。兵器とはとどのつまりシステムである。

イギリスは爆撃機に一隊のパスファインダーを随行させた。このパスファインダーはレーダー・ステーションによって誘導されており、軽量の高速爆撃機モスキートという特別な機体であった。アメリカは爆撃機の川を、予想外に航続距離の長い新型の随伴機ムスタングで護衛した。それに対し、ドイツはロケット弾とジェット戦闘機という革命的手段で応戦した。しかし、こうした兵器は十分優越性を発揮することはできなかった。ドイツの産業界にはこの兵器を大量生産する力はすでになかったからである。

ムスタングとモスキートは、爆撃機は目標に達するという戦争前の誤謬をそれぞれ違った意味で修正していた。爆撃機はそれまで、二重の意味で到達できなかった。第一に目標を発見できなかったからであり、第二には目標を探す段階で撃墜されたからである。しかし今、鈍重で狙われやすい空の戦役の盲目の砲手に、高性能の誘導装置と俊敏な防御が加えられた。

機械による戦争は空に新しい競技場を開くことになった。それは再び一対一の旧式な決闘、戦闘機の力比べをさせた。そのためにはまず、戦闘機の構造上の短所である航続距離の短さを克服した機体が必要であった。ムスタング以前の戦闘機は、ドイツの奥深くまで達するに十分な燃料を搭載することができなかった。そんなに重くては、戦闘機は機動性を減じ、戦闘能力が落ちる。一九四四年六月以降によやくロールスロイス社のマーリンエンジンが、ドイツ軍メッサーシュミットＢｆ109Ｇとフォッケウルフ190Ａと比肩しうる戦闘機をベルリンまで運ぶことができるようになった。これ以降ボーイング機は、ムスタングが空中で戦っているあいだに、邪魔されることなく空からの爆撃という目的に専念できるようになった。これは昼間の空で行われた。昼の戦いはアメリカ担当であった。イギリス空軍爆撃機軍団は夜闇に隠れて登場したが、これには別の困難がともなった。航法と照準である。

イギリス軍のモスキートは双発戦闘機兼軽爆撃機で、当初は〇・八トン、後には一・八トンの爆弾を搭載し、高度一万二〇〇〇メートルにまで上昇できた。最高速度は時速六三五キロで、ジェット機であるメッサーシュミットMe262が短期間活躍する以前には、ドイツの戦闘機がそれを凌ぐことはなかった。モスキートは大部分が木製なのでレーダー波を反射せず、探知できなかった。ほとんど妨害されずに小規模な破壊活動をしながら飛行するその性能と並んで、モスキートは爆撃機群の誘導に役立った。オーボエとH2Sという高価なレーダー装置を備えたこの飛行機は目標侵入時には黄色の旋回マーカー、爆撃時には赤と緑の目標マーカーで合図した。モスキートは重爆撃機に夜間に方向を教え目標を示したが、自分の身は自分だけで守らなくてはならなかった。

爆撃機を爆撃体制に置くという基本的問題を解決するのにイギリスは、一九四三年秋のベルリン空襲まで三年以上の歳月を必要とした。一九四〇年、日中は目標は見えるが爆撃機も日光のもとでは攻撃されやすいことが確認された。それに続く年、爆撃機は夜間には発見されにくいものの、目標を発見するのはもっと困難であることが判明した。当時ハンブルクに向けて行われた四〇回の攻撃のうち、二〇回はもともとリューベックとキールを狙ったものであった。海岸と川に近いのでこの三都市へは最も容易に飛来できた。ある一つの町を狙うことが運次第なら、町の内部の目標を探すなど無意味である。せいぜい、町全体が目標となるが、ほとんどの爆弾は何もない場所に落下した。

一九四三年と一九四四年に、見えない目標を着色灯火の印で照らすシステムが完成した。マーカー弾が蛍光ペンのように闇の中で平面を照らすのである。弾薬搭載機が印のつけられた区域に荷を投下する。それが破壊の輪郭となる。その輪郭の内部で何が起きようと、爆撃兵には重要ではない。彼は灯火の枠内にシュートを決めるのである。この枠は町の中心地と思われる場所に描くことになっている。それを描くのはマーカー兵で、彼は爆撃兵ではない。一方、その場所がいかに選ばれているかは爆撃兵の関知するところでもマーカー兵が関知するところでもない。彼はただ線を描いただけで、目標を決めたわけではないからだ。目標を決定するのは司令部である。司令部とマーカー投下兵のあいだには爆撃手長という仲介者がいる。彼はいちばん上空でマーカーの投下状況を見ながら自機で旋回し、作戦の成否を決する。高度八〇〇〇メートルにいるこの爆撃手長が無線を通して、自分の四〇〇〇メートル下にいるマーカー兵と爆撃兵を連動させるのである。

さまざまなテクニックが存在した。まず計器飛行のマーカー兵が登場し、機上レーダーかオーボエ波の指示に従って、赤の灯火を落とす。一方、イギリス空軍の精鋭、第五爆撃航空群は、ドイツ人が「クリスマス・ツリー」と呼んだ、赤々と輝く光の滝のような照明弾で夜空を照らし出す。厚い雲が町を覆っているときには、町はパラシュートに付けられた炎で描き出された。大ざっぱにマーカー弾を落として照らし出した後、目視マーカー兵が登場し、自らを大きな危険に晒す。高度二〇〇〇メートルまで降下し、赤く燃える炎のどれが都心に最も近いかを数秒間で見定める。その後、緑のマーカーを投下し、再び上昇する。

爆撃手長はマーカーが描く形を確認する。良好と判断したら、爆撃手長は主力爆撃機群を呼び寄せ、灯火の模様と色を教える。一瞬で四〇から六〇機の飛行機が爆撃態勢に入る。攻撃波はそれぞれ違う種類の爆弾を積んでおり、それはあらかじめ計算された順番で投下されることになっていた。

七分から一二分後にマーカーの色は薄れ、消える。そこで追尾マーカーの登場である。今、地上からは大きな炎が上がっている。それがあたりをはっきりと照らし、より正確に印をつけている。あるいは、一切が煙の中に沈み、いっそうあたりが見えなくなるかも知れない。強風が吹くと、第一と第二のマーカーは流されてしまう。爆撃手長はこうしたことをすべて監視し、追尾マーカー兵に修正を命じる。追尾マーカー兵は修正用色彩を投下し、それは第一のマーカーよりも正確な位置に落ちるか、あるいは煙の中で不鮮明に揺れる。光が再度鮮明になったら、次の攻撃波がスタートする。これが次々に行われるのだ。

精鋭集団においては、乗組員たちが「セレモニー司会者」と呼ぶ爆撃手長がいないことがあった。居合わせる者全員が攻撃のリズムを自分で感じ取るからだ。しかし、空襲というものは本質的に正確さに欠けるものであるから、誰かがその遂行状況を判断する必要がある。爆弾投下後には爆発と火災でかなりの煙が出るので、第一のマーカーの上を狙ったはずの追尾マーカーの位置が煙でずれてしまい、最後の攻撃波はその地域のどこかにある運の悪い村を破壊してしまう。

爆撃機は天空を疾駆するが、下にある町は動かない。爆弾が落ちるときには、地面に到達するまでに三〇から四〇秒かかる。それに爆弾には飛行機が進む方向への力も働いているので、飛行機は目標到達の数秒前に爆弾を投下する。しかし爆弾がどう飛ぶかについての弾道学は完全ではなく、風を計算に入れる必要もある。より軽い焼夷弾は複雑な飛び方をするため束にされたが、それでもブロックバスター弾と同じ曲がり方はしない。一方、パイロットはどうしても反射的にほんの少し早めに爆弾を投下してしまう。というのも、目標の上空で砲撃の嵐の中にいるこのときほど、命が危険に晒されることはないのだから。このほんの数秒が攻撃波から攻撃波へ重なり、「クリープバック現象」というずれを引き起こす。目標の手前で爆弾が固まって落ちるのだ。爆撃機は進路に向かって数キロも手前にずれる。これはどうしようもない。この現象はすでに計画段階で想定されていて、目標のマークは前方に移動されている。七月のハンブルク攻撃では労働者居住区域であるハマーブロークがクリープバック現象によって爆撃されるよう、市庁舎近辺にマークがつけられていた。無駄な破壊を避けるため、考えられる手段はすべて取られた。

爆撃手、パスファインダー乗員、爆撃手長には、爆撃命令が下った都市は月光の中のぼんやりしたシルエットにしか見えない。認識できるのは銀色に流れるエルベ川である。しかしそれはヴェーザー川かもしれない。爆弾は音や灯火によるサインに従って暗闇の中へ投下される。後に飛行機のレーダーが使われるようになると、ブラウン管上に平らな水面と、凹凸のある市街地を明暗のコントラストで映し出した。こうして抽象化された目標へ、爆撃手は積荷を投下する。目標を決定するのはそもそも別人なのである。目標決定と破壊は別々の人の手に委ねられている。現実のものとして目標を見る者は誰もいないのに、経済学者、情報収集者、航空写真分析者たちからなる師団がドイツの解剖図、つまり「爆撃機用ベデカー旅行案内書」[*13]を作るのである。

一九四三年一月、ルールの戦いの直前、イギリス戦時経済省は先述のタイトルをつけたカタログを発表した。それには人口一万五〇〇〇人以上のドイツの都市の動産すべてが記されていた。都市の目標は、その当時爆撃機軍団内で最小の単位である四・八キロに当たる半径三マイルの円で示されていた。ドイツ国内で生産され、備蓄され、運搬されるもの、生息するもの、蒐集され、守られ、隠されているもの、資源、知識、美術コレクション、聖遺物を擁する

＊　ベデカーは旅行案内で有名なドイツの出版者。一九四二年三月のリューベック旧市街空襲の報復としてドイツは、イギリスの軍事的に重要でない文化都市に空爆を行った。この際ベデカー旅行案内で三つ星のついた都市を選んだことからベデカー爆撃と呼ばれた。（以降、傍注はすべて訳者による）

地がリストアップされた。

目標のリストと爆弾投下口のあいだには連絡が必要であった。夕刻に基地を飛び立つ飛行中隊と、閉じた空間で隊員に都市名と飛行ルートを指令する装置は、何らかの線で結ばれている必要があった。しかし、最も大事な点は、その内容を傍受されないことである。万一情報が漏れれば、それはドイツの戦闘機に爆撃機の位置を教えることになり、爆撃機は破滅である。戦争勃発時までは、そのような連結を可能にする方法はなかった。

レーダー

イギリスは一九三五年、レーダーによる方位測定の法則を偶然発見した。航空省は研究委員会を設置したが、それはまず、当時国民に夢のような期待を抱かせたアイディアの実現に取りかかった。侵入するパイロットに殺人光線を浴びせるというアイディアである。その後、飛行機に向けられた電磁波はパイロットを殺しはせず、反射するということが判明した。金属の機体がそれをアンテナに向けて送り返すのだ。電磁波が返ってくるまでにかかる時間を電磁波の速度に掛けた数字を二で割って送波角度を当てはめると、飛行機が空中のどこにいるか分かる。電磁波が飛行機を追うと、その軌跡は陰極線管を通してモニターに写される。

イギリス戦闘機司令部は、その位置さえ探知できれば、飛来する爆撃機を従来の射撃で難なく片付けることができることを知っていた。難しいのは爆撃機を撃ち落とすことではなく、霧、雲、雨、夜闇の中で敵機を発見することであった。一九三九年夏にイギリスはコンパクトで十分に軽いディスプレーを迎撃戦闘機内に備える計画を立てた。最初の機上レーダーは四・五キロ先まで届き、一九四一年の年明けにイギリス軍の撃墜率は急上昇した。ドイツは南部・中部イングランドでの爆撃が失敗することに気づいていたものの、理由は分からずにいた。もし原因が分かっていたら、ドイツ軍は即座に機上レーダーを開発したことだろう。そうしたものはいとも簡単に真似できたのだから。

迎撃戦闘機に爆撃機の位置を教える無線信号はまた、爆撃機に戦闘機の位置を教えることになる。信号を反射するのが自分の機なのか敵機なのかによって、レーダーは狙撃の助けにも、自機の操縦の助けにもなった。自軍のパイロットに向けて電波を発射する基地は、機の現在位置とどこへ飛ぶべきかを教える。もっともイギリス軍は、レーダー航法が可能な爆撃機を作る能力が敵にあるとは考えてもいなかった。ドイツからイギリスまで届く短波など、技術的にも不可能であった。当時の陰極線管は十分なエネルギーを有した五〇センチ以下の波長を送り出すことなどできなかったからである。

一九四〇年のはじめ、撃ち落とされたドイツの軍用機から、「クニッケバイン光線」について書かれた文書が回収された。それを使って夕暮れから朝にかけての航行が可能になるとのことであった。それでも、二人の高名な軍事物理学者、ヘンリー・ティザードとチャーウェル卿フレデリック・A・リンデマン教授には分かっていたように、遠隔操作は不可能であることに変わりはなかった。その間、バーミンガムではすでに若きオーストラリア人M・L・E・オリファントが、九・八センチの短い波長を出せる管の研究に携わっていた。これによってヴェーザー川の東に位置するドイツの町の命運は決定した。しかしそれまでにはまだ三年かかった。

一九四〇年六月、イギリスは、それでもひょっとしたら何らかの無線がドイツ軍の攻撃を誘導しているのではないかと疑った。捕虜のパイロット同士の会話を傍受すると、戦闘機の残骸の中にあるが決して見つからないだろう、というある物体について触れていた。そこでイギリス軍はそれを探し、あるべき場所に受信機を発見した。つまり着陸計器の中に。レーダーとはもともと、悪天候下での着陸誘導以外の目的では使用されたことがなかったのだ。

今やイギリスは、自国の南・中部の工業都市を空爆したドイツのいわゆる「稲妻（ブリッツ）」のシステムの謎を解いた。敵は二種類の無線誘導装置、「クニッケバイン」と「X」を使用していた。前者は大まかに、後者は正確に方向を教えるものであった。感度の高い方の「X」装置は、特別の訓練を受けた第一〇〇戦闘集団の飛行機に装備された。彼らはこの装置を使って、爆撃手が短時間で爆弾を投下できるように目標を特定し、マーカー弾で印をつけた。この方法はコヴェントリー爆撃で決定的な成功を収め、それについてイギリス爆撃機軍団は倦むことなく研究を重ねたのだった。

イギリスのレーダー誘導モデル、ジーとオーボエが使用可能になるには約二年がかかった。オーボエはきわめて正確に位置を測ることができ、一方ジーは大まかではあるものの、より速やかに測定できた。両方とも地上の基地数カ所から操作され、ジーでは三つの、オーボエでは二つの電磁波を基地が送っていた。機上の受信機がそれを目に見える、あるいは耳に聞こえるサインに変換し、パイロットは夜空でも、自分のだいたいの位置を知ることができた。

ジーが届く範囲はそう広くはなかった。七〇〇〇メートル上空ではイギリスから六〇〇キロ離れると最後の電磁波のパルスが届き、その後飛行機は地球の曲面の背後に消えてしまう。信号はまっすぐにしか届かない。乗員が低く飛ぶほど、地平線が彼らを飲み込むのが早くなる。そのためルール地方を見つけるのが関の山で、個別の都市まで特定することはできなかった。

オーボエとは違ってジーは爆撃の照準には役立たなかった。オペレーションズ・リサーチ*は、ドイツの第一〇〇戦闘集団が取った作戦を真似ることを勧め、ジーはクニッケバイン同様、大まかな誘導を行った。満月であれば、安全な高度からも市街地の輪郭が見て取れた。灯火マーカーを投下すれば、正確に目標が分かった。続けて火災を引き起こす爆弾を投下すれば、目標自身が明るくなり、破裂弾で破壊できた。最初、火炎はたんなる目印であり、目的ではなかった。一九四二年二月、爆撃機軍団はウェールズでこの技術を訓練し、三月にはエッセン空襲で応用した。

都市が連なるルール地方はそれ自身が目標であるが、中心部にクルップ社**の工場があるエッセンはとくに魅力的であった。一九四一年一二月から一九四二年二月まで、爆撃機軍団は出撃を四三回の夜間爆撃にとどめていたが、それはジーを装備できるようになるまで待っていたからである。その後は三月と四月の四週間半のあいだに一五〇〇機の爆撃機が、エッセンを徹底的に破壊せよとの任務を負ってルール地方を襲撃した。

満月時には、バルデナイ湖の輝く広い湖面が、エッセンを示すいちばんの天然の標識である。八回の爆撃の後、自動撮影された写真の九〇%によって、エッセンの外側の地形が明らかになった。クルップ社では一度火災が発生し、何発かの爆弾が近辺の線路を破壊していたが、工業設備の被害はそれだけであった。[14] わずかな住宅が損失し、六三人の市民が亡くなり、人々に愛されたグルガ公園のレストラン、ブルーメンホーフは灰と化した。このレストランは外国人労働者、強制労働者用の宿営地として使用されていた。それに加えて、意図せずして他の二四の都市が爆撃された。三月九日夜の攻撃だけでも、エッセン以外にハムボルンとデュースブルクが甚大な被害を受け、七四人が死亡した。

ジーによって誘導された作戦では、爆弾の五〇%から七五%は目標の都市部以外に落下した。それ以上正確にやり遂げることはできなかったのである。ジーは到達距離の限界付近では一〇キロの誤差を出した。それでも、電波は爆撃機を目標まで誘導し、空爆で都市を破滅させることができることを証明した。その都市が何という名であろうと、たいして重要ではなかった。ともかくも、今や、高高度を飛行する爆撃機を夜間、ある場所に導く航法が存在することになった。そして爆撃機は、帰路にはどちらがイギリスの方向か知ったのである。

ルール地方と並んで北海とバルト海もジーがカバーする範囲に入った。エムデン、ヴィルヘルムスハーフェン、ブレーメンが到達可能になり、リューベック、ロストックは六〇〇キロの円弧の外側には位置するものの、そこまでは安全な航路があった。そこから先は月光と独特の海岸線が、後に「爆撃道」と呼ばれる爆撃機の進路を示した。

爆撃機軍団はすでに一九四一年五月にジーのテストをしていたが、無線誘導に欠陥があることを最初から知っており、その導入を延期していた。飛行機に現在地を教える電波は、敵にもその位置を教えるのである。もっとも、それには敵が電波の周波数を知っている必要があった。大量の飛行機が撃墜され、エッセン作戦だけでも六四機が失われたので、装置はすべて敵の手に渡ってしまった。機体の分析で解明されないことは、とらえられた乗員に無理やり白状させたので、ジーは配備の八週間後には解明されてしまった。三カ月後にドイツは、信号をとらえ攪乱する術を学んだ。一九四二年八月以降、ジーはドイツ国内では使い物にならなくなった。一九四三年一月、イギリスは、ルール地方を新たに破壊するための道標、オーボエを登場させた。

第二次世界大戦における主要戦線となったレーダー戦は、学問研究の学際的性質を明らかにした。空襲での無線誘導という幻の世界は、いわば空から生じたのである。これ以降、空はもはや空ではなく、舞台となった。生きるか死ぬかの戦いの中、互いに刺激し、技術を盗み、追いつき追い越され、ついに空中を飛ぶことが戦力となった。誘導が可能となっただけで、空飛ぶ物体が最強の武器と化したのである。一切が目標となった。到達できないものは何もない。このように、科学は第二次世界大戦前と戦中にかけてはじめて戦争の本質的要素となったが、それが勝敗を決することはないだろうと思われていた。両陣営の科学者は、せいぜいのところ、敵より一歩先んじることを目指していたにすぎない。

ヨーロッパの空襲においては、敵に先んずる成果が次々に収められたが、すべて一方が勝利を収めたわけではない。クニッケバインからオーボエが、オーボエからヴュルツブルクが、ヴュルツブルクからウィンドウが、ウィンドウからSN2が生まれたが、これはH2Sによって締め出され

＊　主として数学、行動科学などの科学的方法を用いて軍、企業、政府などに問題解決の解を提供する技術。第二次大戦中に英米で導入され、戦後は軍事以外の分野にも応用されている。

＊＊　ドイツの重工業企業。ルール地方の鉄鋼・石炭を基礎に一大コンツェルンとなり兵器生産に乗り出した。ナチ政権下でも「クルップ法」によって保護された。

た。H2Sを追い払うのはナクソスとコルフであるが、ティンゼルに手ひどく妨害された。目標に向かって道を示す無線誘導装置はすべて、自分を邪魔する別の装置に遭遇することになる。そこで、妨害を避ける第三の装置が誕生するが、敵はすぐさまそれをわが物とし、それを使っている者を探し出し、といういたちごっこが延々と続く。

都市が爆撃機軍団の目標であったのと同様、爆撃機は戦闘機の目標であった。両者ともに夜闇では見通しがきかずにいた。爆撃機は夜空の奥深くにまぎれており、戦闘機には至近距離でも黒い点しか見えない。それゆえドイツは、視覚を電波に委ねたのだった。一九四〇年秋から一九四三年夏のあいだにドイツは、レーダーアンテナ、聴音機、サーチライト、その上空をパトロールする戦闘機編隊からなる、何百キロもの長さにおよぶ防衛地帯「カムフーバー・ライン」を作り上げた。それはもともと、ドイツ帝国を不死身にするという昔からの夢を現実にするはずのものであった。ボールドウィンのモットーとは逆に、どんな爆撃機も到達できないはずであり、それをドイツ空軍総司令官ゲーリングは自分の名誉にかけて約束していた。無線と光線の格子の中で侵入者は丸見えになるはずだった。暗闇の殻ははじけた。疾駆する戦闘機がのろい爆撃機を一撃で燃やしてしまうはずであった。

デンマークからスヘルデ川河口の北海沿岸では、カムフーバー・ラインは当初、レーダー地帯のことであった。一九四〇年九月以来そこに配備されていたフライア・レーダーが一二〇キロ先まで探知し、距離を測ったが、高度を測定することはできなかった。フライアは高度によらず、八〇〇〇メートル以内に接近するものをすべて見通すことができた。その一年後、フライアはヴュルツブルクによって補完された。ヴュルツブルクは、それまでは不可能であった周波数五六〇メガヘルツで、つまり五三・三センチの波長の鉛筆の太さを持つ電波を送受信するアンテナ鏡であった。ヴュルツブルクはどんな高度の飛行物体でも追跡できたが、近視眼であった。その射程は三五キロであったが、一九四二年以降、その二倍の射程距離を備え直径七・五メートルの鏡を持つ「ヴュルツブルク・リーゼ」が登場した。フライアもヴュルツブルクもサーチライトと連結されていた。それらが探知するものは、雲さえなければ光に晒された。

最も遠い距離まで達するのは無線聴音機である。それは五四〇キロ離れた場所の離陸準備の音を聞き取ることができた。それに続いてフライアとヴュルツブルクが攻撃者の気配を次々に察知した。これが防御線の第一段階であった。送られるデータは戦闘機誘導司令官の眼前で、半透明ガラス板の一種であるゼーブルク・テーブルの上に照らし出される。そこでは緑の点と赤い点とが動いている。赤い点は飛来する爆撃機を、緑の点は最も近い夜間戦闘セクターを旋回する戦闘機を示す。夜間戦闘セクターが第二の防御線なのである。

ゲーリングに夜間の国土防衛を一任されたヨーゼフ・カムフーバー大将は海岸線背後の空域を半径三六キロの円で区切り、「ヒンメルベット（天蓋付きベッド）」と命名していた。一つ一つの円がヴュルツブルク鏡を持ち、これが英仏海峡を監視し、担当の戦闘機が巡航して攻撃に備えていた。戦闘機誘導司令官はゼーブルク・テーブル上で赤点と緑点のコースを結びつけ、無線でパイロットに、爆撃機がサーチライトを横切る地点を教える。それから三分間でパイロットは自分の目標を目でとらえ、片付ける。空中戦になれば、たいていの場合最大一〇分間で、戦闘機に有利な状況となる。戦闘機が敵を見失った場合は追跡しないことになっていた。

しかし、その後爆撃機は第三の防御線の手中に陥る。東側に鎖状になって並ぶサーチライト群である。これは三〇キロ先まで照らすことができ、ミュンスターの西側から始まり、ルール地方にまで達していた。一九四三年七月までにカムフーバーはこれを、スカゲラク海峡からマルヌ川まで拡張していた。それはさらに複数の正方形に区切られ、それぞれが一五〇センチのサーチライト九個を備えた三つのサーチライト群からなっている。中央の主サーチライトはその周囲のサーチライトとともに光の円錐を形成し、一三キロ上方を照らし出すことができる。これはヴュルツブルク・リーゼの誘導で三六〇度回転可能だった。このいわゆる光の防御線の背後に、約三分間照らし出される敵に狙いを定める戦闘機中隊、「光の夜襲」が待機している。

この、空前の規模の戦略的防衛構想カムフーバー・ラインは、ドイツ防衛に完全に失敗した。それはイギリスに四％の損失をもたらしたが、それはつまり一人の乗員が平均して二五回出撃後に撃墜されたことになる。防御線の空隙を埋めるため、カムフーバーはそのバリアーを縦にも横にも台形に組織することにした。一〇〇にもおよぶヒンメルベットは一つにつき一〇〇人の要員を必要とした。ゼーブルク・テーブルでは手狭になり、カムフーバー専用のプラネタリウムが設置された。それはアルンヘム近郊、シュターデ、メス、デーベリッツ、シュライスハイムに置かれたマンモス級戦闘司令部であった。巨大な半透明ガラス板上にドイツ地図が浮かび上がり、正方形に区切った戦闘機誘導用の格子がそこに付されていた。壁の片側に通信助手の女性たちが、反対側に戦闘機誘導司令官たちが、階段状に並んだ机に配置された。電話でレーダー・ステーションと通信している約四五人の女性は、割り出した爆撃機群の位置と味方の飛行機の現在位置を光の点でガラス上に示した。反対側の司令官たちは電話ですべての戦闘機隊と連絡を取っていた。その上の階廊では部隊長が空中全体の状況を一望している。

もっとも、この空中戦用プラネタリウムは天体を映し出しているわけではなく、半透明ガラス上の点の真の姿は外で戦ったり爆弾を落としたりしている星々であった。この指令用ブンカー〔コンクリート製の防空施設。地上ブンカーと地下ブンカーがあった〕の天井は厚さ四・六メートルで、耐爆構造であると考えられていた。カムフーバー・システムは破綻したが、それは爆撃のためではなく、幅二センチ、長さ二五センチのアルミ箔片が何百万も落とされたためであった。これにより一九四三年七月二四日、レーダー戦争全体に重大な影響を与える一撃がなされ、ハンブルクで数万人の人々が命を落としたのだった。

一九四三年七月二五日、真夜中を少し過ぎた頃、シュターデの戦闘用ブンカーの要員たちは息を飲んだ。海岸線上のレーダー・ステーション群が、一万一〇〇〇機というかつてない規模の飛行機群の飛来を告げていた。画面はこれもまた見たことがないほど無数の、瞬くギザギザの反響でいっぱいだった。空はとてつもなく高速の爆撃機で埋め尽くされているに違いなかったが、それがどの位置なのか、ヴュルツブルクはヒンメルベットにも、サーチライト防御線にも、高射砲にも、もはや示すことができなかった。正体不明のレーダー反響の雲がそうした設備を作動不能にしてしまったのである。戦闘機も、戦闘機誘導司令官たちも、サーチライト中隊も、居並ぶ高射砲も、もはやどうしてよいのか分からず、麻痺状態であった。

この怪奇現象の正体は、爆撃機乗員が爆弾投下孔から素手で落としたアルミ箔片だった。アルミ箔片は二次的な電波を発生させ、それは一五分間続いたが、周波数帯は非常に狭かった。それは妨害すべきレーダー電波の半波長を有していた。ということは、周波数はすでに敵に知られていたに違いなかった。開戦前に自国の海岸線を一連のレーダー「ホーム・チェーン」で縁取っていたイギリスは一九四〇年秋以来、対岸での作業を興味津々で観察していた。カムフーバー・ラインの屋台骨であるヴュルツブルクはそれが任務に入る以前からすべて覗き見されていたのだ。イギリス側はその展開具合を知っていて、その働き方を熱心に研究していた。

フランスのル・アーヴルの北一八キロの岸壁にぽつんと建つ建物の正面に、目立つ点があるのを偵察写真はとらえていた。その点は、ヴュルツブルク受信用皿型アンテナであることが判明した。戦中を通して最も重要な戦果を収めた大胆な作戦によって、そのアンテナは取り外され、イギリスに持ち帰って一九四二年二月に測定された。同じ頃、イギリスとドイツで同時に金属片のすばらしい効能が発見された。両国ともに、つまらない針金やアルミ箔片が精巧な機械におよぼすとんでもない効果に困惑していた。もし金属片を使用すれば、敵はすぐさま同じものをこちらに対して使うだろうから、どちらの損害が大きくなるかを熟慮する必要があった。ゲーリングは一九四三年一月にこの恐るべき兵器の実験を禁止していた。もしも敵がそれを手中にして反撃してきたらもはや対抗手段がないからである。ドイツは自国のレーダーでイギリス軍による爆撃を防御してきたし、その逆のケースはほとんど経験したことがなかったのだから、それももっともな話であった。

イギリスにはいかなる犠牲を払ってもレーダー合戦による損失から守らなくてはならない重要な地点があった。それはシチリア島にある英米軍の上陸地点であった。しかし七月中旬にカタニアまで島の半分を征服したので、チャーチルはついに金属片を使う許可を出した。そこでようやく金属片がカムフーバーの空の砦に向かって放たれた。このようにタイミングを計ったことによって、金属片の効能が発見されてから使用されるまでのあいだに二二〇〇機の飛行機が、ドイツの防衛地帯カムフーバー・ラインで撃墜されていた。最初のアルミ箔投下で一〇〇機が救われたが、これは通常の損失率で計算すると、ハンブルク上空で撃墜される数である。カムフーバー・ラインは一夜にして役立たずのスクラップと化した。

ドイツ軍が金属片を使った反撃をすることはなかったが、アルミ箔片作戦による成果の方も疑わしいものだった。ドイツの戦闘機パイロットはカムフーバー・ラインを凝りすぎた狂気の沙汰の産物と見ていた。これはパイロットを誘導司令官の命令に縛りつけ、空中の箱に閉じ込め、イギリス軍がとうの昔に変更した飛行戦略に対応したものであった。ぶざまなヒンメルベットの中では、攻撃してくる爆撃機一機に対して、戦闘機一機が差し向けられた。技術的にはすばらしい地上誘導法であったものの、動員できる火力はわずかでしかなかった。一方イギリスは、五〇〇機から一〇〇〇機の飛行機からなる編隊で接近した。イギリスにとって、ドイツ防衛線での多少の損失など、たいしたことではなかった。

一九四二年はじめには爆撃機軍団が有する爆撃機は四〇〇足らずであったが、一九四三年八月に始まったベルリンの戦いには一六七〇機が参加した。(15) 一九四三年後半に入るとアメリカ軍が、臨戦態勢にある航空機を七月に一八二三機、年末には二八九三機携えて参加した。カムフーバー・ラインがたとえドイツ全土を包囲していたとしても、こうした軍勢の侵入を阻むことはできなかっただろう。一九四三年にイギリス軍は三万六〇〇〇回の夜間出撃を、アメリカ軍は一万二〇〇〇回の昼間出撃を遂行した。迎撃側はもっと柔軟かつパイロットの能力と大胆さを有効に生かす防御手段を必要としていた。金属片による破滅によってドイツはすぐに作戦を変更しなければならなくなり、それはうまくいったのである。

一九四三年八月二三日から二四日にかけてのベルリン攻撃作戦第一波で、爆撃機軍団は七・九％というそれまでで最悪の損失率を蒙った。アメリカ第八航空軍は八月一七日のシュヴァインフルトとレーゲンスブルクの同時空襲で、投入した飛行機の三分の一を失った。九月六日のシュトゥットガルト攻撃では一三％、一〇月一〇日のミュンスター攻撃と一〇月一四日のシュヴァインフルト再攻撃ではそれぞれ二〇％の損失となった。アメリカ軍の使命は昼間爆撃であった。カーライル・ダーリング中尉によれば、ドイツの戦闘機はまさしく太陽の中から攻撃してきたので、それを視界にとらえることはできなかった。他の戦闘機は「まるで幌馬車隊を取り囲むインディアンのように」B17を取り巻いた[16]。

出撃前にダーリングは、たとえ農場の上であれ、ドイツのどこにでも爆弾を投下してよろしいと言われていた。金属片が使われ始めた後は、爆撃機はどこででも撃墜されうるというのも事実であった。あまりに多くの機体が撃墜されたこの段階で、イギリス爆撃機軍団は一九四一年以来二度目に、自国の兵器がどのくらい持ち堪えられるか計算した。また参加早々のアメリカ第八航空軍も同様だった。アメリカは一九四二年から四四年までのあいだに七万六九八五機の飛行機を、イギリスは一九四三年に二万六二六三機を、翌年にはさらに二万六四六一機を製造していたが[17]、一〇万人の乗員を新しく調達し、訓練し、装備をつけて送り出すことはできなかった。爆撃機軍団は大戦中に一二万五〇〇〇人の乗員を動員し、七万三七四一人が死亡あるいは負傷し、あるいは捕虜となった[18]。一九四三年は爆撃機軍団が一万四〇〇〇人という最大の戦死者を出した年であった。この数字は従来の基準では耐えられるものではなかった。限界をはるかに超えていたのである。

空中での戦争を地上のくびきから解放するため、両軍ともすでに一九四二年の終わりには機上レーダー装置を導入していた。ドイツ空軍の機上レーダー、リヒテンシュタインは金属片に屈服した。ドイツ軍はイギリスのH２Sが二回目に使用された際、ロッテルダム近郊で撃墜機の残骸からそれを見つけ出して組み立てていた。レーダー戦での優位は六カ月しかもたなくなっていたが、漏洩していない機密はあったし、また秘密兵器を使って相手を出し抜こうという希望も双方に残っていた。イギリスは、金属片に乱されないドイツの機上レーダーＳＮ２のことを察知しておらず、もう使われてもいないリヒテンシュタインを必死に妨害していた。逆にドイツは一九四四年一月まで、この時代で最も精密な爆撃照準装置、オーボエに対抗する手段を持たなかった。というのも、その謎を解くことができなかったのだ。クレーヴェ近郊で撃墜された機体からこのオーボエをやっと手中にすると、ドイツは三日間で妨害電波発信所を八〇カ所建設し、それ以降オーボエは目標をはずすようになった。イギリス側は妨害されていることに気づいており、ドイツは敵がその装置の周波数で「気をつけろよ、豚野郎[19]」と言うのを受信した。それを聞いてドイツ側は気をつけるどころか誇らしく思った。ドイツは、敵が自分たちのことを知っていることを知った。そして敵が妨害不可能な波長九センチの周波数帯（三・三ギガヘルツ）に変更するだろうと予想したのだが、イギリスは相変わらず元の波長で送信し続けたので、ドイツはイギリスを馬鹿だと思って満足した。じつはこの信号はおとりであって、オーボエは短波を使用して機能し続けていた。

一九四一年新春の窮余の数週間にＡ・Ｈ・リーヴズとＳ・Ｅ・ジョーンズが二〇日間で考案したオーボエは、理論的には誤差九〇メートルの精度で目標を狙った。実戦では半径五キロ内での命中率は二〇％から六〇％に上昇した。もっともそれは海岸の基地から四五〇キロの距離内でのことであった。ルール地方はかろうじてその圏内だった。しかし、ルールは戦争末期には何千もの爆撃機で破壊されていて、精度の高さは必要ではなかった。

一九四三年夏のハンブルク空襲ではＨ２Ｓが使用された。これは磁電管を使った革命的なもので、それほど精度はないが、地上に頼らず機能する航法・目標照準レーダーであった。ロッテルダムでドイツがイギリスから分捕ったサンプルは、ベルリンのテレフンケン社に輸送されたが、そこでＨ２Ｓを使った空襲で破壊されてしまった。そこで、新たなサンプルが奪取されるまで開発研究は延期されたが、一九四三年九月に地上配備の受信機コルフと機上のナクソスという対抗策が奏功するに至った。これらの装置は、爆撃機乗員が離陸二〇分前に飛行機をウォーミング・アップさせている時点でＨ２Ｓ電波をとらえるほど高い感受性を備えていた。間もなくベルリンを中心として西部ドイツ全域をコルフ網が覆い、爆撃機の川の前衛、パスファインダーを監視した。

その頃ドイツは一万五〇〇〇人を動員してレーダー戦を戦っていたが、あるときは一方が、あるときは他方が優勢になり、どちらも突破口を見出せずにいた。ドイツの戦闘機にもはやガソリンもパイロットも尽きたとき、転回点が訪れた。ドイツ民衆から天使ケルビムのごとく崇拝された撃墜王がその技術と自己犠牲の精神で成し遂げたことを、イギリス人はコロナ作戦という奇妙なアイディアで補おうとした。イギリスは、自国に反ナチの移民が大勢住んでいて、あらゆるドイツ方言を喋ることができるという政治的状況を利用した。例えば、H2S飛行中隊についてのデータをコルフが地上から空中に送る無線交信会話に、声を紛れ込ませるのである。その声は誘導司令官を、戦闘機に嘘の航路を示すイギリスの手先呼ばわりし、本当の航路は全然違うんだぞ、と言ったりした。

ケント州の小さな基地はドイツから奪い取った送受信機を使って高周波数帯で嘘の航路を教え、逆の命令を出したのだが、これは大変な効果を上げた。ドイツ兵のヘッドフォンからは、お前は本当はイギリス人なんだろうと互いに罵り合うドイツ語が響いた。戦闘機の乗員は確認の質問をするよう厳命を受け、ドイツは周波数を変更し、女性や方言を話す人間を任務に就けたものの、イギリスの移民に対抗できないことなどなかった。戦闘機の乗員は他のことにも注意しなくてはならないので、声が敵か味方か判断するには長い時間がかかる。彼らの耳にはあらゆる周波数で警告音やら、警笛やら、ヒトラーの演説の録音やら、行進曲やらがずっと鳴り響き、耐え難いありさまであった。

両国ともに大気を、爆弾を運搬する者に目標を指示するための手段とみなしていた。爆撃手と戦闘機乗員が運ぶ死も破滅も、もっぱら大気という実体のないチャンネルを通して目標に到達した。攻撃者の機体から発信されるH2Sの電波はナクソスを使う敵に追跡される可能性もあったが、それはドイツの科学技術がデータを解読できればの話であった。奇妙なことだがその当時の科学技術は、ベルリンのフローナウ地区やあるいはハンブルクのような町の位置を割り出すよりは、六〇〇〇メートルの高度で夜空を疾駆する二つのちっぽけな飛行体が遭遇するようにする方が得意なのであった。

H2S機上レーダーは地上を走査し、その天然の目印を陰極線管に映し出した。水は暗く、陸地は明るく、町は明るく輝いて見えた。暗い水のそばの、明るい陸地のどこから、どんな輪郭線が輝いて浮かび上がるか、航法士は目前のちかちかと動くモニターとH2Sの地上図を比較しながら知ることができた。地図に載っている像とそこに浮かび

高射砲部隊

上がる像が似ていれば、襲撃すべき町の上空にいることになる。

しかし、九〇〇平方キロのベルリンの中の一五平方キロに当たる東部工業地帯を狙うのは、一九四三年一一月になってもまだ運次第であった。パスファインダーが二六日夜にベルリンを目指した際、フローナウ地区で進路を変えるはずであった。そこはテーゲルの森に隣接し、住宅地の端の北西部にある突出部である。航法士たちは高射砲のサーチライトから逃れられず苛立っていたため突出部を逃してしまい、その結果目標を定められず、すっかりまごついて、レーダーのモニター上に暗い点を投げているはずの市中の大きな湖面で位置を確かめようとした。最初に暗い点が一つ、やがて多くの暗い点が現れると、航法士たちは目標指示の吊光弾を投下した。写真の解析で、投下地点は目標から何キロも離れてはいたが、どこかの工業地帯であることが判明した。一二月二日に行われた次の攻撃でパスファインダーは、周辺の三つの小都市、シュテンダール、ラーテノ、ナウエンのレーダー反響によって位置を確認しようとした。しかし、彼らはそれをゲンティン、ポツダム、ブランデンブルクから来るよく似た反響と誤認し、二二キロも南にはずれた地点に目標を置いてしまった。

ベルリンは広大な都市なので、ともかくも市中を攻撃することはできた。しかし、一九四三年三月に爆撃手長がH2Sに従って海岸から飛来し、エルベ河畔の砂州をハンブルク港と認識したときには、そうはいかなかった。その上、爆撃手長はエルベを一六キロ下った地点にドイツが造り、照らし出していたおとりの施設に騙されていた。それは内アルスター湖に似ていて、そこを爆撃から逸らすための施設であった。この二つの誤りが重なり、隣接する小都市ヴェーデルの運命を決した。そこは殲滅させられたのである。

乗員

H2Sのシグナルを解析するには生まれついての航法士としての才能が必要であったが、そのような人間は稀だし、一九四三年末には爆撃機軍団の少なからぬ人々が、優秀な乗員はもういないと語っていた。ルールの戦いだけでも飛行機一〇〇〇機が使い尽くされ、五〇〇〇〇人の兵士が死に、捕虜になった者はほとんどいなかった。その年の半ばには累計二万人の乗員が戦死し、三四四八の爆撃機が敵地から帰還しないままに終わった。結局クリスマス頃には、生き残った者たちも、自分が今後も生き延びるとはあまり思えなくなっていた。

他の職務の者たちと比べると、航法士は神経が図太く、辛辣な性質の持ち主であった。空中での戦いでは、爆発する機体、墜落する機体に囲まれながら高射砲の発射時間、地点、高度を、そしてまた撃墜されつつある味方の飛行機に敵の戦闘機の爆弾が命中する様子を航空日誌に書きつけた。空中のアルミニウム製カプセルは、とりわけそれが爆撃機であれば、あまり楽しい戦場ではなかった。ある航法士は新妻に次のように手紙を書き送っている。

> 戦闘機の攻撃にはほとんど打つ手がない。零下三〇度の空を飛んでいるのに顔からは汗が流れ、服の下の体は凍てついている。榴弾が飛び散り、まるで嵐の海を漂うコルクのような船を駆り立てる。[20]

乗員にはパイロット、副パイロット、爆撃手、通信兵、工兵、砲手二名がおり、全員二一歳前後である。命令を下す士官さえ二〇代であることも多かった。イギリス空軍の任務は応召の命によってなされたが、爆撃機軍団への入団は自由意志だった。爆撃という使命が強要されることはなかった。機体を支配するのは第一パイロットである。機が帰還するも墜落するも、彼の責任である。実際にはそうでなくても、心理的にはそうなのだ。機と乗員を粉砕するような操縦上の失敗をしかねないことをパイロットは知っている。地上のことは彼の頭にはない。もっぱら空中での出来事だけに専念する。乗員が一体のチームとなり、自分の装置をよく試験し、熟知していれば、生き残るチャンスが増すのだ。頼りになるのは訓練と神への祈りだけである。

機体は航路を逸れてはならず、他の機との連絡を保っていなくてはならず、計器をよく観察し、遅くとも夜間戦闘機が死角に入り発砲する前にそれを発見しなくてはならない。この上なく狭い空間に押し込められ、疲労困憊し、いついかなる瞬間に死の危険が襲うかもしれない単調な夜間飛行では、全員が注意を怠らず、また計器をよく理解していることが必要である。パイロットは機上で会話を禁止されることもあった。空襲を行う高度では気温は零下五〇度にまで下がり、暖房装置付き戦闘服を着たアメリカ軍パイロットですら凍傷を負った。操縦席の暖房はほとんど効かず、機関銃用突出機銃座にはそもそも暖房装置すらなかった。

機上砲手は六時間から一一時間、プレキシガラスの半球の中で手足をぴたりとくっつけて座り、身動きもせず夜闇を見つめる。副パイロットはパイロットの負担を分け合い、二人は計器から目を離すことを許されない。寒さと並んで疲労が、とくに爆弾を投下した後の帰還途上では、手ごわい敵であった。激しい睡魔に襲われパイロットと副パイロットが居眠りすると、彼らを運命が襲った。命中弾で負傷したり死亡したパイロットは交代しなくてはならないが、それは難しい。体の内圧は機内の圧よりずっと高いので出血は激しくなる。結果は墜落で終わることが多かった。

爆撃手は腹ばいになり、照準器で目標を計測しながら任務を遂行する。アメリカ第三八一爆撃航空群のロックハート中尉は、体を起こす際に撃たれた様子を次のように報告している。「まるで、煉瓦で顔を殴られたようだった。命中弾を体で受け止めるときの物理的衝撃はものすごい。榴弾の破片が顎を通り抜け、頬を通過して左目の後ろで止まった」[21]。ロックハートはハッチから飛び降りることができたが、多くの者はそうはいかなかった。飛行機は墜落時に水平の体勢を喪失して、きりもみ状態になるからである。イギリス第一九九飛行中隊の機上砲手ニクソン軍曹は、彼の機体に命中した弾を「巨人の手」に喩えた。「その手は我々をがっしりと摑んだ。まるで殺人犬に振り回され、引き裂かれる鼠のような気分だった」[22]。ニクソンは発射し始めた機関銃と反対側に投げ出され、彼自身とやや高い位置にある突出機銃座の真中でヒューズが火を噴くのを目にしたが、パラシュートを身に着けて、メンバーの中でただ一人、墜落する機から逃れることができた。これが彼の初出撃であった。一九四三年八月二三日に行われたこのベルリン空襲では、彼の同僚の第一五八飛行中隊員は顔面を撃たれ、流れる血のためハッチを見つけることができなかった。

　機体の尾部に配置された機上砲手は後方から攻撃してくる戦闘機に対して無防備であった。一九四三年後半、ドイツは「シュレーゲムジーク〔「斜めの音楽」の意でジャズを指す。斜め銃のこと〕」という撃墜法の訓練を行っていた。約七〇度の角度で二センチ砲が二つ、戦闘機の機首上方に取り付けられ、パイロットは光像式照準器によって上に向かって狙いを定めて撃つことができた。この射撃角度だとパイロットは爆撃機から見えない下方の死角に侵入できた。その後発砲すると、爆撃機全体が弾丸に晒された。

　射撃が始まってから、イギリスの乗員チームはやっと事態に気づく。戦闘機は、燃料タンク付近である両翼のエンジンのあいだを狙う。数秒後にタンクは炎上し、炎の裾が尾翼に火をつける。パイロットに残されているチャンスは垂直降下によって火を消すことだけである。しかしそれはあまりうまくいかない。爆撃機とは、それが燃やし尽くすことになっている町よりもさらに効率の良い燃料なのである。お互いに追い越し合う火だるまと化した炎上するオレンジ色のランカスターが何を意味するか、イギリス軍の乗員は皆知っている。この不運な仲間が翼に接触すれば、自分も災難に巻き込まれるのだ。

　ベルリンやルール地方のような厳重な警戒地域上でイギリスの攻撃者が直面するのは、見渡す限りの破滅の場面である。下には高射砲、背後に、あるいは上には戦闘機、前方には衝突の危険、耳を聾する轟音と燃える炎の大混乱が乗員チームを呪縛する。何もない空虚と闇の中を延々と飛行した後、目標の上空は突如として戦闘機で埋め尽くされ、円錐状のサーチライトで昼間のように明るくなり、高射砲の弾幕砲火、戦闘機の機関銃一斉射撃、音をたてて落ちる爆弾、標識弾、照明弾でいっぱいになる。

　爆撃機は、何であれ上から来るものをひどく嫌うものである。雲の垂れ込める夜には高射砲隊のサーチライトは雲に当たり、それを透過せず照らし出す。その明るく白い平面を迎撃戦闘機は「経帷子（きょうかたびら）」と呼んでいた。迎撃戦闘機が爆撃機の川の上空に達すると、爆撃機は明るい雲を背にくっきりと黒く浮き上がって見えた。迎撃戦闘機は炎の舌でそこを染める。炎はパラシュートについて降りてくる。それを見て爆撃機乗員は恐怖に怯える。待ち伏せされているような気分だ。ドイツ側は爆撃機が到来するのを知っていた。爆撃機の乗員はこう語った。「まるで、誰にも見られませんようにと願いながら、裸で駅にいるような気分でした。暗い横丁から、煌々と照明が輝く大通りに出たようでした」[23]。上空からは激しい砲火が降ってくる。撃たれるより恐ろしいのは、狙われたことを悟る瞬間であった。

高射砲も同様であった。これは戦闘機ほどの損失はもたらさなかったものの、それ以上の不安を呼び起こした。八・八センチ標準砲は八キログラムの榴散弾を六・五キロ上空に発射した。炸裂点に達するとそれは一五〇〇個もの尖った破片となって高速で四方八方に飛び散った。炸裂点から一〇メートル以内の飛行機は撃墜され、一八〇メートルでも大損害を蒙った。狙いを定めて空襲するのが難しいのと同じ理由で、高射砲で敵を狙うことも困難であった。四〇〇〇メートル上空を飛行する爆撃機に榴弾が到達するには六秒かかる。爆撃機が例えば時速二九〇キロで飛んでいるとするならば、榴弾が飛んでいるあいだに約五〇〇メートルも進むことになる。大砲に付いている装置がこの係数を割り出すのだが、結果としては弾幕射撃のほうが効果的であった。それは逆向きの絨毯爆撃のようなものだからだ。両方とも命中の確率は低いものの、アメリカ航空軍幹部がよく知っていたように、榴弾の破片の嵐の中を通り抜けるとパイロットの神経はずたずたに引き裂かれてしまった。

高射砲は爆撃機が正確に目標を狙うのを妨害して高高度にとどめ、任務を遂行する前に引き返させた。防衛する側は前もって敵機の接近ルートを計算しており、これを連続射撃した。作戦に参加した兵士は語る。「この弾幕射撃に身を晒すのは、七里靴をはいた巨人に尻を蹴り上げられるようなものでした」[24]。あたりで飛び散る榴弾の爆風だけでも敵機を震えさせるに十分であった。

防衛される町にとっても、攻撃される爆撃機隊にとっても、高射砲での演出は印象的だった。サーチライトと機関砲がその舞台俳優であった。いつもそうであったが、死の使者を差し向けるのは光であり、誘導ビームである。一九四三年には、一つの大砲台に、最大で七〇のサーチライトと一六〇門の機関砲が設置された。一・五メートル標準サーチライトは光度一三億カンデラで一三キロ上空まで照らし出した。そのような装置はそれ自身がすでに武器と言える。これに捕捉された飛行機はもはや爆弾を正確に落とすことはできなくなる。

レーダーで誘導される主サーチライトは直角に上空に上がる。その光は、高密度と速度のため、淡い青色をしている。それが飛行機をとらえると、光はその方に傾き、他の二〇の光がそれを追う。いくつもの光は円錐形をなし、その動く頂点に爆撃機が架かっているように見える。エッセンのような都市では、そのような円錐が一五も出来上がる。円錐の一つ一つが飛行機一機を、つまりは戦闘のほんの一部分をとらえるわけである。円錐にひっかかっている爆撃機は大砲に撃たれるかも知れず、撃たれないかも知れないが、それは爆撃に大きな影響を与えはしない。

たいていの場合、飛行隊が大規模になればなるほど高射砲隊も大規模になった。逆もまた同様であった。それは損失率には影響しなかったが、重要なのは劇的な効果であって、ヒトラーと大管区指導者（ガウライター）*たちは戦闘機と高射砲による防御を諸都市に設置しろとしきりに急（せ）かした。爆撃戦争とは他者の死に耐えることである。次は自分の番かも知れないのだ。眼前で演じられる死の光景は内的体験となる。死者は降伏できない。降伏できるのは死にたくない人間だけである。高射砲の空中演技も同様だ。町の住民たちが見たのは虐殺ではなく戦闘であり、パイロットたちが見たものも同様であった。

イギリス空軍第一〇二飛行中隊のG・K・パウエル軍曹は次のように記している。

> 安全に身を隠していると思っていたのに、空中の小さな避難所が突然、目も眩むような光に晒される。飛行機は網にかかったハエのようになり、砲手に方位を悟られる前に逃げようと絶望的な試みをする。高射砲のサーチライトを生きて逃れる者は多くない。唯一の希望は、サーチライトが円錐形をなす前に逃げることだ。爆撃機がその円錐にとらわれ、榴弾が発射され、飛行機に接近し、最後には炎が上がってときには激しく爆発するのを、私は何度もなす術もなく見ていた。(25)

イギリス空軍第一五六飛行中隊のR・B・リー中尉は、何重にも円形を描いてベルリンを照らす高射砲のサーチライトについて、それを見ただけでも「全人生で最も恐ろしい体験だった(26)」と回想する。爆撃手だった彼はランカスター機の前部に腹ばいになり、無限とも思える飛行の最終段階で町に高射砲が林立しているのを見て、爆撃手長の指示を待った。爆撃手長は、爆弾投下前に急降下せずに「まっすぐ水平に」飛行しろと命じるのが常であった。中尉は撃たれてバラバラになるのを覚悟した。しかし不安のあまりパイロットは指示に従わず、サーチライトを避けて震え、悲しげに鳴く機体を数千メートルも降下させたらしい。機体の音が彼の耳をつんざくが、空軍中佐D・H・バーンサイドがエッセン上空で第四二七飛行中隊の部下たちに強いたのと同じ運命には巻き込まれずにすんだ(27)。中佐の部隊のウェリントン機はまっすぐに高射砲の榴弾にぶつかり、その破片で航法士は即死、無線士は片足を失い、積荷の爆弾は投下されたのだった。

ウェリントン機の半数はしばしば任務から帰還できなかった。というのも、自己密閉式の燃料タンクを持っておらず、あっという間に火に包まれたからだ。そのような旧式の機体の乗員はまさしく棺に乗って飛んでいたわけである。「ビッグ・シティ」であるベルリンを破壊するために必要なトン数の爆弾を運搬できる重爆撃機のスターリングとハリファックスが再度、任務を命じられた。その重さゆえにハリファックスは低高度をのろのろ進み、戦闘機にとらえられても上に逃げることはできなかった。

ベルリン攻勢の数カ月間、ドイツの戦闘機は「ヴィルデ・ザウ（荒くれイノシシ）」と「ツァーメ・ザウ（おとなしい豚）」という新たな戦術を磨き上げた。戦闘機のパイロットはいつもカムフーバーのレーダー戦術を奇妙な黒魔術のように感じていた。狩りとはスポーツであり、単発の鳥に乗った狩人は機と一体の孤独な闘士である。武装した隊列となって目的地へと突き進む爆弾運搬者たちは不安を押し殺し、それに耐えながら姿を現す。迎撃者たちは闘士の能力、視力と熟練、巧智でそれに対峙する。爆撃者は目標を見出すのに苦心するが、迎撃者にはその苦労はない。迎撃者はどこを狙うべきか分かっているからだ。迎撃者は敵を探す必要すらない。敵が向かう場所は分かっている。原則として、敵はその目標上空に現れる。

カムフーバーは戦闘機による防衛線を市の外部に引いていた。高射砲は敵と味方を区別できないからだ。ヴィルデ・ザウ作戦は上空をさらに数段階に区分けする。下では高射砲が砲撃する。高度五〇〇〇メートルの上部では戦闘機が巡航している。どのみち、あまり高くは届かないからである。戦闘機は高射砲の司令官たちと協力し、時間と場所に応じて活動領域を分けていた。高射砲が爆撃機を上空の迎撃者の方へ押しやり、あるいは迎撃者が下の高射砲の方へ押し戻す。

上空の戦闘地域では戦闘機が当然有利であるが、数においては不利であった。それは一対一の戦いではない。カーブし、急降下し、サーチライトに目を眩まされながら、戦闘機は横や上の爆撃機に挟み込まれる。数カ月経つうちに戦闘は屠殺の様相を呈した。ベルリン空襲作戦が始まった一九四三年八月二三日には、爆撃機パイロットの死者一四九人に対し、戦闘機側の死者は三人であった。八月全体で、ドイツは二九〇機の爆撃機を撃破した。半年後、ドイツは

＊　大管区、ガウ（Gau）とはフランク族の古い用語で、ナチはこれを行政区分を表すのに用いた。その指導者が大管区指導者、ガウライターー。一九四二年には四三の大管区があった。大管区の下の行政区分は上から順に郡（Kreis）、地区（Ortsgruppe）、細胞（Zelle）となっていた。

ほとんど同数の損失を蒙ることになり、それを補填することはできなかった。

一九四三年夏には、自分たちがその上空を飛んでいる町が一時間後にどうなるか、戦闘機パイロットには分かっていた。彼らは、その名が意味ある響きを持つ町、アーヘン、ミュンスター、ニュルンベルクという土地を火刑用の薪となす飛行中隊と戦った。ドイツ空軍はヴィルデ・ザウに一群の問題児たちを充てていた。社会的無能力者、犯罪者、古強者たちで、彼らは何も失うものがなく、町の上空で最後の戦いをするのである。一方ツァーメ・ザウ作戦では、敵の飛来ルートと帰還ルートに沿って追尾した。戦闘機は巧みに爆撃機の川につき、割り込んで追い越し、旋回して正面から突進すると、衝突寸前に射撃して急上昇する。一九四四年一月に始まったこの作戦にともなう危険のため、爆撃機は爆弾投下のほんの短い時間以外、爆撃ではなく、自分が生き残ることに注意力を取られてしまうのであった。

爆撃司令部は乗員に三〇回の出撃を課していた。一九四三年当時、その任務を無事に終える確率は六分の一だったが、一一月には二〇％の者がそれを果たした。計算すると、一回の出撃につき三・三％の損失率となり、三分の二は三〇回の出撃を生きて終えることができないことになる。それでメンバーたちは運命論者となった。生き延びるか、死ぬか、どちらかである。いつ襲うか分からない戦闘にすばやく対処するには、まず第一に冷静を保つこと、互いに連携することが大切だった。しかし同じくらい頼りになるのはお守りと、この世にもうしばらくとどまれることへの感謝を込めて、離陸と帰還の際、仲間とともに飛行機の後輪に小便をかけるおまじないだった。

少年のような眼差しの志願兵たちは冒険心から、あるいは爆撃機軍団はこの戦争に勝利するという言葉を信じて、三〇回の出撃に赴いた。彼らの表情には間もなく、途方もない恐怖が刻まれることになった。一〇〇人もの物言わぬ男たちが唇を固く閉ざして離陸した。弱虫と言われたくなければ、また、仲間を見捨てないためにはこの旅を投げ出すわけにはいかない。剝き出しの死を目の前にして、爆撃による間接的な死への感覚は消えてしまう。爆弾投下は不快感を呼び覚ましはしない。この任務の背景には一握りの揺るぎない真実があった。ドイツ人が最初にロンドンで、バーミンガムで、シェフィールドで、民間人を目標にした爆撃を行ったのだ。ドイツ人は占領地域で住民を苦しめている。爆撃は地上戦がもたらすであろう犠牲者を救い、戦争終結を早めるのだ。

離陸前の指令では、不吉な言葉は避けられた。一九四三年六月二五日から二六日にかけてのエッセン空襲の参加者は数年後にこう報告している。「そのときまで私たちには、自分たちが民間人を爆撃しているという意識はありませんでした。造船所とか、ゴム工場とか、鉄道施設が目標にあげられていたからです。しかしこのときの指令は、労働者住宅や、住宅地を爆撃しろというもので、個人的には一種のショックを受けました[28]」。

パイロットと航法士はすでに半年前、エッセンを、その炎が二二〇キロ先からでもまるで赤い日没のように見える「煮えたぎる巨大な鍋」にして後にしたと航空日誌に書き残しており、教わらなくても、自分たちの武器が地上で何を引き起こしたかを知っていた。ただ、背後の光景は、エッセンを取り巻く二〇〇〇門もの高射砲から逃れたという安心感と切り離して考えられなかっただけである。それは最も堅固に防御された町そのものとして彼らの脳裏に焼きついていた。

不満が募ることもあった。ヨークシャーに駐屯していた第七六飛行中隊はヴッパータールへの任務を快く思わなかった。ルール地方の爆撃から逃れてきた何千人もの避難民たちが犠牲になるからであった。そうした異議を唱える者を説得するには軍事的標的が持ち出されるのが常であった。実際、ヴッパータールの繊維工業には、パラシュートの素材を作っている工場が二つあったのだ。航法士は指令が与えられているあいだに「また女子供をやるのか」と言った。その言葉は無視されたが、しっかりと記録に残された。

任務を終えた爆撃メンバーたちは本拠地へ戻った。そこはパイロットに好意的で親切な村人の住むのどかな駐屯地であった。しかし、こともあろうにそこへ「着陸」することが多くのパイロットの悲運となった。疲労と不安に打ちのめされ、燃料タンクはカラになり、霧が立ち込め飛行機で混み合った空中を飛んだ後、多くの危機を切り抜けた者が、たんなる着陸の失敗で死んだのだった。

彼らは夜、眠れぬままに起きたことをあれこれと考えた。戦闘のストレスは静まり、任務中に乗員を結びつけている連帯感はしばしのあいだ中断され、航法士、爆撃手たちは普通の若者に戻り、彼らが戦った場所の数キロ下は今どうなっているのだろうと考えていた。何のためにこんなに戦っているのかまったく理解できないでいるメンバーにもその戦果がイメージできるように、目標の写真は到着とともにすぐさま分析された。こうしたことは夜、彼らの感情をかき乱した。

調査によると、爆撃チームの四分の三はドイツの民間人に対して何の敵意も持っていなかった[29]。持っていたとしても爆弾とともにビールの空き瓶を投下して軽蔑の意を表する程度の敵意だった。七月二五日から二六日にかけて引き裂かれ、燃やされた五〇〇人のエッセン市民は、想像できないほど抽象的なものでは決してなかった。それは三月から数えて六回目のエッセン空襲であり、報告書には六〇〇〇メートルも上空に上がる炎の雲や、いまだかつてない規模の火災のパノラマが満載されていた。後ろを振り返りながら、いつも燃える女子供や病院のことを考えずにはいられなかったと述べるパスファインダー乗員は、的確にもこう問うている。「我々は誰に向かって疑念を述べればよかったのだろう？　あれが倫理的に間違っていると思っていたのなら、飛行中隊長にそう言って、加担することを拒否するべきだったのだろうか？　そうしたらどうなっていただろう。軍事法廷にかけられただろうか？[30]」

爆撃の合法性についての考えはこのような仮定法で堂々巡りし、不条理に終わる。軍事法廷は法的な良心を罰するのだ。一方、ドレスデン空襲で爆撃手長を務めた兵士は、その三カ月前にフライブルク空襲を命じられたとき、まったくもっともな理由をあげて自分のためらいの念を述べた。彼はフライブルク大学で学んだことがあり、多くの友人が、空襲の目印とされた大聖堂の付近に住んでいたのだ。この爆撃を彼は拒んだ。誰にでも理解できることだ。彼はドレスデンには行ったことがなかった。こんなに美しい町を破壊するのは残念ではあったが、爆撃を遂行した。ドレスデンについては、遂行を拒否する個人的理由はなかった。

第2章

戦略

「矯正可能な者もいれば、殺した方がいい者もいる」＊

ウィンストン・チャーチル

民間人居住地への攻撃は戦争を早く終わらせるはずだった。敵の士気を挫くことが狙いだったので、この戦略は「士気を挫く爆撃（モラール・ボミング）」と呼ばれた。民間人は軍事目標ではない。しかし、彼らが軍事物資を生産し、生産物の近くに居住していれば、事情は別である。工業時代の戦争では、工業はすべて間接的な戦争産業である。その周辺で働き、生活する者は戦争参加者であり、戦闘に必要な武器を、戦闘への意志を生産する。戦略爆撃はこうした活力源を第二の戦闘地とみなす。そこはたんなる場所であると同時に人の住む場所でもある。一九四〇年から一九四三年のあいだに、戦争継続の手段と士気を失わせるため、空から地上に殺戮空間を作り出すという意志が固められた。しかし、それは結局うまくいかなかった。連合国軍は結局、七カ月にわたる地上戦でドイツを一メートルずつジリジリと制圧することとなる。この血みどろの作戦を支える戦術として、この期間に史上最大量の爆弾が最大面積の土地に落とされ、最多数の死者を出すことになる。

＊　一九四一年四月二七日の戦況報告。正確には「七〇〇〇万弱の悪辣なフン族がいて、矯正可能な者もいれば、殺した方がいい者もいる」。（訳者）

「士気を挫く爆撃」への道

爆撃機乗員の死亡率は彼らに攻撃される側よりもはるかに高かった。爆撃機軍団の乗員一二万五〇〇〇人のうち、五万五〇〇〇人、つまり四四%が戦死した。爆撃された側の死者数ははっきりせず、四二万人から五七万人の幅がある。中間の数を取れば、都市住民の一・五%が死亡したことになる[1]。

数の比較をしても意味がない。爆撃機の乗員は軍事上の敵、つまり戦闘機や高射砲と戦って死んだのだから。軍隊は、戦争の常であるが、自発的にであれ強いられてであれ、徴兵されて戦う。一方、土地住民は生き延びようと苦闘するが、誰かを倒そうと戦うわけではない。その気もなければ装備もない。それまでは、戦争で住民が兵器という暴力に晒されることはなかった。

以前には一般的でなかった、このような殺戮手段の導入を決定したのは、ほんの少人数の男たちであったが、それはこっそり決められたわけではなかった。第二次世界大戦で使われた手段はどちらの側の国でも、国民、議会、軍事組織から支持されたのである。誰もが自分たちのしていることは正しいと信じた。ドイツでもイギリスでもアメリカでも、敵国の民間人への攻撃を非難する声はなかった。全世界がこうした事態を予期していたし、防衛のためには十分に訓練がなされていた。数百万人のヨーロッパ人が地下室やガスマスク、警報、灯火管制、消火活動という緊急時に必要な手段について熟知していた。娯楽雑誌でも軍事解説書でもそうした方法は詳細に解説されていた。だから、すでに二〇年前には民間人爆撃の惨事が予想されていたことを考えると、それがついに現実となったことより、それが物質的に非常に困難だったことの方が驚きである。もっと簡単なことだと考えられていたのだ。

最初にドイツ空軍から攻撃された大都市は、一九三九年九月二五日のワルシャワと一九四〇年五月一四日のロッテルダムである。こうした最初の攻撃はすでに、後にドイツ諸都市への痛烈な復讐に使われることになる兵器を使用していた。火炎である。ドイツ空軍第四航空艦隊の報告書を見ると、それはまるでイギリス軍爆撃機軍団の指令書のようである。破壊用爆弾は焼夷弾のための下準備役を務める[2]。爆弾が人々を地下壕へ追いやり、そのあいだに彼らの頭上では建物が燃え上がる。外へ出なければ、待っているのは窒息死である。「圧倒的な力を直接に体験させることで抵抗への士気を徹底的に挫く」。最初の一発で水の供給を不可能にせよ！「焼夷弾を、少しずつではなく大量に」落とし、消火不可能な大火災を発生させるのだ。

ロッテルダムでは数々の火災が延伸、合流し、四日後には一つの巨大火災となった。曲がりくねり、木造建築が多い旧市街は一発の焼夷弾もいらず爆発で発火し、連続する火の橋のように何もしなくても延焼した。不意打ちに怯えた住人は手出しできず、消防隊には人員も設備もなかった。

空軍戦略家はこの二つの例から住宅地における火災の特性を学んだが、爆撃戦争とは何かについてはまだ理解していなかった。両都市とも、すでに倒した敵に降伏を強いるための地上作戦の一環として攻撃されたのであった。以前だったら、一八七〇年の普仏戦争の際にモルトケがパリで行ったように、こうした都市は包囲され、砲兵隊が打ちのめしていたことだろう。戦略爆撃はそれとはまったく違う。それは空から全面的勝利を収めようとする。

それに先鞭をつけたのがウィンストン・チャーチルである。当時、軍需大臣だった彼は、一九一九年の作戦として、ベルリンを一〇〇〇の爆撃機で攻撃する計画を立てた。もしも一九一八年にドイツ西部戦線が持ち堪えていたら、新たな前線がベルリンに築かれ、そこで勝敗を決することになっただろう。チャーチルは一九二五年、爆撃戦が必要とならなかったことに明らかに安堵を覚えながらこう書いている。「一九一九年の戦いは行われなかった。しかしそのアイディアは生き続けている[3]」。このアイディアの眼目とは他でもなく、文明を粉々に打ち砕くのをためらわないということにある。「文明化した人間の中の一方の集団が他方の集団を徹底的に無力化することが、はじめて可能になる」。無力化されるとは、なす術もなく爆弾に晒されていることである。「おそらく次の戦争では、女、子供、民間人一般を殺すことになるだろう[4]」。

第一次世界大戦でもこれは試みられたが、その結果分かったのは、完全な破壊らしきことをするのは不可能だということであった。ドイツのツェッペリン飛行船は一九一五年一月一九日、ノーフォークの海岸で、灯りの集まっているところをめがけて爆発物を投下した[5]。これで男性二人、女性二人が死亡し、一六人が負傷した。その年のうちにツェッペリンは一九回イギリスに飛ばされ、合計で四九八人の民間人と五八人の軍人を死亡させた。ロンドンが最初に攻撃されたのは五月三〇日の夜で、七人が死亡した。一九一七年から一八年にかけて、双発機のゴータスと四発機のリーゼンが攻撃を続行し、死者八三六人、負傷者一九九四人を生じさせた。日中に離陸した飛行機の半数はロンドンを見つけることができず、五機に一機は撃墜された。イギリスによる報復で一九一八年、ドイツ側は七四六人の死者と一八四三人の負傷者を出した。こうした数は交通事故による年間死者数にも満たなかった。一九四〇年八月二五日の夜、チャーチルは長いこと温めていたベルリン空爆計画を実行したが、その成果も同様にたいしたことはなかった。

一〇〇〇の爆撃機は動員できなかったので、チャーチルはハムデンとウェリントンを合わせて五〇機送った。それは強い逆風にあって燃料切れをおこし、三機は墜落し、さらに三機が帰路で北海に落下した。これで派遣部隊の一二%が失われた。ドイツ軍の被害はローゼンタール村の木造小屋で、二名が軽傷を負った。この作戦は、ドイツを猛爆撃せよという爆撃機軍団に対するチャーチル直々の命によるものだった。

そのきっかけは、チャーチルの私設秘書、ジョン・コルヴィルの日記にたった二行で言及されている些細な事件であった。「八月二六日月曜日。ロンドンは土曜夜、たった一機のドイツ軍機によって爆撃された[6]」。後に明らかになったところでは、ヒトラーとゲーリングの指令に背いて爆弾数個を埠頭に落とし「ごく軽微な損害」を与えたのは、航路を逸れた一二機であった。これを伝えたのは月曜日の『タイムズ』紙であった。「報復として我々は八九機［Robert Saundby, *Air Bombardment.* 1961, p. 74 には八一機とある］をベルリンに送った」とコルヴィルは書いている。電話でのチャーチルの指示を伝える爆撃機軍団のメモによれば、「チャーチルは我々が十分な準備と完全装備を整えることを望んでいる。そうすれば作戦は困難ではないと彼は考えている。また、この任務は小規模戦力で遂行すべきでないと考え、敵への嫌がらせ程度で済ませてはならないとも言っていた[7]」。

しかしイギリス空軍参謀総長シリル・ニューアルはそのような作戦は予定していなかった。しかも天候が良くなかった。どちらにしろ、ライプツィヒを狙った攻撃が準備中であった。ニューアルは、「民間人への無差別な爆撃」は避けるべしという条件で計画通りに準備を進めよと命令した[8]。しかし、当時爆撃機軍団の空軍大将だったアーサー・ハリスは、首相の願いに沿うよう、ニューアルを説得した。これは報復の唯一のチャンスなのだ、これを逃したらもう次はないかもしれない、と。実際、ベルリンはこの計画に気づいていなかった。

「ベルリン上空に敵機。数時間の空襲警報。我々は大きな高射砲を見つめていた。荘厳な眺め[9]」とゲッベルスの日記にはある。この他に、彼はこの夜、一一月に行われるアメリカの大統領選について考えを巡らせている。「アメリカは傍観と戦争介入のあいだで揺れている。ルーズヴェルトが再選されたら、アメリカは間違いなく戦争に踏み切るだろう」。しかし差し当たってもっと重要なのは天気であった。「きっと天気が良くなって、われらの空軍が待ち望む大攻撃のチャンスを与えてくれることだろう」。

勝敗を決する戦いのときがやって来た。フランスは六月二二日に降伏し、イギリスは兵器を英仏海峡の港に放置したまま撤退せざるをえなかった。部隊だけは、武器弾薬を諦めて何とか祖国に帰ることができた。しかしチャーチルはヒトラーと和平を結ぶのを拒否した。彼の最後の武器は、空と海の部隊である。ドイツはイギリスへの上陸を試みることを決定し、海岸の防衛施設、港湾施設、飛行場、空軍基地を爆撃した。これを阻むことができるのは、イギリス空軍の迎撃兵力、戦闘機軍団だけである。チャーチルが宣言したように、戦闘機軍団で戦争に勝利することはできないが、敗戦の原因とはなりうる。もし戦闘機がドイツ軍によって壊滅すれば、海軍は海に逃れるしかない。そうすればイギリスは無防備である。上陸用舟艇を持たないドイツはフェリーボートで上陸するだろう。そのときはイギリスの海岸をマスタード・ガスに浸す、とチャーチルは宣言した。

八月の戦闘で、ドイツは自軍が失った機体数の二倍のイギリス軍機を撃ち落としたものの、強力な抵抗を打ち破ることはできなかった[10]。双方の損失は甚大であったが、とくにイギリスは残っていた防衛力を消尽してしまった。戦略爆撃開始の決断がなされたのは、このような深刻な転機においてであった。これによって時代は、見通しのきかない、制御不可能な運命に身を委ねることになった。運命はさらに速度を増し、誰もそれに追いつくこともできなければ制御することもできなくなった。一九四〇年夏の転回点で、戦争は軍隊同士が戦うものではなく、軍隊を民間人の領域、つまり市街地に差し向けるものに変化した。ワルシャワやロッテルダムの爆撃とは違って、これは戦闘の手段ではなく、全面的勝利のための計画的戦略であった。このような戦略は以前から机上では存在していたが、それだけに終わっていた。戦略兵器はたんなるアイディアにすぎず、それを実際に所有する者はなかった。机上の計画を実行する政治的決断は下されたが、その手段が完成するまでにはまだ数年が必要だった。

一九一四年から一八年まで続いた、工業力を駆使した最初の総力戦の後、将来の戦争についての考察がしきりに行われた。ベルギー・フランスの西部戦線での殺戮を繰り返してはならなかった。当時、前線の兵士は、無数の機関銃、大砲、砲弾を生産する銃後の能力によって、生まれ年単位の団体で死んでいった。軍事力はすでに士官や兵士の戦闘能力にではなく、より優れた、より多くの武器を提供する工業力に依存するものとなっていた。次の戦争は間違いなく、戦場ではなくはるか後方で、生産競争と生産者の居住地で勝敗が決まることになろう。イギリス空軍の生みの親、空軍中将ヒュー・トレンチャードは、一九二八年にこのことを次のような的確この上ない表現で言い表している。

戦力を挫くということは、敵の最も強い点を攻撃することである。しかし、敵の戦力供給源を一回攻撃すれば、はるかに高い効果を上げることができる。敵の飛行場を一回攻撃すれば五〇機の飛行機を破壊できるだろうが、現代の工業地域は一日一〇〇機を生産できる。生産量は我々が戦線で破壊する量をはるかに超えているのだ。だから、敵の工場を攻撃する方が生産量にはるかに甚大な損害を与えられる。(11)

軍事的生産が一度軍事目標になってしまえば、あらゆる生産は軍事色を帯びる。飛行機工場で生産されないが飛行機に使われるものとは何だろうか。圧延鋼板、ボールベアリング、ゴム、潤滑油、インジケーター設備、そしてこれらすべてに必要な熟練労働者である。要するに、都市が提供するもの、都市の存在理由となるものである。トレンチャードは、武器の効果がまたすぐに半減することがないよう、目標を広く定めていた。つまり「敵の抵抗手段を挫き、戦意を低下させるのに効果的な貢献をするものすべて」である。

抵抗手段と戦いへの意志を打ち砕くということは、戦線の後方で戦争に勝利するということである。抵抗にあわずに敵地に侵入するための装備は爆撃機である。「爆撃機」「都市」「戦争」はこれ以来、分かち難いものとなった。戦争を遂行するということは、何よりもまず都市を爆撃することである。イギリス空軍の存在理由となったいわゆるトレンチャードの原理はそう述べている。

この原理を空理空論に帰しているものは、それが暗黙のうちに前提としていることであり、平和主義者のボールドウィン首相はこれを戦慄すべき言葉で表現している。「爆撃機は常に到達する」、つまり、敵に到達するという意味である。一九三〇年代の対ドイツ宥和政策時代に言われた、印象的この上ないこのモットーは、空襲戦略家たちの言葉を真に受けたものであった。軍国主義者も反軍国主義者も同じ誤りに陥っていた。というのは、到達しようとするものは何であれ、それを阻むものに遭遇すると相場が決まっているからだ。

イギリス爆撃機軍団が戦略爆撃を開始したとき、まず最初に分かったことは、爆撃機は決して目標に到達しないということであった。そこで戦略爆撃は、例の原理を提唱したりその出現を予言した側ではなく、最も容易にそれを成し遂げられる状況にあった側、つまりゲーリング率いるドイツ空軍によって端緒が開かれた。これには原理も戦略も計画もなく、ひとえにドイツ空軍が英仏海峡に面したフランスの海岸におり、そこからイギリスへの到達が可能なので爆撃を行っただけのことである。そこから一九四〇年九月にイングランド南部と中部の都市を目標にした爆撃が始まり、これは一九四一年三月までに三万人を死亡させた。新時代への敷居はまたがれ、そこから引き返すことはできなくなったのである。この一歩を可能にした政治力学の背景とはしかし、奇妙なものだった。

一九四〇年八月二六日、チャーチルの報復が失敗に終わった次の朝、ゲッベルスはベルリン市民の雰囲気を吟味し、「ベルリン中が大興奮[12]」であると感じた。四時間もの空襲警報に耐えた後であった。幸い、「焼夷弾二発」以外、ほとんど被害はなかった。「しかし、報復としてロンドンに一五〇〇発の爆弾を落とすのだ！」と「イギリス人に対する大いなる怒りが」燃え上がっている、とゲッベルスは記している。しかし実際は、ドイツ人はそうしたいやがらせのような攻撃に対してわずかな軽蔑を示しただけなのだから、怒りの発作は党員や政治家のあいだで作為的に起こされたものにすぎなかった。ゲッベルスも「今やベルリンも戦いのさなかにある。これでいいのだ」と大満足であった。ゲッベルス同様、ベルリンの戦線に固執するチャーチルは、空軍参謀総長ニューアルに二回目の攻撃をするよう強いた。イギリスの首都が攻撃された今となっては——これは土曜日に航路を逸れた一二機による攻撃のことである——「徹底的に攻撃してもらいたい。ベルリンこそ、攻撃すべき地なのだ[13]」。

水曜日〔一九四〇年九月四日〕の夜、ベルリン・クロイツベルク地区のゲルリッツ駅が攻撃され、一〇人が死亡した。二日後の夜、数機がジーメンスシュタット地区に飛んできた。誰も総統の命令通りに防空地下室に入ろうとはしない、とゲッベルスは呆れて書き記している。ヒトラー自身も地下室に入ろうとはせず、「ベルリンが爆撃されるそのときには自分もそこにいることを望んでいる。ヒトラーは激昂している[14]」。土曜日から火曜日にかけて一つの決断が下された。「空襲はおそらく今週末、最も激しくなるだろう。そうしたらロンドンを攻撃しよう」。チャーチルは報復するだろうから、「総統官邸ではもう高価な絵画を避難させている。イギリスが長く持ち堪えるとは思えない」。

九月五日木曜日、まだ何も起きなかった。「総統は今のところ慎重な姿勢を崩していない。しかしそれもいつまで続くだろうか？」国民は秋には勝利すると信じている。「もし戦争が冬を越せば、アメリカの参戦は確実だ。ルーズヴェルトはユダヤ人の奴隷だ」。その前日、ヒトラーはスポーツ宮殿〔ベルリンにあった一万人以上を収容できる多目的施設〕での演説で空襲のことに触れ、次のように語った。それは三カ月も続いている、それも、イギリス人は白昼に海峡を越えることはできないから、決まって夜間だ。爆弾は、住宅地であろうと駅であろうと村であろうと、どこにでも無差別に落とされる。灯りがついていればそこに爆弾が投下される。いつかこうした乱暴狼藉はやむだろうとの希望のもと、我々は耐え忍んできた。それをイギリスは、我々の弱さと受けとめたのである。その結果我々は、毎夜毎夜の攻撃という回答を受け取っているのだ。ヒトラーは続ける。

> イギリス空軍が二〇〇〇キロ、三〇〇〇キロ、四〇〇〇キロの爆弾を投下するならば、我々は今こそ一夜に一五万、一八万、二三万、三〇万、四〇万、一〇〇万キロの爆弾を投下してやろうではないか。イギリス人が我々の町を大規模に攻撃すると宣言するのなら、我々は彼らの町を抹消してやろうではないか。天地神明に誓って、この夜盗たちの悪行をやめさせようではないか。どちらかの国が屈するときが来るだろう。しかしそれは国民社会主義のドイツではない(15)。

都市を抹消することで抵抗力を打ち砕こうという方針はまさしくトレンチャードの原理そのものである。しかしドイツ空軍の戦力はそうした戦略用に編成されたものではなかった。それは地上戦をサポートするための戦術用兵器で、装甲部隊に進路を教え、地上戦に可動性を与えるものでしかなかった。武装・装甲し、イギリス全土を射程に収める戦略爆撃機を、ドイツは一度も持ったことがなかった。たんに英仏海峡に近い飛行場から離陸していたから、戦闘機に守られて対岸に達していただけのことだった。ドイツ領土内からだったら、ヒトラーの空軍は決してイギリスのどの町にも届きはしなかったはずである。しかし賽は投げられ、ヒトラーはある攻撃兵器を手中にし、それはトレンチャードの夢をある程度かなえることができた。他の誰もそれを実行できる立場になかったし、それはたんに可能だったから実行に移された。

戦闘機に援護された三〇〇の爆撃機を含む一〇〇〇機からなる飛行隊が、高度四〇〇〇メートルと六〇〇〇メートルの密な二段編成で、ロンドンを目指して飛んだ。フランスのカレーからはあまり時間はかからない。それは九月七日の午後のことで、ゲーリングはドックと市街地を目標と定めていた。暗号名はヴァーグナーの《ラインの黄金》に出てくる火の神「ローゲ」であった。

空襲は目標をはずし、東部の人口密集地域を襲った。三〇〇人の市民が亡くなり、一三〇〇人が重傷を負った。部隊はもう一度戻って来て、朝焼けの時間まで爆弾を落とし、大火事が夜を赤々と照らした。イギリス政府はドイツによる本土上陸が迫っていると勘違いし、教会の鐘を鳴らさせた。しかし実際には、その後何日も激しい爆撃が続いただけで、上陸の可能性は次第に消えていった。ヒトラーは空襲が気に入り、海軍総司令官エーリヒ・レダーに、この空襲は戦略的作戦だと語った。もしかしたら上陸用舟艇は不要かも知れず、今や勝利のための決断はもっぱら空から下されるのだと語った。

ワシントンからドイツの武官が外電で伝えたように、イギリスの勝利は見込み薄で、敗色が濃くなってきたというのがアメリカ陸軍省の判断だった。[16] イギリスの士気はひどく損なわれ、ロンドン空襲はまるで地震のように作用している、とそれは伝えていた。ゲーリングが空襲開始前に疑問視していたのは、まさにその点だった。[17] ゲーリングは参謀総長ハンス・イェショネク空軍大将にこう尋ねた。「ベルリンが廃墟になったら、ドイツは降伏するとでも思うかね？」[18] イェショネクの考えでは、イギリス人の士気はドイツ人よりはるかにもろいはずだった。ゲーリングはそのときイェショネクに「君の解釈は間違っているよ」と言ったが、初期の華々しい戦果を見て、イギリスは九月末までに降伏に追い込まれるかも知れないと考えるようになった。ヒトラーは判断がつかないでいた。ゲッベルスは司令官たちを集めた席でヒトラーに「軍は私と同意見ですが、ロンドンは長くはもちませんよ」とまくし立て、「イギリスは降伏するでしょうか？」と聞いた。ヒトラーは答えなかった。総統にはまだ決断が下せなかった。

その翌日にはゲッベルスも差し迫った問いに直面する。イギリス軍はドイツの内奥まで飛来していた。「敵の主な攻撃目標は相変わらずベルリンである。そして我々の目標はロンドンである。これが目下の状況だ」[19]。ロンドン空襲からちょうど二週間後、イギリスのすることは矛盾しているように見えた。「イギリス自身が途方もなく危険に晒される地点からドイツを攻撃するとは！」ベルリンはイギリスから遠く離れているが、ロンドンはまさしくドイツ軍の目の前にあるというのに。きっと何か理由があるのだ。

イギリス戦闘機軍団対ドイツ空軍の空中戦は、はかばかしく進まなかった。なぜチャーチルは首都に第二の戦線を開こうとするのか？　ゲッベルスは単純にこう考えた。「イギリスは誤りに誤りを重ねているのだ」[20]。反対にドイツは勝ち鬨を上げているではないか。新聞の見出しは伝える。「ロンドン中が燃えている」「ロンドンには死と破滅」「ロンドンへの報復攻撃は夜も昼も続く」と。ゲッベルスは記している。「ロンドン郊外の人々は、市街地は今や穴居時代に逆戻りしたと言っている」。ロンドンは「次第にカルタゴの運命をたどりつつある」[21]。富める者も貧しき者も地下鉄の駅で防空室を求めて争う。「世界中が絶望の叫びを上げているが、それも今や虚しい」[22]と。

九月九日から五七夜にわたって毎回一六〇もの爆撃機がロンドンを攻撃し、さらに昼間にも攻撃を行った。九月一五日にはドイツは投入した爆撃機の四分の一を失い、九月二七日にイギリス空軍の二〇機の戦闘機が四七機を撃墜した。一〇月にゲーリングは、戦闘機パイロットに指令を出し、戦闘爆撃機パイロットの訓練を受け、サーチライトと高射砲の攻撃を受けたら高高度に逃げよ、と命じた。しかし戦闘爆撃機には十分な積載能力も精密な爆撃能力もなかったので、爆撃の効果は減少した。一一月一四日、ゲーリングは海岸部のプリマス、ポーツマス、サウサンプトンとさらにリヴァプールに至る北部の町まで飛行命令を出した。最も被害が大きかったのはコヴェントリーである。「この町は完全に抹消された。残るのは廃墟のみである」[23]とゲッベルスは記している。

コヴェントリーでは三二万八〇〇〇人の住民のうち、五六八人が死亡した。死者の割合は、一九四三年五月五日に五三万七〇〇〇人のうち六九三人が死亡したドルトムント空襲とほぼ同じである。終戦までに死者数は一〇倍に増加したが、ドルトムント空襲は誰の記憶にも残ることはなかった。しかし一九四〇年のコヴェントリー空襲は一つの号火となった。ゲッベルスは記している。「これは世界中の注目を集めた。アメリカ人はたいへん動揺している」[24]。ドイツ国民はこの出来事をもっと冷静に観察していた。人々はナチ機関紙『フェルキッシュ・ベオーバハター』紙が掲載した、破壊された通りや建物の写真を観察し、戦争はこれまでのところイギリスにほとんど影響を与えていないと考えた。巷で報道される被害状況や悲嘆の声はプロパガンダだと思ったのである。「イギリス人は嘘をついているし、我々も同様だ」[25]と。ワルシャワとロッテルダムを襲った運命が基準とされ、ロンドンの被害はそれほど大きいものだろうかという疑いの声が上がった。

ＳＳ〔ナチ親衛隊〕の民情研究者はこのように書いている。「わが民族同胞〔ナチがドイツ系住民を呼んだ用語。民族同胞のみが公民とされた〕[26]は、イギリスのしぶとさに驚いている」。何しろ、どこにも崩壊の雰囲気は見られないのだ。人々は地下鉄のトンネルに作られた大規模な仮設住宅の写真や住宅の被害をじっくり検分して、自分ならどのくらい耐えられるだろうかと考えている。市民は試練に晒されているが、それはそもそも覚悟の上であった。七月の戦闘開始以来、一〇月までにドイツ空軍が失った飛行機は一七三三機で、イギリス空軍は九一五機を失った。一二月末に民間人二万三〇〇〇人の死者を出してようやく戦闘は中断されたが、そのうちの一万四〇〇〇人はロンドン市民であった。

ドイツ空軍には、民間人を故意に爆撃したとする記録は認められない。破壊されたのは飛行場、飛行機工場、ドック、港湾施設である。これ以降も民間人虐殺という用語はイギリス爆撃機軍団によっても使用されていない。しかし、政治の指導者たちには、自軍の兵器が生産物と生産者、工業と都市、工業と工業労働者の子供を区別しないことが分かっていた。ヒトラーとゲッベルスはイギリス本土攻撃を国家の試練と考えた。ヒュー・トレンチャードがほのめかし、世界中が予期した未来の戦争が始まったのである。しかし、殺人計画と実際の殺人自体がいかに深く関連していても、それは決して同じものではない。

ヒトラーは戦争についてもイギリス空襲についても、予め計画を立てていなかった。彼は状況に応じて独自のやり方で反応したのである。一九四〇年末までに二万三〇〇〇人のイギリス人を殺戮したが、それはイギリスの戦闘兵器に対する不首尾に終わった空中戦の結果だった。これによってイギリス本土侵略計画も頓挫した。その空中戦がその後の地上作戦を準備することになっていたからである。そして、和平の申し入れが拒絶されるとヒトラーは、自軍の軍備をじっくり眺め、爆撃機に訴えることにした。他に方法はなかった。それでもヒトラーが本能的にためらったのももっともだった。もし爆撃機が役に立たなければ、万策尽きるからである。

イギリス空軍少将で爆撃機軍団副司令官のロバート・ソーンドビーは同じ状況をイギリスの視点から見て異なる解釈をした。戦闘機軍団の機体と地上施設に対するドイツの攻撃によって、イギリス空軍はさんざんな目にあっている、と彼は考えたのである。八月末、イギリス戦闘機軍団は破滅の淵に立たされた。失った飛行機数は生産機数を大きく上回り、このような消耗戦があと三週間続けば、予備の戦闘機は尽きてしまうのではないかと思われた。

この状況で首相は大胆なカードを切ることを決意した。八月二四日夜、ドイツ軍による爆撃でロンドンに多数の爆弾が落とされた。これは一九一八年以来はじめてのことである。その報復として政府はベルリンに大攻撃を加えるよう命じた。八月二五日夜、闇の中を一晩という短時間で往復するのは困難であったにもかかわらず、爆撃機軍団の八一機はドイツの首都空襲に成功した。ドイツ国防軍の総司令部はこれにすぐさま反応し、数日後、ドイツによる攻撃の主眼はロンドンおよびその他の都市に向けられた。戦闘機軍団用飛行場に対するドイツ軍の攻撃はイギリスの防衛システムを危機に陥れていたが、これによって窮状は緩和された。これは民間人が被害にあうことを意味してはいたものの、戦闘の転回点となり、イギリス勝利の可能性を大いに増したのである。[27]

当時最も尊重されたイギリスの軍事研究家ベイジル・リデル・ハート大尉も、同じような感想を残している。「首都とその住民が受けた懲罰が、崩壊寸前の軍隊を救った要因である」。[28]

人間が盾となって血が流されたことは、当然、それを流させた側、つまりゲーリングのドイツ空軍の汚点となった。チャーチルを支持し、はっきりした勝利の見込みもなくこれを耐え抜いたロンドン市民の忍耐力が称えられた。ヒトラーは英仏海峡に立ち、ロシアと同盟を結んでいた。アメリカでは参戦に賛成する市民は七・七％だけで、その五倍以上が反対していた。[29] 少なくとも一九％の中間グループがおり、その人々はヨーロッパで民主主義が脅かされるなら介入してもよいと考えていた。この中間グループはチャーチルにとって最後のカードであり、彼らが一一月五日のルーズヴェルト再選を確実にすることは間違いなかった。アメリカ大統領は前からイギリスを支援していたが、参戦するには少なくとも世論の変化が必要であった。

八月の最終週、ベルリンに奇妙な攻撃をしかけているあいだにチャーチルは、蒸気船リッチモンド公爵夫人号に自国の優れた兵器を積み込んでいた。[30] この船でワシントンに向かったヘンリー・ティザード〔イギリス航空研究委員会議長。レーダーの開発に携わった〕の手荷物には、これまで人間に向けられたうちで最も恐るべき兵器、連合戦略爆撃を遂行する部隊を三〇カ月で作るための機密と特許が入っていた。レーダー技術、B17用機関銃砲床、ロールスロイス・マーリンエンジンと、物理学者ルドルフ・パイエルスとオットー・フリッシュによる基礎研究の成果を、ルーズヴェルトは来るべき同盟の前払いとして受け取った。この二人の学者はウランの核分裂が爆発を引き起こす臨界量を算出していた。その爆発の規模も算定され、大変に説得力のあるものであった。ティザードはすでにベルギー領コンゴにある世界最大のウラン埋蔵量を持つカタンガ鉱山に関心を示していた[31]。まだ製造されてはいないが理論上可能なこうした武器は煉獄の炎を解き放ち、その業火の中で悪の帝国は燃え、浄化されるであろう。こうティザードは考えた。

一九四〇年六月、チャーチルは「自国の裏庭での大火災が、ヒトラーを退陣に追い込むだろう。我々はドイツを砂漠にする。そう、砂漠にだ[32]」と会食のテーブルで婦人たちを目の前にして言明し、その場にいたヒュー・ダウディング卿は目下の懸案を思い出した。それは、ドイツは飛行機を目標に導く何らかの誘導システムを持っているに違いないということである。

一九四二年以前のチャーチルは、「対ドイツ地上戦で強力な攻撃力」を可能にするような「優勢な空軍力」を入手できるとは見込んでいなかった。当時のイギリスには勝算もなく、人々はじっと身を寄せ合い、苦難の運命に耐えていた。「あの戦闘中、我々は、どうしたら勝てるのだろうか、と互いに尋ね合い答えに詰まっていたのに、まったく出し抜けに、自分でも驚いたことに優勢になっていた[33]」。チャーチルは正しい方策を思いつかず、ヒトラーが「上陸作戦に出ないだろうか……そうはしないと決めて今は東進しているわけだが。そうしたら失敗するだろうに」と考えた。両国とも手詰まりに陥っており、戦争をやめるべきだったのにそうはせず、相手の失敗を期待していた。

ドイツはイギリスを爆撃で倒すことができなかったのでロシアに侵攻したが、それは間違いだった。イギリスの戦闘機を挫くことができなかったからドイツはイギリスの都市を猛爆したが、それは間違いだった。和平申し入れが却下されたからドイツはイギリス軍戦闘機を攻撃したが、それは間違いだった。ソーンドビーが信じるように、チャーチルはヒトラーを罠にかけて爆撃戦争におびき出したのだろうか？　そうかも知れないが、それはたいして重要ではない。決定的なことは、イギリスを運命共同体として結束させてしまったという点で、ドイツの爆撃は失敗に終わったということだ。それはイギリスの苦難を世界に知らしめ、アメリカをゆっくり、だが確実に参戦に引き寄せたという点でも失敗だった。そして爆撃は殺人への抑制を消失させ、弱き者には虐殺ではなく保護を、というかつての騎士道精神の仁義も消し去った。

空からの戦争による狂乱が解き放たれ、広範囲で徹底的な壊滅を蒙った最初の国はドイツである。おそらくこうしたことはどのみち起きる定めであった。爆撃戦争は工業時代の産物であり、ドイツの廃墟はヒトラーの所業の産物である。しかし一方では、何事も避けられなかったわけではなく、すべてはある特定の形式と方向性に従って起きた。運命論は誤りである。一九四〇年夏には多くのことが、もしこうなったらどうなるだろう、という仮定の上で進行していた。ドイツ空軍は、イギリスの都市を灰にすることが戦争上有利かどうか迷い、イギリス空軍の参謀たちは、ただ一つ残っている武器で「敵国民の大部分の士気を弱め、ナチ政権に対する彼らの信仰を揺るがし、同時にその爆弾で重工業の大部分と製油工業の一部を除去する」[34]しか策はないのだと結論した。チャーチルは、昼食をともにしていた婦人たちおよび航空機生産省大臣、ビーヴァーブルック卿に次のように述べた。ヒトラーに対抗する方法は一つしかない。ドイツの軍事力を挫く軍隊を持つ国はヨーロッパにはない。もしヒトラーが東へ向かったら、これを阻むことはできない、と。「しかし、ヒトラーを退陣に追い込み、打倒する方法が一つだけある。それは、わが国からナチの祖国に向けて重爆撃機を派遣し、徹底した絶滅攻撃を行うことだ[35]」。

こうした言葉は紋切り型であり、イギリスにこうした攻撃が可能になるには、さらに三年が必要だった。ドイツ空軍はロシアに向かう前の一九四一年の春、さらに一万八〇〇〇人のイギリス人を殺戮した。イギリス人が流血への意志を欠いていたわけではないが、対抗する方法がなかったのである。

一九四〇年五月一一日にチャーチルが首相に就任して以来、イギリス内閣は民間人保護の方針を廃止した。最初に爆撃されたドイツの都市はメンヒェングラットバハで、三五機のハンプデンとホイットレー爆撃機が五月一一日夜、通りと鉄道を爆撃した。それで民間人四人が死亡したが、うち一人はその地に住んでいたイギリス人女性であった。西部戦線での作戦が続いているあいだは物資補給線と工場が正確に狙われていたが、攻撃目標地域の内部にならどこに爆弾が落ちても構わない、との合意が内部にあった。五月一五日夜、ミュンスターに六個の爆弾が落とされたが、その地の工場もこの町自体も目標ではなかった。ロッテルダム空襲への報復としてイギリスはライン川を横切り、ケルン—ドルトムント間の一六の目標を探したが、結局は、灯りが見えて集落があると思われるところに手当たりしだいに爆弾を投下した。

長時間飛行するためには、夜闇に守られることが重要であった。狙い撃ちされるのを避けるため、パイロットたちは個別のルートを取り、小グループで現れた。月夜にはいくぶんか地形が判別できたが、曇りの夜は高度を下げる必要があった。どちらにしても正確に目標を定めるには長時間の旋回が必要であった。その頃までには高射砲の方も爆撃機に気づき、狙いを定めた。夜間防衛システムは困難かつ手薄であった。イギリスとは違って、ドイツの軍需関連の地域は広範囲に散らばっている。発見は難しかったが、防衛の方も集中しておらず、まばらだった。攻撃側と防衛側のどちらの武器も、戦争の勝敗を決するような作戦には少しも役立たなかった。

イギリス爆撃機軍団が所有する夜間爆撃作戦用の飛行機は二〇〇機にも満たなかった。製油施設、造船所、製鉄工場などの目標をはずして爆弾が無駄にならないよう、一九四〇年末以降の攻撃は、町の特定の区画に集中すればよいことになった。コヴェントリー空襲の三日後、一一月一七日には、出撃した一三〇機のうち六〇機がハンブルクに到達し、六カ所に火災を起こし、二人を殺傷、七八六人の住居を奪った。マンハイムに向かった一三四機の爆撃隊だけが、未来の戦争の様相を呈していた。これは一九四〇年一二月一六日に実行され、それまでで最も大規模な企てで、コード名は「アビゲイル・レイチェル」であった。

マンハイムの市街地にあるのは住宅だけで、さしたる工業施設も軍事施設もないため防衛は手薄で実験に適していた。その上、よく知られているように、通りが碁盤の目状で見通しが良かった。道路は直角に交わり、四角形をなす建物ブロックがこれも四角の中庭を囲んでいて、爆発の圧力波がおよぼす影響を研究するには打ってつけであった。火災を発生させることはまだ考えられていなかった。目標は市の中核部で、これを壊滅せよとの命令であった。

熟練したパイロットが操縦する八機のウェリントンによる第一波は、焼夷弾だけを搭載していた。後の作戦の場合とは違い、これは続いて飛来する攻撃波に爆撃地域を示す照明の役割をするにすぎなかった。雲のない満月の夜だというのに爆弾は中心部をはずれ、その両側の住宅地に散乱し、二〇人が死亡した。攻撃の最初に水道の本管が爆破されたものの、火災はほんの数カ所でしか発生しなかった。そのうち一カ所は旧選帝侯宮殿で、一七二〇年に建設が開始され一七六〇年に完成した町の至宝であった。これはヴェルサイユ宮殿に倣って建てられたドイツで三番目に大きな城で、外装も内装もヨーロッパの芸術品であった。

騎士の間に続く西側の建物主部に火がつき、炎は護衛の間とそれに続く広間の貴重なスタッコ天井に広がった。消火隊が出動したが、どうしようもなかった。急激な寒波のため水は凍結し、大きなツララとなって天井や壁から垂れ下がった。屋根の木組み部分の火災は二日間続いたが、ダルムシュタットからの消防隊が到着したおかげで建物の崩壊は免れた（その後しばらくは空襲がなかった。そして一九四三年四月一七日には城教会がある西翼が燃え、九月にはそれぞれ六〇〇機以上を動員した二回の攻撃で東翼が全滅する。一九四四年夏までは、選帝侯夫人の城内図書室が残ってこの城の威容を示していた）。一九四一年五月一〇日に爆撃機軍団はマンハイムに再来し、今度は三〇〇個の高性能爆薬弾と六〇〇〇個の焼夷弾を搭載していた。これは六七人の死者を出し二四戸の建物を粉砕した。八月、三回目に飛来したときには直撃弾が市立病院を破壊した。

一九四一年前半に、イギリス爆撃機軍団は二つの古典的な軍事目標攻撃を企てた。ドイツの石油供給施設と造船所である。投下地点を探して四、五時間も鬼火のごとく飛ぶ作戦に、航空省は終止符を打ったのである。ロイナ、ゲルゼンキルヒェン、マグデブルクなど、褐炭液化施設がある九都市があげられた。学術研究スタッフの信頼すべき計算によれば、合成石油の国内生産の八〇％が破壊されれば、ドイツの戦闘機は飛べなくなるはずだった。

二月一四日夜、四四機のウェリントンがゲルゼンキルヒエンのノルトシュテルン製油工場の位置を確認するために出撃した。そのうち三五機は何も発見できず、九機は目視で命中させたと思ったが、その証拠はない。次の夜、シュテルクラーデで二機が失われたが、ルール化学工場には何ら損害を与えなかった。ホンブルクでは、ドイツ軍のサーチライトの中に工場が見えたので四〇機が爆撃を加えたが、その光に目を眩まされ、爆弾投下は正確さを欠いた。

夜間に正確に目標を定められるのは、一カ月のうち月が照る九夜だけだと爆撃機軍団は考えた。しかも、雲がかかっていてはならなかったが、ドイツはたいてい曇天だったので、先の製油施設攻撃は失敗していた。マグデブルクやロイナのような遠い町を目指すのは問題外だったので、イギリスから近いデュッセルドルフやケルンまで飛ぶことが多かった。あるときは村はずれの土地が、あるときは一三軒の商店とライン川を航行する蒸気船が二隻犠牲になった。その後はドイツのUボート攻撃に目標が移ったため、石油施設攻撃はこれで終わった。

北大西洋におけるイギリスの商取引は一九四一年はじめ、ノルウェーの基地から出動するドイツのUボート群によってひどく妨害されていた。Uボート造船基地を空中から粉砕するのも、Uボートを魚雷で撃沈するのも難しそうだったが、チャーチルは何か結果が出ればいいと考えて、両方を命じた。新たな都市が爆撃機軍団に示された。その中にはハンブルク、キール、ブレーメンがあった。

ハンブルクでは三月に二夜連続の攻撃で、ブローム＆フォス造船所の作業部門と管理部門を混乱に陥れるのに成功した。材木倉庫一棟とドックに入っていたUボート二隻が損害を受けた。三月一四日の二回目の攻撃では五一人が犠牲になった。これはそれまでで最大の数字である。四月七、八日の夜にはキールで二一三人が死亡して数字を塗り替え、ドイツ爆撃開始から一一カ月後にやっと、爆撃機軍団は戦果を誇ることができた。

最初の攻撃は丸五時間も続き、ゲルマニア造船所を破壊したので、そこでは夜間シフトの労働者を帰宅させなくてはならず、数日間麻痺状態に陥った。もっと効果があったのは二回目の攻撃で、主に市の内部を狙ったため、銀行、博物館、工科大学、ガス工場が被害にあい、八〇〇〇人が住居を失い、怯えた住人の群れは、多くが徒歩で町から脱出した。事態はトレンチャードの予想通りに進んでいた。なるほどドイツによるロンドン空襲はロンドン市民の士気をそれほど挫きはしなかったが、トレンチャードはそれについて、もっともらしい理由を見出していた。つまりイギリス人に備わった強靭な神経とユーモア精神は、愚痴っぽいドイツ人とは比較にならない。ドイツ人は防空壕の囚人である、と老トレンチャードは一九四一年五月、空軍参謀長チャールズ・ポータルに宛てて書いている。「彼らは消極的で、ヒステリーとパニックに陥りやすい……ドイツの防空壕ではわが国のようにジョークが出ることもなく、民衆と防空警護団、軍人を結びつける絆もない(36)」。この弱点を、何度でも叩かなくてはならない、とトレンチャードは強調している。

製油施設とUボートを攻撃するこの作戦は、条件が良ければ軍需関連工業が攻撃可能であることを証明した。しかし、ドイツ人は工業的損失を非常にうまく処理できることが明らかになった。一九四四年中頃まで、それは変わらなかった。被害は途方もなく増大したが、それを回復するドイツ側の才能も同様だった。ドイツにはカレーからキエフに至るまでのヨーロッパに労働力の予備があったからである。ドイツは略奪し、搾取し、強制連行し、買収し、組織化し、動員することができた。つまり、自らを助ける方策を知っていた。しかし当然ながら、経済上の損失はドイツの戦闘力を削いだ。

第一次世界大戦中の一九一四年から一八年までに得られた知見とは相反するが、戦時経済はドイツのアキレス腱ではなかった。しかし、一九一八年の記憶は別のことも思い出させた。反乱、厭戦感情が高まる中で死者が増え続けることへの嫌悪、そして体制の崩壊である。一九四一年七月九日、ドイツ軍のロシア侵攻が始まって三週目、イギリス爆撃機軍団は軍事目標の第三カテゴリーである輸送システムへの攻撃を命じられた。主にルール地方から東に送られていた軍事物資の補給を断ち、ルールを孤立させなくてはならなかった。一連の破壊でオスナブリュック、ハム、ゾースト、シュヴェルテ、デュースブルク、デュッセルドルフ、ケルンは麻痺状態になるはずであった。真夏で夜が短いため、どちらにしろイギリスから近い西部を攻撃するより他なく、月が出ていなかったので、いつも識別可能なライン川に沿う都市を狙うしかなかった。

七月九日の指令は交通路の破壊にもう一つ、さらなる任務を加えていた。「……そして市民全体の士気を、とくに工場労働者の士気を挫くこと」である。(37) これによって、空からの戦争という概念が形を取るべく実行に移された。「士気を挫く爆撃（モラール・ボミング）」である。

言うなれば、士気もまた空気のようなものである。爆弾は生身の人間に対してではなく、人々の誤った感情、つまり戦意に対して向けられる。爆弾は、病んだ思考を手術する社会的外科医である。患者が健康だと診断されれば、彼は執刀医の手を離れる。チャーチルはこうした医学的発想を一九四一年四月にはっきりと述べている。「七〇〇〇万弱の悪辣なフン族がいて、矯正可能な者もいれば、殺した方がいい者もいる」(38)。その「フン族」はこの時期に、ロンドンで罪もない何千人もの人々を虐殺していたことを言っておかなくてはならない。それはともかく、チャーチルの言葉は本質を突いている。治療と殺戮という二語を並列することでようやく、「士気を挫く爆撃」の内容が分かるからである。

爆弾それ自体は士気を挫くことなどできない。爆弾は物質を、石を、建造物を、肉体を挫く。肉体が挫かれると、それはもはや何の士気も持たないが、少なくとも一方の士気は他方の士気を抹消することで治療された。そして虐殺は治療が完了するまで続いた。かくして一方の運命は他方の手に委ねられ、虐殺者は相手に選択の余地を残す。どちらの士気が有効なのかは形勢が有利な側が決めた。一九四一年にイギリスはまだ、自分が有利な状況に立っているとはまったく感じていなかった。むしろ逆であった。

一九四一年二月から三月までの製油施設攻撃の時期、イギリスは夜間飛行で二六機を失った。それに対し、七月から一一月までの輸送施設爆撃の時期には、乗員もろとも四一四機を失っている。これは、少なくとも八カ月ごとに爆撃機軍団の全機が入れ替わることを意味する。損失は、収穫がある限りは耐えられる。しかし、爆撃機軍団は敵に与える以上の傷を負っていた。

八月、バット・レポート(39)なる調査書が政府と議会に提出された。このレポートは、航空写真を根拠にして、好天時の爆撃における命中率を、投入された飛行機の三分の一と結論づけていた。ただし「目標」というのはある点の周囲半径八キロの範囲のことである。作戦の主な舞台であるルール地方では悪天候の場合、的中率は一〇から一五%であった。月のない時期には的中するかどうかは運次第と言ってよかった。こうなると、敵に打撃を与えることができる唯一の武器である爆撃機は、まるで役立たずであった。いっそスクラップにした方がましという代物であったが、そうなると丸腰で敵に晒されてしまうので、そんなわけにはいかない。残る方法は、破滅的内容のバット・レポートを建設的に読み直すことだけだった。

爆撃機軍団が爆弾を投下する場所が目標という名前で呼ばれるならば、彼らは目標をはずさない。目標を半径八キロという狭い範囲に絞る必要などあろうか。大都市はそれよりもっと広いではないか。大都市は広すぎて、建物および住民すべてを、調達可能な手段で狙うことなどできない。造船所攻撃の場合、灰になるまで徹底的に破壊する必要があった。さもないと、せいぜい一〇日間で修理されてしまうからである。都市を目標にする場合にはそんな現実離れした正確さは必要でなかったし、望まれてもいなかった。都市を完全に破壊するには大変な労力が必要だ。都市は防衛されているから、こちらの損失も必至であり、それによって戦力を削がれてしまう。おそらく都市の一部分だけしか破壊できないが、それでよいのだ。そうすれば他の部分も自然に被害を受けることになる。イギリスが有する戦力とトレンチャードの原理に従って、都市が「士気を挫く爆撃」の舞台となった。

戦略思想家として評価されていた空軍参謀長ポータルは一九四一年九月二九日、チャーチルに、これまでとまったく異なる計画を提出した。彼の目標はもはや二月のように褐炭液化施設でも、七月のように鉄道でもなく、一切を動かす原動力であり、いたるところに存在し、それゆえ住宅地帯のどこに弾薬を投下しても簡単に当てられる目標、つまり人間であった。四〇〇〇の爆撃機と、今までの一〇倍に上る月量六万個の爆弾で、人口一〇万以上のドイツの都市四三が破壊できるとイギリス空軍の参謀は計算している、とその計画書にはあった。それらの都市の合計人口は一五〇〇万人である。これでドイツは六カ月のうちに屈服するだろう。計画書によれば「ドイツ人の経済生活と士気を挫く」[40]ということの方法でのみ、それは可能である。

このような大攻撃をたびたび提案してきたチャーチルは、返答に窮した。彼はポータルを評価していたし、その計画書通りに行わなくてはならないことを知っていた。しかし、これまでに何回も、絶対確実と思われたアイディアが、とりわけ自分自身のアイディアが失敗するのを見た、もはや老齢のチャーチルには、絶対に効果を上げる策があるとは信じられなかった。これまでの経験によれば、敵の抵抗力も生産も爆弾では揺るがすことはできない。イギリス人は爆撃によって士気を高められ、鍛えられたではないか。戦争に一つの手段だけで、ましてや数字の魔術で勝利することなどできない。そうチャーチルは書いている。

爆撃全体に対する疑念が広がった。爆撃とはつまり、叩くことはできるが結局的をはずす棍棒のような武器であった。彼らはそれでもそれを使い続け、さらには規模を拡大することにしたが、それは、何もしないよりましだったからにすぎない。ポータルは四〇〇〇の爆撃機と言うが、それはイギリスが所有する機体数の四倍である。所有機数を増やす代わりにチャーチルは既存機の性能を高め、さらにはアメリカの参戦を待つようにと忠告した。どのような理由でアメリカ人がドイツの都市を抹消するために遠い大陸から兵を派遣するかはどうでもよかった。理由など、何でもよかった。アメリカは一年前からすでに空爆の手段を所有しており、人が何か武器を使うときは、自分が持っている武器をまず使うものである。例えば爆撃機軍団には、極秘資源の備蓄があり、その一部は使用可能で一部は準備中であったが、戦略的な決断が下されるのを待っていた。バット・レポートの気の滅入る結論によってその決断は下された。それは何トンもの爆弾を速く、遠くまで運ぶことができる爆撃機、都市の場所を示すレーダー航法システム、広範囲に被害を広げるための各種爆弾、集中的に破壊する区域を闇の中で示すためのマーカー弾である。一九四一年には正確な目標を定めることが求められていたので、そうしたマーカー弾は不必要だった。狭い目標を狙うには正確に照準を合わせる必要がある。その後落ちるのが爆弾であろうと、爆弾の前のマーカー弾であろうと同じことだ。マーカー弾とは、爆弾の絨毯が破壊物質で満たすべき区域を描き出す役割を果たすものである。

爆撃手は、目標を定めようが定めまいが被害を与える。彼は原則として弾丸のように、しかし垂直方向に爆弾を投下する。でたらめに投下しようが狙って投下しようが結果は変わらない。爆弾が炸裂する場所が目標である。ある場所では意図的に、またある場所ではでたらめに投下する。しかしパスファインダーと爆撃機のあいだの分業がなされれば、爆撃の方式は変わり、投下と目標の文法は無意味になる。パスファインダーはもはや目標点を示すのではなく、一定の空間の輪郭を描く。その空間にあるものは「狙われる」のではなく、この世に存在してはならないのだ。抹殺とは死を空間的に広げることである。犠牲者は自分自身の死を体験するのではない。個別の死というものは存在しない。犠牲者はたんに、生命が消滅する空間に居合わせるにすぎない。

一九四一年から四二年への変わり目、イギリス爆撃機軍団は抹殺空間を作り出す意志のみならず、その基本技術を急速に固めた。その空間とは都市の区画である。そして戦争行為とは、その区画を抹殺空間に帰していく過程であった。それは成功することも、部分的に成功することも、また失敗することもある。戦争の常であるが、それは数々の要因と運命次第である。要因には人間が手を加えることもできるが、運命はただ起きるに任せるしかない。爆撃機軍団は都市から都市へと飛行し、技を磨いた。リューベック―ハンブルク間では、前もって予測できる範囲内ではあったが、抹殺のプロセスを始める技を習得した。ハンブルク―ダルムシュタット間では、計算通り業火が起きるかどうかは条件次第というところまで行った。ダルムシュタット―ドレスデン間では、業火を組織的に統合する方法を習得した。

一九四〇年一〇月、ロンドン空襲の大火災の中でチャーチルとポータルは、「火災を最大限に利用して」人口密集地を破壊することはできないかと考えていた。一九四一年九月にポータルがチャーチルに提出した案は、空軍力の拡大という点を除いて、一九四二年二月一四日以降、イギリスの戦略となった。空軍省が爆撃機軍団に送った空襲指令書では、最も人口が密集した市街地が攻撃目標にあげられている。「敵国市民の、とくに工場労働者の士気そのものが作戦の第一目標である、との決定がなされた」[41]。ポータルはこの政策転換をはっきりと明瞭に表明したかったので、内閣に向けてさらに次の文書を提出した。「目標とすべきは住宅地であって、造船所でも飛行機工場でもないことは明らかである。これは、はっきりさせておかねばならない……」。

はっきりしなかったのは、人口密集地域の住人の士気をどうやって攻撃すればいいのかということであった。この軽視できない問題の解決を任されたのが、一九四二年二月二二日に爆撃機軍団の司令官となったアーサー・ハリスである。ハリスは戦後に、自分にそうした戦略と攻撃地と攻撃方法を示唆したのは、彼の上司であるポータルとアーチボルド・シンクレア卿だと書いている。作戦は「主に焼夷弾によって、ルール地方最大の四都市と他の一四都市を破壊する形で遂行すべし[42]」と彼らは言ったという。

頑固にして実際的な男であったハリスは、一つの都市を燃やそうと提案するに当たって成功の約束された都市を選んだ。リューベックである。何よりこの町はリューベック湾に面していて海岸線がはっきり識別できた。第二にそこには軍需関連工業がないので防衛が手薄であった。第三に旧市街は木組みの建物でできており、燃えやすかった。その位置、弱さ、そしてその歴史ある美観、これがリューベック破壊の理由であった。

ハリスは満月を待ち、一九四二年の棕櫚の聖日前夜の三月二八日夜、四〇〇トンの爆弾を搭載した二三四の飛行機を送った。爆弾の三分の二は焼夷弾であった。破壊すべき区画は、ハンザ同盟時代以来の商人と船員の居住地である。そこは入り組んでいて、トラーヴェ川とヴァケニッツ川にはさまれて島状をなし、空からはっきり見えた。二二時三〇分の空襲開始直後には目に見える火災はほとんどなかったが、島のトラーヴェ川沿いが完全に炎に飲み込まれるのに、ものの二〇分もかからなかった。炎は倉庫、埠頭、クレーン、そして防火壁のない高い切妻屋根の歴史的建造物一五〇〇戸の中を走った。最後には一三〇キロの街路が焼けた。全壊、もしくは被災した建造物は全体の六二％に上り、旧市街の八〇万平方メートルが焼失した。

消防隊が火の勢いを弱めるのに翌朝一〇時までかかった。一一七三年にハインリヒ獅子公が建造を開始した大聖堂はもはや救いようがなかった。一〇時三〇分に北塔のドームが二つに割れ、続いて一四時に南塔も崩壊した。聖マリア教会の二つの鐘、一七四五年に鋳造されたプルスの鐘と一三九〇年に鋳造された聖マリアの鐘が崩れ落ち、その姉妹とも言えるアルプ・シュニットガー製作の大オルガンを粉々にした。内陣のそばで爆発した爆弾は丸天井を揺るがし、内陣の迫頭(せりがしら)が落ちて、木製の中央祭壇と一三一〇年に建てられた司祭席が埋まった。

二万五〇〇〇個の焼夷弾の他に、このときはじめて二五〇ポンド〔約一一三キロ〕のベンジン・ゴム爆弾が使用された。ハリスはコヴェントリー爆撃を分析して必要な爆弾の種類と量を決めていた。今、彼はもう一つのことを学んだ。都市は——彼にとってそれは「人間の住むところというよりは点火装置のようなもの」[43]であったが——炎の絨毯が下ろされたとき、どのような反応を示すかということである。一二万人の住民のうち、この夜、三二〇人が命を失ったが、これは、イギリスによる空襲の、それまでで最大の死者数であった。

二波にわたる攻撃が要した時間は二時間で、これもまた驚異的な成果であった。一年前なら一〇〇機を動員しての作戦は複雑な企てであり、四時間はかかった。これでは消防隊に時間を与えることになる。火災発生の重要な時期に消防隊を麻痺させるには、攻撃は短時間で集中的に行う必要があった。飛行隊が連続して狭い空間に途方もない量の爆弾を投下すれば、火災は制御できないほど拡大する。

次に、ハリスは「千年紀作戦(ミレニアム)」の許可を参謀長ポータルとチャーチルに求めた。両者ともこの作戦にひどく魅了された。空襲を完全な技術的完成に導くという栄誉のためには、狂気じみた危険を冒す価値があるように思えた。一三五〇個の炸裂弾、四六万個の焼夷弾を搭載し、六五〇〇人のイギリス人パイロットが操縦する一〇〇〇の爆撃機が空を覆うのだ。爆撃機軍団には約四〇〇機の出動可能な機体と乗員しかなかったので、必要数を揃えるには既存機をすべて点検し、海軍の飛行機を借り、廃棄処分になった機体に給油し、訓練中の部隊を前線に呼び寄せなくてはならなかった。飛行上の危険はこの上なかった。もしこの計画が失敗すれば、爆撃用武器に未来はない。大勝利か破滅か、二つに一つである。誰もが恐れたのは衝突という悪夢であった。どう誘導すれば、夜間にこんな大隊の群れがぶつかることなく飛行できるだろうか？　オペレーションズ・リサーチの数学者たちは、衝突の危険はわずか一〇〇〇分の一であると計算した。それを信じる者などいなかったが、実際には計算通りになった。

　日程を決めたのは月の位相だった。一九四二年五月の最後の週である。それから目標の都市を決めることになったが、決定はハンブルクに下った。ハンブルクはドイツ第二の大都市で、年間一〇〇隻のUボートを製造していたので海軍本部にも気に入った。五月二六日夜から満月が始まったが、天候が悪化した。雲が厚く垂れ込めたので、三日間待たなくてはならなかった。五月三〇日、出動命令が下された。目標はケルンである。そこには、ライン川という天然の標識があった。

　爆撃機は北から飛来し、ラインを遡って南に向かった。二機に一機はジー・システムで誘導されていた。目標を探す才能に恵まれた乗員が先頭で攻撃を指揮し、発火信号を投下した。攻撃の時間はわずか九〇分とされていた。五秒に一機がケルン上空に飛来した。

　小さな軽い焼夷弾であっても無数にばら撒かれれば、発火するのがたとえその一部だけであっても、小さな火災を無数に引き起こすことができる。さらに爆弾が消火活動を阻めば、火災は面状に拡大し大火災となる。

　しかし計画通りには進まなかった。一万二〇〇〇の点状の火災は結びついて一七〇〇の大火災になったが、水道管は無傷だった。デュッセルドルフ、デュースブルク、ボンから一五〇の消防隊が駆けつけ、消火栓のホースを建物の通路に入れ、巨大な管がライン川から何千立方メートルという水を吸い上げ、モーターポンプが何キロも離れた被災地に水を運んだ。リューベックで起きたような大火災は起きなかった。ケルンはもっと近代化されていて通りもより広く、火災に対抗できた。

　サーチライトを備えた高射砲台からの攻撃で、イギリスは攻撃機の三・九％を失った。これはそれまでで最高の数字であったものの、イギリスはそれに耐えることができた。その価値はあったのだ。一〇〇〇の爆撃機による攻撃は兵器技術上の大成果であり、戦力を誇示するものだった。爆撃機軍団はついに、自分たちの作戦によって独自の戦果を上げられることを、それを疑う者たちに対して証明したのだ。イギリスは間もなく、誉高き打たれ強さで戦争に耐えるだけでなく、戦争をリードする国になることだろう。いざ決戦、とチャーチルは語り、今年中にドイツの全都市、港湾施設、軍需物資生産の拠点は「これまでどんな国も経験したことのないほど、過酷で広範囲にわたる試練に絶え間なく晒されることになる[44]」と宣言した。

この空襲の結果をどう表現したらよいのだろう？　五五分も経つと溶岩を噴き出す火山の上空を飛んでいるような気分になった、と爆撃機乗員たちは故国で報告している。ナチの報道機関は「無防備の者に戦争をしかけるイギリスの殺人者集団」に怒り狂った。敵は野獣で、もはや人間ではない、と。翌朝、市街地のいたるところにはまだ煙が立ち込め、人々の目は赤く、硝煙の臭いが服に染み付いていた。自社もひどく被災した『ケルン新聞』はこう書いている。「その夜を生き延び、翌朝町を見つめる人々は、かつてのケルンをもう二度と見ることができないことを知った」。三三〇〇戸の建物が破壊され、九五〇〇戸が被災したが、人口七七万二〇〇〇人の都市としてはそれほど大きな被害とは言えない。ケルン旧市街の九五％が最終的に破壊されるにはまだ、合計二六二回の空襲が必要だった。

町の様相の変化はパーセントでは測れない。ローマ植民時代にまで遡るホーエ通り、後期ルネサンス様式の建物が並ぶ旧市場の東側、ラインを見下ろす丘に残るローマ時代の廃墟に一一世紀に建てられた、ヨーロッパで最も均整の取れた建造物の一つ、カピトルの聖マリア教会の西側部分が失われ、町の相貌は損なわれた。三翼のバジリカの内陣に埋められていた石棺には一万一〇〇〇人の乙女たち〔一一二ページ以下参照〕の遺骨がまだ眠っていたが、それも三四カ月後の一九四五年三月二日に訪れる「ケルンの終焉」で失われる運命だった。この二六二回目の空襲の後、アメリカ軍が進軍した。

一〇〇〇の爆撃機を動員したこの空襲で四八〇人が死亡し五〇〇〇人が負傷したが、そのうちほとんどは住宅ブロックの下に建造された堅固な地下室の外にいた人々だった。この数字もまた、これまでの作戦による被災者数を超えていた。もっともイギリスは六〇〇〇人の死者数を達成したと豪語していた。四桁の数字こそ「千年紀」という規模にふさわしいからだ。アーチボルド・シンクレアは「次の大攻勢ではもっと大きな数字を上げる」と部隊への挨拶で約束した。チャーチルは爆撃機軍団に対し、公の席で「ケルンは、ドイツの都市がこれから次々に受けなくてはならない運命の前触れである[45]」と宣言した。

ケルン空襲の報復としてドイツは一九四二年六月一日、これもキリスト教のシンボルである司教座所在地カンタベリーに一〇〇個の焼夷弾を投下した。ハリスは、千年紀作戦の技術を六月はじめにはエッセンで、月末にはブレーメンで繰り返し、エッセンでは控えめな成果を上げたが、ブレーメンでの結果は散々であった。天候の影響、レーダー誘導システムの初期故障、攻撃目標地の人々の抵抗によってどちらの作戦も危機に陥った。一〇〇〇の爆撃機を動員した三つの作戦で、七七七人の乗員の命と機体の四分の一が失われた。

ドイツ人の士気が瓦解したという兆候は何もなかった。工業生産高も落ち込まなかった。軍需産業の中心地デュッセルドルフに対する二回の空襲は、大成功とみなされていた。飛行機の損失率は一回目が一〇・五%、二回目が七・一%であった。しかし一一〇〇の飛行機が運んだ一五〇〇トンを上回る爆弾による被害の後だというのに、一九四二年後半、この地の製造高が一・八%上昇するのを阻むことはできなかった。

一九四二年八月、ドイツ軍第一装甲軍がカフカズ山脈北部に到達し、第四装甲軍がヴォルガ川を突破してスターリングラードを包囲しようとした。そのとき、不機嫌なスターリンに向かって、イギリスはドイツ全土を包囲するとチャーチルは約束し、「ドイツのほぼすべての都市のほぼすべての家を粉砕したい[46]」と述べた。「悪くないね」とスターリンは答えた。チャーチルの科学ブレーンであったチャーウェル卿フレデリック・A・リンデマン教授の計算では、一万個の爆弾で二二〇〇万人のドイツ人の住居を奪い、つまり三人に一人を路上生活に追い込むことによって抵抗の意志を消してしまえることになっていた。

この非現実的な空想に反論したヘンリー・ティザードは敗北主義者と非難され、役職から退いた。チャーウェル卿はいわばチャーチルのラスプーチンとして暗躍していたが、空軍の大立者チャールズ・ポータルが一一月に自分より大きな数字をあげたときには、ただ呆れるしかなかった。ポータルは言った。一九四三年と四四年には一二五万トンの爆弾を投下すべし。そうすれば六〇〇万戸の住宅、同程度の工業・行政施設が灰燼に帰す。「二五〇〇万人のドイツ人が家を失い、九〇万人が死亡、一〇〇万人が重傷を負うだろう[47]」。経験によれば、原料と備蓄は再補給できず、建造物の被害は修復不可能である。しかしもっと困難なのは、ドイツ人の士気への影響がどれほどのものかを測ることだ。「空襲のスケールは人間の経験をはるかに超えるもの」だからである。しかし、それが「まさに深淵なるもの」であることは、疑いえないであろう、とポータルは言った。

こうした数字をどう理解したらいいのだろう？　ポータルが計算を行った一九四二年秋までに、イギリス空軍が投下した爆弾は合計六万トンであった。戦争は五年以内に終わると考えられ、それまでに必要な爆弾は六五万七〇〇〇トンと見積もられていた。ポータルがどうやって一二五万トンもの爆弾を二年間で生産し輸送しようとしたのかは理解しがたい。実際、爆撃機軍団はイギリスの戦費全体の三分の一を使い尽くした。輝かしい知性と容姿を持ったこの司令官の殲滅への圧倒的な意志は、おそらく彼の軍団が失敗したことに起因している。

九月には人的損害は一〇・六％に上り、三〇回の出撃を生きて終えるという乗員の希望は、ゼロに近づいた。戦略爆撃のための武器は方針通りに製造されていた。この武器はどの作戦でも成功したわけではないが、それなりの役目を果たしていた。その破壊力は目に見えて増大し、その使用をためらわせるものはもはやなかったが、たがのはずれた戦略によっても、ドイツを降伏させるという約束は果たせなかった。戦略爆撃の要求はエスカレートした。アーサー・ハリスは言った。「たった六〇〇や七〇〇の爆撃機による攻撃を一年続けたところで、ヨーロッパ最大の生産力を完全に無力化できるなどと思ったことはない。……三万の重爆撃機があれば明日の朝に戦争は終わる」[48]。

空軍は黙示録級の大破壊の夢を抱いていたが、攻撃は思い通りには進まず、町の風景は段階的に破壊され、イギリスは不屈の意志で損害に耐えた。ハリスの役割は兵器の破壊力強化を要求し続けることだった。一九四三年に失った爆撃機数は一九四二年にハリスの手中にあった数の五倍に上り、ハリスは二〇〇〇機を一度に出撃させることはできなかった。一方、一九四二年から四三年にかけて民間人の死者数は約一四倍に増え、六八〇〇人から一〇万人になった[49]。

爆撃機軍団の武器の殺傷力を格段に高めたのは、航法システムの進歩であった。遠く離れた南部や東部の都市が到達可能区域に入り、名高い人口密集地域が発見しやすくなったのだ。四発のランカスター機は、爆発力がより強く、よりよく燃える爆弾を、より多量に搭載できた。しかしそれが主眼だったわけではない。ハリスは攻撃方法を変更した。爆撃機の川とパスファインダー・システムによって爆弾投下は空間的にも時間的にも凝縮された。爆弾はもはや、間を置き、間隔をあけて投下されるのではない。また、パスファインダーは爆撃機が目標を探す手間を省いた。

爆撃機はやって来て、爆弾を投下した。ハリスはケルンに一分間につき一二機の爆撃機を投入したことがあった。それは非常に危険な企てだと考えられた。一九四三年秋のベルリン空襲では、一分間に一六機の割合で四五分にわたって爆撃機が爆弾を投下した。一九四三年一一月二三日夜には、一九時五八分から二〇時二〇分にかけて、七五三機のランカスター、ハリファックス、スターリングがベルリンのティーアガルテン、シャルロッテンブルク、シュパンダウの各地区に、一分間に三四機の割合で二五〇〇トンの爆弾を投下した。これは一・七六秒に一機という計算になる。ベルリンのシャルロッテンブルク地区は、例えばヴュルツブルクとたいして変わらない広さである。ヴュルツブルクは一九四五年三月一六日夜に一七分間で世界から消えた。ヴュルツブルク空襲は、一九四二年以来ハリスが仕込んできた名人芸の最後を飾る出し物の一つとなった。このときハリスは、四・七六秒に一個の割合で投下される一一〇〇トンの爆弾を使って、ヨーロッパのバロックの聖城を灰燼に帰することができた。しかしハリスはすでに勝利していたのだから、これ以上勝利する必要はなかった。これは、一〇四〇年から建設が始められ、その七〇〇年後にバルタザール・ノイマンによって完成された町を、三〇万個の焼夷弾を使って一五分間で片付けるという運指訓練であった。それには独自の能力が必要で、一九四一年の失敗の後、これほどの成果を上げるに至った爆撃機軍団はそれを誇りに思ったのだった。

大規模な爆撃機群の投入によって、短時間に爆弾投下を完了することができるようになった。パスファインダーは爆弾を大量投下する範囲を示した。これは、一九四二年にテストされた方法で、一九四三年から四五年にかけてその途方もない破壊力はますます大きくなっていた。刷新された爆撃機群は何よりまず、カムフーバー・ラインを突破できるようになった。以前のようにバラバラに、間欠的に飛来し、いわば敵地に潜入する方法では、敵の夜間攻撃に弱すぎた。カムフーバー・ラインがその「天蓋付きベッド（ヒンメルベット）」、つまりレーダー鏡とサーチライトによる防衛網の密度を増し、強化するほど、侵入者はその網をくぐるのが困難になる。侵入者は夜戦領域の中を手探りで進み、飛行時間が長くなるほど、攻撃を受ける確率が高まる。やっと都市に到達して二時間も石油タンクや駅舎を探すあいだ、自分の方も高射砲に身を晒すからである。

長さ五キロ、幅八キロ、高度三キロのボックスを一〇〇も並べたような多層編成が突破されるのを、ヨーゼフ・カムフーバーはどうにもできなかった。戦闘機は爆撃機群の隅の機体をほんの少しは捕捉するものの、それと戦うあいだに主力部隊は通り過ぎてしまう。高射砲の射程高度の上を飛ぶモスキート機が爆弾投下の場所を照らし出し、爆撃機は爆弾を投下して、自らが爆発に晒される前に全速力で飛び去る。ハリス方式は自衛の手段とも言える。それはドイツからの自衛であった。マーカー弾は風に流されたので、どこに標識が置かれるかはまさに風まかせであった。抹殺の政治学にはいつも何かしら弁明がなされるものである。

ヒトラーの宣戦布告によって今や公式に戦争状態に突入していたアメリカは一九四三年一月、イギリスと協議し、両国の飛行隊で合同の爆撃を行う戦略を取り決めた。アメリカ陸軍第八航空軍はすでに三カ月前からイギリスの基地に駐留し、戦力を集結していた。カサブランカ会談で提出されたポイント・ブランク（直撃）作戦指令書には空爆の構想が記されていた[50]。そこには殲滅すべき工業が一〇ページ以上にわたって列記されていた。Uボート、航空機、ボールベアリング、製油、ゴム、タイヤ、軍需関連の輸送機関工業などである。そこにはこう付け加えられていた。「軍事的抵抗力が徹底的に弱体化されるまで、ドイツ国民の士気を掘り崩すこと」。これは第一項である「任務」の項に記されていた。

第二項「主要な目標」は、第一項であげられた部門に該当する「精密目標合計七六カ所」に言及している。第六項「第八航空軍の能力」では、「敵の高射砲と戦闘機を避けて高度二万から三万フィートで攻撃目標を探し、正確に爆弾を投下するその能力」について述べられている。第五項「作戦計画の概略」では、爆弾が投下されるべき範囲は目標から半径三〇〇メートル以内と決められている。この数字は爆撃目標誘導装置オーボエの精度におおよそ合わせてあったが、オーボエはヴッパータールまでのルール地方をカバーするにすぎなかった。ルール地方はカサブランカ会談によって第一の目標に決定していた。アメリカ軍が訓練を行っているあいだ、ハリスは春のルール攻撃に向けて準備を進めた。

「ドイツの兵器庫〔ルール地方〕」に対する攻撃は一九四三年三月から七月にかけて、二一の大都市に向けて行われた。三月一二日夜のエッセン空襲後、ロンドンの各新聞は破壊されたクルップ社の工場の写真を五段抜きで掲載した。スウェーデンの商業と海運の業界紙の駐在員は、一五の巨大工場が全壊するか重大な被害を受けるかした、と本国に伝えた。「管理棟はまるでカラの蜂の巣のようだ。ドイツ最大の鋳造所はポンペイの航空写真を彷彿させる[51]」と彼は書いている。エッセンのクルップ社工場の敷地は幅一五キロ、長さ三〇キロにわたっていた。敷地内にあったのは工場だけではなく、ポイント・ブランク指令の半径三〇〇メートルという目標範囲設定によって多くが破壊された。

航空写真は破壊されたクルップ社の〇・六平方キロと、エッセン中央駅からアルテンエッセン地区にかけての二〇平方キロの被災状況を示していた。クルップ社は一二五個の高性能爆薬弾と二万個の焼夷弾[52]で破壊され、信管の工場が直撃弾を受けたので、製造はアウシュヴィッツに移転した。戦車製造第三工場も同じく破壊され、戦車パンターとティーガーの製造は二カ月間延期しなくてはならなかった。クランク軸の工場も甚だしい生産遅延を蒙り、シュレージエン（シロンスク）地方に工場を移転した。

しかし、この地の軍需経済がポンペイの運命をたどることはなかった。これは無数のいやがらせの一環にすぎず、修復も同様に何度でも進められた。軍事用機械が工業化されるあいだに、工業も軍事化する。損失はつきものである。修繕し、大隊を移動し、予備要員を調達すればよい。もはや工業には平時のように損害を嘆く余地などない。損害を与えたり修復したりすること自体が、結果の不確かな激しい戦闘行為である。一九一八年の勝者、フランスのフェルナン・フォッシュ元帥は、戦争とは残ったものを使って勝利するものだ、と言ったではないか。

エッセン上空では爆撃機軍団の五％が失われた。乗員は、高射砲が高度七〇〇〇メートルまで狙いを定めて発射するのを確認して驚愕した。戦闘機の中でもフォッケウルフ190は、イギリス軍重爆撃機ウェリントンに苦闘を強いたが、今回は戦闘機より高射砲の方が的中率が高かった。二機のウェリントンが空中で衝突し、別の一機は、三度にわたって攻撃を加えた後に逃げるドイツ軍戦闘機に向かって七五〇発も撃って反撃した。この大混乱の中では、速度こそ最も重要なものであった。そんな場合には、カサブランカ会談で決まった目標から半径三〇〇メートルの範囲に何があるかなど考えはしない。そんなことは幻想である。

最初、パスファインダーはきちんと距離を測って一二キロの範囲を示し、攻撃隊の第一波がそれを確認した。それに続く第二波は、自分たちをとらえようとするサーチライトの光に目を眩まされながら、何千メートルも下方で燃えるかまどがもうもうと煙を噴き出すのを目にし、余裕があればだが、そこに向かって攻撃を加えるのだった。ランカスター機に搭乗していたあるパイロットは、四月二六日夜の攻撃についてこう語る。「デュースブルク中が焼夷弾によって火に包まれたようでした。凄まじい炎で、地形を正確に見分けることなど不可能でした。我々は白い光が赤くなり、火がついて燃え広がり始めたと分かると爆弾を投下しました」[53]。

オーボエ装置の精度は製作者が主張したものにすぎず、爆撃戦では誰もそんなことに興味は持たなかった。照準装置を備えているのはパスファインダーだけであった。目標点に到達すると信号が聞こえ、パイロットは吊光弾とともに搭載物を投下する。視界が良好であればそれは地面に着く。曇っていればパラシュートに付けられて雲の中を漂う。攻撃目標の詳細はポイント・ブランク指令書に書かれているだけで個々の兵士には知らされていなかったので、アメリカ兵たちの良心は傷まずにすんだ。一九四一年八月の大西洋憲章*に従って、アメリカは「ヨーロッパの十字軍」を率い、抑圧された民族を解放しようとしたが、彼らの命を奪うつもりはなかったのだ。

三月に二度にわたって行われたエッセンへの攻撃では、それぞれ一九八人と四七〇人が死亡し、後者はそれまでで最大の数字だった。この二夜に三四万三〇〇〇個の焼夷弾が投下された。重さわずか一・七キロのテルミット弾でもこれほど大量になると、もはや正確に目標を狙うことなどできないが、火災は別の作用をおよぼす兵器となる。爆撃機にこれが装塡されると、あたり一面を抹殺空間と化すことができる。

空軍大臣シンクレアは三月三一日、目標とは何かという問題について満足ゆく定義を述べ、イギリス下院の疑問に過不足なく答えた。「爆撃機軍団の目標とは、常に軍事的目標である。しかし、夜間における軍事的目標の爆撃とは常に目標が存在する地域一帯の爆撃を含むものである」[54]。ハリスはこの答弁を聞いて、まるで恥じる必要があるかのような遠まわしの表現だと思った。しかし政府には、民間人を目標にした大量殺人を公式には否定する必要があった。それでも政府は、純粋に軍事的な目標だけを破壊するべきだとは主張せず、自分たちが破壊している諸目標は軍事関連なのだと言った。例えば労働党のクレメント・アトリーはこう言っている。「ここ下院で何度も確認されたように、爆撃は軍事的観点から最も効果的と思われる目標に対して行われる」[55]。

軍事的観点から見れば、そこに住み、働き、生産されるものもろとも都市を破壊するのが最も効果的である。カサブランカ会談で定められた、目標から半径三〇〇メートル以内という爆撃精度を実践したルールの戦いでは、二万一〇〇〇人が死亡した。放火の対象にされた都市、デュッセルドルフ、クレーフェルト、レムシャイト、ヴッパータールは、今や軒並み一〇〇〇人を超える死者を出していた。レムシャイトの一万四〇〇〇戸の建物のうち、七月三〇日夜に行われた最後のルール攻撃作戦が終了するまでには、一万一〇〇〇戸が全壊もしくは被災した[56]。二七三機の飛行機が人口九万五〇〇〇人のこの町の八三％を廃墟にしたのである。高射砲手たちはアルミ箔片**で麻痺状態となり、町が赤く燃え上がるのを郊外から眺めていた。二二時四五分に警報解除のサイレンを聞いて地下室からよろめき出たとき、人々が目にしたのは、いまだに燃え続ける廃墟であった。燃焼物質はその役目を果たし終えるところで、町を火災嵐に巻き込んでいた。爆撃機軍団が去って一時間半後のことであった。

イギリスの報道機関に出された報告、例えば一九四三年六月一三日付『タイムズ』紙の「夜間爆撃機クレーフェルトを粉砕[57]」という記事は、爆撃の目標に関する政府の回答を否定するものであった。記事によればこの町は、一分につき五個の四〇〇〇ポンド爆弾が四五分間投下された後、何キロにもわたって高度四五〇〇メートルまで黒煙に包まれた。爆撃のもう次の日には、粉砕されるのは目標というものではなく町全体であることを、読者は悟る。爆撃機軍団の内部では被害確認は事務的に処理される。写真分析の直後に提出される被害報告書「被害査定速報[58]」は一九四三年六月二一日夜のクレーフェルト攻撃の結果について、住宅二万五〇〇〇戸が全壊、家を失った人八万七〇〇〇人、死者一四五〇人、そのうち八五〇人は高性能爆薬弾、六〇〇人は焼夷弾によるもの、と報告している。死者数は間違いなく作戦の成功を意味している。それは少々過大に見積もられているものの、空襲の規模は驚くほど正確に報告されている。この夜クレーフェルトでは実際、一〇五六人の命が失われた。三・七五平方キロが火災で包囲され、市街地の四七％が完全に焦土と化した。

ルールの戦いで爆撃機軍団は自己の存在理由を示し、爆撃は戦略的兵器となった。この方法によって一九四三年終わりまでに、ドイツ領内で最も重要な工業地帯の四分の一以上が破壊されることになった。アーサー・ハリスはこれ以降、勝利のトロフィーを蒐集し始めた。彼は骸骨と化したルール地方の都市の航空写真を青いアルバムに貼り付け、それを政府とバッキンガム宮殿とヨシフ・スターリンに送りつけた。戦争に決定を下す立場にあった人間で、こうした町の中にいる住民の運命について幻想を持つ者などいなかった。そのことは、チャーチルの名言からも分かる。彼は、ドイツ人は自分たちの町に住む必要などない、田舎に

＊　一九四一年八月一四日に発表されたルーズヴェルトとチャーチルの共同宣言。大戦後に平和を維持するための基本原則を決めた。ナチの暴政を破壊した後に人類を恐怖から解放することなどを唱っている。

＊＊　レーダーを攪乱するためにイギリス軍が大量に散布したアルミ箔片のこと。二八頁など参照。

行って自分たちの家が燃えるのを丘から眺めればよいと言ったのだった。

爆撃機軍団はルールの戦いで乗員五〇〇〇人を失ったが、イギリスはこの犠牲に耐えた。これは、政府が決然たる態度で戦争を遂行していることを証明するものであった。すでに一九四一年四月の世論調査で、五三％の人々がドイツ市民を目標にした攻撃に賛同していることが分かっていた[59]。しかしもっと注意すべきなのは、三八％が反対していたことである。それでも戦況が進むにつれて、迷いは消えていった。ロンドンでは民間人への攻撃を支持する人は六〇％、反対が二〇％になった。この結果は、民間人という目標など攻撃していないと述べ、さらには今では民間人なる目標など存在しないのだという政府のコメントを補強している。目標には軍事的に価値のあるものと、そうでないものの違いがあるだけなのだ。

一九四三年から四四年にかけてイギリス民衆のあいだでは、戦況について一般的な情報を持っているということと、実際に起きていることをよく理解しているということとのあいだの乖離が大きくなっていた。「実際に起きていることを理解している」というのは、起きてはならないが起きてしまったこと、正しくはないが必要なことの呈する複雑さを理解することである。報道機関はドイツの都市の破壊の程度について詳しく知らせ、立ち上る煙の柱はオランダからも見えたというイギリス空軍の公式発表を引用した。爆撃機軍団が査定した死者数は省略された。ロンドン市民は空襲がどんなものかよく知っていたので、燃えた住宅とその住人との関連についてはよく想像できた。

一九四三年七月、爆撃機軍団によってハンブルクに業火が放たれた後、秋には「ハンブルク化する」という新語が作られた。それにもかかわらず、一九四四年には回答者の九〇％が、ドイツの都市部が爆撃を受けていることを知らないと主張している。都市部とは多くの意味を持つ言葉である。ハリスはそれを、点火に適した、火災に弱い建造物の集合と解した。そこを囲む環状道路の内部には人口密集区域があって、抵抗への意志が固まって住んでいる。そこに住む労働者たちを弱体化しなくてはならないのだ。それ以上のことは誰も語らない。死者数が四桁、五桁に上る時期には、公式にはもはや数字は発表されない。ドイツによるロンドン空襲以来、人間が瓦礫に埋まる様子については皆がよく知っていた。

イギリス国教会の論争は、この点でも規範となったが、キリスト教徒として最後の防衛線を引いた。すでに一九四〇年に平和主義の聖職者たちがカンタベリーとヨークの大主教に対し、キリスト教精神と相容れない方法に訴えるよりはむしろ敗北した方がよいと教会が考えるのはどの時点か、と質問したことがあった。大主教たちの回答は、それは無防備都市が、報復ではなく戦略の一環として爆撃されるときであろう、というものであった。どんな都市でも爆撃機軍団に対して何門かの高射砲で防衛しているので、民間人爆撃擁護論にとってこれはかなり有効であったが、決定的とは言えなかった。その後一九四三年、抹殺爆撃が深刻になったとき、ヨーク大主教のシリル・ガーベット博士は、聖アウグスティヌスによる「正しい戦争」擁護論を披露した。

> 人生においてはよくあることですが、絶対に正しいことと、絶対に誤ったことを分ける唯一の選択などありません。二つの悪のうち、より悪が少ない方を選ばなくてはならぬ場合が多いのです。平和を求めるわが国民の命を犠牲にし、今日奴隷状態にある数百万の人々の解放を遅らせるよりは、好戦的なドイツを爆撃する方が悪が少ないのです。[60]

好戦的なドイツを象徴しているのは誰で、この決定を下すのは誰かと皆にはっきり問うたのは、チチェスターの主教、ジョージ・ベル博士であった。イギリス上院で彼は「ナチの犯罪で苦しむドイツ国民をナチの殺人者たちと同列に置くことは、さらなる野蛮行為である[61]」と述べて騒ぎを引き起こした。一九四三年二月一一日のことであった。一九四四年二月九日に彼は同じく上院で、一九四三年に威力を増した武器の違法性を正面きって批判した。

> 現在のような規模で、敵の町への、とくに非戦闘員の民間人や軍需関連でも工業関連でもない目標への爆撃を命ずる政府の政策に、私は強く異議を申し立てる。軍需工業や戦時輸送の中心地への攻撃では、それが真に良き意図から出た軍事的活動である場合も、民間人殺害が避けられないことを私は十分理解している。しかし、取るべき手段と達成される目的のあいだには適切な均衡がはかられるべきである。何らかの軍事上・工業上の施設がその一部にあるからといって町の全部を消し去るのは、このような均衡を拒絶することである。連合国軍は力よりもっと偉大なもののために戦っている。我々の旗に刻まれる第一の名は「法」である。連合国の一員として、ヨーロッパの解放者である我々がその力を法の管理の下で行使することは、何よりも重要である。国王陛下の政府が取る政策と行動はこの上なく重大なのだ。なぜなら敵の町に対する現在のような地域爆撃が、無制限かつ集中的爆撃に対する論争を招いているからだ。[62]

軍事目標に対する爆撃の定義が拡大解釈されていることについて、これは法的根拠が疑われるとベル主教は批判したわけだが、爆撃機軍団のオペレーションズ・リサーチにいた物理学者フリーマン・ダイソンは、さらに深く理解していた。「士気を挫く爆撃」は軍需複合体への攻撃の拡大解釈などではないのである。カサブランカ会談で決められたリストによれば、都市は目標ではない。それは人が住み、働き、生活を営む空間である。そこでの被害は、できるだけ小さく加えられなければならなかった。一九四三年に完成したような絨毯爆撃の手法では、一撃で倒すのは無理だったので、ケルンは二六二回、エッセンは二七二回、デュッセルドルフは二四三回、デュースブルクは二九九回、苦しまなければならなかった。ダイソンは一九八四年にこう書いている。

自分が知っていることについて考えると私は気分が悪くなった。路上に走り出てイギリス国民に対し、彼らの名のもとでどんな愚行が行われているのかを告げる義務があるとと何度も感じた。しかしその勇気がなかったのだ。私は最後まで自分のオフィスに座り、さらに一〇万人を最も経済的に殺すにはどうしたらよいか、念入りに計算していた。[63]

一生を通じてダイソンは、ある任務をこなし、同時にそれを戦争犯罪と認識できる常人離れした人物であった。しかし例えば、一九四四年から四五年にかけて行われた、血みどろの交通路爆撃計画の発案者ソリー・ズッカーマン教授のような普通の科学者は、自分が発案した攻撃方法が正当なものかどうかと考え込んだりはしなかった。戦争の手段について責任を負うのはそれを実行に移す政治家である。物理学者は科学的に可能なことを現実化するだけで、それが容認可能かどうか問われることはまったくない。ズッカーマンはこう書いている。「戦争状態は科学者の想像力を大いに刺激する」[64]。科学者が支配できる世界は突如、思いもかけない大きさに拡大する。「平和時には夢想だにしない量の資源」が与えられるからだ。

過酷かつ大むね平凡な戦果しか上がらないルールの戦いで、一つ、第一級の突出した業績があった。それは望み通りのものをもたらしたわけではないが、未来の戦争企業家たちを確実に刺激した。言ってみれば、刀とは腕力の延長であり、飛び道具とは打撃という仕組みを凝縮したものである。これが石弓から第一次世界大戦時の砲兵隊へ至る道で、この原理は西部戦線の砲兵と素手で殴りあう闘士を結びつけている。そこでは力を持った人間が、目の前にいるかいないかの違いはあれ、別の人間を傷つける。拳が、刀身が、銃弾が肉体に侵入する。肉体の方は逃げたり切りかかったり、刺したり撃ち返したりする。二つの肉体は互いを憎み、互いを目標とし、力を行使し合う。しかし、毒ガス榴弾の登場とともに事態は別の様相を見せる。それは「空気」を変質させるからだ。

第一次世界大戦当時、毒ガスは殺人的兵器とはほとんど言えず、重砲のように身体を激しく損傷するものでもなかった。しかしそれは部隊を大いに戦慄させた。おそらく、いつか毒ガスから逃げることはできなくなると予感したからだろう。銃弾で敵を一人ずつ倒すという律儀な方法に代わって、皆殺しの原理が登場した。空気は熱、光線、毒ガスによって変質し、人間の生存は不可能となる。この新しい原理は次の戦争をさらに進歩させた。

火炎爆弾や原子爆弾の例に見られるように、第二次世界大戦中に科学は、自然法則の作用から破滅状態を引き出すという概念を導入した。現実世界は、もはや住むための場所ではなくなっていた。生命の空間が死のゾーンとなる。オペレーションズ・リサーチの父、パトリック・M・S・ブラケット博士の表現によれば、この死のゾーンの看守たちは「ジュピター・コンプレックス」に陥った[65]。つまり連合国側は、自分たちを敵を倒す電撃を放つ神々だと感じていた、とブラケットは言う。神だけがどんな罰でも与えることができる。神は法の支配を受けない。神が法なのだ。ルールの戦いで試みられた倫理的に疑わしい方法は、まだほとんど試されたことのなかった環境戦争という分野に属する。火に投じるという考えを一歩進めれば、水に沈めてはどうかと考えるのは当然だ。オペレーションズ・リサーチの研究者は、ルール地方の谷にある二つのダムを神の電撃が撃ったらどうなるだろうかと思いついたのだった。現代版ノアの洪水が発生し二重の作用をおよぼすに違いない。まずは洪水で、次にはルール地方全土を襲う水不足で。

メーネダムと、それから一七キロ離れてルール川流域に設置されたゾルペダムは、水利経済上一体をなしていた。この二つのダムでルール地方の工業用水の七〇％と、四五〇万人分の飲料水をまかなっていた。さらに巨大なのは、カッセル近郊のエーダーダムで、二億二〇〇万立方メートルの水量を有していた。五月半ば、水量が最大の時期にメーネ・ゾルペ両ダムの水をカラにすれば、夏のあいだルール地方の産業は停止し、市民は飲料水を取り上げられ、大変な困窮に陥る。一方、エーダーダムを破壊することでオーバーヴェーザー郡の船舶の航行を麻痺状態にし、農地を台なしにし、カッセルを水浸しにできる。イギリス航空省の経済専門家たちはこう計算したのだった。

これらのダムは、水圧に耐えるため、他とは比べものにならない厚さをしていた。メーネダムは高さ四五メートル、基底部は厚さ三四メートルであった。ダム破壊には、円筒形の四トン航空機雷を、水面下九メートルで爆発させる必要があった。そのため、水面の一八メートル上から投下し、投下直前に飛行方向と反対に向かって回転させるのである。爆弾は着水後、水面を転がりつつ機雷防御網も優雅に飛び越えダムの胸壁に到達する。胸壁に到達すると、爆弾は回転圧で壁に付着したまま、転がりつつ垂直に降下し、必要な水深を感知する圧力信管によって爆発するようになっていた。

「ジェフ教授」という暗号名の設計者が作ったこの反跳爆弾を輸送するため、特別仕様のランカスターが二三機製造された。その下部には、機体の前後軸と直角に爆弾を収納するための特製の止め具が必要だった。しかし最も難しいのは、正確に一八メートルという投下高度を守ることである。イギリスは練習用の湖上に、メーネダムに似た建造物を作り上げ、一二五回の投下テストを行い、計算通りの投下高度を探す方法を探った。イギリス中から最も優れた乗員が参加し、彼らは自分たちで、ある装置を作り上げた。それは機体の機首と後部の二カ所に取り付けられ、一定の角度をなして向かい合うようにした、下に向かうサーチライトである。高度一八メートルに達すると、この二つの光線は水面上で重なる。すると四トン爆弾が投下され、湖面に転がり落ちる算段であった。

戦況に決定的な影響を与えたとされるこのダム攻撃は、一九四三年五月一六日と一七日の満月の夜に行われた。メーネ・エーダー攻撃用編隊とゾルペ攻撃用編隊の二つの編隊が北海を渡った。メーネ・エーダー攻撃用編隊はデュースブルク手前で高射砲の射撃で乱され、再び元の編成に戻ったが一機が失われた。

メーネダムは月光で二キロ手前からも見えた。湖岸の斜面では一二門の軽高射砲が火を噴いた。空軍中佐ガイ・ギブソンは最初に突入し、時速三八五キロで飛行しながら決められた区域上空で爆弾を投下した。爆弾はダムに到達し、爆撃機は胸壁を越えて逃げる。爆発で大量の水が吹き上がるが、壁は無事であった。次の機が出撃するが、爆弾投下が遅れ胸壁の外側に落ちたため、爆撃機は爆風に巻き込まれバラバラになった。三機目と四機目は爆弾を正しい位置に投下した。山のように水が上がるがダムは持ち堪え、次の攻撃でも壊れなかった。五番目の爆撃機が胸壁に亀裂を入れるのに成功した。六機目が攻撃にかかろうとしたとき、裂け目が開き、壁は砕けた。残り三機の爆撃機で中隊はザウアーラント上空を飛んでエーダーダムへ飛行した。そこは夜霧でほとんど目視できない。最初の爆撃機がさっそく亀裂を入れるのに成功した。三機目が最後の爆弾で突破口をあけ、堰止湖の水は渓谷の中に流れ出した。ゾルペダム攻撃の編隊は成功を収めることができず、ほぼ全滅した。残った機は結局シュヴェルムダムで苦闘したが、ここでも成果を上げることはできなかった。

ダムを爆撃したこの「懲罰作戦(チャスタイズ)」は、かつてイギリス空軍が行った中でも最も輝かしい作戦とされる。攻撃は正確に遂行され、その効果は絶大であった。エーダー渓谷では一億六〇〇〇万立方メートルの水が最高九メートルの高さとなってカッセル方面に流れ込んだ。途中の五つの村、ヘムフルト、アフォルダーン、ベルクハイム、ギフリッツ、メーレンが全滅した。ゴムボートがないので、水没した家屋からの救出は不可能であった。五月一八日に工兵たちがやって来て、死んだ家畜を探して潜水した。遺骸の回収は一体当たり二時間もかかった。家屋の下敷きになっていたり、手の届かない場所にあったからだ。家畜の損害はアフォルダーンが最大であった。馬四〇頭、牛二五〇頭、豚二九〇頭である。続いて五月二一日に三〇〇人の死者の埋葬が行われ、棺の中でようやく身元確認が行われた。さらに五月二三日にアフォルダーンで子供の遺体二体と生きた豚四頭が収容された。

メーネ・ルール渓谷では、最初の一時間で一秒当たり九〇〇〇立方メートルの水が溢れた。三六時間後、一億三二〇〇万のうち一億二二〇〇万立方メートルの水が流出した。中部ルール地方の洪水は、最高水量時の限度を二メートルから三メートルも超えて一五〇キロ先のライン川に向かった。多くの家畜が犠牲になり、そこに生息する魚は全滅した。メーネダムから八キロ離れたネーハイム・ヒュステンの町は洪水の圧力をまともに受け、八五九人が死亡した。町に近い強制労働者収容所では、七五〇人が死んだ。[66] 犠牲者は主にウクライナから来た農業労働者の女性たちであった。この洪水によって、合計およそ一三〇〇人の民間人が溺死した。

ゾルペダム攻撃の失敗で、ルール地方の工業と住民は大破壊を免れた。成功していれば二つの堰止湖が同時に決壊したはずだった。洪水による建物、橋、給水施設、電力施設の破損は、一部は数週間で、一部は数カ月で修復された。エーダーダムは二万人の労働者によって九月末には再建され、メーネダムも続いて再建された。自然環境を利用して、さらに大きな威力のある攻撃が試みられることはなかったが、アメリカは朝鮮戦争でダム攻撃を再現し、堰止湖が決壊して、北朝鮮国民が稲作を営む薄い粘土の土壌を押し流した。その結果は飢饉発生であった。原則として、環境に対する攻撃は、その地がいかにして環境上の均衡を保っているかを調査して行われる。大事なことは、自然物であれ人工物であれ、それが取り除かれれば洪水、飢饉、疫病、バクテリアなどによって全体を崩壊させることが可能な構成要素を探すことである。

洪水作戦の九カ月後、チャーウェル卿は炭疽菌の作用について記した文章を首相に送った。一九四三年冬、炭疽菌を充塡した四ポンド爆弾をイギリスが設計し、アメリカが製造した[67]。「ランカスター爆撃機半ダースでそれを均等にばら撒けば、一平方マイル内に住むすべての人間を死亡させ、その地を居住不可能にすることができるでしょう[68]」。チャーチルは即座に反応した。これで正確に目標を狙うという煩わしい問題が解決する。一九四四年三月八日、彼はアメリカに五〇万個の炭疽爆弾を注文した。チャーチルは細菌戦争委員会に書き送った。「それがいつ完成するか知らせて下さい。それを一回目の納品として受け取ります[69]」。

一九四四年、地上軍がドイツ本土に侵入したことで、そこを病原菌で汚染することはできなくなった。火炎攻撃の方が衛生的で、炭疽菌や洪水を利用した全滅作戦より適切だった。破壊への意志が軍事的必要より優先されることが多かった。

ダム破壊作戦を精巧に遂行したことで、しかるべき努力をすれば、センチ単位の目標を狙ってその地を全滅させられることが分かった。作戦が成功したのは、半ば編隊の巧妙さのおかげだったが、もしドイツが防衛上明らかな失敗をしていなかったら、こんなに輝かしい成果を収めることはできなかっただろう。ドイツ側は、あたかも曲芸飛行でも眺めるように攻撃されるがままになっていた。というのも高射砲はすべて、彼らが危険だと思う場所、つまりルールの戦いの最中にあったルール地方の都市部に置かれていたからである。すべての場所を防衛することはできない。それを考慮してイギリスは、敵の迎撃を欺くため想像力を駆使したのだった。

爆撃機が到着するまでどこが攻撃目標か分からないように、イギリス軍は思いもかけぬ航路をたどって飛来することが多く、迎撃力は無駄に浪費された。モスキート機の一部はもっぱら陽動作戦に従事した。ベルリン攻撃の際、ドイツの夜間戦闘機は見せかけの攻撃によってライプツィヒに誘導された。ダム攻撃の夜、ギブソンは戦闘機に邪魔されたくなかったので、編隊を組むのにわざと最小限の飛行機しか使わず、陽動作戦を装った。ランカスターがたったの一九機ではたいした被害を与えることはできない、とドイツ人が考えることを見越していたのだろう。

アメリカ第八航空軍は、キー・ポイントを正確に攻撃することでシステムを停止に追い込む方法を好んだ。一九四三年半ば以降、ドイツの空は、イギリスとアメリカが分割支配していた。イギリスが夜間を、アメリカが昼間を担当した。アメリカ航空軍の方が高高度を飛び、その機上砲手の弾丸のほうが口径が大きく、その飛行中隊編成は大規模かつ威圧的で、また人道的だったので絨毯爆撃を採用しなかった。軍需生産の要であり、そこを破壊すれば他のすべての部門の生産が停止する要所は何かと調査した結果、経済学者は、それはボールベアリングであると判断した。ドイツのボールベアリングは主にシュヴァインフルトとレーゲンスブルクで作られていたので、そこを徹底的に破壊する方法を頭を絞って考えた。兵器には、住宅地を破壊し尽くす以外の能力もあったわけである。

しかし、敵軍のアキレス腱を撃つのは自殺行為にも等しい任務であることが明らかになった。その防衛は堅固で、アメリカの損失は一六%に上った。第一および第四爆撃航空団はボールベアリング産業よりはるかに無防備であることが判明した。その血みどろの夏のあいだ、アメリカ第八航空軍は、あらゆる不安定なシステムの中でも空中の爆撃飛行隊ほど不安定なものはないという手痛い教訓を得た。これによってアメリカは、敵の最も弱い点を探すより自軍が痛手を受けないようにしようと決意した。

ほとんどの場合、爆撃機は戦闘機によって痛手を受けた。だから、追い込むべきは戦闘機である。その離着陸場、格納庫、その生産、その燃料生産を消し去る必要がある。もし自国の飛行機が邪魔されずに空を支配できれば、地上の重要な工業地を探し回る必要はない。あとは徹底的に爆撃すればいいのだ。防衛に失敗した敵はもはや敵ではなく、懲罰の対象である。目標を追い詰めるのだ。敵は静止状態にある。一九四四年秋のドイツ人たちは敵にされるがままの静止状態に陥っていた。そしてこの時点から、最大密度の爆撃が始まる。

六〇カ月にわたる都市空襲でイギリスが投下した爆弾の半分以上は、最後の九カ月間に集中している。[70] この時期、爆撃兵器の殺傷率もピークに達した。[71] ルールの戦い開始から一九四三年末まで、この兵器は毎月平均八一〇〇人の市民の命を奪い、一九四四年七月以降、その数は月平均一万三五〇〇人に達した。その間にアメリカ航空軍はドイツの飛行機産業を操業停止に追い込んだ。この任務のために投下された爆弾と都市に投下された爆弾のトン数の比率は、一対一二である。純粋に軍事的目標と言える飛行機産業が壊滅状態になった頃、ドイツの地は空の軍勢を前にして完全に無力であった。この状況に乗じて英米両飛行隊は、一九四五年一月から四月までに三七万トンの爆弾を投下した[72]。これは投下された全爆弾の四分の一をはるかに超える量である。この期間、イギリスとアメリカはほとんど何の損失も蒙ることなく、二四時間爆撃を加えている。イギリスとアメリカによる爆弾の集中投下はすでに一九四四年前半に行われ、イギリスが都市を焼き払うあいだに、アメリカ軍は最大の障害物であるドイツの戦闘機隊に照準を合わせていた。

メーネダム決壊がルール渓谷を壊滅状態にしたように、迎撃兵器の生産、離着陸場、機体が機能停止したことは、ドイツの爆撃戦争に大きなダメージを与えた。堰き止められていた破壊力が洪水となり谷に流れ込むように、敵の戦闘機がなくなると爆撃機の洪水は止めどがなくなった。ルールの戦いにかろうじてブレーキをかけたのは、破壊者の方も破壊されやすいことであった。すべてを飲み込む洪水の波はメーネ湖からやって来るのではない。そうした「秘密兵器」のような波は軍属の教授たちの幻想でしかない。ハリスはそうしたアイディアをナンセンスな「万能目標」、つまり万能の魔法の薬と考えていた。ドイツの都市を跡形もなく沈没させる波とは、誰はばかることなく飛ぶ無数のランカスターとボーイング17の攻撃波なのだ。それによって、フライブルク、ハイルブロン、ニュルンベルク、ヒルデスハイム、ヴュルツブルク、マインツ、パーダーボルン、マグデブルク、ハルバーシュタット、ヴォルムス、プフォルツハイム、トリーア、ケムニッツ、ポツダム、ドレスデン、ダンツィヒ（グダニスク）その他の町が、ドイツ降伏直前の最後の段階で滅亡することとなったのである。

一九四五年一月から五月までの最後の期間、ほとんど軍事的目的のない殺戮のローラーが、攻撃側が危険に晒されることなく今一度ドイツを蹂躙した。ハリスは記す。

我々はルール地方のすでに打ちのめされた町を攻撃しなくてはならなかった……爆撃による長い休業の後、操業を再開した工場を消し去るためである……エッセンをはじめ多くの町では可燃物はすべて灰と化していたので、強力な高性能爆薬弾を使うしかなかった。それは容積の割に焼夷弾よりずっと重量があった。

我々の兵器が主に四ポンド焼夷弾と四〇〇〇ポンド爆弾であった頃から私はもう、もっと途方もない数の高性能爆薬弾が必要になることを見越していた。もちろんこの四〇〇〇ポンド弾とは本質的に、無傷の建物を破壊するためのもので、すでに廃墟と化し、人々が地下生活を営んでいる町に対してはあまり役に立たない[73]。

その一年前に一切を支配していた二つの疑問――いつドイツの士気は挫けるのか？　製油施設と輸送機関を狙うという、一九四一年当時の作戦に戻る方が効果的ではないのだろうか？――という疑問は一九四五年三月には片付いた。もはや士気も、石油も、交通路も消えていたからだ。ドイツ領土内への侵攻は続き、そのための戦術的爆撃が必要となった。抵抗勢力が隠れている、あるいは隠れているかも知れぬ、あるいは隠れることが可能な場所はすべて空からの攻撃で抹消され、機能できる鉄道網もすべて破壊された。こうした攻撃はすべて個別の理由から行われた。戦線沿いの村々は、必ずしも戦争上重要ではないが、戦いに巻き込まれた。こうした村を破壊するのはハリスの廃墟攻撃作戦と一見似ているが、その目的は異なる。ハリスの行動は、こうした最終段階での戦闘と協働してはいたが、その一環として行われたのではない。その攻撃には何の目的もなかったからだ。なぜ、プフォルツハイムは一九四五年二月二三日夜、四・五平方キロにおよぶ火災と二万人の死者を出して灰にされたのか？　爆撃手長のエドウィン・スウェイルズはこの功績でイギリス軍で最高位の勲章、ヴィクトリア十字勲章を死後に授けられている。

ハンブルク、カッセル、ドレスデンに加え、プフォルツハイムでも他の一〇あまりの都市同様、火災嵐が発生した。火災嵐とは放火術の最終段階である。一九四四年九月までは、この現象を人為的に発生させることはできず、ただ偶然に任せるしかなかった。火災嵐は人間の破壊欲が自然の猛威と結びついた現象である。大気中の反応が焼夷弾に予測も制御も不可能な力を与えたのだ。イギリスはこの思いがけない現象を神からの賜物として喜び、それを引き起こす数式をすぐさま求めようとしたができずにいた。そこにはあまりに多くの変数と未知数が作用するからである。

この現象自体は、第一次世界大戦時のドイツ帝国軍航空隊検査官、ヴィルヘルム・ズィーゲルト中尉がすでに一九二七年に書き記していた。『ベルリン画報新聞』にはこうある。

無数の火元が町中に発生し、当地の消火部隊がそれを一度に全部消せなくなると、大災害の種が蒔かれる。個々の火元は結びついて大火災となる。高温に熱せられた空気は巨大な煙突となって空に向かう。地面と平行に吹く風は「火災嵐」を発生させ、それによって小規模な火災はさらに拡大する。

この循環の物理学――大火災、垂直に吹き上がる熱風、真空空間に水平に吸い寄せられる強風がさらに火災を煽る

——はどんな弾薬よりも強力である。犠牲者数は五桁にまで跳ね上がる。これは、たった一回の攻撃では原子爆弾にしか達成できない数字のように思える。しかし、そうでもないことがプフォルツハイムで証明された。

一九四五年二月には、この町の人口は六万五〇〇〇人だった。一九四五年八月の長崎には三〇万人以上がおり、原爆によって三万九〇〇〇人が死亡した。およそ七人に一人の計算である。プフォルツハイムでは二万二七七人が死んだから、ほとんど三人に一人である。(74) プフォルツハイムの住民はズィーゲルトの理論を実地に体験した。それは次のようなものである。

兵士のヴィルヘルム・リーカーは燃える建物の地下室がじつは安全でないと悟り、そこから逃げた者の一人である。

皆は毛布や布を水桶に浸してそれを体に巻き、炎をくぐってエンツ川の岸辺へ走り、そこでもう一度、体を水に浸しました。凄まじい熱と火花だったのです。スダン広場にはそこに通じるすべての道路から火が集まっていて、その火は橋まで広がりました。炎は橋を通って市街地に向かい、そこには軸部分が炎でできたきのこが立ち上っていました。この時点で放射される熱は非常な高温に達し、人々は冬の冷たい川に飛び込みました。(75)

エンツ川とナゴルト川の合流部分に位置するこの町は水が豊富にあった。それで多くの人々が火災嵐の中、溺死したのだった。地下室を安全と信じた人々は、その危険のほどを知らなかった。神学者のオットー・リーカーはこう記している。

義兄は地下室に飛び込み、マッチを擦ってそこを照らした。一方の壁には親戚の女性がいて、両手を壁に当て、顔を非常口の方に向け、まるで生きているようだった。その向かい側には壁に背中を向け、両腕を広げた男がいた。椅子には、穏やかに眠ってでもいるかのように少しばかり前に傾いて、腕を交差させた四人の女性が座っていた。全員、一瞬のうちに死んだのである。爆風が彼らを殺したのだ。(76)

この爆風を起こしたのは三三〇個の五〇〇ポンド爆弾であった。

朝の雨の中、フリッツ・レフラー教授はある地区の葉脈を、つまり通りを探し求めていた。「通りはどこにあるのだろう？　確かめるには石や梁材によじ登ってみなくてはならなかった。そうすると突然、何もない場所や、パラスト喫茶店の窓ガラスがなくなったショー・ウィンドーに、炎に追い立てられ、服をはぎ取られ、骨格だけになったウエイトレスたちの姿が見えた。それは並んで炭化していた」[77]。

地下室は火葬場と化した。ヘルミーネ・ラウテンシュラーガーは記している。

丸天井のある地下室は原型をとどめていました。ドアはどこにもありませんでした。姉が大事な物をしまっていた棚も、長持ちも、見当たりません。床の上の、とくに壁に沿って、そこここに灰の山があり、地下室の中央には人間の胴体の形をした部分があって、炭化した木の株のように見えました。隅にあった灰の山の傍らにかばんがあって、少しでも触れると崩れそうでした。ねじ曲がった金属製取手と鍵束がありました。それは姉のかばんと鍵でした。警報が鳴ると姉はいつもそこに座っていた、と義兄が教えてくれました。後にはそこで姉の服の切れ端も見つかりました[78]。

火災嵐は大気の状態を変える。それは三重の意味で生命を脅かす。第一は熱で、火災区域では摂氏八〇〇度にも達した。第二は火柱から四キロの範囲を吹く秒速一五メートルもの風である。こんな強風から逃げることはできない。人は抵抗してもなぎ倒され、最悪の場合は火元に吸い込まれる。三番目は酸素不足である。燃える突風を呼吸することはできない。マリア・ルプスは報告する。

恐ろしい熱と酸素不足で文字通り干上がりそうだったので、私たちは助け合って運河へ向かいました。途方もない火災嵐で本当に息もできないくらいでした。水面の上に少し残っている酸素を吸うしかないと本能的に感じました。腕に抱いた子供は身動きもしません。発生したガスでほとんど麻痺状態だったのでしょう。そのうち下の運河でも酸素不足がひどくなっていました。濃い煙が目と肺を刺しました。もう時間の感覚はなくなりました。それは長い時間だったのでしょうか、それともほんの短いあいだだったのでしょうか？　運河に通じる川では恐ろしい光景が繰り広げられていました。死の恐怖に駆られて燃える建物から水に飛び込んだ怪我人たちが流れ着いていたのです。たいていはもう死んでいましたが、ひどい火傷を負った人もいました。死の静けさがあたりに立ち込めていました[79]。

宝飾品と時計生産で知られるこの小さな町にとって、ケルンの「千年紀作戦」を一〇〇トン上回る一五五一トンの爆弾は十分な量であった。その四日後、プフォルツハイムの二倍の広さを持つ都市、マインツに落とされた一五五四トンの爆弾で一一二二人が死亡した。これは二年前には途方もない数字とされていたが、今や集中的爆撃では平均的な数となった。しかしマインツでは火災嵐は発生しなかった。ハリスはもっともな理由をあげている。廃墟は燃えが悪いのだ。マインツは一九四四年九月の大空襲によって空き地が多くなっていた。火災嵐には、建て込んだ無傷の町と、生活用品、家具、衣類、食料、書籍が詰まった建物が必要である。とくに必要なのは木組み屋根と床板である。それを燃やすため、攻撃目標とされた町すべてに何十万もの焼夷弾が山と降ったのである。

プフォルツハイムは小さな町で軍事上重要でもないので、イギリス爆撃機軍団はそれまでほとんど攻撃したことがなかった。だから燃えやすい構造が残っていた。一九四四年秋以降、新型クラスター爆弾の開発によって爆撃機軍団はできるだけ狭い、明確に定められた範囲に爆弾を投下できるようになった。しかし、燃えやすい素材は必要だった。目標の町が小さくて軍事上重要でないほど、いっそうこの目的に適うことになった。プフォルツハイムの軍事的価値は一九四五年二月には急上昇していた。そこが軍事的には何の価値もないというまさにその点において。その魅力とは、街区を囲む建物、砂岩の建材、中心部の、狭い枝分かれした小道、まともな防火区画もなく密集する建物であった。そこは無防備で、防火体制は手薄であった。爆撃手長スウェイルズは、いわば絶好の条件で爆撃実験を行うことができたわけである。爆撃は一九時五〇分から二〇時一二分のあいだに行われた。ずっと後になって発生した嵐は最初は強風をともない、それから、炎の中だというのに氷のように冷たく激しい風を吸い寄せた。それは二三時三〇分までかかって町を炎で包んだ。融点一七〇〇度の金属が溶けて流れ出した。スウェイルズによる二二分間の作業の後――帰路に彼は残っていたドイツ軍の戦闘機に撃墜された――プフォルツハイムは煮えたぎる溶岩と化し、まるで太古の地層から出てきた巨人キュクロプスの拳で殴られたかのごとしであった。

チャーチル、ハリス、ポータルは、このような火災嵐が起きたのは一九四三年七月のハンブルク空襲以来はじめてであることを知った。彼らは二年間にわたって、空からの抹殺を阻む技術上、財政上の困難を克服する方法を探し、飛行機と被災者と死者をありえない数にまで増し続けた。そのとき突如として、兵器と自然元素の猛威とが想像もできない形で混じり合い、以前は計算上でのみ可能ではあるが実際の戦争では起きたことがなかった、大規模破壊の方法を手中にしたのである。空軍の戦略家たちはこの自然の威力を自分たちの論理的同盟者と考え、もっと連携を深めようと考えた。

爆撃機軍団は引き続き、ベルリンをハンブルク化することに主力を注いだ。ベルリンはあまりよく燃えなかった。大気の物理学との連携は当てにならず、一九四三年一〇月には、予定を変えて再びカッセルに戻った。どうしてベルリンでなく、カッセルだったのだろうか？

イギリス爆撃機軍団はルールの戦い以降ずっと、投下される弾薬に占める燃焼物質の割合について研究を重ねていた。五月末のヴッパータール、七月中旬のアーヘン、七月末のレムシャイト爆撃では燃焼物質の比率を著しく増すことで何キロにもおよぶ猛火を引き起こした。七月、八月に三回行われたハンブルク空襲でも、その割合はさまざまに変えられた。適当な配合率を決めること自体が一つの研究対象となった。二回目の空襲は一回目の五倍の燃焼物質を使った[80]。一平方キロ当たり九万六四三〇個の焼夷弾と二七三三個の液体焼夷弾が投下された。つまり、火災嵐の条件となるのは配合の割合であり、さらにレーダーを乱すアルミ箔片が防衛を阻むことも必要であった。ハンブルクでも条件は実験室なみに良かった。兵器は、防衛側が許す範囲内どころか、思う存分に力を発揮した。しかし気象条件が揃わなかったら、これほど徹底的な破壊はできなかっただろう。気象が火災嵐の主要な条件である。

プフォルツハイムはひどく寒かったが、ハンブルクは逆に一〇年に一度という暑さのせいで乾燥していた。七月二八日のうだるように暑い真夏の夜、気温は二〇度から三〇度のあいだであった。気象条件、燃焼物質の割合、防衛の失敗、街区の構造がハリスの作戦の前提だった。作戦の暗号名は「ゴモラ」である。創世記一九章のアブラハムのように、ハリスは罪に穢れた町を前にして「炉の煙のように地面から煙が立ち上っているのを見た」。その煙は四万から五万の人々を溶かした。死者の七〇％は市の中心部に集中しており、そこでは爆弾の殺傷率は五・九％に達した。住宅地しかないハマーブロック地区では、住民一〇〇人のうち三六人が死亡した。七〇〇〇人の子供と若者が命を失い、一万人が孤児となった。

狭い中庭は燃える牢獄と化し、そこに閉じ込められた者はもはや逃げることもできずに死を待つ。火災嵐が頂点に達すると、放射熱だけで建物の屋根から地下室までが一挙に燃え上がり火柱と化す。突風はまるで巨大ポンプのように地下室から酸素を奪う。六時間の火災嵐は二〇億トンの空気を七キロの高さの煙突にして吹き上げたと言われる[81]。それによって秒速七五メートルもの風が水平方向に吹き荒れた。そうなると人間は立っていられない。地下数メートルまで根を張る木々も倒れ、梢は捻じ曲がった。ポプラの木が水平に曲がるのを見た人もいる。酸素不足で窒息死した人や放射熱で灰となった人を集める遺体収容作業班は、瓦礫の山の熱が冷めるまで一〇日間待った。

通常、火災嵐は何時間もかかって広がるが、ハンブルクでは空襲のあいだに発生した。クレーター状の通りを歩くことはできず、水もほとんどなかったため、消防隊はなす術がなかった。この火災嵐の猛威の前提となったのは、気象条件だった。(82)町は夏の日差しによってかなり熱せられていたのである。煙突はもう出来上がっていて、もう少しだけ熱を加えさえすれば大気を強力な吸引装置とするに十分で、それが水平方向に吹く風を大嵐に変える。それに遭遇する者はまるで、地獄に落ちる哀れな魂のごとく溶解炉に投げ込まれる。

こうした気象条件のことはハリスも爆撃機軍団も、他の誰も知らなかった。彼らは作戦を成功とみなし、今後の爆撃が参照すべき戦術を発見したのだと勘違いした。今や約束通りの兵器が得られた。チャーチルの約束した「最大限に火災を利用する」作戦は、それから三年後のこのとき始まった。四三分かけて弾薬が投下された後は、太平洋上のハリケーンにも劣らぬ強度で大気中の反応が三時間にわたって続き、その後にはもはや可燃物は残らない。身を守る術はなく、都市は焼き尽くされた。九〇万人が、煙を上げる建物の残骸から逃げ出した。そこで唯一生命を感じさせるものは、鼠の大発生だけであった。

戦略的兵器だけが、これほどの被害をもたらすことができる。それは戦況を左右するはずである。戦争の勝敗が決まらなければ、この兵器はさらに大量殺人を続ける。チャーチル内閣は三年前から敵の軍事力を抹消すると確約していたが、今、彼らは四万人のハンブルク市民の末路を歓迎した。そのため彼らには、この大量死が何かの役に立つことを証明する必要があった。彼らは、それがベルリンのハンブルク化に最も役立つと考えた。ドイツの首都をハンブルク並みに攻撃すれば、政権は崩壊し、敵にとどめを刺すことができるに違いないではないか。その前提は常に、「士気を挫く爆撃」という方針である。ハリスは死ぬまで、その証拠として広島への原爆投下に言及した。

ハンブルク空襲での死亡率をさらに大きな都市ベルリンに当てはめれば、一〇万九〇〇〇人が命を奪われる計算になる。(83)それは広島の死者数の一・二五倍である。(84)ハンブルク空襲以降さらに三四万人以上が空襲で死んだので、ベルリン空襲が即座に行われて戦争が終わっていれば、爆撃による死者の半分は死なずにすんだ計算になる。首都ベルリンは三%の死者数を出したら降伏しただろうか？　そうかも知れない。一九四三年から四五年までに現実に死んだ犠牲者たちは、攻撃側の考えでは、無駄に死んだのである。彼らはドイツのいたるところで、夜も昼も石臼を轢くように続けられる空襲で殺された。死者数は六〇〇日にわたる連日の爆撃戦に分割されたので、士気への作用という軍事的意味はなかった。一九四四年一月五日にシュテッティンで死んだ二四四人、六月一二日にゲルゼンキルヒェンで死んだ二七〇人のことなど、士気を挫くのに何の関係があろうか。誰もこうした死者のことなど知りはしない。そうした爆撃のニュースはせいぜい、レックリングハウゼンあたりまでしか届いていなかった。死者総数の三分の二は、そうした事例からなっている。

ハンブルク空襲による虐殺の後、ナチ党もハリス同様、ドイツの崩壊を覚悟した。八月一日、軍需大臣アルベルト・シュペーアはヒトラーに、このような空襲があと六回あれば戦争は終わると語った[85]。空軍総監エアハルト・ミルヒ元帥は「我々は戦争に負けたんだ！　決定的な負けだ！」と確信し、戦場の兵士たちは自分用の穴を掘り、鋼鉄の雨あられがやむまでそこに隠れるがよい、と言った。しかし火災嵐は穴など見逃さない。「現在祖国が耐え忍んでいるのは、もはや耐ええない事態である」。そうミルヒは語った。しかし、チャーチルの兵器は六つのハンブルクを作り出すことはできなかった。その代わりに、一〇〇〇のゲルゼンキルヒェンを生み出したのだった。

戦後すぐ、アメリカ占領軍は爆撃被災者の心理を丹念に調査した。その結果、最初の空襲体験の衝撃の後から無気力状態がひどくなったことが判明した。しかしそれが重なると麻痺状態となる。反抗心は起きず、心は干からびてしまう。人は無気力と抑鬱状態に陥る。睡眠への欲求が強まり、ヒトラーを打倒しようなどという気は起こらない。反抗心を起こさせるチャンスがあったとしたら、ハンブルクにおける一連の広島級攻撃のあいだであっただろう。核兵器の、初期段階での影響は火災嵐と似ている。核兵器も主に溶解、炭化、蒸発によって人を殺す。ハリスは語る。「原子爆弾は、一定量の通常兵器と同じものにすぎない」[86]。しかし、被害者総数では拮抗しても、そのインパクトは異なる。英米軍の兵器はハンブルク空襲後、五回にわたって一度の空襲で五桁の死者を達成した。カッセル、ダルムシュタット、プフォルツハイム、ドレスデン、スヴィーネミュンデで。しかしその万単位の死者は、総死者数の三分の一にすぎない。

爆撃機軍団はハンブルクとルールの戦いでは戦略上重要だったが、それに続く九カ月間のベルリン攻勢ではそうではなかった。ベルリンは燃えなかった。その被害の四分の三が火災によるものではあったとしても。チャーチルとハリスを怒らせたことに、ベルリンはヒトラーの火刑の薪とはならなかったのだ。イギリス空軍に勤務していたアメリカの火災専門工学者、ジェームズ・K・マッケルロイは記している。「他のドイツの都市のようにベルリンはなぜ燃えないのか理由が分からず、イギリス爆撃機軍団はかなり困惑している。私の見解では、真の理由は、この町が蜂の巣のように防火区域で仕切られていることにある」[87]。ベルリン中心部の構造は、中世の要塞から発達したものではなかった。労働者用の巨大集合住宅にも、耐火性があり堅固な中庭があった。

爆撃機軍団の統計学者たちは爆薬の配合割合を変え、投下量を二倍にしようと結論した。マッケルロイは火災保険会社の作成によるドイツの大都市の地図を前にして、防火壁数に対してどのくらいの比率で火災を起こせば成功するかを調査した。「この火災戦争ビジネスに従事する我々は皆、自分の理屈を通すときは必ず何らかの統計を使って証明しようとした」。イギリスは、ベルリンが火災に強いことをどうしても認めたくなかった。

ドイツの都市に火災を広げることについては多くの論議がなされた。……私は一九四四年二月から三月にかけて、ドイツによるロンドン空襲を研究し、そのデータによってこの論争に終止符を打とうとしたが無駄であった。この期間、火が防火壁を飛び越えて拡大した例は皆無である。

ベルリンであれロンドンであれ、防火壁の耐性こそ決定的要因であるという考えは、爆撃戦争の戦略とは当然相容れなかった。

ベルリン攻勢の中でも大規模な空襲があった一九四三年八月から一九四四年三月のあいだに、九三九〇人の民間人と二六九〇人のパイロットが死亡した[88]。戦争の勝敗を決するはずだった戦いとしては、惨憺たる比率であった。物資的には不足はまったくなかった。一万八一三機の爆撃機が一万七〇〇〇トンの高性能爆薬弾と一万六〇〇〇トンの燃焼物質を投下した。ベルリンとハンブルクの住民一人当りには、ほぼ同量の丸八キロが落ちてきたが、その作用は違っていた。

一九四三年一〇月二二日、爆撃機軍団は二回目の火災嵐を引き起こすことに成功した。一〇月三日に部隊はカッセルで、ヘンシェル社の機関車工場と、イーリングスハウゼン地区西部の弾薬庫を破壊したが、市街地攻撃には失敗していた。次の夜、フランクフルトの中心部が損害を受けた。小ガーゲルン通りの小児科病院の防空室が直撃弾を受け、小児九〇名、看護師一四名、女医一名と民間人四一四名が死んだ。四〇六の爆撃機が火災を発生させたが、そのどれも、五六九機の爆撃機からなる一〇の飛行中隊が二回目のカッセル空襲で達成した火災には遠くおよばなかった。

カッセルに落とされた四一万六〇〇〇個の焼夷弾は、高精度のマーキングのおかげで一平方メートル当たり二個という高密度で落とされた。市街地の建物の多くはさらに多量の焼夷弾と二個の液体焼夷弾を受けた。古い市街地がカッセルの命取りとなった。この晩秋の夜、カッセルはハンブルクほど暑くはなかったものの、非常に乾燥していた。爆撃機の川は一五〇キロ以上の長さにまでおよび、二〇時五五分に第一波が爆撃を開始した頃、最後の波はボン―コブレンツ間の上空だった。予定の地点、領主用納骨堂があるマルティンス教会周辺のマルティンス広場への攻撃は正確に行われた。

旧ヘッセン方伯の居城内には木組みの建物の集合が保存され、比類ないものとして当地の人々の誇りであった。これこそ、ハリスが求めるものだった。おそらくはこの発火装置を激しく攻撃したからこそ、一五分で市街地が燃え上がったのである。液体焼夷弾があらゆる建物の全部の階を貫通して屋根から地下室まで炎に包み、高容量爆弾が半径五〇〇メートル内のすべての屋根と窓に穴を開け、建物は十分な空気を吸ってかまどの中のように炎が走った。階段も廊下も、もはや通行不可能となった。水道とは別系統の貯水が地下の天水桶、防火用池、何よりフルダ川にあったが、火災嵐が支配権を握るともうそこへはたどりつけなかった。カッセルのような一〇〇〇年の歴史を持つ都市は、火災嵐に至るプロセスを短縮させる材質でできている。歴史の深さに起因するこのような構造が町の終局を早めた。それはあまりにも速やかに発生するので、押しとどめることはできない。火災嵐は四五分で頂点に達した。六個の消防機動隊と二台のはしご車からなる消火部隊では火災嵐の拡大を阻むことはできなかった[89]。近隣の消防隊がすぐ駆けつけられるルール地方なら、これほど被害は大きくなかったと思われる。カッセルは孤立していた。隣の大都市は一五〇キロも離れている。

カッセル空襲では中心街で一〇人に一人、全体で一万人が死亡した[90]。これは市の人口の四・四二%に当たる。ハンブルクでの死者は二・七三%であった。ほぼ一年後にダルムシュタットでほぼ同数が抹殺されたが、その人口はカッセルの半分なので、ダルムシュタットの死亡率は一〇・六%に上る。

火災嵐と大火災は深く関連した現象であるが、火災嵐の致死率の方がはるかに高く、起こる頻度は低い。火災兵器は、歴史的に古い中規模の都市で最もうまく火災嵐を発生させた。空襲の恐ろしさを示す記念碑的な都市、ハンブルクとドレスデンの火災は例外である。空襲とは消耗戦である。例えばブラウンシュヴァイク空襲にその特徴はよく現れている。そこでは十数回の大空襲で二九〇五人が死に、市中心地では八〇％、全体で三三％の住宅が破壊された。甚大な被害の大部分は一五八ものドイツの中都市が蒙った。

ラインへの道

ベルリンをハンブルク並みに焼き尽くす計画が失敗したので、戦略の重点はドイツ領土内侵攻にはっきりと変わった。ルーズヴェルトとチャーチルは一九四二年以来ずっとその決行を引き延ばしていた。ハリスとポータルは、今後民間人を標的とした空襲の対象となる町のリストを作り上げた。ポータルは、三〇〇万人の兵を動員する未曾有の上陸作戦について協議したカイロとテヘランでの連合国軍作戦会議で、絨毯爆撃の成果について解説した。絨毯爆撃もまた、何百万人もの兵力を動員した。イギリス爆撃機軍団は六〇〇万人の家を奪い、被災者はドイツ国中を放浪し、いたるところで人々に不安と無力感を広げている。ドイツにおける衣類と動産の不足は、軍需物資を犠牲にすることでのみ補うことができる。ドイツ人の士気が「どん底である」ことは疑いない[91]。ドイツ工業が破壊され、戦争を遂行できなくなるまでの道は爆撃機軍団によって半ば達成された。そうポータルは語った。

実際、爆撃の被害によって一九四三年のドイツ工業の生産設備と労働力は九％落ちた[92]。しかし生産量は上昇していた。ルールの戦いのあったこの一九四三年、鉄鋼生産量は六・五％、石炭採掘量は七％上昇し、一九四四年後半の軍需物資生産量は戦時中の最大に達した。

ハリスの主眼は別の点にあった。彼は一九四三年一一月三日にチャーチルに手紙を送ってこう書いている。今やドイツでは一九の都市が「事実上全壊状態で」、ドイツの重荷となっている、またさらに別の一九都市が深刻な被害を受け、九都市が被災しており、また三九町村では住宅地の四分の一が壊され、とくにルール地方は「片付いた[93]」。この計画が継続され、ベルリンも抹消されればドイツはいやおうなく崩壊する、と。一二月にはこれに付け加えて、もし五万人以上の人口を持つドイツの全都市の七五％を攻撃すれば「ドイツはすっかり荒廃し、降伏は不可避である」から、一九四四年四月一日までにドイツ降伏は達成できる、とも記している[94]。

イギリス爆撃機軍団とアメリカの二つの飛行隊によって、

ドイツはどんな文明も経験したことがないほどの荒廃を蒙ったが、その苦しみの期間は予定より一年長引き、国土の西と東から同時に敵が侵入して、やっとドイツは降伏したのである。爆撃でドイツはすっかり荒廃していたので占領は非常に容易に行われた。しかし当時の力関係からすれば、あれほどの荒廃をもたらさなくてもドイツ占領はできたはずだ。しかしその場合、征服者側の被害は増加したことだろう。

戦争の勝敗を決するのは、家を失い衣服にも事欠く被災者や、恐怖に怯えた小都市住民などではなく、上陸部隊であるとアメリカ陸軍航空軍の指導者たちは信じた。上空からドイツを爆撃して上陸作戦を援護しなくてはならない。それを阻むのは唯一、ドイツ空軍の戦闘機であった。一九四三年、戦闘機の生産数は月産一〇〇〇機に上り、それは危険な存在となっていた。ドイツのパイロットたちは都市上空で功妙かつしぶとく戦った。八月二八日に行われたベルリン攻勢における最初の大空襲ではアメリカに二二二人の損失を与え、その内訳は死亡者が一六九名、捕虜が五三名で、一方ドイツ軍の損失は三名であった。

一九四四年二月二〇日から二五日まで、アメリカ航空軍はドイツの航空産業に対して集中攻撃を行った。このいわゆる「ビッグ・ウィーク」は何日にもわたって連合国軍側の新聞を賑わせた(95)。六〇〇〇機の爆撃機と三六七〇機の援護戦闘機という、これまでドイツ上空に現れた中で最大の軍団が、アウクスブルクのメッサーシュミット工場とシュヴァインフルト、レーゲンスブルク、シュトゥットガルト、その他のボールベアリング工場に二万トンの爆弾を投下した。建造物の破壊率は七〇％に上る、と英米連合軍は述べ、ドイツ空軍は飛行機一五〇〇機とパイロット三六六名を失った。アメリカ側は一日一九％までの損失を覚悟していた。五回から六回出撃した後に爆撃機一機と乗員が失われる計算となる。ドイツ軍戦闘機の方はと言えば、一月と二月に出撃した機体の約三分の一を失っていた。

一月、アルベルト・シュペーアがドイツ軍戦闘機生産の指揮を引き継いだ。「ビッグ・ウィーク」の後、三月にはもう生産が再開され、一月を二〇〇機も上回る機体を仕上げ、六月の生産機数は二月の二倍となった。これは戦時中の最高生産機数である。工場が破壊されてもドイツの頑強な工業は生産を続けたのである。人々は瓦礫を片付けると、黙々と納品を続けた。それに加えてシュペーアは、飛行機生産を都市部から洞穴、森、地下の坑道など爆撃機の届かない場所に移した。爆撃機の目標は都市部であったので、そこをはずれると方向が分からないのである。チューリンゲンの森のはずれにあるジェット戦闘機組立工場は空襲のかなたにあった。

乗員不足はどうしようもなかった。ドイツのパイロット部隊は一九四一年六月から一九四四年一〇月までに、九〇〇〇人の将校を含む四万四〇〇〇人を失っていた。[96]飛行学校で彼らは一五〇時間の飛行訓練を受けた。しかし敵側はその二倍の長さの訓練を経ており、数も七倍だった。ドイツは人員不足を出撃回数で補い、過労に耐えたが、それでも飛行技術習得には至らなかった。彼らの半数は、退役教官が大急ぎで行う訓練中に墜落した。計器飛行と悪天候時の着陸訓練は省略され、パイロットたちは半ば盲目状態のまま、敵の新型ムスタングより武装の劣る機の凍えるコックピットに座り、一九四四年三月以降は、迎撃するというよりむしろ迎撃される立場にあった。

ムスタングは柔軟性を欠く援護戦から外れ、自ら集団で空中戦に参加し、飛行場に低空から攻撃を加えた。戦闘機隊総監アドルフ・ガラントは、パイロットたちから「ハシッシュ」とあだ名されていたモルヒネ中毒のヘルマン・ゲーリングに次のように報告している。「もうお終いです。わが軍は崩壊の危機にあります」[97]。一九四四年の年明けから五月にかけて、昼間戦闘で一〇〇〇名ものパイロットが失われた。彼らは最高の中隊長、指揮官、飛行隊長たちであった。もはや損失を埋める方法もなく、新年には石炭液化施設が集中攻撃を受け、九月にはこれまで配給されたガソリンの六分の一しか残っていない。この状態ではドイツ軍勢は何の行動もできない。今や、国民はB24リベレーターに直接晒されているが、地上戦で決着がつくまでの道はさらに遠い。

連合国軍は最初、海上から道を開いた。乗員、兵器、装備はすべて船舶に積んで砲火の下で陸揚げしなくてはならなかった。ドイツ側は海岸に布陣し、バリケードを築くために必要なものはすべて鉄道網と道路網を通じて難なく運ばれた。それだけが唯一ドイツ側の利点であった。しかし、ドイツは五〇〇〇キロの海岸線を防衛しなくてはならず、四年半の戦いで傷だらけとなり疲弊した軍はロシアから退却するために過酷な戦闘を行わなくてはならなかった。占領地域では、戦闘機五四〇〇機を含む合計一万二八三〇機の航空機を持つ連合国軍に対し、ドイツは一〇〇機あまりの戦闘機しか使えなかった。これだけは連合国軍側の利点であった。連合国軍は数において優勢であるものの戦闘経験は非常に浅く、果たすべき任務は最も困難だった。それはつまり、海上から地上の戦線を突破し、その後は海上補給線を基地として敵を一メートルずつ退却させるということであった。

ノルマンディー上陸の四カ月前、アイゼンハワー元帥は、後方との連携という敵のカードに対して最強の兵器を差し向けよと命令した。それはソリー・ズッカーマン教授の手になるいわゆる連合国軍交通路計画で、これは二幕からなっていた。最初の幕は三月にフランスとベルギーで、秋の幕はドイツで展開された。両方とも目標は駅舎、操車施設、鉄道車両、街路、橋梁、運河、河川であった。こうしたものは通常すべて、住宅地に集中しており、犠牲者が出るのは不可避であった。ドイツの幕ではこうした犠牲は当然のこと、いや、むしろ望ましいこととされた。フランスの幕ではフランス人、ベルギー人に対して攻撃が行われた。

民間人の解放というのがこの戦争の大義名分だというのに、その民間人を殺傷しなくてはならないことで連合国軍司令部では不快感が増大していた。イギリス戦時内閣は最大で死者四万人、負傷者一二万人が見込まれるという懸念をアイゼンハワーに表明した[98]。これはハンブルク空襲なみの死傷者数である。チャーチルは軍最高司令官たちが節度を持って行動するようルーズヴェルト大統領の介入を懇願した[99]。開戦時、各国のヒューマニズムに訴え、イギリス、フランス、ドイツの空軍は、決して民間人に手を触れてはならないと言っていたのは、他ならぬルーズヴェルトであった。しかし、約一二万人が殺された後になって、基本的にこのような結果を招く決断をした当人であるイギリス首相が、最も緊密なパートナーに「フランス人大虐殺」をやめてくれと頼んだことになる。アメリカ大統領の回答は、自分もフランス市民の被害を憂慮しており、「フランスの世論を尊重する」ためには何事もゆるがせにしないが、軍事的成功が妨害されないことがその前提である。しかし、自分は敵国占領に貢献し連合国軍の損失を防ぐような指令を司令官が下すことを邪魔立てするつもりはない、というものであった[100]。

在欧アメリカ戦略航空軍指揮官カール・スパーツ大将は、ズッカーマン計画を批判した一人であったが、彼の編隊が主にこの計画を遂行することになった。スパーツとズッカーマンはすでにその前年、シチリア島侵攻を準備したことがあり、問題はこれと同じであった。敵の進路を空中から阻むことによって爆撃が上陸への道を準備するのである。スパーツは後には、ズッカーマン教授の計算による「きわめて怜悧にして分析的、正確な」兵器投入法を賞賛し、現代的戦争では「数学の天才」が最高の司令官なのだと語った[101]。そして、これが最初の現代的戦争となったのである。

一九四三年四月四日に行われたナポリの港湾施設攻撃では、精度の誤差は数学的に許容できる範囲をかなり超えていた。二二一人のナポリ市民が亡くなった。しかしズッカーマンは「士気を挫く爆撃」には従事していなかったので、民間人のことはまったく計算に入れていなかった。彼が計算したのは、貨物数、車両数、積載空間、補給の需要であった。シチリアの軍事的屋台骨であったドイツ軍の兵站担当部は、戦線の部隊のために一日三〇〇から四五〇トンの補給を行わなくてはならなかった。その量は、補給先の部隊が歩兵師団か装甲師団かによって決まった。ズッカーマンはいわば逆向きの兵站学者で、ドイツ師団がもはや動けなくなるにはどれだけのボートを、線路を、どの路線の機関車を爆破すべきかを計算した。他のことはこのモデルの対象ではなく、爆撃兵器の性質について六月に新たな情報を得ていたスパーツの関心事であった。

一週間にわたる爆撃を受けた後、イタリアの駐屯地、シチリア海峡のパンテッレーリア島は降伏した。「人間の精神はエスカレートする爆撃に適応できなかった」[102]からである。そこで、もしイタリアが降伏を選ばないならナポリを、次にローマを爆撃しようとスパーツは提案した。ローマ破壊がアメリカのカトリック教徒たちの反対にあったのでルーズヴェルトはそれをやめ、メッシナ、リヴォルノ、レッジョ・ディ・カラブリア、その他まだ交通が機能している場所に冷徹な交通路攻撃を行った。イタリアは敵国とされていたので、人的損害は許容されていた。

当然ながら、敵味方の区別は民間人を目標にした爆撃では決定的要因ではない。現代の区別は民間人を目標にした爆撃で代の概念とはほとんど関わりを持たない。現代の戦争は、敵意などという古代の概念とはほとんど関わりを持たない。そうした概念は政治的プロパガンダの一つであり、一方軍事的措置は合目的性に則って取られる。スパーツは心を決めかね、なかなかそれを受け入れることができなかった。彼は侵略的攻撃に際し、上司のアイゼンハワーに次のように書いている。

何千人ものフランス人がこの作戦で殺され、多くの町が荒野と化すでしょう。私は自分が貴殿とともにその責任を負うと感じており、我々の敵ではない国々に破滅と死を広げる軍事作戦を戦慄とともに眺めております。とりわけ、この爆撃によって得られる結果が勝敗を決する要因となるとの証拠はまだないのですから。[103]

この手紙から二日後の一九四四年四月二四日、アメリカ軍爆撃機がルーアンの鉄道施設を攻撃した。ここには紀元三世紀以来司教座が置かれ、九一二年以来ノルマンディーの中心地で、大公の宮殿があった。フランスに二つとない中世建築の宝庫であるこの町は、セーヌ川とノートル・ダム寺院にはさまれた区域を失った。爆弾は寺院の南翼全部と北袖廊の花窓を破壊した。ルーアンで最も美しいステンドグラス窓がある優美な後期ゴシック様式の建物、小さな聖ヴァンサン教会は全壊した。ステンドグラスは事前に取り去られていたので破壊を免れたが、それが照らし出していた部屋は失われた。その一週間前、二三七のランカスター機による空襲でルーアンは警告を受けていた。その爆撃は鉄道施設を目標として、十分ではないが多大な成果を収めていた。爆撃されたのは何と、一四九九年から建築が開始された裁判所であった。ここの高い木製丸天井の下には美しい弁護士の間があったが、これは完全に失われた。きわめて珍しいゴシック様式の木製建造物でルネサンス様式のファッサード装飾を有するディアーヌ・ド・ポワティエ〔アンリ二世の愛妾。一四九九―一五六六年〕の館も、金箔のオーク材天井を有する一五〇九年建造の旧議事堂も破壊された。四〇〇人の市民が死亡した。

四月九日夜にリールで、二三九機のハリファックス、ランカスター、スターリング、モスキートが二一二四の貨物車両と、鉄道労働者居住区にある快適で簡素なマイホーム群を破壊した。四五六人が死亡したが、その大半は鉄道員であった。生き残った者たちは猛爆に晒され、これが最後の時と思い、弾孔のあいだを彷徨い「畜生」と叫んだ。次の夜にはヘント（ガン）で四二八人のベルギー人が命を失った。六〇〇戸の建物が全壊または被災し、その中には学校が七校、修道院が二堂、孤児院が一軒あった。夜間空襲はドイツでと同じく、パスファインダーと照明弾を使用し、恐ろしいほど高密度に爆弾を投下した。

四月二〇日夜、一一一五のイギリス軍機はフランス沿岸諸県の上空を飛行していた。五月一一日から一三日にかけての二夜にわたってイギリス爆撃機軍団はベルギーのルーヴェンを爆撃した。ここは三〇年前、デモ参加者とみなした人々の群をめがけてドイツ皇帝（カイザー）の軍勢が野蛮なフン族さながらの攻撃を行い、世界中を憤怒させた町であった。当時、故意か否かは不明だが、古くからの大学図書館が焼け落ち、ヴェルサイユ条約はそれを再建するよう命じた。今回は大学の建物五ブロックと、一六世紀に建てられた聖ゲルトルーデン大修道院が灰燼に帰した。その聖職者席はベルギー中で最も繊細な木彫りで知られていた。それは取り返しがつかないものだったので、再建の要求はされなかった。これによって一六〇人の民間人が殺された。

侵攻前の交通路攻撃でフランスとベルギーの民間人一万二〇〇〇人が命を奪われたが、これは一九四二年に爆撃機軍団がドイツで出した死者数の約二倍である。侵攻の最初の三週間で、連合国軍側では七七〇四人の兵士が戦死した。ドイツ軍の死者はその一〇倍に上った[104]。これ以上完璧な軍事作戦はかつてなかった、という評価を確立した戦闘であった。

上陸作戦が成功した後、フランスでの空戦は決定的な局面を迎えた。爆弾は導入されてから五年経っても民間人と軍人を区別できなかったので、敵の軍勢から友好国国民を解放する際にも敵味方の区別などできなかった。アメリカ第七軍の上陸区域であるユタ・ビーチ南西の小都市、クターンスの六五％はその夜のうちに焼け落ち、六月一四日にはル・アーヴルのノートルダム地域に火災が走った。空襲は町にではなく港に向けられ、イギリス軍の補給を脅かしていた二三隻のドイツ軍駆逐艦が破壊された。翌日には二九七機のランカスター、ハリファックス、モスキートが同じ目的のためにドイツの軽量軍事船が停泊していたブローニュに飛んだ。港とその周囲が破壊され、二〇〇人が死亡した。

三カ月後の九月五日、爆撃機軍団は再来した。侵攻部隊は補給困難のためほぼ麻痺状態となり、至急、港湾施設を必要としていた。ル・アーヴル周辺では、すでにモーゼル川にまで達していた連合国軍の進路にあったにもかかわらずドイツの防御陣地がまだ持ち堪えていた。残された部隊を締め出すため、三一三機のランカスターがル・アーヴルに絨毯爆撃を行い、二五〇〇人の市民を死亡させた[105]。それでも、フランス奪還に際しサン・ローに次ぐ大被害を受けた町カーンと比較すれば、これはたいした数ではない。

カーンは侵攻地域で重要な位置を占めることになったが、それは意図されていたわけではなかった。イギリス軍指揮官バーナード・L・モントゴメリーが、上陸の夜に同市まで進むことにしたからだった。侵攻地をパ・ド・カレーと予測していたドイツ側が問題の日にシェルブール―ル・アーヴル間の海岸に配置した中で取るに足る部隊といえば、ただ第二一装甲師団だけだった。エルヴィン・ロンメルは万一に備えて、それをカーン背後に置いていたのだった。六月七日、もう一個の装甲師団も到着した。この町の側面から回り込み、南東へ進もうとするイギリス側の試みは滞った。第二一装甲師団はその前日にイギリスの防御線を突破しており、海岸に向かっていた。そこに三個師団あったら、おそらく連合国軍海岸堡の威力を幾分か削いでいたことであろう。

こうした事情を鑑みて、ドイツ側はセーヌ盆地とパリへの進路を阻むため、カーンの防御を強化した。六月七日中にイギリス軍は四六七の爆撃機を投入し、カーン北部のドイツ側の村々を抹消した。なかなか目標に命中しないことはよく分かっていたので、近くにある自国の部隊に命中しないよう、イギリス軍は攻撃の重点を町に近づけ、二二〇〇トンの爆弾を投下した。それはドイツ軍にはほとんど当たらず、代わりに郊外北部に落ちた。次に二週間後、スコットランドの戦車と歩兵隊が西戦線を突破しようとしたが失敗した。

ドイツ軍はズタズタにされた道路上で援軍を輸送するのに苦心していたが、そのあいだ連合国軍は上陸後五週間以上もノルマンディーで立往生し、それでも橋頭堡を強化していた。最初の日に陥落するはずだったカーンは七月一八日まで持ち堪えた。おそらくはモントゴメリーの虚栄心のため、イギリス軍はアイゼンハワーに連絡することなく、最終的にカーン近郊で包囲突破することを決めた。イギリス軍は機甲師団を三個集め、競馬場に因んで名づけられたグッドウッド作戦によって側面を通過し、パリに進撃するつもりであった。こうしたことはまったく計画外であった。

オルヌ川の対岸で待機している戦車が七月一八日朝に出発する前、イギリス爆撃機軍団は二〇〇〇機という、これまでドイツのどの都市も迎えたことがない規模の爆撃機を従えて、突破地点にある五つの防御堅固な村を抹消し、さらに二〇〇平方キロにわたって七〇〇〇トンの爆弾を撒き散らした。こうしてカーンの町も陥落した。一〇八二年に建築が開始され、ロマネスクとゴシックの要素が混交した独自の様式を持ち、三世紀かけて作られたサン・ジル教会は、無に帰した。典型的なノルマン式教会塔に見守られたサン・ピエール教会は、この地方で最も完璧な尖塔を失った。哀れな残骸だけが残り、築六〇〇年の側翼の丸天井はまるで石切り場のように爆破された。壮麗なフランス・バロック様式の市庁舎は跡形もなかった。建物の三分の二は破壊され、市内には三〇〇〇の死体が横たわった。捕虜となったドイツ人はショックのあまり、丸一日経たないと尋問に答えることができなかった。

ドイツ国内での戦略爆撃の基準に照らしても、これは火災嵐のレベル以下では最大の被害であった。ベルリンへの空襲でも、一回でこれほどの死者が出たことはなかった。ロマネスク様式の丸天井が破壊された後、グッドウッド作戦は午後にはドイツ側の防衛によって停滞した。この作戦が、コブラ作戦を容易にしたのだと主張する者もいる。コブラ作戦は、アメリカ軍部隊がブルターニュ半島の端でノルマンディーを突破するというもので、七月三一日にアヴランシュ近郊で行われ、北東への大転進となった。この後連合国軍はまっすぐにライン川を目指して直進した。

九月には、ル・アーヴル、ブローニュ、カレー港の孤立した要塞が猛爆撃の後占領された。カーンを上回る数の住民の血が流された。チャーチルは「フランスの大虐殺」を思いとどまるようにルーズヴェルトに懇願したが、この六〇〇〇人の市民はルーズヴェルトの指示によって死亡したわけではない。ルーズヴェルトを上回る殺戮を可能にしたのはチャーチルであった。なんとなればチャーチルは、カーン攻撃のとき同様、ここでもブローニュ、ル・アーヴル、カレーの司令官であった自軍のアーサー・テダーに民間人の犠牲についての憂慮の念を伝えさえすればよかったのだから。しかし物資補給港にするつもりだった北海への入口、アントウェルペンの奪取にモントゴメリーが手間取ると、停滞して物資不足のままドイツからの猛攻に晒されることを恐れるあまり、連合国軍は人道の念を完全に放棄してしまった。ルーズヴェルトには最初から分かっていたことだが、訓練不足の連合国軍部隊が十分な補給もなくドイツ軍と対峙すれば、人道的配慮など消え去ってしまうだろう。必要に迫られて、彼らはフランス人を殺した。どうしても港湾都市が必要であったし、民間人虐殺によって都市を切り崩すことに、爆撃手はとうに慣れていた。

　こうしたことが起きる一二カ月前、チャーチルは、戦時内閣のオーストラリア代表者リチャード・ケーシーが週末に来訪したとき、ある映画を一緒に見た。爆撃機軍団がルールの戦いの最中に撮影したものであった。それは爆撃遂行の様子を写したもので、レンズはパイロット、航法士、爆撃手が任務中に見たものをとらえていた。ケーシーの日記によれば、「チャーチルは突然身を起こし、『我々は野獣か？　これはやりすぎじゃないのか？』と述べた。私は、始めたのは我々ではないし、我々がやるか、彼らがやるのかが問題なのだと述べた[106]」。

　この「我々」は変わらなかったが、「彼ら」は絶えず拡大していった。最初、「彼ら」とはドイツ人のことであったが、それからイタリア人となり、今ではフランス人も含まれ、同時にルーマニア人、ハンガリー人、ブルガリア人もその中に入った。一九四三年から四四年にかけての冬に、連合国軍はヨーロッパ南東部にあるヒトラーの同盟国であるハンガリー、ルーマニア、ブルガリアに空襲を行う計画を立てた。ソフィアは一九四三年一一月から一九四四年四月にかけて、英米連合軍によってドイツと同じ方法で苦しめられた。昼夜交代の爆撃、水道網爆破、住宅地の破壊、放火である。四月にはソフィアの駅舎周辺地域は二日間にわたって炎上した。防空室の数は十分ではなかった。ソフィアは何千人もの住民を失った。鉄道の最終目的地、ブカレストも同様であった。

　鉄道関連施設は常に軍事的目標である。それは常に町の真中に長々と広がっている。「わが軍の攻撃によってブカレストの操車場は血みどろとなった」と、当時第八航空軍司令官だったアイラ・エーカーは一九四四年四月一七日、本国に宛てて書いている。「我々は約一万二〇〇〇人を死亡させた。その中の六〇〇〇人は操車場内の列車にいた避難民で、六〇〇〇人はその近くに住んでいたルーマニア人である」[107]。枢軸国側の民間人と枢軸国に占領された国の民間人の死者は、千単位で発生した。トリノ、ミラノ、ジェノヴァ、パリ、ナント、リール、アムステルダムのどの町も容赦されなかった。最初、攻撃されたのはブルターニュ半島の南海岸にあるUボート基地ロリアンのような、軍事上・交通上の目標であった[108]。しかしアメリカ軍はそのコンクリートの防御を破ることができず、エーカー中将は本国の指令を仰いだ。航空戦担当次官のロバート・ラヴェットの返答は、イギリス空軍は占領地域に対する配慮を一切やめているので、アメリカ軍も「イギリス空軍同様にその町を消し去る」べし、というものであった。

そこに住む少なからぬ住民が空襲を待ち望んでいる唯一の場所でありながら、無事に残った土地があった。一九四四年初夏、アウシュヴィッツ絶滅収容所の被収容者四名が脱走に成功した[109]。彼らはスロヴァキアにある自分たちのユダヤ人共同体にガス室の役割を知らせた。そのニュースはスイスに伝わり、六月二四日には交通上の目標、アウシュヴィッツに向かう鉄道施設を爆撃してほしいという要望とともにワシントンとロンドンにも伝わった。それにはこの線路沿いにある二〇の駅名が添えられていた。六月二七日、チャーチルは自らその報告書を読み、外務大臣のアンソニー・イーデンに宛ててこう書いた。「何ができるのだろう？　何と言えばいいのだろう？」[110]イーデンは、二人のシオニズム指導者、シャイム・ヴァイツマンとモシェ・シェルトクから言われた通りに助言した。それは、スロヴァキアからスイス経由でもたらされた知らせが求めていたこと、つまりヨーロッパの鉄道施設をさらに爆撃することである。チャーチルはイーデンに指示した。「空軍を使ってできることは何でもすべし。不足があれば申し出よ」。しかしイギリス空軍は、「何の目的もなしに」イギリス人パイロットの命を危険に晒すのをためらった。もし爆撃を実行するなら、目視による爆撃が必要と思われたので、それは昼間爆撃を担当していたアメリカ軍の仕事になった。アメリカ陸軍省のジョン・マクロイはアウシュヴィッツに向かう線路を爆破するようにという四通の要請書を受け取った。彼の副官が記すところによると、彼の返答は「無視しろ」というものであった。交通路爆撃は実現せず、計画さえされなかった。

ノルマンディー上陸一週間後の一九四四年六月一三日、ヒトラーは一年前から予告していた報復兵器の発射を開始した。これは誘導装置を搭載した無人の飛行体で、着弾の衝撃で爆発する八三〇キロの爆薬を装填していた。発射台はすでに一九四三年夏にフランスの英仏海峡沿いに設置されていたが、イギリス爆撃機軍団から何度も攻撃を受けていた。ドイツ国内にある極秘の実験場、バルト海のウーゼドム島にあるペーネミュンデ村も同様だった。「V1」と名づけられた飛行爆弾は斜面状のカタパルトから発射され、化学的に発生する蒸気で動くピストンがそれを軌道に乗せる。時速三二〇キロに達すると、パルスジェット・エンジンによって速度は二倍になり、二二分でロンドンに運ばれる。

最初の発射は困難をともなった。六三機のうち九機の打ち上げが成功し、そのうち四機がロンドンに到達し、一機が六人の市民を死亡させた。この兵器で目標を狙うことはできない。一五キロの範囲内のどこに落ちるかは分からない。それで、ラッシュアワーの時間帯にできるだけ多くの人を殺すため、朝と午後に発射された。一九四〇年冬のロンドンとその後三年半のあいだにドイツでもなしえなかったことが、この兵器によって達成された。パニックと崩壊である。イギリスが何十万という民間人とパイロットを無駄に死なせた後、流血をともなう昔ながらの地上制圧に取りかかる一方で、約一万五〇〇〇人もの人々が戦略的、戦術的見込みを欠いたドイツによる復讐の犠牲となった。

七月六日朝、死者は二七五二人に上るとチャーチルは下院に報告した。一〇〇万人のロンドン市民がこの夏、ロンドンから疎開した。大多数は女性と子供だった。九月には二万五〇〇〇戸の建物が破壊されることになる。ロンドンに向けて発射された八八三九発のV1ロケットのうち、二七%が住宅地に落下し、五四七五人を死亡させた。(111) この飛行爆弾の他に第二の兵器が存在することを、イギリス政府は知っていた。R・V・ジョーンズは戦時内閣に、それは重量一一トンのミサイルかも知れないと述べた。(112) それはすでに一〇〇〇発存在し、時速六〇〇〇キロという信じがたい速度で進み、ロンドン到達にかかる時間は三、四分であろうとされた。

ジョーンズはヒトラーのV2ロケットの本質を把握していた。到達距離、弾頭、目標を狙う正確さにおいてはそれはV1とほとんど変わらないが、重量は一四トンもあり速度は一七倍であった。オランダ南西部の島、フーク・ファン・ホラントにある可動式発射台からたった五分でイギリスに到達し、それを防ぐ手だてはなかった。戦闘機がそれに追いついて破壊できるからだ。だがロケットは被害を受けない。ジェット戦闘機といえども、その六分の一の速度しか出せないからである。

この兵器の差し当たっての欠点とは破壊力の弱さであった。ハンブルクの火災嵐級の被害をもたらす爆薬をロンドンに運搬するには、V2ロケット三〇〇〇発を要する計算であったが、ロンドンには七カ月でたった一三五九発が発射されただけであった。それは途方もなく重いので地下数メートルにまで沈み込み、爆発するとその衝撃波は上方向と地中深くに広がった。そのため、ドイツの地で日々引き起こされている被害に比べれば、V2ロケットによる被害は軍事的に見て意味のない範囲に収まっていた。報復兵器は最初から報復能力を欠いていたのである。

V1とV2ロケットによるイギリスの死者は八九三八人、負傷者は二万二五二四人である。[113] 音もなく飛来する上、秒速一・五キロという高速のため目にも見えないこの兵器は、人々の心理に深刻な危機感を与えた。一一月二五日、V2ロケットがロンドン郊外デットフォードの大型スーパー、ウルワースに命中し、昼間の買い物客一六〇人を引き裂いたが、そのときには警報も鳴らず、逃げることもできず、犠牲者が祈りを唱える暇もなかった。犠牲者の中にはバスの乗客もいた。彼らは埃にまみれて並んで座ったまま命を落とした。爆風で死んだのである。チャーチルをはじめ、多くのイギリス人、とりわけ爆撃機のパイロットはこのロケットに格段の恨みを抱いた。戦いの痕がまったく残らないこの抹殺手段を、陰険かつ臆病な兵器であると考えたのである。機上で自分の命を危険に晒すパイロットさえ存在しないではないか、と。

七月一八日、チャーチルはジョーンズからV2ロケットの性質について報告を受け、この報復兵器に報復を加えるつもりであると戦時内閣に報告した。「ルーズヴェルトとスターリンに相談した上で、チャーチルは、もしそれが利益をもたらすなら、敵に大規模な毒ガス攻撃をしかける用意があると述べた」。[114] 空軍の高官たちやポータルさえもそれを諌めた。ハリス呼ぶところの「こんな忌々しいばかげたロケット」[115] による被害など、爆撃機軍団がどこかドイツの一都市に加える攻撃の被害にも匹敵しないではないか、と。しかしチャーチルは考えを変えず、念のため、いくつかの中隊にガス攻撃の訓練をさせた。ドイツ侵攻部隊の空軍部門を指揮していた空軍中将テダーは反論し、連合国軍の軍勢がドイツ国内を前進する直前に毒ガス戦に入るのは何の得にもならないと断言した。

ヒトラーは大部分のV2ロケットを、ロンドンではなくアントウェルペンに向けて発射し、その数は一六一〇発であった。[116] そのうち、一〇月一三日にアントウェルペンの屠殺場で十数名の業者を殺し、一一月一七日に修道院で三二人の修道女を死亡させた飛行体は報復ではなく、交通上の目標である港町に向けられたものであった[117]。二五発のV2ロケットがリエージュに、一九発がマーストリヒトに、一九発がパリに落下した。ベルギーでの死者は六四四八人、負傷者は二万二五二四人に上った。

この報復兵器による最大の犠牲者は、兵器そのものによってではなく、その製造過程で発生した。ハルツ山脈南部にある地下製造所での過酷な奴隷労働で、強制収容所の囚人たちと強制労働従事者二万人が命を落としたのである。

一九四四年九月の最初の週、モントゴメリーは侵攻軍の左側の軍勢とともにアントウェルペンを侵攻していた。軍勢は、ニーダーライン地方および北海沿岸に向かうイギリス軍と、ロートリンゲン（ロレーヌ）およびザール地方に向かうアメリカ軍に分かれていた。これまでの連合国軍とドイツ軍の死者は計四二万五〇〇〇人で、両方ともほぼ同数を失っていた。これは一九一六年のヴェルダンの戦いでの死者に匹敵する数である。どちらの側の予想にも反してフランスが一九四〇年に早々とドイツに屈服してしまったので、フランスの地で連合国軍は大きな犠牲を払うことになった。これ以降の軍事行動は目に見える成果を上げたものの、流血の惨事をもたらした例である。

アメリカ兵もイギリス兵も、クリスマスは家で祝えるだろうと期待していたが、進軍は補給で苦労していた。進軍の調整役であるモントゴメリーとパットンは、燃料の分配を巡って争っていた。輸送路が欠けていたのである。ドイツの西進を阻むために道路を破壊したものの、今になってそれが連合国軍の東への進軍を滞らせていた。何より、人員と物資を運ぶための港が不足していた。英仏海峡ではル・アーヴル、ブローニュ、カレーから集められた守備隊がヒトラーの命令により英仏海峡の要地を守っていた。連合国軍は爆撃と占拠作戦で破壊行為を行ったが、たいして労力もかからなかった代わりにたいした戦果も上がらなかった。連合国軍はライン川から一五〇キロ足らずの地、アントウェルペンを必要としていた。モントゴメリーはアントウェルペンの町を征服したが、海へのアクセスを確保することはできなかった。あいだにはスヘルデ川があり、そこにはドイツ軍がいた。侵入軍の給養のためには、スヘルデ河口を戦い取ることも可能だったかも知れない。ドイツの要塞である堅固な西の壁、ジークフリート線を猛攻する直前にそうするのは得策だったかも知れない。しかし、周到な性格のモントゴメリーはもっと思い切った計画を抱いていた。

ジークフリート線はオランダとの国境で終っていた。その側面に回り込み、河口付近のアルンヘムでライン川を渡り、それから南に転じればルール地方か北ドイツ平原に出る。そこは通過可能であった。モントゴメリーは九月一四日のM525作戦司令書に慎重に次のように書いている。「ルール地方を包囲し、孤立させる」ことが肝要である。そこを占領することは当面の目標にすぎない。「ドイツの心臓であるルール地方の占領は、北からさらに軍を進めるための第一段階」にすぎないからである。[118] アメリカ第一軍がアーヘン近郊のジークフリート線に取り組み、パットンの第三軍がモーゼル川に橋頭堡を築くあいだに、モントゴメリーはドイツの稜堡、ルールの急襲を始めた。空爆開始から四年を経て、そこでは生産高が頂点に達しようとしていた。この作戦はマーケット・ガーデンと呼ばれた。

この計画は、後続の戦車部隊にヴェストファーレン地方への通路を開くため、空挺部隊に橋を確保させるものであった。「マーケット」とはアルンヘムにあるライン川の橋を指し、「ガーデン」とはヴィルヘルミーナ運河とアイントホーフェン―ナイメーヘン間のマース川付近に架かるいくつかの橋を指していた。マーケット作戦は失敗に終わった。

その地のドイツ軍にはヴァルター・モーデルとクルト・シュトゥデントという有能な大将がおり、パラシュートによる降下のパイオニアで、熟練した判断力で状況を掌握することができた。アメリカ軍第八二空挺師団および第一〇一空挺師団からなる「ガーデン」部隊だけが、九月一七日、イギリス第三〇軍団とともにマース川とワール川中間地点に陣地を構えることができた。その地の橋は確保され、前線はアントウェルペンからナイメーヘンに延びる楔形の分だけ前進した。このコースは、二方面から脅かされており、不利なものであった。東の側面は「帝国の森」に境を接しており、最も近くにある都市は山がちのクレーヴェとライン東岸にあるエメリヒで、楔の北西に通じる唯一の線路と道路はこの二都市を貫通していた。

クレーヴェは人口二万一〇〇〇人、工場はわずかで、少なくとも軍需関連工業は皆無であった。一九四〇年にドイツがオランダに侵攻した直後の聖霊降臨祭翌日の月曜日、五月一三日に四人が爆撃で殺されたが、その後は静かであった。失敗に終わったアルンヘム降下後の週には昼も夜も警報が続き、戦闘爆撃機がこの町とその付近の上空を旋回した。その直前、オランダのレジスタンスは、アルンヘム近郊にSSの戦車部隊が配備されていると報告しており、イギリス軍諜報部員は、その部隊がクレーヴェ付近の兵站所から補給を受けているものと推測していた。

九月二三日と二六日には爆撃機が飛来し、聖アントニウス病院、貨幣鋳造所、市庁舎を爆撃した。続いて市民の三分の一が中部ドイツに逃げた。一〇月七日の昼間、上空に三五一機の飛行機が現れた。通りに人はおらず、一九五ヘクタールの市街地の四分の三が瓦礫と化した。その残骸は八〇万立方メートルにおよび、長さ八〇キロ、幅一〇メートルの通りの上に一メートルも積もるほどの量であった。その地は無防備で、爆撃機はアドルフ一世大公によって五〇〇年前に建てられたシュヴァーネンブルク（白鳥城）の白鳥の塔を破壊した。五〇〇人が殺され、それは当時のクレーヴェ住民三〇人に一人に当たる。

同じ日に同じ理由から、中世からの商業都市エメリヒも高性能爆薬弾と焼夷弾によって壊滅し、民間人六四一人、兵士九一人が死亡した。この二都市は一九四五年二月から三月にかけて、連合国軍のライン渡河の際にも双子のように同じ運命をたどった。両都市は大戦で最も被害を受けた町に数えられるが、多くの人がそう主張するのも、もっともである。戦時国際法によれば、交通路爆撃は士気を挫く爆撃とは区別される。だからクレーヴェとエメリヒは、防衛への意志を断念する必要はなく、軍事的に有用な交通路を放棄すればそれでよかったとも言える。しかし結局は同じことであった。交通路攻撃はフランスからドイツの地に移ったが、そこでは数年前から士気も工業も同じく爆撃を受けていた。民間人の立場からは、空襲の目的が何であろうと、何とかして民間防衛を維持することの方が先決である。ハンブルクの火災嵐とクレーヴェの交通路爆撃は、人命損失率では同じである。しかし、ハンブルク空襲では市街地の五六％が破壊されたのに対し、クレーヴェの被害はさらに甚大であった。アーヘンは一九四〇年から四五年のあいだに七〇回を超える空襲を受け、一九四四年一〇月から一一月にかけてはベルリン同様、市街戦によって包囲され、住宅密集地域の三分の二が破壊されたが、それさえクレーヴェの被害にはおよばなかった。

歴史上、西から来る征服者はアーヘン回廊を通ってやって来た。そこは、ドイツへの門戸を開く試みに再度晒されることになった。連合国軍の勝算は悪くなかった。九月前半にドイツは、アーヘン―メス間の一三〇キロを、アルデンヌ前方に配置された八個大隊のみで防衛していたからである。西部戦線全体にわたって、連合国軍二〇個に対してドイツ軍一個の割合で機甲師団が対峙し、航空隊の比率も二四対一であった。連合国軍は、大西洋からヴォージュ山脈まで一二週間におよぶ不断の前進をなしたことで自信をつけていた。

ジークフリート線は、対戦車障害物と砲塔を備えた六〇〇キロにわたるコンクリート製の砦で、付近のアウトバーンはライン河畔の都市へまっすぐ通じていた。もはや防衛もおろそかで弱体化してはいたものの、これは連合国軍の懸案であった。南のフランス国境の付近では防衛は強化されており、近隣の村々も防御体制に組み入れられていた。家屋や公共建築物は分厚い煉瓦作りで、屋階と教会の鐘楼は監視塔を兼ねていた。

モントゴメリーの兵は九月の失敗の後アルンヘムを撤退し、一一月二八日まではスヘルデ川河口の補給線を固められずにいた。南のパットンは防備堅牢なるメスの要塞で停滞していた。普仏戦争の一八七〇年以来、この地域はプロイセン軍にとりわけ馴染みの場所だった。パットン軍の予備燃料は細り、部隊の気力も目に見えて衰え、小休止を求める声が高まった。

二カ月間、戦線は動かなかった。モントゴメリーとパットンのあいだには、ウィリアム・シンプソン麾下のアメリカ第九軍とコートニー・ホッジズ麾下のアメリカ第一軍がいた。ホッジズはドイツ領土内に三回目の侵攻を企てた。彼が選んだルートは、北はベルギー低地の湿地帯と南は道なき自然の防塞ヒュルトゲンの森、アルデンヌ、アイフェル高地間の回廊であった。その中心にアーヘンがあるが、彼らはそこに長居する気はなかった。

アーヘンには軍事的有用性はなく、しかも一九四四年四月一一日と五月二四日夜の空襲で徹底的に破壊されていた。四月の空襲はドイツ侵攻前の最も過酷なもので、二一二人の子供を含む一五二五人が犠牲となった。六軒の病院に爆弾が命中し、病院の需要を一層高めていた。患者八〇名と看護師一一人が死んだ。フランスへの通過地点として重要なアーヘン西およびローテ・エルデ駅が爆撃されたのは五月二五日になってのことだった。イギリス爆撃機軍団が送った四四二の爆撃機がなぎ倒したのは、この二つの駅だけではなかった。一万五〇〇〇人の家を奪い、二〇七人を死亡させたのに加え、この空襲はアイレンドルフで五二人の犠牲者を出した後も村々を襲い、古くからのアーヘン・ブルトシャイト地区を破壊した。盆地の南端に位置し、中世初期に遡る帝国大修道院と温泉を有するこの地区は四月一二日、荒野と化した。中心的な防空要員とヒトラー少年団の伝令たちが死んでしまったので、火災は事実上何の妨害も受けずに市の中心部を焼き尽くすことができた。空軍が前もって十分な準備をしてくれたので、第一軍は歩兵師団と機甲師団によってこの町の北部を包囲すればよかった。南からは、第七軍がヴュルゼレン付近で包囲網を完成することになっていた。両方とも、ジークフリート線の二重になった防衛線の内側にあった。アーヘンは降伏するであろうから、連合国軍はその後、ボンに向かってライン川へと東進を果たし、ラインを越え、引き続きデュッセルドルフへと向かい、モントゴメリーが手にできなかった勝利のトロフィーを勝ち取るという計画であった。

一〇月二日、北からの侵攻軍は戦車、歩兵、戦闘爆撃機を組み合わせ、ドイツ式の電撃戦を開始した。砲兵隊の上げる黒煙で視界は悪く、爆弾は野原へ村々へと飛び、ジークフリート線に当たるものもいくつかあるという有様であったが、戦車と歩兵隊の巧みな連携によって砲塔を包囲し、工兵と技術兵のサポートによって内部の人間もろとも扉を吹き飛ばすのに成功した。ドイツ兵も激しく応戦したが、背後に敵の気配を感じて抵抗を諦めた。相手の士気に打撃を与えることができるのは、不落と思われていたものが落ちたときである。それはここでも、ドイツの他の地でも同様であった。一〇月七日、アーヘンの北方でジークフリート線が破られた。それから致命的な決断が下された。

ドイツは疲労困憊していたが、ジークフリート線に何とか数多く兵を集めようとしていた。ジークフリート線には無数の裂け目が開き、発見されるばかりになっていた。裂け目の一つは力ずくで開けられた。当時この戦線の幕僚長であったジークフリート・ヴェストファールは後に、一〇月中旬前なら、どこかの突破口から急進すればライン河畔の橋まで前進できただろうと述べている(119)。そうすれば、当時ライン川に架かる橋はすべて無傷だったので、ラインからドイツ内部への侵攻は防ぐことができず、ドイツは崩壊しただろう。そうかも知れない。ドイツ軍の司令官たちはほとんど皆、そう考えていた(120)。混乱した軍勢には態勢立直しの時間を与えてはならない。だが現実に起きたのはまさにそうした事態だった。作戦の攻撃波が停止したため深刻な結果がもたらされた。ドイツ侵攻は五カ月間滞り、この遅れによって連合国軍が蒙った人的損害は、ヨーロッパ戦線における死者総数七五万の半数を占めた。そしてドイツの都市は、これまでの全被害を凌駕する、空からの蒙古軍襲来のごとき猛攻に晒され、九月中旬にはワルシャワ前方にいたソヴィエト軍に中央・南東ヨーロッパへの進軍を許し、その地の人々に、二世代にわたって続く困窮をもたらした。

北方の第三〇歩兵師団は、四キロ離れたヴュルゼレンで待つ第一歩兵師団に追いつくことができなかった。状況は流動的だった。アーヘンの守備隊駐屯地から反撃があった。ドイツ軍が総力を結集して逆襲に出てライン川へと急ぐ師団の補給線を分断し、アルンヘムでの連合国軍敗北をより大規模に再現し、それに勢いを得てガソリンが底をついた侵攻軍に教科書どおりの反撃を加え、その忍耐力を試すこともありえた。作戦の参加者たちはその可能性を除外できなかった。敵のドイツ軍にまだできることが何か、どうして分かっただろう。彼らが当面の優勢を守ろうとしたのは誤りではなかった。第一軍はアーヘンに引き返し、そこを鎮圧したのだった。

皮肉なことにこの町は、九月中旬には無防備のままホッジズの手中にあった。彼はただ手を下しさえすればよかった。当地のナチ党は悲観的な結論を出し、すぐさまこの町を見捨て、ヒトラーは第二四六国民擲弾兵師団を送り込んでいた。これは突撃砲、砲身、戦車など間に合わせの兵器を与えられた老人と子供からなる集団で、最後の一兵までこの町を守り抜き、場合によっては廃墟の下に自分の墓を掘れとの命令を受けていた。世界的強国を樹立したゲルマン人として留保付きながら尊敬されているカール大帝の居城があるアーヘンは、ドイツの起源をなす遺跡で溢れていた。この町とドイツ民族のルーツを守ることは、この戦いに身を捧げた人々にとって神聖な任務だった。しかしそんなことはヒトラーにはどうでもよかった。彼はその頃、はるかかなたのウクライナの草原のあちこちを兵士に死守させていた。

アーヘンの司令官ゲルハルト・ヴィルク大佐は、一〇月一八日に出された降伏案を拒絶した。三日後、アメリカの大隊が戦車から砲撃を加え、ブルドーザーを従えて市に入り、廃墟を蹂躙した。

まず大砲と迫撃砲が建物の壁を破り、戦車と軽爆撃機がそこを爆撃した。その後、待機していた歩兵が掩蔽地から出て建物へと走り、ドアや窓から手榴弾を投げ込み、あるいは火炎放射器の炎を浴びせた。爆発の直後、歩兵は中に侵入し、機関銃をカラになるまで撃ち、住人に降参しろと叫ぶことになっていた。こうして歩兵が一軒ずつ掃討していった。防衛側は侵入者を背後から攻撃しようと、下水網を使った。彼らは銃身や銃剣を振り回し、落とし穴を作り、敵を出し抜き、建物ごとに多くの犠牲者を出した。アメリカ兵は身を守るため戦車に入り、砲手とパイロットに敵の潜む場所を無線で知らせた。

ヨーロッパ揺籃の地は一万の死者で埋まった。ドイツ人もアメリカ人もともに犠牲になった。一〇月二一日、司令官ヴィルク大佐と生き残った三四七三人がこの愚かな虐殺に飽きなかったら、ドイツは最後の一兵まで戦いを続けたことだろう。アーヘン東部の小高いところで爆撃機と砲兵を指揮していたジョー・ドーソン大尉は、市内で信じられない光景を見た。「それまで経験した最悪の事態でした。ここで何が起きているのか、誰も本当は分からずにいました」[121]。被害を受けなかったのは、大聖堂とカール大帝の即位式に使われた玉座だけだった。軍団兵舎への連絡将校だったジョン・C・ハリソン中佐は一〇月二二日、被害の一覧を作れと言われ、日記にこう記した。「もし我々が通過したドイツの全都市がこのような有様なら、フン族のごときドイツ人も自分たちの国を再建するのに何百年もかかるだろう」[122]。

一九四四年秋から冬にかけてのアルンヘム―メス間の国境での戦いで、連合国軍は彼らがそれまで知らなかったことを知った。ナポレオン以来、外国の軍勢がドイツを通過したことはなかったのだ。もっとも、それ以前は頻繁であった。しかしナポレオンの時代までドイツの名を冠した国は存在しなかった。ドイツ国家は誕生後まだ三代目で、最初の征服者が今、この国の敷居を跨いだのであった。何百年にもわたってプロイセン、ザクセン、バイエルン、バーデン、ヘッセンがフランスやイギリス、スウェーデン、オーストリアと組んで互いに戦ってきた。国内や国外という概念はなかった。ドイツは国際的な諍いの舞台であった。ドイツの部族たちは二度目の崩壊に瀕した帝国を侵入者から防衛するだろうか、それとも侵入者と協力するだろうか？　おそらくドイツ人は逃げ出すだろう。少なくとも、ベルリンからは。ラインラント地方は分離するかも知れない。それに南ドイツも。ひょっとすると一九一八年にできなかったことが、今ならできるかも知れないが、征服者がドイツ領から勝利を得るためには、血を流しながらジリジリと一メートルずつ進まなくてはならなかった。一九四四年の侵攻軍がドイツの小村で何を覚悟しなくてはならなかったか、それはアーヘンとそれに続く土地の戦いから見て取れる。アーヘンの国民擲弾兵師団は、四年間の爆撃戦争で疲労困憊した人々の寄せ集めではあったが、完全に疲弊し切っているわけでもないのは明らかだった。

コートニー・ホッジズは、自分の第七軍団にヴュルゼレンへの進撃を命じる際、右翼のことも配慮していた。そこにはヒュルトゲンの森があった。エッシュヴァイラー、デューレン、シュミットという三つの村の中間にあるほぼ二〇平方キロの三角形の森である。シュミット村はシュヴァンメナウエルの人造湖群とウルフト川上流にある。シュミット村を手にする者は人造湖群を手にし、人造湖群を失う者はヒュルトゲンの森に攻め入ることはできない。ホッジズと彼の上官オマール・ブラッドリー、その上官アイゼンハワーはそのことを見逃していたが、ドイツ軍はそれに気づいていた。ヒュルトゲンの森の東側にはルール川が流れており、西からライン川方面へ進みたければそれを渡らなくてはならない。防衛側がその後、人造湖群を溢れさせれば、侵入者側はルール川とライン川のあいだでとらえられる。水は湖からルール川を遡り、補給路を水浸しにするからである。攻撃軍はガソリンを浪費し、弾薬を撃ち尽くし、それから虐殺されることになるだろう。

しかし、そうはならなかった。というのも、第二次世界大戦中にアメリカ軍が経験した最も無残な戦闘の一つ、シュミット村の戦いの頃には、ドイツ軍がこの村から撤退しようとしないのは何か底意があってのことだとホッジズは気づいていたのだった。一億立方メートルの水をたたえたこのダム群を敵が制御しているうちは、第一軍はルール川を越えられなかった。ホッジズにやっと理由が分かった頃には、ヒュルトゲンの森ではあまりにも多くの兵士が戦死し、負傷し、あるいは消耗しており、シュミット村を占領する兵力は残っていなかった。それに加えて冬と、ヒトラー軍の反撃が到来した。これは一〇月と一一月のことで、ルール河畔の二つの村、ドゥーレンとユーリヒ滅亡の馬鹿げた舞台裏であった。

ヒュルトゲンの森は暗く、通行困難な湿地で、戦車は通れない。モミの木は二、三〇メートルもの高さに達し、下方の枝は人の背丈ほどで絡み合い、小川と沼、山峡と尾根が続いている。一〇月になると水量が増し、水は湿原を通って尖った岩から滴る。ドイツ軍は安全を確保しつつ行動しており、地雷を密に敷設し、いたるところで敵を覗っていた。こんなにも不利な場所で敵が何をするつもりなのか、ドイツ軍にはよく分からずにいた。

ホッジズと、アメリカ第七軍団司令官J・ロートン・コリンズは、第一次世界大戦中、さらに南のアルゴンヌの森一帯で任務に就いていた。機関銃中隊の司令官であったホッジズは死に慣れっこであった。二人はともに、もはや陣地戦を恐れる必要はなくなっていた。戦線から離れた場所で二〇歳の若者たちに、この荒野からドイツ人を駆除するために身を捧げよと冷酷に命じていればよかったからだ。彼らも昔、そう言われたことがあった。この作戦はもともとアーヘン作戦の準備だったのだが、それは今ヒュルトゲンの森の戦いに姿を変えた。ドイツの軍勢は十分だったので、連合国軍はここでドイツ軍を足止めさせ、消耗戦に持ち込むつもりだったのだ。しかしホッジズは集中攻撃を行わず、そのお粗末な兵站学にもとづいて、一一月中旬まで、すでに膠着状態の戦場へ、どんどん兵士を送り込んで死なせたのである。

無人となったシュミット村は一方の手から他方へと渡された。この村はある一点で交差するたった四本の通りからなっており、交点が村の中心であった。その通りに沿って昼間はアメリカ兵が、夜はドイツ兵が無人の建物を巡察した。ドイツ兵はヒュルトゲンの森の外周に部隊を展開していたので兵力を機敏に移動することができた。そうしてシユミット村とその北の入り口であるフォセナックとコマーシャイトで、第二八歩兵部隊に六一八四人の人的損害を生じさせた[123]。

来る日も来る日も榴弾の轟音に晒され、兵士たちは子供のようにしゃくりあげるばかりで、体は麻痺し、強いられなければ食事も喉を通らない。そんな彼らがパニックに襲われる光景、膝の上まで脚を吹き飛ばすドイツ軍の地雷に常に怯え、ぬかるんだ塹壕に飛び込む光景の数々は何を物語るのだろうか？「あれは私が目にした中で最も悲惨な光景でした」とジェームズ・A・コンドン中尉は一一月六日のコマーシャイトの丘での戦闘について報告している。

東からF、G、E歩兵中隊の兵士たちが通りを走って来ました。ぶつかり合い、押し合いへし合いし、装備を放り投げ、砲兵の射撃をわれ先に逃れようと、皆狂ったように走っていました。ショック状態の者も、軽傷の者を助けて一緒に逃げようとしている者もいました。おそらく砲兵隊の射撃に当たったのでしょう、数多くの重傷者が倒れて通りに横たわり、助けを求めて叫んでいました。それは心臓を引き裂かれるような暗澹たる光景でした[124]。

背後にはドイツ軍が潜んでいたが、どこにいるかは分からなかった。日中でもますます薄暗くなり、ドイツ軍は相変わらず同じ場所、同じ靄（もや）の中、彼らの背後にとどまっていた。このような状況下、西岸に達することはできないことはよく分かった上で、森を出てルール川へ脱出するという決定がなされた。ホッジズは、空中からのダム爆破をイギリス軍に要請していた。ホッジズは、メーネ渓谷のダム爆破作戦以来、イギリス爆撃機軍団はこのような作戦のスペシャリストとされており、スヘルデ川では最近、ワルヘレン島の堤防を破壊し、島を水面下に沈めていた。しかしヒュルトゲンの森の霧の中では、どんな技術をもってしてもそれは無理であった。

集中攻撃によって峡谷のダムを確保ないしは爆破することを怠ったため、アーヘンの戦いに続く新たな災いの種がまかれた。ルール川を氾濫させていれば、ドイツ軍は補給を絶たれていただろうし、また、ダム群を無傷のまま占拠していれば戦いはすべて無用となっただろう。ドイツ側が状況に乗じて戦闘に突入したのは、この時点で敵が罠にかかったからだった。こうして侵攻計画は膠着状態に陥った。そこで、この忌々しい国に再度空から懲戒を加え、降伏させるという決意が固められていった。

ホッジズは、ウィリアム・シンプソン将軍の下で再編成された第九軍という援軍を得ることになった。二人は新年にもう一段階上の攻撃に出るよう命じられていたが、それがいつ始まるかは予測できなかった。彼らはこの森での戦いを片付け、河岸を占領し、シュミット村を奪回し、ダムを手中に収めることを狙い、その手始めに空爆力を見せつけることを望んだ。

一一月一六日昼、アメリカ第八航空軍の重爆撃機が上空に姿を現し、コロナ作戦を開始した[125]。この日、四〇〇〇機の飛行機がヒュルトゲンの森と、その中の村、エッシュヴァイラーとランガーヴェーエ、そしてルール河畔の町、デューレン、ユーリヒ、ハインスベルクに一万トン以上の爆弾を投下した。それは連合国軍による地上戦援護の爆撃作戦としては最大規模で、V2ロケットによる死者数一万二五〇〇人と並ぶ被害者を出した。爆弾の半数はルール河畔の町に、四分の一は人口四万五〇〇〇人の町ドゥーレンに投下された。四六〇〇個の高性能爆薬弾と五万個の焼夷弾が住人一人につき少なくとも一つは落ちた計算になる。

ヒュルトゲンの森への補給路に対する交通路爆撃によってドゥーレンが受けた爆弾のトン数は、その四〇倍もの人口を有するハンブルクに投下されたのと同じである。九三二二の建物のうち、無傷だったのはたった一三戸であった。ドゥーレン、ユーリヒ、クレーヴェは、第二次世界大戦で最もひどく破壊された町である。ドゥーレンでは、三一二七人の命が失われた。四〇〇〇トンの爆弾がエッシュヴァイラー、ヴァイスヴァイラー、ランガーヴェーエに投下され、ユーリヒの町は九七％が破壊された。一七〇〇戸の建物のうち、一四〇〇戸は全壊し、一五〇戸が重大な損害を受けた。一二世紀に建てられた司教座教会にある五〇〇年の歴史を持つ鐘は、廃墟で溶けているのが発見された。聖クリスティーナの頭部と遺骨だけがクリスティーナ礼拝堂の壁のあいだで無傷で残り、一五四八年にアレッサンドロ・パスカリーニによって設計された要塞の外壁も持ち堪えた。この要塞のせいでユーリヒは、アメリカ軍とフランス軍の地図上では軍事的砦として認識されていた。この誤謬のため、一六世紀にヴィルヘルム富裕公によって固められたルール河畔のかつてのローマ帝国入植地は、六〇分間で壊滅された。ユーリヒ市民は、そう考えた。

ユーリヒとドゥーレンの古い石造建造物は、決して攻撃目標ではなかった。それはたんにヒュルトゲンの森という地獄から脱出した軍が、次なる障害に当たらないために無人地帯となるべき平野に偶然あっただけである。ルール川東岸のユーリヒは、西岸のコスラー村まで続く、ブンカー、コンクリート製障害物、高射砲隊、堡塁、対戦車砲、地雷敷設地帯を備えた防御地帯に編入されていた。ここでは九月以来一万もの塹壕が作られ、ジークフリート線をルール川の陣地まで拡大していた。陣地は五キロにおよび、駅では部隊が列車に乗り込んでいた。対空防衛はなかったので、防御設備を正確に破壊することは可能だったはずである。アメリカ軍は飛行機を一機も失っていなかったし、イギリス軍の損失は四機だった。しかし、英米軍はとっくに細かいことを考えることができなくなっていた。彼らの前には邪魔が多すぎたので、それを取り除くことだけが理性的行動のように思えたのだった。

ユーリヒとデューレン側の情報によると、この作戦はルール渓谷とヒュルトゲンの森の住人数万人の命を奪った。それは信じ難い規模の被害であるが、ともかく大変な数の犠牲者が出たことは間違いない。

ユーリヒはこの攻撃の時点ではほとんど無人のゴースト・タウンであったが、瓦礫の中からは三〇〇もの死体が見つかった。棺はなかったので、紙袋に収納された。空襲に続く雨の日々、農民たちの群れはルールの村を出て、くるぶしまでぬかるむ、でこぼこの道を辛抱強く進んだ。教会堂開基祭の一一月一九日に村人は皆、西岸に脱出し、小動物は殺処分された。牛たちは餌をたっぷり与えられ、家畜小屋の戸は放たれ、新たに任務に就いたドイツ鉄道砲隊の放つ絶え間ない轟音に、搾乳されない苦しみでうめく乳牛の咆哮が混じっていた。ルール川の戦線はマンモス級爆撃によってもまったく動いていなかった。川岸への脱出はシュトルベルク近郊の丘の分だけ進み、ハミヒ尾根の下部にある四つの村が殲滅され、一一月一九日時点では三キロだけ前進した。ルール川まではまだ五キロあった。

森の戦いの絶望感は後を引き、日暮れは早く訪れた。八歩ごとに埋められた地雷を落葉が覆い隠し、足を引き裂いた。一二月一三日、すでに雪に覆われたアイフェル高地からシュミット村へ南からの攻撃が開始された。三日間かかってようやくモンシャウ回廊を潜り抜けると、夜明けの二時間前にドイツ軍砲兵隊が攻撃を始めた。これがシュミット村とダム群の防衛に何の関係もないことを、上はアイゼンハワーに至るまでのアメリカ人が知るまでにはしばらく時間が必要だった。この戦いは、今始まろうとしているアルデンヌ攻勢の準備から連合国軍の戦力を逸らすための陽動作戦にすぎなかった。

ヒュルトゲンの森は第一軍と第九軍を九〇日間足止めさせ、戦死者、負傷者、捕虜二万四〇〇〇人を出しながらも、その前のアルンヘム、アーヘン、南のメスの戦い同様、戦線にはわずかの進捗もなかった。パットンは一一月終わりに二一九〇人の損失と引き換えにメスの要塞を手にしていた。彼の率いる第三軍は三カ月間に三五キロ前進していたが、ジークフリート線まではあと一〇キロあり、上陸以来四万七〇〇〇人の兵を失っていた。今、反撃開始に当たってドイツ軍は人員において三対一、戦車数では二対一の優勢にあり、砲兵隊も反撃に十分でスダンの北方に侵入し、一九四五年一月中旬までに、戦線は前年九月はじめとほぼ同じくドイツへの入口に戻った。

一九四四年一二月中旬、西側連合国は困窮し、スターリンに救援を依頼せざるをえない状況であった。スターリンは西に侵攻し、そこに居座り、今彼なしではやっていけないと考えている者たちを後で怒らせることになった。さらに、それに続く二月と四月のあいだに爆撃戦はいっそう苛酷さを増した。空襲が何の決定打にもならないので連合国軍は地上戦を強いられ、その後地上戦が決定打をもたらさないと判明すると今度は空中戦が激しさを増した。

四年半にわたって苦しめられたというのに、ドイツの工業とドイツ人の士気はいまだに西部戦線を維持しているので、アメリカ陸軍航空軍最高司令官ヘンリー・アーノルドは途方に暮れてしまった。彼は述べる。「私には分からない。爆撃戦によって成し遂げられることについて、あまりに楽観的に考えていたのかもしれない。あるいは、ドイツの戦争機構に対する破壊効果を評価する際、とんでもない間違いをしていたのだろうか[126]」。少なくとも連合国軍は今のところ五対一で優勢にある。彼は続ける。

どのくらい優勢であったら足りるのかは依然として不明だ。空襲でドイツを降伏させることはできないかも知れない。しかし他方では、この途方もない攻撃力があれば今までよりずっとうまく、決定的な結果を達成できるようにも思える。

アーノルドは、一九四五年一月に「この戦争をより早く終わらせるための一条のかすかな光が差すかも知れない」との希望を述べている。

「より早く」というのは、損失があまりに大きくなる前に、という意味である。しかし、アルデンヌの森の戦いにアメリカ軍は八万一〇〇〇人を動員し、一万九〇〇〇人が死亡した。その半数は一月の死者であった。アイゼンハワーは苛立ち、勢力関係が逆転してしまったかのように、アメリカで動員可能な兵を全員ドイツ国境に送ってほしいと本国政府に懇願した。しかし、勢力関係は別のところで逆転した。一月一二日に始まったスターリンの攻撃は一〇日後にポーランドのポーゼン（ポズナニ）に到着し、六万人のドイツ兵を包囲し、さらに九日後の一月三一日にオーダー川に到達した。その四日後にヤルタ会談が始まり、この川をポーランドとの国境と定め、ソヴィエトの傀儡政権がポーランド政府となった。

西側連合国軍が二月の最後の週に、すでに前年の九月末にアーヘン近郊で行う予定だったこと、つまりはルール渡河を試みているとき、赤軍はオーダー川を渡り、ベルリンまで六〇キロの道のりの半分を終えていた。赤軍のジューコフとコーネフ両元帥が、主として退役軍人とヒトラー少年団からなる戦線に立ち向かっているあいだ、アイゼンハワーは、結集したドイツ軍の軍勢を制圧し、赤軍の手助けをした。

西のデューレンから東のドレスデンまで、北のキールから南のヴュルツブルクまで、全ドイツで西側強国が優勢を示すことを可能にする兵器とは、その強大な爆撃飛行隊であった。それは一九四五年はじめには一九四二年時点の二〇倍の、一万以上もの機体を有するほどになっていた。それまで戦史上に存在したどんな兵器も、この空の軍勢ほどの破壊力は持たなかった。ヘンリー・アーノルドの絶望は不運な戦況によるものであったが、それが不運なのは連合国軍側の誤った想定に照らすからだと言えた。敵の侵攻を許すまでに爆撃を受けたドイツは侵攻軍に進んで降参する気はなかったのである。そこで侵攻軍は、地上戦の艱難辛苦に耐えて降伏しようとしない敵に対し、過大な損失をともなう戦いをやり遂げなくてはならなかった。

フランス上陸作戦を援護した後、九月に再びドイツ領内を飛んでいた爆撃機は、一九四五年四月まで、空襲の理想主義者たちが市民に約束したことを実現した。つまり地上のすべてを容赦なく支配下に置くことである。ドイツの迎撃機は全滅したので、爆撃機に危害が加えられる心配はなくなった。さらに高射砲が国境防衛のために市街から戦線に移動し、飛行隊を阻むものはなくなった。もはや夜闇も、攻撃から身を守るための高高度飛行も必要ではなくなった。爆撃機は全能となったのである。圧倒的な数を誇る部隊は理想的なまでに安全を確保し、今や欠けているものといえば適当な目標、一〇万人規模の住人を持つ大都市であった。大都市の八九%は全滅するか重大な被害を受けていた。最後に残ったのは、大学町ボンのような、軍事的に重要性のない目標であった。

街の中心部を焼き尽くすという標準的な空襲方法によって、ライン河畔の古都ボンは八万個の焼夷弾、二〇〇個の高性能爆薬弾、五〇個のブロックバスター弾で火中に沈んだ。大学として使われている選帝侯居城と市庁舎など、フランスのロココ様式がライン河畔までおよんだことを証明するこれらの建物は炎に包まれ、市庁舎に至っては囲壁まで炎上した。殉教者カシウスとフロレンティヌスの石棺を有する、一〇七〇年建造の大聖堂は大損害を蒙った。一二月二一日、破壊攻撃は続き、今回は交通路爆撃との命令であったが、大聖堂の長堂の上部採光階にまで被害はおよんだ。交通路爆撃といっても事実上ほとんど違いはなく、差といえば交通路爆撃では交通上の目標、つまり駅舎にはほとんど爆弾が当たらないことぐらいであった。その代わり、一〇月の通常爆撃では死者三一三人だったのに対し、一二月の交通路爆撃では四八六人の市民が犠牲となった。

ソリー・ズッカーマン教授の演出によりシチリアとノルマンディーで行われた交通路攻撃は、国際輸送専門家と諜報担当司令官たちの会議で仔細に検討され、彼らはドイツの交通を寸断して数週間で降伏させる方法を討議した。同様に、製油施設攻撃を主張する者たちはドイツが燃料不足のため降伏を受け入れるであろう日程を計算した。戦争は移動であり、移動は石油にかかっている。敵は麻痺状態となるはずだ。それはいつか？　地上攻撃の進行にともなって、時の経過はスピードを増していた。アントウェルペンとアイフェル高地間にとどまってドイツ軍が降伏するのをひたすら待つことはできなかった。秋の停滞状態はヒトラーとスターリンに冬の攻防のチャンスを与え、多くの人命と政治的影響力を喪失することになる。それはまずい。西側連合国軍は非常に急いでいた。

空戦に関する連合軍の議論はいつも、まだこれから攻撃できる都市の名前を注意深く織り交ぜた一覧表を示すことで終わった。一九四四年秋のように悪天候で計算通りに行かない場合、アメリカ軍は待ちきれずに製油施設と輸送上の目標を諦め、都市上空で爆弾を投下した。地上戦が停滞した一九四四年九月から一二月までのあいだに、連合空軍は一〇万七〇〇〇人を殺害した。前年の同じ期間の死者は二万三五〇〇人であった。[127] 書類上、それは製油施設、交通、ならびに「予備目標」攻撃ということになっていた。イギリス軍もまた「工業目標」なる暗号名のもとで爆撃を続けていた。鉄道施設、操車場、機関車格納庫はそれほど燃えやすくはないものの、たいてい町の中心部にある。相変わらず大量の焼夷弾が投下されていることが、火災を発生させるという意図に変わりがないことを証明していた。

二年前には自分たちの「精密攻撃」はイギリス軍の放火と混同されてはならないと主張していたアメリカ軍は、今では戦場に大軍を送っていたので、自軍を守ることそれ自体が倫理的行為となった。彼らは紛糾する地上戦線の後方で、ドイツ国民の抵抗力を挫いてほしいと航空隊に依頼した。そうすれば流血を減らせるし、人道的にも正しいのだ。このような理論はアメリカ空軍の礎を築いたビリー・ミッチェルにまで遡るものである。アメリカ航空軍大将カール・スパーツはそれを発展させ、低空飛行攻撃というアイディアを実行に移した。

爆撃機が歩行者、自転車、鉄道旅行者、畑の農民を誰かれかまわず機関銃で撃てば、民間人は自分たちがどんな状況に置かれているか、すぐに理解する。「機銃掃射」として一九四四年秋から終戦まで行われたこの方法は、同時に交通路攻撃ともみなされた。というのも、家を出た市民はたいていどこかへ移動する途中で、路上で乗り物に乗っているからである。こうした理屈の一種によって、仕事の遂行を妨げるために鉄道員が狙われた。在欧アメリカ戦略航空軍の参謀であったチャールズ・キャベル准将のような異分子は「こんなことは、何でも手っ取り早く片付けたがる心理戦担当の連中が考えつく、罪のない人々に対する殺人計画だ[128]」と述べて不快感を顕にしたが、「機銃掃射」はその後の空襲において定番となった。アメリカ軍はこの方法でそれほど手っとり早く敵を片付けたわけでもないが、これは彼らの攻撃が最初はあまり激しくなかった結果である。一九四四年のアメリカは三万五〇〇〇の爆撃機と三万八〇〇〇の戦闘機を生産していた。どんな人間もそのような強力な空軍力に立ち向かうことなどできなかっただろう。

一〇月一八日に新たな攻撃法が導入された。二四時間爆撃である。連合国空軍の出撃と爆弾投下は今や数千単位で行われた。イギリス軍は八月中旬から一二月末までに七万二八〇〇機で二六万五〇〇〇トンの爆弾を投下し、しかも部隊の損失はたった一％であった。アメリカ陸軍航空軍は戦争の最後の年には、一分当たり一トンの爆弾を落とし、一九四四年九月一六日から一二月三一日までの合計投下量は一六万五〇〇〇トンに達した[129]。一九四五年になるとイギリス爆撃機軍団がさらに六万二八〇〇回出撃して一八万七四〇〇トン分の投下を担当した[130]。アメリカ軍は二七万八〇〇〇トンという記録を達成した。これは一日平均にすると一九四二年に投下された量の三〇倍である。

西部ドイツの交通路にはすでに一九四四年に投下された量と同じ爆弾が落とされていたが、今度はその補修作業を阻止しなくてはならなかった。一月末にはアルデンヌから撤収する五〇〇〇車両が狙われた。これは割に合う仕事であった。それでもまだ、ルール地方から東に延びる鉄道を攻撃しなくてはならなかったし、ロイナのような製油施設もわずかに残っていて、何度破壊しても操業再開しようとするので攻撃が十分とは言えなかった。しかし、洪水のような機体と爆弾には、それだけの目標ではとても足りなかった。

もし、抵抗への意志という目標がなかったら、ドイツ内での勝敗を決する戦いのあいだ、大多数の飛行中隊は何もすることがなかったことだろう。抵抗への意志とは、どこにいるか分からないがどこにいてもおかしくないものである。二月、連合国軍はついにジークフリート線を突破しライン川に突進した。そのとき彼らは、その抵抗への意志に遭遇した。それは身体的に疲弊してはいるが、実態を見極め難い人々であった。連合国軍が戦っていた相手は軍の残党、ナチの最後の部隊だったのか、それともドイツ国民だったのか？　ザウアーラントの村から五キロ離れた歩兵部隊に、それは分かりかねた。

一九四五年三月、すべてのドイツ人男性は兵士とされて国民突撃隊員となり、軍服は間に合わせであったが、ドイツ国防軍の型紙から自分で縫った帽子を被った。[131] それが戦闘員の証であった。彼らはゲリラ隊員ではなかった。彼らは誰の意思に沿って戦ったのだろう。自分の意思か、それとも最も身近な武装ＳＳ指導者の意思か、大管区指導者（ガウライター）の意思か、あるいは司令官の意思か、それは分からない。民間人なるものの実態もはっきりしなかった。町にも村にも、残っているのは老人、小さな子供を連れた若い女性、外国人労働者、強制労働従事者、避難民、通過中の兵士であり、彼らは自分たちが逃げようとしているのかそれとも戦線に加わりたいのか分からずにいた。戦線から、爆弾から、最後のヒトラー少年団一人になるまで戦おうとするナチ党から逃げてきた人々および都市住民から、このごたまぜの集団はなっていた。こうした人々は全員「抵抗への意志を持つ者」とみなされ、史上最大のトン数の爆弾が彼らに向けて投下された。

二月初旬に連合国軍はライン川に向けて出撃した。北方では、モントゴメリー麾下のカナダ第一軍が、ゴッホ、クサンテン、ヴェーゼルをつなぐ線上の下流領域に到達した。この「真実の（ヴェリタブル）」と名づけられた作戦によりカナダ軍第五歩兵旅団の連隊がフリードリヒ大王の夏の離宮、モイラント城に向かった。ドイツ軍はそこにある数々の塔を前方指令基地として使っており、丸天井のある地下室は榴弾を避ける格好の避難所であった。この地下に、近隣の農場や村の人々も、カナダ軍進軍ルートを準備するための数週間にわたる絨毯爆撃から逃げて来ていた。メゾヌーヴの連隊は数週間ぶりに体を洗って髭を剃り、衣装箪笥の中に見つけたシルクハットを被って遊んだ。兵士たちは家具と絵画を窓から放り投げ、城の中庭で燃やした。まだ寒かったのだ。カナダ兵たちは肉を焼いた。多くの兵にとってこれが最後の晩餐となった。モイラントの森には、森の戦いのエキスパートたちが待っていたのだから。

シンプソンとホッジズは二月九日、ついにルール川のダム群を手にした。ドイツ軍が逃げる前に水を溢れさせていたので、水量が減ってルール川を渡河できるようになるまで、第一軍と第九軍は二週間待たなくてはならなかった。その後、長期にわたって停頓していた戦争は目覚しい展開を見せた。両軍はライン西岸を制圧した。第七軍団は三月五日にライン西岸のケルンを占領し、シンプソンはその間にドイツ軍が爆破していない橋を探した。それは見つからなかったが、クレーフェルト北方のイーアディンゲン近郊に絶好の浅瀬があった。その東岸は防衛が手薄で、おそらく後方での軍事行動はうまく運ぶものと思われた。

シンプソンの部隊はモントゴメリー麾下にあったが、モントゴメリーはシンプソンが手柄を立てるのを許さなかった。モントゴメリー自身が、ヴェーゼル近郊で華々しく渡河する計画を立てていたからである。このプランダー作戦のことを彼は世界中のメディアに知らせていた。シンプソンはこの作戦に参加するまで二週間待たなくてはならなかった。カナダ軍の進軍は障害にあい、ドイツ側はヴェーゼルで立てこもっていたからである。連合国軍の最も有能な司令官、ジョージ・パットンはいとも優雅に渡河していた。彼は三日間でアイフェル高地を掃射し、第四機甲師団の精鋭とともに西岸目指して六六キロを進んでいた。それからシュパイヤーとヴォルムス方面に向けて川沿いに南下し、そこで一〇万の敵兵に遭遇した。ドイツは、東岸を固める方が楽であろうが、そうせずに最後の一人になるまでライン西岸地帯を守り抜けとの命をヒトラーから受けていたのだった。そこでパットンはフランクフルトから三〇キロ離れたヘッセナウエ村の対岸、ニールシュタインとオッペンハイムに二カ所、人目につかぬ地点を見つけた。

パットンの工兵は瞬く間に舟橋を二つ組み立て、部隊は音もなく渡河した。「誰にも言わないでくれ。しかし、私は渡る。このあたりにはドイツ野郎はほとんどいない。まだ知らないのだ[132]」と、パットンは上官のブラッドリーに報告した。モントゴメリーがヴェーゼルで全世界に向けて喧伝した、最後の審判めいた破壊行為はこれとまったく違うものであった。ヴェーゼルへ向かった進軍は前年秋と同じ瓦解を経験したのである。

ニールス川沿いの牧歌的田園地帯にあり、農民の市と鉄道乗換駅であるゴッホに、ドイツ軍は戦車用塹壕を掘り、コンクリート地帯、鉄条網、地雷原を設置していた。ゴッホは要塞であったが、イギリス爆撃機軍団はまだそこを破壊しておらず、わずかばかりの教会の塔や工場の煙突を破壊するにとどめていた。スコットランド高地人（ハイランダー）部隊のパイロットは建物の窓から撃たれ、市街戦は建物の屋根から地下室までの全階で、中庭や壁の中の隠れ孔を通って行われ、人口一万のこの町はアーヘンの縮小版の観を呈した。

ゴッホ―クサンテン間の鉄道に沿う森に覆われた二つの尾根にある林道は、カナダ第二、第三歩兵師団に死をもたらす罠となった。木々の頂上には狙撃兵が潜み、戦車はぬかるみに沈んだ。迫撃砲、榴弾、地雷が命を奪った。それは三月の第一週のことであった。ヒュルトゲンの森の再現である。疲労困憊し、汚れきってクサンテンとライン川へ向かう兵士たちには苛立ちが募っていった。国境で経験したのと同じことをもう一度、敵国内で経験しなくてはならないのだ。兵士たちは自分に負わされた運命を信じたくなかった。死の危険は無限に拡大していた。まるで、世界中の災厄が彼らに降りかかるかのようであった。それはヴェーゼルで現実となる定めであった。

　クサンテンとヴェーゼルは、リッペ川が流れ込む付近のライン川が曲がる地点に、ラインをはさんで対岸に位置する。ヴェーゼルは交易地で、中世以来ミュンスターラント地方の物資を河川輸送していた。クサンテンはローマ帝国の軍人が築いた陣地で、その後は、ニーベルンゲン族の息子ジークフリート〔ゲルマンの伝説『ニーベルンゲンの歌』に登場する英雄〕の逗留地であった。それは史実ではないかも知れないが、その伝説はケルン―アーヘン間で最も壮麗な大聖堂にその名を残している殉教者、聖ヴィクトールの伝説よりもドイツ人にとって大切である。この大聖堂とその鐘の響きに抱かれ、クサンテンはライン渓谷の快い光に物憂くたゆたう街であったが、第一空挺師団の本営地となって終末を迎えることとなった。

　二月一〇日、一二日、二一日に行われた空襲で、アメリカ第八航空軍と、そして一部は疲弊したカナダの砲兵隊によって、クサンテンの八五%はジークフリートと聖ヴィクトールの運命を合わせたかのごとく破壊された。五つの身廊を持つバジリカ様式教会の四二の丸天井のうち、二七が崩壊した。カルトゥジオ会修道院と聖アグネス女子修道院も、後期ゴシック期からずっとライン河畔で時の移り変わりに耐えてきた二軒の富裕市民の邸宅も崩れ落ちた。これらの建物は、モントゴメリー軍渡河の障害にならないよう破壊されたのだった。

　六万トンの弾薬を携えた一二五万の軍勢からなる三軍が渡河のため西岸に集結した際、アイゼンハワーとチャーチルは自らこれに立ち会った。三月二三日、二個師団は弾幕の下で夜間に渡河することになっていた。そして、棕櫚の聖日前日の土曜日三月二四日、ライン川を射程内に収める砲床を奪取すべく、一万四〇〇〇の空挺師団員がヴェーゼル北方の山岳地帯から飛び降りることになっていた。橋頭堡を確保した後は、カナダ第一軍、イギリス第二軍、アメリカ第九軍の連合国軍は一丸となってドイツ工業の動力源、ルールに向かって進軍できる。

膨大な尽力によってモントゴメリーはライン渡河失敗を繰り返さずに済んだ。クレーヴェとエメリヒがマーケット・ガーデン作戦失敗のつけを払わされたように、今やヴェーゼルとクサンテンが作戦成功を確実にするために消え去ろうとしていた。そのために一カ月前、この二つの町は破壊されていたのである。ライン川を渡るにはヴェーゼルが最適の場所である。それをドイツは、一九四四年九月にイギリスがオランダで渡河を試みた時点で認識しており、イギリス軍がさらに少しだけ南下してくることを予想していた。そこは、洪水の心配がない低い段丘がライン川に向かって広がり、いつでも渡河可能な数少ない地点の一つであった。そこでドイツ兵は急いで塹壕を掘り始めた。一九四五年初頭、この地は要塞化され、最後の一兵まで戦い抜くと書面で約束した戦闘司令官の配下にあった。

エメリヒとクレーヴェ爆撃の後、その知らせが届いていたヴェーゼルは重苦しい不安に沈んでいた。当局は住民に避難を勧告していたが、それは真実の作戦(ヴェリタブル)がニーダーライン地方で展開された二月になってようやく深刻に受け止められるようになった。真実の作戦開始から八日後、あるうららかな新春の日、人口二万四〇〇〇人のこの町に一〇〇機のランカスターが現れ、午後にまた戻って来た。[133] 夕方には黒煙がこの地を包んだ。あたりは暗く、堅固な地下室から這い出した住人には廃墟が見えず、事態が信じられなかった。彼らは道路を覆う死んだ馬車馬や死体をうっかり踏みつけてしまった。

二月一八日、一六〇機が二回目の空襲を始めた。住人の大半はいったん町を去っていたものの、敵は死に絶えた町になど用はないだろうと考えて、その後舞い戻って来た。残された財産を救い出そうとして住人は、三度目の空襲に遭遇した。その後は灰と塵の海が日光をさえぎり、町は暗くなった。それは最大級の空襲であったが、弾が当たったのは石ばかりで人的被害はほとんどなかった。それまでに死亡した五六二人の死骸は野晒し状態だったので、人々はその夜のうちに、遺体を墓地に運搬しようと決めた。しかし暗闇の中、瓦礫だらけの道を通って運搬するのは不可能だったので、満月の夜まで待つことになった。この仕事に関わった警官は次のように報告する。

担架はなかったので、瓦礫の中から板切れを探してそれに死体を乗せ、でこぼこの瓦礫の上を運ぶときに落ちないように針金や細紐でくくり付けた。作業は遅々として進まなかった。多くの班が、暗闇の中では死体を見つけられず、作業は完了しなかった。別の場所では、繰り返される空襲で死体が再度埋まってしまい、掘り出さなくてはならなか

った。(134)

発掘された死体を墓地に運ぶため、近隣の農家が牛や馬車を提供した。再来した空襲に牛たちはひどく怯え、墓地まで連れていくのは大変だった。埋葬は機銃掃射の下で行われ、棺がないので、布で代用された。墓地の入口には見分けもつかないほどズタズタになった死者を山積みにした荷車と、子供たちの死体を積んだ手押し車が待機していた。三月一〇日、町にはまだ一九〇〇人が野営していた。以前は人口密集地帯であったライン川とリッペ川の合流地点の市街地は無人となり、家並はもはや形をとどめていなかった。ニーダーライン地方で最も重要な河川港を持つこの町で、被害を免れた建物は六〇戸だけだった。一四二四年に建設が始まった三翼の聖ヴィリブロルト大聖堂は穴ぼこだらけの廃墟となって瓦礫の荒野に建っていた。中央広場沿いに並ぶ古い商館の、意匠を凝らした多様な切妻屋根のファッサードは瓦礫の山と化した。九七％も破壊されてしまったこの町を去るべきか、それとも再建すべきか、住民たちは長いこと決めかねた。

連合国軍のライン渡河作戦によって最多の死者を出したのは、そこから数キロ南東に位置するディンスラーケンである。それは三月二三日のことだった。史上最大の空挺作戦の側面援護のため、爆撃機軍団は多くの人口を抱えるこの都市に、警告なしに燐爆弾と高性能爆薬弾を雨と降らせた。最初の攻撃波は朝九時に買い物客が溢れる通りに爆弾を投下し、七〇〇人の命を奪った。そのほとんどが女性と子供であった。戦闘爆撃機の攻撃が続き、東の森林地帯に逃げ込んだ市民を射撃した。

午後五時からは、六五個の砲兵大隊の三三〇〇丁の銃が、さまざまな口径を持つ二〇〇万発とも言われる銃弾をヴェーゼルとその近郊に発射した。夕刻、やはり弾幕砲撃による煙の中、攻撃舟艇と水陸両用戦車が上陸作戦を開始した。約二時間後、抵抗は制圧された。そして二五日朝、空からの上陸が続いた。チャーチルとアイゼンハワーはともに、ギンデリヒにある教会の塔から、優勢を誇る軍が成し遂げた成果を視察していた。昼、チャーチルは敵が爆破したラインバーベン橋に登り、破壊された「ラインの守り」、ヴェーゼルを睥睨した。

一週間後にはルール地方を包囲網が覆うことになり、その内側にある町はすべて同じ運命をたどった。いたるところに狂信者が隠れていた。死以外の何者にも屈しないことを誓った少年兵と忠臣的人間である。実際には、それはパンツァーファウスト〔歩兵用の使い捨て携帯対戦車兵器〕で戦う献身的なヒトラー少年団員であった。少年たちにそれを渡した司令官たちは、その中に彼ら独自の無敵の精神を見ていた。瓦礫、火、存在するものすべてが持つ壊れやすさと燃えやすさを彼らは不抜さの証と感じていた。そこには何かしら打ち砕き難いものがあった。砕かれざる者は自分の命を投げ出すのである。

彼らに続いて戦いに身を捧げたルール住人はほとんどいなかったのだが、生き延びたいと思ってもその手段がなく、それは侵入軍も同様であった。無条件降伏を要求する連合国軍は、持てるすべての攻撃手段を注ぎ込んで、まだあと六週間のあいだ、地獄の光景を繰り広げなくてはならなかった。

三月一九日、ヒトラーは焦土命令を出した。軍事的な交通、通信、工業、供給に関する施設、敵に何らかの益になりそうな物はすべて破壊すること、という命令である。敵もかなり前から同じことに腐心していたので、三月から四月にかけてのドイツの滅亡は双方の力でなされたことになる。「ネロ命令」と呼ばれるヒトラーの破壊命令は、彼が考えたように破壊と洪水によってではなく、むしろ奇怪なドイツ部隊の無意味な抵抗によって達成された。少なくとも、ヨハネス・ブラスコヴィッツ、ヴァルター・モーデル、アルベルト・ケッセルリングをトップとする司令官たちは、嫌がらせ程度の抵抗を行ったところで敵を阻止することも牽制することも、協議に誘うこともできず、ありあまる武器を使用するように挑発するだけだということを完全に理解した。こうして連合国軍はどんなSS爆破隊よりも徹底的に、町を、村を燃やし尽くすことに成功した。

彼らの軍事的常識に反し、西部戦線の司令官はライン東岸に防備を施さなかった。ドイツ軍総司令官は川岸から撤退してはならないと兵に命じていたので、その必要はなかったのだ。統率を欠き、場合によっては非武装のドイツ軍がラインを渡って逃げると、後を追う連合国軍は難なく追いついた。ボン南方のレーマーゲンで、ドイツ軍工兵はルーデンドルフ鉄橋の爆破に失敗した。ダイナマイトが爆発し、橋桁が持ち上がったものの壊れることなく、橋は再び橋脚の上に落下したのである。潜水兵がどんなに努力しても、V2ロケットを使っても、ルーデンドルフ橋の鉄骨は砕けなかった。そして三月七日、コートニー・ホッジズの第一軍の眼前には、彼ら自身驚いたことにヘッセン地方に通じる道が広がっていた。しかし、シンプソン同様、彼もたいした成果を上げることはできなかった。ホッジズはライン東岸に橋頭堡を築くことはできたものの、モントゴメリーがヴェーゼル作戦を開始するまで前進できなかった。こうしてホッジズは最初に東岸に達したものの、ドイツ国内に進撃するのは最後になった。

ヴェーゼル—レーマーゲン間のライン地方は、それなしではヒトラーといえども戦争を遂行できない地帯と境を接していた。ルール地方である。シュレージェンの工業地帯はとうの昔にロシアの手中にあったので、ルールの戦いはドイツにとって最終戦争となった。ベルリン陥落戦が残っていたが、西側連合国軍はヤルタ会談でエルベ川までのドイツをスターリンに割譲することになったので、そのために血を流すのは気が進まなかった。それに彼らはドイツの都市で市街戦を行うことが何を意味するか理解し始め、ドルトムント—デュースブルク間、ボットロプ、レムシャイトの入り組んだ市街地を征服しなければならないことに恐怖を覚えた。

工場地帯、鉱山、住宅地の複合体は巨大な要塞である。戦車と爆撃機が優勢を保っていても、通りの隅から隅へと移動してそこを制圧する助けにはならない。一方、瓦礫を防衛するのは簡単である。こうした建物の海という防御地に何個師団も次々と吸い込まれ、消耗戦を強いられる恐れがある。一方、敵は組織化された軍隊、統一の取れた命令、重火器、自動車化部隊、補給がなくてもやってゆける。航空機産業、石油精製工場、輸送路の爆撃はドイツの軍事的作戦を完全に麻痺させていた。しかし市街戦に必要なもの、つまり機関銃、パンツァーファウスト、地雷、弾薬だけはふんだんにある。後に、西方軍総司令官アルベルト・ケッセルリング元帥はこう書いている。「ルール地方の抵抗力はまったく計算不可能だったので、攻撃者にとって常に謎であった。ルールは自衛することができたのだ」[135]。

いわゆる第二のルールの戦いでエッセン、デュースブルク、ドルトムント、ケルン、ボッフムは前年の秋、二度目の壊滅的打撃を受けていた。一九四四年一〇月二三日と二五日、合計一八〇〇の飛行機が八〇〇〇トン以上もの爆弾をエッセンに投下し、爆撃機軍団の見解ではもはや可燃物はないとされていた。しかし念のため、一〇〇万個以上の焼夷弾が新たに投下された。これによって一四八二人が死亡した。そのうち二二五人は捕虜と外国人労働者であった。一二月一二日夜、爆撃機軍団はさらに四六三人の住民を死亡させた。直撃弾が刑務所を破壊したが、扉は開かず、職員は避難してしまい、男子獄舎では二〇〇人の囚人が房内に生き埋めとなり命を失った。エッセンが最後の大空襲を受けたのは三月一一日であった。ルール地方の包囲網はすでに二方向から延びていた。ハンブルクに落とされた量の二倍に当たる四六六〇トンが投下され、八九七人の犠牲者を出した。エッセンにいた若い女性、テークラ・Oは三カ月後に母親に手紙を書いている。

三月一一日の空襲の恐ろしさは喩えようもありません。私たちが地下室で空襲を生き延びたのは、神の摂理による奇蹟としか言えません。爆弾投下の合間には数分間の中断がありました。それから上で地獄の嵐が新たに始まるのです。誰も何も話しませんでした。ただときどき、私は爆撃の合間に、皆まだいる？　と聞きました。世界の終わりもあれほど恐ろしくはないでしょう。(136)

翌日、世界の終わりはドルトムントに移動した。ここも二回目のルールの戦いによってその準備は整えられていた。駅周辺の市街地はそれまでの空襲によって一年前の一〇月六日夜以降は殲滅状態となっていた。よく整備された防空室があり住人の一部はすでに避難していたこの町で、一一四八人の死者と二四五一人の重傷者が出た。まさに作戦の暗号名「ハリケーン」のような空襲であった。これは一〇月一四日夜、デュースブルクで一〇〇〇人、一一月四日夜にはボッフムで九九四人、五日昼にはベルク地方のゾーリンゲンで一二〇〇人の命を奪った。一〇月から一二月にかけて戦われたルールの戦いは一万五〇〇〇人もの死者を出した。この戦いは一九四五年一月から二月にかけての「ルール封鎖計画」へと移った。それはこの地域の外部との連絡を遮断し、内部の者に連合国軍の突撃が始まると予測させたが、それには三月まで待たなければならなかった。

三月一二日、爆撃機軍団の一一〇八の飛行機が四一五八トンの爆弾をドルトムントに運び、市街地を横切る広さ一キロ、長さ五キロの地域を粉砕した。遺体はもはや撤去さえされなかった。あまりにも多量だったからである。そこには五％から一〇％の建物がまだ残っていたが、これによって残らず破壊された。

イタリア人の戦争捕虜ジュゼッペ・バルベロは、町の南部にある破壊されたヴェストファーレン・ホール付近の第六捕虜収容所Ｄでこの空襲に見舞われた。一九四六年の報告に彼はこう書いている。

一六時に警報が鳴り、我々は地下壕へと急いだ。地獄のような四発機がやって来る。我々は雨の中だ。それはもはや破片の雨ではなく、それまでまだドルトムントが経験したこともないほど巨大な口径の砲弾の雨だ。空気はなくなり、同時に肺が詰まり、我々は灰燼に埋まった。フランス人とセルビア人の地下壕は全壊した。残ったのは肉の山で、腕や脚、ちぎれた頭部だけが見て取れた。ロシア人の死者数はまたもや更新され、約二〇〇人となった。(137)

三月二一日、アイゼンハワーは戦線付近の都市住人に繰り返しラジオで呼びかけた。戦争産業の基地であるルール地方の町は必ず破壊される。これまでは無事だったブンカーも、連合国軍の武器には耐えられないだろう、と。それからアイゼンハワーはいくつかの都市を名指ししたが、その中にはデュースブルクもあった。これらの都市は「死のゾーン」にあり、そこを去るべし、と彼は述べた。三日後、デュースブルクでは低空飛行する飛行機が路上の人々への掃射を開始し、三月三〇日、砲兵隊がそこを射撃した。ミュンスターは降伏を拒否したので完全に破壊された、とイギリスのラジオ局は伝えた。一方、ドイツのラジオの周波数は、戦わずしてドイツの都市を譲り渡す裏切り者を処刑する秘密組織「人狼（ヴェアヴォルフ）」部隊が創設されたと報じた。四月一日、同じ内容の張り紙があらゆる壁に貼られた。それは相変わらず「最後の一兵まで」と呼びかけていた。

　終末はまさしくこの日に訪れた。三〇万人の兵士とほぼ一〇〇〇万人の民間人を入れた史上最大の大釜、ルールは包囲された。市街戦を戦う国民突撃隊や「人狼」の闘志が、民間人の意見に影響されていたかどうかは疑問だ。おそらく何の影響も受けていなかったことだろう。しかし、民間人とは苦痛に弱いものである。侵攻軍の損失を少なくするため、民間人は強制退去の対象となった。低い太鼓の伴奏に合わせて連合国軍は、死体の山となる前に町を無人にして差し出すようラジオで放送した。しかし、何百万人もの住民にいったいどうやって逃げろというのだろうか？　機関車はすべて機銃掃射で蜂の巣のようになっている。住民は町を出て、森へ、牧草地へ、村へ、あるいはただひたすら放浪するしかなった。

　ルール包囲網は前進中の戦線からなっており、刻々と変化していた。シンプソンの第九軍は電光石火の早業で進路変更して、ライン渡河の後ディンスラーケン方面に流れ込み、ライン・ヘルネ運河北方のハムボルン、ルールオルト、マイデリヒ地区を通過して東へ向かった。反対側ではホッジズの第一軍がレーマーゲンの橋頭堡からラーン川渓谷を北上し、ギーセン、マールブルク、カッセルに向かった。マールブルク後方で、軍勢は二手に分かれ、それぞれ戦車とトラックで一日に約七〇キロ進軍した。第五軍は北東に進んでザウアーラントのブリーロン郡へ曲がり、パーダーボルンでシンプソン軍と合流した。これでルール地方は、ラインを基点として北のエムシャー運河と南のジーク川、東部は大まかに言ってカーラー・アステン山、ブリーロン、パーダーボルンを結ぶ線で包囲された。この包囲網は六〇〇〇平方キロにおよんだ。

　ゼンネラーガー陸軍練兵所と軍用飛行場を擁するパーダーボルンでは、はさみ撃ちの両翼が合流するのを何とか阻もうとドイツ軍が苦心していた。ヒトラーはこの地を要塞区域とし、最後の一兵まで防衛せよと命じていた。ある意味でヒトラー自身が連合国軍のペースメーカーであった。ついに、連合国軍側の進軍を助ける人間が現れたかのようだった。ルールの完全包囲がこれほど早く完成したのは、まず最初にライン西岸、ついで東岸を最後の一兵まで守れとヒトラーが命じたからである。総統ヒトラーはできない抵抗をせよと鞭を振るい、維持不可能な戦線を守れと、毎週違う戦線を指定した。

ドイツ第一五軍と第五装甲師団は広範囲に展開することなく停滞し、包囲を許した。ルール地方の備蓄はおよそ三週間分と予測され、それはこの地からあの世へ行くに足る量であった。アメリカ第一軍と第九軍が互いに接近するあいだ、ゼンネラーガー陸軍練兵所ではSSの訓練生が市街地から五キロ離れた場所でティーガーとパンターに乗り、ザウアーラントの森に覆われた高地で敵を襲う訓練をしていた。よく訓練された武装SS砲手はアメリカ軍シャーマン戦車を一七台撃退した。訓練生も教官も、最後は本物の戦場と化した練兵場で戦った。戦場での戦いもさることながら、アメリカ軍侵攻を準備する爆撃にドイツ軍はいっそう憤怒を覚えた。

半ば駐屯地、半ば司教座の町であるパーダーボルンはあらゆる基準から判断して防衛都市であった。武装SS兵は防衛のために橋と鉄道を爆破していたが、それでも爆撃機を止めることはできなかった。二六八のランカスター機が、復活祭前の三月二七日火曜日、一七時二七分から一七時五七分のあいだに、手慣れたやり方で一二〇〇年の歴史を持つ町を破壊した。その爪跡は、七万五〇〇〇個の焼夷弾の所業に見て取れる。これが三〇〇〇件の火事を起こし、それは望み通りに拡大して一つの大火災と化した。燃えたのはゼンネラーガー陸軍練兵所ではなく、旧市街の中核部であった。

被弾した木組みの家々は最初、大気を黄土色に染めた。火がつくと空は泥色に、最後に真っ黒になった。空に届くほどの炎と巨大な煙の柱が市の中心から立ち上り、救助しようにも内部に入ることはできなかった。閉じ込められた人々は通りを覆う火の海を飛び越え、パーダー川の土手へと泥まみれで避難する人々の後を追った。同じ本能に駆られて馬、牛、豚もこの煙にまかれた地区を走り回った。市内で無事に残った通りは一〇〇メートルだけで、住宅の八〇%が全焼した。パーダーボルンには約六〇〇〇人が残留していたが、そのうち五〇〇人以上が死亡した。

命あるものは町から消え、不屈の意志を持ったごくわずかな人々だけが、ゆっくりと燃え尽きる廃墟に残った。あたりに散らばる死者を片付ける者はいなかった。ゼンネラーガー部隊は町の外でアメリカ軍を待っていた。アメリカ軍は村々を経由し、市内に入るすべての通りから分散して接近しつつあった。脱穀場や納屋に潜むSS部隊の多くはヒトラー少年団から武装SSに異動させられた一七歳の訓練兵で、ろくに軍服も身に着けていなかったがパンツァーファウストは携帯していた。村の入口ではいたるところで戦闘が行われ、小村ハムボルンでは真の戦車戦が展開された。馬小屋と家屋は焼け落ち、ドイツ軍の戦車ケーニヒスティーガーとアメリカ軍の戦車シャーマンのあいだではパニック状態の牛や豚が走り回った。

四月一日の復活祭の夜、SSはパーダーボルンから撤退した。小さな村の地下聖堂で復活祭のミサが執り行われているときに、機関銃射撃が壁をかすめた。祭壇の司祭は「中止しましょうか?」と尋ね、教区の人々は司祭館の地下へ逃げた。戦車は星型隊形で死の町に入り、聖心教会の前では二台の戦車が、弾孔から弾孔へと逃げるたった一人のSS兵士を追いかけ回した。その午後、警官隊、ヒトラー少年団、SS兵が最後の小競り合いを行い、戦闘爆撃機はまだ燃えている町にさらに爆弾を投下し、飛行場では戦車による最終戦が展開された。人が住む建物の窓からは白い布がはためいた。一七時、戦闘は停止した。ルール地方の封鎖は完成し、その東翼は確保された。

アイゼンハワーは封鎖区域に北、南、東から圧力を加え、さらに小さな封鎖地域に分けて締め上げるつもりであった。大規模な市街戦は避けたかった。第九軍は一三日かけて、歩兵師団と空挺師団を使って町々を注意深く孤立させ、交通を遮断した。白兵戦は避けたかったし、戦車を高射砲から守らなくてはならなかった。高射砲は爆撃機軍団のランカスター機より、高い銃架を持ったシャーマン戦車の方にひどい被害を与えたからである。しかし、ドイツ軍の破壊作戦は、まるで喉につかえたかのように止まってしまった。

ドルトムントでは六日間戦闘が行われたが、市街地での戦いは四月一三日夕方から翌日の午後のあいだだけであった。夜の廃墟では壊れた壁やかび臭い地下室のあたりで流血戦があったが、砲兵隊によって深夜二時には一掃された。六時に連合国軍は市の中心部に入り、二個大隊が一六時三〇分まで瓦礫の山を徹底捜索し、それで問題は片付いた。郊外は中心部以上に壊滅状態になり、リュトゲンドルトムント・ノルト—ベヴィングハウゼン間の鉄道用築堤を巡る三日間の戦いのような、ばかげた戦闘が起きた。フッカルデでは、子供からなる国民突撃隊が帝国労働奉仕団とともに進軍し、エムシャー渓谷鉄道の線路を守ろうとした。このような集団は今では万能となった兵器、つまりは戦闘爆撃機で粉砕された。戦闘爆撃機はまた、ドルトムント・アッセルンの事態も解決した。そこでは戦い疲れた兵士たちが大慌てで食料を詰め込み、撤退する前に、敵の戦車を阻もうと一本の木を切り倒した。こうしたことがもう起きないよう、戦闘爆撃機は数十人のアッセルン住民をその家の下に葬った。また別の場所では、ドイツ国防軍はできるだけ遠くへ逃げようとし、制服を脱いだ方が有利なときに備えて民間人の平服を何百着も略奪した。カストロプ・ラウクセル地区はあっさりと敵の寛大さに身を委ね、敵はチョコレートと煙草でそれに報いた。夜寝るときにはまだナチ・ドイツ領であったキルヒヘルデは、朝になってみるとアメリカ軍占領地域となっていた。夜のあいだに敵に略奪されたのはスグリの果実酒くらいであった。しかし、ハーゲンではまだ、ドイツ軍の大砲がキルヒヘルデ方面に向けて撃っていた。何を狙っていたのかは誰にも分からない。

ドイツ軍は昏睡状態にあった。その脳波は乱れ、もう線をなしてはいなかった。あてもなく彷徨う部隊は、現実とは思えない世界での大量死という流血の祝祭で最期を飾った。しかしそれは消えゆく脳波のつかの間の反射にすぎない。軍勢は全滅した。第五装甲軍司令官F・W・フォン・メレンティンは、後にこう書いている。「私は多くの戦場を見てきた。しかし、B軍集団が決定的に破壊された、あの時期のルール一帯の巨大工業地帯ほど奇妙で違和感に満ちたものはなかった」[138]。

メレンティンは炭と化したゴースト・タウンで戦闘を行いたかったことであろう。戦場にうってつけの場所だからだ。そこでは好きなように銃を撃つことができるし、ヒュルトゲンの森同様、土地勘のある者にはいくらでも隠れる場所があった。アメリカ兵は当然ながらルール地方の都市に入るのを尻込みした。スターリングラードのような土地だからである。しかしそこにはもう地の利を生かす敵軍はおらず、いたのは橋頭堡を巡って正気とは思えない戦闘を繰り広げる一団だけであった。その間にドイツ軍は、司令官を含む全部隊が降伏した[139]。アメリカ軍は一師団あたり何千人という捕虜をとらえた。四月一七日、五万人のドイツ兵が第八歩兵師団に降伏した。カービン銃を持ったほんの数人のアメリカ兵が一万六〇〇〇人ものドイツ軍兵士を護送した。ドイツ崩壊についての予言はいつもはずれていたのだが、それはよりによって、ドイツにチャンスが、勝利のチャンスとは言えないものの、前年一〇月からやっていたように、どんな犠牲を払っても相手に深手を負わせるチャンスがあると思われていた、まさにそのとき起きた。アーヘンからケルンへの道のりは遠くはないのに、何という犠牲を払わなくてはならなかったことか！

ルール地方の骸骨のような町々の上空には、焦げ臭い破壊の匂いが漂っていた。軍勢がそこに見たのは格好の戦場などではなく、死守しようとしてきたものがずっと前に失われた地であった。この歪んだ墓場を目にした者には、ドイツが防衛されていたとは思えなかった。「士気を挫く爆撃」は最後になって士気を挫いたのである。大都市の外部では、連合国軍の空襲はドイツ軍の戦法に似てきた。爆撃機は、地上作戦上の困難を解決するために戦車とともに投入される、一種の垂直な大砲となったのである。ルール南東の端にあるザウアーラントの村々ほど、爆撃機が掃射し、戦車部隊が占領するというこの連携が緊密に実行された場所はない。

　ザウアーラントは一九四五年四月まで、航路を逸れた爆撃機によるものをのぞけば、空襲に晒されたことはなかった。ホッジズの第一軍は、そこが包囲網の外部に通じる抜け道に当たると考え、四月一日以降、ウィンタースポーツの地であるメシェデ、ブリーロン、ヴィンターベルクに進入した。包囲されたドイツの部隊連合は外部の軍勢と連携を図ろうとしたが、この地のドイツ軍はもはや一二月とは違って敵とは言えなかった。ドイツ正規軍は孤立地帯ルールのあらゆる場所で意欲を喪失し、敵に出会っては崩壊した。兵士たちは燃え尽き、ヒトラーの秘密兵器も自分たちを救うことはなく、まだ守れるものといえば自分の命だけで、それも捕虜としてのみ可能であることを悟った。

　一九四五年四月後半の二週間で、この怪奇な軍の闘志は消え去った。司令官の中にはヒトラーの少年兵という予備兵士を戦わせることを拒んだ者もいたが、ベルゼルケル〔北欧神話に登場する熊の皮をかぶった凶暴な戦士〕のようなSSたちはそうして恥じることがなかった。このような筋金入りの狂信者が、従順な国民擲弾兵師団の歩兵や、未熟な国民突撃隊の大群や、飾りものの無気力な軍勢を従え、はじめのうちは破滅的な抵抗を行っていたが、小都市や村々で繰り広げられる何百もの戦闘で散々に蹴散らされた。

　第一軍はルール包囲の直後、曲がりくねった小道をたどってロートハール山地に登り始めた[140]。村への入口では対戦車砲が鳴り響いた。自軍の兵士を守るため、ホッジズは占領に向かう前に何日も、砲弾と機銃掃射で村を攻撃した。ドイツ側は援護を失わないため、開けた場所での戦闘を避けた。連合国軍も同様であった。彼らは森で動く術をすでに学習しており、そこに兵器を配置して、ドイツ軍が射撃すると戦闘爆撃機を呼び寄せ、抵抗者の巣と、そうなるのに向いた場所をすべて無害化した。そのような場所は通常、村と言われる場所である。

　たいていの村には古い坑道やスレート採石場、堅固なビール貯蔵庫や貯氷庫があった。農夫たちはこうした場所を人が住めるように整え、爆撃の合間に走って、家畜小屋が燃えていないか確かめ、家畜に餌をやったり、コーヒーや携帯食料を取ってきた。建物が燃えるとすぐに、所有者は火を消そうとした。水道管が破壊されているので水はもはや出ないと分かると、無言で自分の財産が燃えるのを見た。死んだ家畜や飼料が、あたりに散らばっていた。病人や寝たきりの人間は野外で担架に載せられ、室内に戻されるのを待っていたが、部屋などもはやないのであった。

村は次々と好戦的な戦闘司令官の配下に落ちた。彼らは建物を占拠して要塞とし、ロザリオで祈りを捧げる他に術のない田舎の人々に戦争の何たるかを教えることにした。戦争とは例えば、SS装甲師団フェルトヘルンハレの宿営地を壊滅させるため、ブラハト村を爆弾と燐で消滅させた一六の戦闘爆撃機のことであった。スレートの穴倉には酸素がなくなり、人々はシュタイメル丘やロートブシュの坑道に忍び込んだ。彼らの耳には、燃える二四頭の馬の悲しげないなき、鎖につながれたままの一五頭の乳牛が騒ぐ音、炎に包まれた村から叫ぶ豚の声が聞こえていた。アメリカ兵は煙霧を発生させ、それから何百もの車両でヴォルベルクから村の窪地に向かって突進した。

四月七日のフレーデブルク陥落後、ベルクハウゼンがドイツ戦線の砦となった。ベルクハウゼン住民はニーダーベルンドルフの坑道に隠れたが、牧師と、アーヘンから来た八人のフランシスコ会修道女は、ロマネスク様式の後陣と美しい天井画を持つ貴重な教会を炎から守るため、牧師館の地下室にとどまった。戦闘爆撃機は村の上空におり、村に火をつけるには爆弾一五個で十分だった。アメリカ軍が進軍して来たとき、新旧二つの学校はもう全壊状態で牧師館の建物も中庭も全焼した。墓地への爆撃で、すでに地中に埋まっていた死者たちが再び地表に露出した。戦闘爆撃機から逃れられるものはなかった。レックマルト村も、シュヴァルトメッケ村も、そして地獄のドルトムントから避難して、オーバーヘンネボルン村の一室で榴弾に当たった七歳の少女クリスタ・ラウマンも、逃れることはできなかった。オーバーヘンネボルンでは、迷走するドイツ軍迫撃部隊が浴びせる弾幕砲火で一〇人のアメリカ兵も命を失った。そんなことをしても占領軍を押しとどめるどころか彼らを苛立たせるだけであった。戦車、大砲、部隊を運ぶ車両の列は何時間も続き、アメリカに退却する気配はなかった。

四月八日夜、アメリカ軍は、ルール川とヘンネ川の合流地点にある郡の中心、かつてメシェデという名で呼ばれた瓦礫野原を奪取した。そこは二月一九日に、二万個の焼夷弾と二五〇個の燐散弾が燃やし尽くしていた。聖ヴァルブルガに捧げられた女子修道院が四〇〇年間存在していたこの地は、一二二〇年までは上部ザウアーラントで唯一の入植地であった。修道院区域と、スレート葺きの屋根を持つ木組みの家々がある小さな広場も、町の中心部の建物もこの世から消えた。正午頃、白や黒の煙の柱がこれを最後に町の姿を消し去ったとき、死者四五人を出しつつ生き残ったメシェデ住民は泣いた。その四日後に住人の三分の一が消えたプフォルツハイム住人と同様、彼らはこれを世界の終わりだと感じていた。この世界の終わりには一〇分しか要しなかったが、二月二八日には再び戻って来たのであった。

地下室にいた住人は後にこう語った。「それはまるで、恐ろしい突風か台風が押し寄せたか、火山の爆発のようでした。世界の終わりがやって来たかと思いました。私たちは今にも死が襲ってくると覚悟し、跪いて祈りました」(141)。彼らはその直後、三八人の死者を目にすることになった。彼らは生き残ったことを喜んだが、それでも、世界は変わってしまっていた。アメリカからやって来たパイロットがブリーロナー通りの家の前に立つ木に一人の女性を爆風で叩きつけ、降ろされたときには彼女は死んでいる、というようなことがありえない世界は、もう消えていた。シュッツェン通りの瓦礫に埋もれた建物の地下室で、助けを求めて叫びながら焼死した一家の話は口伝えに広まった。こうしたことは聖ヴァルブルガの殉教に喩えることもできよう。ナチ党は、三月五日の葬式で焼死者たちを殉教者として利用した。敵は戦線で勝利できないものだから、空からのテロを行っている、我々の子孫が敵に報復するのだと言った。その言葉が真実でないことは、皆が知っていた。そのたった四週間後には、敵が空からのテロを送り込むのは、勝利を容易にするためであることが分かったからだ。その前日に戦闘爆撃機によって再び攻撃されていた町に、敵軍は北と東から同時に侵入して来た。ドイツ軍は用心深くレンブリングハウゼンに逃亡していたが、一九〇〇年以降に生まれ、兵役を免れていたドイツ人は全員、国民突撃隊に召集された。これは戦車の乗員を何人か倒したものの、敵と味方の融合をもはや阻止することはできなかった。メシェデ滅亡に際して多くの物資が無傷で残ったのを見てアメリカ軍は満足した。自宅を強制的に宿営所にされたある住人は報告している。「兵隊はうちの地下室にあった卵を全部料理してしまいました。三人の息子が戦地から戻ったときのために取っておいたワインも飲んでしまったのです」(142)。

爆撃戦によって、一九四四年には一日平均一二七人が死亡した。そして一九四五年一月からドイツ降伏までには毎日一〇二三人、合計一三万人が死亡した。(143) 作戦のピークは最後の四カ月であった。英米両軍の飛行機は三七万トンの弾薬を投下し、イギリス爆撃機軍団は七万二八八〇回出撃した。こうした攻撃は、地上からの侵攻の援護、製油施設と交通路への攻撃、そして機銃掃射からなっていた。攻撃される側にとってはどういう名目の攻撃であろうと差はなかった。ヒルデスハイム市民やヴュルツブルク市民には、自分は交通路攻撃に晒されているのか、それとも爆撃のテロルに晒されているのか知るよしもなかった。パーダーボルンの養老院で殺された二一人の入居者は、アイゼンハワーが出したルール封鎖の条件に応じることで死を逃れることなどできはしなかった。

三月の終わり、チャーチルはこの作戦から距離を置くことを決めた。(144) 彼は一九四五年三月二八日に連合国軍幕僚長たちに宛てて書いている。「現在ドイツの都市への爆撃は、別の口実のもとで行われているものの、じつはたんに恐怖を煽るためのものとなっている。私にはこの問題を再考すべきときが来たように思える」。続けてチャーチルは、一九四一年に決められたように石炭液化工場、交通路のような軍事目標を優先して攻撃してはどうかと提案したが、こうしたものはとっくの昔から一貫して作戦の目標であった。それでも「テロルと闇雲な破壊」をチャーチルが誹謗したことは、彼が自らの方針を転換したことを示している。

チャーチルは、「士気を挫く爆撃」の戦略的要素は、自分の腹心ハリスの本質的性格に起因するものであるという新解釈を行った。ドレスデン空襲の後、ハリスから離反する雰囲気が広がり始め、ハリスは「虐殺者（ブッチャー）」であり唯一の責任者として人々に恐れられていた。五年間で先鋭化した戦略の原因がハリスの気質に帰されるのと同様に、ドレスデンは不当に過剰攻撃されたのではないかとの議論の中で、爆撃の意義とそこに至る経過はうやむやになってしまった。ドレスデン空襲は確かに過剰爆撃だったかも知れない。しかし、ドレスデンでの犠牲者数は一九四五年に行われた空襲による死者数の三分の一で、ドイツの全死者の八％にすぎないのである。

ハリスは落ち着いて、三月下旬までの爆撃戦略はすべて合意の上で行われたのだと断言した。なぜなら、ハリスの伝記にあるように「この時点まで、ドイツの都市を次々に破壊するよう尽力していたのはチャーチルである」から。(145) ハリスは独断で戦争を行う立場にはなかった。この戦略は彼個人の熱狂と発想力と遂行能力に負ってはいる。だからこそ彼は部隊を任され、ポータルとの一時的な軋轢はあったものの、その地位を守り抜いた。しかしハリスの権限、目標とする都市の選択、「士気を挫く爆撃」がそもそも適切であったのか、とりわけそれは倫理的に許されるのか、といった事柄は常に議論の対象であった。戦時においては、ある手段が役立たなかったり、うまく機能しなかったり、道義的に怪しかったり、極端な性格の持ち主がしたい放題するのはよくあることだ。こうしたこと一切は、攻撃そのものについてと同様、賛否両方の立場から普通に考察されていた。

チャーチルはハリスを、変わり者ではあるがこうした事を任せるには適当な人物と見ていた。爆弾はもっとうまく目標に投下できるはずだったのに、実際はあまり命中していなかった。無辜の者たちを抹殺するのは辛いことだし、爆弾がこの先も役に立つかどうかという不安は常にあった。それにもし役に立たないとしたら、他にどんな手段があるのか？　こうした通常の議論は、戦略爆撃によって文明に刻印された亀裂を撫で回しているにすぎない。戦略爆撃の本質は説明を超越している。実際に起きたことの広がりと深さの前では、いかなる説明も無駄である。

ロシア軍の一月攻勢開始から五日後、第二白ロシア戦線がワルシャワを解放し、ワルシャワは三一年ぶりに再びモスクワの政府に統治されることとなった。コンスタンティン・ロコソウスキ元帥はその後自分の部隊を分割した。右翼はヴァイクセル（ヴィスワ）川岸を北上し、一月二六日にフリッシェ潟（ヴィシラニ湾）の南端にあるエルビング（エルブロング）に到達した。こうして右翼は北方軍を包囲し、北はザームラント海岸からエルビングまでのバルト海沿岸、南はマズーリ湖沼地帯にまで至る東プロイセンを手中に収めた。まだ東プロイセンに残っている一八五万人のドイツ人が陸路で逃げるには、凍結した湾を渡り、フリッシェ潟に向かい、ダンツィヒへ向かうしかなかった。彼らの大部分、四〇万の住民と五〇万の兵士は、バルト艦隊で避難した。

二月の最後の週、赤軍はポンメルン海岸まで勢力を伸ばし、ヴァイクセル川とオーダー川間の区域、およそダンツィヒ―シュテッティン間その他を占領した。三月はじめまでに避難民の波は海岸沿いに逃れ、多くはドイツの部隊が防衛するコルベルク（コウォブジェク）の要塞を目指した。コルベルクが包囲されたとき、そこには八万人がいた。彼らはその後一〇日間におよぶ攻囲のあいだに、せめて、ウーゼドム島の温泉場、スヴィーネミュンデ（シフィノウィシチェ）まで行く船に乗ろうと試みた。その地の港は避難民を乗せた船で溢れた。スヴィーネミュンデの皇帝用埠頭には東西両プロイセンとポンメルンの住民を危険から救うための列車が列をなして待機していた。夜、人々は校舎や列車の車両の中で眠り、デンマークかキール、あるいはただとにかく内陸部へ行くことを願った。
　ゲルトルート・トーアスは嵐の気配を感じていた。

スヴィーネ川は、暗く、不気味に、不吉に流れていました。私は長いことその畔で暮らし、スケートをしたりボートをこいだりしたものです。人で溢れた港の様子、あたりにうごめく避難民たち、たくさんの列車、そのかたわらでコーヒーポットやパンを持って甲斐甲斐しく走り回るスヴィーネミュンデ住民たち、それに、いつ発令されるかも知れない空襲警報への不安が暗い雰囲気をかもし出していました[146]。

　避難民の中には、ロシアの魚雷に沈められ、コルベルクで陸に引き上げられた避難用蒸気船ヴィルヘルム・グストロフ号の生き残りが九〇〇人と、沿岸を徒歩で逃げて来た女たちがいた。女たちは訓練兵ヴィルフリート・ザンダーとその仲間の海軍砲兵学校の生徒に「どうか撃ち殺して」と懇願していた。ロシア兵から何度も暴行され、子供を失っていた女たちであった。「彼女らは完全に生きる意欲を失っていて、言葉をかけることもできませんでした。スヴィーネミュンデは一日ごとにそうした宿命を背負った女たちで溢れ返ったのです」。

　訓練兵たちは相談し、状況は軍事的に見て希望はないと感じたが、「とにかくこの気の毒な女たちを守るためだけに、最後まで戦い続けよう」と決めた。ラインラント地方からポンメルンに避難していたパウリーネ・レンケは、コゼロウ村の野戦病院で幼い少女たちに出会った。「女の子たちは一一歳から一三歳くらいで、重傷を負っているだけでなく、避難の途中でロシア兵から暴行されていました。それは東西両プロイセンから来た子供たちで、逃げる途中、ポンメルンに逗留していたのです」。
　ポンメルン湾にはあらゆる種類の船がひしめいていた。人々は貨物船の昇降口にぎっしりと並んで座っていた。寒く、嵐の気配がして、海水が甲板にまで入って衣服をびしょ濡れにした。皆、スヴィーネミュンデに上陸して暖房で体を乾かすのを待ちかねていた。それよりは快適な船、ハンブルクとアメリカを結ぶヴィンリヒ・フォン・クニプローデ号は三月一一日、日曜の夜に港の入口に停泊していた。石炭が切れたのである。
　クリステル・ビスピンクは、コルベルクでこの船に乗船するとき、どうも気が進まなかったと言う。「ヴィルヘルム・グストロフ号の生き残りがコルベルクで陸に引き上げられる光景を見たせいです」。コルベルクを引き裂いたスターリンのオルガン〔ソ連製自走式多連装ロケット発射器。カチューシャと呼ばれる〕は、赤軍艦隊の魚雷の砲弾にひけをとってはいなかった。「五日間、私たちは地下室で震えていました。それから港の近くまで行ったのです。そこでも絶えず砲火に晒されていました」。ロシア軍の低空飛行パイロットはクニプローデ号を狙って掃射し、船は波打つ海上で逃げ場を失い、クリステル・ビスピンクは自分が不吉な予感に従わなかったことを悔いた。

　東ポンメルンのフィルヒョ出身の牧師オーゼも、四〇〇〇人の乗客とともに石炭が切れた蒸気船の中で身動きもできずにいた。「私たちは緑色に波打つ湾の向こうのウーゼドムとヴォーリンの青みがかった丘を、私たちの乗った船と同じように停泊地に漂う多くの船を、ぼんやりと見つめていました」。わら布団を敷き詰めて、甲板には東プロイセンの年老いた農民や戦傷兵や「明らかに少し頭がおかしくなったようで、絶えず三、四曲のメロディーを口ずさんでいる女」がいた。左右には避難民を乗せてスヴィーネミュンデに向かって進んでいく小型船があった。東プロイセン住民の半分は海上にいた。何であれ海に浮くものには人間が乗っていた。クリステル・ビスピンクは月曜早朝になって安堵した。クニプローデ号は石炭を積み、その巨大な箱型船体は動き出したのだ。「すぐに希望の光が見えましたが、それは大間違いでした。一二時に空襲警報が出されたのです。甲板に出ないように言われました。飛行機がバルト海のスヴィーネミュンデ方面に向かっているとのことでした」。

　沿岸砲兵隊プランタージェの出す警報が、大規模な飛行部隊が飛来していることを告げたとき、訓練兵ザンダーは部隊の仲間と、葬送行進の練習をしているところだった。「ヴォーリン島の偵察員だった中尉が戦死し、その日に軍隊式の埋葬が行われることになっていたのです」。砲兵隊は即座に三門の砲台で位置に就いたが、発射命令は撤回された。接近していた部隊は海上で分散し、通常よりずっと低空を飛んでいたからである。爆撃機が二〇キロ以内に接近したとき、射撃命令は中止された。「私たちはあまりに遅すぎました。第一次世界大戦時に作られた砲は、動かすのも装塡するのも、手作業しかなかったのですから」。次の命令で、訓練兵は急いで公園の陣地の背後に掘られた各個掩体に身を隠そうとした。

　細長い海岸線と境界を接して保養公園が広い帯状に広がっており、そこには避難民の大群がいた。アメリカ第八航空軍はそれをよく承知していたので「樹木破壊弾」を十分に用意していた。これは接触信管を備えた爆弾で、枝など何か物体に触れると起爆するようになっていた。ウーゼドムにはＶ2ロケット基地を擁するペーネミュンデ村があるので、連合国軍はこの土地のことをドイツのどの場所にもまして熟知していた。

　深夜三時、フーゴ・レコフは避難民とともにカミーン郡プリバーノフに馬車で到着した。彼らはヴォーリンの地を切り抜け、今度はスヴィーネ川を渡らなければならなかった。橋はとっくに破壊されていたので、手段はフェリーだけで、それに乗るにも時間がかかった。レコフは警報を聞いて馬を紐で結わえ、馬車に戻った。直後に轟音とともに爆弾が落下し、あたりを打ち砕いた。プリバーノフ住民たちは馬車の下にもぐり込んだ。地獄さながらの騒音に驚いた馬が走り出し、馬車を引き倒すかも知れなかった。そこで男たちは馬を馬車から外して綱で結わえ、爆弾の破片が飛んで来ないことを祈りながら車の背後に身を隠した。


爆撃機が続々と飛んで来るのが見えました。それは港湾地区と避難民の上空を通り、殺人爆弾を投下していました。爆撃機の飛来の合間に少し静かになると、負傷者の叫び声や傷ついた馬たちのいななきが聞こえました。


オーゼ牧師は船の上空を飛ぶ爆撃機の轟音がますます激しくなるのを聞いていた。「私たちは全員、黙り込んで座っていました。もしも今爆弾がこの船に落下して船が沈没したらどうなるだろう、と考えました」。そうなれば、自分の行方を知る者は誰もいなくなる。その頃、クニプローデ号船上のクリステル・ビスピンクは考えていた。「戦争はここまで私たちを追ってきました。敵の飛行隊は私たちの上空を通り過ぎて町と港一帯に死の爆弾を落とし、赤々と燃える炎と黒い煙が空に立ち上りました。それはコルベルクで見たことのある光景でした」。実際は、戦争は彼女らに追いついたわけではなかった。石炭が切れていたおかげで船は抹殺地帯からは遠く離れていた。

　オーゼ牧師の船では救命胴衣が配られた。「ほんの数人の女と子供の分しかありませんでした」。各個掩体にいた訓練兵ザンダーは、公園の避難民たちが地面に伏せ、「彼らの体全体が『樹木破壊弾』に晒される様子を見ていた。「マーカー弾が公園の場所をくっきりと炎で囲んでいたからです」。「そこから逃げられないように」絨毯爆撃はとくに狭い区域に向けて行われた。

　スヴィーネ川の岸辺には、避難民の列が延々と連なっていた。ディートリンデ・ボンランダーはポンメルンのフリチョフから逃げてきた人々と一緒に橋の修繕が終わるのを待っていた。彼女は馬に餌をやっていた。馬たちは揺れる鉄舟やあたりに立ち込める騒音のせいで落ち着かなかった。町はもう目の前にあり、そこに爆弾が落ちるのが薄い朝靄(もや)を通して見えた。飛行機がやって来て機銃掃射すると、フリチョフの人々は驚いて地面に伏せた。彼らはまだこの「人間を目標とした無意味な狩猟」のことを知らなかったのだ。東ポンメルンを出て海岸沿いに歩いてきたイザ・ベルクをはじめ、ラービアウ〔現ロシアのカリーニングラード州ポレスク〕住民たちは、避難民を狙うこの掃射に絶えず晒されていた。「ママが『伏せて！』と叫び、いちばん年下の弟の上に覆いかぶさりました」。

　スヴィーネミュンデで一家は、一台の鉄道車両の中に寝場所を確保した。

> 私たち子供は床に座りました。警戒警報のことはまだ覚えていますが、爆撃のことは覚えていません。目が覚めると、あたりは暗くなっていました。上に人がたくさん乗ってきて、私は息ができなくなりました。上にいる男の子に、どいてと言いましたが、男の子は呻いただけでますます重くなりました。どこに手を伸ばしても、どろどろしたものに触りました。誰かが私を立ち上がらせてくれたとき、弟たちが座っているのが見えましたが、その頭はなくなっていました。

　一〇歳のマルティン・クリューガーと母親は駅で四時間待っていた。彼らは徒歩で東ポンメルンを出て路上で夜を明かしたので、スヴィーネミュンデで暖かい食事を取ることができて喜んだ。彼らは酢漬けキャベツをもらい、あと一日、そこにとどまることにしたのだった。空襲の第二波でマルティンは爆弾の破片を受け、左の頸動脈が切断された。「『ママ、何が起きたの？』というのがマルティンの最後の言葉でした。私は急いであの子の動脈を押さえましたが、出血がひどすぎました」。

　プリバーノフの避難民の列もスヴィーネ川で機銃掃射に見舞われた。低空飛行の飛行隊はプリッター方面に向かって道路沿いに飛行し、人間と家畜を攻撃した。「散らばる死体と死んだ馬たちのあいだで負傷者が助けと水を求めて叫んでいました。タバコを一本くれと言う者もいました。私たちの村はひどい被害を受け、一八人が死にました……」。

　クリステル・ビスピンクはクニプローデ号から外を見ていた。「驚いたことに、船がどんどん少なくなってきました。港で船が一三隻も沈んだことを知ったのは、戦争が終わってからでした」。オーゼ牧師は運良く助かったが、それは厚い雲のおかげだった。「後から知ったのですが、港にいた避難船は全部沈められるか、水に浮く棺と化したのでした」。ヤスムント、ヒルデ、ラーヴェンスブルク、ハイリゲンハーフェン、トリーナ、コルディレラなどの大型商船は沈没し、アンドロス号は最大の被害を受けた(147)。アンドロス号は三月五日、ピラウ（バルチースク）のザームラント海岸からデンマークに向けて二〇〇〇人の避難民を乗せて出航していた。嵐の中を航行するうちに飲み水と糧食は尽き、この貨物船は三月一二日朝、スヴィーネミュンデに投錨していた。

包囲されたケーニヒスベルク（カリーニングラード）を出たエファ・イェンシュは、戦闘の行われている通りを通過してやっとの思いでピラウに到着した。最悪の事態は脱したと思ったそのとき、飛行機のエンジン音が大きくなるのを耳にした。「私たちが事態を理解できないでいるうちに、飛行機は爆弾を投下しました。焼夷弾で火災が発生し、瞬く間に船首は赤い炎に包まれてしまいました」。避難民たちは二つの船倉に分けられていた。船は燃えながら壊れ、船倉に海水が浸入した。甲板に上がる梯子はたった一本だけで、何百人もの人々がそれに殺到した。梯子は人々の重みに耐えられず崩れた。乗務員がロープを投げ下ろした。「でも、誰も上には上れませんでした。海水があらゆる方面から流れ込んで来たのです。その直後、不気味な静けさが広がりました。凍るように冷たい海水が避難民たちを流し去っていたのです」。

訓練兵たちは次の日、グループに分かれて公園から死体を運ぶ作業をした。「私たちに割り当てられた公園の区域には兵士の死体は一体もなく、死体は全部、女性、子供、そして老人がほんの数人でした……」。実際は、オーダー川の戦線に向かって南下していた部隊が公園の他の区域に宿営していたが、機銃掃射する側は、それを一〇秒間では見分けられない。訓練兵たちはさまざまな訓練をしていたが、爆弾の落下は一度も経験したことがなかった。空襲時に現実に起きることについて、おおよその訓練もしたことがなかった。「最初、皆はまるで麻痺状態でした」。

遺体は損傷が激しく、ときには四肢がバラバラだったために死者の身元確認はできなかった。「死者を搬出する前に、服の中を探って身分証明書を探せと言われていました」。身元不明の犠牲者からは、まだ使える衣類がはぎ取られた。避難民のあいだでは衣類の需要が差し迫っていたからである。空襲のあいだに出産した女性の死体を訓練兵が見つけた。赤ん坊は無傷だったが臍の緒が絡まって死んでいた。それを見て彼らはがっくりと両手を下ろした。

一〇〇〇を超える飛行機、六七一の爆撃機、四一二の援護戦闘機、一六〇九個の弾薬で行われた空襲の犠牲者数は、当地の公式発表によれば二万三〇〇〇人とのことである。その数が正確かどうか知るのは難しい。それは死者の半数であろうか、それとも三分の一であろうか。今日に至るまで本当の犠牲者数を知る手がかりはほとんどない。アンドロス号は五七〇人の乗客とともに沈んだと言われる。港内にいた他の船については、データが存在しない。氏名が分かっている死者は一六六七人だが、死者のほとんどは身元不明のままである。彼らを数える者はいなかった。避難民の列は次々と押し寄せていたからだ。死者は弾孔に埋葬され、あるいは荷車に積まれてゴルムの丘にある集合墓地へ運ばれた。船舶、公園、スヴィーネ河畔の避難民の列、駅舎、野戦病院用車両などの中で死んだ者の総数は五桁に上るだろう。

スヴィーネミュンデの虐殺はアメリカ第八航空軍の年鑑にも現代史年鑑にも虐殺としては載っていない。アメリカ航空軍の記録によれば、これは「操車場」に対する交通路攻撃である。

ドイツ占領の直後、アメリカ軍委員会は「アメリカ戦略爆撃調査[148]」を行い、連合国軍による空襲の結果を総括した。委員会は民間人の損失としては比類ないものとしてその死者数に驚いたものの、それは「一般に言われている数百万という数字には遠くおよばない」と記した。

第3章

国土

「中世との結びつきも今や断ち切られてしまっている」
エルンスト・ユンガー

抹殺は拡大し、炎の跡はカーブを描いて海岸からヴェーザー山地へ、ルール川流域へ、ラインラント地方へ下り、一九四三年には南に、一九四四年には東に到達する。町々には、生きている人々が居を定めている。家を、大聖堂を、祭壇を、文書を、資料を残してきた祖先と同じように。彼らはその土地を、もろもろの出来事が起きた場所として絵に描き、文章に書き記す。過去はその出来事の舞台を後代に伝え、今生きている者たちはその上に立って自分を過去と連続したものと考える。歴史とは石、紙、物語であり、それゆえに非常に燃えやすい。火災、破壊行為、強奪、虐殺が町の歴史の十字路である。どんな町も一度は破壊されたことがある。しかし、一時にすべての町が破壊されたことはなかった。一九四〇年から一九四五年にかけてそうした事態が起きたとき、架け橋は壊れ、過去はもはや存在しなくなった。

北

ゾーストという町の名前は塩（ザルツ）に由来し、「製塩所のあるところ」を意味する。すでに紀元九七三年、アラブ人イブラヒム・イブン・アフメドは、コルドバのカリフの使節団とともにスペインの故郷からオットー大帝のもとに赴く際、近隣の塩類泉から塩を抽出する城のことを報告している。イブラヒムのたどった道は、すでにその八〇〇年前にドルスス・ユリウス・カエサルが軍団を引き連れてヴェーザー川へ進軍するときに通ったものだった。ヴェーザー川はヴェストファーレン平原の盆地を流れ、ライン平野と東ゲルマン部族の居住地を結んでいた。

イブラヒムの使節団がマグデブルクに進軍した頃、かつてヴェーザー流域に居住していたランゴバルド族〔ゲルマンの一部族〕はとうにロンバルディア〔イタリア北部〕に移住し、東ローマ帝国とイタリアを分け合っていた。当時ヴェーザー流域を支配していたのは、かつてランゴバルド族の東側に定住していたザクセン族で、彼らは三〇年にわたって西ローマ帝国皇帝兼フランク国王カール大帝と敵対していたが、最終的には屈服してキリスト教化され、フランク王国崩壊後はローマの皇帝制度を取り入れた。ザクセン皇帝はおおよそエルベ川とマース川のあいだの帝国を支配した。帝国の外的な事件は東西を結ぶ線上で起こり、今日に至るまでの民衆史も同様である。南北を結ぶ線は、北は海、南はアルプスというはっきりした自然の境界線で区切られている。民族の内的な歴史はこの線上で起き、何世紀かを経るあいだにこの民族は自分たちをドイツ人と考えるようになったが、大部分の時代にあっては国内外の歴史は区別できない状態だった。

東西を結ぶ道は今のドイツ国道一号線で、当時は「明るい道」を意味するヘルヴェークと呼ばれた。この名は森を切り開いて作られたことに由来する。この道はそれに付随するものすべて、つまり橋、製粉所、鍛冶場、王の居城とともに国王の財産の一部だった。道幅は靴一六個分で、二台の馬車がすれ違うことができ、槍を横向きに持った騎士が通過できる幅であった。その当時の習慣で、縦に掲げた槍は平和を、水平に持った槍は戦いを象徴していた。王の道はこの地域を制圧するのに役立った。ザクセンの支配者たちはヘルヴェークを通って、文字、法、支配制度、信仰など彼らの文化の発祥地であるフランケン-ライン地方と、ザクセン族の居住地を統括支配した。遠征隊は王の道にその足跡を残している。各地にあった王の居城は、ドルトムント、ウンナ、ゾースト、パーダーボルンの町に発展した。ヘルヴェーク上で槍と馬車の集まるところは、要塞や物資積換え地点で、ここからも町が発生した。

この地方は鉄、銅、鉛、錫、それに塩を産出し、商人たちはワイン、香辛料、布地と引き換えに塩を持っていった。ゾーストの商人は一〇五〇年にはキエフにまで足を延ばし、「シュレスヴィヒファーラー」と呼ばれる交易商人ギルドは、遠くノヴゴロドにまで至るバルト海地方を相手に貿易を行った。九世紀中頃、ゾーストは都市法を獲得し、これは遠方にまで影響を与えて他の見本となった。この都市法はバルト海沿岸部で興隆を極めていた町、リューベックに受け継がれ、リューベックはまた、メクレンブルク湾、ポンメルン湾、ダンツィヒ湾からケーニヒスベルク（カリーニングラード）、レヴァル（タリン）までを縁取る一連の町々の手本となった。こうした港町は、はるか遠くのブレスラウ（ヴロツワフ）、エアフルト、ケルンを結ぶ線と南で接する都市群とも深い交流を持っていた。西ではアムステルダムもこの同盟の一員で、さらにはノルウェーのベルゲン、ベルギーのブルッヘ、ロンドンにも同盟の出先機関があった。これはハンザ同盟といい、元々は好戦的集団という意味であったが、旧世界に北東の文明をもたらし、三〇年戦争で自滅するまで五〇〇年にわたって結束を続けた。世界交易の中心が大西洋に移り植民地支配が台頭すると、ハンザ都市ののんびりした風景は過去のものとなってしまった。町々のかつての威容と輝きは市庁舎、大聖堂、商品倉庫、織物倉庫、港湾施設に刻み込まれている。こうした建築物は、冷たく輪郭の鋭い、ときには満ち足りた微笑を浮かべているような相貌を持ち、粘土を熱して作られた煉瓦の暗い色調にちなんだ名前がつけられている。

リューベックは町全体がこの煉瓦という素材で作られた。町を燃やし尽くした大火の後、人々は煉瓦造りの建物が最も安全だと考え、これを義務づけたのである。初期の建築物であるリューベック大聖堂と聖マリア教会では、フランスのゴシック様式大聖堂がかもし出す眩暈のするような感覚と、煉瓦の外観が作り出すやや冷徹な均衡が融合している。この聖マリア教会からキール、ロストック、シュトラールズントの聖ニコライ教会が派生した。これは船乗りの守護聖人、聖ニコラウスを称える教会である。ロストックの主教会である聖マリア教会は、神への永遠の捧げものとして三世紀にわたって建設が続けられた。

リューベックでは都市計画もまた、実際的な商人の発想に則って行われた。最も重要な二つの場所である市場と港を所有していたのは、この町を築いたいくつかの名門商家である。進取の気象に富む彼らは壮麗な切妻屋根のファッサード、リズム感溢れる外観の市庁舎、倉庫群を作り上げた。通りは中心部にある縦長の広場に集まり、外側では頑丈な市門に通じる。商人階級の世界は、質素な長方形の区画をなして広がった。バルト海地方の一〇〇もの都市が、ヘルヴェークを通って伝わった都市法であるリューベック法を継承し、低地ドイツ語は日常の言葉として使用された。最大規模のハンザ港湾都市であるリューベックは、一二〇から二〇〇トンの積載量を有する一本マストの商船、コグ船も造り、北海沿岸交易をバルト海交易と結びつけた。この町は背中合わせに位置するハンブルクとともに、二つの海をつなぐ陸橋の位置にある。

ハンザ同盟に加盟することで、この町は土地住民を管理する城主の支配から抜け出ることができた。ハンザ市民は森と農地使用についての制約を廃止し、軍の影響圏から脱した。また、遠方の文化を迎え入れ、異邦人を泊め、客の語る知識に耳を傾け、彼らの持って来た品物を吟味し、商談をし、契約を結んだ。この町は現在そのものである。最新の物を求め、なおかつ石が象徴する永続性の中に住み、そこから新しい物を作り出し、続くべき物を後代に伝える。そこでは、天然物資の交換と、土着権力の交代が行われる一地方都市としての時代のサイクルと並んで、ある地点から他の地点への途上にある、移りゆく現在である歴史的時間が生じる。こうしてリューベックでは大西洋沿岸の明るい新時代と、バルト海沿岸の中世的ドイツ騎士団文化が交差していた。西はロンドンから来る道と、東はノヴゴロドから来る道との交差点に当たるこの町は、爆撃機軍団によって殲滅された最初の町となった。後には同じハンザ同盟の姉妹都市、ロストック、アンクラム、ヴィスマル、シュトラールズント、シュテッティン、ダンツィヒ、ケーニヒスベルクが陥落し、またブラウンシュヴァイク、ハノーファー、ゾースト、その他の内陸部の都市も同じ運命をたどった。

一九四二年三月二八日土曜から日曜にかけての夜、ウェリントン機とスターリング機の乗員たちは一四〇分でリューベックを陥落させるよう命じられた。この町がノルウェーとロシアにいるドイツ軍に物資を補給する重要な港町であるから、というのがその理由であった。リューベック生まれのトーマス・マンは、カリフォルニアからラジオでドイツ人にこう語りかけた。「町には火災が発生しました。聖マリア教会、壮麗なルネサンス様式の市庁舎、船員組合会館が被災したと思うと嬉しくはありません。しかし私は、コヴェントリー空襲のことを思い、何事も対価を払わずにはすまないという教訓に反論することはできません」[1]。ヒトラーもこの教訓を信じていたので、リューベックの対価を、エクセター大聖堂内陣の南翼とカンタベリー大聖堂附属修道院で払わせた。一九四二年五月四日付のトーマス・マンの書簡にあるように、マンは「ドイツの諸都市」を使ってさらなるツケが払われると考えていた。今後ドイツの都市がどうなるかを思うと――「ドイツがそうなるのはもっともな理由があり、それは避けられず、必然ではあるが、それを考えると軽い恐怖に襲われる」[2]。

ドイツ軍への補給阻止のため何が行われるかを、リューベック市民は三六時間で理解した。それは、「旧市街を実質上八〇％破壊し、大聖堂、博物館、聖マリア教会、聖ペトリ教会を破壊する」ことであった[3]。一方、戦時経済にとって重要なドルニエ飛行機工場は無傷で残った。この攻撃の目的は報復というよりも、コヴェントリー空襲でドイツ軍が達成した爆撃技術の水準を上回ることだったからである。ドイツ軍はコヴェントリーで敵に手本を示してやったことになるが、その手本は別の可能性を持っていた。副次的な戦果として、その空襲はリューベックでの生産を六、七週間妨害し、二六〇〇人を死亡させたとイギリス空軍省は記録している。この数字は七倍に誇張されているが、作戦が成功だったことには変わりない。一九四一年秋以来急いで準備されてきた実験、つまり火災戦争が遂行可能になったのだ。リューベック旧市街は当初の予想よりもずっと長く持ち堪えていた。ただ、聖マリア教会付近の、最も古い一角が抹消されたことは、数字では表現できない。ここには切妻屋根の建物の大部分が集まっていた。

爆撃機軍団の次なる目標、ロストックはもっと高い対価を払うことになった。爆撃機は途方もない苦労をして、四日間連続の空襲を加えた。四月二三日から二七日のあいだに飛来した軍団は、三夜目に歴史的旧市街の大部分を破壊した。爆弾の配分は三分の二が焼夷弾という恐るべきものであった。これは聖ニコライ教会と聖ペトリ教会、北ドイツで最初に建てられた大学図書館の一角、市立劇場、石造りの市門、皮膚科病院を飲み込み、四万人が家を失った。海風で炎が広がったものの、第二の目標であるハインケル飛行機工場には火がおよばず、無事に残った。

爆撃機軍団は煉瓦造りのゴシック建造物二つを瓦礫にしたが、宿敵ハインケル工場を無傷のままに残して諦めるつもりはなかった。確かに、丘の背面にそびえる聖ペトリ教会は一一七メートルの西塔を持ち、月光に映えて見つけやすかった。この塔は船乗りたちに陸を示すために建てられたものである。空戦の新たな様式の下では、このように目立つ形を持つものはすべてスクラップにされることになった。

常道を逸した執拗さで爆撃機軍団は四月二七日に舞い戻り、今度は工場にまで到達した。ハインケル工場の一カ月分の生産量が失われ、それによって七〇〇年の歴史を持つこの交易都市の抹消は軍事目標攻撃であるという根拠が得られた。二一六人という死者数はリューベック空襲の死者数に遠くおよばなかったが、古くから敬われてきた建造物が焼失したのを見て、ロストック市民はこれを神をも畏れぬ行為と受けとめ、一五万人の人々が慌てふためいてメクレンブルク地方の郡部へと逃げ出した。大管区指導者(ガウライター)ヒルデブラントはユダヤ人への復讐を誓い、ユダヤ人に空襲激化の罪を帰した。ユダヤ人たちはすぐに「あらゆる土地にガスを撒く」だろう、どんなことでもする連中だ、とヒルデブラントは語った。「これはユダヤ人による戦争だ。チャーチルとルーズヴェルトはただの操り人形にすぎない。ユダヤ人の世界観が求める任務を果たすことができなかったら、この二人も射殺されるのだ」[4]。国民社会主義ドイツ労働者党は、都市殲滅を阻む手段を何も持ってはいなかった。しかし、誰かにその償いをさせる手段だけは持っていた。

一九四三年一〇月九日、アメリカ第八航空軍はポンメルン湾の南西、ペーネ川の橋のたもとにあるアンクラムにやって来た[5]。差し当たり、アメリカ軍には火災戦争を起こす気はなく、狙いは飛行機産業であった。アンクラム駅のすぐ後ろにはアラド飛行機工場があった。

この町は比較的小さいので危険は少ないと考えられており、シュテッティンの学童が多数疎開してきていた。アンクラムには碁盤の目状の道路網と、ハンザ都市特有の長方形の中央広場と、眠っているようにのどかな港があり、聖ニコライ教会と聖マリア教会の塔がそれを見守っていた。今その港に錨を下ろしているのはもっぱら小型漁船ばかりだった。この地が海上交易で栄えたのは五〇〇年前のことである。市民が豊かに栄えた時代の名残と言えば、一六世紀の後期ゴシックとルネサンス様式の切妻屋根の建物と、それよりは落ち着いたたたずまいの一七世紀のバロック様式住宅の一群、そしてまばらに建つ一八世紀の質素な木組みの家々であった。町の歴史を映す建物がペーネ河畔、聖ニコライ教会、ヴォルヴェーバー通りに沿って小ぎれいに並んでいた。

北海、ユトランド半島、バルト海を経由して、第八航空軍の第一と第四一爆撃航空団の総勢一〇七〇人は、シュテッティン—シュトラールズントに進路を定める。四〇〇〇メートルの高度から彼らの目に入るのは、聖ニコライ教会と聖マリア教会くらいであるが、三〇〇機のドイツ軍迎撃機にも注意を傾けなくてはならない。この二つの航空団は一〇キロの間隔を空けて飛んでいたが、一一時四二分に合流し、五七機からなる最初の集団が二四三個の一トン爆弾を確実にアラド飛行機工場の上に投下した。すぐさま巨大なきのこ雲が高く上り、この小さな村で第二波の砲手に見えるものは煙だけとなってしまったが、ともかく村は煙の中のどこかにあるはずだった。彼らは煙の塊の中に一七五個の一トン高性能爆薬弾と二二トンの焼夷弾を投げ込んだ。市街地の三分の二、住宅・商業建築物の半数、それに四〇〇〇の人間を消し去るにはこれで十分だった。煙ははっきりと、市街地と港湾地帯を示した。

アラド飛行機工場は八〇%が破壊され、その生産はノイシュタット・グレーヴェ地区にあるドルニエ工場に移される事態となり、アンクラム空襲は大成功とされた。この町を襲った最後の大火災は約六〇〇年前のことだったが、頑丈な煉瓦は当時、火災にしぶとく耐えたのだった。聖マリア教会も一九四三年の空襲には持ち堪え、尖塔と南側の側翼にある丸天井を失ったものの、総体的には戦火を生き延びた。一三〇〇年から一世紀以上にわたって建設された聖ニコライ教会も一〇月九日の空襲に耐えたものの、その一八カ月後、ドイツ降伏の一週間前の一九四五年四月二九日に、囲壁、台脚、間仕切りアーチ以外のすべてが灰と化した。意図的ではなかったものの、第八航空軍は邸宅群と市場を破壊してしまった。

降伏の三週間前まで、七〇〇年の歴史を持つヴィスマルは一一回の攻撃に耐えていた。おそらくはその重苦しい外観、伝説の島ヴィネタ〔バルト海にあったと言われる伝説の島。住民の不徳のため海に沈んだという〕を連想させる不気味さが、まるで長患いの病人が死を免れるようにこの町を守っていたのだろう。ビール輸出と綿織物工業に基盤を置いてできた町ヴィスマルは、七年戦争で完全に富を搾り取られてしまっていた。三つの教会、聖ニコライ教会、聖マリア教会、聖ゲオルク教会は、燃えるような赤煉瓦と海が運ぶ湿気の中で白昼夢を見るこの町には不似合いなほど大胆にそびえ立っていた。北ドイツ最大の中央広場前にある聖マリア教会は、一四世紀にリューベックの聖マリア教会を手本にして建設が始められ、続く二世紀間に側面ホール、礼拝堂、中央塔、尖塔冠飾が付け加えられた。内部に入ると、盛期ゴシックと後期ゴシック様式で飾られた六層リブの丸天井の部屋が連なり、垂直にそびえる中央翼が威容を誇り、頑丈な八角形の柱がすらりとした採光階を支えていた。一九四五年四月一五日、アメリカ軍の大型爆弾がこの建物を塔と放射状礼拝堂のあいだで引きちぎり、建築職長ヨハン・グローテの設計を台無しにしてしまうまでは。また、飛梁が崩壊して側翼の壁面を支える物もなくなったので、側面ホールの増築部分も消え去ってしまった。

北ドイツ沿岸部の都市の教会はすべてそうなのだが、この教会の床も墓標板で覆われていた。有力者の一門は、墓碑銘のあいだに自分たちの船の名前を刻み込んでいた。かつてその船で陸に帰港したように、復活の日にそれに乗って戻るためである。そこには、スウェーデンの将軍カール・グスタフ・ヴランゲリも華やかなバロック様式の墓の中で妻とともに眠っていた。ここは敵の地ではあったが、同じキリスト教徒の船乗りの世界に葬られているのだった。聖マリア教会の残骸は後に安全性の見地から撤去された。同じく聖マリア教会周囲にあった中世後期の煉瓦製切妻屋根の建物も消えた。その中には、暗緑色の艶塗りの側壁が一五の柱で区切られた、宝石箱のように優美な旧学校校舎もあった。(6) 他の二つの大きな教会、聖ニコライ教会とらい病人の守護神にちなんだ聖ゲオルク教会は難を逃れた。

一二四三年、リューゲン島の領主ヴィッツラフ一世は、対岸のシュトラールズントにリューベック法の適用を認めた。しかしこのシュトラールズントがあまりに隆盛を誇ったので、リューベックは一二四九年、ゾルトヴェーデル提督のもとでこのライバルの町を襲い、破壊しようとした。しかしそれも、一二七一年の大火も、シュトラールズントがハンザ同盟の指導的地位に上るのを阻止することはできなかった。シュトラールズントはこの地方でたびたび行われたデンマークやスウェーデンとの戦争に巻き込まれる運命にあり、一六二八年のスウェーデンのバルト海帝国との戦いで西ポンメルンとともにスウェーデンのバルト海帝国に編入された。そのためシュトラールズントは要塞になり、二度包囲されることになった。その上大火も重なり、中世から伝えられた趣は大部分失われ、後には非常に壮麗なバロック的様式が加わった。要塞施設は一八七三年に撤去された。何世紀にもわたるドラマがこの地の抵抗力を強化したのかも知れない。その市壁は一九四四年一〇月六日の爆弾の雨さえ耐え抜いたのだから。(7) その日、聖ヤーコプ教会には亀裂が走り、北の柱列ははずれ、丸天井は支えを失って崩れた。しかし一四世紀前半の簡素な建築は、バランスを失ったものの何とか持ち堪えた。絵のように美しく調和していたバロック様式の切妻屋根はいくらか落下したが、以前の空襲でもこの程度の被害はあった。一九四四年一〇月六日の空襲が、それまでアメリカ第八航空軍が行った中で最悪の空襲と言われるのは、人的損害の大きさのためである。そもそも航空軍は人口四万九〇〇〇人のこの町に危害を加える意図はなかった。だが、V2実験場があり定期的に攻撃が行われたペーネミュンデへの飛行がうまくいかなかった場合、ここが主な予備目標とされていたのだった。
一〇月六日朝、四四七機のB17爆撃機はイギリスを出発し、シュテッティン・ペリッツ地区の石炭液化施設に向かった。そこを精密爆撃せよとの指令であったが、目標を雲が覆っていたので、方向転換することになった。重い爆弾を捨てるため、パイロットには予備目標が与えられていた。三六雲がかかっていたが町の位置はレーダーで分かった。三六七トンの爆弾を積んだ一四六機の飛行機はシュトラールズントに向かった。一二時四五分から一三時一四分のあいだの二九分間に、飛行機は投下口から爆弾を落とした。そのために一〇〇〇人ものシュトラールズント市民が命を失うことになった。この一連の行為の軍事的意義とはまず第一に爆弾を捨てることで、第二には、それが敵の居住地区に落ちるということであった。これは地上では、大虐殺以外の何ものでもない。地下水位が高いため、この町には地下に防空用コンクリート管を通すことはできなかったし、小都市なのでブンカーも必要不可欠とはされていなかった。この時期、犠牲者数はインフレ状態となっていたので一〇〇〇人という死者数は平均的数字のように思えるが、人口四万九〇〇〇人の町にとっては恐ろしい被害で、死亡率はハンブルク空襲の約半分に相当する。

シュテッティンはヨーロッパ最強の要塞の一つだった。スウェーデン人、ブランデンブルク人、フランス人、ロシア人、ポーランド人がここを包囲し、またそこで包囲された。その歴史は大部分、市壁の外から内へ発射される榴弾の歴史だった。一六七七年にブランデンブルクの大選帝侯フリードリヒ・ヴィルヘルムが、この町の喉もとを長期間締め上げ、[*]建物の三分の一はそれに耐えられなかった。無傷ですんだ建物はなかった。一七一三年に大選帝侯と張り合ったのはロシア人とポーランド人で、一五〇戸もの建物が破壊された。ともかく、ゴシック期とルネサンス期のシュテッティンは、一握りの聖遺物だけを残してこの将軍たちに片付けられたのだが、バロックと古典主義の様式で新たに町が建設された。初期ゴシック様式で建築が開始され、一四世紀に完成された聖ヤーコプ教会は、大選帝侯フリードリヒ・ヴィルヘルムの砲弾が内部を地下納骨堂に至るまで破壊してしまったので、完全なバロック様式の内装を具えることになった。アルプ・シュニットガー作の新しいオルガンの形と響きは、天国もかくやと思わせた。ブランデンブルク軍による直撃弾が以前のオルガンの音を奪ってか

＊　ヴィルヘルムとスウェーデンがポンメルンの支配を巡って戦ったスコーネ戦争を指す。

ら二〇年後、ドレスデン近郊のラーデベルクから来たマイスター、マテス・シューリヒが五人の職人とともに新作を作り始めたが、制作途中で死去した。(8) ディートリヒ・ブクステフーデの助言でシュニットガーはパイプと風函（ふうかん）の改良を行い、バルタザール・ヘルトを協力者に迎え、一七〇〇年一月一一日、オルガンの献納式が執り行われた。ファブリシウス司祭が楽器の王に捧げた祝福の言葉は、シュテッティンの町が持つ復活の力を次の詩で表現している。

戦いのとき
敵の力を砕くオルガンは
シューリヒ、シュニットガー、ヘルトの
高き技巧を褒め称える。

最後の征服者は空からやって来た。一九四〇年から四一年にかけてすでにウェリントン機が姿を現し始めていた。大量の爆弾を落とす場所を探すためである。オーダーヴェルケ社、ヴルカーン社は世界的に有名な船を建造していて、三隻がブルーリバンド賞〔北大西洋上を最高平均時速で航行した船に与えられる〕を獲得していた。一八九七年のヴィルヘルム大帝号、一九〇〇年のドイツ号、そして一九〇六年のヴィルヘルム二世号である。これらはクラフト製錬工場、一九四〇年に飛行機用ガソリン製造を開始したペリッツの石炭液化施設と並んでじつに魅力的な目標だった。一九四三年には、工業目標と都市目標の区別はなくなっていたので、四月二一日、三三九機のランカスターとハリファックスがほぼ一〇〇〇キロも離れた場所に到達し、目標を確実に狙い、命中させたという知らせに、イギリス政府は大満足であった。六%もの機体を失ったのは痛かったが、その甲斐はあった。市街地は四〇万平方メートルもの広さにわたって破壊されたと言われたからである。その数字は誇張されていたが、五八六人が死んだことは確かだった。

四月二〇日、爆撃機軍団はデンマーク上空を飛ぶ航路を取っていた。そこでは解放勢力がこの日の爆撃を、ヒトラーの誕生日を祝う挨拶として歓呼の声で迎えた。町の南部で、緑色のマーカー弾の上に爆弾が投下され、二七六カ所の火災と四〇〇〇メートルの高さに達する火柱が発生した。シュテッティンの消防隊だけでは手に負えず、ベルリンからの救援を要請した。狡猾にもイギリスのモスキートは、ベルリンで大攻撃を開始する動きを見せたため、ベルリンは援助要請を断った。本当のベルリン空襲による火災は四カ月後だった。その夜は風がなかったため、シュテッティンは全壊を免れた。次の日もそよ風すら吹かず、こうして町はまだあと一六カ月の余命を得たのだった。

　穏やかな時間は一九四四年一月五日の夜に終わった。その日、二四四人の市民はもはや次の朝を迎えることができず、旧市街は大火災に包まれた。初夏のあいだ、ドイツの諸都市の人々は一息つくことができた。爆撃機軍団はフランス奪還に参加していたからだ。八月一六日夜、軍団はドイツに戻って来て全面破壊に着手した。運命の手はシュテッティンに下った。二週間後に追加の空襲が行われ、その後、ここはもはや過去の地となった。塁壁で固められたオーダーの川岸と、一一二四年にスラヴ人の聖城の代わりに建てられた聖ペーター・聖パウル教会にはさまれた旧市街地域には、もはや何も残っていなかった。四〇万人の住民のうち、二四三〇人が命を失った。大選帝侯も破壊できなかったゴシック建築の名残を、ハリスの四〇〇〇ポンド爆弾と燐弾が引き裂いたのだった。

　ポンメルンの最も高貴な煉瓦造り教会である聖ヤコビ教会は、柱がすでに傾いていたものの鉄製の杭を支柱にして何とかもっていたが、今度こそとどめを刺された。ゴシック様式の旧市庁舎は、妙（たえ）なる曲線美で飾られた一二の星型丸天井のワイン貯蔵庫もろとも全焼した。ポンメルン公の居城であるグリフィン城は一三四六年、バルニム二世が建築を開始し、ボギスラフ一〇世がゴシック風の南翼を加え、ヨハン・フリードリヒがルネサンス様式の教会を加えて完成した建物で、あらゆる征服者の格好の目標であったが、ついに爆撃機軍団の餌食となった。一門の最有力者であるボギスラフの姿を刻んだ木彫りの墓があるフィレンツェ風の城教会も炎に飲まれた。そして敵勢力は聖ヤコビ教会の長堂を破壊し、アルプ・シュニットガーのオルガンからも永久に音を奪ってしまった。

　一九四五年三月二六日に古都ダンツィヒを無に帰したのは、破壊への陶酔という理解しがたい衝動であったに違いない。この町は、今は誰でも知っているように、六週間後にはポーランド領グダニスクとなるのだから。被害を免れた教会は皆無だった。聖バルバラ教会、聖バルトロメウス教会、聖ヨハニス教会、聖ヨゼフ教会、聖カタリーナ教会、聖ビルギット修道院附属教会が最もひどい被害を受けた。聖ペーター・聖パウル教会、聖エリーザベト教会、聖イグナティウス教会、聖ヤコビ教会、聖トリニタティス教会も甚大な被害を蒙った。現代ドイツに対する連合国軍の戦いは今や勝利を収めていたが、この災厄を生み出したドイツの源泉である過去の帝国に対する戦いをまだ遂行しなくてはならなかったのだ。しかしそれも時間の問題で、目的はできる限り多くを破壊することとなった。「ダンツィヒのために死にたくない」というのは戦争勃発時点で口にされた、華々しいとは言いがたいモットーであった。そして最後になってダンツィヒは死なねばならぬ定めであった。アーサー王の宮廷、大製粉所、市庁舎、聖霊門、そして一四四四年に建造が始められた、町の象徴であり市門も兼ねる木造大クレーンを攻撃するための戦意に不足はないことを証明するためである。倉庫島の上の倉庫群も名家の屋敷が立ち並ぶ通りも、軒並み制圧された。

キールは軍事的目標であった。ドイツ帝国成立の一八七一年以来の軍港で、入江の東海岸では造船業が栄え、ゲルマニア社、ドイチェ・ヴェルケ社、ホヴァルト社が、機関車、車両、器械を製造していた。アンシュュッツ社はここでジャイロコンパスを製作し、その他には魚を燻製にしたりマリネにする工場が点在していた。入江の南端からメンケベルクまでは軍需産業地帯が延び、そこからはっきりと区別できる外縁部には労働者の居住地域があった。一方、西岸はまったく異なる構造をしていた。そこには古くからの市街地と、そこから発展した商業地域、行政地域、さまざまな産業があった。住民の大多数もこの西岸に住み、一部は商業地域に、一部は行政地域に住んでいたが多くは周囲の住宅地にいた。攻撃側が入江を見落とすはずはなく、軍事目標と民間人住居地はこの入江という自然の境界線で区切られていた。レーダーは海面と陸地の違いに反応し、海に面している工業地域では工場とそれに付随する住宅を区別することもできた。これを鑑みると、キール爆撃は攻撃目的についての正しいイメージを与えてくれる。

一九四〇年初夏、造船業は爆撃目標として頻繁に狙われた。七月二〇日に最初の大破壊が行われた。一九四一年中に行われた二八回の攻撃作戦では東岸が主な目標であった。しかし一九四二年には空襲は八〇％減少した。そして一〇月一三日夜、完全な方針転換が行われた。この夜投入された大型爆弾は二五万平方メートルにわたって屋根を吹き飛ばし、一五万平方メートル内の窓ガラスを割った。爆弾は正確に狙うことなく投下され、多くは南東部の端にあるエルムシェンハーゲン地域に落ちた。一九四三年一二月一三日、一四六二機のアメリカ軍爆撃機がブレーメン、ハンブルク、キールを合同爆撃した。アメリカ軍は精密爆撃によって蒙る損害に悩んだ末、絨毯爆撃というイギリスの手法に訴えることにした。ブレーメンには日中の一六分間に六八九個の高性能爆薬弾、二六六四個の焼夷弾が落とされた。両種の爆弾が一対三の割合でハンブルクとキールにも落ちた。このときはじめて、東岸の造船業地帯でなくキール市街地が目標となった。

アメリカ軍は、爆弾投下時点で攻撃範囲を広げるための独自の手法を持っていた。理論的には、爆撃機から落ちる爆弾は点状のものであり、目標を狙ってであろうとなかろうと、ある一点に落ちる。それに対し、アメリカ軍の爆弾絨毯は落下している時点ですでに面状になっており、それが落ちて一定の平面をカバーするのである。つまり一編隊のすべての機体が指揮者の合図に従って爆弾を同時に投下する。このような絨毯が一二月一三日、キール西部に広がったのだった。目標は明らかに市内の建築物と住宅密集地域だった。一九四三年の空襲でもそうだったが、この空襲でもわずか数時間で何千人という人々が家を失い、シュレスヴィヒ、レンズブルク、プレーン、エッカーンフェルデなどの郡部に避難した。専門職の労働者たちは生産戦争から撤退することが許されない部隊なので、東端の縁にあるクラウスドルフ・シュヴェンティーネ、メンケベルク、ハイケンドルフなどの村に住んでいた。造船所もなく、一般住民だけが住んでいるこの狭い地域に四発爆撃機が姿を見せ、正確に狙いを定めてその五〇％も破壊した理由は、いったい何だったのだろうか。

クラウスドルフの耕作地では一九四八年になっても深さ四メートルの弾孔が一五〇〇個も残っていた(9)。農地は耕作不能となっていた。表土の七〇％が吹き飛んでしまったからだ。労働者家庭が破壊されるのを防ぐため、ドイツは一九四一年から四二年にかけて「フィンランド式住宅群」を構想していた。これは組み立て式のフィンランド風木造家屋で、目立たないように中心部から離れた田園地帯に配置されていた。人的損失を抑える効果があったのは、この政策だけであった。一九四三年末までの爆撃被害の中心は東岸の工業地帯だったが、一九四四年から四五年にかけては市街地の広範囲を燃やし尽くす攻撃に転換した。最終的にはこのような地域での被害がメインとなった。東岸も広い範囲で、とくに労働者居住区域で損害を蒙った。両側の損害の比率は約二対一である。

大戦最後の一六カ月間に行われた四つの主要な空襲のうち、一九四四年七月二三日夜の二五分間の攻撃は、戦時中最大の被害を出した。一五〇〇個の時限爆弾が消火活動を甚だしく妨害したが、巧みに配置された四三のブンカーが住人の生命を守った。ブンカーは定員を四倍も超過していたが、戦時中の非常事態にあっては仕方のないことだった。ここに住人の半数は入れた。

合計九〇回の空襲で人口の一％に当たる二六〇〇人以上が死亡した(10)。歴史的建造物は消え去った。破壊され、被害を受けた地域は市街地の七八％に上った。地上には五〇〇万立方メートルの瓦礫が積もり、それは住人一人当たり二三立方メートルの計算である。

キールの六倍の面積を持つハンブルクは、二一三回の空襲の後、キールの八倍の瓦礫の海となった。この一連の空襲のうち、一一二回は一九四〇年と四一年に行われ、七五一人が死亡した。[11] 一方、一九四四年から四五年にかけての六五回の空襲では五三九〇人が死亡している。火災嵐を起こした一九四三年夏の空襲を除くと、英米空戦部隊は戦前の人口の〇・三一％を死亡させたにすぎず、これはかなり低い数字である。一九四三年夏の空襲による死亡率が一九四四年に投下された同量の爆弾が達成したのと同じ範囲内に収まっていると仮定すると、総犠牲者の比率は〇・五七％となる。それでも住人一人当たりに一個、計一七〇万トンの爆弾が投下されたことを考慮すると、ハンブルクの防空体制は勝利したと考えてもよいだろう。第二次世界大戦においてこれ以上防衛が成功した例はない。今から思えば、ハンブルクが耐えた五年間の戦争は、一九四三年夏の三日間の空襲を除けば、たいしたことはなかったようにも見える。

一九四三年七月の空襲では約四万人が死亡した。これは、ドレスデン、東京、広島、長崎の死者数と並んで兵器がなしうることの極致である。それは、川のように血が流されたからというよりは、一瞬にして地上から生命を抹消するその威力のためである。火災戦争や核戦争では血はほとんど流されない。ハンブルクで救援に当たった医師の報告によると、何百人もの人々が台風並みの熱風に巻き込まれ裸で路上に倒れていたという。皮膚は茶色がかった組織と化し、髪はよく保たれたまま顔の粘膜は乾燥し、固まったようになっていた。地下を出て路上に逃げた人々は数歩も歩かないうちに止まり、地面に倒れ、熱風を吸い込まないように腕で顔を覆った。子供のほうが大人より抵抗を示したように見える。こうした遺体を解剖したヘルムート・バニエッキ博士は次のように報告している。

一六歳くらいの少年の遺体。右腕はフェンシングをしているような形。全裸で路上に仰向けに横たわっていた。頭髪は焼け焦げ、足の皮膚は炭化し、さらに顎と鼻先は炎に炙られている。両手の伸筋側は表面が炭化。皮膚の色は赤っぽい茶色。胴体部の筋肉組織はまるで煮られたような状態。舌の表面は乾いて茶色。両肺は膨張し、膨れ上がり、重くなっている。心臓右部にかなり煮詰まった血。心臓左部は空、肝臓は硬化し、脾臓は流出している。脳硬膜と頭蓋冠のあいだに、煮詰まった粥状で粘り気のある大量の赤っぽい塊。大脳、小脳を通る切傷があるが出血や病理学的変質の確証はない。組織の傷に白血球流出による生体反応が見られる。鑑定。この少年は路上で生きながら焼かれた。[12]

しかし、この少年はもっと運がよければ焼死を免れたというわけではない。なぜなら、生命活動には大気が必要だが、その大気が別のものに変わってしまったのだから。そのため体内の器官は機能しなくなり、別の物質と化してしまった。火災嵐とは短時間の実験のようなもので、それに見舞われた土地は、有機体の存在を許さない大気に覆われた別の惑星となる。ガス、ウラン光線、バクテリア、熱は、肉体を暴力で損なうのではなく、肉体を別の環境に晒すのである。普通は運の悪いときに運の悪い場所にいたから致命傷を負うのだが、それで世界の連続性が失われるわけではない。抹殺は逆に、ある場所で何ものも存在し続けることができないときに生じる。フェンシングのポーズのまま固まった少年は、自分が生きていた世界が突然消え去ったことに抗して戦っていた。それはまるで、回転ドアを通り抜けると、ハンブルクの一二平方キロメートルが三時間のあいだ別の空間と化していたかのようだ。そこで生命は死ぬのではない。死ぬのは生命にとって普通のことである。そうではなく、そこでは生命は不可能となる。ハンブルクと広島が表象するのは、ある土地を世界の他の地から隔てる戦いである。

ハンブルク空襲の死者の大部分は路上ではなく、地下室の穴倉で息絶えた。火災時にそこを支配する化学法則は、ときによって異なる。地下室は一定の時間が経つと大量の熱を外から吸い込み、火葬場のような機能を持つ。あるいは、そこには致死的な燃焼ガスがひそかに充満する。ハンブルク市当局によれば、死因の七〇％から八〇％はガス中毒によるものである。

労働者の住宅が並ぶハンマーブローク、ハム、ボルクフェルト地区で発生した火災嵐は、中央駅と市庁舎にはさまれた歴史的中心地区にはほとんど害を与えなかった。そこは、八〇〇機のアメリカ軍爆撃機がブローム＆フォス造船所を狙って一九四四年六月一八日に行った一五七回目の空襲まで持ち堪えた。高度七〇〇〇メートルから爆撃を行ったため、爆弾は一キロ北にずれて地上に達したのだった。ほんの数秒でも投下が遅れれば、まったく別の目標に当たることになる。こういう場合には造船所の代わりに、ゲンゼマルクト広場にあるゴットホルト・エフライム・レッシング像の台座や、その他のアメリカ軍にはまったくどうでもよい目標、例えば聖ヤコビ教会が燃える。しかし、アルプ・シュニットガー製作のオルガンは、一部は壁で囲まれ、一部はブンカーで守られて、長堂部分を破壊した一九四五年三月二二日の直撃弾にも耐えた。

爆撃によってドイツには四億立方メートルもの瓦礫が発生したが、そのうち四三〇〇万立方メートルがハンブルクのものであった。それでも町の外観は、ケルン、ニュルンベルク、ダルムシュタット、カッセル、ヴュルツブルク、デューレンほど壊滅的な損害は受けなかった。ハンブルクの傷跡は、火災嵐がはじめて観測された一九四三年七月二七日から翌日にかけての夜の三時間につけられたものである。そのとき、抹殺の原理は何の制約もなく力を振るい、時間・空間の制約からも抜け出て、慣れ親しんだ世界が人々に与える庇護も消滅し、世界はある時点から生命の存在を許さないものになった。一九四三年夏から一九四五年夏のあいだにハンブルク、東京、広島で発生した抹殺空間では、そうしたことが可能になった。

一九四五年三月一〇日の東京大空襲は八万三〇〇〇人の死者という最大の犠牲者数を記録した。東京の人口密度は、八万人の死者を出した広島の五倍であった。ハンブルクの人口密度は広島より三分の一高く、死者数は三分の一少ない。この三都市すべてで火災嵐が発生し、多くの犠牲者は炎の中で絶命した。

ハンブルク空襲とまったく異なる経過をたどったのはブレーメン空襲であった。ブレーメンの面積はハンブルクの四分の一であるが、同じくらいの頻度で爆撃の目標となった。人口四二万四〇〇〇人のこの町を狙った一七三回の空襲は別の様相を呈した。最初の二回は一九四〇年五月一八日と一九日に、どちらも夜半過ぎにやって来た。[13] 二一四個の爆弾が投下され、一七人が死亡し婦人社会奉仕員養成所が被災した。六月二二日から二八日にかけての週に五回目から九回目の空襲が行われ、毎回五万発の砲弾で高射砲が迎撃に当たった。負傷者一〇名、死者一名であった。七月二日にはレストラン、ムンテ一番館が被災し、七月一七日には前々日に撃ち落とされた敵軍パイロット五名が共同墓地アウムントの墓に埋葬された。彼らは義務を果たしたのだから。八月九日の一九回目の空襲は工業用港と神経科病院に落ちた。しかし爆弾はたった六六発で、被害は軽傷一名にとどまった。ヴァラーリンク通りに爆弾を落とし、シュヴァッハハウゼン地区に七八個の焼夷弾を落とした三六回目と三七回目の空襲で、一九四〇年は幕を閉じた。

一九四一年に空襲はより深刻になった。三九回目から四一回目の空襲は三日間で一万五〇〇〇個の焼夷弾を投下した。死者は二六人。四週間後、五〇〇人の子供たちが危険を避けてザルツブルクに疎開した。五六回目の空襲でははじめて航空機雷が落とされ、二〇名の死者を出した。五九回目の空襲では二三二個の高性能爆薬弾と三二二四個の焼夷弾が外科病院、婦人科病院、小児科病院、病理学研究所、聾唖者施設、市立図書館に一度に落とされた。一九四二年最初の空襲である八七回目は、コールヘーカー通りとコン

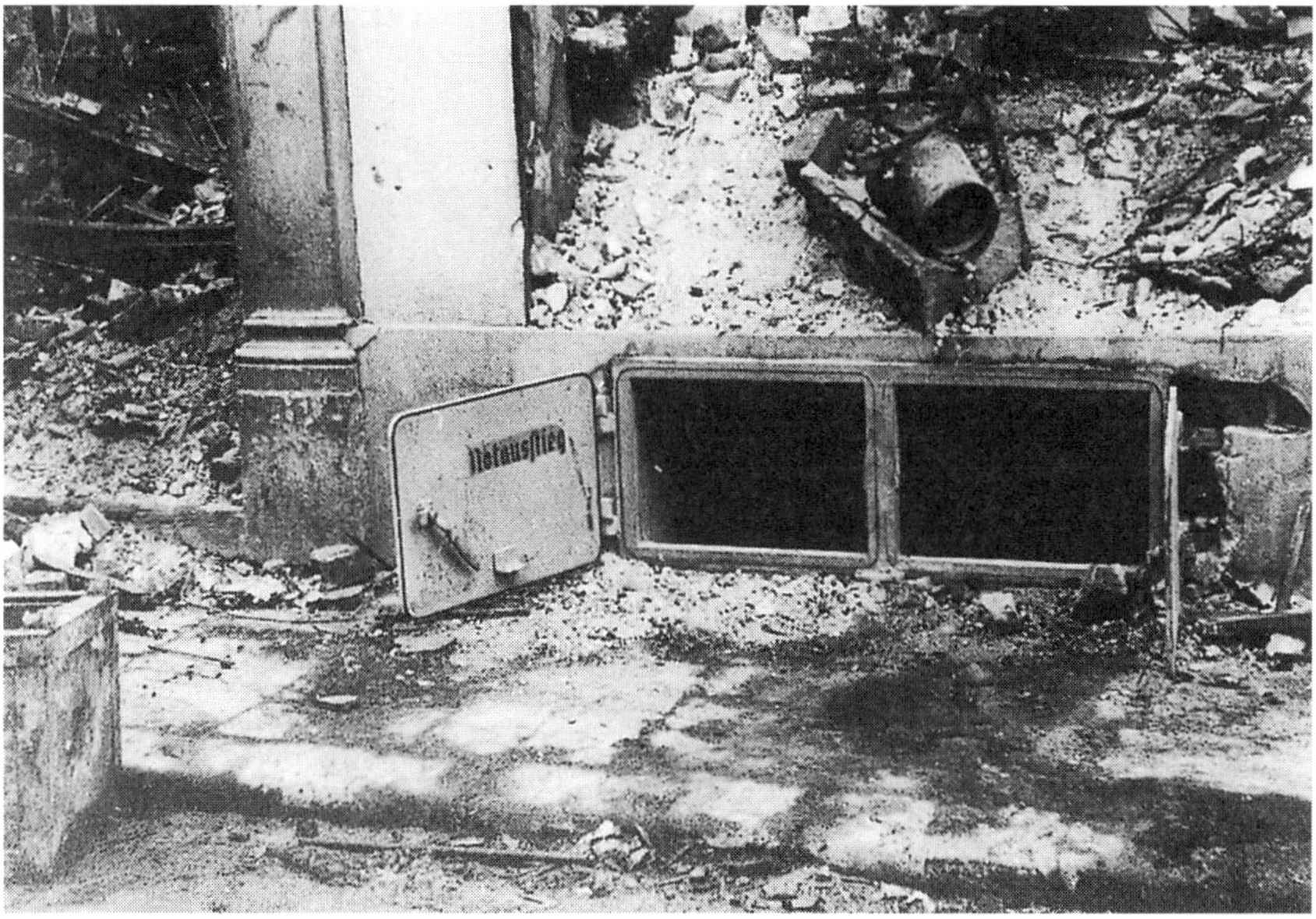

地下室の出入り口。ブレーメン。1942 年

トレスカルペ通りが交差するあたりで行われていた家族の宴席の真中に落下した。死者二六人、重傷一〇人、軽傷一八人。一九四二年六月に、九一回目から九四回目が四万七七一個の焼夷弾を使って行われ、九月に一〇二回目と一〇三回目の空襲が三万七一六六個の焼夷弾を使って遂行された。

九二回目はハリスが「千年紀（ミレニアム）作戦ナンバー・ツー」として計画したもので、ケルンに一〇〇〇の爆弾機を送った空襲の続編であった。一九四二年六月二五日夜、ハリスは「ブレーメンの町と港を抹消」しようと試みた。一〇六七機の飛行機が出撃した。一四二機からなる第五爆撃航空群はもっぱらフォッケウルフ飛行機製造工場を片付け、二〇のブレニム機はヴェーザー造船工場に集中することになった。六五分ですべて片付く手はずであった。川幅の広いヴェーザー川は格好の道標となるはずが、雲に隠れていた。爆撃機軍団は不安になり、西風が吹いて雲を吹き飛ばしてくれないかと考えた。しかしその夜、突然に風はやみ、ブレーメンは厚い雲に覆われたので、一〇〇〇の爆撃機はジーに頼るしかなくなった。その結果、飛行隊の三分の一はブレーメン市街地を見つけることができず、爆弾は南部と東部の住宅地に落下した。五七二戸の建物が燃え、八五名が死亡。フォッケウルフ社はひどく爆撃され、ヴルカーン造船所、ノルトドイチェ製鉄所、コルフ精油所が被災した。この部隊は一四五〇トンの爆弾を携え、それはブレーメンにハンブルクと同じ運命をたどらせるに十分だったが、風と雲がブレーメンを救ったのだった。

破壊の規模はますます大きくなり、一〇二回目はそれまでで最も成功した空襲となった。それは町の全域におよび、一一五人の死者を出した。一〇三回目は六つの校舎、二つの病院、植民地博物館、市立図書館に甚大な損害を与えた。一一一回目も軍事目標に向けられた。フォッケウルフ飛行機製造会社である。一〇機が全壊し、一二機が破損した。一九四三年の聖霊降臨祭に当たる六月一三日に行われた一一二回目の空襲では、いつものように直撃弾が学校、教会、婦人社会奉仕員養成所を見舞った。お決まりの目標である。死者二二八名。一九四三年一一月二六日の一一七回目の空襲は再び婦人社会奉仕員養成所、一一の学校、神経科病院を襲った。死者二七〇名。

一九四四年八月一八日夜、ブレーメンは戦時中最大の空襲を受けた。一三二回目の空襲で火災嵐が発生したのである。三四分で六八個のブロックバスター弾、一万八〇〇個の燐爆弾、一〇万八〇〇〇個の焼夷弾が落下し、四万九〇〇〇人が家を失い、一〇五四人が死亡した。一〇月の一三八回目空襲では工業地帯のハステットとゼーバルツブリュック地区が空襲された。焼夷弾の数は一一万一五〇個、死者は八二名。一九四五年二月二四日から三月三〇日のあいだに一四八回目から一六五回目の空襲が行われた。中心部に落とされた八〇〇〇個の焼夷弾で市立公文書館は破壊され、ヴァクーム石油社も甚大な被害を蒙り、港では二二隻の船が沈んだ。アドルフ・ヒトラー橋とランゲライエの女子高等学校は全壊した。死者七五名。

当局は死者の特権を廃止した。四月一〇日付告示は次のように定めている。

住民全員を公平に処するため、棺の使用を禁止する。できるなら親族が、布その他、遺体を梱包するための物資を供出することが望ましい。遺体を墓地に運搬するための棺は用意する。燃料不足のため、遺体の火葬は停止せざるをえない(14)。

一六八回目から一七一回目の空襲は四月二四日深夜三時四九分、午前一一時四四分、午後一七時一五分、それから翌日の深夜一時に行われた。住人はもはやブンカーから外に出ようとしなかった。電力供給は途絶え、多数の人間が大量の酸素を消費したのでしばしば蝋燭の灯りが消えた。ブンカーの外は春の陽気だというのに中の人間たちはやっとのことで呼吸し、飛行機のエンジン音がするたびに押し合いへし合いし、じめじめしたコンクリートの立方体になだれ込んだ。最後の一七三回目の空襲は四月二四日の一四時に行われ、一九人を死に追いやった。そして四月二五日、イギリス軍の戦車が侵入した。

航空機工業、造船業、製油工業と並んで人口密集地の住宅街も焼かれ、西側の郊外も全体が被害を受けた。ブレーメンに投下された八九万個の爆弾で市民、強制収容所の被収容者、外国人労働者計三五六二人が死亡し、全住宅地の五八%が焼失した。一九四四年一〇月六日の一三一回目の空襲にしてついに、七八七年に司教座が置かれた旧市街が終末を迎えた。すばらしい装飾を施されたゴシック様式のエシッヒハウスは一二一回目のときすでに破壊されており、一二二回目の空襲は一三七回目の空襲と手を携えて聖アンスガー教会の三廊バジリカを消した。これは一二二九年に建設が開始されたもので、それまで頑強に耐えてきたのだった。一三七回目の空襲は、グレペリンゲンにある煉瓦造りの単廊教会を燃やした。この内陣天井には赤チョークで最後の審判の絵が描かれていた。

空襲の数の多さでは、ブレーメンはだいたい一二番目に位置する。九番目にあるのは、東フリージアの町エムデンである。ここは沿岸部の西端にありオランダ・ルネサンス様式の見本のような町だった。ゴシック様式の名残を残すグローセ・ダイヒ通りの倉庫群、オランダ式段状切妻と初期ルネサンス様式の壮麗な旧市場があったグローセ・ブルク通りとグローセ・ブリュック通りは、たった一日で全滅した。エムデンはイギリス爆撃機軍団が最もたやすく到達できる町で、ドイツ内部への飛行ルート上に位置しており、一九四四年九月六日のような日のためにイギリスはここを取っておいたのだった。その頃イギリス軍はフランスでの上陸作戦後、まだ完全には帰還しておらず、ドイツの高射砲と戦闘機と改めて対決する前のウォーミング・アップとして、イギリス爆撃機軍団は沿岸部のシュテッティンとケーニヒスベルクを攻撃した。その四一%は八月二九日夜、イギリス空軍の最も優れた爆撃手長の一人、空軍中佐ジョン・ウッドロフによって地上から消されていた。その一週間後、一八一機のランカスターとハリファックスがエムデンを炎の海に沈め、町の六六%はもはや存在しなくなった。その中には、アム・デルフト通りの壮麗な市庁舎もあった。これは一五七六年にアントウェルペンの建築マイスター、ラウレンツ・ステーンヴィンケルが旧市場に建築したもので、エムデンの心臓とも言えるものであったが、全焼してしまった。

カール大帝はアングロサクソン人ヴィレハルトにフリージア人とザクセン人のキリスト教化を任せた。そこでブレーメンに司教座が置かれたのだった。宗教改革時代までヴェーザー川とエルベ川にはさまれた地帯を支配したのは、実際、ブレーメンの司教たちだった。ヴェーザー川はザクセン地方の天然の要塞で、山の背と原始林がこの地を守っていた。戦線は西に向かって広がり、エッゲ山地とトイトブルクの森がライン川の西で弧を描いている。ライン西岸の背後にいるフランク族とあいだで、次の一〇〇〇年の支配を巡る戦いが繰り広げられることになった。ザクセン人は聖書ではなく、彼らの主神である軍神ザクスノートを信仰していた。彼らの守護動物は馬で、世界樹イルミンズールへの信仰が不屈の抵抗の源であった。教会や修道院には、彼らがどうしても親しめない別の文化に生きる人々が住んでいた。その文化は高価な彩色を施した羊皮紙に描かれていた。斧で打ち殺されるのを防ぐため、伝道者聖ボニファティウスは頭上に一冊の本を置いた。斧は本と彼の頭の両方を砕いたのだが、それでも斧には書物ほどの力はなかった。この話は、書物を破壊することで書物を征服しようとする者がすでに存在したことを示している。

ザクセン族はヴェーザー川要塞から出撃し、教会と修道院を燃やし尽くした。これらは、書物とそれが告げる内容に捧げられた建物である。彼らはこの金と緋色に輝くページいっぱいに、夜のごとく黒々と描かれた蛇のような線が啓示する神の力を恐れた。この力は長い生命を持ち、それを理解する者に恒久性の念を教えた。フランク族はイルミンズールの聖木を打ち倒したが、ザクスノートの神はそれに何の反応もしなかった。そこでフランク族はこの神が何もできないことを知った。さもなくばザクスノート神は何かしたはずだ。居住地域が手狭になってきたため、ザクセン族の多くは南西に向かい、フランク族は、気まぐれかつ信用ならないザクセン族とは秩序ある隣人関係を結べないと考えて東に向かった。カール大帝がピレネー山脈を越え、コルドバのカリフの影響力が侵食しつつある彼の帝国の反対側を平定しようとしたとき、ザクセン族は彼の背後を襲った。彼らはカールに服従を誓っていたのだが、約束など永続するはずはなかった。

ザクセンのヴィドゥキント将軍は好機を待っていた。それは、カール大帝がムーア人から受けた打撃で弱ったときに到来した。ザクセン族は反乱を起こし、ズュンテル山でフランク族の軍勢を打ち砕いた。ブレーメンから南に徒歩で一日の場所、アラー河畔のフェルデンにあるザクセン族の礼拝と裁きの場であるルーゲンシュタインで、カール大帝は報復として四五〇〇人のザクセン族貴族の首を切ったと言われているが、史実かどうかは定かではない。続いてその他のザクセン人に対する強制的改宗が行われた。彼らが西の各地にあるキリスト教の聖所に屈すれば、そこを襲うことはないだろうと考えられたからである。この仮定は怪しいものである。軍神ザクスノートは完全に追い払われたわけではなく、キリスト教化されたこの背教者の地に取り憑き、間欠的に人々を恐怖に陥れることになった。

カール大帝はそれを予想していた。彼はザクセン族の土地に布教基地を設立した。それが司教座である。それは改宗者の忠誠を促進し、反乱を監視するためのものであった。それはまずパーダーボルン、ミンデン、オスナブリュック、ヘルフォルトに、さらにはブラウンシュヴァイク、ヒルデスハイム、ミュンスターにも置かれ、落ち着かない部族たちを厳しく監視した。一九四〇年以降、この部族を改宗させることが改めて西側列強のモットーとなった。古くからの司教座は、ナチズムという新たな異教を阻むことができず、どこも容赦なく爆撃で打ち砕かれていた。

パーダーボルンは三〇年間続いたザクセン戦争中、カール大帝の主な拠点で、ヴェーザー川要塞の対岸にある。パーダー川に流れ込む二〇〇の泉が湧き出るこの地にカール大帝は七七七年、カール城を建てた。これは敵によって二度破壊された。町の地層には、火災にあった跡がいくつも存在する。ザクセン族を支配したカロリング朝の堅城の基礎の上に、オットー一世の血を引くザリエル家の城が建ち、ザクセン族自身がキリスト教的ヨーロッパ帝国の王冠をいただくことになった。カール大帝はまさにこのパーダーボルンで教皇レオ三世と会い、北西ヨーロッパ地域の勢力とキリスト教徒による世界支配という、その後一〇〇〇年間続く連携を結んだのだった。ヨーロッパ的思想の源泉パーダーボルンは、長いあいだフランク族の、その後はザクセン族の、それからザリエル家の支配者が住んだ最重要拠点であった。ハインリヒ二世は妃のクニグンデにここで戴冠し王妃とした。これらの歴史はすべて、大聖堂や王の城や大修道院の石に刻み込まれている。それらが倒壊したり劣化したりすると、新しい石が、同じ祈りのもとに加えられた。

破壊される前のパーダーボルンを見てそれを書き記したリカルダ・フーフ〔ドイツの女性作家。歴史小説の分野でとくに優れた作品を残した。一八六四―一九四七〕はここを、眠ったような小都市と呼んだ。そこでは、たゆまず新たに建設されるものを、火災が繰り返し無に帰せしめるのだ、と。しかし大聖堂を見てフーフは、まるでザクセン族が彼らの神々の声を聞き取った巨大なオークの木のようだと思った。これを最初に建立した者たちが描いた偉大な線、その勇壮な見取り図は、大地に根を下ろし、後代の建築家たちの作品を支えているのだ。フーフはそう記している。

壮麗な階段と炎で黄金と化したような内部空間を持つ半ばゴシック様式のイエズス教会、ゴシックとバロックの折衷様式で建てられたギムナジウム、広い階段と噴水を持つフランシスコ会教会が、ロマネスク様式の教会と同じ威容を誇っている。それにしても、噴水や、古い市壁や司教座教会の管轄領域に通じる狭い路地は、まるで夢想に浸っているようだ。この地に記念碑を打ち立てた、すべてを統治する神聖帝国の理念の傍らには、寡黙な野蛮人の精神が今でも漂っている。彼らは支配者として宮廷に座り、嵐と樹齢一〇〇年の木々のざわめきの中に住む守護神たちを敬い、自分が選んだ支配者の前にのみ、その金髪の頭を垂れたのである。(15)

イエズス教会は主壁に至るまで破壊された。フランシスコ会教会、イエズス会神学校は焼失し、大聖堂は南側翼に直撃弾を受け、天井全体も尖塔屋根も大司教のアカデミーが蒐集した七万冊から一六万冊の書物も、すべて燃えてしまった。

パーダーボルンは西方作戦を展開する際の拠点となった。一九四〇年五月一〇日から、爆弾を搭載した飛行機が前線に向かって離陸し、五月二一日にはじめて敵がやって来たが、住人にはそれが信じられなかった。最大の被害は、不安による動揺だった。一九四三年に入ってからは合計二〇〇回空襲警報が鳴ったものの、爆撃機はたいてい通過するだけだった。しかし三月一六日、一二の戦闘爆撃機が夕刻の早い時刻に混み合う駅に突進し、ドイツ帝国鉄道整備工場に一六個の二五〇キロ爆弾を投下した。これで四七人の命が失われた。これは最大の被害であったが、一九四五年一月一七日の空襲で記録が更新された。このときはアメリカの爆撃機が八波で押し寄せ、アカデミー、ギムナジウム、中央広場、聖マリア広場、大聖堂、マルクト教会、さらには東の墓地までを打ち壊し、墓碑板、十字架、はては遺骨までを空中に巻き上げた。爆風は大聖堂の大十字架の下にいた少女と婦人の一団と、カイザーホーフに収容されていたフランス人捕虜の一団を引き裂いた。死者は二三九人を数えた。彼らはマイノルフ教会と聖心教会に並んで埋葬された。

町の破局は三月二七日にやって来た。二七六の爆撃機を連ねた爆撃機軍団が旧市街を正確に爆撃し、一五分もかからずにこれを焼き尽くした。ルール包囲網がパーダーボルン市門の前で完成すれば、その中から抵抗が起こることはありえない。三〇〇〇件の火災が発生し、養老院の地下養護室の火災では看護師長と看護師六名が死亡した。焼夷弾は屋根と丸天井全部を吹き飛ばし、養老院は黄色がかった青い炎を上げて燃えた。ヴェストファーレンホーフ養老院では二一人の入居者と七人の看護師が死んだ。ほとんど全部の学校校舎、州立盲人施設、裁判所附属刑務所も犠牲になった。旧市街の八三％が焼失した。爆弾の猛威は南郡部の農地にまでおよび、七二歳の羊飼いヘルデスが羊や犬とともに犠牲になった。

聖遺物は救われた。大司教、修道女、信者たちは半円形になって跪き、神の加護に感謝し、地下で焼け死んだ多くの人々を偲んだ。廃墟となった町で、残された者たちは熱が引いた瓦礫を掘り返して、死んだ身内を探した。大聖堂の助任司祭カスパール・シュルテ博士は、協力者たちとともに自ら働いて三〇〇人の死者たちを地下に葬った。これには何週間もかかり、恐怖を紛らわすため、墓掘人夫一人につき毎日一リットルのシュナップス〔ドイツの蒸留酒〕が必要だった。

ヴェーザー川要塞の裏門に近い、交易路が交差する川の浅瀬のたもとに、カール大帝は八〇〇年、司教座を置いた。ミンデンである。シュタウフェン朝時代の最も偉大なザクセンの将軍、かつバルト海沿岸地域のキリスト教徒商人たちのパトロンであるハインリヒ獅子公は、一一六八年にミンデンの大聖堂でイギリス王ヘンリー二世の娘、マティルデと結婚した。聖ペトルスと聖ゴルゴニウスに捧げられた大聖堂には、この時代に遡る要塞風の西側正面が残っている。これはカロリング朝時代に遡る建築部分を持つ神の城である。一三世紀初頭には後期ロマネスク様式の袖廊が、一三世紀末には盛期ゴシックの長堂が加わった。これはその時代で最も重要な建築である。その後一四世紀中頃に再度ゴシック様式の多角形内陣が加わり、建物は完成した。一〇世紀から一二世紀にかけて、西側正面にある三重アーチの下の皇帝用二階席に座ったのは、ザクセン朝とザリエル朝の支配者たちだった。一九四四年一二月六日、アメリカ第八航空軍はゴシック様式の内陣に直撃弾を落として北壁を吹き飛ばし、丸天井も崩落した。一九四五年三月二八日、航空軍はもう一度戻って来た。残っていた長堂も今回は直撃弾を受け、柱と丸天井は崩落し、ハート型の金銀線細工を施した窓の飾り格子が吹き飛んだ。西側正面は全焼した。ミンデンは昔から軍事目標だった。今回も部隊が町に入って来た。部隊は大聖堂破壊の七日後まで退却せず、それからヴェーザー川に架かる橋を二つ爆破し、その任務を果たした。一九四四年には四回の空襲があったが、町の中核部、ゴシック様式のハンザ都市市庁舎、大小両方の大聖堂中庭、王室用狩猟森を葬り去ったのは、一九四五年三月の空襲であった。

ヴィドゥキントとアルボイーン麾下のザクセン族は、オスナブリュック近郊のヴェーザー川要塞での三日間の戦いで完全に打ちのめされた。ハーゼ河畔の戦地からザクセン族の改宗は始まり、七八五年にオスナブリュックには司教座が置かれ、後にここは市となった。健全な軍事的判断によって、カール大帝はここに自分の宗教的代理人を置いた。オスナブリュックとヘルフォルト修道院は山がちなフランケン地方の中軸であり、その内側の土地を教会の力でまとめていた。ブレーメンやパーダーボルンでもそうだったが、司教たちは新興市民勢力とうまく折り合うことができなかった。

オスナブリュックほど人々の宿恨が剝き出しになった場所はない。敗戦によって強いられた洗礼、ローマの祈禱書、フランク族の文化、こうしたものに対する本能的反発が残っていた。町の名前にある「オス」の字がすでに住民の反抗心を示している。これはゲルマン民族が崇拝していた北欧神アーゼの一族を指す。一二四一年、教皇はこの町を破門した。町はそれに抗してゲルトルーデン修道院を燃やした。これはかつてゲルマンの神聖な森に覆われた丘に建っていたものである。教皇に翻意を促すため、市民は修道院を再建したものの、それは信仰心からの行為ではなかった。ある市参事会員は、公衆の面前でキリスト磔刑像を燃やしたと伝えられている。

聖職者たちは、自分たちが市民から追い出されるのではないかと不安に怯えていた。とりわけ一五世紀に、聖職者が市から地代を取ることを評議会が禁じたときにはその感を強くした。ザクセン族の慣習によって評議会は司教選挙に関与することさえ要求し、これは認められていた。さらに市民は司教に、ユダヤ人がオスナブリュックに逗留することを禁じるよう強いた。教皇はオスナブリュック市民全体をフス派とみなし、彼らに対し異端法を適用するよう求め、ケルン大司教は市民を破門した。当然ながらオスナブリュック市民は皆、自分たちはプロテスタントであると宣言した。だから一六一三年、オスナブリュックが火災で荒廃したのも驚くに当たらない。この火事で残ったのは評議会附属学校と、小さな家一軒のみだったという。この家では一人の老人が中でひたすら祈りを捧げていた。次の火災を起こしたのは、戦争末期に英米連合飛行中隊が空から落とした六〇〇〇トンの弾薬だった。

オスナブリュックは爆撃戦争で最もひどく破壊された町の一つである。一九四五年、枝の主日の三月二五日に行われた最後の空襲の後、建物の六五％が瓦礫と化した。旧市街ではその割合は九四％に上った。歴史的な建物はすべて破壊された。入り組んだ路地、貴族の館、富裕市民の邸宅、切妻屋根が並ぶオスナブリュック旧市街は、爆撃機軍団にとって格好の薪で、町の残りの部分を焼くことができた。その上、ここは第一級の交通の要衝であり、大砲の部品、戦車、榴弾の薬莢を製造するクレックナー社の工場があった。つまり、空襲の対象となるすべての要件を具えていたわけである。

空襲は合計七九回行われたが、最初にある程度の規模で行われたのは一九四二年六月二〇日の空襲で、イギリス製焼夷弾と燐焼夷弾が九〇〇〇個落とされた。人的損失は一〇名で、防空体制が充実していたオスナブリュックでは全体的に言えることだが、僅少である。しかしこれを経験した目撃者は語る。「あれは本当に恐ろしい夜でした。皆、はじめての経験だったからです」[16]。戦争初期の最もひどい空襲は一九四二年一〇月六日のもので、一万一〇〇〇個の高性能爆薬弾と焼夷弾が、通りを連なる廃墟に変え、それをオスナブリュック市民は「ヘルマン・ゲーリング広場」と名づけた。工業の長期間にわたる操業中止率も最大一〇〇％に達した。人的損失が最大だったのは一九四四年五月一三日の、アメリカ軍による昼間空襲である。死者二四一人のうち一〇一人は、上部の厚さが六〇センチしかない退避壕で息絶えた。クレックナー工場のロシア人捕虜収容所に命中した爆弾では四九人の捕虜が死亡している。

戦時捕虜、とりわけロシア人労働者は頻繁に死神の餌食となった。一九四四年五月七日、クレックナー社の女性労働者用バラックで三〇人の女性が命を奪われた。同じ空襲で、病室不足のためヨハニス学校に移送されていたマルティン病院の患者五〇人も死んでいる。とくに一九四四年末以降、防空壕の需要が増し、混雑がひどくなってからは、外国人が壕に入ることは禁じられていた。しかし、エムスラント強制収容所の囚人と捕虜はブンカーと道路の建設を命じられ、それに加えて瓦礫の除去もさせられていた。

一九四四年九月一三日、一八万一〇〇〇個の焼夷弾と二一七一個の高性能爆薬弾が一四分で発生させた火災のハリケーンによって、オスナブリュック旧市街は滅亡した。その一カ月後、さらに一万六〇〇〇個の焼夷弾と二六一六個の高性能爆薬弾が投下され二四人の囚人の命を奪った。看守は安全な場所に逃げたが囚人たちを避難所に入れず、独房に閉じ込めたままにしたからである。一九四五年の枝の主日の空襲は、太陽の輝く春の空から降りそそぎ、旧市街と新市街にまだ残っていた物を消し去った。

一九四四年九月の空襲は駅の周辺を燃やした。旅客たちは半ば気が狂ったようになり、豚は哀れに鳴きわめいて外へ出ようともがいた。家畜輸送車に命中したのだ。一九四四年一一月二一日、貝殻石灰岩製の厚さ八メートルの覆いを持ち、耐爆構造とされていた地下抗道に偶然落下した爆弾がこれを打ち砕いた。もっとも、入口付近の覆いの強度は半減していた。孤児院のボイラー室がこの入口に通じていたが、入口のすぐ前の最も脆弱な地点に爆弾が落ち、内部の重い鉄製扉の後ろで爆発した。扉は曲がり、吹き飛んだ。中にいた九六人は主に孤児院の子供たちと世話係であった。入口付近にいた者には怪我の跡があった。他の人々は、まるで生きているかのように、屈んだままだった。一酸化炭素中毒による死は、外傷を残さない。

　ルール地方から出発する鉄道の駅は三つある。海岸のハンザ同盟都市に通じる鉄道は、主要な操車場であるオスナブリュックを経由する。一九四四年九月から、連合国軍の戦略家たちは目前に迫ったドイツへの地上侵攻とそれにともなう空からの援護作戦、交通路攻撃の準備に着手した。目標を決定する者には、ザクセン族の古代文化遺産も異教徒の宿根の歴史も、司教領、市民の抵抗の歴史、市の歴史も、養老院や盲人施設と同じように興味のない事柄だった。チャーチルの部下ハリスの司令で武器を運ぶ猪突猛進タイプの爆撃手たちの他に、交通路攻撃の発案者ソリー・ズッカーマン教授のような計算に長けた頭脳の持ち主も作戦に参加していた。イギリスの空軍理論家よりさらに、アメリカの経済専門家と技術者たちは戦争を冷徹に観察していた。戦争とはひたすら力づくで敵を締め上げるものではなく、現代的企図なのだと彼らは考えていた。ドイツにとって交通路は目前に迫った地上戦の生命線である。製油工業と航空機工業は、短期間ならば間に合わせの材料で操業できる。しかし戦線を形成するには部隊を動かさなくてはならず、戦線を維持するには弾薬を補給する必要がある。両方とも、鉄道なしではできない。この動脈が切断されたら、戦闘は停滞する。

　ドイツには昔から地理的に三つの交通軸が存在した。北海・バルト海沿岸部、ライン川、そしてかつてヘルヴェークと呼ばれた、低山岳地帯周辺を東西に走る陸路である。地理的にも歴史的にも、東西の葛藤はヴェーザー流域の丘陵地帯に集中していた。カール大帝のザクセン戦争もチャーチルの爆撃も、ともに軍事地理学と関わりを持っている。ランカスターも「飛ぶ要塞（フライング・フォートレス）」B17もそれを変えることはなかった。ドイツは地上で防衛され、征服されたが、地上作戦は地形に依存する。ライン・ルール地方は決定的な戦闘領域であった。鉄道はここからオスナブリュック経由で沿岸地方へ、ハノーファー経由でベルリンへ、ゾースト、パーダーボルン、アルテンベーケン経由で中部ドイツへと扇形に延びる。一九四四年から四五年にかけての秋冬にこの扇形の内部に向けて行われた爆撃はすべて、鉄道網を目標にしたものであった。ミンデン、パーダーボルン、ゾースト、ヒルデスハイムの大聖堂は駅周辺にあったために破壊された。駅は、ルール地方、ザクセン、オーバーシュレージェン地方というドイツの三大工業地帯を結ぶ東西軸を動かしていた。ハルツ地方のノルトハウゼンに隠されていたミッテルヴェルケ社工場によって、この路線は注目されることになった。そこではV2、航空機エンジン、そして一九四四年末以降はジェット戦闘機ハインケル162が製造されていたのである。製造工業という戦場のための補給、つまり鉱石、コークス、石炭は、この東西軌道を行き来していた。武器製造も同様である。戦線は、二〇〇〇年前からこの線に沿って動いていたのだから。

当時、蒸気機関車は地形の制約を受けており、ヴェーザー川要塞の起伏の多い地域を登ることができなかった。牽引物が多ければなおさらであった。パーダーボルン東部の尾根、エッゲ山地の勾配は登坂不可能なので、これを越えるため、ドゥーネ渓谷とベーカ渓谷に二つの高架橋が架かっており、大きい方のアルテンベーケン高架橋は長さ五〇〇メートルである。戦時中はこれを使って一日三〇〇件の輸送が行われ、それゆえ一九四四年一一月末と一九四五年二月末に敵に破壊された。これはドイツ国内の最重要戦略目標の一つであったが、山の切れ目にあって湾曲していたので狙うのが困難だった。ルール地方から中部ドイツに向かうもう二つの高架橋、ビーレフェルト―シルデシェ間を経由する橋と、もう一つはアルンスベルクを経由する橋が通行不能になったので、ドイツ帝国鉄道は迂回路を使うことにした。一つはデトモルト、ヘルフォルト、ビーレフェルト東駅を通過する道、もう一つはパーダーボルン、ヒルデスハイムを経由する道である。これは敵にとっても容易に予見されたことだった。すぐにこの迂回路も爆撃され、こうしてヘルフォルトもヒルデスハイムも、終末を迎えた。二都市ともカロリング朝時代に築かれた町で、後者はドイツ諸都市の繁栄を示す宝石のような町であった。

アルテンベーケンの大高架橋が攻撃された一一月二六日、ヘルフォルトの迂回路もアメリカ第八航空軍によって七一トンの爆弾を受け、ビーレフェルトには一〇〇トンが落とされた。シルデシェ近郊のビーレフェルト―ヘルフォルト区間にはベルリン方面行きの高架橋があり、一九四五年初頭からはほとんど毎日、爆撃の目標となった。連合国軍の「ルール計画」によれば、三つの高架橋と一六の橋を破壊すればルール封鎖は完成するはずだった。これらの高架橋だけで交通量の半分を担っていた。加えて低空飛行の飛行機が二四時間、駅舎、機関車、線路、橋上の交通に狙いを定めた。こうして、例えば一月二七日には機関車一台と車両二両が、ヘルフォルト・シュテーデフロイント駅に停車中に攻撃された。輸送されていたのは九三人のポーランド人戦争捕虜と看守五名であった。そのうち三一名が死亡、二九人が負傷した。主任司祭のフォルムブロックは三月七日、ビーレフェルトから列車でブラックヴェーデへ向かっていた。そこで葬式があったのだ。ブラックヴェーデ駅で、彼はあの悪名高き機銃掃射に遭遇した。数人が負傷したが司祭は無事に墓地に到着した。機銃掃射の飛行機はすでに先回りしており、今度は葬列に向けて射撃した。パイロットには葬列も一種の列車である。司祭が付き添うことになっている遺体は、霊柩車の運転手が怯えたため、墓地に着いていていなかった。何とかしてくれという声を受けて、運転手はようやく客を乗せて永遠の休息の場へと車を走らせた。死者の親族は森に隠れた小道を忍び歩いて墓へ向かった。このように、ドイツでは交通路は斎場と化し、斎場は交通路と化した。

隣町ヘルフォルトには、擲弾兵予備員連隊と大隊の二〇〇〇人が、トイトブルクの森を通るアウトバーン防衛のために駐留していた。[17] 兵士たちには二月から、近づく戦線の砲声が西風に乗って聞こえていた。戦意は底をついていた。野戦病院医師の所見によれば、患者達の半分は仮病だった。彼らは男らしからぬうめき声を上げてみせ、下らぬ我ままを言い、わざとらしく怪我を見せびらかした。病人扱いされたい気分が渦巻いていた。兵士たちはもはや何も防衛してはいなかったが、それでも当地に宿営している以上、ヘルフォルトは防衛都市と言えなくもなかった。当時まだ戦争法に関心を持つ者がいたとすればだが、防衛状態にあるということで爆撃は合法であったろう。しかし連合国軍は、法的に許されるからではなく、自分たちが正しいと思っていたから爆撃したのである。この判断はヘルフォルトが操車駅であること、そこに橋があること、ビーレフェルトからの路線が高架橋を通ること、アルテンベーケン大高架橋の迂回路がここを横切ることによって下された。こうした条件を揃えた町が無事にすむはずはなかった。

七九〇年に、高位貴族の子女のための修道院としてヘーレスフルト〔軍勢の浅瀬の意〕に築かれたヘルフォルトは、一九四四年一一月から空襲で激しく被災し、一九四五年三月三日、市壁の内部に最大の爆撃を受けた。一二五〇年に建った三廊の大聖堂は北塔の北西側が高性能爆薬弾の爆風で破壊され、被害は建物全体におよんだ。事ここに至って当地に駐留していた部隊は、包囲網を狭めるアメリカ軍と戦うことにまったく何の意味もないと悟り、兵舎にあった小麦粉と砂糖の備蓄を人々に分配した。国民突撃隊は四月二日夜に対戦車障害物を取り除いてやったので、アメリカ軍は四月四日に気分良く進軍できた。これで被害は一五%にとどまった。これは軍事的な礼儀とでも言うべき行為であったが、別の方法で意志表示する者もいた。四月三日、当時の市史編纂者は困惑して書いている。「メンヒ通りの家からは白旗が垂らされた。この品のない恥辱を見て、私は涙が出そうになった」[18]。

ビーレフェルト―ヘルフォルト間の高架橋は、さんざん苦労したにもかかわらず爆破できなかったが、三月一四日、新時代の手法によってようやく爆破が成功した。イギリス軍は長さ七・五メートル、重さ一一トンの爆弾を開発していた。戦争開始の時期だったら、これを運搬するには複数の爆撃機が必要だっただろう。C・C・コールダー率いる爆撃機軍団の第六一七飛行中隊はこの日、この「グランド・スラム」爆弾をビーレフェルトに投下した。その威力は地震を起こすほどであった。その前日ハンプシャーでテストした際には、高度四五〇〇メートルから投下した後には直径三七メートル、深さ九メートルのクレーターが残った。実際、この爆弾によるビーレフェルトの地震で高架橋の橋脚が五本はずれ、二万トンの壁が崩落した。ビーレフェルトで瓦礫が攪拌されたのは二度目だった。市内は一九四四年九月三〇日のアメリカ軍による空襲ですでに破壊されていたのだ[19]。死者は六〇〇人で、瓦礫の中での収容作業は三週間後も続いていた。

最初の爆弾は一九四〇年六月に、当時はそれが普通であったがバラバラに撒かれ、ゼンネ第二地区のヴェスターヴィンター農場にいた一人の少女を死亡させた。数日後、爆弾は複数の人間を片付けたが、その中には一六歳の少年グスタフ・シュトルテもいた。少年は飛行機を見るのが好きで、ヴィヒェルン通りにある家の洗濯室の入口で空襲を見物していて、爆弾の尖った破片で体を貫かれたのだった。ベーテル小児精神病院への爆撃はビーレフェルトに深刻な動揺を呼び起こした。寝室に爆弾が落下し、病児一二人が死亡した。施設長のフリードリヒ・フォン・ボーデルシュヴィング司祭はちょうどその当時、ナチ衛生省によって生きるに値しないとして根絶を命じられた収容児童の命を守るために戦っていたのだった。ボーデルシュヴィンクは自分の管理する病院での安楽死要請は退けたものの、爆撃機軍団を撃退することはできなかった。部隊の爆弾はもう一度命中し、看護師と子供たちを殺害した。ナチ党は華々しい葬儀を演出し、「ベーテルの子供殺し[20]」を糾弾してみせた。ビーレフェルトは、四四〇〇トンの爆弾で計一一〇八人の命を失った[21]。

ヒルデスハイムの住人は、多くのドイツ市民同様、自分の町は爆弾に当たらないと信じていた。この地の人々は敵国に対しかなり共感を持っていた。ドイツからの移民が多数、アメリカ独立戦争に参加していたし、イギリスと北西ドイツは伝統的に深い関係にあり、何と言っても、中世以来の文化都市であり世界的に誉れ高いヒルデスハイムに手出しをしようとは思わないだろう、と考えていた。しかしそのような観測は当たらなかった。アメリカ軍第八航空軍にとってヒルデスハイムはただの駅で、その周辺に町があるにすぎなかった。

一九四四年はじめ、緑野でまどろんでいるようなヘナーズム駅を低空飛行の爆撃機が攻撃し、グロースデュンゲン―デルネブルク間の線路上にあるデルネブルク操車場への機銃掃射を見て、住民は驚き呆れた。しかし市民はこれを、ドイツの戦闘機に追われた爆撃機による緊急行動と考えた。危機は迫っていた。一一月二六日の日曜日、アルテンベーケン大高架橋が攻撃を受け、迂回路となる可能性がある場所を爆破するため、アメリカ第八航空軍はヒルデスハイムに向かった。軍はこの日、爆撃機一八一八機、爆弾三〇〇〇トンという構成で大規模な空戦を戦った。主要目標は、アルテンベーケン大高架橋とシルデシェの二カ所、そしてハム、オスナブリュック、ギュータースロー、ビーレフェルト、ヘルフォルトの操車場が予備目標、その他に臨機目標が七カ所あった。ヒルデスハイムは臨機目標とされていた。旧市場の建物が数戸被弾しただけだったが、市民が最も驚いたのは爆弾というものがこんなにも威力を持っていることだった。長さ二メートル、重さ一〇〇キロの重い木の幹が旧市場から建物群を越えて、大聖堂の庭にある聖ベルンヴァルト像のすぐ前まで投げ出されたのだ。

第一三代目の司教である聖ベルンヴァルトはヒルデスハイムを築いた人物である。ザクセン貴族の生まれで、戦士であり、芸術家であり、学者であり、医者であって、一一世紀初頭にスラヴ人やノルマン人と戦い、イタリアで芸術品を集め、そこから聖遺物を持ち帰った。それはキリストの十字架の木片で、これを祭るため、彼は大天使ミヒャエルに捧げる教会を建立した。そしてそれを開く扉と、それを照らすシャンデリアと、自分をいつか収める石棺を自ら作った。棺に刻まれたラテン語の文字は聖書からの引用で、「われ知るわれを贖う者は活く　後の日に彼必ず地の上に立たん」というものである。ベルンヴァルトの後継者は聖ゴーデハルトで、彼は人の死を予見でき、彼の後継者ヘツィロが造った大聖堂の地下納骨堂に葬られている。このへツィロは教皇の廃位を宣言するハインリヒ四世の文書に署名した人物である。しかし彼は教皇グレゴリウスのため、文書上にこれを無効とする印を付けておいた。

ヒルデスハイム司教ヘツィロは非常に好戦的な男で、ゴスラーの大聖堂で手下とともにフルダの大修道院長の部下たちを虐殺した。マインツの大司教の隣に座る権利を巡ってのことであった。神聖な場所で戦うのを戦士たちがためらっているように見えたので、ヘツィロは、赦免を与えるので勇気を出して戦えとけしかけた。ヘツィロの戦士たちは自分たちの戦いを奇跡信仰の賜物と考えた。節度ある攻撃ではなく、確信に満ちた攻撃が勝利を収めるのだ、と。一四世紀のゲルハルト司教は、ブラウンシュヴァイク大公、マグデブルク司教、ハルバーシュタット司教の同盟からなる三倍もの軍勢に対抗して、ヒルデスハイム市民と農民の軍を差し向けた。ゲルハルトは自分の袖に聖遺物を入れ、この武器は一〇〇〇人の軍勢より強力だと宣言した。ヒルデスハイムの人々はそれを信じ、それゆえに勝利したのだった。

大聖堂、聖ミヒャエル教会、聖ゴーデハルト教会という、信仰に捧げられた三つの司教座教会、ヒルデスハイムの建物を縁取る木材、そして聖ベルンヴァルトによってこの地に根づいた芸術センスについて、滅亡前のこの地を訪れたリカルダ・フーフはこう記している。

世俗の裁判権がおよばない大聖堂の膝元で、また、ローマ・カトリック形式に則って営まれる暮らし――しばしば逸脱することがあるにせよ――の傍らで、ドイツ人は静穏のうちに生きてきた。ロマネスク様式の教会が象徴する形は大地との結びつきを感じさせるが、ここでは垂直な線への愛着が見られ、それは壁を、柱を、門を、窓を、上へ上へと導き、無限に向かってそびえ立たせている。この民族の最も愛する材質が木であることが、ロマネスク様式との根本的な違いである。命ある、香り立つ茶色の木、その中でゲルマンの想像力は彷徨い、彫刻刀とともに思いにふけるのである。(22)

一方、ユダヤ教会が壊された跡に建立された寺院は石造りであった。金のため、司教はユダヤ人の全資産をある女性市民に抵当として渡し、市評議会がそれを買い取ったのだった。資産をすべて強奪されたユダヤ人たちは町を去った。この寺院もその出来事を記憶し続けている。どの建物も歴史を語るように。リカルダ・フーフは三〇〇戸もの木組みの建物が時間の経過による破壊を逃れて、じつに七〇〇年も残っているのを見てこう書いた。

こうした建造物はまるで母親のように人々を住まわせ、守り、暖めるだけではない。それは人々に向かって語り、教えるのだ。それは我々に新旧約聖書の出来事を見せてくれる。そこで我々は四大元素に、季節に、ミューズたちに、さらにはいわゆる九偉人に出会う。それはヘクトール、アレクサンダー、カエサルという三人の異教徒の英雄、ダビデ、ギデオン〔イスラエル人をミディアン人の圧迫から解放した勇士〕、ユダ・マカバイ〔旧約聖書外典である『マカバイ記』に登場するユダヤの英雄〕という三人の聖書の英雄、アーサー王、カール大帝、ゴドフロワ・ド・ブイヨン〔第一回十字軍の指導者の一人〕という三人のキリスト教の英雄である。

リカルダ・フーフはヒルデスハイム逍遥の最後に至って駅周辺の様子に心を乱される。

通りを歩くと、一六三〇年から一七世紀末までに建てられたものはなく、またバロック様式で作られたわずかな建物はぶざまな有様をしていることに気づく。三〇年戦争とともに偉大な時代は終わった。新時代の醜悪な建物は、幸いなことに主に駅周辺にとどまっている……。

一九四五年二月二二日一三時三〇分、ヒルデスハイムははじめて体系的空襲を受けた。これは、二回目のアルテンベーケン高架橋爆撃の日でもある。攻撃の重点は貨物列車用駅であった。大聖堂参事会員で歴史編纂者のヘルマン・ゼーラントは記している。「築堤は攻撃でめちゃくちゃに掘り返された。土塊と角石であたりは混乱状態。燃え尽きてひっくり返った列車の鉄棒や鉄壁の残骸が剝き出しである」[23]。爆弾投下の目標は北方と南東にある鉄道施設だと思われた。「しかしそれだけではないのは確実だ」。ゼーラントは通りを数え上げるが、それは巨大な瓦礫の山でしかない。一四七三年建立のランベルティ教会は塔の胴体部と長堂の壁の残骸しか残っていない。アウグスティノ会修道女修道院附属教会、聖マクダレーナ教会の内部は全焼した。

甚大な被害を蒙ったものとしては聖ミヒャエル教会があげられる。以前修道院があった区域に落下した爆弾は、北廊と東の袖廊の大部分を破壊した。おそらくナチがここに建てたドイツ騎士団の城*を狙ったものと思われる。

数年前から、ドイツで建っているものはすべて「ドイツ騎士団の城」とみなされていた。三月二二日、爆撃機軍団が二三五の飛行機と四四六トンの爆弾で一八分間のうちにこの町を抹消した日、ヒルデスハイムもそうみなされていた。こうしてこれに続く一一日間でヴュルツブルク、ヒルデスハイム、パーダーボルンが合計五八分間で蹂躙された。

　これに先立つ一九四五年三月三日、一四日、一五日のアメリカ軍による空襲は貨物列車駅を目標にしていた。数百の車両が原形をとどめぬほどへこみ、ついでにその周辺地域もさんざん攻撃された。イギリス爆撃機軍団の方は、まだ破壊されていない都市を探し求めた。あの一八分までは、ヒルデスハイムはそうした無傷の町と言ってもよかった。その後は町の歴史的市街地では建造物の八五％が無に帰した。二月二二日には攻撃の重点は新市街に移った。しかし爆撃機軍団は得意の演目を持っており、その舞台は、全面的に木造の旧市街であった。

　埃と煙の雲に包まれて見通しがきかなかったが、ヘルマン・ゼーラントには大聖堂が赤々と燃えるのが見えた。北側廊と南袖廊が直撃弾を受けたのだ。黄金の丸天井は落ち、西側正面の上にあったマリア像は腰のあたりで真二つに折れ、上半身が墜落していた。ベルンヴァルトとヘツィロによる作品、キリストの柱像、ベルンヴァルトの扉、車輪状シャンデリアは事前に取りはずされていて難を逃れたが、爆弾は聖ゴーデハルトを追い求め、彼の眠る石棺がある地下聖堂を打ち砕いた。ドーム広場に立つベルンヴァルト像は残った。古い菩提樹の木々が吹き飛ばされ、根こそぎにされて像のまわりに倒れていた。司教館では炎が西から侵入し、東へと延焼した。神学校附属寄宿舎の壁はほとんど跡形もなく、もう誰もその「暗い門」をくぐることはできなくなった。瓦礫の山がそこを塞いでいたのである。ベルンヴァルト病院は幸運だった。南東の翼に火がついたが、消火部隊が翌日の昼まで活動を続けて火災を三階までにとどめた。患者たちは一階の薄暗い通路になだれ込み、すべてがうまくいくまで見守っていた。五トン爆弾の「トールボーイ」が中心棟を貫通し、不発のまま病院礼拝堂の向かいにある病室に落下したのだった。翌日、不発弾は信管をはずされ、男性八人によって外へ運び出された。

　ゼーラントは全壊した大聖堂食堂から走って聖アンナ墓地へ行った。町を去る前に、墓地がどうなっているか見ておきたかったのだ。「何と恐ろしく荒れ果てていたことか。皇帝、王、司教、学者たちが過去への畏敬の念のうちに安らう、かつて美しく静かだったこの場所は」[24]。昔、修道院指導部は天井の高い回廊の屋根裏を穀物置き場にしていた。その後、屋根は最も危険な場所となってしまった。ここも例外ではなかった。ゼーラントはあらゆる厄災の源、空を

＊　人里離れた地に建てられた、ナチ・エリート養成用の全寮制教育施設。

見上げた。回廊の継ぎ目の梁や角石があられのように降り注ぎ、墓地の十字架は倒れ、墓は二重の蓋で覆われることになった。以前は聖アンナ礼拝堂から大聖堂の塔が見えていた。しかしもはや、「黄金の丸天井が春の日を受けて輝くことはない！　一九四五年三月二四日」。この丸天井は、マグデブルクとハルバーシュタットの司教であるディートリヒ、アルベルト、そしてブラウンシュヴァイク公マグヌスに対する勝利を願ってゲルハルト司教が聖母マリアに捧げたものであった。今は、ブラウンシュヴァイクもハルバーシュタットもマグデブルクもヒルデスハイムも、五カ月のうちに同じ業火に飲まれる定めであった。

聖ミヒャエル教会は破壊され、廃墟と化した。高性能爆薬弾が北の地下納骨堂付近の丸天井と袖廊の迫上がり部分を吹き飛ばしたが、聖ベルンヴァルトの石棺に手出しすることはできなかった。聖ゴーデハルト教会の片隅を残して、ヒルデスハイムの木組みの家々という木製の物語詩（バラード）は「世界一美しい中央広場」もろとも地上から消え去った。美術史家ゲオルク・デヒオがドイツの木造建築の不朽の名作と賞賛した、鋭くそびえ立つ肉屋ギルド会館、クノッヘンハウアー館はゴシック様式とルネサンス様式が融合した建物であった。これはじつによく燃えた。ヒルデスハイム大聖堂はドイツで最もひどい破壊を蒙った大聖堂である。その後陣では一〇〇〇年前から伝わるバラの木が燃えてしまったが、これはその後まもなく新芽を出して人々に希望を与えた。駅を擁する人口七万二〇〇〇人のこの町が消え去ってしまったその理由は、パーダーボルン―ヒルデスハイム間を通る路線がルール地方から物資を運搬する唯一の線で、軍事的にぜひとも無力化する必要があると考えられたからだが、それに隣接する町が破壊されたのは、旧市街を破壊するための練習台とされたからである。四六日後には戦争終結によってその機会はなくなるのだから、これはいわばウィニングランである。駅は全壊し、ヒルデスハイムの死者は一七三六人に上った。

一九四五年三月三〇日の聖金曜日、アメリカ軍によるゾースト占領の七日前、SS隊員たちはヴェーヴェルスブルク城を爆破と放火で破壊しようとした。ここはかつてパーダーボルンの領主司教たちの避難所であり、ビューレン郡に属していた。ビューレンは一九三四年に年間賃貸料一マルクで砦をSSに貸していたが、売却する気はなかった。親衛隊最高指導者ハインリヒ・ヒムラーは、彼の管轄する人種局用に、しばらく前から「ヒェルスカー人〔ローマ軍を破ったゲルマンの一部族〕[25]ヘルマンの国」にある城を手に入れたいと考えていた。大金をかけて改装し、そこを指導部養成学校にした後、一九四二年から四五年にかけて拡張計画が立てられた。フン族支配時代のザクセン朝の城壁にまで遡る三角形の城の北塔の周囲に、城壁に囲まれ、谷と丘をはるかに見渡す半径六〇〇メートルの敷地が広がることになっていた(26)。ヴェーヴェルスブルクの丘陵地は、この地域でただ一つの要塞で、この村に住む一一〇〇人の住民はゾースト文化局によって他の土地に住居を与えられることになっていた。村が撤去された後は、外部から遮断された狭い地域に国民社会主義の村落共同体が新たに作られる手はずであった。この地にあった世襲領地はその共同体内で分配されることになっていた。ＳＳは一九四五年新年にこの計画を開始していたが、連合国軍の占領によってそれは阻まれた。

ハインリヒ・ヒムラーはこのヴェーヴェルスブルク城でザクセン族の妄想にふけり、長さ三五メートルの食堂で部下たちと会談したり、瞑想したりした。食堂には、彩色を施した自然石の丸天井の下に焼却施設があった。戦死した上官たちの紋章をここで燃やし、円形台座の骨壷の中に保管することになっていた。ザクセンの大地の魔力と異教の儀式を使って、ヒムラーは部下たちの戦意を固めようとしたのである。この地でＳＡ（突撃隊）はスポーツ用城ベーヴェルンゲンを、ナチ党はエアヴィッテに訓練施設を建てようとしていた。これは濠に囲まれた一七世紀の城で、その時代は国家的高揚の世紀とは言えなかったが、壁に囲まれた素朴な外観と石造りの壁は往時の雰囲気をかもし出すに十分だった。国民社会主義者たちはその中に総統の第一の命令「死せ！」を読み取った。「そして成れ！」と石の発するオーラが加わる〔ゲーテの詩句「死して成れ！」のもじり〕。石と化すなら命を捨てるのも容易となる。硬い石の中で人は命を捨て、石への崇拝で命はよみがえる。クヴェードリンブルク大聖堂の地下納骨堂でヒムラーはそう考えたのだった。ハインリヒ一世の魂がそこに戻ることはなかったが。ヒムラーは夜ごとにこの王と対話し、自分はハインリヒ一世の生まれ変わりなのではなかろうかと自問したものだった。ヒムラーは四五〇〇人のザクセン人が処刑された土地に魅了され、彼らを追悼するため、フェルデンに聖なる森を造成した。ヒムラー名づけるところの「フランクのカール」にザクセン族が屈服したこと、キリスト教的ヨーロッパ帝国思想を持つに至ったことは、ナチによれば屈服である。ナチは異教の血統と異教的本質を探し求めた。それはキリスト教支配時代には覆い隠されているが、何人かの指導者（フューラー）、中でも現在の総統（フューラー）のもとで姿を現すのだ。

要するに、ナチ党は歴史と戦略的関係を育んだのである。ナチが自分たちの気に入る歴史的場面を引き合いに出したのは、それが自分たちの目的に役立つからだった。そうして自分たちの血筋を系図に仕上げ、その完成者の位置に自らを置いた。ナチ党が表現するのは自らの専制政治ではなくその血統の歴史であった。ザクセン族になりきる仮装大会はとうに砕け散り、他の歴史的神話も消え去ったが、続くものもある。どんな世代も戦術上、歴史を自分のために利用し、自分自身の正当化に帰結する歴史以外の歴史はないに等しい。それも一つのイデオロギーである。ヒルデスハイム破壊という歴史があった。この町もヴェーザー川流域の他の町も破壊されるときまで、そこで起きた出来事をその地層の中に蓄え続けてきた。人々を、家々を、伝説を。今日でも町々はそうしたものを見せてくれる。それはときにはレプリカだが、多くは、大戦がもたらした最新の破壊による炎の層をまるで聖痕のように見せている。ヒムラーのザクセン族崇拝もまた、一つの事実であると同時にヒムラーの役に立つ歴史であった。いくつもの都市が破壊されたことは、ヒムラーとその一派の力を殺ぐ役割を果たした。彼らは村々を、歴史を、人々を、全ドイツとヨーロッパを人質に取っていた。当時のドイツも同じことをしていた。暴力的に、合意のもとであるいは恫喝によって、無関心や無気力をいいことにドイツは他国を人質に取った。別のドイツ史とは「もし……だったら……だったのに」という仮定法でしかない。

仮定法の一つは、火炎爆撃は不必要だったのではないか、というものである。ヒルデスハイムは駅があったばかりに滅亡しなくてはならなかったのだろうか。それが理由だったのか、そもそも理由などあったのか。意思を固め憤怒にかられた放火者は、どんな犠牲を払っても勝利したかったのだろうか。そしてこれが彼らが勝つための対価だったのか。これが勝利のための試みであったことは間違いない。もしも連合国軍の歴史がこれを悲劇として描かないとしたら、ドイツの歴史もそれを同様に描かなくてはならないのだろうか。まだそういう事態にはなっていないが、歴史の地層に残るこの炎の層をドイツ人が意識するに至ったら、そのときも、勝利と悲劇を同一視する歴史観は続くのだろうか。災の地層には名前が与えられていない。

ゲーテのように歴史の戦術的利用を嘆いてみても、それは虚しい。そのように歴史を利用する者は活動的主体でありそれゆえに主観的である。また大火災の歴史のように、誰も利用しようとしない歴史もある。しかし、それもまた、しないという主観的判断である。二世代にわたる人々がこうしたことに嫌悪を感じたので、こんなにも長い時間が経過してしまった。そういう時代だったのだ。しかし時代は変わるのであり、過去を利用する方法も変化する。

ゾーストは、縦五〇〇〇メートル横三〇〇〇メートルの大規模な操車場で、そのまわりは二万三〇〇〇人の人口を有する小都市であった。二〇〇〇人のフランス人司令官がとらえられているマイニンガー通りの司令官収容所には、フランス人鉄道員の一群もいて、彼らは余暇に剪断機で缶詰の缶を切り出し、機関車や列車や線路やポイントを作っていた。そしてフランス鉄道の時刻表のサンプルや宣伝用ポスターとともに作品を展示して、ゾースト駅の幹部たちを招待した。将軍の一人が入口で駅長に挨拶し、司令官数人が案内した。フランス製機関車の牽引部分が出来上がっていて、フランス人捕虜たちはフランス鉄道の安全システムのデモンストレーションを行いながら、いくぶん誇らしげであった。ゾーストの鉄道局はフランス鉄道関係者の技術と知識に深い感銘を受け、現状で許される以上にその念を示そうとした。鉄道と鉄道員は国境を越える存在なのだ。鉄道についての非常に深い知識は、線路と鉄道施設を専門とする爆撃にもよく現れていた。鉄道攻撃の専門知識は、工業目標攻撃の知識よりはるかに優れていた。一九四四年一二月四日と五日、ゾースト操車場は完全に破壊された。二五〇人が命を失い、その中には機関車予備運転士、貨物倉庫の労働者、列車の注油担当者、東部占領地から連行されて積み替えホールで掃除婦として働いていた女性労働者たちもいた。

一二月五日、ゾーストの人々は翌日の聖ニコラウスの祝日の準備をしていたが、外の線路上では人々が休みなく働いていた。修理部隊が輸送を再開させようとしていたのだ。二〇時五五分、空襲警報が鳴り、三八五機のハリファックスと一〇〇機のランカスターが八〇個の航空機雷、一〇〇〇個の炸裂弾、無数の焼夷弾を搭載して飛来した。線路保護のために専用の高射砲が据えられていて、駅員が常に二四名配置されていた。砲兵中隊はオストホーフェン墓地の背後、盲人施設、シュヴァルツァー通りに配置されていたが、その砲弾が命中したのはハリファックス二機だけだった。防空室から出た駅員たちを待っていたのは、恐怖の光景そのものだった。駅全体が燃え上がっていた。積み替えホール、急行貨物窓口、貨物列車停車場が一つの火の海と化した。

爆撃機が再度やって来ることは予想されていた。駅員は物資輸送を再開するに決まっているからだ。大空襲後の数日間、何千人もの救援隊が駅で撤去作業をしていた。作業に当たったのは、ゾースト駅員、他の町から来た駅員、強制収容所囚人を連れたSSの建築工事用小隊であった。戦時中、ドイツ帝国鉄道はしばしば「国防軍の第四軍」と呼ばれた。駅は戦線だったのだ。警報で住民が防空壕に入っても駅員は外で耐えなければならなかった。まだ列車が線路上を走っているからだ。それを駅に入れることができるか、あるいは迂回路を通らせるか、それとも標的として線路に放置するべきか。一二月五日の犠牲者の中には、空襲直前にザッセンドルフを発車したパーダーボルン方面からの夜行列車に乗っていた乗客もいた。この乗換駅で、列車は爆弾の嵐に入ってしまったのだった。死んだのはボイラーマン、パーダーボルン駅の女性車掌二名、旅客五名であった。重軽傷者は構内に集められた。外国人労働者たちの行方は杳として不明であった。おそらく防空壕に入ることを禁じられたので、避難できなかったのであろう。彼らは爆弾の降る野外へ出ていった。その先にあったのが自由か死かは、誰にも分からない。

一九四五年には駅を目標にして一四回空襲があった。五回は大規模なもので、その際、町の半分が破壊された。三月二八日、戦闘爆撃機は終日、駅舎と到着する列車を集中攻撃し、ハム方面から来てシェンデラー通りの向かいで駅進入を待っていた列車も狙われた。パーダーボルンのゼンネラーガー練兵場で訓練を受ける予定だった一六歳の生徒たちで列車は満員だった。戦闘爆撃機は低空から列車を正確に狙うことができた。死者と重傷者四〇名が列車から引き出され、死者は聖パトロクリ教会に安置され、負傷者は野戦病院用車両が到着する前に近辺の住民からシーツやタオルで応急処置を受けた。ヒトラー少年団の団員、母親と幼児たちも同じ運命の犠牲となった。駅に入る直前に、彼らの列車が砂糖工場の近くで爆撃を受けたのだった。一〇八人の旅客のうち三二人が死亡、七六人が負傷した。その中にはルール地方から疎開してゾースト郡に向かっていた子供たちも大勢いた。ここはドルトムントとボッフムの学童二万五〇〇〇人の疎開先に指定されていたのである。

ゾーストは六二％が破壊され、四四六人が命を失った。そのうち六四人は外国人だった。地上ブンカーが三カ所あり、防空体制は十分と言えた。ブンカー建設時に、ゴシック様式の領主館とロマネスク様式の建物をつなぐ建物の基礎部分と、一二世紀末の柱頭が発見された。町の崩壊後、フランス軍司令官らはゾーストに関する書籍と図版を探し求めた。ここはオットー大帝時代の最初の要塞都市で、一五世紀半ばには国際交易によってヴェストファーレン地方で最も重要な都市となったからだ。フランス人は司令官用収容所から四年間、塔の一群しか見ることができずにいた。一二世紀にロマネスク様式で建設された、丸天井を持つ名高いバジリカの聖パトロクリ教会、ロマネスク様式の聖ペトリ教会、後期ゴシックの主要建築であるヴィーゼンの聖マリア教会の屋根である。今、彼らはこうしたものの全体像を手に入れ、故国に持ち帰りたいと切望していた。パリのソルボンヌ大学教授職にある司令官は、避難民と東部からの労働者が市庁舎書庫にある本を全部焼いてしまうのではないかと心配した。まだ寒かったので、書棚が薪にされてしまっており、次は本の番だった。

ゾーストは一四四七年、ケルン大司教によって包囲されたが生き延びた。いわゆるゾーストの戦いである。ケルンと敵対関係にあるハンザ都市やヴェストファーレンの諸都市と同盟を結ぶことで、ゾーストはこれを切り抜けたのだった。皇帝権の失墜により、一四、一五世紀は領土争いが続いてドイツは次々と互いに滅ぼし合い、ゾーストの戦いはミュンスター司教区の宿恨を引き起こした。これは権力拡大を図るケルン司教、ディートリヒ・フォン・メーアスとの確執である。ファルラーの戦いでミュンスターは破滅の淵にまで追い込まれた。もっとも、この町の歴史の大部分は破滅の縁で演じられていたのであるが。反抗的なハインリヒ獅子公の祖父に当たるザクセンのロタール三世は一一二一年、ミュンスターの大聖堂がある城砦に火を放ち、付近一帯を燃やした。発火の状況は不明とされたが、それは火災の軍事的利点の一つである。火災は発生したとしか言えない。一三五〇年、ペストが流行し、その結果ユダヤ人が町を追放されたが効果はなく、一三八三年にペストは舞い戻ってきた。その前年、町は戦争によるものではない大火で十分苦しめられていた。一一九七年の前回の大火災以来、当時のミュンスターは商業活動によってハンザ都市内で繁栄を誇っていたのだった。とくにイギリスとの交易は利益が大きく、大司教は通貨同盟まで結成し、イギリスのスターリング貨幣に倣って貨幣を鋳造した。

宗教改革によってミュンスターは一五三四年、再洗礼派の奇怪な恐怖政治の支配下に置かれた。再洗礼派の「新しいシオン」は一六カ月の包囲の後、カトリック教徒によって打倒され、強硬なプロテスタント民衆は旧来の信仰にむりやり引き戻された。再洗礼派に荒らされた教会や修道院は、人々に壮麗で装飾的な「黄金の世紀」への欲求を呼び覚ました。それは例えば、めまいがするほど美しい、一四世紀のゴシック様式のファッサードを持つ市庁舎の内部のように、ハンザ同盟時代のプリンツィパル市場に展開した。このファッサードも、プリンツィパル市場周辺の黄金のような作品群も、連合国軍の爆撃による炎の洗礼で壊滅した。一九四三年一〇月一〇日に行われたアメリカ軍による攻撃の目標地点は、二本のロマネスク様式の塔のあいだにある、美しい金銀線細工を施した大聖堂西側正面だった。

「私はミュンスター作戦時、第九五爆撃航空群の航法士だった」、とエリス・B・スクリプチャは記している。その記録はこう続く。

皆で土曜日の夜を楽しんでいると、二二時頃非常呼集がかかった。出撃命令はテレックスで送られた。この戦争中ではじめて民間人が我々の爆撃の第一目標になっていること、それから目標地点がミュンスター大聖堂の門であることを知って、私は動顛した。とても気が進まなかった。事実、私は気分が悪くなってしまった。私はガーハート大佐のところへ行き、この特殊な任務は自分には遂行できそうにないと言い、その理由を説明した。大佐の反応は、（後で考えるに）職業軍人が、また非常に優秀な司令官が言いそうなまさにその言葉だった。「いいか、中尉。これが戦争、せ・ん・そ・う、というものだ。我々は総力戦を戦っているんだぞ。ドイツ人は何年間もヨーロッパで罪もない人々を殺し続けている。我々の役目はやつらを叩き潰すことだ。それをこれからやるんだ。今、私はこの任務の指揮を執る。そして君は私直属の航法士だ。君がこの任務を先導するのだ！……質問はあるか？」私は答えた。「ありません。大佐」。そうしてこの一件は片付いたのだった。[27]

一発目の爆弾は正確に西側クロッシング〔大聖堂の十字形教会堂の四つの腕が交差する部分〕の丸天井に落ちた。

一〇月一〇日、ミュンスターではマリア母性の祭日が祝われ、午後には信者たちが秋の日光のもと、青緑色の塔に向かって行進していた。それは日曜日で、主祭壇には蝋燭が灯っていた。一四時五五分、大聖堂参事会員たちが内陣に着席しようとしたまさにそのとき、警報が鳴った。ミュンスター市民は、一九四一年七月にあった四回の大空襲に耐えたブンカーをこのときも頼りにし、大聖堂からはすぐに人がいなくなった。大聖堂参事会員エメリヒは祈りを捧げながら北側の側翼に残り、残った信者は北塔に集まった。そこから階段を上がると尖塔に、降りると宝物殿に通じている。宝物殿横の洗礼室は安全だった。爆撃機のエンジン音が響き、最初の対空砲火の発射音が聞こえると、大聖堂の用務係と管理人は宝物殿の屋根に登り、他の人々は螺旋階段を通って七〇〇年前に造られた石の塔に逃げた。一瞬、エンジンの轟音が爆発音でかき消された。それは音というよりは振動で、耳に栓がはまったように感じられた。天球のごとく堅固な壁もヘラクレスのごとき柱も揺らぎ、爆弾の破片は宝物殿の鉄製扉を貫通し、爆風で扉の蝶番がはずれた。クロッシングと袖廊の丸天井は壊れ、それはまるで山が崩れ落ちるようであった。

塔と宝物殿に逃げた人々は巻き上がる埃で息が詰まりそうになった。助任司祭ライヴェリングは総赦免の祈りを与えた。塔のさらに奥へと逃げようとした人々は三発目の爆弾の只中に入り込むことになった。用務係の息子で防空助手の、一六歳のアントニウス・ゲルハルトのこめかみに石塊が当たり、彼は倒れて動かなかった。用務係夫人は爆風で息ができなくなり、夫は大声で助けを呼んだ。塔にいたライヴェリングはその声を聞いて瀕死の少年のもとに駆けつけ、両親とともに死にゆく者への祈りを捧げた。その後全員が改めて塔と宝物殿に逃げた。爆撃の第三波の到来を告げる音が聞こえていたからである。

二〇分後、アメリカ第八航空軍は去り、「ミュンスターの獅子」と呼ばれるフォン・ガーレン伯爵クレメンス・アウグスト司教が現れた。この称号は一九四一年に行われた一連の説教に由来する。その中で彼はナチの安楽死計画を「明白な殺人」と誹謗したのだった。司教は一九四一年八月三日に説教壇で公然とこの言葉を口にし、刑法二一一条に従って告発する、と言った。第三帝国の他の誰もこうしたことを口にする勇気はなかった。おそらくこうした発言はミュンスター司教にだけ可能だった。彼のような立場の人間を拘束することはヒトラーにもできなかったが、ヒトラーは戦争が済んだら報復すると断言した。

ガーレン司教は、高性能爆薬弾で傷ついた大聖堂を見た。北塔の銅板屋根は消え、その外壁はガタガタになっていた。洗礼盤、ピエタ像、福音史家像、説教壇、祭壇、壁の浮き彫りが損傷を受けていた。西クロッシングには丸天井の石材、壁の塊、梁が山積していた。二発目の爆弾は隣の左側廊で爆発したので、北塔と宝物殿に逃げた人々は生き残ることができたのだった。屋根が消えた北塔からは煙が立ち上っていた。南塔と旧内陣の小屋組みでも火が燃えていた。小型消火器と水を手にして火に向かった人は、瓦礫の山に阻まれ消防隊に助けを求めたが、ミヒャエリス広場とロッゲン市場に火災が起きていたので到着が遅れた。午後遅くなった頃、北塔の火災は一見おさまったかのように見えた。しかし屋根が消えた塔は暖炉と化し、夕方には立ち上る炎が空に赤々と映えた。熱のため、塔の礼拝堂の鉄製扉は燃える梁もろとも落ちてしまった。梁はクロッシングの瓦礫の山に落ち、そこに火がついた。宝物殿の小窓も空気を吸い込み、宝物は危機に晒された。

金、銀、宝石製のミサ用具が洗濯籠に入れて運び出されるあいだに西風が吹き、火勢がいっそう強まった。旧内陣の小屋組みの火もまた息を吹き返した。司教はドーム広場のポンプで必死の作業をしていた消防隊に駆け寄って、大聖堂に水を向けてくれと頼んだ。今ならまだ間に合うから、と。消防隊員は、自分たちにはそのようなことをする権限はなく、それを決めるのは隊長なのです、と恭しく返答した。ガーレンはドーム小路をさらに進んだが、そこで汲み上げられた水はすべてロッゲン広場に送られていた。今や北塔は松明と化し、旧内陣の小屋組みと火勢を競い、西風がそれを煽っていた。先ほどの作業を終えていたドーム小路の隊員たちはホースを巻き上げ、それを西袖廊の中に入れた。時刻は二一時三〇分で、航法士エリス・スクリプチャが気の進まぬまま、しかし正確に爆弾をこの場所の上空に誘導してから六時間半後のことであった。

二つの火元が屋根の消えた身廊に火の雨を降らせていた。何世紀にもわたってじっとその重さに耐えていた、ヴェストファーレン産オークの露出梁に火がついた。司教は消防隊に、北塔の消火は諦めて水勢を全部、旧内陣の小屋組みに当てるように頼んだ。身廊への飛び火だけは避けなくてはならなかった。半時間後、消防隊は、この装備では大聖堂の宿命をもはや阻むことはできないことを悟った。そしてホースを引き上げ、まだ救える見込みのある司教館の側翼へと進んだ。

二三時、身廊の小屋組みに火がついた。風に乗って炎はすっかり乾燥した梁材を舐めた。丸天井は崩壊するだろう。もつはずがない。その前に持ち出せるものは持ち出さなくてはならない。大聖堂の用務係と二人の助手が主祭壇の扉をはずし、シャンデリア、キリスト磔像、ベルデンスニーダー作の十字架、ペスト記念十字架を外へ出した。

ミュールハイムから消防隊が到着した。彼らは精力的だったものの、ドーム広場の防火池はカラになっていた。大聖堂からは炎の海が近づいていた。深夜二時頃、ミュンスターの獅子ガーレン司教は燃える大聖堂へと入っていった。彼はそこに立ち、用務係に感謝を述べ、立ち去った。

最後に主がそこを去った。助任司祭のホリングは聖櫃から至聖物を取り出し、それを自分の住居の地下室に置いた。マウリッツ郊外の監視部隊の丘にいた高射砲助手の少年たちは、教会の燃える塔が赤い空に映えるのを見た。「大勢の仲間はこの恐怖のパノラマを見て凍りついていました」。住人たちはブンカーに逃げ込んでガーハート大佐の裁きから逃れようとした。主婦のA・Bが一五時ちょうど発のテルクテ行き列車に乗ろうとしていたとき、隣のホームで最初の爆弾が炸裂した。

ブンカーに入る前から、重い爆弾がどんどん落ちてきました。私たちはちょっとずつしか進めなくて、死ぬほど恐ろしい思いをしました。私は妊娠中だったので、壕の中で場所を空けてもらえました。爆弾に狙われた人々が叫びながら入ってきました。自分で歩いてくる人も、担架に乗せられた人もいました。隣で倒れた女の人を見ると、その背中は爆弾の破片だらけでした。あたりは真っ暗で、その時間は永遠にも思えました(28)。

東部戦線からフランスに向かう途中だった国防軍兵士、ゲルハルト・リングベックも大勢の人々と同様、駅のブンカーが満員だったので入れず、ドイツ帝国鉄道の司令部の地下室に潜り込んだ。「その後起きたことは、ロシア戦線でも経験したことがないような地獄絵でした。崩れ落ち、燃える建物の下に閉じ込められて叫ぶ人々の声で、まわりはいっぱいでした(29)」。

四時間後、一九時頃になってA・Bはブンカーを出た。「駅の前に出たときのことです。あの光景はとても言い表せません！　路上に大量の死体があって、新聞紙で覆われていたのです。それを避けて歩かなければなりませんでした……」。死者と生存者を確定するのに丸一日かかった。天気が良かったので多くの人が遠出していて、空襲時に人々がどこにいたか定かでなかったのだ。ある兵士の隣では、壁が爆風で倒れた。その傍らに通行人がいたのを彼は見ていた。他の人は誰もそんなところに人がいるとは思わなかったし、そこの瓦礫の下を探そうともしなかった。壁の前で二人が吹き飛ばされた瞬間から、この兵士だけがその通行人の男の行方を知ることとなった。もう一人いる、と兵士は言い続け、そこで壁を持ち上げてみたところ、その通行人が発見されたのだった。

若い防空助手は空襲の翌日、被害を見に出かけた。今でも、市庁舎横のグロイト小路に置かれた車の荷台に死体が山と積まれた様子がはっきり目に浮かぶ。さらに多くの死者が舗道から集められて積まれていた。マリーエン広場では瓦礫の中に頭部のない男性の死体があった。町には火の臭いが立ち込めていた。私は呆然として、一人で高射砲台に戻った。誰とも話したくなかったのだ(30)。

日記に彼はこう書いている。「この先、どうなるのだろう。こんなことをして、何の罰も受けないのだろうか？」同じことを、ガーハート大佐も航法士スクリプチャに問うたことがあった。

高射砲助手から罰を受けて撃墜されたパイロットと、歩いていてパイロットから罰を受けた人間は、司教座のあるこの町で並んで棺に収められ、中央墓地の広間に横たえられた。一〇月一〇日の空襲は四七三人の民間人と二〇〇人の兵士の命を奪った。他には三四八人のオランダ人の死者もいる。第三〇五爆撃航空群はミュンスターを通り過ぎてオランダの都市エンスヘーデに行き、そこを数年前からヨーロッパ中で罪なき人々を殺している連中の住むドイツの町と勘違いし、自分たちの爆弾は絶対に間違った相手には当たらないと決めたのだった。

一九四三年にミュンスターは四九回爆撃された。終戦までにさらに五三回の空襲が加わった。最も被害がひどかったのは一九四四年九月三〇日と一〇月二二日である。この二つは合計五〇〇〇個の高性能爆薬弾と二〇万個の焼夷弾を、人口六万六〇〇〇人のこの町に落とした。九月三〇日には、大聖堂の西側正面が再び目標になった。直撃弾によって厚さ一メートルの壁が粉砕され、西門は崩壊した。一一月一八日の空襲はミュンスターラント一帯を標的にした。テルクテには二個のブロックバスター弾と五〇〇個の高性能爆薬弾が落下し、そのいくつかは一五〇人の精神病患者を収容していた聖ロフス病院を破壊した。ミュンスターでは爆撃で一二九四人が亡くなり、歴史的旧市街の九〇パーセントが失われた。一階部分がアーケードになったプリンツィパル市場は、一〇月二八日に壊滅した。六〇〇年の歴史を持つ市庁舎に火がついたとき、多くのミュンスター市民は、この町を今までに襲ったすべての災いの化身を見る思いであった。

ドイツ都市の世界大戦年表には常に「暗黒の日」がつきまとっている。ミュンスターの暗黒の日は一九四三年一〇月一〇日である。ハノーファーの場合はその前夜である。一〇月八日夜、歴史ある街ハノーファーを燃やしたイギリスの五〇五機の飛行機の中には、二六機のウェリントンもあった。これはウェリントン公アーサー・ウェルズリーに因んで命名された飛行機である。彼は、イギリス王であると同時にハノーファー王でもあったジョージ四世の命を受け、プロイセンの将軍ブリュッヒャーと協力してワーテルロー近郊でナポレオンを打ち破った軍人である。イギリスとハノーファー王家は一二三年間にわたって個人的同盟を結んできた。一八三七年にジョージ四世の姪の一人がその王位を継いだが、女性だからという理由でハノーファー王位の継承権を拒まれることがなかったら、この同盟は存続したことだろう。この女王がヴィクトリア女王で、それ以来ハノーファーとイギリスは分離した。

ハノーファーの親イギリス政策はナポレオンの怒りを買い、ナポレオンはドイツ征服後、ヴェストファーレン王国にハノーファーを割譲した。ヴェストファーレンは、カッセルに拠点を置いていたナポレオンの弟ジェロームによって一八〇七年以降統治されていたが、それはライン東岸のゲルマニアの地を模範的かつ時代に即して支配するという試みであった。イギリス王室とハノーファー王家は、一二世紀にザクセン大公領を相続したヴェルフ家*の出自である。ハインリヒ獅子公の慧眼と気性の激しさの幾分かがハノーファー王家にも受け継がれていたのだろう。ともかく、皇帝ハインリヒ六世はそう考えた。彼は獅子公への復讐の念からここを灰にしたのだった。** この時代以降、ハノーファーは「自由都市」と名乗ることを許された。ヴェルフ家の矜持はプロイセンとそりが合わず、ハノーファー王国はプロイセンを中心としたドイツ帝国創設に抵抗し、普墺戦争ではオーストリアのハプスブルク家の側についた。それにはハノーファーなりの理由があった。ビスマルクによってハノーファーがプロイセンに併合された後、ここは以前ザクセン地方が担っていた、ライン地方への陸橋という役目を負った。一八七〇年から七一年にかけて新たに発生した東西軸上の激震、普仏戦争においてその軍事的重要さは明らかになった。ハノーファー市民はいやいやプロイセン軍として進軍したが、じつはナポレオン三世に共感を抱いていたのだ。ハノーファーはビスマルクのドイツ第二帝国に抵抗し、第三帝国時代にも、ヴェルフ家的保守主義の市長アルトゥール・メンゲは南ハノーファー・ブラウンシュヴァイク大管区(ガウ)による支配に反抗的態度を示した。

こうしたことはすべて、ハノーファーの破壊と何の関係もない。それは破壊されたものと関係しているだけである。爆撃機軍団にとってハノーファーは三重に重要だった。第一にハノーファーはドイツで五番目に重要な工業地帯だった。ここにはタイヤメーカーのコンチネンタル社とエンジンメーカーのハノマーク社、それにドイラーク・ネラーク石油精製施設があり、戦車、大砲、航空機部品もそこで製造されていた。第二にハノーファーは南北と東西の十字路に位置していた。第三にここは四七万二〇〇〇人の人口を抱える都市であった。つまり世界戦争で破壊される条件を三重に満たしており、ハノーファーは三重に破壊されなくてはならなかった。ここは一二五回の空襲で六七八二人の命を失い、三〇万人以上が焼け出され、「暗黒の日」には旧市街の八五%が焼け一二〇〇人が死んだ。これほど重要な土地の相貌をこれほどまでに爆撃戦争が損なったことはなかった。一九五三年に出た市の刊行物には次のようにある。「町の相貌は永遠に蹂躙された(31)」。当時、町はまだそこにあるにはあったが、もはや住める状態ではなかった、と一九八三年に市長は書いている(32)。戦前と戦後にハノーファーと呼ばれた二つの町は、名前とその位置以外には共通のものを持たない。一九四四年初頭、市の行政当局はこの町

* 八世紀以来のドイツの王族。一一世紀に男系は絶えたが、のちにブラウンシュヴァイクとハノーファーで王家として存続した。

** ハインリヒ六世の父、フリードリヒ一世は獅子公にイタリア遠征の応援を依頼したが断られ、その結果彼はイタリアを支配することができなかった。

の再建をきっぱり諦め、ダイスター丘陵地の麓に新たな町を造ることを構想していた。交通路は地下に設置し、居住地域は緑に囲まれた郊外に分散させ、中心部にブンカー様の防空高層建築を作るという構想である。

　ハノーファーで一〇一人の死者を出した一九四一年二月一〇日の六時間にわたる大空襲の後、半年間は平穏が続いたので、イギリス王家との同盟の歴史もあるし、これで空襲は打ち切りになるだろうと市民は考えていた。その間イギリス空軍は、一九四三年の目標を地名リスト上に二つの文字で書き入れていた。それは「I／R」、すなわち、「工業(インダストリアル)／ゴム(ラバー)」である。パイロットたちはそれを正しく読み取った。彼らが攻撃するものは決して工業やゴム製造業者ではない。攻撃するべきは都市である。なぜなら都市がゴムや工業製品を生産するのである。出撃報告書には、九月二三日と二八日の攻撃はこの町を最初は南部、次に北部で「取り囲んだ」と記入してある(33)。周辺部を炎上させてから、そのあいだにある中心地が完全に破壊されたとの意味である。

　一九四三年秋にハノーファーを含む諸都市上空にトン単位で撒かれた奇妙なビラ「ドイツ工業地域の市民に告ぐ(34)」の中でチャーチルは、一九四二年五月一〇日の爆撃戦争開始時に行った呼びかけにもう一度触れている。兵器関連物資を生産している都市の市民は避難するべきであった。しかしドイツ政府は、それでも工業都市住民の疎開を行っていないではないか。それにドイツ政府は「夏の短い夜にでもイギリスから到達可能な西部・北部ドイツの、さほど広くない地域さえ防衛できてはいない」。秋になって夜が長くなれば、毎週でもその一〇〇キロ先まで飛行できるのだ。「ドイツの全工業地域は無防備である。ドイツの戦争機械を生産する工業を抹殺することを我々は断固決意しているし、我々にはこの決意を貫徹する手段もある」。戦争関連工業が存続している限り、「ドイツの工業都市はすべて戦争の舞台である。ここにとどまる民間人は皆、無許可で戦場に立ち入る民間人同様、命を失う危険に身を晒す。女性と子供について言えば、この者たちは戦場に用などないはずである」。こうビラは述べていた。ビラには、ハノーファー王家のものでもあったイギリス王家の紋章がこれ見よがしに描かれていた。それにもかかわらず、住民たちはそれに従わなかった。ドイツの都市部に住む三〇〇〇万の人々が荷物をまとめ、よそへ引っ越すことができなかったのと同様である。どこへ行けというのだろうか？

　抵抗心と、町への愛着と、生き残りたいという意思が入り混じった態度が、破壊前夜のハノーファーに広がっていたことが報告されている。一九四三年一〇月八日、この週末は秋晴れに恵まれるだろうと予想されていた。作家のオイゲン・ロートはミュンヘン行きの列車に乗り換えるため中央駅におり、そこに無意味な焦燥感が漂っているのを感じていた。

あらゆる種類の人々でいっぱいである。彼らは出会い、ぶつかり合い、一方は他方が後にした土地へ行こうと必死になっている。はちきれそうな袋を大事に守る買い出しの人々、商用旅行の人々、武器と重い荷物を担いだ兵隊、喧騒の中を捜索する憲兵、そして突然、傍らを一組の逃亡兵たちが、互いに手を縛られて連行される。(35)

一時間後、ロートは赤と緑のマーカー弾が投下される様子を列車から見ることになる。零時半に爆弾が駅に落ち、人々は絡まり合いながら駅のブンカーに入る。そこには八〇〇〇人もの人々がいた。赤十字の女性たちが人々の列のあいだを懐中電灯で照らし、煙にやられたり、心臓発作を起こしたり、失神した人々の手当てをしていた。

この町にマーカー弾を落としたパスファインダー第一五六飛行中隊は、目標「工業／ゴム」を探した方法を出撃報告書にこう書いている。「目標ハノーファーは中央駅と他の目立つ建物によって目視できた。零時二七分に、中央駅は高度約一万九〇〇〇フィートから爆撃された。マーカー弾は非常にうまく目標を示しているようだった」(36)。第四四飛行中隊のランカスター機はもっと容易に「工業／ゴム」を発見できた。「目標は火災によって認識できた」からである。「工業／ゴム」は「南北に約七マイル、東西に約三マイル焼けた」。

地上ではハノーファー市民が、一九四一年の方法でこの一九四三年の爆撃による火災を阻止しようとしていた。彼らはこの年月のあいだにあまり学んでおらず、燃えるカーテンを引きちぎり、火のついたソファーを窓から放り出し、焼夷弾に砂袋を投げつけた。しかし新たな攻撃手段は地下室で効果を発揮し、そこでは漬物瓶が沸騰し始めた。地上で燃える建物の熱を壁が吸収する前に、中の人は濡れた布を巻いて上にあがり、野外に出なくてはならなかった。蒸し焼きになった地下に閉じ込められた五〇〇〇人の人々が、国防軍部隊によって収容された。

生と死の交差する十字路があったが、それを見定めることはできなかった。ゲオルク通り八番地とベルク通り八番地には二つの職人用住宅があり、その防空室に一〇〇人の職人たちがぎっしり座っていた。市の宿営課には次のような報告がある。「この防空室では空気があまりに熱くなった。摂氏八五度はあったに違いない。外で救出を待つため地下を出ることになった。しかし、周辺の通りは火の海だった[37]」。職人のうち五一人は歩き続けることを、四九人は引き返すことを決めた。「死んでしまった者たちは」――それは四九人のことだ――「助かるためのたった一つの道を選ぶ勇気がなく、おそらく地下室に引き返し、そこで熱と煙のため窒息したのであろう」。

火災嵐の発生をうかがわせる記録もある。気象柱の温度計は夜間に摂氏一〇度から三五度への気温上昇があったことを示している。早朝六時まで気温はそのままで、九時頃に前日の日中の気温、二〇度に下がっている。通りのアスファルトには崩壊した切妻屋根のファッサードの跡が残っていた。繊細な装飾を施した植物模様の最後の名残であった。

シュテファンス広場とカール・ペータース広場では、生き残ったことを喜んで見知らぬ者同士が抱き合った。皆、マッシュ湖とライネ川を目指して助かったのだった。そこで何万もの人々が朝焼けの鈍い光を迎えた。被害を測定するためにすでに発進していたイギリスの偵察機乗員には何も見えなかった。煙と靄が町を包んでいたからである。しかもそれは、さらに三日間続いたと驚嘆の念とともに報告されている。それは通常よりも二日長い。ここまで正確に目標を集中的に狙った攻撃はこれまで見たことがない、と爆撃機軍団の報告書は述べる。「一〇月八日から九日にかけての夜、ハノーファー中心部の約二平方マイルは完全に破壊された[38]」。

警察長官の報告によると、「工業／ゴム」に対する破壊は爆撃機軍団の主張の三倍で、中心部の一〇平方キロに上る。二八の病院のうち、ノルトシュタット病院、聖ヨーゼフ病院、聖アンナ病院の三つはまだ使用可能であった。消防隊はまったく役に立たなかった。指揮系統が中央に集中しすぎ、柔軟性を欠いていたため、消火部隊は動けなかった。指示がないので、隊員は行動をためらった。国防軍防空指揮官はこう嘆く。「消防車オペレーターはこうした場合、自主的に行動できなくてはならない。あたり一帯が燃えているというのに、何百台という消防車が何時間ものあいだ、出動さえせずに、ハノーファーに入る通りを遮断しながら何もしないで停車しているのだ[39]」。

朝焼けの中、ニーダーザクセン郷土連盟のヴァルター・ランペは自転車に乗って、何が残ったか見に行こうとしたが、線路は掘り起こされ、架線や街灯は引き倒され、建物の蛇腹状装飾が崩れ落ちているので前に進むことができなかった。

一群の人々がやって来るのに出会いました。乳母車や荷車を引いてやって来た人たちです。顔面蒼白、混乱して悲痛な表情で、煙と炎で真っ黒な髪は乱れ、やっと持ち出した全財産を引きずっていました。ボロボロの身なりの人もいましたが、正装した人たちもいました。いちばん高価なコート、つまり毛皮のコートだけを持ち出した女の人たちです。トランク、木箱、箱を抱えた人たちはまるで漂泊民のようでした。[40]

ランペは完全に荒野と化したフンボルト通りを自転車を押していき、ダッヘンハウゼン通りにフリーデリケ教会附属病院がまだ建っているのを見た。「でも、その通りの二番地にあった、ゲオルク・ルートヴィヒ・フリードリヒ・ラーヴェス〔一九世紀前半、ハノーファーで活躍した建築家〕設計による美しい建物は一部しか残っていませんでした。周囲にあった木組みの建物も、歴史的に比類のない調度品を具えた古く美しいシュロス薬局もヒルシュ薬局も、すべて同様でした」。
昼になった。くすぶる煙の刺すような臭いが荒野の上を漂っていた。

心臓が石のように重くなり始めました。破壊の途方もなさがだんだんと分かってきたからです。まだ全体的な様子は分かりませんでした。私が見たのは、市庁舎の向かいにあった木組みの家々がすでになく、エギディエン教会は全焼し、エギディエン門広場まであたりは全部吹き飛ばされたようになっていることでした。ロックマー・ホーフも同様でした。私は急いでゲオルク広場のヴィルヘルム・ブッシュ館まで行きました。そこも空襲の夜がすっかり手を下した後でした。すっかり廃墟になってしまい、残された壁が燃えていました。私はこの校舎が大好きだったのです。どこもかしこも燃えて赤い火が見えていました。死んだものの上に漂うこの煙を我々はまさしく味わい尽くしました。こう言う他ありませんでした。「あれも、これも、なくなってしまった！」私は帰り道、愛する人の棺を見るように町の方を振り返ったのです。

ハノーファーは、渋みある統一と装飾のない真面目な雰囲気に溢れ、独特さの際立った比類ない町であった。ゴシック様式の煉瓦、大都市特有の知的で市民風の木組みの家々、宮廷風バロック様式の華やかな砂岩と中世風の堂々たる威容が、厳格な形式の中で一体となっていた。旧市庁舎、ライプニッツ館、クノッヘンハウアー通り、両開きのヨーロッパ式窓を持つヴェルフ王家の町は消滅し、旧大陸の燃えた大地の一角と化した。
爆撃機軍団はこれもハノーファーの悪しき行いの償いとみなした。

機械製造業とゴム工業で戦争に重要な貢献をしたことにとどまらず、オーストリア人のヒトラーがドイツ市民権を獲得できたのは他ならぬハノーファーの責任である。その後有力になるかも知れない政治家から利益を得るため、ハノーファー大学はヒトラーに名誉教授の称号を付与した。これによって自動的に、ヒトラーは熱望していたドイツ市民権を獲得した。今、大学とハノーファー市民は教訓を得ることになった(41)。

ヒトラーは教授ではなく、参事官になったのであり、それもハノーファーではなくブラウンシュヴァイクにおいてであった。邪魔な外国人としてドイツから追放されないように、嫌っていたオーストリア市民権を一九二五年に放棄していたヒトラーは、一九三二年まで無国籍であった。一九三二年のドイツ大統領選に立候補するためには、どうしてもドイツ国籍が必要だった。当時の政治的状況では、国民社会主義政党が連立の一部だった唯一の州、ブラウンシュヴァイクだけがヒトラーに市民権を与えることができた。一九三二年二月二六日、彼はベルリンのブラウンシュヴァイク州参事官となり、同時にドイツ人となったのである。同年にブラウンシュヴァイクで、最初の防空訓練が始まっている。

ブラウンシュヴァイクはハインリヒ獅子公ゆかりの町である。妻マティルデの故郷、イギリスへ放逐されたのち、彼は最後の日々をここで過ごし、この町に市政権を与え、大聖堂を建立し、そこにマティルデとともに葬られた。ヒトラーは、ハインリヒ獅子公を国民社会主義者にすることによって、彼をドイツ人にしてくれたブラウンシュヴァイクに返礼した。大公の大聖堂は一九三五年、国家的聖地にされるという冒瀆を受け、彼の霊廟は改装され、その遺骨の捜索が行われた(42)。オーカ川の氾濫で霊廟は何度も水浸しになっており、ヴェルフ家の数多い棺は乾燥させる際に中身の取り違えが生じていたので、国民社会主義者たちはある骨をハインリヒ公のものだということにした。そんなはずはなかった。彼は生前、足を引きずっていたのだから。このときにも、いい加減な主張がなされたのであった。

大公の石棺はゲルマン民族の東方出兵を描いたズグラフィート〔漆喰壁上層が乾かないうちに線刻を施し、モチーフを描き出す技法〕で囲まれ、身廊の側壁にも同じ場面が描かれていた。当時シュテッティンにまでおよんでいたハインリヒ公の東方植民はヒトラーを刺激した。イタリアの夢物語にうつつを抜かしたシュタウフェン家の皇帝たちとは違って、ハインリヒ公はドイツ人の生存圏（レーベンスラウム）を西から東に拡大しようとした。ヒトラーも同じことを熱望した。まもなくヒトラーは、ヴェルフ家の君主が停滞した地、スラヴに軍を進めるところだった。ハインリヒ公は彼を崇拝したヒトラーに負けず劣らず権力欲が強かったが、やり方は違っていた。確かに彼は完全に抹殺されたが、自分の支配した町々に対し独自の経済感覚で寄与した。ヒトラーの方は、自分の破壊欲のおもむくままに報復を加えただけだった。

ブラウンシュヴァイクは南北に流れるオーカ川の畔にあるため、かつてザクセン公国最大の都市であった。それはつまり、東西に延びる軍用道路からではなく、内陸交易で利益を得たことを意味する。交易路は南へはゴスラー、ニュルンベルク、フランクフルト方面へ、北へはオーカ川を使って船で、国際的な海上交易へと通じていた。ハインリヒ公はこの町を征服したことで自分の富を増やしはしたが、それは相互の利益にもとづくもので、ヒトラーのように虐政による支配ではなかった。その限りではハインリヒ獅子公の方が近代的な支配者だったと言える。

ニュルンベルクとリューベックを結ぶハンザ同盟最大の交易中心地としてのブラウンシュヴァイクの栄光と富は、一五世紀から一七世紀に建てられた絢爛たる建造物の中で永遠のものとなった。旧市街の繊維会館や、ブラウンシュヴァイク・ルネサンスの主要作品である富裕市民の館ムンメ会館。他と離れて建つ堂々たる木組みのアルテ・ヴァーゲ〔旧秤会館〕、マインハルツホーフ、純粋に中世の形を残すS字型に曲がった木組みの家の街道、ドイツ最古の独立した図書館である聖アンドレアス・リーベライ、レッシングが死んだエギディエン広場一二番地などの文化財があった。

ブラウンシュヴァイクで生まれ育ったリカルダ・フーフは一九二七年、この町の位置とその名前の周囲には、ある前兆のようなものが漂っていると書いている。新市街の北東の端にあり、木組みの家々が並ぶ小路「ニッケルヌルクは、あまりに荒れ果て、時代に取り残された様相なので、中に入るのをためらうほどである。この名はまるで危険な水の民が住む暗い池のように響く。それに、中世に一度大火で焼失したヴューステ・ヴォルト館はまるで呪いをかけられたような名前である」[43]。町を取り巻く大通りの趣豊かで高貴な建物には、日曜の午後の倦怠感が漂う。「意味もなく繰り返される生の循環の象徴のように」。一九四四年一〇月一四日、爆撃機軍団がやって来た夜、この倦怠感は消えた。それは土曜から日曜にかけての夜だった。日曜のミサの鐘を鳴らす前に、聖マルティーニ教会、聖カタリーネン教会、聖アンドレアス教会は死の道連れとされた。

この夜まで、教会の塔は町を見守ってきた。大聖堂の鈍角の塔も、聖マルティーニ教会の先の丸い円錐形の塔も、聖カタリーネン教会の高さの違う二つの塔も、聖アンドレアス教会の細長い柱も。

こうした塔は、市民のひとりひとりと絶ちがたい絆で結びついた祖先であり番人のように見える。これらの建造物の材質は、近郊のヌスベルク山地から切り出された灰青色の石材で、それは夕日の中で赤紫色に変化し、巨大な建物を生き生きと見せる。

日曜の早朝、火災嵐の後に消防士のルドルフ・プレッシャーは旧市街を巡回した。住民たちは埋まった地下室を間に合わせの道具で開け、そこに肉親がいないか、持ち物が残っていないかを、瓦礫の中でくすぶっている火が再び燃え上がる前に確かめようとしていた。

ファラースレーバー門から聖ペトリ門まで全部見渡すことができた。一二世紀建造の旧聖ペトリ教会の重厚な塔からはバロック様式の屋根が消えていたが、それでも市の背後にそびえていた。すらりとした姿で空にそびえていた聖カタリーネン教会の塔は残骸だけが残っていた。中世の商人たちが建造した、野生味溢れる威容を誇った建物は消え去ってしまった。焼失した繊維会館の骨組みは火災で弱っていたものの、後に嵐の夜が来るまで崩れ落ちることはなかった。旧市営市場では聖マルティーニ教会の壊れ落ちた塔が空に向かい、シュテヒネリ会館の残骸は鼻を刺す臭いと煙でいっぱいの灰と化した。(44)

一六九〇年、郵政長官シュテヒネリは旧市場八番地に、啓蒙主義的バロック時代の到来を告げる五階建ての建築物を建てた。最後の魔女が告発されてからまだそれほどの年月は経っていなかった。それは寡婦のアンナ・カーゲンで、塔のアネケと呼ばれていた。アネケは麻痺した体や病人を癒し、盗まれたものを元に戻した。法廷は、この魔力は神に授けられたものか、それとも悪魔にか、という判定不可能な問いに直面した。魔術を奉ずる者は誰もそんな質問に答えることはできず、また問うこともしなかった。結果がすべてだったからだ。盗んだ人間がそれを元に戻したのかも知れず、苦痛があるからこそ癒しがあるのかも知れないが、そんなことはどうでもよかった。魔術師はただ実験してみるだけなのだ。しかし法廷は起きたことを、実生活には馴染みがない善悪という領域に分けなくてはならない。法廷はそのためにある。法廷はイェーナ大学法学部に鑑定を依頼し、それによると塔のアネケは地獄の力に取り憑かれており、それゆえ火刑に処せられなくてはならない、とのことだった。啓蒙時代への入口に立っていたブラウンシュヴァイクの法廷は、自身が下したこの判決を遺憾に感じた。魔女の懇願を受けて火刑は免除され、剣による処刑を許された。

ブラウンシュヴァイクもまた、ドイツで最もひどく破壊された町の一つである。その中心地一五〇ヘクタールの九〇%が焼失した。大規模・中規模の空襲は一八回あり、二九〇五人が死亡した。その半数近くは外国人である。レッシングの家は一九四五年三月三日、最後から二番目の空襲で消えた。

西

ヨーロッパを南北に貫く軸はライン川である。地中海圏と北方はライン川によって最短距離でつながり、カエサルはこのライン流域を基地としてヴェーザー川やエルベ川流域にまで至る森林地帯を支配した。こう考えると、ライン川は境界線と言える。ここまでやって来た人間はここで背を向けて戻るか、あるいは川に直面して渡河を決意するかである。別の観点から見ると、ライン両岸は一体であって、左右の土地を結びつけ、ゲルマニア—ガリア間の独立した地をなす。これがラインラント地方である。この中間国家はカロリング朝の帝国分割時にロタリンギアという名で呼ばれた。さらに南へ下るとブルグントとなる。後に二度、ライン連盟が結ばれ、その後、この地はある意味ではボンを首都とする連邦共和国となり、近年の構想によれば、全ドイツとフランスを含むヨーロッパの中核である。

旧ヨーロッパの歴史とは大部分、ライン川を巡る戦いの歴史であり、その戦いで多くの血が流された。この川を巡る戦いはたいてい山麓の丘陵地帯で戦われた。殲滅戦であった第二次世界大戦中のライン流域都市への爆撃は例外である。それは一九四〇年のドイツによるロッテルダム空襲で始まり、その限りにおいては数世紀にわたるイギリスのライン政策と関連している。イギリス対岸にあってライン河口に位置するロッテルダムは常にイギリスにとって重要な都市で、それがナポレオンであろうとヒトラーであろうと、ある権力がラインを、とくにその河口のデルタ地帯を独占することがないようにすることが重要だった。こうして爆撃戦争はラインを巡る戦争として始まり、同様に終ったのである。

エメリヒ—ブライザハ間にある二三の都市が猛爆を受けた。エメリヒ、レース、クサンテン、ヴェーゼル、ディンスラーケン、クレーフェルト、デュースブルク、デュッセルドルフ、ノイス、レーヴァークーゼン、ケルン、ボン、コブレンツ、リューデスハイム、ビンゲン、マインツ、ヴィースバーデン、ヴォルムス、マンハイム、ルートヴィヒスハーフェン、カールスルーエ、ケール、ブライザハである。これらのライン河畔都市はそれまで一体感を持つことはあまりなかったが、破壊によってはじめて一つの国として同じ運命を分け合うことになった。一八七〇年以前にはこれらはオーストリア、ヴィッテンベルク、バーデン、バイエルン、ヘッセン、ナッサウ、オランダ、さらにはプロイセン王家の都市であった。多くの時代に、ライン地方は一国に所属することがなく、数カ国のもので、流域の諸都市からなる同盟に属していることが多かった。

第一次世界大戦後、ラインラント地方住民とは結局のところフランス人ではないかという疑念がベルリン政府から上がった。二世代前のフランスの歴史家ジュール・ミシュレは、一八四二年、ライン地方への旅から戻り、次のように論じた。「ライン川とはローマ帝国の川である。ゴシック様式の建造物さえ、ローマ時代の基礎の上に建てられている。城砦はローマ時代の防塁の上に、そして教会と修道院はかつての寺院の上にある」[45]。ミシュレは「文明化された世界の前衛」であるローマの軍勢の痕跡を、石の中に見出した。ラインラント人の激しやすい性質も、遠くからやって来たローマ人がもたらしたものかも知れない。思想、流行、異端信仰、反抗、宗教的陶酔、政治的陰謀、書物、建築様式、絵画、趣味といったものは他のどこよりも、この川に沿って速やかに上下に移動した。

ライン川はラインの旅人の宿であり、町々は客人をもてなす家の扉である。都市の空気の自由は外から、重い税金や辻強盗の心配がない商売、好戦的な仇討ち人に襲われる心配のない商売からやって来る。交易とはコスモポリタンで、この大きな南北軸上では国家ではなく、都市こそが文明の化身であった。諸国家にとってのライン川は別物である。それは運搬し結びつける線ではなく、垂直方向からの激突、つまりは攻撃を受け止める防衛線であった。正しき追跡者に、川という障害物はそれを越える試みを促す。渡河地点のこちら側は陵堡と穹窖砲台で防御され、対岸は橋頭堡で支えられる。

エメリヒはアルンヘム作戦に続く空襲の後、爆撃不可能となっていた。一九四四年一〇月七日以降、六八万立方メートルの瓦礫と化していたからである。一九四五年三月、ヴェーゼル近郊で連合国軍がライン渡河を行ったが、そのとき渡河を援護したのは砲兵隊だけだった。クサンテン北方のライン右岸に近い田舎町、レースの場合は違っていた。レースは一七世紀に、東フリースラント地方の領有権を巡るゲルダーンの戦いに巻き込まれたが、からくも生き延び、皇帝カール五世と論争し、オランダ独立戦争時にはメンドーサ麾下のスペインの傭兵軍勢による占領に耐え、七年戦争のロスバハの戦いでプロイセンが勝利した直後には、ブラウンシュヴァイク公が予想を裏切ってライン西岸へ進出するのを助け、ナポレオン支配下ではリッペ県に併合された。一〇四〇年に聖イルムガルトによって創設され、レース誕生の基礎になった聖マリア教会は、フランス人によって解体されてしまった。レースは防衛都市ということで、二月一六日、ヴェーゼルとともに空襲を受け八五％が破壊された。五日後のクサンテン爆撃と同規模の破壊である。

墓地から発展して七八一年にできた町ヴェーゼルは、一九四五年に墓地として終わる定めであった。聖ヴィリブロルディ大聖堂、屠殺場、研究者図書館の八〇〇〇冊の蔵書も、他のすべてのものも一九四五年のうららかな初春の日に失われた。二月一六日以降、この町は暗い煙に包まれ、住民たちは瓦礫の野原で死体の残骸に足を取られながらよろめき歩いた。二月一九日に最後の大空襲が続いた。ほとんど人間はおらず、町は巻き上げられた灰で覆われた。

ヴェーゼルより少し上流の町ディンスラーケンは、一九四五年三月二三日の連合国軍ライン渡河の際、側面として攻撃のローラーに巻き込まれた。ここは国民突撃隊に防衛されていた。イギリスは市長に向けたビラを投下した。市長に告ぐ。まもなく貴殿の土地は燃える瓦礫の野原と化すであろう。爆弾を搭載した飛行機は準備を整えて待機している。抵抗を続けようとする狂信者のせいで数百もの町や村が壊滅状態となっている。別の数百の町と村は破壊を免れた。抵抗しても何の軍事的価値もないことをその地の当局が悟ったからである。決断は貴殿の手中にある。貴殿はすぐさま決定を下さなければならない。下すべきは降伏かあるいは抹殺されるかという決断である。[46]

決断を下すのはナチの市長ただ一人であった。主任医師のオットー・ザイデル博士はカトリック病院で患者に包帯を施していた。「包帯を変える日だったのです。うちで働いていたウクライナ人女性が走ってきてこう叫びました。『先生、飛行機が落としました。私、見たんです』。その瞬間、最初の爆弾が落ちました」[47]。カトリック病院の防御設備は手術用ブンカー、強化地下室、長さ六〇メートルの塹壕だった。爆弾は厚さ五〇センチの覆いを難なく破り、二人の産婦と新生児、病院専属の錠前屋が即死した。続く爆弾で手術室と、洗濯室のあった翼部が壊された。正午には厚さ一メートルもの壁を持つ手術用ブンカーも全壊した。主任医師と赤十字看護師の一人は瓦礫の中に這って入った。

手術した患者が閉じ込められていたのだ。

壊れたブンカーで見た一人の男の人の姿は決して忘れることができません。その人はベンチに座っていましたが、書物机ほどの、厚さ一メートルもあろうかというコンクリートが上脚部に載っていました。その人はまだ生きていて、絶えず「先生、助けてください！」と叫んでいました。また別の男の人は両足を上にして文字通り空中にぶら下がっていました。瓦礫の塊が飛んだので後ろの壁に叩きつけられたのです。壊れたベッドにいる患者たちは皆死んでいるのが一目見て分かりました。それで私は、まだ息のある人を助け出すため、瓦礫を取り除けようとしました。子供を二人連れた母親を一人外に出すことができました。それはヴェーゼルの税務長官の家族で、長官と別の娘一人はヴェーゼルで亡くなっていました。次の作業は、すっかり麻痺状態になった女性患者を助けることでしたが、この人は救け出したときには亡くなっていました。その横には一〇歳か一一歳くらいの女の子がいました。バーミングホールテンから来た子で、足を何カ所も骨折して爆撃直前にそこに運ばれて来たのでしたが、厚さ一メートルのコンクリートの塊の下敷きになって、その小さな頭はまるで本のように平らになっていました。

その後間もなく液体焼夷弾が投下され、病院の出入口を塞いだ。まだ息のあった患者たちは焼死した。どこの病院の屋根にも赤十字の印が付けられていたし、一九四五年には白昼なら正確に目標を定められるようになっていたので、病院を避けることはできたはずだ。ヴェーゼル渡河を援護した一九五機のランカスターには一機の損失もなかった。

五〇〇〇キロの炸薬を詰めた爆弾「トールボーイ」は、イギリスが小型地震爆弾として使用したもので、これがデュースブルクのフッキンゲン地区で聖アンナ病院のブンカーの屋根を吹き飛ばした。このトールボーイは、ダム、高架橋、運河の堤防や、病院のような広範囲に広がる建物群を破壊するために製造されたもので、一九四三年九月から投下された。

病院のブンカーをはじめとする防空室には一〇〇〇キロ爆弾のブロックバスター、別名クッキー爆弾に耐えられる強度が要求されていたが、フッキンゲンの病院にはトールボーイに対する備えはなかった。この爆弾は五階建ての建物をなぎ倒し、大量の残骸が地下室の覆いを破った。救援隊員はブンカーから音が聞こえたように思い、聴音装置を使うと水をくれという声を聞いた。掘削機が呼ばれ、残骸を取り除けると四二人の死者がいた。その中には料理係の少女七人、赤十字助手の女性一人、庭師夫人、ウクライナ人女性の助手九人がいた。デュッセルドルフ病理学研究所の検死報告書によると、死者の上気道には砂塵はまったく見当たらず、犠牲者たちは即死であった。一九四四年五月二一日夜の空襲は、一年前のルールの戦い以降はじめての爆撃機軍団による大規模な空襲だった。出撃報告書によると、天気は曇りだったが、オーボエを使った装置によって正確なマークをつけることができた。それによって、目標となっていた市の南部地区に大きな被害を与えることができた。フッキンゲンは市の南端にある。

デュースブルクは戦時中に二九九回空襲を受けた。平均すると毎週一回という計算になる。しかし住民に恐怖を与えたのは空襲の間隔がだんだん短くなることであった。一九四二年七月には二日おきの大空襲が三度続いた。一九四四年一〇月一三日にハリスは次のような指令を受けた。「敵国ドイツに連合国空軍の圧倒的な優位を見せつけるため、イギリス空軍およびアメリカ第八航空軍の持つ最大の戦力を、きわめて短期間に人口密集地であるルール地方の目標に向けること」(48)。なぜ「人口密集地に」なのだろう？

デュースブルクは、ドイツで他に例がないほど多数の軍事的目標がある町であった。ここでドイツの鉄と鉄鋼の三分の一が生産されていた。ヴェダウ地区には国内で二番目に大きな操車場があり、河川港はライン・ルール地方全域に物資を供給し、造船所、大規模なコークス工場、炭鉱があった。またそこは、ルール地方で最も西に位置する工業地域で、横に細長く延びており、オーボエの精密なレーダーの半径にすっぽり納まっていた。このような人口密集地での虐殺はなぜなのか？

イギリス、アメリカ、カナダの軍勢は強大な地上軍を配備してドイツとの国境に立っていた。投入可能な兵器は今では爆撃機だけではなかった。フランスでの敗退で打ちのめされたドイツ国防軍は、まだ西部に安定した戦線を築いてはいなかった。指令によれば、敵ドイツは軍事的被害を受けてはいないので、何らかの戦力を「見せつける」必要があるとのことだった。連合国軍の卓越した爆撃機を見れば――この四年間のあいだに見たはずであったが――ドイツはするつもりのことをやめるだろう。ドイツの立場に立てば、最も賢明な策はラインの東岸に立てこもることであろう。そのような指令であった。

連合国軍は一〇月はじめにはまだ、電撃作戦でうまく事を運べると思っていた。連合国軍はアーヘン占拠にかかったところで、ヒュルトゲンの森の戦いはまだ先であった。おそらくは川が防壁となるとして、ルールへの入口となる地点は他のどこよりも流血の犠牲を払って防衛されていた。

もし町が最終決戦の場となったら自分たちの身がどうなるか、ライン東岸の住民ははっきり知っておく必要がある。そして人口密集地が全滅すれば、ドイツ軍は自分たちが戦争に敗れたという事実を直視するだろう。選択すべきは勝利か降伏かではなく、降伏するか抹殺されるかである。ライン東岸地域はそれを認識しなくてはならない。このような理由で、一九四四年一〇月一四日から一五日にかけてハリケーン作戦が遂行された。

二四〇回目の空襲で町はまるで台風にやられたようになぎ倒された。それまでの空襲で計一五七六人が死亡していたが、これは住民のわずか〇・三六％で、防空体制の整備状況は第一級だった。それは三七の地上ブンカーと二つの地下ブンカーと、ボタ山に掘られた五三の横坑のおかげであった。ハリケーン作戦は土曜の午前八時四五分に始まった。一〇六三機のイギリス軍飛行機が二〇分間で三五七四トンの高性能爆薬弾と八二〇トンの焼夷弾を投下した。これはハンブルク空襲で落とされた量に匹敵する。デュースブルクの人口はハンブルクの人口の四分の一である。その夜、空襲の第二波と第三波が続いた。日付が変わった日曜の深夜一時半頃に一〇〇五機の飛行機が姿を現し、四時には第三波が到来して、合計四五〇〇トンの弾薬が投下された。

この三波にわたる空襲で、それまでデュースブルクに投下された量の一・五倍の爆弾が降り注いだ。この町は二〇時間にわたって九〇〇〇トンの爆弾に耐えなくてはならなかった。ドイツの他のどんな町もこんな経験をしたことはなかった。ハリケーン作戦では三〇〇〇人が死亡した。デュースブルクでの犠牲者総数五七三〇人の半分以上に当たる。被害状況を示す地図によれば、無事だった地域はほんのわずかである。

九〇〇〇トンの爆弾を使った一連の空襲は、二週間後にケルンで続行されることになった。ケルンはラインの両岸にまたがり、デュースブルクの約二倍の面積を持つ町である。空襲の目的は「ポスト・ハリケーン」とされていた。一〇月二七日から一一月一日までに一九〇〇の爆撃機が九〇〇〇トンの爆弾を落とした。イギリスの軍事史家J・F・C・フラーによれば、あまりに大量の飛行機が製造されたためイギリス軍はそれをどうしていいか分からず、ケルンの廃墟をもう一度蹂躙することにしたのだという。「イギリス空軍爆撃機はあまりに密集して飛んだので、高射砲に撃墜される危険より互いに衝突する危険の方が大きかった」[49]。

その一六カ月前には一九五六トンの爆弾がクレーフェルトに向けられていた。一九四三年六月二一日の『タイムズ』紙はこう伝えている。

ドイツの都市に投下された中でも最大級の量の爆弾であった。攻撃は六月二二日、深夜零時半に開始され、四〇〇〇ポンド爆弾が一分毎に投下された。爆弾が夜間作業を終えると、砕かれた町の上空の高度約三マイルまで巨大な黒煙の柱が上がった。[50]

作戦を遂行した第八飛行中隊はその報告書に、クレーフェルトの面積はたいへん狭いが、爆弾投下は集中的に行ったと書いている。「爆弾は非常な高密度で落とされた」[51]。

イギリス空軍参謀たちは、空襲では小都市を狙った方がよいのではなかろうかと考えることがあった。その方がずっと高密度の抹殺が可能だからである。八〇〇年のあいだにたった二回しか破壊されたことがないクレーフェルトのような町では、火災は他の場所より深い傷跡を残す。一回目の破壊はケルン戦争中の一五八四年で、些細な理由によるものだったが、それはその時代の人々にとっては大問題であった。ケルンはプロテスタントの手に落ちるところだったのだから。もしそうなれば、ライン地方全域を、とくに皇帝を選挙する諸侯会議での票の比率を混乱に陥れるところであった。戦争の原因は、領主司教が不可能なことを求めたことにあった。ルター派に改宗し、ある律修修女と結婚し、しかもケルンの統治者にとどまりたいと言ったのである。司教座聖堂参事会はこのゲープハルト司教を罷免したので、司教は近隣のプロテスタントの市の助けを求めた。皇帝はライン上流地方に出兵し、ケルンはカトリックにとどまった。クレーフェルトは破壊され、ゲープハルト司教は破門された。宗教戦争の情熱はとどまるところを知らず、奇妙な事件が導火線に火をつけたのであった。

クレーフェルトはその後オラニエ家の支配下で一〇〇年間平穏な時代を過ごし、一七〇二年にはプロイセンに属することになり、わずか五五年後にはフリードリヒ大王と同盟を結んだブラウンシュヴァイク公がクレーフェルト近郊でフランス軍に勝利した。オーストリア継承戦争以後、ライン平野はヴェストファーレンでの戦いに進軍するフランス軍の集結地となった。七年戦争ではフリードリヒ大王がこの状況を変え、約一〇〇年間それは続いた。さらにプロイセンは世界の列強となった。プロイセンの辺境クレーフェルトは、気づかぬうちに次の滅亡に向かう直線コースに入っていたのである。

クレーフェルト消防隊少尉兼職長はヘッセで、他にブラント、ゼヴェリーン、シュヴァーベ、ヘルタース、ヘンケ、ゲルラハがいた[52]。ヘッセは警報が鳴ったのでハンザ会館の消防警察参謀本部へ赴いた。警報はしょっちゅう鳴っていた。「今度の攻撃の狙いは我々自身だと分かると、それ相応の気分に襲われました。皆、黙りこくり、体はこわばりました」。上役のブラントがヘッセに言った。「ヘッセ、君を派遣しなくてはならないのだが、そうしたら君はもう生きて戻ることはできないだろう」。それから二人はバイクに乗って出発した。

町はもうすでに火事で赤々と燃えていました。オストヴァル通りの緑地帯には人々がひしめき、恐ろしい叫び声を上げていました。衣服や髪が燃えている人もいました。燐の液体が降りかかったのです。空から降って来る恐ろしい物体に襲われ、群衆は叫び声を上げていました。

ヘッセの胸にも燐の液体がかかり、バイクは炸裂弾の爆風で何度も倒された。「皆、恐ろしく混乱していました。助けを求めて叫び、祈り、混乱して立ち止まってはまたあちこちへと走り回っていました」。二人の消防士は口にハンカチを当てた。煙が喉を刺し、空気は熱せられ、火のように熱かった。「ドライケーニヒ通りで最初の死体を目にしました。頭部を粉砕された子供で、その横に母親がいましたが、その後頭部の髪は燃えてなくなっていました」。ブラントとヘッセはその二人を病院に運搬し、それから炎を上げているガス管や垂れ下がった市電の架線の脇を通って先へと進んだ。

ブラントはいやな予兆を感じたが、ヘッセを前にして気の弱いところを見せるわけにはいかなかった。「ペータース通りで人々がバイクに押し寄せて来ました。少しのあいだ止まらざるをえなかったので、地下室から大きな声が聞こえるのに気づきました。大勢の人々が声を揃えて祈りを捧げる声でした。その人たちを地下室から出さなくてはなりませんでした。でないと皆死んでしまったことでしょうから」。地下にいた三〇人の人々は不安に怯えてしまい、二人の消防士は彼らの襟首をつかんで無理やり引きずり出さなくてはならなかった。しかし八人が焼死してしまった。

ヒュルゼナー通りの角で爆弾が破裂して、ヘッセとブラントはバイクから吹き飛ばされ、大きな弧を描いてフリードリヒ広場の緑地帯に投げ出された。二人は土と瓦礫に埋まった。もうたくさんだ、とブラントは思った。ヘッセの姿は見えなかったが彼はヘッセを探しもしなかった。きっともうバラバラになってしまったに違いないと思ったのだ。そうして破壊された旧市街を抜け、ハンザ広場の中央消防署に走って戻り、報告を行った。一五分後、ヘッセが戻って来た。ヘッセは首から血を流していた。高架線が動脈のすぐ近くを切っていたのだ。「ヘッセに生きて会えたことが、その日、唯一の嬉しいことでした。文字通り抱き合って喜びました」。

ヘッセも報告を行った。空襲による被害が最も甚大な地点はどこか、という質問に対して、そもそも最も甚大な被害などと言うことはできない、一切が最も甚大な被害を蒙っているから、と返答した。「第四予備部隊は全滅した、ということも報告しました」。その後のことだった。ヘッセがバイクで高架線に突っ込んでしまい、軍に切断機で電線を切ってもらわなくてはならなかったのは。ヘッセを驚かせたのは、人々の奇妙な行動だった。「とくに恐ろしかったのは、二人の子供を連れた女が私のバイクの前に身を投げたときです。たぶん、頭が混乱してしまい、自殺しようとしたのでしょう」。

ゼヴェリーンは小型消防車で出動し、同じくオストヴァル通りへ行くように言われていたのだが、アドルフ・ヒトラー通りを越えることができなかった。彼はシュヴァーべ職長の車に自分の一五歳になる息子が乗っているのに気づいた。ヒトラー少年団の消防隊員として働いていたのだ。「私は息子をこちらに呼びました」。オストヴァル通りの中央にいる群衆は火に囲まれ、何とかそこを出ようとしていた。息子と仲間を連れたゼヴェリーンはオストヴァル通りを下って中央郵便局へ向かった。そこに防火用池があるのだ。「その場で消火活動をするのは正しい行為ではなかったでしょう。火災はあまりに大きく、激しかったので、そんなわずかの水では何の役にも立ちませんでした。放水は、火勢を弱めて火の海から逃げる人々が通れるようにするためでした」。しかしそれは確かに役に立った。

火は突風を巻き込み、火災は進み、何トンものゴミをまるで玩具のように撒き散らした。通りは火災に支配された。シュヴァーべはホースを防火用池に持っていこうとルイーゼン広場に向かって進み、どうしたら炎に囲まれた区域を越えてゆけるだろうかと考えた。「そのとき、人の姿が見当たらないことに気づきました。それで地下室を調べることにしたのです。まだ残っている人がいるかも知れないからです。実際、ほとんどの人はまだ燃える建物の地下室に残っていました」。ゼヴェリーンは人々を外のルイーゼン広場に連れ出し、広場は人でいっぱいになった。

ルイーゼン広場の住民たちは炎に包まれた家に閉じ込められていた。煙と炎で消耗した彼らの目も、事態をよく認識していた。

私は乳幼児を連れた女たちに安全な車に乗るよう命じました。熱が弱まるように、私は何度も群集の頭に水を放水してやりました。それでずいぶん楽になったようです。熱気はものすごく、私たちはヘルメットの金属部分に触れることもできませんでした。垂れ革の部分で目を守るため、ヘルメットの前後を逆に被っていました。

ゼヴェリーンは警備所にいる消防曹長のライグラーフに至急電を打ち、ルイーゼン広場に三〇〇人が閉じ込められていると知らせた。しかしまずは炎の輪から脱出しなくてはならなかった。

「ライグラーフは教会の側を通って来ましたが、目に負傷してすんでのところで失明するところでした。そのためライグラーフはその後一週間、暗い部屋に寝ていなくてはならず、二カ月間は勤務できませんでした」。その間、ゼヴェリーンは、福音派会館の公共防空室に閉じ込められた人がいるかも知れないと考えていた。「Cホースを持って私たちはノイエ・リナー通りを抜け、東に向かいました。教会が炎を上げ、あたりは熱気がひどく、私たちは燃える教会を通り抜けようと何度も試みましたが駄目でした。集中して同時に放水し、やっと通ることができました」。

福音派会館にいた三〇人は地下室を出ようとしなかった。外には煙と炎しか見えなかったからである。

実際は、地下室の熱気は外よりひどいくらいでした。それからやっと中の人々を説得することができました。建物は崩壊しそうだし、火災で地下の人々の酸素も奪われそうだったのです。私たちはホースで人々の体に向けて放水し、皆をルイーゼン広場に出しました。

広場の防水用池はそのあいだにカラになっていたが、ライグラーフの必死の出動は間に合った。メンヒェングラットバハから来たSA隊員がトラックで通りかかり、突破口を開いてルイーゼン広場からまず女と子供を出した。

煙が立ち込めていて、五メートル先を走るトラックさえ見えないくらいでした。私たちの目もひどくやられていました。やっとルイーゼン広場から人がいなくなりました。邪悪な煙と炎から逃がれることができたのです。そのとき私は、朝になって明るくなっているのに気づきました。

ゼヴェリーンは中央消防署に給油に行った。そこでマルク通りのシェントゲン肉店から救出要請が来ていることを知らされた。その通りはすでに燃え尽きてしまったが、地下に冷蔵室があるのだ。入口は塞がっていたので、ゼヴェリーンは命綱を付けて降り、肉屋の頼みに応えて牛の半身から肉を切り取っては天窓から上に運んだ。「冷蔵室はとっくに冷蔵室でなくなっていて、まるでパン焼き釜のようでした」。
　上級職長ヘルタースにヘンケ中尉が、君は勇気があるか、と尋ねた。はい、とヘルターは答えた。

それなら燃えている教会に行って、何かできることがあるかどうか見てきてくれ、とのことでした。助けを頼める者は近くにいませんでした。それで私はホースをつなぎ合わせ、教会の中にそれを入れました。上の、オルガンのあるところまでです。そこはすっぽり火に包まれていました。もうどうしようもありませんでした。

突然、ヘンケ中尉がそこにいるのにヘルタースは気づいた。そして屋根裏部屋が燃えているのを確認した。螺旋階段を上ると、上には水を満たした浴槽と小型消火器があり、助任司祭がいた。今や勇気は三倍である。彼らは屋根裏部屋、側廊、洗礼堂を守った。「消火をほとんど終えたとき、司祭の死体が運び込まれました。司祭は家にいて、燃える梁が落ちかかったのです」。勇気を出すより、じっと座っている方が安全とは限らない。ゲルラハ職長は、爆弾が落ちている一時間一〇分のあいだ、連合絹織物工場でスカート〔トランプの一種〕をしていた。
　「私たちは皆、体をこわばらせて黙り込み、顔は蒼白で息もできませんでした」。勇気を奮い起こす人もいれば怖気づく人もいる。門衛所には直撃弾が落ち、その下の地下室には人々が閉じ込められていた。

私の近くに何人いるか数えてみると、一〇人いました。私は彼らに、一緒に門衛所まで行こうと言いました。死体を見て恐怖に怯えた人たちは逃げ出しました。私は三人の男と壊れた地下室に入りました。コンクリートの塊と鉄の棒が散乱していました。私たちは死体を瓦礫から引き上げ、他の人が死体を受け取り、芝生に安置したのです。そのときになって、まだ生きている人が二人いるのに気づきました。

爆撃戦争を生き延びるには勇気が必要だった。一九四三年六月二一日夜にクレーフェルトに投下された高性能爆薬弾の多くは軟らかい地面に落ち、不発弾となった。信管をはずすために、爆発物専門家や多くの要員からなる特別部隊が投入された。爆発物専門家は国防軍の士官で、要員たちはドイツ人、ドイツ人の強制収容所被収容者、戦争捕虜であった。

クレーフェルトは二〇〇回の空襲を受け、最も大規模なものは一九四五年二月のライン渡河準備の段階で行われた。二月一六日、一八日、一九日には町の中心部が壊滅状態になったが、民間人の被害はほとんどなかった。大多数は町を去っていたからである。爆弾は瓦礫を破壊し、まだそこに埋まっていた死体をバラバラにした。この町は戦争で九七％が破壊され、二四〇八人が空襲で命を失った。

一九三八年一一月一七日、ヒトラーはデュッセルドルフで、ある国葬に参列した。この町の出身で、一週間前にパリでポーランド人ヘンシェル・グリュンシュパンに暗殺された大使秘書、エルンスト・フォン・ラートの埋葬である。グリュンシュパンの両親はユダヤ系であったためドイツを追われ、息子は両親に代わって復讐したのだった。ドイツ全土でそうだったように、一一月九日のポグロムの夜にはデュッセルドルフでもユダヤ教会が炎に包まれた〔フォン・ラートの暗殺をきっかけにドイツ全土でユダヤ教会、ユダヤ人商店などが焼討ちされた、いわゆる水晶の夜事件のこと。これ以降、ユダヤ人迫害が激化した〕。ナチの暴徒が朝方までユダヤ人の住居や工芸品を破壊し、八人のユダヤ人が撲殺された。行政長官シュミットの職場には三〇〇〇人が押し寄せ、妻がユダヤ人だという理由で退任を迫った。今やデュッセルドルフの家主の多くは、ＳＡによって家に放火されないよう、ユダヤ人の借家人に退去を求めることになった。一九四一年六月、警察はユダヤ人の職を奪い、彼らをいわゆるユダヤ人住居に押し込める権利を得た。ユダヤ人の室内装飾品は売り払われて爆撃罹災者の援助に充てられた。町では六月二日夜のイギリス軍による空襲で、はじめて五人の死者が出ていた。

ドイツのユダヤ人解放はフランス支配のおかげであった。「私は懐疑の世紀、一八世紀の終わりに生まれた。それも、私の幼年時代にはただフランス人によるだけでなく、フランスの精神によって支配されていた町に」[53]と、デュッセルドルフの生んだ最も偉大な詩人、ハインリヒ・ハイネは書いている。一八〇八年当時、ナポレオンは自らデュッセルドルフ大公となり、自分の年若い甥ルイ・ボナパルトの後見役としてここを支配した。ナポレオンは、ライン東部のフランス保護領の一つ、ベルク大公国をこの甥に任せていた。ライン西岸でフランスが始まる。神聖ローマ帝国皇帝が即位する町アーヘンで、ナポレオンは一八〇四年秋、カール大帝の墓に詣でた。革命の第一執政はカール大帝による一〇〇〇年前の帝国を継承したのだ。新しく任命された皇帝ナポレオンはいにしえの皇帝の戦場、イタリア、スペイン、東方遠征の地を馬で駆け巡った。ラインを越えた後はヴェーザー川とエルベ川というフランク帝国の境界線が彼の征服欲を刺激した。それはさらに先へ、カール大帝には不可能と思えたほど遠くへとナポレオンを誘った。というのもナポレオンは革命家で、革命の思想は普遍的であるから。人々がそれを認めようと認めまいと、それはすべての人々におよぶのである。

モスクワにおけるナポレオンの失敗で、出兵した一〇〇万人もの兵が失われたが、彼に対するハイネの愛は揺るがなかった。ドイツは解放された。生きる者は、ハイネによれば「人類の輝く救済者」が作ったナポレオン法典の土台の上に生きるのだ。「セント・ヘレナの聖遺物」である皇帝の遺骨が一八四〇年一二月一五日にパリの廃兵院に安置されたとき、パリに亡命していたハイネはこれに敬礼した。ドイツでは彼の詩は出版禁止となっていた。

ぼくは、したしくその葬式を見た。
ぼくは見た。金色の馬車を。
そのうえの金色の勝利の女神を。
女神がかついでいた金色の柩を。
……
その日、ぼくは泣いた。
涙がぼくの目に湧き出した。
あの忘れられた、
「皇帝万歳（ヴィヴ・ランプルール）！」の愛唱を耳にしたとき。[54]

〔井上正蔵訳〕

ドイツ王家もかつては、解放者ナポレオンを崇めたことがあり、ナポレオンはフランス革命によって定められた行政命令に従うよう各王家に命じ、遠征のために兵を徴募した。ナポレオンがロシアに遠征したとき、兵の大部分はドイツの新兵であった。今や三つのドイツが存在することとなった。まず西ラインラント地方と北海沿岸部のフランス併合地域。第二がライン連盟に編入された一六の封建領主。バイエルンとバーデンの王家はフランス皇帝と姻戚関係さえ結んだ。さらにヴェストファーレン王国とベルク大公国という保護領である。ベルク大公国の首都はデュッセルドルフで、ここを支配するフランスの役人は非常に有能だった。彼らは寛大な政策をとり、バロック・スタイルの首都にフランス風擬古典的趣味を付け加え、時代遅れの身分制度による特権を廃し、商業に従事する市民階級に有利な気風をもたらした。ハイネ少年は全能者ナポレオンが入城するのを見た。ナポレオンがライン川を越えて、こうした風土を運んで来たのだ。もはや誰もラインをドイツの川とは考えなかった。ドイツ国歌は後になって成立したものである

〔ドイツ国家の歌詞には「マース川からメーメル川まで」とかつての領土を表現した箇所がある〕。

ドイツを訪れた皇帝ナポレオンは白馬にまたがり、簡素な緑色の軍服を着て小さな帽子を被っていた。皇帝は馬にひっかかっているかのように無造作に鞍に座っていた。馬の首を優しく叩く、太陽のように輝く大理石色の皇帝の両手の上に、少年の視線は落ちた。この両手が、無政府状態のドイツという「多頭の怪物」(55)ヒュドラを飼いならし、「諸民族の戦いを収めて秩序をもたらした」のだ。馬上の彼の顔に、彼の方針が記されていた。「私の他に神を持ってはならない」というものである。この唯一神は微笑み、あらゆる人の心を暖かくした。「それでも、この唇が口笛を吹きさえすれば、そう、この唇が口笛を吹きさえすれば、坊主の振る鈴は鳴りやみ、神聖ローマ帝国全土が踊るということを皆が知っていた」。

馬上のナポレオンはしずしずと並木道を通り過ぎ、その質素な姿の背後に飾り立てたお供が続いた。太鼓を打ち鳴らし、トランペットを吹いて「民衆は千の声を揃えて、皇帝万歳！　と叫んだ」。解放者ナポレオンは、空のように青く澄みきった目でデュッセルドルフ市民の方を見上げた。その目は人々の心を読み取ることができた。額はそれほど広くはなく、そこには来るべき戦いの英霊たちが宿っていた」。

皇帝が死に、デュッセルドルフがプロイセン領になったとき、ハイネは短期間祖国に戻り、王宮附属庭園の近くに座った。「自由の敵」が勝利していた。どうしてこんなことになったのだ？　ハイネはフランスの鼓手の青い目を見た。それはかっと見開かれていた。「私がその中に見たものは、広い、白く凍った、死体で覆われた平原だけだった。モスクワ近郊の戦いだった」。ハイネは勝利の行進と葬送の行進の両方を聞くことになった。「そこには野蛮この上ない喜びの声と、この上なく恐ろしい悲哀が不気味に入り混じっていた」。デュッセルドルフの町を足を引きずりながら歩むのは、解放の対価、「名誉に見捨てられた孤児たち」であった。シベリアに送られたフランスの囚人たちは長い平和の後で自由の身となり、ライン地方に流れ着き、故郷に帰る気にもならず、デュッセルドルフ市民の哀れみで暖を取っていた。「哀れなフランス人！」ハイネには、彼らが死者のように思えた。夜になると戦場から蘇り、紅灯の巷へと惹かれていく死者である。「彼らのボロボロの軍服の裂け目からは悲哀が剝き出しになっていて、その混乱した顔の目は落ち窪み、何事かを訴えるようだった。そして手や足をもがれ、疲れ果て、多くの者は足を引きずりながらも、なおも一種軍隊調の歩き方をやめられないでいる……」。

第二次世界大戦中にもデュッセルドルフ市民はフランス人強制労働者や捕虜に対して同情的で、瓦礫の撤去作業で見せたフランス人の勤勉さを賞賛した。一方オランダ人については、彼らはドイツの被害に内心快哉を叫んでおり、自分たちのために戦ってくれている連合国軍の飛行機に毎晩光を送って合図しているのだ、と噂していた。ライン・フランス地方特有の寛大さを示すため、一九四〇年には九人のイギリス人パイロットが軍隊の式典によって名誉墓地に葬られた。フリードリヒシュタット、オーバービルク、オーバーカッセル、ケーニヒ通りの住宅街が最初の大空襲に襲われたのはその二カ月後だった。

文明の思想は今度は白馬に乗ってではなく、書類や書物の燃えかすが混じった埃と煙と煤からできた、暗灰色の雲となって押し寄せた。ナポレオン戦争は彼が支配したあいだ続いたが、騎兵隊と、隊の熱狂と、前代未聞の機敏さで独自の作戦を展開する部隊のおかげで戦闘は速やかに終了した。戦闘は血みどろであった。敵はその最も弱い点を狙われ、抹殺された。爆撃戦争も同じことを欲していた。しかし、デュッセルドルフやケルンのような町を徹底的に壊滅状態にしようというその愚行は、かつての戦いと何と違っていることか。一九四二年の警察報告は、多くの人々が「見分けがつかないほどバラバラになり、瓦礫の下で燃える火によって何度も焼かれ、激しく炭化した」ことを述べている。[56] 救援に駆り出された人々は、アルコールなしでは作業をこなすことができなかった。

一九四五年三月、二〇〇回の空襲の後、同じことを絶えず繰り返すのが嫌になった五歳のゲルト・ファムラーとその母と姉は、もうブンカーから出ないでそこで暮らすことにした。

地上ブンカーには閂の掛かった細い鉄の扉から入れました。皆、「自分のいつもの」階に上りました。各階はやや大きな小部屋に分かれていて、そこには木製の簡易寝台がありました。いつも薄暗いランプの灯りで暮らさなくてはならないのは、とくに子供にとっては面白いことではありませんでした。古い建物のコンクリートの、湿った埃っぽい臭いをかぐと、第二次世界大戦当時の記憶がはっきりと蘇ってきます。爆弾、ブンカー、炎、苦痛の記憶が。[57]

一九四五年三月一一日、太陽が見え、ブンカーにいた人々も恐る恐る外へ出てみた。夕暮れの中、警告もなしに爆弾が壕の前に落ちた。「私に分かったのは、自分がどこかに飛ばされているということだけでした。やっと意識を取り戻すとブンカーにいて、見ると左腕がなくなって、分厚い包帯で応急処置がしてありました。おそろしく喉が渇いていました」。このとき、三〇人が即死した。デュッセルドルフではじめて空襲による民間人の死者が出てから四年と九カ月が過ぎていた。九〇〇〇万立方メートルに相当する建物が崩壊して、三〇〇〇万立方メートルの瓦礫と化した。無傷で残った公共建造物は四％、商店および住宅は七％で、残りは火災で全焼した。ルネサンス・バロック様式のデュッセルドルフのファッサードは骸骨と化し、そこを歩く人々によって自然に道が踏み固められた。とくに暗くなった後では、そうした道を歩くのには独特の方向感覚が必要となった。子供たちはそれに慣れたが、大人はこれが自分たちの町だとは信じたくなかった。「目の前の手さえ見えない暗い夜に、瓦礫の山、サーチライトの光、飛行機のエンジンが轟く重い音、高射砲の轟音。もうまっぴらです！　こんな生活、生きているとは言えない、と皆よく言ったものです」[58]。住人は防空室でぴったりと身を寄せ合っていた。自分の子供をそばに引き寄せ、耳栓をして。女性たちはスカーフをしっかりと被っていた。話をする者はいなかった。「地獄のような騒音が少しましになると、誰かが「もう終ったかな」と言いました。それから皆、燃える町へと出ていきました」。まるでソドムとゴモラのような町の上に太陽が昇った。

デュッセルドルフは二四三回の空襲を受け、九回は被害甚大であった[59]。一九四三年の聖霊降臨祭前の、六月一一日夜から翌一二日にかけて、中央駅とデーレンドルフ間の四〇平方キロが焼失し、一四万人が家を失い、三〇万人が負傷し、一三〇〇人が死亡し、一六の教会と一三の病院と二八の学校が破壊され、要するに、チャーチルが語ったように、ドイツの空軍に対しイギリスが優勢に立っていることを示したのであった。

一九四四年に市の人口はほとんど半減した。専門職労働者は工場の転出にともなって疎開し、また学齢期の子供に付き添って女性たちも疎開した。前線では兵士が殺し、またはは殺され、三五〇〇人のユダヤ人が殺害された。市中にいるのはもっぱら老人、外国人労働者、幼児を連れた女性、そしてドイツ経済のリーダーたちであった。デュッセルドルフは、「ルール地方の書斎」という名声を誇り、コンツェルン本社があったため、第一級の爆撃目標であった。それで一九四四年にも爆撃は続いた。一切が燃えるなら、本社社屋も燃えるはずだからである。四月二二日夜、工場敷地、動物園、動物園管理地域、それに八八三人が抹消され、一一月二日夜にはさらに七カ所の工場敷地と六七八人が消された。英米軍は合計一万八〇〇〇トンの爆弾をデュッセルドルフに投下し、五八六三人の市民を殺害した。この作戦後、一九四五年三月上旬に英米軍地上部隊がこの町に到達したが、占領のためにはその後もさらに七週間の大砲撃を行わなくてはならなかった。

その対岸の町ノイスの運命は、それほど過酷ではなかった。一三六回の空襲があり、そのうち一〇回は大空襲であったが、町の三分の二は残った。

ケルン派の画家のうち、ケルン出身の者はほとんどいない。シュテファン・ロッホナーは頑強なシュヴァーベン人で、「聖母の死の巨匠」ヨース・ファン・クレーヴェはアントウェルペン人、バルテル・ブロインはオランダ人、ピエール・ド・マールはフランス人といった具合である。この町の神秘的な力が、繊細きわまりない線による幻想、金色の背景、エナメルのような光沢の色使いという作風をもたらした。リュシアン・フェーヴル述べるところによれば、この派の絵画はよく似た一つの表現方法で描かれており、それは絵を依頼し、宗教的高揚感を得るために神秘的な絵画を求めた修道女たちの希望によるものである。「修道女たちのお気に入りは、お下げ髪をしたラインラント女性の、子供らしい魅力に溢れた姿であった。画家たちはそれを聖母像として描いた。無心の瞳の上の重たい瞼、夢見る眼差し、それは黙想的生活の幸福を映している」[60]。

ケルン派の表現様式は、フランドル、ボヘミア、ブルゴーニュ、ブリュッセルの影響を受けている。感情豊かな、そして豊かすぎる者たちの道が交差した場所がケルンであった。「一味」と呼ばれた巡礼者集団の、しばしば裸足で被り物も着けず、重い負債を負った者は、聖遺物を巡る旅をこの町――一九の教会区と二二の修道院があり、毎日一〇〇〇のミサが上げられる町――の、東方の三博士の厨子の前で終えた。神秘思想家のマイスター・エックハルトとヨハネス・タウラーはケルンで説教し、キリストを前にして人間は自己を超え塵となると説いた。異教徒たちは恍惚として町の職人や農民たちに反乱を呼びかけ、最後には火刑に処せられた。『ライン新聞』の編集長カール・マルクスは、人々に反乱を呼びかけた最後にして最大の人物となった。

こうした熱狂の舞台、さかしまの世界の晒し台、存在からの逃避を語る説教壇、ヨーロッパ的発想と文化潮流の交易場であるケルンに短期間足を踏み入れた人物の一人に、ハンス・メムリングもいる。彼は一四三〇年頃フランケン地方に生まれ、その当時最ももてはやされた画家の一人で、フランドル地方のブルッヘで成功を収めた。彼はブルッヘでもケルン派の柔和な優雅さ、身ぶり、群人画の作風を維持し、その絵は売れ行きが良かった。ブルッヘにある『聖ウルスラ伝の聖遺物箱』は、彼の歴史的知識の豊かさを示す傑作の一つである。彼はここに描かれた物語をケルンで知った。聖ウルスラと一万一〇〇〇人の乙女たちの物語はケルン随一の伝説である。

ウルスラは、イギリス南西の海岸コーンウォールの公爵ディヴィオンの娘であった。父は娘を含む何千人という乙女を対岸のブルターニュに送り込み、そこに住むフランス人入植者と結婚させようとした。しかし英仏海峡で嵐に襲われ、船は東に押し流された。それでも神意によって船はライン川の河口に向かい、乙女たちは流れを遡って間もなくケルンにたどりついたが、そこはフン族によって占領されていた。この野蛮な異教徒たちは可憐な乙女たちの一群を見て、乙女らをわが物としようとした。しかし、勇敢な少女たちは異教徒の餌食となるよりは死ぬまで抵抗しようとした。そこで血みどろの戦いが始まった。聖ウルスラを先頭に、華奢な乙女たちは怒ったフン族と戦い、清らかなままで栄誉の戦場に倒れた。船底に隠れていた聖コルドゥラは自分の臆病さに泣き、それから船を歩み出て、仲間たちと同じように誇り高く死んだ。しかしフン族は自分たちの勝利を喜ぶことはできなかった。殺された乙女たちの仇を討つため、乙女たちと同じ数ほどの軍勢が天から降りてきたからだ。フン族は恐れおののいて逃げ、ケルンは解放された。

ケルン市民は殉教の乙女たちを感謝の念とともに葬り、その墓地の上に教会を建立した。そこに一万一〇〇〇人の乙女たちは安らかに眠っていた——一九四二年五月三一日にイギリス軍のランカスター機が教会を燃やすまでは。一九四四年四月二〇日、一〇月二八日、一九四五年一月三日に英米軍の飛行機が教会にさらなる破壊を加えた。一九四五年三月二日、ケルン終焉の日、教会内陣の南側壁は格間（ごうま）二つ分が粉砕され、三本の柱が壊れた。丸天井は八つを残して残りはすべて崩壊した。

三翼の柱廊バジリカは一二世紀の建造であった。死んだ一万一〇〇〇人の乙女たちは六〇〇年ものあいだそこに眠っていた。彼女らの遺骨とされているのは、教会の原型の下にあるローマ時代の墓場のものである可能性もあるが、殉教した乙女たちのことについて語っている碑文がある。しかし、この神話の真理は年代記に記されるようなものではない。

実際、フン族はライン地方を恐怖に陥れていた。フン族は中央アジアの遊牧民で、騎馬で矢を放ち、槍を投げ、鎧を着け、至近戦ではサーベルを使った。フン族はエルベ川とライン川を越え、シャンパーニュ地方南部にまで達し、そこで西ローマ・西ゴート・フランク連合軍によって四五一年のカタラウヌムの戦いで打ち破られた。これは聖ウルスラの没年でもある。フン族との戦争によって流域地方はローマ風古代様式とゲルマン風キリスト教的様式が絶えず溶け合う場所となった。イギリスの乙女たちのアジア人に対する勝ち目なき戦いは、決して無駄にはならなかった。無垢殉教の乙女一人一人のために天の兵士が仇を討った。無垢の乙女の受難は大義を与えるからである。正義の戦士には兵力の不足も自己犠牲もものの数ではない。むしろそれは勝利するために必要だった。無垢の乙女たちを殺すことでフン族の兵士は天と地から嫌われ、永遠の命を得ることはできないのである。

フン族はイタリアでなお三〇〇年生き長らえ、その後カール大帝によって撲滅された。彼らは黙示録の騎士、生まれながらの戦争犯罪人で、国中をさすらい、教会や礼拝堂を破壊し、信心深い人々を謀殺し、その妻たちを連れ去った。そしてモーゼル地方やプファルツ地方であらゆる町を燃やした。古代の戦争ではこうしたことは珍しくなかったが、フン族の行為は「神の鞭」として恐れられた。これは彼らの首領アッチラの異名である。近年ではフン族はドイツ人を指す俗語として蘇った。皇帝ヴィルヘルム二世はその勇敢さを誇って自らフン族と名乗った〔一九〇〇年、義和団事件の鎮圧に当たってヴィルヘルム二世は「フン族のごとく容赦なく戦え」と演説した〕。すると、皇帝の前で皆が畏れおののき、イギリスにいる皇帝の親族たちには勇ましいスローガンを与えた。一九四〇年から四五年のあいだ、チャーチルはケルン市民、ベルリン市民、ドレスデン市民をフン族として抹殺した。ケルンでの死者は二万人に達した。

一九四〇年五月から六月にかけて行われた最初の空襲では、壊れた建物に何千人もの野次馬が押し寄せた。死者は六人で、まるで衝突事故の現場といった様相であった。一九四一年には小中規模の爆撃が絶えず、一九四二年四月までに一八五人の死者が続いた。爆撃機軍団の目印となったのは支流が集まるスヘルデ川の河口部分で、その支流を追っていけばドイツのどの地方にもたどりつくことができた。また、帰路に迷ったパイロットにとっては夜でも明るいラインの流れは北の海岸に向かう目印となった。爆撃機の航路の多くはケルン上空を経由し、行き帰りの飛行機は余った爆弾をここに捨てた。それで、七六万八〇〇〇人のケルン市民には警報が出されなかった。さもないと、常に警戒態勢で過ごすことになるからだ。

一〇〇〇の爆撃機による空襲はフン族との戦いの様相を呈した。天の軍勢も現れた。炸裂する高射砲の連続射撃による長さ四キロの壁、天に届かんばかりのサーチライトの円錐形の光、色とりどりに燃えるマーカー弾の塊、爆撃の煉獄、死霊の地獄行き、腐敗する肉体を描くのは、これまでは神話だけであった。世界の終わりが絵画から抜け出し、五月の夕暮れに出現した。視霊者や異端者たちはこれを予見していた。終末が始まった、腐敗したこの世を間もなく炎が包む、世界は滅びて当然だ、主の忍耐も尽きたのだ、と彼らは火刑の薪の上でも叫んだ。爆撃機軍団が空から投げた炎の舌は、これまで慣れ親しんでいた現実を、偽りの牧歌を払いのけた。火災戦争は、この世の終わりを前にして姿を現す反キリスト者に弁明をさせた。

ケルンのような時空を超越した町では一〇〇〇機爆撃は不吉な予言の深淵からやって来た。虐殺は、この町の最も古い神話であった。一九四三年夏、大司教区の助任司祭たちは教会に次のような掲示物を貼った。「平信徒からの要求により、我々は司祭殿が定期的に説経壇から信者たちに次のことを告げてくださることを求める。すなわち、空襲の際、敬虔かつ悔い改めて『わが主イエス、お慈悲を』と唱えれば総赦免が得られることを」(61)。実際、これくらいの祈りを捧げる暇はあった。六月一六日から七月九日までのあいだに四回の大空襲が市中を燃やした。その際、この祈りが入用となった。そのうち二回目の空襲では四三七七人が命を失い、二三万人が家を失った。一九〇〇年間存在し続けたものが六七分間で消し去られ、火災は五日間続いた。次の空襲は前の空襲がやり残した場所から仕事を始め、まるでトラクターのように大地を掘り返した。七月一〇日土曜日、生き延びた者たちはホイ市場の廃墟に集まって祈りを捧げ、無事だった鐘を全部鳴らし、死者たちとの連帯を表明した。

一九四四年春、アメリカ第八航空軍は絨毯爆撃を行ってケルン抹消に介入することにした。まるで七つの災厄のごとく、数秒間で死の苦役がこの町に下った。四月、爆撃機軍団は洗練された外科手術のような爆破・放火を三八分間にわたって行った。瓦礫の野原に大量の爆弾という死の織物を広げることはせずに、生命の残る小島を探す作戦を取り、これを九月まで毎月続けた。

一九四四年一〇月は二八回の空襲があり、戦争開始以来最悪の月となった。交通路攻撃の一環としてライン川に架かる五つの橋が精密爆撃目標となった。ラインの岸辺と川に通じる道路にドイツ軍は発煙樽を設置し、警報が鳴ると、まるでジークフリートの隠れ蓑のように煙が橋を覆い隠した。ライン地方は濃霧の中に沈み、そこに向かって九〇〇〇トンの爆弾が一〇月二八日から一一月一日までの三回の空襲で降り注いだ。聖ゲレオン教会は、それによって壊滅した建物の一つだった。これは四世紀の建立当時は長円型であったが、一三世紀には増築して十角形になった建物だった。これが一〇月三〇日、北西部分の軸線二つ分の幅にわたって丸天井から土台まで崩壊したのだった。聖パンタレオンでは、テオファヌ女帝の棺が冒瀆された。女帝はビザンチン帝国の皇女で、九七二年にオットー二世と結婚し、幼いオットー三世に代わって八年間神聖ローマ帝国摂政を務めた。

ケルンはほとんど無人で、鼠だらけの町となった。鼠は瓦礫の山を走り回り、地下に貯蔵された食糧で肥え太った。鼠の害毒が蔓延した。静かな町で瓦礫と梁がくすぶり、荒れ果てた通りには炎のはぜる音がした。三月二日、八五八機のランカスターとハリファクスはこれを最後に二回ケルンを空襲し、隠れる家もなく路上生活をしていた何百人もの市民を殺した。アメリカ第七軍が三月六日一五時三〇分に侵攻する前に、何千もの人々がここを去った。七六万八〇〇〇人の市民のうち、解放軍を迎えたのは一万人であった。旧市街の五％は残った。

バーゼル―ケルン間のライン川沿いにある多くの歴史ある町同様、ボンも西岸に位置し、一七九八年から一八一四年までフランス領だったのでプロイセンに属することになった。一八一八年、プロイセンによってライン大学が設立され、この町にプロイセンの特色を与えることになった。多くのアメリカ人がボンの大学で医学や自然科学を学んだので、第二次世界大戦でもこの町は爆撃されないだろうと住民は信じていた。フリードリヒ・ヴィルヘルム大選帝侯は二万人のブランデンブルク軍を率いて一六八九年、プファルツ継承戦争でこの町を占領して砲撃し、大破壊を加えたが、プロイセンはライン大学を設立することでこれを償った。このとき本当にこの地で対立していたのは、ルイ一四世と、フランスのライン支配を許せないイギリスであった。これにオランダとオーストリアのハプスブルク家の神聖ローマ帝国皇帝も加わった。フランスがライン地方を占領することは、フランスがヨーロッパ大陸を支配することを意味した。ボンに居城を構えていたケルン選帝侯をはじめ、多数のドイツ諸侯がこの戦争に加わった。

自由都市としてのケルンは、聖職者である選帝侯が支配するケルンとは違う。ナポレオンがこうした古い体制を廃止した。ケルン司教の座はケルン戦争によって、対立するバイエルン大司教のものとなった。ほとんど二〇〇年にわたって、バイエルンのヴィッテルスバハ家がケルン大司教の法衣をまとい、一六五〇年頃、それが原因でフランスの戦争に巻き込まれた。一方イギリスはハノーファー、ザクセン、ヘッセン、ブランデンブルクを味方にしてプファルツ継承戦争を戦った。フランスはボンを要塞化していたので、プロイセン軍はこれを徹底的に砲撃した。フランスに加担した罰としてボンの要塞は爆破されたが、一九四一年にも地中に多くの要塞が残っていたので、これを使えばボン市民はイギリス軍の弾丸から身を守ることができるだろうと、市の行政部と空軍大管区司令部は考えた。しかし、一六八九年当時と同様にこの考えが正しくないことは、一九四四年七月にはっきりした。

ボンのブンカーはもっぱら郊外にあり、旧市街では堅固な二重地下室と装甲室、代用防空室、ライン川の橋に近い劇場下の大規模地下ブンカーに頼っていた。終戦間近の時期には、人口一〇万のこの町の防空施設内には一万四〇〇〇人分の空間があった。定員の五倍は収容するのが普通だったので、しかるべき時期にそこに入ればボン市民の三分の二は安全を確保できるはずであった。

飛行機が空に現れました。銀色の鳥の大群のように日光を浴びて光っていました。それから、爆弾が落ちるのが見えました。私は爆風で飛ばされ、地下ブンカーに通じる急な階段を転げ落ちました。両手、両足で扉を叩き続けると、誰かが扉を開けてくれました。普通は、爆弾が落ち始めると壕の扉は閉められ、もう開かなかったのです。(62)

一三歳のエリーザベト・ゲルストナーは劇場の地下ブンカーを出た。そこにあった世界は、ライン流域の戦争の中でも最も残虐だったプファルツ継承戦争の時代でも、啓蒙主義の支配者なら文明以前の世界と考えるような有様だった。「おびただしい数の死体がありました。頭のない人や、バラバラの腕や脚が転がっていました。それは、急いでブンカーに入ろうと走ったけれど間に合わなかった人たちです。あんなにたくさんの死体があったんですから、そうとしか考えられません」。地下の死者たちを収容したのはフランス人の戦時捕虜たちだった。「一人のフランス人捕虜が仲間にフランス語で、死者二〇〇人、と言って一軒の建物を指しました。私は急いで逃げ出し、幸いその光景を見ずにすみました」。

犠牲者たちは、改良型オーボエ・レーダー、GHシステムのテストに使われて死んだ。ボンには戦争関連工業は存在しない。一九四三年八月、アメリカ第八航空軍はボンとボイエルで二〇〇人を殺害しており、これがその時点でのボンの犠牲者総数であった。ボンの幸運は不運となった。テストのための第一の条件は、手付かずで残っていることであり、第二の条件は、ライン川の近くにあることで、第三は悪天候であった。この三条件が一九四四年一〇月一八日に重なり、ボン旧市街は殲滅された。

七万七〇〇〇個の焼夷弾、七七〇個の高性能爆薬弾で三〇〇人が死亡、二万人が家を失い、大学と図書館と一八万冊の蔵書を破壊という成果を上げたが、爆撃機軍団は本当はもっと大規模な犠牲を出すつもりでいた。「爆撃は主に市街地で行われた」と結果報告書は記している。[63]「GHシステムを用いた攻撃としては不満足な結果に終わった」。テストを再度行わなくてはならず、それは一一月六日に管理区域一個分ライン川を上流に遡ったコブレンツで行われた。

一九四五年一月、ボンは再度、要塞となった。もっとも本当に要塞化されたわけではなく、ヒトラーがそう宣言しただけのことである。その上、町は弱体化していた。一月六日、アメリカ第八航空軍の対戦車爆弾が地方裁判所の地下防空室のコンクリート製の屋根をはがし、二三〇人が命を奪われた。この攻撃はボンとボイエルの橋頭堡に向けられたものだったが、雲が低く垂れ込めていたので計器だけに頼った航法がうまくいかなかったものと見られる。弾薬は必ず何かを直撃できる場所、つまり町の真中に落下した。交通路攻撃の一環としてボン中央駅と貨物用駅を目標として爆撃機軍団が行った四回の空襲も、似たような結果となった。

一九四四年一二月二一日から翌日にかけての夜、一〇月一八日と同じような理想的条件が揃った。悪天候、手付かずのボン、ラインの流れである。それでも駅を狙った爆撃は失敗した。一二月二七日夜、レーダーに誘導されたモスキート機は、貨物用駅を多彩なマーカー弾で何重にも印づけた。ランカスター機の七〇％は最重量級の爆薬を搭載しており、これでバート・ゴーデスベルク地区、大学、屠殺場を完膚なきまでに攻撃した。ただ、駅にだけは当たらなかった。一二月二九日、弾薬の量は炸裂弾一八〇〇個と焼夷弾二万個に増量され、これがエンデニヒ・ポッペルスドルフ地区と中心街に投下された。重量の重い爆弾は公共防空室二つを打ち砕いた。この二回の空襲で四八六人が命を失った。三回目の空襲のために爆撃機軍団は二三八の飛行機を用意し、優れた航空技術能力を結集し、ライン河畔の野原とズィーベンゲビルゲ丘陵地帯を襲った。

ボンは合計一五六九人の命を失った。この町は訓練の一環として破壊されたのである。

コブレンツは合流地点（コンフルエンテス）という意味である。ここでモーゼル川とライン川が合流する。しかし歴史においては、すべてはここから分かれて流れていった。それはカール大帝の帝国分割に始まる。八四二年一〇月、コブレンツの聖カストール修道院で、皇帝の孫であるドイツ王ルートヴィヒ、ロタール一世、禿頭王カールらの使節が、帝国三分割について六日間協議を行い、それは翌年八月にヴェルダンで締結された。コブレンツはロタールの国、つまりロートリンゲンのちょうど東の国境に位置し、そこは北海から地中海へ至る線上の中間に位置する帝国で、西ではマース川とローヌ川が、そして東ではラインの流れがイタリア方面に向かって国境をなしていた。最年長のロタールは三分割された帝国のこの部分を選んだ。海と河へのアクセスと都市を有するこの地域は、ヨーロッパの心臓部であった。兄弟は「真の、偽りのない愛情による連帯」(64)を固めた。「神と聖なる教会の敵」すべてに対抗して、お互いに助け合うことになっていた。それから彼らは、ロートリンゲンをヨーロッパ紛争の舞台とする真の敵は「欲」であるとした。「何人も欲によって帝国で平和の掟が乱されるようなことをしてはならない。そのようなことを企てる者には、残りの者が協力して罰を与える」。

欲は避けられないものであった。西フランクと東フランクの領土はそれぞれ半円形をなし、欠けた半円を欲していた。八七〇年には両側の帝国がロートリンゲンを分け合った。この両国が後にドイツとフランスになる。その後数世紀にわたって両国は、ロートリンゲン——後のロレーヌ——全土をわが物としようと試みた。

コブレンツは一一九八年九月、モーゼル川の浅瀬で行われた血みどろの戦いで、ドイツ国内の不和を身をもって体験した。シュヴァーベン大公フィリップとオットー四世がドイツ王の座を巡って争い、町は灰燼に帰した。それから五〇年でキリスト教世界における帝国の支配権は地に落ち、西側の列強諸国とローマ教皇の権力がこれを凌駕した。次なる世界帝国ハプスブルク家はドイツとまずまずの関係を保っていたが、三〇年戦争でその吸引力を喪失した。この戦争でコブレンツはあらゆる方面から攻撃に晒され、半分が廃墟となった。ロートリンゲンに対する西フランク王国のそれまでで最大の攻撃、ルイ一四世の起こしたプファルツ継承を巡る戦争で一六六八年、コブレンツの建造物の三分の二が焼失した。フランス革命による戦いのあいだ、この地は亡命貴族を受け入れたが、その後征服されてフランス領ライン・モーゼル県の県庁所在地となった。若き共和主義者ヨーゼフ・ゲレスは一七九七年、フランス保護領ライン国家建国に尽力した。しかし、一七年間フランスに併合されたのち、この町が生んだ最も偉大な人物ゲレスは、フランスによる「外国支配」に抗して立ち上がったのであった。

一八一五年からコブレンツはプロイセン領ラインラント地方の軍事上・行政上の首都となり、一九一四年にはホーエンツォレルン家の軍隊の基地となった。ロートリンゲンの国境線は今度は東から圧迫された。ドイツ降伏の後、振子は反対にふれ、西の国境は八四三年と同じになった。形式的には一時的な占領のはずであったが、一九二三年にフランスのラインラント地方委員会は、コブレンツの河川合流部をドイツから独立したライン国家と宣言した。このドイツ・ロートリンゲンは歴史上先行する国家以上に無残な終りを迎えた。一九四四年一一月六日、コブレンツは四度目に破壊されたのである。

この攻撃はロートリンゲンの国境を巡るものではなかった。帝国の国境はもはや動かせなかった。領土分割がかかっていたわけでもなく、表面的な屈服に対する欲や敵意があったわけでもない。コブレンツは軍事上・交通上の重要性などなかったが燃やされた。ここはライン地方のワイン交易を生業としていたのだから。大部分は疎開していたので、住人の戦意を挫く必要もなかった。この町が破壊された理由は、ボン空襲ではGH装置の有効性を証明できなかったからである。そのために、爆弾投下には目標から四五メートル以内という精度が課された。乗員はオシログラフでレーダーの信号を受け取り、マーカー弾を落とし、それからいつもより迅速に爆弾を投下した。

目標地点は吹き飛ばされた。しかし火災は面となって走る。点にはとどまらない。正確に目標を狙うための新装置は不思議なことに、典型的な火炎爆撃で試用された。爆撃機軍団は三三個の高性能爆薬弾、一二〇個のブロックバスター弾、一五万三三九二個の焼夷弾を搭載し[65]、これは典型的な面状破壊の武器であった。オペレーションズ・リサーチはこの成功に非常な満足を覚えた[66]。弾薬の半分は直径一・五キロの範囲に命中しており、それはライン川とモーゼル川にはさまれた市の中心部を破壊するには十分であった。この円の中心にレーアロンデル通りがあり、ここが目標と想定されていた。しかしこれは方向を示すための目標にすぎず、戦略上の目的は、密集地である旧市街に燃焼物質を集中的に落とすことであった。

一九四四年秋、イギリス爆撃機軍団はテルミット棒状爆弾を用いて満足度をさらに上げようと試みた。狭い円内に爆弾の全量が落ちれば、それは精密爆撃と言える。もし制御不可能な火炎が発生すれば、それは手を加えなくても拡大する。それまで火災嵐は操作不可能な偶然が重なった結果起きる謎の現象とされていたが、これを爆撃機軍団はまるで電灯を灯すように発生させたいと願っていた。そのためにまず起爆装置を改良し、面積当たりの爆弾投下量を増やしたのである。

ボン空襲には曇りが望ましかった。視界が悪くなり、レーダーに頼るしかなくなるからだ。しかしコブレンツでは、ともかくシステムがうまく機能することが望まれた。ここは川の合流地点なのではっきりと目視でき、乗員は肉眼でも支流を確認できた。ボン空襲のときとは違って、好天の夜が選ばれた。GHシステムを使えるのは第三爆撃航空群だけだった。二四の誘導機がコブレンツ空襲に参加したが、その半数はGHのサインをはっきりとは受信できなかった。残りの機は一九時二八分に照明弾と爆弾を同時に落とした。後続の飛行機には通りがはっきりと見えたので一九時五〇分に残りの爆弾を落とし、これは戦時中を通じて最も精密な面状爆撃となった。爆撃航空群の報告書には次のようにある。「攻撃の後半に全市が炎に包まれ、乗員たちは興奮した。赤い災はブリュッセルからも見えた[67]」。

一七世紀のファッサードはゆっくりとしか燃えなかった。炎はアルテングラーベン地区の中庭、エンテンプフュール、イェズイート小路、シャンツェンプフォルテから広がった。そのあたりは木造建築が密集しており、消火設備はほとんどなかった。テルミット棒状爆弾はあらゆる場所に落下し、ワックスをかけた床やカーテンに燃え移った。おびただしい数の火元が集まって大火事となるのは避けられなかった。午前一時頃、選帝侯の居城付近と、クレメンス広場とライン川のあいだと、カイザー・ヴィルヘルム環状道路の三つの火事が合流して一つになった。夜には雨となったが火勢は弱まらず、南西の風が吹き込んで朝方には嵐となり、火災をいっそう煽った。

コブレンツの火災嵐は一二〇人の命を奪い旧市街を八五%破壊した。これは他では見られなかった高い比率である。この空襲で、歴史的な建造物は流血の戦いなしに破壊された。戦争の構造的断層に当たるこの町はこうして、戦闘ではなく放火練習によって滅亡した。

火災嵐は悲劇的な偶然の重なり合いで引き起こされるが、コブレンツでは幸運も重なった。まず、多くの市民は直前に、疎開先として指定されたチューリンゲン地方に出発していたか、あるいは周辺の農村部に疎開していた。第二に、火災嵐は合流する二つの川のあいだの狭い地域に収まっており、人々は容易に逃げ出すことができた。第三に、地下室や坑道に隠れていた住民は外へ出て、すぐ手近にある川の水で火災を消火したいと考えた。この行動は消火の役には立たなかったが、結果として人々は地下室を速やかに去ることになった。地下室は火災嵐の際には、ほとんどいつも死の牢獄と化す場所である。町で最古の教区教会、後期ロマネスク様式の聖母教会は火災に襲われたエンテンプフュールの近辺にあり、塔と屋根が燃えた。塔内部の梯子に登り、勇敢な少女たちがバケツリレーで運ぶ水で一五世紀の建物を守ろうとした助任司祭たちは、自分たちと消防班の命だけは何とか守ることができた。GHシステムのテストはまったく余計だった。それはこの後、ほんの数回しか使われなかったのだから。

一九四四年のカタリナの聖日一一月二五日にアメリカ第八航空軍の戦闘爆撃航空団四個がビンゲンの河川港とビンガーブリュック操車場に飛来した。(68) 一二〇機のリベレーターB24の目標は河川港の石油貯蔵庫で、他の一六〇機の目標は操車場であった。これは、GHレーダーによる精密爆撃の見本のようなものだった。五〇〇ポンド爆弾と焼夷弾が搭載され、石油貯蔵庫攻撃の大成功は約束されていた。作戦の暗号名は「黄金の煉瓦」であった。

昼の一二時、指揮を執る第二戦闘爆撃航空団は一二五キロ先のビンゲンに向けて最高速度で一四分間の飛行を開始した。ビンゲンとリューデスハイムの人々は一時間前から地下室に入っていた。最高レベルの警戒警報が発令されていたからである。飛行機の群れがラインラント地方を横切りザクセン方面に向かっていた。電話線や電線を使っての有線放送で、敵機の詳しい航路は市民に伝えられた。

一一時五四分、有線放送は三〇〇機のリベレーターがトリーア圏を横切ったことを伝えた。一五分後、ビンゲンとリューデスハイム市民は、一〇〇〇機のエンジン音を耳にした。町は厚い雲に覆われ、強い南西の風が吹いており、高度六六〇〇メートルでは台風並みの強風となっていた。この風によってリベレーターは北東に何度も押し流され、やっとのことでビンゲンへの航路を保っていた。GHシステムが信号を出すと、これを航法士が爆撃手に伝え、爆撃手はボタンを押して爆弾を投下することになっていた。だが、第九三爆撃航空群の航法士は、鳴っていない信号が聞こえたと勘違いし、それで十数機がキルン北部の森林地帯に弾薬を落としてしまった。一二時一五分、第四四五および第四五三爆撃航空群は本物の信号を聞いた。爆撃手長は投下ボタンを押し、同じ戦闘爆撃航空団の七〇機もそれに倣い、絨毯爆撃を行った。続く八分間にさらに一〇個の航空群がそれに倣い、五六〇トンの高性能爆薬弾と五六トンの焼夷弾が落とされた。このような小都市にはブンカーはなく、防空室か、せいぜい、岩山をくりぬいた坑道があるだけであった。市中にある昔のワイン貯蔵庫には丸天井の地下室があった。人口一万六〇〇〇人のビンゲンには坑道があり、それをつなぎ合わせて広さ四〇五平方メートルの防空室にしていたのだったが、限界まで詰め込んでも一〇〇〇人を収容するのが精一杯だった。小都市住民のほとんどは補強した地下室に避難していた。ここビンゲンでもそうであった。

直撃弾に耐えられる地下室はなかったので、内部の人間は一秒毎に死を覚悟した。高度六五〇〇メートルのリベレーターから落とされる爆弾は着弾までに三〇秒かかる。屋根から地下室まで落ちる時間は人間の感覚ではとらえられない。自分たちの攻撃が精密と言えるかどうかについて、帰国した爆撃機乗員は幻想など持たなかった。ある者は、駅の二・五キロ北東に当たったようだと語り、別の者は雲の合間から地上の光景を観察した。「目標は炎に包まれ、ライン川の両岸から黒煙が上がった。煙は高度四五〇〇メートルにまで達した」(69)。結果はアメリカ第八航空軍にとって「満足ゆく」ものとなった。

写真分析によると、爆弾はビンゲン南西部のルパーツベルクから全市を通ってリューデスハイム東部の境界線に至る範囲に落下した。一部はライン川に落ちた。帝国発足を記念するニーダーヴァルト記念碑付近の木々をなぎ倒したものもあった。ビンゲン中心部には焼夷弾による火災地帯が二つ生じ、三つ目はリューデスハイム駅と、市中心部のあいだを焼いた。二四七三個の爆弾のうち、精密攻撃目標の一つであるビンガーブリュック操車場が受けた爆弾は四個で、石油貯蔵庫は何事もなくすんだ。

爆撃機が飛来したビンゲンでは一六〇人、ラインの対岸に位置するリューデスハイムでは一九九人が死んだ。死者のうち八七人は一八歳未満であった。最年少の犠牲者であり一九四四年一一月二四日生まれの乳児、ヴェルナー・ハインリヒ・マーンはこの世に一日しかいられなかった。

ライン川とマイン川の合流地点にあるマインツは常に戦略上重要な都市で、それ相応に堅固な防衛がなされていた。プロイセンは一七九三年にここを占領し、町は連続砲撃で壊滅した。フランス革命によってブルボン王家の者は処刑されたが、革命は王家の支配を継承し強化した。ダントンはライン、アルプス、ピレネーを天然のフランス国境線とみなし、シュパイヤー、ヴォルムス、マインツはすぐに占領された。フランスはこの地域を熟知しており、フランスの国民公会は一七九三年三月三〇日、マインツはフランス共和国の一部であると宣言した。マインツの啓蒙主義者たちの革命的クラブは、革命前と革命後のドイツ諸侯たちと変わらず、フランスの封臣として権力を行使した。彼らとしてはマインツをドイツから解放したつもりだったが、実際はフランスの家臣であることに変わりはなかった。マインツ市民の多くはこの解放に反対であった。

プロイセンは一七九三年春、ここを包囲し、爆撃戦争に似た方法で破壊した。ヴォルフガンク・フォン・ゲーテもヴァイマル公の宿営地でこの占領に参加していた。「猛烈な砲撃」とゲーテは七月一四日夜に記している。「わが軍はラインとマインの合流地点からマイン川越しに、城塞上のベネディクト派修道院に火を放った。対岸では製薬工場に火がついて吹き飛んだ。町のこちら側では窓、鎧戸、煙突が粉みじんになった」[70]。攻囲に参加しているうちに、ゲーテは放火術の美学に魅了された。「これは災いそのものが芸術の材料となる、稀有かつ重大な事件である」。九七五年に大司教ヴィリギスが建築を開始した皇帝大聖堂のアウラに驚愕したゲーテの画家としての審美眼は、暴虐を楽しむ眼でもあった。

六月二八日夜。大聖堂に向けて爆撃は続く。塔と屋根、付近の家屋は焼失。夜半過ぎにはイエズス教会も。我々はマリーエンボルンの要塞に座ってこの恐ろしい見ものを見物した。星明りの夜で、爆弾はまるで天の光と明るさを競うかのようで、実際、両者を区別できない瞬間もあった。炎の玉が上がったり下がったりする様を見るのは、はじめての経験であった。まず爆弾はゆるやかな弧を描いて天に触れんばかりになり、次にある高さに達すると放物線を描いて落下し、間もなく立ち上る炎が、爆弾が目標に達したことを告げるのであった。

燃える大聖堂の印象を描いたのは、カメラ・オブスキュラを用いて制作したヴァイマルのイギリス人画家チャールズ・ゴアと、風景画家の市参事会員ゲオルク・メルヒオール・クラウスである。「ゴア氏と市参事会員クラウスはこの事件を芸術的に処理して火災を数多く描き、後には暗い夜景から出来事が浮かび上がる絵を描くことができるようになった。こうした作品は今も残っており、明るい光に当てると、言葉による表現以上に祖国の主要都市が無残に燃える様をよく伝えている」。自分の矛盾した感覚についての悩みを、ゲーテは軍事的必要性を盾にして慰めている。「我々は自分たちを救うため、また自軍の状況を立て直すため、そうした手段を取らざるをえなかった」。しかしそのような手段は、カルクロイトやブラウンシュヴァイク公といったばかばかしいほど古臭いプロイセンの将軍たちを救うことも、フリードリヒ・ヴィルヘルム二世と神聖ローマ帝国皇帝フランツ二世の不毛の支配体制を再建することもできなかった。

マインツは陥落し、降伏したフランス軍のアダム・キュスティーヌとアレクサンドル・ド・ボアルネはパリの断頭台で死を迎えた。やがて将軍ナポレオンはドイツ・オーストリア連合軍を打ちのめし、カンポ・フォルミオの和約でマインツは文字通りナポレオンの手に転がりこんだ。

ナポレオンは頻繁にマインツにやって来た。今やここはモン・トネール〔ドナースベルク〕県の県庁所在地で、もはや無用と思われた要塞を、ナポレオンは熱心に拡張した。一九一八年から一九三〇年まで続いたマインツのフランス占領期間中にそれはもう一度破壊された。次の破壊は、一九四五年二月二七日の聖マルティンス教会爆撃と市の破壊で、それはゲーテの描いた戦争に比べて、少なくとも歴史的見地からはより重要な戦争と言えた。一九四二年八月一二日と一三日に行われた爆撃機軍団による最初の二回の大空襲は、大火災によって市のシンボルを脅かしたが、消火部隊が延焼を防いだ。一九四三年にはマインツはまだ無事であった。そして一九四四年秋、ここはドイツにとって西部戦線の後背地となった。

ここでは主要な鉄道路線三つが合流し、操車場一カ所、河川港二カ所が輸送を担った。一九四五年二月二七日、イギリス航空省は述べた。「この輸送施設によって、夜も昼も部隊と物資が戦闘地域へと向かっている」[71]。それゆえ、マインツは抹殺されなくてはならなかった。これには異論もある[72]。ドイツ軍のアルデンヌ作戦失敗以降、前線のこの部分にはまったく副次的な意味しかなかった。ここはパットン麾下のアメリカ第三軍の領域で、これは自軍の空軍力を、マインツ内の目標にはあまり使わなかった。

空襲の目的はたいてい、戦果報告よりもそこに投入された弾薬の内容がはっきりと物語る。爆撃機軍団の第四と第六航空群はその夜、九三五トンの焼夷弾と照明弾、六三五トンの高性能爆薬弾を携えていた。割合は六対四である。爆弾に高い比率でブロックバスター弾が含まれていたことも多くを物語っている。ブロックバスターの威力は爆発よりむしろ衝撃波を発生させることにある。しかし、鉄道施設は爆発でしか破壊できない。五〇万個の焼夷弾さえ、これを燃やすことはできない。要するに、爆撃機は火災を発生させることが検証ずみの方法で混合された弾薬を運んだのだ。それにもかかわらず、三日前にさらに南に位置するプフォルツハイムを襲ったような火災嵐は発生しなかった。瓦礫は燃えが悪いからである。精密爆撃目標である中央駅を狙った一二月の空襲で、アメリカ第八航空軍は中央駅をはずしたものの、市内は失敗なく狙った。この攻撃によって破壊された市には防火帯と瓦礫の山ができ、ハリスによる二月のこの炎のローラーを空転させることになった。それでも、五つの張間のある丸天井バジリカである一四世紀建立の聖エメラン教会と、一二三六年に建築が始まったドイツ最古の市民病院の一つである旧精霊病院、旧市街の心臓部であるマルクト広場が炎の餌食となった。

戦争の嵐に耐えた要塞を持つマインツには防空室は十分にあった。多くの連続砲撃を耐えた装甲室は、飛行隊の落とすブロックバスター弾や一〇〇〇キロのクッキー爆弾にも耐えた。換気装置、エアロック、鉄製扉を新たに装備し、厚さ一メートルの壁を持つこの装甲室を、市民は貨物用駅にあるブンカー以上に信頼していた。その上、恐怖心と用心から何世代にもわたる人々が防衛のために築いてきた城塞、アレクサンダー要塞、ヨーゼフ砦、フィリップ砦、カール砦などがあった。クプファーベルク発泡ワイン製造所やマインツ・アクツィエン醸造所といった、それよりは楽しい目的のため作られた施設には冷暗貯蔵室があり、それは防空壕として役立った。

二月二七日の一六時、四時間も息の詰まるような思いをした後、マインツ市民は地下牢を出た。空襲警報発令所は一二時に最高レベルの警報を出していた。アメリカ軍爆撃機が三個師団、ザクセン方面に向かっている様子であった。この頃、ドイツ上空は爆撃機で満ちていた。二月二二日には九七八八機が目標を探し、二月二三日には八四〇〇機が四三回の空襲のため飛来した。[73] ドイツの空襲警報発令所は息つく暇もなかった。大西洋沿岸のレーダー施設が破壊されたため、警報から爆撃機到着までの時間は非常に短くなった。空襲の日の正午頃には飛来する敵機の位置はとらえきれなくなってしまい、敵の二六〇〇機は好きなところへと飛んでいた。マインツに向かっていた四三五機は監視要員たちの視界から消え、爆撃機は帰還したのだろうと思われたのでマインツの警戒警報は解除された。地下に避難した市民が一六時少し過ぎに外に出た頃、イギリス空軍第四、第六、第八爆撃航空群はすでにコッヘム上空にいた。

息苦しい穴倉から出てほっとした市民が家路についた一六時二五分、空襲警報が発令され、同時に爆弾が落ちてきた。要塞施設に引き返すには遅すぎ、あまり頑丈でない地下室に避難した人々一二〇〇人が死亡した。その中には「永遠の祈り」修道院の地下室で窒息死したカプチン派修道女四一人もいた。火災により地下室の酸素が奪われたのだった。

町と並んで駅も目標として狙われた。この日マインツを攻撃した爆撃航空群はその二カ月前、ビンゲンのビンガーブリュック操車場を正確に破壊していた。おそらくマインツ駅も同じように攻撃できる、と爆撃航空群は考えた。マインツは一九四五年二月末、ゲーテの見た攻囲とは違う状況下で炎上した。それは勝利の見込みのない敗者による「自分たちを救うため、自軍の状況を立て直すため」の行為ではない。誰が勝者かはすでにはっきりしていた。勝者は自分の大義のために、もう少し血を流させる必要があったし、血はどのくらい流れるかも分かっていた。マインツを焼いて灰にしても、その後流血が少なくなることはまったくなかった。戦勝とは軍事的成果であり凱歌のことである。ゲーテ同様ハリスも、「立ち昇る炎」に魅了された。「両者を区別できない」ほどに「天の光と明るさを競う」

爆弾はまた、爆撃手を蒼穹を統べる主と区別できない存在にした。復讐するは爆撃手にあり。

クロッシングの塔、内陣の塔、四本の翼部塔を持つマインツ大聖堂は天から降る偽りの光に抗った。一九四二年八月一二日、一九四四年九月八日、一九四五年二月二七日の三回の爆撃で屋根は焼け、回廊の南翼部、ゴットハルト礼拝堂の屋根には穴が開いたが、その威容は損なわれなかった。マインツ中心部は一九四四年から四五年にかけて投下された一三〇〇万個の焼夷弾と二万個の高性能爆薬弾によって八〇%が抹消されていた。一五万八〇〇〇人の人口で最高の防空施設を備えたこの町の死者数は三五〇〇人から三八〇〇人のあいだであったが、これは平均の二倍である。

マインツ対岸に位置するライン東岸の町ヴィースバーデンにも、爆撃戦争から守られるもっともな理由があった。「ヴィースバーデンは無事にすむ。敵もそこに住みたいから」[74]。この地口にはいくつかのヴァージョンがあるが、どれも高い生活水準を誇る町について言われる。ホーエンツォレルン家が支配した国の中で、ヴィースバーデンは最も優雅かつ陽気な保養地・温泉地で、以前はナッサウ公の居城であった。この町の壮麗さは第一次世界大戦後に過去のものとなったが、それは一九三〇年まで続いたフランス占領下で美しさを加えられた。しかし空軍参謀本部は住み心地の良さで町を選別したりはしなかった。一九四四年二月八日に行われた最初の大空襲では、数分間でビーブリヒ地区に爆弾群が絨毯状に落ちた。地区内のアドルフ丘にはヘンケル発泡ワイン貯蔵所があった。アドルフ丘に落ちた爆弾の絨毯はそこの華麗な工場を破壊し、社主のカール・ヘンケルと多数の従業員を死亡させた。今までこのような被害をもたらす軍勢が来たことはなかった。

アメリカ第八航空軍は経済担当参謀からヴィースバーデンにはカレ化学工場があると聞き、そこでこの町が目標となったのだった。九月に行われた三回の空襲では、屠殺場およびカレ社とディッカーホーフ社の工場がある地区が狙われた。イギリス軍によって一〇月に三回行われた空襲はさらに残虐で、大型の航空機雷で住宅地を吹き飛ばし、二九一人が埋められた。これを見た市民は誤射されたV1ロケットだと勘違いした。一一月からは低空飛行の機銃掃射が人間狩りを行った。爆撃機軍団から見ればこれはすべて、他に任務のない小編成モスキート航空群の臨機空襲が驚くべき成果を上げたにすぎなかった。重爆撃機による標準的空襲は、後のために取っておかれた。

一九四五年二月にハリスはまだ取っておいた都市を数え、次はヴィースバーデンに即決した。そこには一七万の市民がいて、まだ炎の威力を知らないでいる。二月はやり残しの都市を攻撃する月であった。二月二日夜、一一時半から一二時半のあいだに四九五機のランカスターが飛来し、客あしらいの良いこの町で火災戦争を展開した。二万七〇〇〇個の焼夷弾と三九個の高性能爆薬弾が、五〇分というついにない長時間をかけて二万八〇〇〇人の家を奪い、中心部に大火災を起こし、この火災で市庁舎、壮麗な騎士の館、リュセウム（高等学校）、噴水、劇場の列柱、パウリーネ公女の城、イギリス・ヘッセンの宮廷であるヴィクトリアを破壊した。一二七〇トンの弾薬が一九世紀社交界の愉しき中心地であった場所を破壊し、客のもてなしに長けた一〇〇〇人の市民はその影だけを残し、陰鬱な死を迎えた。ついでのように、爆撃機軍団は三月九日にもビーブリヒ地区の市立福祉施設を破壊し、入所者四一人、教会役員の女性二人、手伝いの少女三人を死亡させた。

四方から火をつけられたこの建物は、風に煽られてたちまち燃え上がった。閉じ込められた人々はもう助からないと覚悟し、神の慈悲を祈った。もっとまともな戦闘で死にたかったところだ。復讐は不当に大きすぎた。敵が何を言おうと、どうせ死ななくてはならないのだ、という者があった。喉の乾きしか感じない、と言う声もあった。ハゲネは、喉が渇いた者はそこの血を飲むがよい、と言って地面に転がる死者を指した。誰かが死骸のそばに行ってその傷口のところにひざまずき、兜の紐を解いて流れる血潮を飲み始めた。他の者もそれに倣い、血を飲んで英気を養った。上では炎がはぜる音がした。

火の粉が盛んに広間の中の彼らに振りかかったので、
一同は楯をもってそれを払いのけたが、煙と火勢とが
二つながら彼らを苦しめた。勇士たちの身に
これほどの苦難の襲うことは、またとあるまいと思われる。

するとトロネゲのハゲネがいった、
「広間の壁ぎわに寄って、
燃え木が兜の紐に燃えつかないようにするのだ[75]」
（相良守峯訳）

広間の壁に背を向け、炎で兜の皮が焦げぬよう注意しつつ、ブルグントの兵たちはフン族を待った（「四方から」以降ここまで、一二〇〇年頃成立した『ニーベルンゲンの歌』の内容を描いている）。

ローマ帝国最後の名のある将軍にして半ば蛮族のアエティウスはフン族と結託し、ブルグント族を滅ぼすに十分な力を得た。ブルグント族は四一三年以降ヴォルムスを自分たちの帝国の中心地としており、フン族はヴォルムスを滅

ぼした。この町は四回破壊されたが、これがその第一回目であった。ブルグント族は哀れな運命に見舞われた。アエティウスは彼らに、レマン湖の北部、ソーヌ川沿いのジュラ山脈の峠にある土地をあてがい、ブルグントの貴族の一部はフン族の奴隷にされてハンガリーにあるアッチラ王の居城に連れ去られた。アッチラをただ利用しただけのアエティウスはフン族をお払い箱にするつもりだったが、フン族は数年後にまたライン平原に姿を現し、そこでじつに効果的な戦闘を展開した。フン族がシャンパーニュ地方に侵攻したとき、アエティウスは急遽キリスト教徒の連合軍を結成し、そこには西ゴート、フランク、アレマン、ローマの兵に混じってブルグント族の残党も加わった。こうして連合軍はカタラウヌムの戦いでフン族を破った。ブルグント族の滅亡は『ニーベルンゲンの歌』となり、ドイツの神話となって後の世代に伝えられた。

一八世紀終わりにこの歌の異本の一部が新たに発見され、第二部のフン族によるブルグント族抹殺の部分が宮廷歌人の手で改変されていることが分かった。抹殺は確かに起きたのだが、その原因は違っていた。フン族はまったく不本意に物語に巻き込まれるのだ。彼らはブルグント族を斬殺はするが、そうしたかったわけではなく、怒りに燃え復讐を願うブルグントの王女クリームヒルトが原因だった。クリームヒルトとその一族のあいだの不和がブルグント族の殺し合いを引き起こしたのであった。歌人たちはこの出来事を改変し、自分たちに納得ゆくように解釈を変え、細部にはこだわらなかった。物語ることは形式を与えることである。こうして自己破壊をテーマとした国家的叙事詩が誕生した。

ヴォルムスの滅亡は帝国の破壊と自己破壊の混乱を示す道標のようだ。ヴォルムスはザリエル家とシュタウフェン家の皇帝の威光にあずかり、一五二一年にはここで帝国議会が開かれた。そこでルターは皇帝カール五世に自説を述べ、その結果、宗教戦争が起こり権力の実体としての帝国は弱体化した。こうして真空地帯となった帝国へ、フランスが侵入した。プファルツ継承戦争時、ルイ一四世は退路を確保するため、プファルツ・バーデン地方を長さ一六〇キロ、幅八〇から一八〇キロにわたって破壊した。それから自国の大西洋沿岸を防衛するために、戦線を急いで移した。プファルツ壊滅は古典的な「焦土作戦」の例である。退却する軍は追跡軍が陣地を作れないよう、一帯に火を放つ。フランス軍大将メラックはハイデルベルクを燃やした後、マンハイム住民に対し、二〇〇年後のチャーチルと同じ忠告をした。おまえたちはアルザス地方へ移住すればよい。マンハイムは燃えてなくなるのだ、と。マンハイム、ハイルブロン、プフォルツハイム、ラシュタット、バーデン・バーデン、ビンゲン、大聖堂と皇帝の墓がある町シュパイヤー、皇帝の城の町ヴォルムス、その他何百という町も同じ目にあった。

これらの歴史的大火の密集ぶりは、爆撃戦争を予告すると同時に、それとの違いを示している。プファルツ住民は自分の町が焼かれたことに抵抗し、その結果フランスはこの火炎作戦をプファルツ住民の反抗に対する罰であると宣言した。「絞首刑にするか、村々を燃やし尽くすかして、どうしてもこの連中を理性的にしなくてはならぬ。ドイツ人が正々堂々と戦わないのなら、ドイツ人より非人間的にならねばならぬ[76]」と、軍事大臣ルヴォアは記している。こちらが極端な手段を取るのは相手の責任なのだ。他の誰に責任があるというのか？　啓蒙の絶対主義と現代の新たな野蛮のあいだにはそれでも距離がある。プファルツの壊滅は民間人を大虐殺したりはしなかった。自分の家が燃やされることに抵抗した者は殺されたが、住民を殺すために家が焼かれることはなかった。

人口五万八〇〇〇人の町ヴォルムスには軍事関連の会社はただ一つしかなく、一九四五年二月二一日までは無事だった。この日、二八八機のハリファックス、三六機のランカスター、二五機のモスキートが苛立ったように攻撃を行い、一一〇〇トンの爆弾が中心部に落ち、六四九〇戸の建物を破壊し、三万五〇〇〇人の家を奪い、二三九人が死亡した。投下された爆弾の一部は目標をはずれて南西部に落ちた。その治世に天上の存在と崇められた神聖ローマ帝国皇帝にしてシチリアとエルサレムの王フリードリヒ二世が、イギリス王ヘンリー三世の妹イザベラと結婚式を挙げた大聖堂は、三〇ポンド液体爆弾の犠牲となった。屋根は燃え、鐘は溶け、東塔の上階は燃え尽きた。聖パウル修道院教会も火災の犠牲となった。これはザリエル家の城が失われた後の一〇〇二年に建てられ、アラビア風のドーム型屋根の塔を持つ教会であった。ドイツに残る唯一の中世のユダヤ教会は、すでに一九四二年にドイツ軍によって爆破されていた。ドイツ軍は一九四五年三月二〇日にラインを越えて退却する際、シュタウフェン様式で一九〇〇年に完成されたニーベルンゲン橋も吹き飛ばした。爆撃機軍団はラインに架かる橋のような有益なものには手を付けていなかった。四週間前だったら、防衛側はラインの東側に立てこもることができただろう。結局は完膚なきまでにやられただろうが、ヴォルムスを守ることはできたかも知れない。しかし、それは叙事詩に描かれたニーベルンゲンの戦いとは異なる。ブルグント族は彼らの世界とともに滅び、消え去った。

マンハイムは、フランスの要塞建築の名人たちによって建てられた豪華かつ均斉の取れた要塞で、すばらしい作品と言えた。完成から一八年後の一六二二年、ここは当時のフン族とも言えるカトリック連盟総司令官ティリー伯によって破壊された。ドイツは三〇年戦争に巻き込まれ、とことん荒廃し、諸侯は互いに敵意を抱き無力化して戦後を迎えた。フランスは宗教上の葛藤を解決し、ユグノーを撲滅・抑圧して国家宗教を確立し、国家を強固にした。プファルツ選帝侯カール・ルートヴィヒは自分と同じ宗派であるユグノーの難民に避難所を提供し、要塞設備を改修し、町は栄えた。すると、フランス軍が市門のすぐ外までやって来た。

カール・ルートヴィヒの相続問題が発端となったプファルツ継承戦争で、包囲軍のモンクラール将軍は見事に要塞を占拠し、部隊は退却する前に町の工芸品を念入りに壊しておいた。一八世紀の三大紛争、スペイン継承戦争、オーストリア継承戦争、七年戦争では、マンハイムは戦火を免れた。戦争のような騒ぎはシラーの『群盗』*が初演されたマンハイムの国民劇場で起きたにすぎない。一方、フランス革命戦争は何ものをも無事にはすませなかった。絵のように美しく再建され、強化された要塞は、最初は当然、征服軍フランスによって、その後余計なことに再征服にやって来たオーストリアのヴルムザー将軍による砲撃で破壊された。

ナポレオンがリュネヴィルで締結した和約は、マンハイムを含むライン東岸地域の要塞を撤去することを定めていた。その要塞はどのみち無用のものであったが、見事だったのでもったいない話ではあった。しかしライン連盟国家マンハイムには撃退すべき相手などもはやなかった。そして次の攻撃者は空からやって来た。

ここは戦争初期の一九四〇年に深刻な火炎攻撃を受けたので、すぐに昔からお馴染みの事業である要塞化を推し進めた。マンハイム市民は現代の醜悪な要塞、地上ブンカーを好まなかったので、市の中心部に地下ブンカーを作ることにし、地上ブンカーは周辺部にだけ、それもこの地にふさわしい様式で建てることになった。このブンカーはジークフリート線沿いのものと同じ仕様で、住民の半数が入れる大きさだった。一九四三年秋までに五一のブンカーが完成し、その公式な収容人数は一二万だった。少々詰め込めば、二八万四〇〇〇人の市民全員を収容することができた。これは、史上初の、目的に適った要塞となった。

マンハイムは一七〇〇人、つまり住民の〇・六%を失った。これは平均の約半分である。爆撃機襲来の回数の多さを考慮に入れれば、防空体制の成功は際立っている。今日のバーデン・ヴュルテンベルク州にある地域の中でマンハイムは最も多く空襲を受けた町であった。これは防空設備を持っていなかった建物の喪失を見れば明らかである。この歴史的な町は抹消された。ルイ一四世は一七世紀の建物を、チャーチルは一八世紀の建物を、それぞれ根こそぎにした。

一連の抹消作戦は一九四三年四月一六日の夜から始まり、この空襲で城の西翼が焼失した。九月五日夜の空襲は、芸術的装飾を施したイエズス教会の、厚さ一メートルのオーク材の梁と、『魔弾の射手』が上演された後のシラー国民劇場を燃やした。そして住宅の三分の一が破壊されていた。九月二四日、今度は城の東翼が灰燼に帰した。一二月にはイギリスのビラがこう告げた。「アメリカでは五分に一機、新しい飛行機が製造されている」。マンハイムでは五分に一つ新しい城が建てられているわけではなかったので、飛行機の側が優位に立っているのは確実だった。同じく、ナチ党の新聞『ハーケンクロイツの旗』は、爆弾一つごとに新しいナチが増えるのだとほくそ笑んだ。「最良にして最高の説得力を持つ演説すらなしえなかったことを爆弾がやり遂げた。何十万何百万人ものドイツ人をドイツ民族共有の宿命に直面させることによって、国民を団結させせたのである。敵は我々の弱点を撃つつもりでいるが、そこは我々の最も強い場所なのだ」[77]。

一八五九年、砦マンハイムのライン左岸にある橋頭堡「ライン防塁」は、ドイツで最も新しい都市の一つとなった。ルートヴィヒスハーフェンである。世界最大の化学工業BASF社があり、河畔にはプファルツ東部の交通路が走っているので、ルートヴィヒスハーフェンには一二四回の空襲が行われ、市の中心部、住宅地の半数、教会、学校、工場の九〇％が破壊された。防空設備は整っていたにもかかわらず、一四万四〇〇〇人の人口のうち一七七八人が死亡という平均以上の数字が空襲の激しさを示している。

一八世紀の列強、イギリス、フランス、プロイセンとオーストリアが勢力の均衡を図った三度の戦争で、カールスルーエはルイ一五世によって再び占領された。バーデン・ドゥラハ辺境伯とバーデン・バーデン辺境伯は三〇年戦争のあいだ中は敵同士だったが、今や共同してハプスブルク帝国の陣営に入り、イギリスも加わった。フランスとともに戦っていたのはプロイセン、ザクセン、バイエルンであ

＊　フリードリヒ・シラーの処女作。破壊的な激情を持つ人物を主人公とし、家父長制の因習を弾劾するこの作品が一七八二年にマンハイムで初演されたときの観客の驚愕ぶりは、語り草となったという。シラーはこの後執筆を禁止され逃亡生活を送る。

り、ドイツは陣営ではなく、陣営が戦う戦場であった。

一七七一年、二五〇年ぶりにバーデン・バーデンと再統合したバーデン・ドゥラハは、啓蒙絶対主義の牙城となり、農奴制を廃し、一七一五年には理性的都市を形成していた。ヴェルサイユの星型模様に倣って、円の中心にある城の塔から二二本の通りが放射状に延びて森、公園、市街地へと向かっていた。市街地はこの円の一部であり、その二等辺三角形の底辺に重要部分が集まっていた。城はまるで王冠のように地上の三角形の上にそびえていた。フランス人、とくにナポレオンはここを好み、バーデンをライン連盟の柱である大公国とした。この国の臣下は、ナポレオン戦争において莫大な戦費と自分たちの血を提供することで、これに報いた。

一九一四年から一九一八年にかけて起きたヨーロッパの大戦は、ドイツの地で戦闘がなかった戦争としては数世紀ぶりのものであった（一八七〇年から七一年のクリミア戦争とバルカン戦争は参加国とその経緯から限定的衝突と見なされる）。遅れて成立したドイツ国家はポスト・ナポレオン時代の国家秩序を混乱させ、ドイツはイギリス、フランス、ロシアと戦った。軍事的情勢は前世紀ほど流動性がなく、より固定的で、より非理性的なものとなった。第一次世界大戦で荒廃し略奪されたのは、ベルギーと北フランスだった。カールスルーエは数少ない例外である。そこはフライブルクとルートヴィヒスハーフェン同様に、空から爆撃を受けた。

新時代の野蛮への転換点と言える最初の集中爆撃は、一九一六年の聖体祝日、六月二五日に起きた。それはヴェルダンの戦いの頃であった。ある曇った午後の三時一〇分、フランス空軍飛行中隊のC6双発複葉機五機が、カールスルーエ市民が「扇」と呼ぶ放射軸上に姿を現した(78)。青・白・赤の国籍記号を付けた機体は方位測定装置で目標をはっきりとらえ、副パイロットは窓を開け、長さ六〇センチの梨型の鋼鉄、つまり爆弾をいとも楽々と持ち上げ、それを投下した。どの機体も八個の爆弾を携えていた。つまり中隊全部で四〇個である。

爆撃戦争の序曲となるこの攻撃においてすでに爆撃戦争の醜悪さは明らかで、それはあたかも文明がどういう事態を引き起こしているかを示すかのようだった。最初の五発はハーゲンベック・サーカスのテントの横に落下した。そこでは二〇〇〇人の人々が上演を見物しており、圧倒的多数は子供であった。爆発音はテントにパニックを引き起こし、人々は外に飛び出した。兵士たちはテントを切り裂き、逃げる者は遅れた者を踏み潰し、そして次に落ちる爆弾の下へと走っていくことになった。結局一二〇人の死者がテントの前に並ぶことになったが、そのうち八五人は子供であった。遺体は駅舎の北西翼に安置された。フランス軍最高司令官フォッシュ元帥はこの攻撃で、八五人の市民が犠牲となった無防備都市バル・ル・デュックへの、ドイツ軍による空襲に報復したのだった。今や勝負は引き分けとなった。

爆弾が目標に当たることなど第一次世界大戦では論外だったにもかかわらず、参謀本部の報告書では工業目標と駅が標的であり、爆弾は命中したと書かれていた。状況を熟知したパイロットだけは、爆撃がもたらすのは、実際にはもっぱら士気への影響で、爆撃の恐怖は国中に広まるだろうと認めた。

大公の居城は一九四四年九月二七日のイギリス軍による火災攻撃で破壊された。火災は二日間続き、城は外壁を残すのみとなった。城を建てた合理主義の建築家は庭園に防火用池を配置していて、これは不注意による火災程度には十分対処できたが、イギリス空軍による計算し尽くされた放火術に対しては力不足であった。池はたちまち干上がり、城は燃え続けた。絶望した消火部隊はまるで炎に向かって説得でもするかのように建物内に押し入ったが、城の命運は尽きた。同じく、カトリックの聖シュテファン教会も生き残ることはできなかった。これは一八〇四年から一四年にかけて、パンテオンに倣い理性的宗教の頂点として建造されたものであった。

抹殺の宇宙に方向はない。それは盲目の、虚無への扉である。城教会の塔の上に立つ天使像はそれを伝えたかったように思える。これは通常は風向きを知らせる役目をしていたが、火災による突風はつむじ風を起こし、高さ二・七メートルの像はまるで狂気に駆られたかのように軸の上で回り始め、土台から外れて墜落した。警戒システムは機能せず、この空襲も、一二月四日に来た次の大空襲も、サーカスを狙った爆撃のときと同様、不意にやって来た。爆撃機軍団は早朝五時に現れた。その直後に「扇」は炎の垣根となり、合理的な対処は不可能となった。火災は一直線の通りの酸素を奪い、人々はハルト森の方向へ、あるいは開けた場所へ、あるいはとにかく火のない場所へ逃げようとした。その前日、城の掃除係のシュタイネル夫人は最後の知恵を働かせていた。ゴムで目張りした鉄製のドア、いわゆる防空ロックを閉めておいたのだ。これは地下に移動していた蔵書室を守った。おかげで本は燃えずにすんだ。

カールスルーエは一三五回の空襲を受けた（そのうち一三回は大空襲である）。最もひどかった一九四四年一二月四日の空襲では、長さ一七キロ、幅三・三キロにわたって東西を結ぶ線状のエリアが爆弾によって掘り返され、町を統べていた幾何学模様の上にまっすぐ広がる荒野のごとしであった。当時、慣用句になっていた表現を使えば、爆弾はそれが狙うものを確実にはずしていた。しかし何を狙うつもりだったのか？　これは何重もの意味を持つ問いである。もちろん、爆弾は何物も容赦しないつもりであった。例えば一九四四年末まで無事だった、その名からしてすでに挑戦的に響くＤＷＭ、ドイツ兵器弾薬製造会社工場も。一九四二年にここだけを狙う空襲が行われた。それは工場施設には当たらなかったものの、工場が面していた通り全部を粉砕した。一九四四年一二月四日の空襲の特異さとは、ＤＷＭすら粉砕されたことであった。理性を誇るこの町には二六〇〇万立方メートルの瓦礫が残り、一七五四人の人命が失われた。

ブライザハはカイザーシュトゥール山地の南西三キロに位置する火山岩の上に作られた町である。ここは一八〇五年までハプスブルク家のルドルフの支配下にあり、そのため、あらゆる王朝の中で最も長く続き、ドイツ帝国も支配した世界的王朝ハプスブルク家とフランスとの長い争いに巻き込まれた。フランスが三〇年戦争でライン政策を始めるとすぐにブライザハを狙ったのは、ここがアルザスと、ブライスガウ地方にあるハプスブルク家の所領を結ぶ地点だったからである。町は、一六四八年から一八〇六年までのうち六七年間はフランス領で、ルイ一四世が重用した独創的要塞建築家ヴォーバン元帥設計による、オーバーライン地方で最強の稜堡を有することになった。これはブライスガウがプファルツ継承戦争後にハプスブルク家に返却された一七四四年に、オーストリアが取り壊した。

フランスは力を蓄え息を継いで、一七九三年にさらに強力になって戻って来た。革命軍は近代的スタイルで攻め、町を四日間の火災で襲った。大聖堂と市門五つ以外、何も残らなかった。再建には長い年月がかかり、この町は静かな農村風景の中でぼんやりと夢見ていた――革命のもう一つの末裔、アメリカ軍が一九四四年一〇月から四五年四月まで戦闘爆撃機と砲列で一三〇回にわたってブライザハを攻撃するまでは。その後ライン上流のこの町の姿は下流のエメリヒと似たものになった。

ライン西岸における爆撃戦争の戦跡はアーヘン、クサンテン、トリーア、カイザースラウテルン、ピルマゼンス、ザールブリュッケン、アイフェル高地の村々を貫いている。一九四三年六月までアーヘン市民は、ここは一〇〇〇年以上にわたって戦争の被害を受けていない、と言うことができた。ここで最後の戦いがあったのは八八一年で、それは略奪を極めるバイキングの一団で後の一〇六六年にイギリスを征服するノルマン人が攻めてきたときのことであった。

平和なヨーロッパという幻想としてのカール大帝の帝国の裏にあるのは不和のヨーロッパであり、その歴史は相互の戦争の歴史なのかも知れない。カール大帝はヨーロッパの平和のことなど考えもしなかった。なぜなら、フランク王国の相続法は帝国の存続ではなく、息子たちのあいだの領土分配を取り決めていたのであるから。

ザリエル家とシュタウフェン家の皇帝たちが治める帝国はフランク王国とはまったく別のものを目指していたが、カール大帝の神話を守り、アーヘンで即位式を行った。オットー三世はカール大帝の石棺を開け、アーヘン大聖堂に葬られることを願った。フリードリヒ・バルバロッサはカール大帝を列聖し、一三五六年の金印勅書によってアーヘンは戴冠式の場所と法で定められ、一五三一年まで三七人のドイツ皇帝がここで王位を授けられた。皇帝の権力がドイツ南部に移動したとき、古い戴冠式の町はもっとも辺境の農村となり、フランクフルトに栄誉を譲らなくてはならなくなった。それでもアーヘンは依然として巡礼の地であり、聖遺物、宝物、カール大帝の遺骨を容れた厨子を守っていた。この町は、まるで共有のゆりかごのように、和平締結のオーラを有していた。この地でスペイン領オランダを巡るルイ一四世の第一回オランダ戦争とオーストリア継承戦争が終わると、一八一八年に神聖同盟は、前世紀と違って非常に融和的な一九世紀の基礎を固めた。

ドイツを巡って戦われた二度の世界大戦は、二〇世紀のヨーロッパを一七世紀の、もしくはそれ以前の水準にまで後退させた。各陣営はアーヘンを破壊しない理由など認めなかった。一九一四年、アーヘンでドイツのシュリーフェン作戦*の決定的な部分が展開されたが、ちょうど三〇年後に正反対の動き、つまりドイツ帝国への侵入がアーヘンで行われることになった。どちらの作戦も大成功でも大失敗でもなかった。それはどちらよりも悪いことである。シュリーフェン作戦はマルヌで終わったがそれは遅すぎた。エルベ川に立ったアイゼンハワーも、すぐに明らかになるように――遅すぎた。なぜなら、不和はくすぶり続け、やがて最終的な衝突が起こるからである。

一九四四年一〇月にドイツが企てたアーヘンの市街戦は、一九四四年四月一一日から一二日にかけての空襲による破壊を一層深刻なものにした。中世のアーヘンは一六五六年の大火で大被害を受けたが、それは災難であって残虐行為ではなかった。残虐行為は、一九四三年七月一三日から一四日にかけての明るい真夏の夜に破壊の先触れとして登場

* ドイツ軍参謀総長シュリーフェンが立案した作戦で、まず西部戦線に力を注ぎ、次いで東部戦線に転じてロシアを撃滅するというもの。

した二一四機のハリファックスが運んできた。一撃で激しい火災が起き、三〇〇〇戸の建造物が破壊され、二九四人が死亡し、戦争上意味を持つとされた建物の多くが損害を受けた。すなわち大聖堂、市庁舎、劇場、警察本部、中央郵便局、監獄などなどである。連合国軍がヨーロッパ大陸に侵攻する一〇週間前の一九四四年四月一二日、イギリス軍はアーヘンを徹底的に灰にした。この空襲で地面は他に例がないほどの密度で蹂躙された。焼夷弾四万二八〇〇個、高性能爆薬弾四〇四七個が使われた。建物が密集した地域一〇〇平方メートルにつき六つの弾孔を数えることなど、それまではなかった。建物の六一％は倒壊した。六六堂の教会と礼拝堂は一つとして被害を免れなかった。一七堂は全壊で、二六堂が深刻な被害を受けた。爆弾は、鉄筋コンクリートの天井が三つある六階建ての建物を貫く直径を持ち、地下でようやく爆発するように設定されていた。一六万四〇〇〇人の住民のうち一五二五人が死亡、そのうち二一二人が子供であった。五月下旬の二回の空襲は鉄道施設を狙い、郊外の森とともに二七一人の住民が吹き飛ばされた。カロリング朝時代に作られた市中心部はとうの昔に荒廃し、一六五六年の火災で焼失していたが、カール大帝の城館にあった戴冠式の間のような貴重な遺物は、一四世紀ゴシック様式の市庁舎に改築され、保存されていた。爆弾はそれを見つけ出す術を知っていた。まるで悪魔に取り憑かれた町を火によって解き放つとでもいうように、爆弾による悪魔祓いが町を根こそぎにした。

ナポレオンはトリーアの町を眺め回した。ローマ時代の市門、ポルタ・ニグラ（黒い門）跡を取り込んで、ポッポ大司教が一一世紀に建てた聖シメオン教会が彼の気に入らなかった。イスラエルの聖墓への巡礼からポッポは隠者シメオンの聖遺物を持ち帰り、隠者への敬意を示し全能の神を称えるため、異教的記念碑であるこの門を覆うように教会を建てたのだった。ナポレオンはこの門を倒してもよかったのだが、そうはせず、これと対話することにした。彼は、内部にあるローマ帝国の威容が再び表に現れるまで、聖シメオン教会の一部を撤去させた。なぜならナポレオンは自分をローマ帝国の相続人と考えていたからである。

トリーアは二〇〇年間「ローマの平和（パックス・ロマーナ）」を享受し、コンスタンティン皇帝の居城かつ若き世界都市として、母である老いた都市を凌駕していた。しかしトリーアもまた没落し、子孫たちはその城壁の石から教会と荘園を作った。八八二年にここに進入したノルマン人だけがこの玉石のことを気にかけず、遺産を継承せず、古い石から新しい神々の祭壇を作らず、何も作らず、ただ自分たちの無敵さを証明するため、建つものすべてを燃やし、粉々にした。

後代のトリーアはその歴史的透明さが幾分自慢であった。土台にはまるで伝説の都市ヴィネタのようにローマ時代の都市の名残――皇帝用浴場、円形競技場、市門、ローマ式の幾何学的な通り――がある。トリーアでは、あたかも象形文字を読むように、識者は過去の姿を読み解くことができた。そうリカルダ・フーフは記している。それからフーフは驚くべき率直さで、そうした建物や遺物が後代に残った理由を付け加える。「歴史は、別の種族、別の民族が眺めるためのイメージとなった」[79]。爆撃隊による聖画像破壊は、町の芸術センスを攻撃するのではない。歴史からその表現を奪い去るのだ。歴史は色を失い、はるか昔の消息と化す。

一九四五年の戦争に現れた狂信はもはや都市間に何の区別も設けなかった。ローマ時代の町もまた燃えることとなった。そこまで首尾一貫した破壊を行う必要を認めない者は、ケルンでも、エムデンでも、ヒルデスハイムでも考え込んでしまうことだろう。過去の栄華を背負いつつ静寂の淵に沈んだ多くの町と同じく、トリーアでも命にかかわる地点、つまり鉄道施設が目標となった。爆撃戦争の幾何学は三年前から、点掛ける点は面という公式に従っていた。面という目標は純粋に抽象的であり、塹壕の中の敵同様に顔が見えない。どちらの目標もたんに打倒すべきものにすぎない。

ナポレオンは補充のきく人的損失と、自分に支払われる報酬であり、そのために血の流される町や土地とのあいだに、区別をつけていた。そして町は、彼の造形力の犠牲となった。後代に自分のイメージを伝えたかったナポレオンは、歴史的造形物を蹂躙したりはしなかった。デュッセルドルフを駆け抜けた彼の意図は、ヴェーゼルとユーリヒの瓦礫によじ登ったチャーチル一行の意図とは違っていた。トリーアは空から二〇回攻撃され、五五万七〇〇〇立方メートルの瓦礫と化した。一九四四年八月一四日、一万八〇〇〇個の焼夷弾が、三〇五年にコンスタンティン皇帝が建立した城館広間を破壊した。これはいわゆるバジリカ教会であり、福音派のミサを行うものであった。破壊の道は南部の皇帝用浴場にも広がり、円形劇場とバルバラ浴場が軽い被害を受けた。

アメリカ第八航空軍第三飛行大隊はコンスタンティン・バジリカ教会を抹消したが、別にそれを喜ぶ理由もなかった[80]。こんな煉瓦の建物が何の役に立とうか。彼らが狙ったのはキュレンツ貨物用駅と中央駅だったのだ。この月曜の早朝に一六〇〇機でイギリスを出発したとき、誰もトリーアを狙うことなど考えていなかったのに、一二時五九分には二五トンの弾薬がそこで燃え上がることになった。大隊にはこれだけの量の爆弾があまっていたのである。フランスの軍事施設を爆撃することになっていたが悪天候に襲われて迂回し、爆弾の捨て場を急いで探したのだった。こうした場合に備えて予備目標が設けられている。トリーアはフランスの兵舎の身代わりに、ローマ時代の建造物は貨物用駅の身代わりに破壊された。

八月に行われた空襲は偶然の産物だったが、それに続く一二月の爆撃は体系的に行われた。結果は同じである。一二月一九日、アイフェル高地作戦の一環として三二機のランカスターがGHレーダーシステムを使った精密爆撃をトリーアの鉄道施設に行い、一三六トンの弾薬を市中に落とした。数々の記念碑や建物と並んで聖イルミーネン市民病院も損壊した。爆弾は屋根を突き破って地下のワイン貯蔵庫にまで達し、そこに避難して、移送不可能な患者の世話をしていた修道女たち三〇人を死なせた(81)。

一二月一九、二一、二三、二四日には合計一〇〇〇を超える飛行機が市の中核部と、モーゼル川からペトリスベルク地区に至るまでの市街地に爆撃を加えた。一二月二一日の一四時、英米両軍が揃って登場した。四二七トンの弾薬を搭載したランカスターと、二三個のナパーム弾と火炎放射爆弾を搭載した援護戦闘機サンダーボルトである。これによって引き起こされた火事は消すことができなかった。厳しい寒さでホースも凍っていたのだ。トリーアの暗黒の日は一二月二三日である。この日一五三機のランカスターが七〇〇トンの混合弾薬と航空機雷を一面に投下した。中心地、郊外、郊外の駅舎、郵便局、市場、修道院、裁判所がどれも同じく土台から壊された。ライン地方のゴシック様式の至宝、鋸歯状の装飾とアーケードを持つ、中央市場にある市参事会の祝宴場「シュタイペ」も同様であった。他の市民が疎開した後も五〇〇〇人がトリーアに残っていたが、そのうち四〇〇人以上が死んだ。

クリスマス・イブに、アメリカ軍のライトニング戦闘機がトリーアが本当に燃え尽きたかどうか確認に来て、念のために五〇〇ポンド爆弾二〇個を火災の中に落とし、それは翌日まで燃え続けた。乗員は参謀本部に「トリーア全域が炎上している」と報告した。展開中のアルデンヌ攻勢で苛立っていた本部は、ドイツの連隊を後方との連絡から断つため、壊せるものは何でも壊せと命じた。退却するドイツ軍は後に自分で後方との連絡を絶った。ナポレオン橋を爆破したのだ。ナポレオン時代への橋はとうに通行不可能となっていた。

バジリカ教会の喪失と並んで、聖母教会も最もひどく破壊されたものの一つである。この教会を以前見たことがあるリカルダ・フーフは次のように記している。

内部では、ゴシック風のすらりとした形と各部の空想的豊かさが全体の簡潔さと溶け合い、満ち足りた調和をかもし出している。夕方、柔らかな色合いの光が窓から射し込むと、人は天上の花の花弁の中にいる心地である。そう、ここはバラの花の形をしている。汚れなく、高貴な優雅さを具えたこの教会は、主の母たる乙女が崇められる家なのである。ここは、電撃で星々と人間の運命を導く父なる神、世界の支配者の教会である大聖堂と一体になって、またとない建築群を構成している。(82)

大聖堂の尖塔、鐘架、屋根を破壊したのは八月一四日の焼夷弾であった。一二月の空襲は聖遺物櫃の上部階、窓全部、ゴシック様式の回廊の西翼と東翼を壊していた。補佐司教礼拝堂の丸天井が崩壊したが主翼は無事だった。聖マリア教会では内陣の丸天井が撃ち抜かれ、屋根から地面まで亀裂が走った。階段室の塔は落ち、丸天井は崩れ、柱は外れ、窓の飾りは砕け散った。爆撃戦争による建築物破壊を記録したことで著名なハルトヴィク・ベーゼラとニールス・グシコフの記述によれば、三二六年にコンスタンティン皇帝によって建築が始められた「ドイツの地に建つ最も尊い建造物」である大聖堂は「古代から連綿と続く歴史の証人」であり、聖母教会は「ドイツで最も初期のゴシック教会」であった。(83)

鉱山業の町はどこもそうであるように、ザールブリュッケンにも優れた防空施設があった。坑道は耐爆の避難所となり、市民のほぼ全員が避難できた。谷あいに位置しているので何キロにもわたって掘進が行われ、旧市街から岩山の奥にまで達していた。例外的に、防空のためだけに作られた施設もあった。ジークフリート線を建造する際、住民を地下に入れるための空間も作っていたのだ。さらには古くからの地下道、ビール醸造用の深い地下室、鉱山に心得のある隣人たちが協力して斜面に掘った「公共坑道」もかなりの数があった。内部の居心地はまあまあだったが新鮮な空気は得られず、じめじめして息が詰まるようであった。

ザールブリュッケンは優れた防空設備で守られていたものの人的損失率は一・一％で、これはドイツの平均値の範囲にある。一九四〇年六月にここに居住していた一一万八〇〇〇人の市民のうち、少なくとも一二三四人が爆撃戦争で死亡した。このような数字が可能だったのはなぜか？それは三倍の広さを持つコヴェントリーでの死者の二倍である。コヴェントリーでの損失は〇・一七％である。総死者数の五六八人は一回の空襲で亡くなっているが、ザールブリュッケンは三〇回の爆撃に晒された。戦争と戦闘がいくぶん違うように、ドイツの都市の運命はワルシャワ、ロッテルダム、コヴェントリーの運命と異なっている。その点、ロンドン空襲は例外である。

ザールブリュッケンの死者の三分の二は四回の空襲によるものである。中でも犠牲が多かったのが、一九四四年五月一一日と一〇月五日夜に行われた二回の大爆撃である。五月一一日の空襲は、第三帝国においては、避難所を得られることと、どの避難所に十分なスペースがあるのかについての情報を得られることは、一種の特権であったことを教えてくれる。爆撃戦争ではいかに怜悧で機敏でもほとんど何の役にも立たない。爆弾に当たるか当たらないかは、たまたま運の悪い場所にいたかどうかで決まる。生き残るチャンスは偶然によって決まる。悪い場所とはたいていの場合、収容施設、つまり監獄や外国人労働者収容所であった。監獄は、鉄格子と絨毯爆撃という二重の壁で囲まれていた。そこに入れられた者たちの無防備なことは動物園の獣並みであった。動物は脱走しないように射殺されるが、囚人は祈りを捧げるしかない。ザールブリュッケンのレルヒェスフルーア刑務所では、避難する資格のない五七人が死んだ。同じ理由からツェツィリエン学校では九一名の外国人労働者が死んだ。囚人用、外国人労働者用の坑道は存在せず、一般家庭用の居心地の良い坑道は手の届かぬ場所にあった。この二施設での死者が五月の空襲による死者の四分の三を占めている。しかし一〇月の空襲はまったく違った様相を呈した。

しばらく前から英米軍の専門家たちはアーサー・ハリスに対し、ザールブリュッケンは西部戦線に部隊を運ぶ回盤として機能していると示唆していた。点状の攻撃など考えていないこの空軍大将は、二波の空襲を決定した。一〇月五日、最初の攻撃波が二〇時三〇分から五分間で第一目標である鉄道施設を、そして第二波が二二時三〇分から九分間で町を破壊することになった。なぜこんな大仰な作戦が必要だったのかは分からない。もっと大きな都市では、駅や住宅地は同時に燃やされた。もっとも、二波空襲はデュースブルクやマインツといった防空体制の整った町では、思わぬ結果を生んでいた。この運命がザールブリュッケンも襲ったのだ。オーボエに誘導された第一波は鉄道施設を狙いそこない、主爆撃機は作戦を中止した。荷物を持って帰らずにすむよう、部隊は爆弾を落とし、それが市中にバラバラに落ちると、人々はこれを空襲と誤解した。住民は坑道に入り、警戒解除を待った。二二時四分に解除の知らせがあり、人々はほっとして地底から上がり、息詰まる場所を去って家に向かった。その五分後、空襲警報が鳴り響いた。第二波の三二五機のランカスターが三五万個の焼夷弾を搭載して到来したのだ。ザールブリュッケン旧市街に住んでいたZ夫人の報告には以下のようにある。

もうブンカーに戻る暇はなかったので、地下室に行く他ありませんでした。建物中が揺れ、扉からは絶えず雲のような埃と物が燃える臭いが入ってきました。私たちは息ができず、灯りも持っていませんでした。生き埋めになるのではないかと思うと途方もなく不安でした。(84)

一九四二年の空襲では、堅固な地下室はたいてい安全であったが、二年後には弾薬の量と威力が増し、これをまるで紙箱のように蹴散らした。「まるで地下室全体が持ち上がるかのようでした。爆風は強力なハンマーのように私たちに襲いかかりました。地下室の長い方の壁は壊れ、私は鉄製の防空扉の横にいたのですが、扉の蝶番がはずれました。皆、息もできずにいました」。地下室への入口は埋まってしまい、数家族が閉じ込められ、助けを求めて音を出し続けたがそれも絶え絶えとなっていた。火災で瓦礫の石が熱せられ、何百人もの人々がこのような場所で絶望的な最期を遂げた。しかし、ザールブリュッケンの坑道の支脈は、地下室でのこうした事態を避けるために掘り進められたのである。「すばらしい芸術的成果(マスター・ピース)」と乗員の報告書には記された。二二時四五分に町は黄色がかった赤い炎に包まれた。貨物用駅の燃料タンクが爆発したのである。他の場所のついでに、第一目標も燃えたことになった。爆撃機軍団の分析報告書は満足しつつ記録している。「町全体が炎上した」。住宅地では五〇％の破壊率が達成され、「川の南側の旧市街はほとんど抹消された(85)」。

ドイツの都市はどこも一度は戦争で破壊された経験を持つ。しかし、一回の戦争で全都市が破壊されたのはただ一度である。三〇年戦争はドイツをひどく荒廃させたが、爆撃機軍団や第八航空軍に比べれば、それがおよんだのはずっと狭い範囲にとどまった。当時最も長距離を移動したのは、カイザースラウテルンまで進軍したスウェーデンのグスタフ・アドルフ王である。王の状況を考えればこれは財政的にまかなえるものではなく、そもそも賢明な行動とは言えなかった。スウェーデンがライン西岸に侵攻したことを、そのための資金を提供し裏で糸を引いていたフランスの宰相リシュリューは心苦しく感じた。フランスはそれでも合意を守って戦争を継続したが、その戦争はドイツの諸侯がプラハ条約ですでに彼ら同士のあいだでは終止符を打っていた戦争だった。地方の権限に関するハプスブルク家の皇帝とドイツ諸侯との争いは、良し悪しはともかく結着がついていた。その間にスウェーデンとフランスはヨーロッパでの覇権を巡って武力外交を繰り広げ、そのために軍隊がドイツを行進し続けることになった。フランス王は広大なハプスブルク家領地の支配者でもあるドイツ皇帝に戦争を挑んだ。フランスはスペイン、オランダ、ロートリンゲンというハプスブルク家支配下の国々に包囲され、この包囲網を突破しなくてはならなかった。ドイツのバルト海沿岸地方を獲得し、ポーランドを打ち倒せば、グスタフ・アドルフの長年の夢、バルト海帝国は彼の目の前にあった。この遠大な領土再編計画は外交以外のところで行われた。ものを言うのは婚姻関係か戦争による判定だけだった。

政治は戦争の中で続けられた。グスタフ・アドルフは南ドイツの都市を狙った。大都市は帝国直属で、諸侯ではなく、皇帝のものであった。そもそも都市が何かの支配を必要とするのは、別のものに支配されることを防ぐためだけであった。ウィーンにいる皇帝のような遠方の支配者に忠誠を誓うため、目の前の征服者に入城を拒んだりすることは都市の性質に反している。失う物を持ち、罰を恐れる人間と同じく、都市は敵と結託する傾向にある。爆撃機軍団の戦略すべてはこのことを当てにしていた。都市を帝国から離反させるのだ。都市が瓦礫と化せば反乱が起こるであろう。そうすれば都市には手出しをしない。一六三三年、ハイルブロンの都市同盟はスウェーデンの占領者に味方して皇帝フェルディナント二世から離反する分派を形成した。ついでに、これは重大なことではなかったが、全員プロテスタントに改宗した。

一六三五年、カトリックの皇帝はスウェーデンに占領されたカイザースラウテルンを取り戻し、フリードリヒ・バルバロッサの旧城館で途方もない虐殺を行った。侵入後に敵軍を皆殺しにすること、侵入部隊が国土を荒らすことは当時のならいであり、これで一五〇〇人の住民が虐殺された。これは第二次世界大戦中の様相に似ている。昔、狼藉を働いたのは強欲な傭兵であったが、今度は国家のエリートたちであった。

一九三九年から四五年に、ドイツのあらゆる地方の民間人を彼らの支配者から離反させるために、何が行われたのか？　表面的に見れば、政治的洞察力に訴えたのである。しかし、求められたのは洞察力ではなく、従順さであった。とどまるところを知らぬ大虐殺を行う支配者への従順。攻撃側か防衛側かにかかわらず、支配者は虐殺をちらつかせて、自分の側へつくよう脅す。しかし、屈服する者にもしない者にも、その頭上には爆弾、あるいはギロチンの刃が落ちる。都市住民には結局どちらが勝つのか、どちらの側につくべきか分からない。分かるのは、今引き金に手をかけているのが誰かということだけである。以前にも、報復者は代わる代わるやって来た。最初はグスタフ・アドルフが、次に皇帝が、といった具合に。爆撃戦争の新しい点とは、報復が二重に行われる点であった。爆撃飛行隊はそこがドイツ領であるからといって上からの罰を与え、ドイツ国内ではゲシュタポが、戦争にうんざりした民間人に対し横から報復した。それについては後述する。

三〇年戦争による破壊はカイザースラウテルンに刻み込まれている。だが今度は、火災は町までは到達しないだろう、と人々は言った。ここは谷あいにあって建物は霧に覆われることが多いからである。それでも人々は倦むことなく山の斜面に坑道を掘り、古くからのビール貯蔵地下室に補強を施し、ラウター川とツィーゲルバハ川からの水を防火用池に汲み入れた。一九四四年一月一七日の白昼、一一六戸の建物がアメリカ軍の二波爆撃によって全壊あるいは被災し、八一人が死亡し、この町にもこういった事態が起こるのだと市民は悟った(86)。数の神秘を信じる人々は三という数にこだわった。三〇年戦争による前回の大火から数えて三〇〇年と三掛ける三年が経っていた。前回のは二回目の大火であった。続いて第三帝国で、三回目の大火が起きるだろうか？

警報が鳴るたびごとに不安は募った。人々は恐怖に怯えた。坑道への競走には命がかかっていた。「ブンカー鼠」と悪口を叩かれても、人々はもう外へ出ようとはしなかった。家を失った者もいれば、自分の占領した場所を手放したくない者もいた。人口六万六〇〇〇人のこの町は防空地域としては二等級が与えられ、避難壕の建築に政府の援助を受けられなかった。市は財政が許す限り、そして市民が掘削できる限り多くの壕を作った。防衛は戦い取るべきものとなった。八月一四日までに三二八回の警報が鳴り響いた。四月二三日には二四時間のあいだに八回も鳴った。住民は眠れず、疲れ果て、神経が参っていた。

一九四四年八月一四日の昼頃に第八航空軍が戻って来て、八〇本の通りに炸裂弾と焼夷弾を投下した。息が詰まるような真夏の気温で今回は熱と煙の消散が妨げられ、市内ではエッケル家具会社の広大な材木置場に火がつくと、松明のように燃え上がり、隣接する森の冷えた空気を吸い込んだ。それによって生じた通風によって、あの悪名高い火災嵐が発生した。当時この地方ではまだ知られておらず、起きたことがない現象である。カイザースラウテルンは、市所有の森、教会の森、「帝国の森」など木に囲まれた地である。一六三五年にやって来た皇帝直属の放火殺人犯たちもここの木造建造物を欲しいままに蹂躙した。今では建物は石造だったが、木は再度、大惨事を起こした。

画家のアウグスト・ネーブリングはベッツェンベルク山の麓にある坑道から爆撃機の動きを観察していたが、爆弾の雨が降り注ぐのを見て、家に置いていた樽三個分の松脂、ラッカーを塗らなくてはならない子供用ベッド三〇〇台、絵具、桐油のことを思い出した。「すぐに意を決して自転車に乗ると、私は東に向かった。バルバロッサ通りではロッツ木靴会社が激しく燃えていた(87)」。そしてエッケル家具社にたどりついた。

材木置場は一面の火の海で、シュネップバハ通りの建物にも火がついていた。そこで私はシュール通りを通って行くことにしたが、そこももう燃えていた。六メートル離れたところに落ちた爆弾の炸裂で私は吹き飛ばされ、校庭の鉄門に叩きつけられて意識を失い、瓦礫の上にうつぶせに落下した。最後の瞬間に見たのは、向かいにあったユング・パン店が入った角の建物が、私のすぐ傍らで崩れ落ちる様子だった。その建物は爆風で倒されたのだ。

それから私は意識を取り戻した。あまり時間は経っていなかったようだった。自分がすっかり裸で靴だけが無事なのに驚いてしまった。服は細い生地の切れ端が残っているだけだった。血だらけの体を起こすと、ほんの一五分前には明るい夏の日だったというのに、周囲は火と煙が立ち込めていて、暗くなっていた。私の隣には、すぐそばの壊れた建物にあるパン屋の見習いがいて、その足はまだ痙攣していた。彼を起こすと、その下には大きな血溜まりがあった。失血死していたのだ。三メートル離れた瓦礫の中では警官が一人死んでいた。

ネーブリングが這って家に帰ると、避けがたいことはとっくに起きていた。窓から二メートルも炎が出ていて、アトリエからも火柱が上がっていたのだ。「弟がアトリエを消火しようとしたのだが、無理だった。突如、炸裂弾が空から降ってきて、私たちは大急ぎでまた地下室に戻ろうとした。その途中、弟は倒れた。恐怖によるショックで脳出血を起こしてしまったのだ。その翌日、弟は死んだ」。ネーブリングが次に心配したのは、防空地下室にいる妻のことだった。

入口は破壊弾のため、埋まっていた。防空室に閉じ込められた三〇人の人たちは五時間後にやっと開いた穴から救出された。私は地下室の窓を叩いたが、左の耳は爆弾のせいでまったく聞こえず、右耳もほとんど聞こえなかったので、返事の音がするかどうか分からなかった。それですっかり意気消沈し、プロイセン広場に戻った。そのあいだにシュール通りでは大変な数の建物が燃えて町の上空には分厚いきのこ雲ができ、町は暗くなっていた。一五歩ごとに地面に倒れながら、やっとのことで広場にたどりつくと、そこで消防隊が私を見つけてバルバロッサ学校に運んでくれた。

ネーブリングはこのときの負傷により、一九四九年に亡くなった。

その日の昼のベッツェンベルクからバルバロッサ学校までの道行きはまるで小説『ズィンプリツィスィムスの冒険』*を一時間に圧縮したかのようだ。技巧を凝らした木製建築物、報復欲に燃える爆弾、皮肉な因果律の重なり、無駄となるあらゆる努力、避けがたい炎、虚しい死。カイザースラウテルンを標的にした殲滅作戦は、三〇年戦争による攻撃の三〇九年後の九の月に、爆撃機軍団の九〇九トンの爆弾を使って行われた三番目の空襲であった。第三帝国時代のカイザースラウテルンの三回目の空襲による犠牲者は、それに先立つ大火による犠牲者数の三分の一である。それでも数の神秘学が教えるのは、三は三のままだが、破壊は倍増する可能性があることだ。神秘家も歴史家も、出来事の中に意味を見出したい、意味なきものの中にパターンを見たい、虐殺を論理的に解釈したい、歴史に根拠を与えたいという欲求を持つ。歴史はさまざまな方向に枝分かれする。最初と最後に、解き明かしがたい事実が存在する。材木会社が燃え、熱が隣接する森の冷気を吸い込み、突風が襲い、そしてもはや何も残らなかった。

一九四五年四月、進軍する連合国軍のすぐ背後で、アメリカの報道官で社会学者のダニエル・ラーナーは征服されたドイツの町を視察した。市中はすべてどこも壊滅状態であると彼は報告している。部隊が宿営可能なのは郊外の住宅地域のみである。さまざまな供給施設は市内にあったので、電気、水道、ガスの供給もほとんど途絶え、それらを同時に使うことはできない。壊滅率は平均七五％以上に上り、八〇％、ときには九〇％の場合もある。こうラーナーは報告している。それでも彼の報告は表面的なものにとどまっている。一カ月後、別の戦略部門の士官で経済学者のモーゼス・アブラモヴィッツは同様の視察旅行を行い、もっと詳しい所見を残している[88]。エッセンは中心部も郊外も全土が荒廃している、と彼は記す。「多くの通りはまだほとんど通行不可能で、瓦礫が積もって場所が判別できない通りもある」。ケルン中心部にはもう人っ子一人いない。

* 一七世紀の民衆文学者グリンメルスハウゼン作。三〇年戦争を背景に、戦争のため父と生き別れになった主人公がさまざまな冒険をする悪漢小説。

それに引き換え、工業施設の状態はましである。

デュッセルドルフ圏内の従業員二五〇人以上の企業を概観すると、全壊したものはほとんどない。残りも被害は部分的なものにとどまっているか、まったく無事にすんでいる。……ライン石炭管理会社職員の申し立てによれば、ルール地方の鉱山はほとんど被害を受けていない。巻き上げギアと牽引ウィンチは、ほんの数カ月で再び完全稼動状態に復帰できる状態にあるとのことである。エッセンの中心部と郊外のボルベック地区にあるクルップ社工場が驚くほど良好な状態にあることからして、その評価は非現実的なものではない。

ドイツ西部には今なお使用可能な工業施設がふんだんにあり、「その上、工業施設の修理においてドイツ人は大変な進捗を見せていた」とアブラモヴィッツは続けている。

一九四四年秋のいわゆる第二のルールの戦いは、一〇月二三、二五両日にエッセンで最も激戦となった。クルップ社工場は一三〇五個の高性能爆薬弾と一万個の焼夷弾に覆われた。[89] しかし市街地域にはこの両日で、一八二六機の爆撃機がその何倍にも上る一〇〇万個の焼夷弾をばら撒いた。投下された高性能爆薬弾と焼夷弾の総量は八二〇〇トンで、これはハンブルク大空襲の二倍をはるかに上回る。一一月、一二月と、一九四五年二月にも爆撃機軍団は空襲を続けた。三月一一日に行われた最後の空襲では、一〇七九の飛行機が四六六一トンの爆弾を運んできた。これはドレスデン空襲の二倍のトン数で、戦時中、最大規模の作戦の一つであった。エッセンに向けて行われる攻撃は何であれすべて記録破りであった。エッセンは爆撃機軍団を引き寄せる磁石のごとしである。クルップ社工場では不死身のジークフリートの心臓が鼓動していた。一九一六年にフランドルの野でイギリスの若者たちの心臓を打ち砕いた大砲は、ここの溶鉱炉で鋳造されたのだ。ハリスは自分がかつて狙った企業を一つだけ名指ししている。それがクルップであった。

ライン川東部ではまだ作戦を展開してはならないという命令であったが、一九四〇年五月一二日の午前二時五分にはもうすでに六個の高性能爆薬弾が陸上競技場と建物二戸に投下されている。一九四二年三月と四月のあいだには合計一五五五機の飛行機がすでに六波に分かれて空襲を行っていた。労働者の居住地区であるボルベックは一九四三年三月、全壊状態となっていた。五月一日の夜間空襲でエッセンに投下された弾薬は一万トンに達し、一都市に投下された量としてはそれまでの最大量となった。爆撃戦争は六〇カ月であったが、エッセンはそのうちの三九カ月間にわたって攻撃を受けた。一五〇万トンの爆弾が送り込まれた先は主としてクルップ社であったが、ここは物量戦に対する対策を万全に整えていた。一方、市内にある六万五〇〇〇戸の建造物のうち、無傷なものは五〇〇〇戸だった。爆弾が洪水のごとく投下されたことを考えると、死神の収穫量は比較的少なかったと言える。それでも一都市で六三八四人という死者数は爆撃戦争中、九番目の数である。

二七二回の空襲から逃げおおせた人々は、生きてはいたもののすっかり消耗していた。一九四三年春から始まったルールの戦いの最中の地下生活を、当時三七歳だった医師は次のように語る。埃、騒音、ショック、死の不安、爆発の圧力、揺れる建物、燃える通り、他人の死を見ることに起因する心的破綻、こうしたものによって瓦礫の中の人間も建物同様に荒廃していた、と。彼は続ける。

> 妻を抱きかかえると、彼女が絶えず激しく痙攣しているのに気づきました。その痙攣に私は驚きましたが、それは私にも伝染しました。私もそのときから震え始めたのでした。とくに、脚が。私は足の位置を変えたり、踵を持ち上げたりつま先を踏ん張ったり、脚を伸ばしたりして何とか震えを押さえようとしたのですが、どうしてもだめでした。(90)

痙攣は爆撃され尽くした大地の反射運動である。大地はもはや、人間がそこで活動する、信頼に足る基盤ではない。際限なく表土の下へ送り込まれ、変化して圧力波や熱放射となった弾薬のエネルギーが、人間の立つ場所を揺るがす。だから、爆撃を描写するどの話にも、世界の崩落という表現が登場するのだ。世界は、実際に動き、揺れ、震え、壊れ、積み重なり、煮え、溶け、灰と化す。大地の堅固さは永続の証であるが、終末のときに地殻は壊れる。爆撃の基本的事実とは、そこでは誰も歩くこともならず、這いつくばったまま、爆風と熱気が去り、振動と溶解が止まり、物体が停止し再び堅固な世界が戻るまで待機するということである。

> 建物は航空機雷で絶えず震え、地下室に至るまで建物の全部が揺れるのです。その後私たちの部屋にはストーブのガスが充満したので、ボイラーが破裂したのだと思いました。爆風が煙突を通って下まで伝わり、煙が入り込むと、私たちは祈りながら泣きました。(91)

屋根紙やタールが溶解して溶岩のように滴り、人々はこれを燐だと思った。可燃性で熱で溶けるものは、総じて燐と呼ばれていた。

液状の燐は恐ろしい作用をおよぼします。地下室の穴から入り込んで貯蔵してある石炭やコークスの上に落ち、そうなると建物は上からも下からも燃えるのです。地下室は翌日には摂氏一五〇〇度にも達し、壊れた水道管の水は地下室で煮えたぎり、恐ろしい熱気とガスの悪臭を発しました。

六人の女性が体を寄せ合い、床に横たわっている。

私たちはもう考えることもできず、ひたすら祈りを捧げました。最初の爆弾でもう扉は全部蝶番がはずれて吹き飛んでいました。まるで野外にいるように私たちは暗闇に横たわっていました。耳をつんざくような騒音と爆弾の飛ぶ音――世界の終末もこれほど酷くはないでしょう。爆撃は四五分間続きました。建物と通り全体がまだ無事だとはとても思えませんでした。私たちの住む建物の後ろはめちゃくちゃでした。九個の巨大な弾孔が一切を掘り返し、木々がまるで大きな死体のように散乱していました。私たちの古い庭は、深くて広い一つの弾孔になっていました。サクランボの木をのぞいて果物の木も全部、消えていました。

それは夜中の一二時のことであった。「私たちはちょうど坑道から出たところでした。朝一〇時から八回目の最高レベルの警報でした。昨日も坑道ではひどい争いがあったところでした」。坑道の責任者が言った。「もう坑道に乳母車を入れないでもらいたい」。乳母車を押す女性たちの神経はすっかり限界に達している。一人は昨日、坑道に向かって突進する際に気が動転して乳母車をひっくり返してしまった。そのとき「飛行機が一機、サーチライトにとらえられ、撃墜されました。幸い、爆弾が載っていなかったのでこの女性は助かったのです」。ブンカーへの競争に敗れ、厚さ二メートルの鉄筋コンクリート製建造物に守られない者は、弾薬に剥き出しで晒され、その餌食となる。「このモルトケ広場では人々がパニックに陥って、女性七人と子供四人の一一人が踏み潰されて死にました。このあたりには爆弾は一つも落ちなかったのに[92]」。

航空戦部隊は毎日ルール地方上空を飛び、殺されたくなかったらどうすべきかを住民に教えた。「多数のビラが撒かれ、それには、ルール地方を出るようにと書いてありました。今後は車道も線路もすべて火に飲まれるから、と。もう食料品を買うこともできなくなりました[93]」。対抗するドイツ側は反対の命令を出す。「それはドイツに向けられたそれまでで最悪の空襲でした。何人もエッセンを出てはならないという掲示がもうその夜のうちに貼られました。

町の中心部にはもう、何もありませんでした。エッセンはスターリングラードよりひどい有様だ、と兵隊たちは言っていました[94]」。まもなく、前回と反対の命令が出される。「多くの女性と子供が疎開できるようになって、皆喜びました。そのための切符ももらえました。やっと地獄から出られるのです」。しかし、どこへ行けばよいのか？

タキトゥスはローマ支配に対抗する数々の反逆者について述べる中で、女予言者ヴェレダに触れている[95]。ヴェレダは紀元後六九年、ライン川東部に住んでいた自分の部族、ブルクテリ族にゲルマン族の反乱に加わるように説得した。ローマの勢力でも、すべての場所に軍勢を置くことは不可能で、また彼らはその土地に詳しくもなかった。ヴェレダはブルクテリ族に、現在のザウアーラントのフェルメーデとハルベスヴィクの中間点に隠れた洞窟があることを教えた。その地に定住した民族は二〇〇〇年経ってようやくヴェレダの洞窟が何の役に立つかに気づいた。それは爆撃に耐えるのだ。一九四四年に戦争がこの地方に迫ったとき、フェルメーデ住民はヴェレダの洞窟の前にバラックの住宅群を建てた。爆弾のうなりが聞こえると、住民たちは隣接するブルクテリの壕に入った。懸命に坑道や岩山に地下室を掘る近隣の村人たちはこの住宅群を嘲笑し、やっかみ半分に「弱虫キャンプ」と呼んだ。

一九四三年まで、ザウアーラント小都市の住民たちにとって、空襲は警報の音でしかなかった。爆撃隊がベルリンやカッセルに向かうと、サイレンが鳴り、間もなくどこかよそで死人が出ることを告げ、畑の農夫たちは十字を切った。最初のルールの戦いの後、デュースブルク、ドルトムント、ボッフム、エッセンから疎開民が現れた。宿屋や宿泊施設は満員になり、住宅は建て増しされた。多くの場所で人口は二倍に膨れ上がった。ルール住民は金をもたらし、店の棚がカラになるまで買い物をし、職人に仕事を与え、流行のファッションを見せつけた。まもなく、この地方で普通だった女性のお下げ髪や束髪はウェーブやパーマをかけた髪に変わった。

町の芸術品は避難民より一年早く疎開していた。デュッセルドルフ市立美術館は一九四二年からオーバーフンデム近郊アドルフスブルクに置かれた。ザウアーラントはアーヘン市立公文書館、エッセン裁判所の文書、レムシャイトの貯蓄銀行通帳、ヴッパータール帝国鉄道司令部衣類保管庫の疎開先となった。一九四五年春にはこうしたルール孤立地帯の南翼の都市はすべて主要な戦線下に入った。一九四四年末以来、爆撃機軍団と第八航空軍はすでに地上を蹂躙していた。

人口三三〇〇人のフレーデブルクのような町は一四四四

年のゾーストの戦い以来、戦争状態を経験したことがなかった。[96] その当時この町を占領したケルンの市民が今度は爆弾を逃れてここへやって来ていた。しかしケルン市民はここでも爆撃にあい、蒼白な顔でフレーデブルク市民とともに三つのビール貯蔵庫、三つのスレート採掘穴に身を潜めることとなった。外ではヴァーレ少佐が寄せ集めの兵の大群とともに立てこもって、ニーベルンゲンの戦いさながらの最後の戦いを行っていた。キューケルハイムでも、ベーデフェルトでも、ヴェスターンベーデフェルトでも、どの村でも、こうした軍勢に遭遇することをアメリカ第一軍は想定していた。そのためアメリカ軍は戦闘爆撃機を送り込み、これは八〇〇〇の爆撃機が四年がかりでケルンに加えたのと同じ攻撃を一時間でフレーデブルクに加えた。

スレート採掘穴に何日もこもった五〇〇人の人々は、自分たちがどうなるのか分からずにいた。酸素は吸い尽くされ、もうマッチ一本も燃えなかった。酸素を節約するため、眠り、なるだけ話さないようにとナチ党地区指導者は言った。疎開者たちは大都市のブンカーでの経験からこのことを知っていた。若者たちは怯えもせずにふざけ合ったが、両親はロザリオの祈りを捧げ、老人たちの心臓は止まった。その場合、首席司祭のシュミットが終油の秘跡を施した。

ブリュデンシュタイン嬢とその友人のルッツ嬢は意を決して起き上がると、ドルトムントから来ていた市の司令官であるハルトランプフ警察長官のところへ走った。ブリュデンシュタイン嬢は市民の窮状を訴えたが、警察長官は何も返答できなかった。彼は市の行政にしか権限がなかったからである。戦闘を指揮するのは三五歳のヴァーレ少佐で、彼はもう死ぬ覚悟を決めていた。「妻と子供たちはもう囚われている。私は弾薬が尽きるまで戦う」。降伏を求める人々の代表者ブリュデンシュタイン嬢は、これに反論できなかった。もはや勝利のための戦いではなく、滅亡への最終段階を延ばすための戦いに専念できることをヴァーレ少佐は喜んだ。彼はフレーデブルクのヒトラーであった。「ロザリオの祈りなど捧げる連中はいいかげんに目を覚ませばよいのだ」。彼はこの地を適切に防衛しようとしているのに、住民は慎重にしてくれと頼むばかりである。建物の窓辺に機関銃を据えようとすると、住民が抵抗する。一体、他のどこに据えろと言うのか？　その後ろには二二人が住んでいて、中には乳児が二人、妊婦が二人、八〇代の老人が二人いる。哀れな民間人は、どうかご容赦を、と泣き言を言うばかりだ。「この建物はあなた方の命を守るものではない！　私が望めば、それは要塞となるのだ」。ヴァーレはそう答えた。

ドイツは要塞であった。その点についてはハリスも、ヒトラーも、そしてフレーデブルクのヒトラーも、とてもよく似た考えを持っていた。酸素不足の坑道でロザリオの祈りを捧げる人々は戦線のどちら側でも、民間人保護の原則などとうに捨ててしまった戦闘指揮官に遭遇することになった。攻撃側でも要塞に立てこもる側でも、民間人の命を保障しないという点は戦場の隅々まで徹底されていた。爆弾が飛んで来る方向が変わるたびに、市民は戦争のために場所をあけろと命令された。そして移動した先は結局また戦線となった。クルップ社のあるエッセンからヴェレダの洞窟まで展開された戦線では、命の保障はなかった。「戦争とは過酷なものだ」。ヴァーレ少佐はブリュデンシュタイン嬢に答えた。「それは過酷な終末へ向かう。我々にも、祖国の破壊という事態は辛い」。フレーデブルクが破壊されアメリカ第一軍が侵入したのは四月九日になった深夜二時頃であったが、シュミッツ邸で戦闘していたヴァーレは墓地を経由して北西に退却した。そこにはアルテニルペ村があり、後にドイツ戦線の要石となった。

一九四三年初夏に撒かれたイギリスのビラにはこう記されていた。「イギリス空軍は一九四三年五月二三日から二四日にかけての夜に、ドイツ空軍が一九四三年一月一日から六月三〇日までにイギリス全土に投下した量の二倍の爆弾を一時間でドルトムントに投下した」[97]。それは二〇〇〇トンにあたり、それまでドルトムントに投下された量に比べればわずかなものであった。その直後のビラはイギリス軍の威力を示していた。そこには骸骨のようになり、炭化したハンブルクの空中写真とともに「ドイツ抹消のとき」と書かれていた。一九四二年のビラが告げた内容も同種のものであった。「ドイツの都市、港湾、戦争関連工業地帯は、その期間、規模、威力において今だいかなる国も直面したことがないような重大な試練に晒されるであろう」。ドルトムントにはこの表現が当てはまる。そこに投下された二万七〇〇〇トンの爆弾のうち、ほとんど半分は一九四五年一月から三月のあいだに投下されている。その前、一九四三年と四四年のルールの戦いによってすでに市内にはほとんど何も残っていなかった。五三万七〇〇〇人いた住民のうち、六万人がまだドルトムントに残っていた。

一九四四年秋の第二のルールの戦いにおける大空襲は、住民が疎開した区域内で九月から一二月までに一万五〇〇〇人の命を奪った。その中にはちょうどその頃、ヘーシュ工場に到着したポーランド人が数人いた。彼らは九月一二日に虱駆除用バラックで空襲にあい、服を着る暇がなく裸だったので、防空壕に入らなかった。その前年にルールを爆撃機の墓場にしていた防空体制は今や何もできず、一七〇機のイギリス軍機の小編隊にベルク地方の町、ゾーリンゲンを譲り渡した。ゾーリンゲンでは一一月四日と五日の二回の昼間空襲で二・五平方キロの大火災が発生し、一八八二人がその犠牲となった。その後、生き残った住民はこの町を去った。

ドルトムントは再び人で溢れたが、解放軍から逃げてきたアーヘン、トリーア、ライン西岸都市の住民の方が地元の住民よりも多かった。一〇月六日夜、戦闘はドルトムントにまで彼らを追いかけて来て、駅付近の市街地は壊滅状態となった。駅はレーダーによる精密爆撃の目標であった。普通列車が空襲の只中に入って来て、乗客は満員のブンカーの入口前で死んだ。ブンカーが満員になる数分間に起きる押し合いへし合いの大騒ぎは「ブンカーパニック」と呼ばれ、新年から始まった一月の空襲では何度も繰り返された。ドルトムント・フッカルデ地区では、すでに満員となったエッカイ坑道の入口前にいた群衆に大型高性能爆薬弾が落ち、救いを求めていた五〇人の人々は地下壕まであと一〇メートルのところで舗道にとり残された。

この地域の交通を封鎖するという「ルール計画」の開始後、住民たちは落とし穴に残されたも同然の状態であった。二月二〇日夜、七〇％の割合で焼夷剤を混ぜた二三〇〇トンの爆弾が主目標の南ドルトムント駅に投下された。橋や高架橋が爆破されて通行不可能なのでこの地域からの物資の輸送はできず、普通列車の通行も阻まれていた。通り、線路、水路上の交通を狙う低空からの機銃掃射は市街電車にまで照準を合わせた。三月三日、破片爆弾と機銃弾がドルトムント・エヴィング地区で満員の市街電車に命中した。アメリカ第三七三戦闘航空群のサンダーボルト機はこれで四〇人を殺害した。ある女性商社員は戦線にいる夫にこう手紙を書いている。「一〇万人がドルトムントを離れなくてはなりません。ここで生き残る可能性など、もうないのですから(98)」。しかし、外へ通じる道もない。「ここは完全に破壊し尽くされました。水も、灯りも、食料品の供給もありません。市の外に出る通りはどこも弾孔だらけで通行できず、橋もありません」。四八時間で行われた二つの大規模空襲が、封鎖された町の住人を打ちのめす。「フェルディ、一〇月六日は恐ろしい日でした。でも三月一二日に比べれば物の数ではありません。その日の空襲は、この戦争中に都市に向けられたもののうち最大最悪の空襲である、と公式に発表されました。爆弾は五〇〇〇トンで……」。

一一〇〇機のランカスターから投下される弾薬が防空ブンカーの扉を揺すぶる。「爆弾がものすごい勢いで至近距離に次々に落下するので、ブンカーは絶えず振動した」と、後に市長となったヘルマン・オストロップは記している。

私たちのいた部屋はすごい埃で、お互いの顔も見えないほどだった。ブンカーに入る通路はどこも直角に曲がっているというのに、近くで爆弾が破裂するたびに扉は破れ、私たちのところに避難していた高射砲兵が懸命になって支えなくてはなりませんでした。爆風から少しでも逃れるため、そこにいた人の多くは地面に体を伏せていました。(99)

まさしく、地面にひれ伏したかのように平らになったこの地区に向かって三月のビラは告げた。「この負け戦をさらに引き延ばすことを避けるため、ルール地方の戦争関連工業すべてを対象に容赦なき爆撃を行う」。そこにはデュースブルク、エッセン、ドルトムント、ボッフムを含む一六都市の名があげられていた。「全住民は家族とともに即刻、ルール地方を出てより安全な地域に移るよう、これをもって要求する」。

南

一六三三年から一八〇五年のあいだにフライブルクの支配者は一二回変わった。五回ハプスブルク家の所領となり、五回フランス領となり、一度スウェーデン領となり、最後にバーデンの一部となった。一六七七年から一六九七年のあいだ、比較的長期にわたってフライブルクがフランス王家の所有だったとき、その当時の高名な要塞建築家だったヴォーバン元帥がここを最先端技術で武装した。ハプスブルク家のオーストリアの飛び地だったこの大学町は、ヨーロッパで最も武装された土地の一つになった。

三〇年戦争ですでに廃墟と化していた郊外は、城壁、塹壕、砦からなる防衛帯建設のため平らに均された。そこにはドミニコ会修道女たちがアーデルスハウゼン修道院と聖カタリナ修道院を所有し、少し離れたレーヘン郊外には聖クララ会修道院があった。その中で最も優雅な建築は何と言っても、ハプスブルク家のルドルフの親戚に当たる一人の女性を住まわせていたと言われる、アーデルスハウゼン修道院である。ヴォーバンはそんなことは気にもとめなかった。修道院は要塞の邪魔になった。ヴォーバンは教会、修道院、礼拝堂一四堂を例外なく取り壊した。修道女たちは心痛に引き裂かれ、信仰生活とは馴染まない市中に引っ越した。

ルイ一四世は数々の新しい建物と教会一堂を建てるに十分な資財を提供した。しかしヴォーバンの要塞施設は非常に優れたもので、ライスワイク条約によってフライブルクがハプスブルク家に返還された後の一七一三年、フランス側はこれを陥落するのに大変苦労した。一年後、ラシュタット条約でフライブルクは再びオーストリアに返還された。一七四四年、フランスが二度目に要塞を攻撃し、一七四八年のアーヘンの和約でこれを四度目にオーストリアに返還することになったとき、ヴォーバンの要塞は無用の設備ということで軍の撤退時に破壊された。これで一七九六年の再占領は非常に容易になった。

一七四四年の撃ち合いで古い大聖堂の窓が多数砕かれ、それに続いて要塞が爆破されたとき、さらに多くの部分が崩れ落ちた。しかし暗い光を放つ色ガラスは、明るさを好む啓蒙時代の趣味にはもはや合わなくなっていた。日光がガラスで屈折して発する神秘的な輝きが失われても、さほど惜しむ声はなかった。一一二〇年、ロマネスク様式のバジリカとして建設が始められ、続く三〇〇年間に純粋なゴシック様式に改装された聖母大聖堂は、あたかもマストを高く掲げた船が港に錨を下ろすように中央広場に建ち、その周囲には後期ゴシック様式のクレプス銀行、四階建ての大司教館、後期バロック様式の公共図書館、階段状の切妻屋根を持ち、すっきりした形の穀物倉庫、一階建ての収穫保管庫、大聖堂附属宿泊施設ガイストが建っていた。

フランスとオーストリアという東西ブロック間の、フライブルクを巡る争いには死活問題がかかっていた。この町は、ブルゴーニュの谷、ジュラ山脈とヴォージュ山脈には

さまれた「ベルフォールの穴」の前面に位置している。長さ五五キロのこの通路はドゥー川を通過し、スペインとオーストリア両ハプスブルク家を結ぶいちばん西側の区域である自由伯領ブルゴーニュに至る。ルイ一四世は一六七八年、ブルゴーニュを獲得していた。それでヴォーバンは、ハプスブルク家所領でいつも変わらず悩みの種である前哨地フライブルクを要塞化したのだった。フライブルクはハプスブルク家の本国オーストリアからの飛び地であり、その先端がフランスに向いているため、これはフランスにとって放置できない状況であった。

大聖堂の窓と郊外の修道院は破壊されたものの、この町は世界列強の闘争の中にあってよく保たれ、ヴォーバンの要塞地帯は中世以来の広がりと通りの形をまだよく保存していた。一九四四年一一月二七日夕刻のフライブルク破壊には死活問題などかかっていなかった。爆撃の表面的な理由は駅があったことと、多数の部隊が駐留していると推測されたことだった。

フライブルクは南ドイツ占領のための出発点ではなかった。その東には黒い森が広がっているからである。フランスはすでにここから北に七五キロのシュトラースブルク（ストラスブール）を占領しており、ジャン・ド・ラトル・ド・タシニー麾下のフランス陸軍第一軍の戦闘活動は、ド

イツ第一九軍の残党をライン川の向こうに押しやることだけに専念していた。ハインリヒ・ヒムラーのオーバーライン軍に属する編隊は一九四四年末にはまだコルマル付近のヴォージュ山脈付近まで延びる戦線突出部を保持していたが、二月にはそれも押し込まれていた。

　鉄道はフライブルクからブライザハへ、ブライザハからコルマルへと延びていた。北のシュトラースブルクに向かうフランスの進軍と南の「ベルフォールの穴」によってコルマルの袋小路は横が狭められた。ヒムラーの軍は一方向にしか進めなかった。後方へである。そこは西部戦線の最後方であった。

　一一月二一日、フライブルク大学の神学教授ヨーゼフ・ザウアーは日記にこう記した。「ここは大変な騒動だ。ブルゴーニュの谷は破られた。フランス軍はもうコルマルに入っているらしい」。三日後にはこうある。「一一月二四日。敵の戦車がシュトラースブルクを占領した。そのニュースが今日の警戒警報で、ＢＧＭは敵機のエンジン音だ[100]」。

　一一月二七日夜、フライブルクでは五三キロ離れた場所の砲撃の音が聞こえた。少し霧のかかった、美しい初冬であった。夜空には満月が出て、クリスマスを前に賑わう通りに穏やかな光を投げていた。ザウアーは聖務日課にふけり、教会の鐘が八時を打った。二分後、警戒警報が鳴り、同時に最初の爆弾が炸裂した。ザウアーは家政係のシスター・テレーゼと家主のリーナ・ライヒ、エリーザベト・ライヒとともに地下室に降りていった。彼らが急ぐ間にも爆弾の地響きは大きくなり、炸裂する爆弾が近づいていた。

　「私の中で何かが崩れた。それはフライブルクは大丈夫だという確かな希望だった」とザウアーは書いている。日付は一一月二八日で、こう始まる。「昨夕のことについてどう書いたらいいのか、まだ分からずにいる。昨夕、私たちの愛する古きフライブルクが滅亡したことについて、落ち着いて考えるのは難しい」。

　それまでこの町に爆撃機軍団が姿を現したことはなかった。フライブルクにはこれといって重要な工業はなく、爆撃機がこんなに遠くまで到達するのは困難だった。二〇〇〇トンもの爆弾を慎ましい鉄道施設にばら撒いたこの三四二機のランカスターは、フランスからレーダーで誘導されていたと思われる。トラックに搭載されたオーボエ発信機でフライブルクの正確な方位測定が可能になり、爆撃機軍団はこれを使った。それに、前述したようにその夜は満月だった。

　地下室の揺れが治まらないので、ザウアーはシスターと二人の女性家主に総赦免を与えた。一〇分後、灯りが消えた。

突然、上で不気味な恐ろしい音がした。建物が壊れると思ったのか、三人の女性は大声で叫んだ。同時にバリバリ、ガタガタと耳を聾するような音がして、何かの破片とともに地下室の南側窓から強い風が我々の頭と顔に吹きつけ、息ができなくなった。続いて、もうもうたる埃が立ち込め、窒息しそうになった。私の横でシスターは床に跪いて聖人たちと神に助けを求めていた。ものすごい衝撃のため、我々四人とも体が無意識に左に曲がっていた。

隣人たちが地下室の壁に穴をこじ開け、まだ生きているか、と尋ねた。「何が起きたのか、上の建物がまだあるかどうか、最初は分からなかった」。

警戒警報が今頃になって鳴っていた。空襲警報発令所は出し抜かれたのだった。英仏海峡、ベルギー、オランダの早期警戒ステーションが失われて以来、こうしたことはますます頻繁になっていた。

たびたび包囲されてきた町フライブルクには、古くからの地下避難路を拡張した施設や、シュロスベルク森の峡谷があった。空襲に続く数日間を、市民はそうした湿気の多い場所を彷徨い、耳を澄まして過ごすことになった。用心のために、警報はまだ鳴っていた。一一月二七日に投下された遅延爆弾が間隔を置いて炸裂していたからだ。パジャマやコートを着た人々が四〇時間も、もはや存在しない通りをよろめき歩いたり、親戚や友人がそこにいるのでは、と考えて地下室を開けてみたりした。開口部からは炎が舌を出し、刺すような煙が出てきた。地下室ではまだ兵器が作動しており、火災が猛威をふるっているのだった。

この空襲は二五分間続き、二〇時三〇分に爆撃機は引き揚げた。ザウアー教授は自分の部屋によじ登った。まだ建物はそこにあったのだ。聖務日課書は、半時間前に教授がそれを置いたのと同じ位置、終禱のところで開かれたままだった。しかしフライブルクという書物は閉じられた。彼は、高く積もった瓦礫と化した大学附属図書館に行き、劇場とベルトルト・ギムナジウムが赤々と燃えているのを見た。中心部の火災が壁を照らしていた。「月は、穏やかに落ち着いた光をこの苦悩の光景の上に投げかけていたが、間もなく巻き上がる雲のような埃に覆われて見えなくなった」。

地下室に戻ると七二歳のザウアーは簡易寝台に横になった。中心部に向かう人々の足音と叫び声がはっきりと聞こえた。中心部の炎はますます激しくなった。フライブルクは石の町で木組みの建物はほとんどないので、五〇万個の焼夷弾は効果をそがれるはずであったが、実際は火災のなすがままに等しかった。人々は消火バケツを持って走り回り、消防隊はほとんどいなかった。

中心部の住民は迫り来る大火災から逃げてシュロスベルク丘へ走った。産褥期の産婦は新生児を抱えて壊れた産院から裸足で逃げた。途中にある旧墓地には家を失った人々が野営していた。疲れ果てた産婦たちは壊れた礼拝堂に避難して、持ってきた毛布をそこに敷いた。場所を確保できなかった者は、コートやシーツにくるまって墓石や木々のあいだに横になった。皆、地平線上の方にしきりに目を向けた。揺らめく炎のあいだに大聖堂の塔がそびえていた。

朝になるとザウアー教授は市立公文書館館長のフリードリヒ・ヘーフェレにともなわれ、中心部に向けて出発した。文書館は明け方になって全焼していた。聖母教会とともにこの市に深く根を降ろし、かつてロッテルダムのエラスムスが教鞭を執った大学はほとんど原型をとどめていなかった。聖霊病院はいたるところが燃えていた。わずかな財産をかき集めてカルトゥジオ派修道院に入っていた病院長は、心臓発作を起こした女性と、もう起き上がろうとしない男性を除けば患者は無事だと報告した。

一二六二年に建立されたフランシスコ会修道院附属の聖マルティンス教会は囲壁を残すだけとなった。

右側の建物はただの瓦礫の山と化し、カイザー通りまでたどりつくには命の危険をともなった。そこに着くと我々は山と積もった大量の瓦礫と石、梁、絡まり合った鉄や鉄線の上をよじ登らなくてはならなかった。我々のまわりにあるのは新世界だった。恐ろしい石の荒野の中、唯一つ大聖堂がこの地獄の騒動にもかかわらず無傷でそびえている。私の目には思わず涙が込み上げた。多くの人々も同じ思いのようだった。カイザー通りにまっすぐ建つものは何もなかった。しかし大聖堂は無事だった。どこも無傷であった。

大聖堂前広場は踝の高さまで瓦礫と破片で覆われていた。北側では、大聖堂から一〇メートルも離れていない場所に二カ所、巨大な弾孔が開き、内陣後方の建物群は航空機雷で吹き飛ばされていた。広場の周囲の建物は全部なぎ倒されていた。大司教館からはその後二日経っても炎が上がっていた。この空襲は二七〇〇人の命を奪い、大聖堂の北と西に位置する街区は全壊した。爆撃機軍団が二五分間空襲したのち、ゴシックとバロックの様式が混じった旧市街は一〇〇万立方メートルの瓦礫となった。一方、鉄道施設はどれも被害を受けずにすんだ。

爆撃機軍団の精鋭隊は第五爆撃航空群であった。ドイツの都市を面状に空襲するに当たって、その照準技術はとりわけ大きな被害を与えるのに成功した。この特別行動隊はカッセル、ダルムシュタット、ブラウンシュヴァイク、ハイルブロン、ドレスデン、ヴュルツブルクの火災嵐に任務の痕を残している。これらの都市が完全に焼失したのは、爆撃が精密さを欠いていたからではなく、非常に精密だった結果である。メーネダム攻撃のために創設された第六一七飛行中隊もこの第五爆撃航空群に所属していた。このエリート集団は目標を正確に点で狙い、それを面に応用し、予定の区域内を正確に燃やすことができた。主爆撃機がさまざまな色のマーカー弾を正確に落とし、爆弾が目標をはずれる主原因である風向きの判断その他の努力が、この精密さを実現していた。

英米目標設定委員会にヴュルツブルクの名があがったのは一九四五年二月はじめのことだった。その当時の主な目標はベルリン、ドレスデン、ケムニッツ、ライプツィヒ、ハレ、デッサウ、エアフルト、マグデブルクとされており、東部戦線から逃げる避難民と、東部戦線へ向かう部隊を爆撃する計画であった。予備目標とされたのは主にヒルデスハイム、ヴュルツブルク、プフォルツハイム、ヴォルムス、ニュルンベルクであった。イギリス議会では二月七日、保守党下院議員レジナルド・パーブリックが政府に向かってはっきりと、これまで爆撃を経験していない都市としてドレスデン、フライブルク、ヴュルツブルクの名をあげ、その順番はいつ回ってくるのか、と質問した[101]。

ヴュルツブルク滅亡の日程は三月一六日と決まった。正午頃、第五爆撃航空群に、爆撃は二一時二五分から二一時四五分のあいだに行うべしと伝えられた。天候は良好で、空には雲がなく、地表には薄霧がかかっていた。二二五機のランカスターと一一機のモスキートは一七時から一八時一〇分までのあいだにさまざまな空軍基地を離陸し、ロンドン西方のリーディングで集合し、ソンム川河口、ランス、ヴォージュ山脈への航路をたどり、ラシュタット付近でライン川を通過し、旋回地点のプフォルツハイムまで飛んだ。爆撃機軍団が目標まで直接飛行することは絶対になかった。一九時四五分から一六機のハリファックスがリュッティヒ—コルマル間で「マンドレル・スクリーン」を広げた。これは一連の電波妨害システムで、ドイツ早期警戒システムはもはや敵機の飛来を知ることができなくなる。そのため、第五爆撃航空群の姿をとらえられるのは早くてもフライブルクからであった。空襲目標がどこなのか分かる前にもう爆撃機が到着しているわけだ。こうして住民には逃げる暇がなくなり、死者数は大幅に上昇した。

航空群は一一二七トンの弾薬を搭載していた。その内訳は照明弾と弾薬三八九トン、燃焼物質が五七二トンで、それに第五爆撃航空群の持つ照準技術が組み合わされて、これらが火災嵐を起こすための集合体となった。二一時、編隊はネッカー河畔のラウフェンを通過した。先頭には目標に破壊の足場を作るためのマーカー団が、その後ろに目標を抹殺するための主力団が位置に就いていた。

ヴュルツブルクの位置はH2Sレーダーで測定された。マーカー団が風を測定すると、時速四〇キロの西風であることが分かった。二一時二五分、計器だけによる飛行のマーカー兵が市の中心部を二〇〇〇個の灯火弾で緑色に縁取った。続いて照明弾が炎の滝となって落ち、目標のマーキングに必要な明るさをもたらした。二一時二八分、緑色のマーカーがきちんと目標に投下されていて赤の追尾マーカーを落としてもよいことを主爆撃機が確認した。これは九〇メートル東に逸れてしまったが、黄色のマーカー弾で補うことができた。主爆撃機は東へ九〇メートルの誤差に気づき、爆撃団に、赤い灯火の西側で位置に就くように命じた。その後大量の煙が立ち昇ると、爆撃手長はもう一度マーカー弾で印をつけさせ、爆撃投下の焦点がずれないようにした。効果が薄められないための方法だった。

ある面を最大限に破壊するため、第五爆撃航空群の司令官サー・ラルフ・コクランは通常の爆撃方法に「遅延投下テクニック」を加えていた。これには飛行上の訓練が必要であった。殺戮空間をいくつかの区域に分け、空も高度別に区切る。さまざまな高度で飛ぶ全飛行機が、地上のある基準点を通過する。ヴュルツブルクの基準点は旧マイン橋であった。そこを基準に爆撃機は、それぞれが個別の航路を取りながら「オーバーシュート」、つまり橋を通過して(オーバーシュート)何秒後に爆弾を投下するかが決められていた。

マイン橋を基準としてさまざまな航路、さまざまな高度で飛ぶ機体が、基準点を通過した後、別々のタイミングで爆弾を投下することで、爆撃の時間、面積、効果は凝縮された。ヴュルツブルクは複数の色の二万個の照明弾でマーキングされ、二五六個の高性能爆薬弾と三九万七六五〇個の焼夷弾で破壊された。第五爆撃航空群は夜半に再び基地に戻り、卓越した仕事をやり終えたパイロットたちはコーヒーを飲みながら「反省会」を行った。「目標は非常にはっきりとマーキングされていた」と言って第五〇飛行中隊の大尉はうなずいた。第四六七飛行中隊は、今日ではマーカー弾を的確に落とすことができれば、都市はかなりの程度まで破壊できる、とそっけなく語った。第五爆撃航空群の報告書には「良好なる火災」とある。(102)

これほど狭い地域にこれほどの芸術の至宝を持つ町はまたとなかった。最も偉大な至宝は、バルタザール・ノイマンが作った作品、ヴュルツブルクの町そのものであった。

マイン川が流れているのに、この町はなぜ一七分の爆撃で九〇％も破壊されたのだろう、と住民は後になって何度も自問した。その答えは、宿命と第五群にある。イギリスの爆撃はすべて、消火活動に先んじることを狙っていた。非常に短時間のうちに最高の火力に達した火災は消火不能である。発火スピードは目標の性質——この場合は盆地であった——、風向き、これら両方を正しく処理する放火者の才能次第である。報告によると、炎はすぐに広がった。イギリスが知っていたように、この町にはヴュルツブルク風ロココ様式の木造建築物が数多くあり、これに合わせた弾薬を第五群は完璧に集中して投下したのである。その結果は信じ難いほどである。

この町はそれ以前、爆撃戦争とはほとんど無縁であったが、この幸運が不運の原因に変わったのだった。住民も救援隊もどのような防空体制を取ればよいのか知らずにいたからだ。地下室の熱や火災ガスの発生について、せいぜい噂程度のことしか知らなかった。コンクリート製ブンカーはなく、一七世紀の要塞が最後に活躍したのは宗教戦争当時で、それもつかの間であった。しかし地下の静かな通路は湿ってはいたが避難壕として最適だったし、司教座のあるこの芸術的都市に住む者は、自分たちに深い敵意を持つ者などいないと思い込んでいた。数々の塔という冠をいただいたこの町のバロックの競宴を、愛さずにいられる者があるだろうか？　チャーチルもこの町を知っていた。若き日、大使館員としてこの町の芳名帳にサインしたことがあった。ここには軍需産業はなく、めぼしいものと言えばスピネット〔ハープシコードの一種〕と祭壇の製造産業だけであった。ヴュルツブルク市民も自ら参加した農民戦争の後、この町の最大の敵はスウェーデン人で、彼らが犯した最も卑劣な罪は図書館を略奪したことであった。盗賊にも盗まれた側にも誉れとなる話である。その後、図書館は当時とは異なる扱いを受けるようになった。こうして、イギリス空軍の熟練した破壊部隊と、ひどく世間知らずの村とが出会うことになった。

多くの住民は空襲開始後、本能的にマイン川に殺到した。地下室と防空室に入った人々は急速に火の手が回ってくる前に、警報解除の後すぐにそこを離れなくてはならなかったのに、それを知らない人が多かった。人々は不安に怯え、地下が安全だと信じ、炎に囲まれた後は逃げることができずに地下室をつなぐ通路を彷徨ったが、出口はどこも炎に包まれていた。同じ状況の人々がそれぞれ反対方向から走って来た。「押し合いへし合いし、地下室の壁に開けた一〇個、一五個、あるいはもっと多くの穴を通ろうとして重なり合ってよろめくのです。そして最後に来るものとは何でしょう？　火事です」[103]。大聖堂の助任司祭フリッツ・バウアーは、この出来事の直後に次のように書き残している。

どんなことがそのとき起きたか、誰も決してそれを表現する術を持たないことだろう。生き残った者は誰も、どうやって自分が脱出したのか説明できない。私は後にウルズリーネン小路から来た女性に会ったが、この女性は生き残りをかけた地下での戦いで、二人の子供を失っていた。子供たちは混乱の中で母親から引き離され、追い立てられた群衆の下敷きになって踏み殺されていた。母親はそのことを乾いた声で、涙も見せず話してくれた。[104]

ウルズリーネン小路の下には七〇人から九〇人の人々が横たわっていた。バウアー司祭はこの冥府へ下って野戦病院の門番夫人を探そうとした。

地下は不気味に荒れ果て、静かだった。一人の女が壁に開いた二メートル位の穴に横になっていたが、私が懐中電灯で確かめたところ、その両足と頭部は炭化していたが、胴体は無傷で着衣も残っていた。女が着ていた毛糸のベストも大部分は無事だった。しかしそれは私が探していた人ではなかった。

それは窒息死した後、炎でもう一度滅ぼされた死体だった。似たようなことは大聖堂のシュール小路でも起きていて、そこではガスによる死者を、さらに熱が襲った。バウアーの報告によれば、そこにあった人間の残骸は高温のため損なわれていたものの、穏やかな表情をしていたとのことである。

椅子に座った人々がいた。一人の女は子供を腕に抱いていた。この人たちは炎が怖くなかったのだろうか？　どうして地下室を出ずに文字通り火のそばに座っていたのだろうか？　多分、火が近づいたときにはすでに死んでいたのだろう。

バウアーは防空室の隣で石炭の塊がくすぶっているのを見た。

地下室で発生したガスによって爆撃戦争中に何千人もの人々が命を奪われた。ドーム通り九番地でバウアーはそうした人々を七六人も見た。「死者たちには怪我はなかった。腕で顔を覆った者もいれば、両腕を大きく広げて仰向けに横たわった者も、両足を体に引き寄せた者もいて、多くの者は軽く口を開き、目は閉じていた。多くの者の髪は乱れ、奇妙に逆立っていた」。外国人労働者が死者たちを運搬用車両に積んだ。「人間の四肢、胴体、頭部が乱雑に積み重ねられた。それが車両の一定の高さにまで達すると、車は墓地に向かった。墓地で荷台の片方の扉が下に降ろされると、彼らは四肢の山に手を突っ込み、手に触ったものを車から引っ張り降ろした」。

三月一六日、ヴュルツブルクは住民一〇万七〇〇〇人のうち約五〇〇〇人を失った。その二〇日後、アメリカ第七軍が町を征服した。三五〇〇人を配置して立てこもっていたドイツ軍部隊は廃墟の中で六日間、血みどろの戦いをした。これはアメリカ軍にとってはアーヘン征服以来、最も厳しい市街戦となった。どちらの戦いでも廃墟が舞台だったので、それは勝利の見込みがない防衛側に有利だった。もしもこの街が占領の準備として廃墟にされたのなら、それは軍事的な計算違いというものであったろう。ヴュルツブルクは二月八日付の目標リスト上の予備目標として抹消された。それに何か軍事上の有益性が結びついている必要はなかった。ヴュルツブルク抹消それ自体が名人芸であると考えられた。三月一八日付イギリス戦況報告書はこう伝える。「駅南部の旧市街はほとんど全壊状態となった」[105]。

ヴュルツブルクが焼失したのと同じ夜、第五爆撃航空群より一〇分前に離陸した編隊がライン川で南に曲がり、ロッテンブルクで東に機首を向け、二〇時一五分に目標、ニュルンベルクに到達した。二〇時五三分、ニュルンベルクに空襲警報が響いた。ドイツの対空防衛は二八三機を連ねたこの編隊を重視し、ヴュルツブルクへ向かった集団を陽動作戦用と考え、邪魔をしないでおいた。一方、ニュルンベルク空襲編隊に対しては、かつて恐れられ今はガタガタになったドイツの迎撃戦闘兵器が、これを最後に底力を見せつけていた。二四機のランカスターが撃墜され、損失率は八・七％であった。ニュルンベルクに向かった編隊が目の前に見たものは、ヴュルツブルクの第五群の場合とは違って、手つかずの町ではなかった。そこでは十分に破壊作業が行われ、一月二日と二月二〇日の空襲で任務は完遂されていた。ここには四月五日にアメリカ軍第三航空師団がさらに一〇〇〇トンの爆弾を注ぐことになる。

ヴュルツブルク空襲の三月一六日、ニュルンベルク南部、シュタインビュール、ゴステンホーフ、ガルゲンホーフで住宅群が燃やされ、五一七人が死亡し、歌劇場と国立ゲルマン博物館で火災が発生した。破壊された歴史的建造物はただ一つ、一二七〇年にマグダレーナ修道会によって修道院の北東隅に建立された初期ゴシック様式の聖クララ教会であった。

この教会が建った頃、ニュルンベルクでは行政の中枢の人々および彼らに仕える人々は北側のライヒスブルク要塞と皇帝の居城周辺に住み、手工業者と商人は南のペグニッツ川流域の湿地帯に住んでいたが、教会建立時はまだこの二つの居住地域を結ぶ道はなかった。一三二〇年にやっと「ヘンカー橋」が二つの世界をつないだ。第三帝国時代に町は再び分離した。ナチ党大会の町ニュルンベルクと、ドイツの歴史に開かれた窓のような市民都市ニュルンベルクである。

中世から近代初期にかけて非常によく保存されてきたこの大都市では、数世紀にもわたる建築学的発展の概観を見ることができた。もっとも、このナチの町は過去の石のイメージへと独自の「ヘンカー（死刑執行人）橋」を架けたのであった。この死刑執行人はすべてを手中に収めた。まず城砦と要塞施設を改造した。これは並ぶもののないほど堂々たる造形物であったが、一九世紀のロマン主義的装飾から古代風の無装飾で堅固な造りに変えられ、歴史的真実の再発見ということにされた。城砦の前庭から延びる石壁はかつて敵が足を踏み入れることを許さず、その難攻ぶりを示していた。力を誇示するこの建築は砲兵隊を追い払うよりは、敵の大群から攻撃への意欲を奪うものであった。今や、ナチ化されたこの城砦は自国民に威容を示すためのものであった。

木製のパネル、北欧神話サガの場面を描いた絵画、紋章、一九世紀のシュタウフェン王朝の栄華を伝えるメルヒェンは取り去られ、皇帝用厩舎は第三帝国のユースホステル、ルギーンスラントに変わった。土色の漆喰、剝き出しの梁、あたりを凝視する岩はかつてあったものを新たな趣向で示していた。それは吟遊詩人の祝祭でもなく、貴婦人崇拝でもなく、騎士の刀礼でもなく、要塞と棺台であり、最後の一兵まで陣地を守ることであった。世代は次々と移り変わり、続くのは反目のみであった。そこでは血で贖えるものだけに価値がある。

こうして戦線用に改造されても、ザリエル朝の居城は五角形の塔の中で、ホーエンシュタウフェン朝の城はシンヴェル塔や本館や婦人部屋の中で、自らの発するオーラの中に静かに佇んでいた。一五四五年建造のイタリア風稜堡は古典的様式の砦で、そこからヴォーバンの要塞までは断絶なく続いている。皇帝用礼拝堂、マルガレーテ礼拝堂はシチリア風の軽快さを見せている。しかし、大管区指導者（ガウライター）の考えによれば高射砲隊はアーネンブルク城の上に置かれるべきだったので、この城の七〇％は破壊される結果となった。

同様に、城下区域の破壊も防ぐことはできなかった。爆撃機軍団にとっては、城砦とはすなわち軍事的目標で、いかなる場合でも第一級の目印となるものだった。もともとフン族からの防衛のために建造された岩の避難所は一九四二年八月から破壊され、現在見られるのは大部分が複製である。最初に五角形の塔と城代の建物が炎上した。ヴァルプルギス礼拝堂では三つの側で爆弾が炸裂し、一九四四年はオットマー礼拝堂と城砦の管理施設にとって終焉の年となった。一九四五年、皇帝用厩舎、本館、湯治施設が燃え、「国土を見る」という意味の名を持つルギンスラントは盲目となり、婦人部屋は崩れ落ちた。

ニュルンベルクは一九四五年一月までは爆撃戦争の被害を受けていなかった。航法装置がここを見つけることができないか、あるいはドイツの夜間戦闘機が爆撃機を粉々にするかだった。一九四一年一〇月一二日夜にニュルンベルクを目標とした爆弾の一部は一五キロ南にあるシュヴァバハにある家屋の屋根に落ちて一〇人の死者を出し、あるいは目標から一〇〇キロ離れたドナウ河畔ラウインゲンの町に落ちたりした。航路をはずれた三番目の中隊はネッカー河畔のラウフェンをニュルンベルクと間違えて空襲した。ラウフェンもラウインゲンも川幅の広い流れに面していて、戦闘機に追い散らされた爆撃機乗員はそれをペグニッツ川だと思ったのだった。ラウインゲン爆撃は四時間続き、七〇〇個の焼夷弾と二〇〇個のブロックバスター弾が投下され、心臓病を患っていた村長は村が燃えるのを見て倒れ、死亡した。

一九四二年八月二八日夜に行われた最初の大空襲では、乗員はできるだけ低空飛行するように言われていた。パスファインダーはまだ使用開始から間がなかった照明弾で正確に目標をマーキングしたが、弾薬は遠くエアランゲンまで散らばった。ニュルンベルクでは、建築当時のまま残っていたアルブレヒト・デューラー生家の窓が飛び散り、城砦の屋根が消え、城砦付き庭師用住居は直撃弾で潰された。ほとんど地面にまで急降下する見事な攻撃でナチ党大会施設も攻撃された。この使命による爆撃機の損失率は一四・五％で、町に到達した機体は三分の一であった。

戦時中ニュルンベルクに差し向けられた最大の編隊である七九五機のうち九五機を失ったこの「暗黒の夜」まで、南ドイツは爆撃機軍団にとって悩みの種であった。本当の爆弾投下目標は中央貨物駅であったが、命令された目標の手前で本能的に爆弾を投下してしまう「クリープバック現象」を計算に入れた結果、市街地のど真中が爆撃投下地ということになった。一一〇キロの長さにおよぶ機体の川は一七分でニュルンベルクを通過し、ここを抹消することになっていた。

爆撃機軍団は二三時二二分にスヘルデ川に達し、目標まで敵地上空をあと六七五キロ飛ばなくてはならなかった。追い風なので、一〇三分で到着する計算だった。ドイツ側は二三時頃に北海上空を飛ぶ飛行機の音を聞き取っており、半月が輝く空を旋回して待機態勢に入っていた。予想外に早く敵機を見つけたイギリス側は驚いてしまった。その上、天候のせいでどの機体も飛行機雲を残した。第一〇〇飛行中隊の大尉F・D・ギリアムは自分の乗ったハリファックスを高度七四〇〇メートルまで上げ、下を飛ぶ、重い爆弾を搭載したランカスターを無念そうに眺めた。ドイツ軍の戦闘機と空中戦はできないと判断した。

機上に爆弾を搭載している軍団はどれも戦うには重すぎた。爆撃機は焼夷弾と高性能爆薬弾を投下し、それがしかるべき都市のしかるべき場所に落下したことを願い、夜闇に紛れて逃げようとした。

> 私は、ドイツの二発戦闘機が飛行機雲を追ってランカスターに追いつくのを興奮して見ていた……ドイツ兵はランカスターの下にとどまり、上を向いた機関砲で正確にその胴体部を撃った。爆撃機は逃げようともしなかった。爆発が起こり、爆撃機は真っ二つに割れた。私は胃がひっくり返る思いだった。我々はもっと高度を上げようと試みた。(106)

高高度に上昇できなかったハリファックスが一機、方向を変えて引き返した。高度四五〇〇メートルをひたすら直進するパスファインダーの左右では、爆撃機が「燃える地獄のごとく」落下した。最後の八二機はニュルンベルク上空に入る際に撃墜された。

この任務で爆撃機軍団は五四五人の乗員を失った。フランケン地方まで逃げおおせた乗員たちも混乱のあまり、そのうち六分の一が間違ってニュルンベルクの七五キロ北西に位置するシュヴァインフルトを空襲し、別の隊はその東の郡部を爆撃するという有様であった。森の奥深くにあるシェーンベルク村にマーカー弾が投下され、燃やし尽くされた。家畜たちは気が狂ったように野原を走り回り、農場には焼け死んだ豚の死骸が横たわり、家禽は飛び去った。住民たちは顔を引きつらせて破壊された家の前に立ち、女たちはなす術もなく泣いていた。「爆撃機軍団の暗黒の夜」と呼ばれる失敗は、ドイツを空から攻撃して屈服させるという最後の希望に終止符を打った。イギリスはもう当分のあいだ、ニュルンベルクにはこりごりという気分であった。

アメリカ第八航空軍は一九四四年一〇月三日昼、四五四機の飛ぶ要塞(フライングフォートレス)B17をともなってゼーバルト教会の内陣、城、デューラー生家を攻撃し、その背後にあるペラー・ハウスに爆弾を命中させた。これはドイツで最も美しい富裕市民の邸宅の一つであった。爆弾は聖ロフスの眠る四〇〇年前の墓地を削り、砂岩製の石棺様の墓石をかき回し、そこに眠る遺骨を剝き出しにした。一九四五年一月二日、爆撃機軍団はフランスからオーボエに誘導され、二三〇〇トンの爆弾を搭載して戻って来た。市内には一〇〇メートル四方に三八トンという密度で爆弾が投下された。五三分後、ニュルンベルク旧市街は灰燼に帰した。

トゥハー城、ハンス・ザックス・ハウスとフェイト・シュトース・ハウス、聖霊教会、エギディエン教会、マイスタージンガー教会、それに城の周辺が、中世以来の二〇〇〇戸の建物もろとも蹂躙された。しかしおそらく、そう考えるのは間違いなのだ。ヒルデスハイム、マグデブルク、ドレスデン、ヴュルツブルクのような軍事的に価値のない歴史ある聖所は戦時中のある時点までは無事残っていたが、最後の三カ月に立て続けに破壊された。どう見てもそこには判断が働いている。こうした都市は皆ドイツ人に自分たちの起源を示す、象徴的かつ偉大な場所ではないだろうか。そうした都市の過去とは皇帝の城や執務室、工房、城、大聖堂、市場、修道院、小路、大学、病院、橋やダムのことである。こうしたものは、ドイツ国家成立以前から存在していた。千年王国を自称していた国家は過去千年の帝国の歴史をわが物とした。だから第三帝国はニュルンベルクを崇めたのである。崇拝された歴史は潰された。その歴史は当時成立したばかりのヨーロッパ帝国、ドイツの証人ではなかったか？　それが跡形もなく消え失せるように、一九四五年四月までに、アメリカは二回、そしてイギリスはさらにもう一度瓦礫を叩き潰したのである。

ニュルンベルクでは一万三八〇七トンの爆弾で六三六九人が命を失った。一月の空襲の後、リュックサックを背負った一二歳の子供の一群が、オーバープファルツのキンディングにあった児童疎開地から親を探すために市中に戻っていた。人々は冬だというのに靴と衣類を投げ捨てた。燐がついて燃え死ぬと思ったからである。農村から好奇心旺盛な人たちがやって来て被害を見学した。多くの人はブンカーを出なかった。四月になって町が征服されたときにも人々はその中にこもっていた。空気と水の供給は途絶えた。ナチに迫害され、連合国軍占領後に市立病院の長となったビンコルト教授は、こうした「ブンカー鼠」たちを外に引っ張り出した。「私たちはトゥハーブンカーに行きました。皆、座ったり、横になったり、あるいは立ったままで眠っていました。そこは夜になるとまったく不気味なほど静かでした」[107]。

一月二日の空襲は、ある会社にも被害を与えたが、それは連合国軍の経済専門家によれば年間四〇〇〇台の戦車を生産しているとのことだった。重量四五トン、時速四六キロの伝説的な戦車「パンター」もその中に含まれていた。この戦車ゆえに、MAN社（Maschinenfabrik Augsburg-Nürnberg-AG）は爆撃戦争の期間を通じて「優先順位一位」の目標だった。しかし戦車製造はほとんど中断されることはなかった。一九四四年九月の攻撃命令では二三三機のアメリカ軍B17のうち一七三機だけがこの目標に到達し、MAN社の週間生産台数を三〇パーセント減らすのに成功した。パンターは一九四五年一月まで製造が続けられた。新年の翌日に、爆撃機軍団が「優先順位一位」を他のものもろとも破壊した頃には、戦車がドイツ国防軍の進軍を援護することはもはや不可能になっていた。

この会社のアウクスブルク工場では爆撃機軍団にとって非常に危険なもの、つまりUボート用エンジンが作られていた。ドイツでこの会社だけがこの部門を担当していた。そこでイギリス空軍は大西洋の戦いの只中に第五爆撃航空群にここを爆撃する任務を与えたのである。ハリスは爆撃機軍団司令官の職に就いたばかりで、意気消沈した自分の部隊を鼓舞するためには、この到達困難な場所を奇襲するしかなかった。部下の心理を察したハリスは、これまで無事だった町を爆撃することで「目下のところまだ危険地域の外にいると信じている[108]」住民たちを不安に陥れるのだ、と命令に付け加えて言った。

第五爆撃航空群は第四四と第九七飛行中隊から一二人の精鋭乗員を選んでいた。ディーゼル・エンジン工場に正確に爆弾を投下するため、パイロットは日中できるだけ低空から攻撃する必要があった。乗員たちはこの任務のため、特別製のランカスター機と工場の位置を示す地図を使い、特有のねばり強さで訓練を行った。この地図とは、おそらく一九三八年に地下生活に入ったドイツ系カナダ人のMAN社従業員が入手したものであった。一九四二年四月一七日一五時、八五人の乗員と四八個の高性能爆薬弾を載せた一二機の飛行機が対岸のル・アーヴル近郊を目指して出発し、レーダー網を潜り抜けるため、一〇メートルという低空を飛んだ。

パリ近郊でドイツ軍戦闘機中隊がランカスター四機を撃墜した。残った八機は二〇時頃にアウクスブルクに到達し、レヒ川の流れに沿って飛んだ。この川をまっすぐ遡るとMAN社である。

我々の目標はたんに工場ではなく、特定の製造部署であった。我々は写真でその外観を把握しており、まさにそれはあるべき位置にあった。高射砲が高密度で立て続けにまっすぐな弾道を描いて撃ってきた。我々はドイツ側が自分たちの建物を撃ってしまうくらい低空を飛行した。後で見ると、我々の機体にはどれも弾丸の穴があった。目標の部署は我々の眼前にあった。私の機の爆撃手が爆弾を投下した……(109)。

もっとも、一部のパイロットは目の前にあるハインドル製紙工場や木綿紡績機械工場を見てこれをMAN社と思い込み、爆弾を投下した。機体は高射砲の射撃にとらえられ、墜落した。帰還したのは五機だった。MAN社の損害は二四〇万マルクで、Uボート用エンジンの納品が数日遅れた。ドイツはこうしたことが原因で戦争に負けたわけではない。敗戦に追い込むためにはもっと別のやり方でドイツの都市を攻撃する必要があった。

アウクスブルクは一六世紀には世界的な金融の中心地であった。金融の魔術師でありハプスブルク家お抱えの銀行家ヤーコプ・フッガーは、一五一九年に行われた宿命的な皇帝選挙に五〇万グルデンを投資した。ドイツ語を話せず、ドイツを見たこともなく、ドイツを支配することを考えたこともない一九歳の候補者がフッガーの手業によって勝利を収め、カール五世と名乗り、九年か一〇年に一度ドイツに滞在することになった。彼は自分の失敗に怒って退位した唯一のドイツ皇帝である。その失敗とはアウクスブルクという名であった。

一五三〇年のアウクスブルクの信仰告白〔メランヒトンがカール五世に提出した、ルター派の基本的な信仰告白書〕と一五五五年のアウクスブルクの宗教和議〔ドイツにおいてルター派を認め、また信仰の選択は個人でなく領主が行うことを決めた〕のあいだにドイツは、フランスがその直後に首尾よく完成させたことを行うのに失敗した。それは中世的権威を失墜させ、中央集権国家を作り出すことである。その三〇〇年後の一八七一年に統一国家ドイツが実現したとき、この帝国は近隣諸国と比較して時代遅れで、独特の行動を取る傾向があったが、それはまだ矯正可能な性質のものであった。しかし一九三九年から一九四五年までの戦争による過剰な抹殺は、この遅れて成立した帝国における七四年間では、およそ失敗する可能性のあることは実際失敗に終るということを示した。表面的な、容易に理解可能なさまざまの理由と並んで、特定の傾向が歴史の深淵の中で打ち出されていることは明らかである。もしも、若きカール五世の対立候補であったフランスのフランソワ一世が神聖ローマ帝国皇帝になっていたら、一五一九年のヨーロッパがどんな道をたどっていたか想像してほしい。

一五三〇年に開かれたアウクスブルクの帝国議会は、カトリックの皇帝、そのキリスト教的世界支配権の保証人である法王、ドイツの宗教改革者たち並びに諸侯たちを合意させ、アウクスブルクの信仰告白という合意文書にまとめる試みであった。しかし、彼らが合意できることは何もなかった。というのはこの宗教的問題は帝国内の諸階級、諸侯、都市を皇帝から分離する権力問題を含んでいたからである。キリスト教信仰告白は何とか作成できるとしても、地方勢力と中央勢力の利害が絡む葛藤を解決できるのは武器だけであった。

フランスのユグノー戦争では事情が異なった。これは貴族たちの陣営間で争われ、その一つ、ブルボン家が戦場で勝利を収め、敵陣営のカトリックを受け入れるという天才的な決定を行った。新たに中央権力の所有者となった王は改名し、信仰を捨てないユグノーの集団に寛容さを示した。段階的な権利剝奪、圧政と大量殺戮の後、ついにリシュリューによって国家教会が確立した。これと比較してアウクスブルクの宗教和議は何と人間的で理性的だったことだろう。諸宗派は共存し、地方の領主が自分の領地で認められる宗派を選んだ。アウクスブルクの信仰告白から二五年経ってこの決定が下されたのだが、その理由はただ、その間に行われた戦闘が何の成果ももたらさなかったからである。カール五世が裏切り者たちをその陣営からおびき出したので、シュマルカルデン戦争で諸侯連合は敗北し、カールはフランソワ一世に対して長期間にわたる戦争を行っていたので敗北した。カール五世は諸侯たちを屈服させることはできず、彼らと妥協せざるをえなくなった。しかしフランスが行っていた戦争はフランス対ハプスブルク家の勢力争いから発生した戦いで、ドイツとはほとんど関係なかった。

シュマルカルデンのプロテスタント連合はハプスブルク家を駆逐することもできたはずだし、あるいはハプスブルク家が諸侯たちをまとめて中央集権国家を作らせることもできた。両方とも考えられることであり、良い結果をもたらしたはずだ。しかしそうはならず、状況から見て最もありそうなことが実現し、それは後にはっきりしたように、最も悲惨なことであった。二つの時代錯誤のあいだでの均衡である。一つは、常にトルコかフランスと交戦状態にある王朝が所有する、曖昧な称号を持つ不恰好な帝国で、もう一つはドイツをどんどん分割して小国や極小国からなる不条理な集合体にしてしまう領邦国家の領主たちだった。領内の宗教は領主が決めたが、領主の関心事は利益であった。まさしくこの状況が一七世紀の恐怖と一八世紀の紛争の原因となった。領主たちが彼らを取り巻く絶対主義国家に巻き込まれるのは不可避であった。

ドイツは三〇〇年間、自分よりずっと強大な国家の権力政治の対象であったが、その後、自分自身が権力欲を溜め込み、それは二つの世界大戦で大騒動を巻き起こした。一九一四年から一九一八年のあいだは、それはまだ一定の領域に収まっており、同じ域内で対抗する他の帝国も自分の大義のために戦っていた。その後、ヴェルサイユ条約のもとで新たな無力感を味わった後、アウクスブルクのMAN社やメッサーシュミット社の工場に見られるような奴隷所有状態が出現した。それはまるで文明の歴史の中断のようである。アウクスブルクの信仰告白には次のようにある。「自然のままの人間は神の聖霊をまったく保有していない」。その性質は邪悪である。神の恩寵が与えられないなら、場合によっては人間は「邪神に跪いたり、人殺しをしたり」という悪を選ぶ。

それを証明するかのような例がある。ハンガリーから四〇〇人のユダヤ人女性が強制労働に連行されていた。ロシア人捕虜や強制労働者の場合と同様、彼女らに割り当てられた防空施設は、内部の人間を虐殺の危険に晒すような代物であった。MAN社の書類には次のようにある。「ロシア人たちは原則として坑道に入ることはできない(110)」。奴隷労働者たちは坑道の外にある塹壕に身を隠したが、そこで命は、爆弾の霰に晒されているも同様だった。メッサーシュミット社を襲った一九四四年二月二五日の空襲では、アメリカ第八航空軍の機体一九九機が三八〇人を死亡させたが、そのうち二五〇人は強制収容所の囚人であった。高性能爆薬弾は囚人たちのいる塹壕の只中で破裂した。三月に行われた次の空襲のとき、強制収容所の労働者たちは別の場所に逃げた。「今回、囚人は森に逃げた。彼らは塹壕は当てにならないと考えたのだ。すると今度は爆弾も森に落下してきた。砕けた木や枝のため、傷は一回目の空襲の際よりひどかった(111)」。防空警戒班はこう書き加えている。「この森に敵は爆弾を投下した。死体はあちこちにばら撒かれていた。死者は六〇人を数えた。そのうち五〇人は強制収容所の囚人であった(112)」。四月一三日、ハウンシュテッテン郊外のメッサーシュミット社を狙ったアメリカ軍によるさらなる空襲では、そこにあった外部収容所〔大規模な強制収容所に附属する収容所〕の木造バラックの集合が破壊された。

囚人と奴隷労働者たちはロシア、ポーランド、イタリア、フランス、ベルギー、オランダの人々で、こうした国々のあいだにあってドイツは、数世紀におよぶ無力状態を過ごしてきた。爆弾のもとで無力の歴史は頂点に達する。敵の軍勢や、あるいは敵の命令下に置かれたドイツの軍勢がドイツの国土と住民に対して行った暴力のいかなるものも、爆撃戦争の暴力には遠くおよばなかった。

ニュルンベルクやアウクスブルクのような軍需産業と緊

密な関係を持った都市は、多数の奴隷労働人口を抱えていた。彼らは、チャーチルとハリスが戦意を砕く対象として標的にした工業プロレタリアートの大部分をなしていた。奴隷労働者たちは十分に戦意を砕かれていた。ドイツ人は、ヨーロッパ諸民族間の力関係内では今や考えられないような屈辱的状況に、こうした労働者を置いていた。今までそのような処遇をされたのは、かつての植民地住民だけだった。ヒトラー政権は征服したヨーロッパ地区での戦利品を植民地での利益として取り扱った。とりわけ東部地域においてそうだった。このことは広く報道され、世界の同情を集めていた。植民地獲得の時代には支配民族がすべてを支配していた。支配民族の存在は奴隷民族の存在を前提とする。ドイツ人はヨーロッパの真中でこうした時代錯誤の見本を作り上げていた。

ドイツの軍需産業は強制労働なしには立ちゆかなかったのだが、支配民族を気取る病的行動はそれ自体で亢進していった。特筆すべきことにその反響は、ドイツより古く経験豊富な支配民族として君臨してきた側からやって来た。ドイツを滅亡させた爆撃戦争は、その方法を植民地戦争の中で発達させてきた。ハリスは若きパイロットだった頃インドで、反抗する市民を標的にした爆撃を行っていた。ハリスによって行われた、爆撃で相手にショックを与える戦法は、もともとカルチャー・ショックとして試行されたものである。葦の小屋に住む原始的な部族は、工業化した帝国の兵器類に直面して圧倒され、ひれ伏す。部族の槍や偶像は魔力を剝奪され、彼らは従順になる。

一九四〇年から一九四五年の爆撃戦争では両方の側が相手の野蛮行為を非難した。それは決して間違いではなかった。両陣営ともに、相手の行動に見合った対応をしたまでだと主張した。しかしそれは言い訳である。支配民族とそれを爆撃する者は自らの歴史に従っているのだし、役割を交替することはあっても、自分自身であり続け、その行為の主体であり続ける。彼らの犯罪は仕方なく行った行為ではない。しかし、奴隷民族に対する爆撃はこうした暴力の応酬の外部にあり、理由を持たない。ドイツにいた外国人七六〇万人のうち合計約四万二〇〇〇人が命を奪われた。

メッサーシュミット社に対する二月二五日の攻撃は、二月二〇日から二五日まで続いたアメリカ軍によるビッグ・ウィーク作戦を終了させた。この作戦は戦闘機生産および、イギリス空軍省が付け加えるところによれば「その設備と結びついた諸都市」[113]に向けられたものだった。イギリス軍は夜間空襲を行ってビッグ・ウィークを支えた。アメリカ第八航空軍は昼間に五〇〇トンの爆弾で、アウクスブルク郊外のハウンシュテッテンに精密爆撃を加えた。二二時四〇分に爆撃機軍団は市街地上空に姿を現した。聖ウルリヒ塔にいた監視人、ベルト氏はこう述べている。「……突然、地獄が現れた。ウルリヒ教会の周囲の広い範囲に焼夷弾と高性能爆薬弾が次から次へと投下された。およそ一〇分から一五分で旧市街は火の海となった(114)」。

人口一八万五〇〇〇人の町アウクスブルクには防空用ブンカーはなかった。公共防空壕は定員五五〇〇名で、その他には「まるで嵐の中の小船のように揺れる(115)」地下室があるだけだった。この町はそれまで空襲を受けたことがなかったのだ。電気は止まってしまった。人々は地下に座って警戒解除のサイレンを待っていたが、それは鳴らなかった。警報設備が壊れていたからだ。ミュンヘン近郊に配備された防空大管区(ガウ)第七班は別の爆撃機群も飛来中であるという知らせを聞いた。当直の司令官トーマス・ヴェクスは考えた。「第二波もアウクスブルクに向かうとしたらどうなるだろうか。そこでは町が燃えている最中だ。また空襲がやって来るとは誰も思っていないだろう(116)」。ミュンヘンではアウクスブルクの警報を解除すべきか否かを協議していた。結局「アウクスブルクは引き続き最高の警戒状況にある」ということで一致したが、アウクスブルクの警報施設は機能していなかったので、結局は同じことであった。

三時間後、地下の人々は上に向かってよじ登り、負傷者の手当てをし、生き埋めになった人々を引き出した。消防隊は大火事の場所に出動した。そうして零時五五分から始まった空襲の第二波の中へと進んでいったのである。二、三の家財を救い出すことができたらしい人々が座っていて、慌てふためいてあちこち走り回っている人たちもいた。また、残った全財産を小さな手押し車に積んで曳いている人たちもいた。ああ、あの悲惨な光景は一生、決して忘れることができないだろう(117)。

これが証人、ベスラー氏が経験したことである。人々は、爆撃機軍団が予想した通りの行動を取った。「突然二回目の空襲が始まった。もう一回攻撃されるとは信じられないことだったし、信じたくもなかったので、私はそれを時限信管によるものだと思った(118)」。信じられないという気分と恐怖が消えるまで、アウクスブルク住民は二度目の空襲の只中に立ちすくみ、それから塹壕や弾孔やまだ燃えていない建物に飛び込んだ。レヒ川の運河はもう壊れていて凍るような冷水が穴だらけの地下室に侵入した。ウルリヒ教会の上にいる監視人は持ち場を離れなかった。「二回目の空襲は最初のより激しかった。特別に大きな砲弾が降ってきた。それがブロックバスター弾であることは爆風の激しさで分かった。それによって我々は塔の内部へと押し戻されそうになった。我々はその後一〇分間、上にいたが、その後は煙と火花が激しくなったため、持ち堪えることができなくなった(119)」。

消防隊は二回目の空襲の後、長いホースを出してレヒ運河から水を汲み出し始めていた。例によって消火栓は破壊されていた。消防員の一人は報告した。「ブルネン川と市立庭園の池の消火用水は寒さのため、氷の破片を大量に含んでいた。それで消火用ホース内部に氷が張って、すぐにホースの直径が小さくなってしまった。圧力ホースにはほとんど水が入らなくなり、短時間で凍結してしまった(120)」。

凍てつく寒さも火事を押しとどめることはなかった。市民の誇りであり、この町を造った建築家エリアス・ホルの作品であるルネサンス様式の市庁舎にも火がついた。この建物はこの町がかつて世界的な財政力を誇っていたことの証であった。「市庁舎はまるで地獄のように燃えた」と救援活動を命じられた消防士は報告している。「窓という窓から炎が吹き出し、火花が渦巻いていた。信じられないほどの風だった。もともとはまったく無風の天気だったのに。空気の澄んだ、凍るように寒い二月の夜だった(121)」。消防団員たちがクレースレス製粉所近くのレヒ運河からペルラハベルク丘を越えてホースを延ばし、この唯一無比の記念碑的建物を炎の手から取り戻そうとしたとき、空襲の第二波がやって来た。消防団員たちは隠れ場所を探した。出て来たときには消防車とポンプは爆撃で粉々になっていた。

この壮麗な商人都市の手形はすべて不渡りとなり、凍てつく寒さのもと、炎の怒りの下に崩れた。警察の報告書には簡潔に記されている。「空襲の後には大規模な火災が幾つか発生した。その中には市の全区画にまで拡大するものもあった。消火は部分的にしか行えなかった。給水ホースはたいてい、ひどい寒気で凍結したからである(122)」。

空襲の第二波ではマーカー弾による印付けが不正確であったため、爆弾の密度は火災嵐を引き起こすまでには至らなかった。次の日、八万人のアウクスブルク市民が町から去った。爆撃戦争は一四九九人の命を奪った。その半数は二月のこの夜の死者である。

アウクスブルクの帝国議会に向かう途中、カール五世は短期間ミュンヘンに逗留した(123)。彼は軍事パレードを見学し、新しい武器や、町を急襲する様子が披露された。そのためにわざわざ城の原寸模型が建てられていた。その城は急襲に耐えることができなかったが、攻撃側にも八人の損失を与えた。一〇二年後、ようやくその見世物は現実となった。スウェーデン軍がミュンヘンの前に迫り、囲壁を確保し、町を占領し、そして臨機応変なところを見せた。三〇年戦争のあいだ、脅迫行為はありふれたもので、市民はいわゆる身代金を払って町を滅亡から救うことができた。スウェーデン軍は現金四五万グルデンを要求した。[124] ミュンヘン市は一〇万四〇〇〇グルデンを現金で、四万グルデンを宝石類で支払った。それがミュンヘンの当座の資産であった。経常支出のためには手形を振り出すしかなかった。スウェーデン軍はそれを了承して頭金として受け取り、残りの要求額の抵当として町の名士四二人を捕虜にして引き揚げた。二年後の一六三四年、軍勢は舞い戻って来て新たに強奪を行った。蛮行はエスカレートし、周辺の村々を焼き払った。その上ペストまで持ち込んだので住民の四分の一に当たる七〇〇〇人が命を奪われた。

ミュンヘンに国民社会主義が侵入したとき、またもや急襲のシミュレーションが行われた。一九三三年八月五日、朝の一〇時から一一時のあいだに空襲の演習が行われた。鐘が鳴り、警報が響き、砂袋で重量を増した紙製爆弾が落下し、消防隊とSA隊員たちがガスマスクを着けて防空訓練を行った。攻撃側が勝利し、駅、マリーエン広場、王宮付近の地域一体が瓦礫の山と化した。

九年後、シミュレーションは現実のものとなった。八九機のランカスターとスターリングが主にブロックバスター弾と高性能爆薬弾を落とした。これらが通りや住宅におよぼす作用に、人々の目は釘づけになった。本物の爆弾による風圧はゲームのようだった。ある建物の正面ガラスが一撃で吹き飛んだかと思えば、隣接した建物は無傷だったりした。古い木の梢は捻じ曲がり、建物はまるで食肉用牛の胴体のようにすっぱり切られ、浴槽やら、ストーブの管やら、寝具類やらが中から垂れ下がるのが見えた。死者は一四九人に上ったが、住民は厭戦気分にはならず、これを甘受した。散乱した物の中から洗った下着を入れた籠でも見つければ、若い女性たちは満足してはしゃいだ声を上げた。戦争とはどういうものか少しは知っている男たちの顔からは表情が消えた。「不機嫌な不良少年が年を取ったような顔になった」と美術史家のヴィルヘルム・ハウゼンシュタインは日記に記している。「老けた顔になったが、それは成長したというのではなかった。非常に良くないことだ」。[125]

一九四三年三月から九月までの三回の空襲は深刻さを増していった。生き埋めになった人々を引き出すのには数日かかり、生きていたのは三人に一人であった。建設機材と浚渫機は、火災と瓦礫の下で燃える火に進路を阻まれた。住民たちはあまりに気力が萎えて、自ら消火活動に当たることができなかった。または、火災を食い止めることは無駄に思えたので、火と戦うより、自分のお気に入りの家具を何とかして救い出す方に専念した。それに、当地には男性がほどんどいなかったので腕力の要る救援活動に当たる人間もいなかった。

一一月のはじめ、爆撃機軍団は文化施設に甚大な被害を与えた。バイエルン国立図書館の建物の一部が爆撃を受け、国立劇場が焼失し、史跡保護指定の教会一八堂が被害にあった。ハウゼンシュタインは、美学的見地から見て「破壊されたあとの瓦礫には何か（他に表現の仕様がないが）ガラクタめいたものがあった。近代の大都市は品位ある廃墟を残すことができないようだ。いたるところにある瓦礫はまるでごみの山のようだ[126]」と記している。ホーホ通りの児童用避難所、市立孤児院、ルートヴィヒ通りの盲人施設、養老院七施設も標的にされた。しかしこの出来事は、本当に経験されたのではなく、人々の心情には浸透することなく、茫然自失、扇情、無関心の入り混じった気持でただ受け止められただけなのではないか、とハウゼンシュタインは疑問を呈している。この頃から、防空室に入る前の混雑で圧死する市民が出るようになる。

警報が鳴る前に、すでに八〇〇人がザルヴァトーア醸造所の地下保管庫前に立っていた。扉が開くと一人の女性が転倒し、後から押し寄せた人々がその上で転んだ。群集はその上を越えて殺到し、八人が死亡した。一九四四年四月二五日、第五爆撃航空群がやって来た。中央駅に目印のマーカー弾が投下され、引き続いて高性能爆薬弾が少量、しかし焼夷弾は八七万個も投下された。町は炎と煙に包まれ、黄色味を帯びた黒煙が通りに広がり、その炎は遠くアルプスからも見えた。四週間経ってもあたりには焦げた臭いが漂っていた。

ハウゼンシュタインの計算によると、ミュンヘンを代表する建造物の四分の三は廃墟と化した。「爆撃は破滅的なほど首尾一貫した傾向を持っていた。こう言ってもよいだろう。邪悪かつ皮肉な爆弾は、醜悪な、あるいは無価値な建造物には当たらないという法則があった[127]」。

一九四四年七月にアメリカ航空軍は、七回の空襲で一〇〇万個の焼夷弾をミュンヘンに落とした。最初の四回で一四七一人が命を奪われた。棺がないので、もはや個別の埋葬は不可能だった。遺骸、あるいはその一部は名札を付けられて北墓地の集合墓穴かペルラハ森に埋められた。アメリカ軍は七月の空襲では時限信管をふんだんに使用した。爆弾は建物に落下して階の仕切天井にとどまると、何日間も昼夜を問わず断続的に爆発した。そして爆音とともに空中に跳ね上がり、壁を吹き飛ばし、眠っている住民の命を奪った。

通りには、紐でくくった掛け布団、旧式の箪笥、何世代も引き継がれてきた絵画など、持ち出された家財が散らばり、途方に暮れて泣いている老女たちがガラクタの番をしていた。ジーゲストーア門では一カ月前からブロンズのライオンがさかさまになっており、町の零落ぶりがあまりにも徹底的なので、目の前で見ても信じられないほどだ、とハウゼンシュタインは記している。

不条理な夢の中を歩いているような気分だ。聖母教会、聖ミヒャエル教会、テアティーナー教会は、ありがたいことにまだ建っている。通りは死んだように静まり返っている。住民は突然三分の一か四分の一にまで減ってしまったようだ。ぶっきらぼうな、娼婦じみた様子を新たに身につけた少女たちにとって、起きてしまったことはどうでもいいようで、彼女らは何か用事を片付けに出かけようとしている。(128)

九月から一〇月までにアメリカ軍は、さらに一二回の空襲を加えた。下水網の被害と、瓦礫が邪魔でもはや集収不可能となったごみのため、ミュンヘンは汚れ、惨めで、人々は怯えていた。一一月二二日、アメリカ軍の直撃弾が聖母教会の中央祭壇に落ちた。アルプス以北で最大かつ最も有名なルネサンス様式の教会である聖ミヒャエル教会は、半円筒天井に何カ所も被害を受け、婦人養老会教会は廃墟と化した。一九回目から四〇回目のミュンヘン空襲のあいだ休憩していた爆撃機軍団は、降誕節第三の主日の一二月一七日、四トンの航空機雷と八万個の焼夷弾を市の中心部に投下した。その少し先ではノイエ・ピナコテーク美術館、グリュプトテーク彫刻品展示館、マキシミリアネウム博物館、屋根付き市場、墓地二カ所、ナチ本部褐色の家(ブラウン・ハウス)、国立歌劇場、SS首脳部、クローネ・サーカスが壊滅した。ハウゼンシュタインは記している。「町の様子は恐ろしいほどで、個々の被害を述べることはもはや不可能である」(129)。しかしこれはまだ、全部で七三回の空襲のうちの四二回目だった。

一〇四〇個の高性能爆薬弾と四〇万個の焼夷弾を投下し、五〇五人を死亡させた四四回目の空襲の後、ハウゼンシュタインは雪の降る町を三時間歩き回った。一九四五年一月一九日のことである。破壊は今や絶対的なものとなった。建物の正面はまだいくつか残っているがそれは「ひびの入った殻」で、次に二回か三回空襲を受ければ崩壊してしまうだろう。こんな廃墟の後にどうやって未来が続くというのだろうか。

すばらしい建造物があった。そしてそのすばらしさを共有し、連綿と引き継がれる歴史の生きた要素であり大気と同じくらい必要な、それなしでは町の価値が失われてしまう最高の住宅群があった。こうしたものすべてをもう一度造ることは理論的は可能かも知れないが、実行可能だとはとても思えない(130)。

そんな大規模な試みを支える金はない。「というのも、結局それは八世紀にもわたる作業で造られたものを、少なくともその基本的要素だけでも、もう一度造り直すことだからだ」。

こうしてみると、放火すると言って脅し、略奪を行った昔の戦争のやり方の方が理性的だったことが明らかになる。グスタフ・アドルフは市を財政的に破綻させただけで、これは双方にとって利益となる方法だった。他方、八世紀の年月をかけて造られたものを再建することは、費用の問題も克服しがたいが、それ以上に無理がある。「そもそもそんなことをしたいと思うだけでもすでに馬鹿げたこと」だからだ。個々の建造物の中には町の歴史が刻み込まれており、こうした建物は「標本として保存され」「そうやって伝統の輪郭だけでも示して」くれるものかもしれない。丸天井が湿気と雪と冷気に耐えることができるならば、聖母教会が、テアティーナー教会が、王宮の一部が、あるいは国立図書館が、アルテ・ピナコテーク美術館が。「しかし、こうした疑問を口にすることが一、二カ月後にはそもそも可能かどうかは、天のみぞ知ることだ」。

アメリカ軍による二月の空襲で聖母教会はさらに被害を受けた。中廊と側廊の丸天井はすべて、迫台も落下した。テアティーナー教会同様、この建物の一部はレプリカが造られていた。八三万五〇〇〇人のミュンヘン市民のうち、六六三二人の命が失われ、そのうちの四三五人は子供であった。

プファルツ継承戦争とスペイン継承戦争にフランスが介入したときにも、戦争ビジネスの一環として、放火すると脅して強奪する行為が続けられた。シュトゥットガルトはこのとき、過酷な軍税を取り立てられ、それはヴュッテンベルク公国の収支バランスを崩した。三〇年戦争の際に同じような身代金をハプスブルク家の皇帝の側に支払っていたから事態はなおさら深刻であった。皇帝側は一六三四年にネルトリンゲン近郊の戦いでスウェーデン軍を打ち破り、その後、スウェーデンの手先であるハイルブロン同盟も消滅した。皇帝は自分に背いた市参事会から金を搾り上げ、その上、三〇年戦争中にシュトゥットガルトでは五〇の建築物が消えていた。

財政逼迫のため、最初のヴュッテンベルク公であるエーバーハルト髭公が決めたユダヤ人追放令を緩和せざるをえなくなった。諸階級の激しい反対を押し切って、エーバーハルト・ルートヴィヒは一七一〇年に一名の、一七一二年に四名のユダヤ人が自分の公国に居住することを許可した。それが宮廷ユダヤ人であり、彼らは国家財政の建て直しのために入城を許されたのだった。一七三四年、ジュース・オッペンハイマーは枢密財政顧問となり、カール・アレクサンダー公の信頼を得るのに成功する。予算は彼の権力欲を満足させるには足りなかった。オッペンハイマーは増税、役人たちとの取引、専売権、悪貨鋳造によって財源の状況を改善した。

公爵が急死した後、諸階級の怒りは彼のもとで曲芸的財政を行ったオッペンハイマーに向かった。彼は宮廷からシュトゥットガルトに連行され、そこで過酷な公開裁判の後に絞首刑となった。これは民衆の祝祭だった。絞首台は群集からよく見えるように刑場に高くそびえ、名士たちのためには観覧席が設けられた。ユダヤ人ジュースは、「ゴロツキのキリスト教徒の尻拭い」をしなければならなかったのだ、とカール・ルドルフ公はつぶやいた。しかし公自身が、策略的財政に対する民衆の怒りの矛先を財政担当官一人に向かわせた狡猾なゴロツキだった。諸階級はそうしたペテンにまったく興味などなかった。彼らの耳に聞こえていたのはエーバーハルト髭公の「うるさい虫たちめ」という罵り声だけであった。

ジュース・オッペンハイマーの最期のときに立ち会ったのは、シュトゥットガルトのユダヤ教区の専属畜殺者で祈禱先唱者ゼーリヒマンである。続いて、怒りに燃える諸階級はシュトゥットガルトから全ユダヤ人——四家族だった——を追放することを要求した。一方、宮廷はユダヤ人の功績と彼らの金融市場への結びつきなしではいられず、カウラ兄弟姉妹をヘヒンゲンから呼び寄せた。彼らの金融機関は一八〇二年以降、「宮廷銀行」というお墨付きを受け、ロートシルト(ロスチャイルド)家と友好関係を結んだ。

カウラ家の四人の男性とその子孫は、報酬として完全な市民権を獲得し、シュトゥットガルト市民の憤懣を呼び起こした。この間にシュトゥットガルト教区のユダヤ人は一四家族一〇九名となった。一八一九年以降彼らは大学入学を許可されたが、死後は市の外部に葬られた。カウラ家の最後の男性、地方裁判所前長官のオットー・カウラは一九三九年初頭に、残った財産一〇ライヒスマルクを持ってイギリスに移住した。

その前年、ドイツのユダヤ人は火災の罰金として一〇億ライヒスマルクを課されていた。火災とは、ポグロムの夜(いわゆる水晶の夜)の人為的火災のことである。「街頭風景再建」のためにユダヤ人の火災保険料は国家に支払われていた。『NS急使』紙が伝えるところによれば、シュトゥットガルトのユダヤ人三六〇〇人だけでも一億二四〇〇万の財産を所有していたにもかかわらず、全ユダヤ人に二〇パーセントの富裕税を強請した後も、要求額には足りなかった。翌日、「ユダヤ人分担金」法が施行され、全ユダヤ人から五〇〇〇ライヒスマルク以上の価値を持つ所有物が強奪された。

一九四一年一二月一日、シュトゥットガルトのユダヤ人一〇〇〇人がラトヴィアのリガ近郊のユンクフェルンホーフ強制収容所に移送された。一九四二年三月二六日、二一歳の看護師ヒルデは、ビッケルン近郊の森で塹壕を掘る奉仕活動に応募した。これは策略であった。ヒルデは両親や親戚とともに殺された。彼らはシュトゥットガルトの宝石商ユスティーツ家の六人家族であった。五月五日、三五〇〇個の焼夷弾が市街地に降り注いだが、これが最初の連続空襲の始まりだった。

一九四四年九月一二日の二二時五九分から二三時三〇分まで、第五爆撃航空群はシュトゥットガルトを火災嵐で焼いた。死者は一〇〇〇人で、その大部分は一酸化炭素中毒によって地下室で死んだ人たちだった。市の西部、トラウベン通りとレルヒェン通りの角に住む女性は警察が放水して道を確保してくれたため、逃げることができた。彼女は語る。「私たちは死んだ人たちを乗り越えて火の海から逃げなくてはなりませんでした。ファルト通りを曲がったとき、今日が最後の審判の日だと思わずにはいられませんでした」[131]。

九月には、激しい雷雨がシュトゥットガルトを何度か通過した。一九四四年七月二四日から二九日の夜に行われたイギリスによる四回の空襲が屋根を破っていたため、このときの雨水は居住用になっていた地下室にまで溢れた。第五爆撃航空群はほんの数機で飛来した。最後の審判の日は、市長のカール・シュテレーリン氏が市参事会員たちに告げたところによると「これまでになかったほど大量の照明弾を敵が地上に投下し、攻撃箇所をまるで昼間のように照らす[132]」ことから始まった。第五爆撃航空群が得意とするのは、爆撃する場所をこの上なく慎重に選択し、弾薬の効果を上げることであった。そうして最終目的である火災嵐を発生させることに成功した。シュテレーリン市長によれば、「この空襲では、誰もいない野原に落ちた爆弾は皆無だった[133]」。

七五個のブロックバスター弾、四三〇〇個の高性能爆薬弾、一八万個の焼夷弾は非常に正確に、狭い通りの集まった区域やヘーゲル通り、ヘルダーリン通り、シュヴァーブ通りの高層の建物が密集した街区に投下された。ここは谷あいにあるため、五平方キロメートルの広さにまでおよぶ火災嵐がすぐに発生した。尋常ならざる速さで火災嵐が起きたため、多くのシュトゥットガルト市民がブンカーや岡の斜面にある坑道まで逃げることができなかった。まだ行ける先は地下室しかなかった。「残念なことにそれが原因で多くの人々が亡くなった。死因は明らかに、隣接する一階や地階の部屋が燃え、通りに一酸化炭素が充満したことによる[134]」。

まだ事件のショック冷めやらぬ衛戍教会教区の牧師が伝えるところでは、老齢の虚弱な人々や病人は坑道まで走ることが難しく、地下室にとどまっていた。「地下室の壁は揺れていました。いつの瞬間も——そしてこの一瞬間がどんなに長かったことでしょう——終末のときが来たのに違いないという気がしました。ゲッセマネやゴルゴタが私たちのすぐ側にあったのです[135]」。隣接する建物の火事で弱者たちのいる地下室に炎が入って来て、中の人間はやっとのことで立ち上がった。建物の扉はすでに火の中だったので窓から通りに飛び降りるしか方法はなかった。通り一面に木の幹、市電の架線などが散乱していた。

どこに行けばいいというのか？　私たちはヘルト通りを歩いたが、火災嵐がこちらへ向かって来て、それを抜けて行くのは不可能に思えた。そこでヘーゲル広場の方に曲がった。そこも同じく恐ろしい有様だった！　ヘーゲル通り一番から五番にある旧屠殺場は一塊の巨大なかまどと化していて、上手のファルカート通りから来た男は私たちに火災嵐の中を逃げた様子を話してくれた。地下室に埋められた人々が助けを求めて声を上げていたが、どう頑張っても激しい火災の中で彼らを助けることはできなかったと彼は言った。

シュトゥットガルトの火災嵐の夜には助けを求める叫びが響いた。しかし彼らを救う手立てはなかった。馴れ親しんだ場所にいたはずの人々は突然、逃げ道を失った。灼熱の追っ手が道を塞ぎ、迫って来た。「『ここは通れない！』と向こうから誰かが叫んだ。しかし進まなくてはならない！　途方もない炎が上がり、駅の正面ホールが崩れ落ちて来た。墓地までが犠牲になり、巨大な石造りの火葬場も火の中だった」。人々は火の中の間隙を探して逃げ、「燃え尽き、炭化して道に倒れ」、後から来る人々はそれにつまずいて転んだ。

火に包まれた通りを走る人々は坑道を探した。それは二七回目の空襲のことだった。二二回目の恐怖の空襲のときでさえ、ガス中毒の危険がある地下室を手遅れにならないうちに脱出することができた。シュトゥットガルトは斜面が多く、手作業で掘られたものも含め坑道は豊富にあったが、内部は耐えがたかった。高位聖職者のヴィルフリート・レンプ氏は次のように記している。

約一〇〇〇人が入れる坑道の中にトイレがないのは辛かった。人々は一晩中内部にいてようやく朝六時に出ることができたので、それは大変な難儀だった。夜の騒ぎの中で一人の女性が出産した。医務室からは彼女の、そして後からは子供の叫び声が聞こえた。夜のうちに一人の死者が運び込まれた……熱気を避けて、近隣の地下室から続々と、たくさんの人々が火花と火災嵐に支配された危険な通りを抜けて逃げてきた。

人々は次々に地下室から飛び出し、何とか逃げようとした。「ヴァーゲンブルク・トンネルには入れるだろうか？　そう考えているところにそのトンネルから逃げてきた人たちがやって来た。向こう側も燃えていた。引き返すしかなかった」。爆風のため、坑道の入口付近は危険な状態になり、扉を閉めるのが難しくなった。九月一二日には熱気は地中にまでおよんだ。通りのアスファルトは燃え、「坑道内部も高温に達し、もはや内部にはいられなくなった」。

もう居場所はなくなり、火の輪は狭まり、馴れ親しんだものすべてが悪意だけを見せるようになった。第五爆撃航空群によるこの空襲はより深い意味を持つことになった。ガスの充満する地下室に座り続ける人々はそれを知らず、煙と熱気が増す中で感覚を失い、もはや逃げる気力を失った。どうして手遅れにならないうちに逃げ出さなかったのだろうか？

役所の記録係は次のように語っている。ロシア教会では筆舌に尽くしがたい光景が展開した。それは一八九五年に村立礼拝堂として建設された帝国ロシア使節教会だった。「人々は火の中を逃げるしかなく、死に急いだ。進んで自分の命を捨てたり、互いに炎の中に相手を突き飛ばす人々もいた」。記念教会のエルヴィン・イスラー牧師は、我々はその夜、どんな恐ろしい場面が展開されたかを、決して知ることはないだろうと記している。彼が最初に受け持った教区に属する人々の七％、「三〇〇人が亡くなった。そのほとんどは地下室で、一酸化炭素中毒によって静かな死を迎えた」。ナチの地区集団ボルヴェルクでは四八〇戸の建物のうち四五二戸が破壊された。記録者は書いている。「カルヴァー通りの四二人のうち三五人は一酸化炭素によって命を奪われた」。

また別の場所にも、わが家とのつながりを断ち切れずにいる人々がいた。テレージエンシュタット強制収容所にいたマルタ・ハールブルガーは報告している。

シュヴァーベン出身の囚人たちは同郷ということで結びついていました。私たちはヴュルテンベルク出身だとことあるごとに口にし、顔を合わせるとつとめてシュヴァーベン方言で話しました。シュトゥットガルトの弁護士でアウシュヴィッツで亡くなったエミール・デッサウアー氏などは「ヴュルテンベルクよ永遠に」と言って挨拶したものです。(136)

シュトゥットガルト市街地は五三回の空襲で六八%が破壊され、四四七七人が犠牲となった。

シュトゥットガルトで火災嵐が発生した二週間後、そこからネッカー川を少し下った場所で奇妙な事件が起きた。ハイルブロンで、警報も鳴らないのに何か飛行物体の音が聞こえた。それはまるで墜落しようとするかのようにエンジンを止めて夜空を滑空し、その後爆発音がした。翌日の昼、大きな爆発物が三個と二二人の死者が発見された。その夜、再び大きな爆発音が二回響いた。警報は鳴らなかった。飛行機を見た者はいなかった。その爆発物は滑空爆弾か、それとも航路をはずれたV2ロケットかとハイルブロン中の人々は訝しがった。大管区(ガウ)防空部隊からは何の説明もなかった。この、どこから来るのか分からない攻撃にハイルブロン市民は大きな漠然とした不安を覚えた。その被害は、隣接するシュトゥットガルトの被害に比べれば無視できる程度であったが、夕方早い時間には、郊外の農村で夜を過ごそうとする群集が駅に集まっていた。泰然とした人たちはその幽霊爆弾に「爆撃手カルレ」なる名前をつけ、それはユダヤ人を追放した町に復讐する爆弾なのだと語った。その飛行士の名前を知っていると言う者さえいた*。

姿の見えない報復爆弾、爆撃手カルレへの過剰なまでの不安は、死の天使の到来を告げていた。それは第五爆撃航空群という名で、すでに目の前に立っていた。一九四四年一二月四日の一八時五九分、それは町に現れた。このときは警報が鳴った。一九時一六分、町に赤と緑の照明弾による縁取りがつけられると一分後に弾薬が落ち始め、一九時四五分までには一二五四トンの爆弾が投下された。

地下に逃げた人々が出て来られないように、しばらくのあいだ時限爆弾の炸裂が続いた。火が大火災に発展するためにはこの時間が必要なのだ。爆発が静まり、地下の人々が上に出ようとする頃、火災嵐が始まる。これは五平方キロメートルの範囲で四時間続き、町の中心部の八二%を無に帰した。そこは二〇時一五分には、出口も入口もない閉ざされた溶鉱炉と化した。

丘に囲まれたハイルブロンは葡萄栽培と葡萄圧搾工場の町である。つまり、軍事関連物資はこの地では製造されていないと言える。もっともここは、南北をつなぐ主要線路との連絡地であった。第五爆撃航空群は鉄道施設を通常の爆撃による火災に任せようとはせず、それに加えて特別な交通路攻撃を行った。

ハイルブロン爆撃は純然たる民間人虐殺である。隣接するシュトゥットガルト爆撃やその他の大都市空襲でも、民間人虐殺は戦略の一環であったが、それらは多かれ少なかれ工業破壊の目的でなされたものである。ダイムラー・ベンツ社、ボッシュ社とシュトゥットガルト市民は、労働および労働者の連合として火刑に処せられたのである。チャーチルの法は、工業は戦場であると規定している。それは作戦展開を容易にした。一方、ハイルブロンは葡萄畑で、そこに人間が住んでいるからという理由で燃やされた。

その地での死の苦しみは特別だった。人口七万四〇〇〇人のハイルブロンは第二等級防空地域に指定されていたためブンカーはなく、坑道は町外れにしかなかった。市内には一万五〇〇〇人が住み、その一部は脆弱な地下室しかない小さな木組みの家にいた。町には大きな、たいてい地下三階建てのワイン貯蔵庫があり、空気ポンプや非水洗トイレの他に、通行人用の公共防空室として機能するための密閉可能な出入口を備えていた。爆撃手カルレの出現以来、住民たちは次第に、一家揃ってこの貯蔵庫に自分たち用の場所を確保して住むようになっていた。収容人員は五六八〇人で、人々は一二月四日、一五分でそこに避難した。比較的大きな貯蔵庫はすぐに満員になった。小規模なものはカラだった。避難用には不向きだったからだ。

戦争の放火術を進歩させていた第五爆撃航空群は、ガスから身を守る術など何も知らない小都市住民に勝利した。毒ガスに対するフィルターを備えた空気ポンプは、低い位置にある取り込み口から、空気より重い一酸化炭素を避難室内に汲み上げた。こうしてクロースター小路の地下室だけで六一一人が死亡した。同じようにして四軒の映画館の客も死んだ。その中には医者たち、上級医学参事官、母親の腕に抱かれ、口に哺乳瓶をくわえた子供もいた。死因は顔色がサクランボのように赤くなることで明らかだった。もしも彼らが来るべき事態を理解していたら、突然の倦怠

＊　ハイルブロンの人々はこの爆弾を、アメリカのリッチー・ボーイズによる爆撃ではないかと推測していた。リッチー・ボーイズとは、ナチに追われてアメリカに亡命し、アメリカ陸軍に入隊してドイツを降伏に追い込むため戦ったドイツ人などの若者で、ユダヤ人が多かった。

感、目覚めることのない猛烈な眠気が危険の兆候であると分かったことだろう。しかし、それを意識する瞬間にはもう遅すぎる。どうしようもないのだ。アンナ・ヴェラーは、彼女を引き戻す手によってこの境界領域から戻って来ることができた。

夫は戦地でした。一二月四日の夜、私はズュルマーミュール通りの実家にいました。地下室は公共防空室になっており、頑丈な造りで、いくつかの部屋に分けられていました。警報が鳴ったので私たちが地下室に行くと、そこには一〇〇人くらいの人たちが集まっていました。私たちは命の危険を感じてはいましたが、地下室は持ち堪えました。燃える弾薬が中まで入って来ましたが、消火できました。扉のいくつかは爆風で壊れかかっていました。急激に空気が悪くなってきましたが、死ぬとは思っていませんでした。出口の前には運悪く家具運搬用トラックが止まっていて、真っ赤に燃えていました。この車が燃え尽きたら外に出ようと考えました。突然、一切が静まり返り、不安になるほどでした。私の下にいたドラウツさんが急に返事をしなくなりました。私の友達だったデューロルフさんが防空室の寝台の横に崩れ落ち、もう立ち上がれなくなりました。そのとき、私たちは皆死んでしまうのだと悟ったのです。私は五歳の娘を腕に抱いて、自分用の上段の寝台で意識を失ってしまいました。一二月七日の木曜日、私はヴァイセンホーフの病院で意識を取り戻しました。夜中過ぎに兄が助けてくれたのです。娘と母は死にました[137]。

ナチ党とその機関、帝国防空連盟は何年も前から毒ガス戦に備えて訓練を行っていたが、一酸化炭素による急性ガス中毒については何も周知してこなかった。高温、酸素不足、三、四時間経ったら地下室を出なくてはならない、ということについても知らせていなかった。しかし、知らせていたとしてもどこへ逃げればいいのか？

第五爆撃航空群が作り上げたような、閉ざされた火災空間の発生は、不利な条件下では避けられなかった。不利な条件がハイルブロンでは重なっていた。完璧な抹殺機構、孤立した目標、ブンカーと坑道の不足である。ハイルブロンはブンカー建造にあまり金を使っていなかった。どんな理由と目的があって、ネッカー河畔のワイン産地を灰にするというのだろうか？　しかし抹殺の原理にとってそんなことは問題ではない。旧来の理屈が通用しなくなってからというもの、そのような抹殺の原理がいたるところに存在することは、誰もが知っていた。テロとは何かを成し遂げることを目的とするのではない。その支配原理は絶対的である。それは虚無からやって来て何の理由も必要とせず、罪を贖うこともない。無条件降伏を得るときが勝利のときかも知れないが、それすら恐怖に終止符を打たない。テロは取引をせず、その決定には介入不可能で、その目的は不条理である。そこに何かの意味を見つけ出すことができ、意図を予測できるなら、その法則は無効となるだろう。テロはどんな規則にも従わない。それ自身が規則である。破壊されうるものはすべて、自分が標的であることを知る。それだけで十分なのだ。

爆撃手カルレは意味深長な幻覚だった。それは自分の創造主を殺傷する、逆向きのテロと思われた。しかし、ユダヤ人抹殺と爆弾による抹殺とのあいだには内的関連も存在しなければ両者は似てもいない。ガスによる抹殺も両者の類似点ではない。火災によるガスで窒息死させることは、戦間期に考案された空からのガス殺という戦略の変種である。「戦略爆撃」という概念は、自身がテロであるということに自覚的であり、その特徴はテロということで十分に説明可能である。しかし、逆向きのテロは、爆撃手カルレから今日に至るまで、内的な解釈にすぎない。ジェノサイドと罰としての爆撃を結びつけて考えるのは、それを外部から見ている者の倫理観であるが、そんな関連が存在したことはなかった。現実には、爆撃手カルレ現象の正体とは、オーボエに誘導されてフランスから飛来し高高度を飛ぶモスキート機で、これが戦闘機の注意を逸らすため、あるいはたんに何か仕事をするために民間人の居住区に爆弾を投下したのであった。ハイルブロンでは六五三〇人が死亡したが、そのうち一〇〇〇人は六歳以下の子供であった。一九四四年一二月四日夜、住民の八・三％の命が失われた。

東

ナポレオンはロシアから敗走したとき、国家主義に陶酔した若者と機敏に作戦を展開する指導者たちからなるプロイセン・ロシア連合軍に遭遇した。それは何年ものあいだナポレオンが追い立ててきた惨めな新兵とはもはやまったく似たところのないものだった。「この動物たちは何かを学んだのだ」と皇帝ナポレオンはつぶやき、彼の支配下にある代官たち、つまりライン同盟の諸侯に対し、自由を求めるプロイセンの若者の要求を粉砕するために部隊の増派を求めた。若者たちには、彼らの愛国詩人テオドーア・ケルナーが「これは王冠が求める戦いにあらず。十字軍であり聖なる戦いなり」と呼びかけていた。

この十字軍はプロイセンの田舎で停滞した。抑圧されたドイツ人はプロイセンに対して愛国心など抱いてはおらず、ライン同盟の諸侯たちに徴募された兵で、フランスの命令に従っていた。バイエルンは少しのあいだ、どうするか迷った。ロシアで三万の兵を失っていたからだ。ザクセンは地理的にベルリンに近いため、争いに巻き込まれるのを避けようとした。ザクセンはプロイセンに征服され、フリードリヒ・アウグスト王はプラハに亡命してプロイセンと連絡を取っていたが、すぐにナポレオンの力の前で青ざめることとなった。ナポレオンはザクセンを再占領し、ライプツィヒ近郊で自分の部隊を連合軍と戦わせていた。

地理的条件はナポレオンにとって不利で、彼の心配はもっぱら、西へ向かう退却線を確保することであった。敵陣の歌声にも増して、その規模が彼を悩ませた。オーストリアはプロイセン・ロシア連合軍に合流し、さらにスウェーデンとイギリスもこれに加わった。この連合は政治的に分裂する可能性はあったが、軍事的には無敵だった。ドイツ人はいつもながら東西両側で戦いつつ力関係をじっくり観察し、諸侯たちは戦線を変える瞬間を見逃すまいとしていた。諸侯たちはまた、自分たちがプロイセン王に対し裏切り行為も行えれば、それ以外のものを与えることもできると心得ていた。ナポレオンがもたらした自由主義の廃止と王権神授説の復古である。

ザクセンは、ライプツィヒの戦いは失敗するだろうと予測していた。ライン同盟部隊はこれまでのところ軍旗への忠誠の誓いを守っており、それを解散させることができるのは王だけであった。王は何らかの理由で自由に行動できず、口で言っているのとは違うことを知り、考え、寝返りを企みつつも、何かの強制によってそれを命令できないでいるのではないか、と司令官たちは考えた。彼らの王が自分のめぐらした陰謀の罠から抜け出すことができず、現実を無視しているとはまったく想像もできずにいた。

争いはナポレオンの不利に転じ、皇帝は自軍に退却を命じた。ザクセンの将軍たちは王に、自分たちの分遣隊を敗軍から引き揚げさせてよいかと尋ねた。王はこれをすげなく拒否し、彼らは三〇〇〇の兵をともなって戦場へと向かった。そこにはヴュルテンベルクの兵士もいた。

ライプツィヒで勝利しなければライン同盟は崩壊することを、ナポレオンはとうに分かっていた。オーギュスト・マルモン元帥は戦闘においてザクセンの騎兵隊を目近で観察していた。

最初私は、彼らがわが部隊中に数多く存在する間隙に陣地を築くつもりだろうと思っていたが、すぐに彼らの意図は明らかになった。予備馬を先頭に隊列を作り、彼らは速やかにフランス側の戦線を越えて敵陣に入っていった。歩兵隊と砲兵隊が大急ぎでその後に続いた。しかし砲兵隊はある程度の距離にまで到達すると敵を欺くように停止し、火砲を射撃位置につけると我々目がけて撃ってきた。こうしてわが軍の部隊数が減少したため、我々は戦列を短縮せざるをえなくなった。[138]

ナポレオンは九万のフランス兵とともに町から逃げ出し、逃亡による軍勢の損失をカバーするのはライン同盟の傭兵に任せた。こうして逃げるチャンスを逸した者は無駄な戦いをするはめになった。しかし同じ日のうちにロシアのツァーとプロイセン王が介入してきたので誰もが歓喜した。合法的な戦争捕虜として囚われていたザクセン王フリードリヒ・アウグスト以外は。五〇万の兵が参加してライプツィヒで行われた諸国民戦争は、それまでの歴史上最大の戦闘であった。町には負傷者と戦死者一〇万人が横たわり、何日も腐臭を放っていた。ゲヴァントハウスのコンサートホールでは死者と負傷者が一緒に置かれていた。もはや動かなくなった者と、建物からまるでゴミのように通りに放り出された死体を積んで、早朝から遅くまで手押し車が走り回った。死体の数が多すぎて、市民の手には負いきれなかった。郊外の戦場を片付ける農民たちは味方も敵も一緒にして集合墓穴に入れた。次の戦争がライプツィヒにやって来たとき、人々はまた同じ事態が起きては困ると考えた。

爆撃戦争の手を逃れていると思っていた多くの市とは違って、ライプツィヒはこれをしっかり覚悟していた。早くも一九三四年には、二七の死体収容部隊が作られていた。[139]一九四二年七月には市長直属の作戦部隊がこの仕事を引き受けた。空襲までにはまだ一年半の猶予があった。家を失った二万人を受け入れ、食事を与える施設が四七カ所確保された。一度に一万人分の食事を提供できる大食堂と契約が結ばれた。朝は米のスープ、昼は米料理、夕方はジャガイモのスープというメニューであった。注意書きも印刷され、それには、爆撃の被災者は市を離れることを禁ず、ただし旅行許可がある場合にはその限りにあらず。その際は無料乗車券を与える、とあった。

作戦部隊は爆撃を受けた西部の都市、マインツ、デュッセルドルフ、カールスルーエに使節を派遣し、そこでの被害対策を研究し、改良すべき点を討議した。大被害の後にはすぐにコーヒーと煙草の特別配給が必要で、病院には十分な量の窓ガラスの予備が必要となるだろう。三万人の強制労働者と囚人をすぐに監視下に置かなくてはならない。伝染病患者は病院の隔離施設かヒトラー少年団の宿舎に入れることになるだろう。間もなく、三〇万人を収容できる場所が用意された。三〇万人はライプツィヒ住民の半分に当たる。

一九四三年八月、ハンブルク空襲を研究して、市内に点在する一〇カ所のスポーツ施設を臨時遺体安置所として指定した。[140]「これらのスポーツ施設が丘陵地の下部に位置しており、住民居住地区から少々離れていること」が考慮に入れられていた。すでに一九三四年には担当の部局間で棺架と死体埋葬について議論がなされており、死者のための身分証明書を印刷しておくことが新たに取り決められた。

最初に作戦会議をしたときに、市長のルドルフ・ハーケは消火用水の問題を取り上げた。といっても、事態は変えようがなかったのだが。困ったことにすべての消火栓は、ホースとの連結部に規格外の特殊な部品を使用していて、そのため市外から来た消防隊はこの消火栓を使うことができないのだった。それにもかかわらず近隣の五〇の消火チームと協力の約束がなされた。鉄不足のため、消火栓の交換はされなかった。ブンカーも不足していた。一九四三年にあったブンカーは一〇カ所のみで、その収容力は住民の一％の七五〇〇人分しかなかった。他に一八カ所で建設が予定されていたものの、物資不足のため実現しなかった。それでも二万六〇〇〇戸の建物の土台には、爆弾の破片から保護するための土塁が置かれた。他の建物には地下室はないか、あっても使用不可能だったので、それ以上は必要なかった。

ライプツィヒ市民は避難民たちの姿を見て、災いが現実に起きることを実感した。ザクセンは一九四三年以降、ケルン、アーヘン、ヴェーザー・エムス川流域地方、およびベルリンから大挙して逃げてくる人々の受け入れ大管区とされていた。避難民たちは、自分たちと比べて段違いに恵まれているライプツィヒ市民たちに対し、ここにどんな事態が迫っているかをはっきりと教えていた。例えばドレスデンとは違ってこの町には巨大軍需産業のハインケル社、メッサーシュミット社、ユンカース社、中部ドイツモーター工場、エアラ飛行機製造工場があり、また見本市の町として世界的に有名であった。破壊は避けられなかった。迫る戦争は一八一三年当時と同様に町に侵入することだろう。総統の選択肢はザクセン王のそれと比べて格段に少なく、イギリス軍の撒くビラがどんな馬鹿げた言葉で勧めても、解放者の同盟に寝返るという道はありえなかった。空の艦隊側へと離脱することはできず、人々は没落する側に立っていた。すでに葬式用の虚しい飾りとして、諸国民戦争の記念碑が選ばれていた。

記念碑内部の防火設備の中に、市立図書館の自筆原稿コレクションが保管されていた。ハンブルクとカッセルで最近実行された火災発生方法とその結果の独特の性質について、防空参謀は何も語らなかった。住民にもそれについて説明をしていなかった。すべてが終るまで地下室に隠れているようにという指示がされていたが、これは確実に死に至る道だった。こうして住民は最悪の事態に備え、これを防ぐ以外のあらゆる予防措置を取ったことになる。

一九四三年一二月三日の夜、イギリス空軍の六個の爆撃航空群から選抜された複数の飛行中隊は、爆撃戦争中で最も成功した火災攻撃に出発した。第六一九飛行中隊を率いた第五群が最大の分隊であった。午前三時五〇分、空は雲に覆われていたがライプツィヒ市内は明瞭に照らし出され、マーキングされた。四時二五分までに三〇万個の焼夷弾と六六五トンの高性能爆薬弾とブロックバスター弾が集中的に目標に投下された。ライプツィヒ消防隊はその一週間前に、装備を整えた消防車の半数以上をベルリン攻勢での救援に派遣していた。隣接する小都市の消防隊はすぐに警報を受けて三時四五分には到着していたが、彼らの装備では何もできなかった。規格外のライプツィヒの消火栓のためには連結器があり、どの警察管区にもその在庫はあったのだが、急いでいたので探し出すことができなかった。消防士一人当たりに一〇件の火災が発生し、それに対処できる者などいなかった。

以前から水道管の交換が計画されていた。[141] 水道管の九〇%はたった一つの高架給水タンクにつながれていたが、その管が送る水圧は低すぎ、口径を大きくする必要があった。市は費用を惜しんで安価で設置できる防火池ですませた。その数は少なく、それに応じて消火ホースは長くしなくてはならなかったが、その長さはどこでも不足していた。ライプツィヒは非常に火災に弱かった。旧市街は狭く、その上見本市の町なので倉庫、とくに書籍用倉庫が広がっていた。五〇〇〇万冊の書籍が火災にあった。[142]

爆撃機軍団が出発してから二時間後、市内は街区毎に火災に飲み込まれ、火災嵐が発生した。消防署職員によれば、それはハンブルクの火災嵐の規模に達した。[143] 消防員たちの多くはその力に吸い込まれ、通りや広場の上に巻き上げられて死亡した。全住宅の四一%が燃えたことが、火災の破壊力を示している。家を失った群集の数は予測数に達し、一四万であった。死者は予測を下回った。この空襲での死者数は一八一五人と非常に多かったが、それでも、火災嵐の大きさを考えれば少ないと言える。

ライプツィヒはどんな大災害も覚悟してはいたが、ただその備えはしていなかった。その住民も防空にはひどく無関心であった。[144] 火災嵐による死者は通常、火災に包囲された地下室で命を失う。もしライプツィヒ市民が防空指導部の命令に従い、警戒解除の知らせがあるまで地下室を離れずにいたら、カッセル、ハイルブロン、ダルムシュタットのように何千もの人々が地下室で焼死したり、窒息死したことだろう。五時二三分に警報が解除されたとき、火は輪を狭めようとしていた。しかし、ライプツィヒ市民の行動は他の人々とは違っていた。まわり中が燃えているのに、彼らは消火のために外に出たのだった。消火は不可能だったが、勇気を出して外に出たことは、炎に占領される前に逃げ出す最後のチャンスとなった。一八一三年当時と同じように、土地の気風が逃げ出すべきときを教えてくれた。

マグデブルクを支配していたのは土地に取り憑く呪いであった。一六三一年にティリーとパッペンハイム率いる神聖ローマ皇帝軍が侵攻して以来、マグデブルクは戦禍による荒廃の象徴であった。ここを破壊し尽くしたティリーは、一二〇九年にオットー一世の墓の周囲に建築された大聖堂と、それより一三〇年古い歴史を持つ修道院附属聖母教会にだけは手を出さなかった。一八〇六年一一月にプロイセン最強の要塞が包囲火砲なしに七〇〇〇人のフランス軍占領者に降伏したとき、惨劇の舞台は屈辱の場所となった。八〇〇〇門の大砲と一〇〇万ポンドの火薬を有する二万の兵は戦わずしてネイ元帥にその地を明け渡した。すぐに始まった略奪行為はかつての光景を彷彿とさせた。ネイ元帥も自軍の略奪行為のことは知っていたが、プロイセンへの進軍には補給が必要だった。進軍は、この軍勢にはいつものことであったが、たった二万四〇〇〇フランで、つまりほとんど予算なしに始められたので、勝利によって物資を賄っていた。一〇月一五日、イェーナの戦いの後、ベルリンまで進まないうちにナポレオンは勝利宣言を行い、プロイセンの全地域に一億五九〇〇万フランの分担金を課した。ライン同盟諸国とプロイセン支配下の国々はすぐさまナポレオン側に転じ、解放してくれたことを感謝した。一一月一一日のマグデブルク降伏によって敗北は確実になり、マグデブルク市民もまたネイ元帥に一五万ターラーを支払って謝意を示し、自分の部隊に蛮行をやめさせた。

マグデブルクはティリーに蹂躙された後の一〇〇年間で完全な要塞化を進めていた。城壁、稜堡、防塁を築くために町中の建物が撤去された。無敵と言われたフリードリヒ・ヴィルヘルム三世の軍勢が、一八〇六年にイェーナ近郊の戦いでもろくも崩れ去ったとき、住民は、無秩序で混乱したものであったが、蜂起を企てた。略奪を受けた町が占領軍に戦いを挑むとはまったく予想外であった。

要塞の司令官と将軍たちは若い頃から戦争を知っていて、要塞の中から戦況を変えることはできないことをよく分かっていた。彼らは不屈の精神とはいかなるものかを示し、最後の一兵まで防衛し、フランス兵は急襲によって、やっとここを占領することができた。援軍もなく、西ではハノーファーが、南東ではザクセンが投降したために孤立し、勝利など論外で、名誉を守ることだけが重要だった。

年老いた将軍たちは社会的利益を守るため武器を置いたが――彼らは革命前の人間で、予算に合わせて戦力を整えることを知っていた――、史上はじめて住民から罵声を浴びせられることになった。ジェローム・ボナパルトの支配するヴェストファーレン王国エルベ県の首都となったマグデブルクがたどった運命は、降伏した者をさらに卑しめるものであった。まず大変な重税を課された。そして占領者の手先シュルツェ警部に脅され、市民二人につき一人の兵がつくという占領軍部隊に封じ込められ、フランスの対イギリス経済ブロックに強制的に組み込まれて荒廃した。

マグデブルクに対する二つの対照的な占領は、どんな決定がされようともそれは間違いであることを教えてくれる。三度目の占領では、決定することは何も残っていなかった。マグデブルクには一〇のコンクリート製ブンカーがあり、二倍の規模を持つ町、ライプツィヒより防空設備はずっと整っていた。マグデブルクは一九四五年一月一六日に火災嵐で破壊される前年、一三回の空襲を受けていたが、その経験は役に立たなかった。火災嵐による死亡者数は、同程度の空襲を受けたライプツィヒでの死者数の三倍にも上った。ライプツィヒでの人命損失率は〇・二五％で、マグデブルクでは〇・七五％である。

一月一六日の午前中の遅い時間、アメリカ第八航空軍はクルップ・グルーゾン社工場とブラバク社の石炭液化施設を攻撃した。[145]爆撃機軍団は夕刻、六隊に分かれて六方向から飛来した。ドイツ国内に入る前に航空隊はマンドレル・レーダー妨害装置を作動させ、海岸、北ドイツ低地、南ドイツから町に接近したので、対空警戒部門はどこが目標か見定めることができなかった。二一時二三分から二一時二六分のあいだに二一機のランカスターがアルミ箔片とマグネシウム光を投下した。二一時二八分、主爆撃機、第二爆撃機、目視マーカー兵の乗った三機の爆撃機が町に到達した。これらが赤と緑で町を縁取った。二一時三〇分、マーカー機が後続の爆撃機のために滝状の照明弾を投下した。二一時三一分、ランカスター一〇機が低空飛行で市内を急襲し、目標中心地点に赤の印をつけ、二一時三二分、弾薬が落とされた。二一時二八分には警報が鳴っていた。マグデブルクの運命はすべて、これに続く二四〇秒で起きたことによって決まった。「警報が鳴ったので、私たちは皆防空室に行く準備をしました」[146]。ヘートヴィヒ・ベーレンスの娘は病床にあった。空にはすでに灯火弾が見えていた。爆弾は次々に落ちてくる。階段で着替えなさい、と彼女は子供に言った。

「突然、建物中が揺れて、目にゴミが入りました」。建物は崩れてしまうだろうか？「皆大慌てでした」。航空機雷が建物を揺るがし、父親は投げ出されて地下室の柱に衝突し、後頭部に手のひらほどの傷を負って地面に倒れたが、水をかけられて意識を取り戻した。「私は娘に言いました。もしかしたら布団を持ち出せないかしら。まだここは燃えていないから」。娘は寝具を束ね、窓から放り投げた。夫、妻、娘は皆、寝具の束を持って走り、逃げ場を探した。「燃えていない建物にはもう大勢の人がいて、入れてもらえませんでした」。

女子刑務所には夜の静けさが満ちていた。警報が鳴ると、女性看守たちは防空室に走る。「房に閉じ込められていた私たち三人は起き上がって着替えました。外はまるで昼間のような明るさでした。建物は震え、沖に出た船のように揺れました」。閉じ込められた何百人もの女たちは扉を開けてくれと懇願して叫んだ。「女たちは木のスリッパを脱いでそれで闇雲に扉を叩いていました」。そのあいだにも爆弾は落ちている。ザントマン博士は警報を聞いて北墓地にあるブンカーに急いだ。「人々は不安に怯えて避難所に急ぎ、そこはいっぱいになっていました」。航空機雷が落下し、爆風はブンカーにまで入って来てそこを揺るがした。中の人々は扉を閉めようとした。「考えなしに扉が閉められたので、外の人たちは焼け死んだり爆弾の破片で死にました」。ブンカーは耐え難いほど高温になった。中の人々は汗だくで緊急換気扇を回した。

すでにベッドに入っていたゾフィー・パシェは大急ぎで服を着て、「病気で死の床についている夫の方へ、これを最後に目をやりました」。夫は地下室に行きたがらなかった。そこには建物の住人が座っていて、焼夷弾が落ちるバラバラという音が聞こえた。「照明が消え、私たちはほとんど息もできずにいました。爆風が凄まじかったのです」。上では何もかも燃えているぞ、と誰かが叫んだ。パシェ夫人は夫のことを考えた。「でも誰かが私を無理やり引きとめたのです」。

シュティフト通りの老人施設の地下室はすぐに満員になった。体の弱った人々が運び込まれ、「そこでは四人の人と、麻痺のあった私の夫が煙に巻かれて亡くなりました」。照明は消え、酸素もなくなった。「一人の男の人が気が狂ってしまい、椅子であたりを闇雲に叩き、それから気を失って崩れ落ちました」。建物の中庭に女五人と男一人が閉じ込められていると誰かが言った。「私たちはロイター小路に通じる連絡口を開けましたが、そこはもう死体で塞がれていました。反対側からこちらに向かおうとした人たちでした」。検査官は男たちに、中庭に閉じ込められている人たちを助けようと言ったが「男たちはいやだと言いました。そんなことをしても、もう何にもならないから、と言って」。ヴィルヘルミーネ・ベッカー、検査官、そして一人の見知らぬ女の三人だけで何とか中庭の人々を助けようとした。「中庭に入るとすぐに大きな燐散弾が爆発し、運悪く女の人に当たってしまい、彼女はまるで火柱のように燃えました」。閉じ込められていた人々は助けようがなかった。

ヤコビ教会のブンカーはもうとっくに満員だったが、その前にまだ一〇〇人もの人々が集まり、何とかして中に入ろうとしていた。「そのときブンカーの扉が閉められ、人々は不安のあまりに殴り合いを始めました」。ブラウエバイル通りの人々は、建物が崩れて生き埋めになる前に、地獄の火災を抜けて逃げようと決心した。ハンマーと鑿（のみ）を使って地下室の窓を押し広げ、人々は何とか上に登った。「一人の商人の男だけは、病気のためにひどく太っていて、無理でした。その人は引き返し、静かに隅に座って死を待っていました」。隣の建物では、瓦礫に埋もれて方向が分からなくなった一人の男が、ハンマーを手に掘り進んで、三六時間がかりで次の通りに出た。

「私は同じ建物の住人たちと一緒に地下室に行きました。残念ながら防空設備のある地下室はありませんでした」。爆風に耐えるため「私たちは皆で円になり、よろめいてしまわないよう、互いに腕を組みました。その後は屈まなくてはなりませんでした。倒れてしまいそうだったので」。フランツ・フライベルクと、彼と同じ建物の住民も横たわっていた。「蝋燭の灯のもとで私たちは黙ったまま互いにつかまり合い、次に何が起こるのか待っていました。爆弾が落ちるたびに建物は揺れました」。建物の廊下では女が一人静かに階段に座っていた。「シャツ一枚の格好で。女の人は寒さで震えながら、靴下を手にしていて、それをはかせてくれと私に頼みました」。

ブンカーへの道は一〇〇メートルだった。「でも、そこへ行くのはもう無理でした」。向かいの建物に急いで入ると、ブンカーに入れなかった人たちが皆そこにいた。「その人たちは目をかっと見開いて壁際に立ち、持ち出したものをしっかり体に押し付けて、あるいは両手に下げて、暗闇の中に身じろぎもせず屈んでいました。空気は淀んで汚れていました」。

外は凍るような寒さである。「通りに配置された水槽は熱気にもかかわらずまだ凍ったままでした」。火花と炎を避けるために濡れた布を体に巻きつけたが、それは凍結してしまった。「風でスカーフが飛ばされてしまいました」。大勢の人々が凍結した道を通って逃げて来ていた。「改革派教会内のブレンケ・クリニックに入院している、手や足を切断された患者たちも寝巻き姿のままでそこにいました。患者たちは足を引きずり、滑り、互いに倒れかかったりしていました。そしてそのあいだを薄い絹の寝巻きを着た一人の若い女の人が、腕に裸の子供を抱えて凍った瓦礫の上を裸足で走り回っていました」。

「一月一六日、消火部隊はすでに早朝から活動を始めていた」。アメリカ第八航空軍はクルップ・グルーゾン社を爆撃した。「我々の部隊が受けた命令は、プラネーテン丘のパン屋で消火活動と救援を行うことでした」。一五歳のディーター・ベッカーはいつもの配置に就いていた。オッタースレーベン消防署のホース乾燥用塔で見張りに立っていたのだ。クルップ・グルーゾン社の方向ではアメリカ軍の弾薬が、ザルプカー通りとプラネーテン丘のあたりで爆発し始めていた。

畑と通りで死体を集めなくてはなりませんでした。私は死体を見るのははじめてでした。その死体は、クルップ社の外国人労働者だった若いフランス人女性たちで、工場にある防空ブンカー、とくにクルップ社のアッシェンベルクの壕に入れてもらえず、野外で爆弾から身を守ろうとしたのでした。私たちは暗くなるまでプラネーテン丘で作業に当たりました。オタースレーベンに戻る途中、また警報が鳴り、突然、昼間のように明るくなりました……。

この夜、マグデブルクでは四〇〇〇人が亡くなり、戦争中に空襲で死亡した人の合計は約六五〇〇であった。これはドイツの大都市の中でもとくに高い死亡率である。六〇〇万立方メートルという瓦礫は、住民一人につき二〇立方メートルという量である。[147] 大聖堂では西側正面と丸天井で八〇〇平方メートルの壁が崩れ落ち、聖母教会では爆弾が屋根、内陣、西側回廊部分に落ちた。[148]

一九四五年四月五日、ハリスは「適当な目標を探すのはもはや非常に困難となった」[149]と嘆いた。ドイツ中東部では、三月五日にケムニッツがイギリス軍の七二〇機に積まれた一一〇〇トンの爆弾で攻撃を受け、町の三分の一が焼失していた。二日後にはかつての王宮所在地デッサウの八四％が崩壊し、三月一二日、破壊の手はスヴィーネミュンデを襲い、三月三一日には一一〇〇トンの弾薬がハレの住宅の五分の一を粉砕した。四月に入るとツェルプスト、フランクフルト（アン・デア・オーダー）、ノルトハウゼン、ポツダム、ハルバーシュタットが抹殺された。

　四月七日、アメリカ第一軍はヴェーザー川に到達し、第九軍とともにさらに奥のハルツ地方目指して進んでいた。ハレの大管区指導者（ガウライター）ラウターバッハーは四月七日に次のように告げて住民を戦慄させた。「占領されたドイツ西部地域では一四歳から六五歳までの男は全員、収容所に入れられて、黒人とユダヤ人に監視されている。わが国の女たちは黒人用売春宿に連行された」[150]。もしこれが本当だったとしても、イギリスの第五大量破壊集団がノルトハウゼンで行ったこと——六〇〇〇人の死者を出し、そのうち一三〇〇人は強制収容所の囚人だった[151]——、また、アメリカ第八航空軍がハルバーシュタットで行ったことよりましだったことだろう。

　アメリカ軍は、ハルバーシュタットの町はずれにあるユンカース社工場と駅を一月から攻撃していたが、たいして成果を上げられずにいた。二月一九日に行われた鉄道目標一五八カ所への攻撃でも、ハルバーシュタットは再びリストにあげられていた。破壊されたのは鉄道施設だけにとどまらず、税務署も、助けを求めて一四六人が逃げた先のヴェーアシュテッター教会も犠牲になった。その日、ハルバーシュタット—ヴェーゲレーベン間を走っていた普通電車を狙った機銃掃射で、一五人のイギリス兵と二人のアメリカ兵の捕虜が死亡した。

　四月にはハルバーシュタットに六万五〇〇〇人が暮らしていたが、そのうち四〇〇〇人は病人と怪我人で、彼らは一五カ所の野戦病院に分かれて収容されていた。ハルバーシュタットが抵抗を続け、アメリカ第九軍を阻止するべきかどうかについては意見が分かれていた。ナチ党の郡指導者デターリングは抗戦を誓った。市長は町の美しい建築物と文化史上の意味を鑑みてこれを拒み、当地の司令官たちも野戦病院の存在ゆえに市長と同じ考えだった。論争は激しくなったが、決着はつかなかった。アメリカ軍の戦車の先頭は六〇キロ先に迫り、国民突撃隊はとりあえず塹壕を掘り始めた。それは四月七日から八日にかけての週末のことだった。

　土曜日の午後、空に戦闘爆撃機が姿を現した。焼夷弾を何個か投下し、機上機関銃が通行人を狙った。中央駅には高射砲隊が並んでおり、これが対抗して射撃したのが不運の元となった。高射砲を避けるため戦闘爆撃機は線路上に移動した。九番線に弾薬を積んだ列車が停車しており、これを狙って射撃するのは難しくはなかった。爆発によって五〇〇平方メートルもの弾孔が開いた。信号塔、機関車車庫、ポイント施設、車両緊急修理施設、貨物発送所は廃墟と化し、列車の出入りも不可能となった。鉄道会社の社内報『向かい風』は次のように伝えている。「このときの空襲によって多くの鉄道員が勤務遂行中に命を失った[152]」。

爆風によって町中で窓ガラスが割れた。夜になると住民たちは、穴が開いた所を板切れやボール紙で塞ぎ、ナチはペンキの入ったバケツを持って通りを忍び歩き、壁に「我々は絶対降伏しない」と書いた。そんな必要はまったくなかった。というのも次の夜には問題は解決したからである。一万九〇〇〇戸の住宅のうち、半数はもう存在しなかった。

ハルバーシュタットは、ニーダーザクセンの木組みの家の町として知られており、七二一戸の木組み建物があった。最も古いものは四階建ての市役所附属レストランで、長さ一一格間(ごうま)、幅九格間でゴシック様式の窓飾りがあった[153]。土台の石板には祈りを捧げる騎士の姿が彫りつけられ、一階の入口の上部の葉飾りのあいだからは、人間と竜の頭部が下を見下ろしていた。

ヒルデスハイムと同様に、ハルバーシュタットの木組みの家々は饒舌であった。古いものほど多くのことを語っていた。シュミーデ通りの角にある一五七六年建造のシュテルツフースには梁の突端に仮面の彫刻が施してあった。張り出し部分のまぐさ石の長い碑文は、建造者と住人の偉大さと地位について教えていた。魚市場では、デ・ヘトリング市長が二人の妻の紋章を広場に掲げ、彼女らを喜ばせた。旧公式秤所の前では小人の罪人が梁の突端のところで司教の前に跪いていた。パフスリーブの服を着て、長々と寝そべる二人の男。鱗をまとった二人の人魚。一匹の鼠を分け合う二羽の鳥。コウノトリ、蛙、竜、犬はコーニスで旗を持つ男にそっぽを向いていた。マルティーニプラーン街では四季が、それぞれ違った魅力を持つ女性の胸像の姿を取っていた。市役所一七番地の後ろには二階に聖アンナが住んでいた。ゼバスティアンは紋章を示して身分を証明し、女性の半身像が王冠と教会を抱え、もう一つの女性像は小さな男を抱えていた。もう一人の男はビール樽に身をのりだしている。

ハインリヒ獅子公をはじめとする偉大な男たちがハルバーシュタットに苦しい時代を味わわせてきた。封土を巡る骨肉の争いの末に、ランゲンシュタインの戦いで完敗したハインリヒ獅子公は追放された。その後、彼を打ち負かし追放した者の所有地であるハルバーシュタットに赴き、そこでウルリヒ司教の足元に跪き、改悛の秘蹟を受けて許された。しかしそれほど心から許し合ったわけではない。これは当時の戦争における習わしで、形式的な言葉を交わしたにすぎなかった。争いは続き、追放とその解消も同じように続いた。打ち倒せる以上の敵を持っていたハインリヒ公は、ザクセンでは平和を必要とした。皇帝フリードリヒ・バルバロッサが前方から彼を圧迫していたからである。しかし彼を助ける者はなく、王はここでも敗北し再び追放され、一一八〇年にヴュルツブルクの帝国議会ですべての封土と大公位を剝奪された。ウルリヒはこの機会をとらえ、強権を発動して試しにハインリヒ公の支配領域を急襲しようとした。

九月二三日は日曜日だった。ハインリヒ公はハルバーシュタットを破壊することでウルリヒ公に答えた。ウルリヒ司教を懲らしめたからハインリヒ公に味方していた市民は教会に逃げ込んだ。木造建造物の多いこの町はすぐに燃え上がり、炎は大聖堂を取り巻いた。異教徒たちがすでに犠牲の石を積み上げていたこの地で、これは三度目の大火であった。聖シュテファヌス教会は燃え、聖人の遺骨は炭化してしまった。ブラウンシュヴァイクにいたハインリヒはこの悪行に青ざめた。彼はその蛮行には居合わせなかった。住民数千人が抹殺された。詳しい数字は分からないが、これはハルバーシュタット市民の大部分が殺されたことを物語っている。司教はとらえられてブラウンシュヴァイクに連行され、クリスマスになってようやくハインリヒの追放を解き、その後まもなくして憤懣のあまりに死んだ。

彼に劣らぬほど精力的だったクリスティアン司教は、三〇年戦争の動乱にハルバーシュタットを巻き込んだ。ティリーとヴァレンシュタインによる略奪は、以前この町がスウェーデンに略奪されたときに無事残っていたものを、ほとんど奪ってしまった。町の建物に彫刻されたしかめ面、竜、コウノトリ、犬、司教たち、祈る人々、騎士たち、聖人たち。ハルバーシュタットの争いを描くこれらのモチーフが刻まれたのは、燃えやすい梁の上だった。このようなモチーフの中で最も頻繁に使われたのは扇である。これは過去のことを物語るものではないが、将来起きることについて語っていた。

日曜の午前、ハルバーシュタット市民はアメリカ第八航空軍所属の飛ぶ要塞(フライング・フォートレス)二一八機から一五分で避難した。大聖堂の中にではない。穴倉の方が安全なのだ。警報が鳴った後、何千人もの人々が町を出てシュピーゲル山地へと走った。そこには天然の岩屋が防空施設として整えられていた。野戦病院の患者の一部も「長い穴」に連れていくことができた。一九四六年、目撃者のクラウゼはこう語った。そこはまるで「地獄を覗いているようでした。あちこちで魔法のようなカーバイドランプが暗闇に入って来て、うめいている人々、自分の宿命に静かに従う負傷者、瀕死の人たち、泣き叫ぶ小さな子供を抱いた母親たちを照らし出していました」[154]。地獄とは「扇」と呼ばれるものの仕業であった。

一一時二五分、アメリカ軍の飛行中隊四個が五五〇トンの爆弾を積んで飛来した。これはもともとツェルプストとシュタースフルトを破壊するつもりであったが、工場のスモッグで視界が悪かったため、ここへ向かったのである。この隊は「扇」と名づけられたイギリス式の爆撃を試行するつもりであったが、この方法は良好な視界を必要としていた。うららかな春の日で、隊はハルバーシュタットに向けて旋回した。

「扇」とは、一点の目標と扇状に広がる目標地域を組み合わせた精密爆撃方法のことであった。これで昔からの葛藤が解決されることになった。目標点とされたのは広くて目視しやすい学校、アウグステ・ヴィクトーリア女子高校、扇に当たるのは市街地である。目標点は扇の前方にある。目標点には正確にマーカーがつけられ、扇には目標点からの距離を考えて正確に爆撃が加えられる。点が面へと広がる図形が扇形をなす。底部には支点があり、そこから扇状に面が広がる。飛行機はすべて南からこの点を通過し、さまざまな角度で北、北西、北東に飛行する。こうして一定の面を正確に、徹底的に破壊することができた。木組みの建物はほとんどすべて崩壊した。崩壊のモチーフは最初から建物に刻印されていたのだった。

五五〇トンの弾薬によってハルバーシュタットの四分の三が無に帰した。死者数は一一八〇年同様に不確かであるが、一八〇〇人から三〇〇〇人のあいだである。

一九四五年の二月はじめ、ドレスデンには八〇万人、ひょっとしたら一〇〇万人もの人間がいたと思われる。そのうち六四万人がドレスデン市民で残りは避難民であった。どちらのグループも一九四五年二月一三日から一四日にかけての空襲で犠牲になり、その数は合計四万人で、ドイツの都市空襲による死者数としてはハンブルクと並んで最大である。ハンブルク攻撃命令の遂行には、爆撃機軍団の苦心と並んで稀な状況が作用していた。その前に行われたルールの戦いの結果と比べて、七月のハンブルク空襲の成功は抜きん出ていた。このような高密度の破壊は兵器の持つ能力を超えていた。カッセルで見られたような消防上の問題点が、効果促進の要因として作用しているに違いなかった。

ドレスデン空襲はこれとは違い、一九四四年夏に計画された連合国軍のサンダークラップ作戦に端を発するもので、ベルリンを狙って死者一〇万人以上を出すという想定だった。これはまた、当時チャーチルがドイツの六〇都市に向けようとしていた毒ガス攻撃とバクテリア攻撃を和らげた作戦だった。

アメリカ第八航空軍は、一九四五年二月にサンダークラップ作戦用爆弾の半分をベルリンに投下した。そして、一〇万の死者を達成することがどんなに難しいかということを思い知ることになった。計画では二〇〇〇機のはずだった機体は九三七機となり、五〇〇〇トンのはずの爆弾は二二六六トンになり、予想された市民の死者数一一万人に対し、実際の死者は二八九三人だった。首都ベルリンは当時見るも惨めな状況で防衛は手薄、ブンカーも不十分だったが、その大きさのおかげで全面的破壊に抵抗できたのだった。閉ざされた抹殺空間を作り出すという連合国軍の方針は五平方キロメートルの範囲で成功したにすぎない。歴史的な旧市街地に建物が集まった中小都市は火災嵐に弱かった。炎だけが死の空間に閂をかけることができたのだ。

建物が集中していればいるほど、的確に爆弾を命中させる技は複雑になった。第五爆撃航空群は正確な抹殺の達人技を目指して訓練を重ね、ドレスデン壊滅という命令を遂行した。周辺部にあって戦争に役立たないため、四年半のあいだ無視されてきた町に「雷鳴（サンダークラップ）」の攻撃を加えるのだ。飛行航路は長いが、第八航空軍が四〇〇〇トンの爆弾を投下した石炭液化施設ブリュックスほど遠くはない。さらに西にあるロイナには一万八〇〇〇トンを投下していた。

チャーチル、アイゼンハワー、ハリス、ポータルがサンダークラップ作戦のアイディアを書き記すあいだ、第五爆撃航空群は手持ちの手段で行える爆撃を行っていた。夏に立てられた計画を、この集団は秋までには実行可能にした。ハンブルクやカッセル空襲とは違って、五桁に上る死者数は自然に生じたのではなく、意図的に実現されたのである。一九四四年九月一一日と一二日に第五爆撃航空群はシュトゥットガルトとダルムシュタットで火災嵐を発生させた。シュトゥットガルトは炎上したが坑道が住人を守った。その四分の一の面積しかないダルムシュタットでは一三倍もの人々が死亡している。これはその後、爆撃機軍団が模範例として参照するものとなり、ドレスデン空襲の見本とされた。ダルムシュタットはリハーサル、ドレスデンは本番に当たる。リハーサル用舞台は狭かったので、そこでの効果はより集中的なものとなった。死亡率は一〇・七％でドレスデンの死亡率の二倍以上となり、これを上回るのはプフォルツハイムだけである。

ダルムシュタットとドレスデンは第五爆撃航空群独特の方式によって攻撃された。「扇」である。扇は円の四分の一の形をしている。その先端は、ダルムシュタットではエクセルツィール広場、ドレスデンではグローセス・オストラーゲヘーゲにあるDSC（ドレスデン・スポーツクラブ）のサッカー場に置かれた。どちらの場合も飛行機はさまざまな航路で飛来し、警報発令所を混乱させた。ダルムシュタットでは警報から爆弾投下までの時間は一〇分だった。ドレスデンでは二五分の時間があったものの、防空室までの道のりも遠かった。ダルムシュタットでは地下壕までの道は矢印で示されていなかった。どちらの都市にもブンカーはなかった。

二二時〇三分、照明担当機がエルベ川の渓谷と町を滝のような白い光で照らし出す。二分後、DSCサッカー場に緑色の灯火が落とされた。

ダルムシュタットでは二三時三五分にパラシュートに付けられた白い灯火がエクセルツィール広場上空に落ちた。[155] マーカー兵が一〇〇〇メートル上空に現れて、明るく輝く広場に最初は赤で、その後緑色で印をつけた。一つの目標指示弾が逸れ、中央駅の上空に流れた。主爆撃機が急いで蛍光ペンでなぞるように黄色をつけて緑色を無効にする。その後主爆撃機は高度を上げ、爆撃中隊を呼び寄せた。

ドレスデンの主爆撃機はゆっくり高度を下げ、薄い雲の層を抜けて標的を目視する。[156] 見たところ、高射砲は設置されていないようなので、高高度を飛ぶランカスターは三〇〇〇メートル、目視マーカー兵の乗った機体は二七〇メートルにまで高度を落とした。サッカー場には赤の印がつけられる。それは二二時一三分のことで、もう一〇分前から灯火爆弾が燃え印がつけられているが、妨害はなく、サーチライトの光さえ見られない。

ダルムシュタットでも邪魔は入らず、計画通りに着々と爆撃準備は進んだ。扇は支点から四五度の角度に開いている。主爆撃機は最初に西から三個中隊を呼び寄せた。「オーバーシュート」は支点から六秒飛行した地点である。それから扇の左辺にそって爆弾が投下された。町ではこれは屠殺場に向うラインである。引き続いて第二波の爆撃機は市街地の南出口に向かう右辺をマーキングする。三角形の二つの辺のあいだを四個中隊からなる第三波が飛んで、内側の広い面上に死と破滅の絨毯を広げる。

二月一三日のドレスデンでは、これ以上に手馴れた爆撃が展開された。それはハイルブロンやフライブルクで成功を収めており、ほどなくヴュルツブルクも降伏させることになった。ドレスデンでは爆撃の手順に遅れが生じてはならなかった。燃料タンクのガソリンは一万リットルで、余裕がなかったのである。時間も二二時〇三分から二二時二八分までしかなく、その後は一四〇〇キロメートルを飛んで帰還しなくてはならないのだ。最初に飛来する主爆撃機がマーカー弾を投下した後に残された時間は一二分である。超短波の無線通信で「プレート・ラック隊の主爆撃機に告ぐ。計画通りに赤い灯火を爆撃せよ」(157)という指令が来る。こうして扇が広げられる。左辺はエルベ川の蛇行部を二回横切り、右辺はファルケンブリュッケ陸橋の鉄道線路上で終っている。両者を結ぶ円弧は駅の前に置かれた。

この爆撃方法の特質とは、扇状の面を火災、爆風、爆発で同時に襲うことにある。これらがまるでペーストのように混ざって提供される。主爆撃機と主マーカー兵の機体は、炎の輪が閉じるように空隙を残さず爆撃することに注意を傾注する。それは扇内部の飛行機の一機一機がどのような角度を取るか、そしてまた「オーバーシュート」つまり支点と爆弾投下地点のあいだの距離にかかっている。

爆撃手長の目は扇を凝視する。「ハロー、注意しろ、プレート・ラック隊、爆弾が一個、投下が遅れた。一個は目標から離れすぎだ……今度はいいぞ、今度の爆弾はうまく落ちた……プレート・ラック隊に告ぐ、爆弾は闇雲に落ちている。赤く燃えている灯火を狙うんだ……」(158)。大量虐殺とは一ミリの狂いも許されない仕事で、町の一カ所にやたらと爆弾を落として達成できるものではない。町はそれに対処する方法を知っているからだ。

ダルムシュタットでは火災は一時間で火災嵐に発展した。消防署が燃えて、地元の消防隊の一三台の消防車が火を消した。マンハイム、フランクフルト、マインツの消防隊がアウトバーンを通ってやって来たときは午前三時になっていた。六時には三〇〇〇人が二二〇台の消防車で消火に当たったが、火災は二時間前からあたりを燃やし尽くしていた。炎は消防隊が来る前に広がる必要がある。さもないとそれは抹殺攻撃の手段ではなく、たんなる火事の集合にとどまる。

時限爆弾は通常、地下に隠れた住民が空襲終了後に出て来て、火災の隙間を通って逃げることを防ぐためのものである。実際にこのようにして人々が逃げ出したため、参謀本部が抱いた、一〇万人の死者という夢は実現されずにいた。しかしダルムシュタットでは運命的な出来事が時限爆弾の仕事を凌駕した。ダルムシュタット中央駅から一二〇〇メートル南の線路上に軍需品輸送列車が止まっていて、それに火がついたのである。搭載されていた榴弾は一時間にわたって爆発し続け、地下の人々はまだ空襲が続いているものと思い込んだ。

軍需品輸送列車からの爆発音が止んだ頃には、火災嵐によって地下室の出口は塞がれていた。熱気とガスのため、防空室は処刑場と化した。こうして一万二三〇〇人の人々が死を迎えた。これは住民一〇人に一人に相当し、チャーチルが七月に計画していた毒ガス攻撃の死亡率を上回る。しかし一万二〇〇〇人の死者では、サンダークラップ作戦の目標達成には程遠かった。ドレスデンにいた人間が一〇〇万人だとすると、これはドイツの全都市の平均死亡率でしかない。

ドレスデンの扇は第五爆撃航空群が去った後の三〇分で予想通りの火災嵐を起こした。爆弾は目標をわずかに逸れて落ちたものの、計画通りの結果を生んだ。この第五群の方法では、扇は広がりすぎることはなかった。最も広い箇所で二・五キロで、これは旧市街の四分の三をカバーしていた。燃料の重量が大きいので爆弾は八七七トンしか搭載できず、それはダルムシュタット空襲と同量であったので、ハリスはデュースブルク、ケルン、ザールブリュッケンで試行した二波爆撃の手法を取った。ハリスは抹殺を二倍にしただけではない。空襲が終わったと考えて安心している住民のすきをつくことでそれを数倍にしたのである。警戒解除の九〇分後、ドレスデン市民は大庭園やエルベ川の岸辺に逃げた。またもや警報が鳴ったが今度は郊外の地域だけだった。市内の警報施設はもはや機能しなかった。「二波攻撃」はこれを計算に入れており、人的損害を大きくした。

午前一時一六分に空襲の第二波がやって来たとき、予測通り地上には何も見えなかった。火災嵐は高さ一キロの煙の雲を上げていたが、それでも目標は扇の真中にあるアルト・マルクト広場とされていた。これは目標を完全に打ちのめすという二波攻撃の意図に沿ったものであった。第一波は人々を避難所に追い込み、安心して避難所を去る人々を第二波が襲うのである。二時間経った後の地下室は防護機能が尽きている。その後、燃える区域の地下では生き延びることができなくなる。攻撃の第二波を避けて二度目に地下に追い込まれる者は、生きてそこを出ることはない。ドレスデンの大庭園のような野外に逃げた者も命を失う。作戦の論理通り、こうした手順は大量の死者を出すことになる。

主爆撃機は眼下に広がる扇の状況を目視して十分な死者が出ることを確認し、扇がさらに拡大するよう、その横にマーカーをつけさせた。左方向には、火災が飛び越えることができないエルベ川東側のノイシュタットの方へ、そして右方向には中央駅と、よく認識でき、火事の発生していない大庭園の方へ。

エルベ左岸は五〇〇メートルの緑地帯であるエルベ草地と境を接している。時は二月で凍るほど冷たい風が吹き、夜には霧雨が降り始めていた。川に近い区域の地下に避難していた人々は最初の空襲の後、近づいてくる火災嵐による煙と火花と熱風の中を通って冷たい緑地へと向かった。ヨハンシュテッター病院の職員たちは縞模様の薄いパジャマを着た患者を担いでエルベ河畔へ搬送した。総合病院の産褥婦たちも走って来た。彼らは二波攻撃によって避難所を追われ無防備なまま攻撃に晒された最初の集団となった。

対岸の駅周辺には、同じように木立のある避難所である大庭園が広がっており、ここに旧市街から逃げて来た避難民たちからなる二つ目の集団がいた。エルベ草地と大庭園には何万人もの人々が集まった。他に逃げる場所はなかった。扇の広がり方と町の地理からして、この二カ所しか避難場所はなかった。第五爆撃航空群による大火災地域は内部の人々をはさみ撃ちにし、用意した袋に追い込むようにここに追い込んだ。その後、第二波の弾薬の大部分がここに投下された。

中央駅は扇の外側に位置していた。ここは東部戦線から逃げてきた避難民ではちきれそうであった。空襲の第一波では、普通列車の大部分を市外に出す余裕があった。第五爆撃航空群が任務を終えた後、列車は駅に戻された。その後中央駅も第二波の格好の標的となった。こうして抹殺の中心地が三カ所設置された。旧市街の地下室、緑地帯、駅である。それでも、二波攻撃手法と第五爆撃航空群の放火者たちはサンダークラップ作戦の司令官が命じた大量の死者のほんの一部を達成しただけにすぎない。

「ベルリン上空は恐ろしい美しさを見せて血のように赤く映えている。私はもはやそれに耐えられない[159]」と、ゲッベルスは一九四三年一一月二七日の日記に記している。その前の週に、ヴィルヘルム通りの官庁街、西の記念教会と動物園が燃え、五日間にわたって三度目の大空襲を受けた。ベルリン攻勢の端緒となるこの空襲で三七五八人が死亡し、五〇万人が家を失った。一一月二七日には爆弾の多くが北部の労働者居住地域、ライニッケンドルフに落ち、ゲッベルスは月曜の早朝、ここを視察した。

労働者の男女はここで私を熱狂的に迎えてくれた。その熱狂は信じられないほどで、何と表現していいか分からない。人々は私に親しく語りかけ、ファーストネームで呼んでくれた。女たちは私を抱きしめた。サインをねだられ、我々は一本の煙草を回し飲みした。つまり、ここはまるで遊園地のような雰囲気なのだ。[160]

遊園地の周囲には広大な破壊が広がっている。「しかし、民衆自身はといえば、彼らはこの破壊を明るいユーモアで受け入れている。今では煙草が最高の楽しみだ。一本の煙草のためならベルリン市民は逆立ちでもするだろう」。

　しかし党はベルリン市民に別のことを期待しており、「SA特務衝撃隊」を結成した。「この町が一九一八年一一月に革命を起こしたとはとても信じられない[161]」とゲッベルスは書いている。一一月革命は、ゲッベルスにとってもチャーチルにとっても同じように参照点だった。しかし爆弾は、首都のプロレタリアートの蜂起への意欲を打ち砕いた。爆弾とともに投下されるビラは、爆弾が命中することを嘆いてみせていた。「ドイツ空軍は一体どこにいるのか？今、白昼にアメリカの爆撃機が群をなしてベルリン上空に飛来している。ドイツの首都に来るのはこれで五回目である。当然、君たちも問うているだろう。『ドイツ空軍はどこにいるのか？』と。ゲッベルスに尋ねたまえ。ヒトラーに尋ねたまえ[162]」。

　四万五〇〇〇トンの爆弾をもってしても、ベルリン住民にこの当然の問いを口にさせることはできなかった。アメリカ軍は一九四五年二月三日までに攻撃に拍車をかけ、この時点で二万五〇〇〇人の市民を死亡させたと思っていた。これは市の住民の〇・九％に当たり、そうなると市民は右のように問うたことだろう。しかし、公的なアメリカ空襲史はゼロの一つ多い数字を発表していた[163]。この町が甘受しなくてはならなかった最も血みどろの攻撃では二八九三人の犠牲者が出ていたが、これはハイルブロンでの死者の半数にも遠くおよばない数であった。ベルリンには四〇〇万人の住民がいたことを考えると、このとき使われた爆弾の総量一万一三六七トンが達成した死亡率は、平均の三分の一である[164]。しかし死者は反乱を起こすことはない。ベルリンは最も激しく空襲された町であり、エッセン、ケルン同様に必死の防衛を行わなければならなかった。隣接するマグデブルクの命運は四分間で決まり、思慮を巡らす暇はなかった。ベルリンは四年間戦い続けた。

　ベルリンに住む人々は独特の性格を持っている。ベルリン人は人が言うことをそもそも全然信じないのだ。だから、ゲッベルスはどうしてよりによって自分がベルリンで信頼されるのか分からなかった。「この地でこのような心情の変化が起きるなど、不可能だと思ったことだろう[165]」。それは実際不可能だった。爆撃戦争中のベルリンを支配していた内的状況は、当地にいた外国通信員の記録の方が、ゲッベルスの日記より正確に伝えている。ナチ殉教者の国民など、そうした記録のどこにも出てこない。ゲッベルスがその存在を喋り散らし、チャーチルが爆弾によって思想矯正したというヒトラー信奉者など、空襲においては問題外であった。そんな仮面を被る人間は四〇〇〇トン爆弾ブロックバスターにやられるだけだ。一人の市民の政治的能力と彼の上に降りかかる破壊手段のあいだにはほとんど関係がない。クラスター爆弾と滝のごとく降る燐は、政治的見解より深く人間の中に染み込む。その限りでは、「士気を挫く爆撃」作戦は正しい。ただしその結果、誰かが政治的大変動を企むとは限らない。人はそんなことなど夢にも思わなくなる。爆弾は人を個人主義者にする。スイスの通信員コンラート・ヴァルナーはこう記している。

> 戦争が五年目を迎えたこの暗い一一月、通りを行く人々、商店や交通機関の人々は険悪な顔をしている。顔色は蒼白で、目は落ち窪み、着古した衣類を痩せこけた体に引っ掛けている。彼らは疲れているものの、常に切迫感に取り憑かれている。増大する生存への不安から生じる不健康な性急さに駆り立てられて急いでいる。急ぐことが必要なのである。店に入るのが遅くなってはならない。品物は売切れてしまう。停留所に着くのが遅れてはならない。電車は行ってしまい、座席は他人に奪われてしまう。職場に遅刻してはならない。賃金が差し引かれてしまう。レストランに行くのも遅れてはならない。食べる物がなくなってしまう。予定通りに帰宅しなくてはならない。帰る途上で警報に脅かされるからだ。それ以上に、常に急いでいることと切迫感を持つことは、自省したり、くよくよ考えたりすることを避けるための手段なのだ。[166]

爆撃戦争の最中の人間は地下室でじっと空襲の終わりを待つか、あるいは何時間もどこかに向かう途上にあるかである。破壊行為によって人はあちこち走り回ることになる。避難所や雨露をしのぐ場所や家族を探したり、公的援助の申請をしたり、いつも何か足りないので算段を考えたり、闇で物を売買したり。ベルリンではすべてが遠い場所にあった。

電車は満員で、人々は敗北感に淀む息を吐き、やつれて苛立った女たちは唇をかみしめ、怪我人は血のにじむ包帯をしている。「人々の顔は青ざめ、不健康な白さをしており、疲れて生気のない目のまわりだけが赤味を帯びていた」。食糧不足によって「かかり付けの歯医者が言うには、まるで角砂糖が水に溶けるようにして歯が全部一度に抜けるとのことである」。車両の中では強い悪臭が乗客の足元から立ち上り、「どこか途中の駅で降りて、プラットホームで新鮮な空気を吸う必要があった[167]」。

地下鉄のトンネルは人で溢れている。駅に向かう階段は人で塞がっていた。上がる人と下りる人ははさまれて身動きできない状態だった。通るためには、まるでコークスをカナテコでかき混ぜるようにして群集のあいだを進む必要があった。右でも左でも、両側の壁ではやせ細った糸のような体が上へ下へと走っていた。[168]

線路は障害物で邪魔され、列車の本数は減り、どこへ行くにも通常の五倍の時間がかかった。一切を失った人、家を失った人、職をなくした人、一家の稼ぎ手をなくした人には公的補償が与えられる。受給者は出かけ、列に並び、事情を話す必要があった。誰もがそれなりの事情を抱えていた。炸裂弾で家を爆破され、何も持ち出すことができなかった人がいる。家を燃やされた人がいる。命は助かったではないか！「水道管破裂で水浸しになったという人がおり、また、生き埋めになった人、手や足を失った人もいる。そしてどの話も戦争、死、破壊にまつわることなのだ[169]」。しかし、最もいやなことは混雑による押し合いへし合いである。「これはあまりに辛いので戦争のことなど忘れるほどで、人々は罵倒し始める」。担当者は、どうしてこんなに配給に時間がかかるのかを詳しく説明し、やっとのことで人々は救済パス、別名「爆弾パス」を手に入れる。どこかで配給券が手に入ることになるが、そこは一駅先で、しかし行ってみると店にはもう買えるものはなく、闇商人のところに行くことになる。

三〇〇万人の市民にとって、忙しくしていることは消耗を避けるための手段となった。あまりにも頻繁に警報が鳴り、あたりは廃墟だらけである。子供の身を心配し、次の夜を無事に過ごせるか心配し、まだ手足が無事に揃っていることに安心する日々。爆弾とは大斧であり、これは灰色の象の皮膚を、無数の傷が化膿するまで切り続けるのである。大斧は何度も切りかかる。ベルリンという怪物に比べれば、これは小さな武器だからだ。大都会は一撃で倒れはしない。通り、水路、緑地に支えられ、空間、肺、空気を備えているのだ。

ベルリンの連帯意識もまた爆弾による困難を和らげていた。ベルリン人はすぐにうろたえたりしない。官公庁の前に張られたボール紙には「業務は通常通り進行中[170]」と書かれていたが、これは抗戦の意志表示というわけではなかった。

動物園にある高射砲塔ブンカーには一万八〇〇〇人が入れた。一メートルの厚さを持つ鉄筋コンクリートの内部では空襲の大音響も弱められ、爆撃戦争時の住居は外界から遮断されている。「教会のように長椅子が並んでいて、警報が鳴ったときに外出中だった人々が腰掛けていました。兵士たちが交通整理をし、人々をブンカー内の各階にあるたくさんの部屋に分けて入れました。電気の照明があって、読書や手芸ができました」[171]。繁華街クーアフュルステンダムを散歩していた人々は壁にもたれかかり、お喋りが盛んになる。予想に反して屋根の上の高射砲が射撃をしている。ということは空襲は陽動作戦ではなかったのか！

それから突然に激しい衝撃がやって来て、この頑丈な建造物の土台までが振動しました。どこかで金属音のような大きな音がして、あっという間に灯りが消えてしまいました。話し声はささやきに変わりました。一人の女性が気を失ってしまい、水を、と叫ぶ声がしてそれからまた静かになりました。「あんたなの？　それともあんた？」と聞く若い女の声がして、すぐに、俺だよ、と三、四人の男が答えると、笑い声がしました。

高射砲塔ブンカーから戻る道は火花の雨である。「人々は『燃えてますよ、火を叩いて！』[173]と叫んで教え合いました」[172]。私は走り続け、コートや帽子の火の粉を払いました。左右では壁が崩れ続けていた。炎があたりを飲み、前後から風が吹き寄せる。「前方で、塔のように大きな張り出し窓がゆっくりと崩れ始めました。まるでスローモーションの映像を見ているようでした。そのとき、その下に老人たちがいて、一休みするためにスーツケースを降ろしたのが見えたのです」。叫び声を上げる前に、雲のような埃の中から老人たちが無事に姿を現した。消防車がゆっくりと走り、事態をよく観察しようとした。「消防車の背後に一人の女性が走ってきて、気が狂ったように『うちに来て！　まだ消せるから、どうか、お願い、まだ消せるから！』と叫びましたが、消防員は彼女に腕を掴まれないようにしました。誰もその女性の方を振り返りません。彼女はハンカチを振っていました。その瞬間、また警報が鳴り始めたのです」。皆、動物園の高射砲塔ブンカーへと引き返した。

町はズタズタになり、人々はその外観に慣れる必要があった。通りの名を示す標識は火災と爆風ではがれていた。「焼けた建物が並んでいる様子はどこも同じように見えました」[174]。航空機雷が落ちた所は崩れて平らになり、爆弾の破片が当たった箇所には無数の穴が開いていた。「私は、生きたものの気配をまったく感じさせない通りを歩きました」。路上を行く人々は途方もない量の埃、煙、すすを吸い込み、ハンカチは夕方になると真っ黒になった。目からは細かい汚れが取れなかった。数え切れないほどのガラスの破片が道路の舗装となり、靴底を傷付けた。

瓦礫の地での作業は野戦病院での手術を思わせた。「聴音機でノックの音がしないか探り、酸素ボンベで、閉じ込められた人々に空気を送ろうと試しました」。ベルリンの住宅区域は入れ子構造になっていて、通りに面した正面の建物、その左右の建物、第一の中庭の後ろの建物、第二の中庭の横にはまた左右に建物、その後ろの建物……といった具合である。「もし直撃弾が落ちれば、六階建ての建物がどんなに大量の瓦礫になるか、容易に想像できるでしょう。その山の中には人間がいる。どうしても発見できない人もいる。ロシア人戦争捕虜が注意深く石を一つ一つ取り除くのですが、作業はなかなか進みません。地下室からはノックして助けを求める音がするものの、誰一人救出されませんでした」。

一九四五年はじめ、警報が鳴るたびに何千人もの人々が動物園の高射砲塔ブンカーの前に殺到した。怯えた人々は一日中、塔のまわりを取り囲んでいる。そこに入ることは生き延びるための切符であり、早く到着すればその切符を手に入れられるのだ。

厚いコンクリートで覆われた塔の中にいると、何となく普通の生活を送っているような気分になった。低い声でのお喋り、鼻歌、ご婦人たちは円くなって座り、食物の値段について話をしている。ベルリンの運命について何か悲しむとか悲劇的感情を持つとかいうことはほとんどなかった。店のカウンター、仕事場、食卓、家のベッドのことが最大のテーマで、もしそれらがまだ揃っているなら、万事うまくいっているということなのだ。[175]

重要なテーマと些細なテーマとの逆転は心の隙間に詰め物をする役割を果たした。ベルリンは無理だが、ベッドと食卓は守れるのだ。ベッド、食卓、仕事場、店のカウンターの価値上昇はそのまま戦後ドイツに引き継がれ、ドイツはもっぱらそうした具体的な物から成り立つことになった。人々はそうしたことに従事した。当然ながら、再建されたものは食卓のように実際的なものからなっていたが、人々はそうしたものを好んだ。大きなテーマははるかに価値のないものとして扱われたが、さもなければ事態はもっと深刻になっていたことだろう。

ベルリン・ノイケルン地区の住民は一九四五年二月の空襲後の人的被害について冷淡に語った。デンマークの通信員ヤーコプ・クロニカがそれを証言している。[176] バウムシュレンヴェーク通りの火葬場の決算書について、ブンカー内の避難民たちから疑いの声が上がったのだった。

女性一　死人の数を誤魔化して私たちを騙しているのよ。
女性二　礼拝堂ではどの葬儀にも同じ棺が用意されているけど、棺の中には死体はないの。

女性三　死んだ人たちはまとめて焼かれ、その灰は混ぜて骨壺に入れられるのよ。欲しい人は誰でも持っていけるそうよ。

女性二　生きている私たちが物の数に入っていないのに、死人をちゃんと扱えるわけないわ。

女性三　死人の数が多すぎるのに、それをきちんと埋葬する時間がどこにあるっていうの?

女性一　何かしなくちゃならないわね。何事にも限界があるから。

確かに限界がある。しかしベルリンが限界に近づくと、限界の方も移動した。一人のビジネスマンが燃え尽きた土地から二つのスーツケースを見つけ出した。彼の友人は消火作業中に心臓発作を起こし、もう一人の友人も燃える梁に当たってしまった。「もうたくさんだ」と燃え尽きた男はスイスの通信員ヴァルナーに別れ際に言った。自分も梁の下敷きになりたかった、と彼は言った。「私はボロボロだ」。人は片足をこの世の向こう側に置いて静かに眠りにつく。安らぐのも悪くはないだろう。戦うか、なすがままになるかである。すべてを巡るドラマは消えていく。ホテル・アドロンでは皆、低い声で話している。回転ドアは絶え間なく回っているが「大変静かである。ホールは静まり返っている」。皆、煤けた顔をし、誰もがスーツケースや荷物や包みを抱え、ここはまるで難民キャンプのようだ。「誰もが死ぬほど疲れているようだ。皆が同じ経験をした。言葉も説明も必要ない。今ここで、世界的大都会が我々の眼前で滅亡するところである[177]」。

ベルリンはマグデブルクやドレスデンほど徹底的に爆撃されたわけではなかったが、奇妙な無気力に侵されていた。町はこわばり、石と化した。空襲の夜に続く「筆舌に尽くしがたい日々のある日、私はウーラント通りを歩いていた。人々は救い出した家財道具と残された財産を置いて雪と雨のなかで屈んでいた。立ったままどこかにもたれかかって眠る人もいた。人々は寄る辺なくこわばったように、自分たちが住んでいた建物の残骸を無関心に眺めていた。その地下からは炎が上がっていた[178]」。クーアフュルステンダム通りは人で溢れている。「暗い、ぼんやりした人影が、用心深く両手を伸ばして前に進もうとしている。誰かが笑い声を上げると、人はぎょっとする」。ベルリンを歩くのは海の底を行くようだ。どこもかしこも難破船と、無気力にうごめく肉体ばかりである。戦後、こうした生死の中間世界を指すのに「情動麻痺」という用語が作られた。心が事態を処理しきれないために情感の流れが滞るのである。心は硬化し、無感覚になる。生の活動は続いてゆく。次なる行動を取り、荷物をまとめなくてはならない。それに役立つのは布と手押し車であろう。

第4章

防衛

「犠牲になった民間人の総数は、一般に予期されていた数百万という数字に遠くおよばない」
アメリカ戦略爆撃調査局

抹殺空間は時間的には一時的、空間的には限定的である。もし十分な厚さの壁を持つ防空室が十分な数あれば、あるいは交通手段、宿泊施設、補給が整えられ、人里離れた避難地域で生活することができれば、抹殺空間から逃れることができる。国民のほぼ半数が耐爆の宿泊施設を必要としている。そうした場を用意できるのは国家だけであり、国家が生命の保護を保障する。国家はまた、急激に失われる消費財と住居の代替品を用意する。爆撃戦争によって国民は国家に束縛される。国家としてのナチは、生き残るための策を施し、体制としてのナチは、敵に降伏する者に対してテロルを行う。こうしてナチ体制は、自分の領土に対する支配権をすでに半ば喪失しているにもかかわらず、自己を防衛する。爆弾によるテロルとナチ体制によるテロルにはさまれて、国民は両方から自分を守るしかない。人的損失率は〇・七五%で、抹殺する側のエネルギーから考えれば人命を守る試みは大成功だったと言える。支配体制が内部から打破されることもなかった。

丸天井下の避難所

戦時の人間は防衛行為を行う。都市はかつて、砲弾に耐える市壁に囲まれ、防衛された場所であった。砲弾が入って来ると、市民は塁壁を堅固にした。要塞建築の技術とは、地上を進軍し防塁に衝き当たる敵軍に対し、入り組んだ障害物を作る技術のことだった。建造物が上に向かってそびえ立ち、敵が水平方向から攻めてくる限り、都市は防衛の役に立つ。しかし砲兵隊の砲弾が放物線を描いて都市を攻撃するようになって以来、征服者の方が有利になった。都市は防衛手段を有し、反撃するものの、補給線から孤立し、ひどく攻撃に弱くなった。そこには民間人が集まっているからである。空から降ってくる爆弾に抗するのは、水平なもの、つまり地面である。逃げる者は地下に潜った。

一九四〇年秋、ニュルンベルクは総統命令によって耐爆ブンカー建設を始めた。中世には砂岩の中にカタコンベ（地下納骨室）が掘られて、その上に皇帝の砦である城塞が築かれたが、ブンカー建築はそれを彷彿させた。丸天井のある地下室には換気用の縦坑が開けられ、それは敵に征服されたり放火されたりした場合に身を隠し、生活する場所となった。一九四三年四月にこうした縦坑には横坑が接がれ、除湿され、硬質煉瓦で覆われた。これで一万五〇〇〇カ所の避難場所が確保された。ドイツでは、地下に放置されていた場所はどこも開放された。廃鉱、離れた建物を結びつける秘密の通路、坑道、天然の洞窟、鉱山の横坑、縦坑、倉庫、そして以前はビール貯蔵庫として使われていたおびただしい数の地下室である。

昔、敵に怯えた人々が地中に掘った迷宮と並んで、それほど立派でもない場所が賑わうことになった。ジャガイモ、保存食品、石炭、樽、瓶の倉庫、要するに地下室である。建物の地下にあるカビ臭い世界が人間の隠れ場所となった。大量の爆弾投下によって、居間、ベッド、レストラン、通りは、もはや落ち着いて過ごせる場所ではなくなっていた。こうした場所は一五分間で沸騰し、衝撃波と火花と鋼鉄の破片だらけの死の領域となる恐れがあった。これはたんなる悪夢ではない。一九四四年になるとほとんど毎日空襲警報が鳴ったからである。

歩兵による戦いは高度に工業化され、一九一四年にはもはや立って前進できないほどであった。銃撃が高密度で行われるので、軍勢は塹壕に潜り、戦場は装甲車が到着するまで無人であった。都市が第二の戦線と化すことで民間人も装備を整えるか、地下に潜むかしなくてはならなくなった。市民はできるだけ服を着たまま就寝し、避難壕に持っていく荷物をいつでも手の届くところに置いておくように言われた。荷物の中には身分証明書、有価証券、契約書、家族に関わる文書、宝石、肌着、ハンカチ、現金が入れられた。その他、ヘルメット、ガスマスク、暖かい衣類も入っていた。人々の耳は、同じ音量で三〇〇ヘルツから四〇〇ヘルツのあいだを急激に変化する正弦波の、唸るような音に敏感になった。これはひどく人を追い立てる音だった。これが聞こえると、安全な場所に身を隠すのに一〇分しか残っていない。

警報は戦時国家の偽りの声である。それは国民とのあいだで、上空の状態を表現する一連のサインを取り決めていた。この声は半径五〇〇メートルに響き渡ったが、大都市では何百、何千もの声が必要となった。警報ステーションは、レーダーステーションと連絡している対空警報センターから連絡を受けて警報を出すことになっていた。レーダーと警報ステーションは危険が迫る時間を予告し、その内容は音による信号体系で伝達された。これは国家による放送であった。それは次第に複雑になり、最後には理解しがたいまでになったが、だいたいにおいて次のことを意味していた。（警報一）爆撃の可能性があるものの、注意するだけで何もする必要なし。（警報二）爆撃迫る。一〇分で全員避難すること！（警報三）攻撃は終わった模様。外に出ること。（警報四）危険は去った。

爆撃飛行編隊は、敵が目標を察しにくい航路を選び、奇妙な迂回路を取ったり、目標を通過して引き返したりした。爆撃機軍団がハノーファーを通過すると、ベルリンで歩ける者は全員地下室に入った。その後ブラウンシュヴァイク、マグデブルク、ライプツィヒを通過する。一体どこが目標なのだろうか？　攻撃側から見れば、誤りの警報こそ正しい警報である。目標地の住民を疲労困憊させるからだ。彼らは避難を許可されず、当てにならない警報を聞かされるばかりで本当に必要なときには警報が鳴らない。

空襲が長く続くとともに避難規定も緩くなってきた。ドイツ領内に入る爆撃機の数が途方もなく増加し、何の支障もなく侵入して来ると予報は乱れた。攻撃の危険は実際の攻撃よりはるかに頻度が高い。日常生活と仕事を頻繁に中断しないために、危険があっても反応することなく耐えることが求められた。危険は人間の内部に隠された。逃げたいという衝動に従うことは許されず、人々はひどい不安のうちに生活を送る。何年間も現実の不安に耐えることは、ある意味で、迫る破滅の影で暮らすことである。それで実際に死ぬ人間の数は少ないが、大多数の人々がその影の中で大半の時間を過ごした。一九四二年八月に導入された警報の信号体系「公衆空襲警報」は、爆撃の可能性を知らせつつ、市民が避難壕に入ることは認めないものであったため、公衆に不安を広げるだけであった。その不安とは、個人的な臆病さとは関係ない。爆撃機がこちらに向かっており、その航路が計算できないということだ。

一九四三年以降、空をひっきりなしに通過する群れは有線放送で常に周知された。これは電話線や電線による放送網である。危険に晒された町では多くの人々が原則として夜を避難壕で過ごし、最後には昼もそこで過ごすことになった。住民の生活は避難壕で営まれた。

一九三九年八月、防空法第九実施規定によって、建物の所有者は全員、地下の階を防空用に作りかえることが義務づけられた。地下は建物の崩壊による衝撃に耐えるものでなければならず、窓や穴から爆弾の破片やガスが入ってはならなかった。さらには、二つ目の出口も必要とされた。これは泡沫会社設立時代、あるいはそれ以前の建物にとってはたいへん過大な要求であった。それらを建てた人々は、鼠の住処が要塞となり、住人がそこで建物の崩壊に耐える時代が来るなどとは、まったく思っていなかったのだから。

地下室の天井の中で重さに最もよく耐えるのは、かなり古い時代に造られた半円筒天井であることが分かった。例えばフランクフルト（アム・マイン）では、中世に建てられた木組みの家々はどれも、複数の階からなる、すばらしい丸天井を持った地下室を備えていた。こうした建物は、セメントよりも硬い不思議なモルタルで塗られていた。それが何からできているのか誰も知らなかったが、旧市街の住民たちはこうした建物を信頼し、それ以外の場所には避難しようとしなかった。

現代の地下室の天井は、鉄や木の支柱で支えられている場合、通常は建物の残骸の重量に耐えることができた。部屋は収容人数五〇人以下の大きさとすることが定められ、もっと広い場合には厚い隔壁が設けられ、これは同時に外壁を強固にする役目も果たした。途中の階の天井を破壊するための三〇ポンド焼夷弾に耐えるべく、補強板を張ることが奨励された。

ハンブルクとデュッセルドルフでは地下水面が高いため、建物の九〇％では地下室の外壁は地面よりずっと上まで延びており、そのため風圧や風の吸引力に晒される面が大きくなって、地下天井が振動した。これに対処するため、大量の瓦礫を積み上げ、砂、粘土、セメントで固める措置が講じられた。地下室は振動には強かった。大空襲による地

ルール地方の防空坑道

震のような衝撃で壁という壁が船のように揺れ、何十人もの男性が体を支えるために支柱につかまっても、崩壊の力学的作用がおよぶことはない、と証明された。強化された地下天井はぴったりと地殻の中にはまり込んでいたのだ。大地はひっくり返ったりはしない。

危険は別の点に潜んでいた。地下室でのトラウマとは生き埋めになることである。上の部屋が崩壊すると出口が埋まってしまい、避難所を墓穴に変えてしまう。そうなると残った道はただ一つ、隣の地下室へ、さらに先の地下室へと進み、地上へと通じている場所に行き着くまでこれを続けるしかない。こうした地下通路を造ることは、多くの建物を密かに連結し、開かれたものにすることであったが、住民はこれに不安を感じた。泥棒に入られるのではないかと心配したのである。そこで住民は防火用壁も兼ねる隔壁板を作ってそれに穴を開け、穴の部分をゆるく煉瓦で塞ぎ、そこに赤い印をつけた。緊急時にはハンマーで何度か叩けば間に合わせの石積みを叩き割ることができる。こうした処置を取ることが法で定められ、大都市では政府が費用を負担した。

地下の抜け道は多くの人命を救うことになった。フランクフルト市役所が旧市街地下に設置したような、碁盤の目状の避難路の場合にはとくに役立った。自分たちの住む建物の地下に避難した三万六〇〇〇人のフランクフルト市民は、緊急時にはエッシェンハイマー門から一二〇〇メートル離れたマイン川まで逃げることができた。カッセルにも同様に連結した地下室が多数あったが、一街区で終わっていた。大火災に襲われればそうした通路はたいていの場合短すぎ、出口は炎の中であった。

火災戦争では、地中の穴の中では長くはもたない。空気が汚染されるからである。しかし人々はそれを予測していなかった。燃焼によって熱とガスが発生し、主にこれが人体を攻撃する。炎は人体に直接点火することはほとんどないが、放射熱や一酸化炭素に晒すのである。予測不可能なある時点から、地下はもはや安全ではなくなる。人は外に出なくてはならない。さもないと窒息死するか熱にやられる。建物が燃えているあいだ、地下室は冷気を保っているが、じつはこれが危険なのだ。そこにとどまるのが安全だと思ってしまう。外では爆弾が破裂し、火花を散らし、燃える建物のたぎるマグマがあたり一帯を駆け巡る。その後、本能が地下にとどまるようにと言っても、人はこの穴を出なくてはならないのだ。石の建物はゆっくりと放射熱を吸い込み、熱を持ち、かまどと化すからである。

建物が燃え、煙が入って来たらすぐさま地下室を離れるというのが基本原則である。地下にも上と同じ空気が入って来る。地下室は燃焼ガスの侵入を阻むことができない。ガスは無臭で、煙が危険を知らせてはくれるものの当てにはならない。地下室に貯蔵されている石炭に火がついてくすぶり、おびただしい数の人々が永遠の眠りにつくこととなった。ガスはしばしば、脱出用に開けられた例の壁の抜け穴から入って来た。最初の爆弾が落下すると人はつい慌てて穴を開けてしまいがちだった。それは緊急時の逃げ道となったが、同時に一酸化炭素の侵入も許すことになった。どこか遠くない場所にある、誰かが備蓄した石炭が熱を持ち、くすぶり始め、街区に沿ってガスを拡げる。燃焼の化学作用によって大量のガスが発生する。かつてこのような火元が存在したことはなかった。倉庫に貯蔵されたものがくすぶり、その上の建物は赤々と燃えている。通りを吹き抜ける風の吸引力によって地下室の気圧は下がり、地下室は上の火災によるガスを吸収する。これが「インジェクター効果」である。こうしたことが地下室で起きた。

火災がピークに達すると二種類の耐えがたい空間が作り出された。外部の炎上する空間と、ガスが充満した内部空間である。カッセルとハンブルクでは火災による犠牲者の七〇%から八〇%が、地下室でガスのため死亡した人々である。アメリカの調査によれば、爆撃戦争における死因は五%から三〇%が爆発、爆圧、破壊の衝撃、五%から一五％が熱風、六〇％から七〇％が一酸化炭素中毒である[1]。

カッセル市警察長官は一酸化炭素について次のように述べている。「密かに作用し死をもたらすこのガスはどんな火災の場合も発生の可能性があり、たとえ石炭が発火しなくても、大火災の場合には常に発生すると思われる」[2]。壁に穴を開ける際にこの酸化物は地下室に侵入し、これを避けて旧市街の通りへと逃げた者は、駆け足で三〇メートル進み、そこに半径一〇〇メートルほどの、呼吸できる空気がある場所があれば助かった。

「狭い通りでは人間が跡形もなく燃え尽きてしまうことさえある。空気は熱く、もはや呼吸できないと思うほどだった」。それに加えて「崩れ落ちる建物、燃えながら落下する梁や壁によって、生命に危険がおよぶ状況が続いた」。人々は道に迷った。

そして壁の穴を抜けて別の穴へと彷徨い、結局、安全そうに見える防空室に詰め込まれて死を待ったのである。もしも壁に開いた穴でつながれた体系的な避難路が発展し、地下坑道が旧市街を越えてフルダ川やその河畔の草地へ通じていたら、多くの人々は窒息死しなくてもすんだかも知れない。

これは当地の防空指導者である警察長官の怠慢によるものであった。長官は地下の通路を九〇〇〇本も作らせたが、その多くは同じ場所、つまり火の只中に出るようになっていた。一九四三年一〇月二二日夜の出来事は、五カ月後にカッセルの行方不明者捜索局で聴取された一二〇人の生存者による報告で述べられている[3]。

> 私はあの爆撃の夜、妻と家にいました。私たちは二人だけでした。息子は出征して東部にいたからです。夕食の後私はラジオを聞いていましたが、七時四〇分頃に放送は中断してしまいました。私は戦争開始以来はじめてスーツケースと他の財産を、五階建ての建物の地下室に運び込みました。私は片足を切断しているのでそれはとても大変な作業でした。

妻の方はそんなことをする必要はないと思っていた。「ラジオなんか聞かなくていいのに！」この工場主夫妻はバルコニーに出て南西の空を見た。空は暗く、雲がかかっていた。道路には家路につく最後の通行人の足音が響いていた。夕方も過ぎ、家に帰る時間だったのだ。

ラジオの音がやんだことは、主婦のドロテーア・プロイガート、旧姓ヘアツォークにとっても何かを知らせる合図となった。「私たちは服を着て、子供たちにも着せました。今日はトミーが来るからきれいにしとくのよ、と冗談まで言ったものです」。トミーというのはイギリス兵のことである。プフェルデマルクト広場に住むガラス職人マイスターのオティーリエ・ケーニヒは、五〇歳の誕生日を祝っているところで、食事の用意を整えたテーブルについていた。「そのとき警報が鳴ったので、用意していたスーツケースと衣装戸棚にかかっていた服を地下室に持っていったのです」。この地下室は最も深い地点が通りから三・六メートル下にあった。ガレージに通じる小窓には蓋がされていた。「風圧で蓋は始終高く持ち上がってはまた下に落ちて窓を塞ぎました。私たちはまた蓋が落ちて来るのではないかと思って、何度も首をすくめました」。

工場主の所見によれば、他の町に対する最近の恐ろしい爆撃はどれも夕暮れ直後に起きていた。空にはプロペラの音が響く。もしかしたら敵機は通過しているだけかも知れない。学校の校舎でサイレンが鳴っている。高射砲のサーチライトは見えない。「でも何だか不気味に思えたのです。さあ地下室へ行こう、何か様子が変だ、と私は言いました」。最初に地下室にやって来たのがこの夫婦だった。着くとすぐに「地獄の堰が開きました。世界の終末がやって来たと思ったほどです。他の住民も急いで地下室に殺到しました。たいていはわずかな手荷物しか持たず、十分に着込んでいない人もいました」。

兵士の妻、エリーザベト・シルクには警報がすぐには聞こえなかった。「夫が休暇で戻っていて、うちは少し騒々しかったのです」。二人が地下室に入ったときには、建物の住人は全員そこに揃っていた。「爆弾が次々に落ちる音がしました。上の建物が全部落ちると思ったくらいです。煙は入って来ませんでしたし、漆喰の臭いもしませんでしたが、もう埃臭い臭いがしていました。それから私たちは壁の穴を抜け、七番地を通過して五番地へ向かいました。そこにしばらく立っていた後、こちらの隅からあちらの隅へと歩き回りました」。

二人の子供、イルムガルトとブリギッテを連れた若い母親グレーテル・ジモンは、警報が鳴った瞬間、グラーベン通りの旅館ゾンマー亭に直撃弾が落ちるのを見た。「私は祖母に言いました。見て、通路から出てきた人たち、あの人たち皆真っ黒、と」。それから彼女は祖母と子供たちと一緒に旅館ピンネ亭の頑丈な地下室に急いだ。「うちにいたら何事もなくすんだことでしょうに。ピンネ亭で起きたことは話せません。気を失ってしまったからです。娘が、ママ、息ができない、と叫んだので意識が戻ったのです」。

片足の工場主が入った防空室は次のようなものであった。

そこは一見、装備が整っていました。二〇時二五分頃に最初の爆弾が落ちたとき、抜け穴を塞いだ壁はまるでガラクタの塊のように飛び散ってしまいました。それからは、近くに爆弾が落ちるたびに地下室をつなぐ穴を通って埃と風が渦のように入って来たので、建物は崩れるだろうと誰もが思いました。近所の建物が崩れ落ちました。恐ろしい音がして、工場の煙突が二本倒れ、二つとも隣の土地に落下しました。地下室の穴から覗くと、赤々と燃える空がほんの少しだけ見えました。

四五分後、あたりは少し静かになった。二人の男が地上に上がったが「二人ともすぐに戻って来て恐ろしいニュースを知らせました。あたり一面、建物が全部燃えている、と。でも私たちの建物はまだ燃えていませんでした」。

ドロテーア・プロイガートの住む建物には地下室がないので、彼女はヴィルデマン通り三〇番地に行った。そこにはすでに三二番地の住人が座っていた。

そこはもう燃えてしまっていたからです。それからうちの管理人がやって来て、建物中が燃えているから出るようにと言いました。でも慌てないでいいから、と。そのとき、一人の男の人が逃げ道を探して抜け穴を通り、私たちの所へやって来ました。男は「それは無理だ。このあたりは全部燃えているぞ」と叫びました。それで私たちはフレーゲの地所で外の通りに出ようとしたのですが、燐が階段を流れて来たので引き返したのです。

ガラス職人のオティーリエ・ケーニヒはどうしたらよいのか分からずにいた。建物の四階は燃えていた。「男たちはまだ何とかして火を消そうとしていましたが、窓から外を見ると旧市街は火の海だと分かりました。男たちは地下室に降りてきて、地下室を出る準備をしろ、火はだんだん下に広がっているぞ、と言いました」。プフェルデマルクト広場の地下から人々がやって来て、どうしたらいいのか、と聞いた。地下の抜け道を通って逃げ道を探していた人々である。「私たちは言いました。ここにいるのがいちばんだ、と。通りを横切って行けばカゼルネン通りに抜けられるし、そこからマルティンス広場に出られるのですから。でもたいていの人たちはそれを聞かずにもっと先の地下室へと這い進んでしまいました」。

兵士のシルクとその妻には運がなかった。

男たちはどこか外に出る道はないかといろいろ試していま

した。灯りが消えると夫は、子供と一緒にそこに座っていろと言いました。夫はどうしたら私たちを助けられるかと、あちこち走り回っていました。もう万策尽きたとき夫は言いました。「さあ、そこで寝るとしよう。もうどうしようもない」。部屋の中の人たちはとても静かにしていました。小さな子供たちだけが激しく泣き叫んでいました。

両親、一二歳の男の子、そして女の子は眠ろうと横たわった。

グレーテル・ジモンは自分の子供が叫ぶ声で失神状態から目が覚めた。「子供は地下室の死んだ人たちの下敷きになっていました。それで私は下の女の子を腕に抱きあげました。子供は朝の六時までは生きていました……」。グレーテル・ジモンはガスのため再び気を失った。「上の子がたびたび大声で叫ぶので、私は何度も目を覚ましました。それが良かったのでしょう」。彼女の足元には下の子供が横たわっていた。灯りはなかったので、彼女には上の子供、イルムガルトの声は聞こえたが姿は見えなかった。「隣にいた女の人に、マッチを持ってませんかと聞いたのですが、その人はもう死んで冷たくなっていました」。

片足の工場主は、火災による熱がだんだんひどくなるので脱出を決意した。「私が地下室で自分の意見を言うと、あたりには不安の声が広がりました。妻も『出なくてはいけません。防火壁が落ちかかってくるから』と言いました」。隣人たちは地面に横になり、一人の女は両手で頭を抱え、上着を耳のところまで引っ張り上げていた。「おチビのマルガが何度も『私たちもう死ぬの？』と叫びました。一人の男が『もう出られない。どこも燃えているぞ』と言いました」。脱出を試みる人々は逃げるために毛布、コート、帽子を水に浸し、工場主は皆に一口ずつコニャックを配った。「フランスのヘネシーでした。保管しておいたんです」。

外に出ると、一行は驚いて飛びのいた。「最初、通りはまるで地獄のようでした。どの建物も、ほとんど全部の敷石も、まるでふいごで酸素を送られたようにして燃えていたのです」。地下室に戻ろうとする者もいた。「戻っても通りの上でも、死ぬのは同じだ」。片足の工場主は言った。「この木の義足に火がつかないといいんだが」。彼の足では瓦礫の山を越えて行くことはできなかった。

その間、ドロテーア・プロイガートとヴィルデマン小路の人々は出口を一カ所見つけていた。その後三〇分間火災の中を逃げ惑い、市清掃局の地下室に逃げ込まなくてはならなかった。その先へ通じる道はなかった。

そこに警察と消防がやって来ました。外に出ろ、さもないと煮えてしまうぞ、と言って。すると大勢の人たちが「車が来てくれるまで待っていたい」と言いましたが、「じゃあ、長いこと待たなくてはならんぞ」と言われました。地下室にいた女の人の出産が迫っていました。手伝う人が誰もいなかったので、一人の男の人が手を洗って彼女を助けようとしました。その女の人がどうなったかは分かりません。

ガラス職人のオティーリエ・ケーニヒは九時半頃、娘とその友人にここを出ようと迫られた。「さあ、出るのよ。窒息死したくはないから」。彼女は娘に「パンとバターと食器セットが」入っている買い物用袋を渡した。マルティンス広場まで行かなくてはならなかった。そこには十分空気があるはずだから。「それがあの子たちを見た最後でした」。母親はその母の手を取ったが、すぐにはぐれてしまった。「私は火災嵐のためにマルティンス教会まで追いやられました。教会は私たちの頭上で燃え尽きてしまいましたが、その中には三〇〇人以上の人たちが入っていました。オルガンは燃え、内陣、屋根、大鐘も落下しました」。国防軍の部隊が中の人々を引き出した。たった一人の娘だけになってしまいました。「もう私は夫と二人だけになってしまったのに」。

プファル夫人とその三人の子供とともに清掃局の地下でじっと待っていたドロテーア・プロイガートは、足手まといな子供たちのこともあって外に出ることができずにいた。「そのとき、男の人がやって来てプファルさんに、すぐに出なくてはならない、地下室の後ろの方にいるもう一人の子供は自分が連れていくから、と言いました。でもプファルさんは嫌だと言いました。子供を置いて逃げたくない、と言って」。

一方、工場主とその一行は偶然に広い通りに出ていた。さもなければ助からなかったでしょう。私たちはウンターシュタット駅に着きましたが、そこにはすでに大勢の人がいました。やっとまともに呼吸が――空気を吸うことが――できると思いました。あたりは恐ろしい光景でした。小さな子供を連れた母親たちが地面にしゃがみ、疲労のあまり倒れていました。ある女は夫を呼び続けていました。「うちの主人を見なかった？」と言って。「奥さん、誰があなたの旦那さんか、私には分かりませんよ」「あんな人は一人しかいないから、すぐに分かるはずです」。また別の女は叫び続けていました。「全部なくしてしまった。みんななくしてしまった」と。「ああ、こっちまで気が狂いそう。静かにして。私たちだって何もかもなくしたのよ」。

私たちはポケットいっぱいに林檎を詰め込んでいました。私は片手に一個持ち、おチビのマルガに一個やりました。そこに一人の女がやって来て、「ああ、どうか一口でいいからかじらせて」と言って、私から林檎をもぎ取ってしまいました。喉が渇いて我慢できなかったのです。そこにはリンゲンスさんもいて、地面に横になって泣いていました。「娘さんと息子さんはどこ?」と私たちは尋ねました。「何も分からない。何も分からないんだ。子供たちは助かったけれど、火傷がひどいんだ」。と言っていました。せめて地下室の荷物が無事だったらいいのに、と私たちは思いました。そこに何もかも運び込んでいたのです。食器、寝具、毛布、衣類、帽子、靴、毛皮、それに帳簿類全部と金庫も。それを全部チャーチルが奪ったのです。あの卑怯者が。

ドロテーア・プロイガートは、友人と三人の子供とともにフルダ川に架かる橋までたどりついた。「それから私たちはシュラークト通りに向かいました。ロンデル要塞に着くと、そこには腕に子供を抱いた女の人がいました。『誰かがこの子を私に押しつけたのよ。私の子供じゃないの』と言っていました」。ドロテーア・プロイガートが次の朝、母親を探してピンネ亭を通り過ぎると、人々が死者と生存者を担架に載せて運び出していた。「ピンネ亭から収容される子供たちの多くは布で包まれていましたから、見分けがつきませんでした。顔もたいていは見分けがつかないほど歪んでいました」。

七時半にピンネ亭でグレーテル・ジモンを含む人々を掘り出したのは兵士たちだった。「そこで私は意識を取り戻したのです。『どうか子供を引き出すのを手伝って下さい』。と私は叫びました。立ち上がることもできませんでした。死んだ人たちが皆私の足の前に横たわっていたからです。そこに兵士が二人やって来て、上の子供と私を出してくれました。下の子供は、もうすっかり冷たくなっていました」。

家族とともに地下室で眠ろうと横になった兵士の妻エリーザベト・シルクは、土曜日の早朝に目を覚ますとイェーガー通りの舗道に横になっていた。その後彼女は赤十字の収容所に運ばれた。

次の朝、私は家族のことが心配で心配でたまらないので、歩いて行ってみようとしました。そして一人で赤十字からイェーガー通りまで、半分気を失ったような状態で歩いたのです。すると路上で夫が死んでいました。でもそのとき空襲警報だ、という声がして、逃げなくてはならなくなり、シュラークトのブンカーへ走りました。警報が解除されるともう一度戻り、イェーガー通りに来てみると、息子が横たわっているのが見えました。私がいないあいだに搬出されていたのでした。私は恐ろしい叫び声を上げ、誰かに追い払われました。夫が路上で息を引き取るところを見たという女の人が話してくれました。どうして日曜になってやっと地下室の中の人を出したんでしょう。夫は若くて丈夫でした。きっとまだ生きていたのに。

地下室は避難所であり、同時に墓穴でもある。どの時点で墓穴に変わるかということについては散々論議がなされた。しかるべき時期に地下室から出ることが大切である。この時期がいつかは、空襲の状況にかかっていた。外の様子はどうか？　視界は良くない。地下室の窓の前には破片の侵入を防ぐコンクリートの覆いがかかっており、扉の前では時限爆弾が破裂する。地下からは窺い知れないが、地上の状況は一分ごとに変化した。生存者は正しい行動を取ったのだし、死者は誤ったのだ。そう思うしかない。それに、考えれば考えるほど、理性は曇ってくる。酸素は減少しそれによって認識能力も低下するのだ。脳には疲労がたまり、鉛のようになる。人々はなげやりな気分になり、疲労困憊し、どう行動すべきか分からなくなり、大きな危険に晒される。状況をよく認識する者は、こうした人々を何とかして引っ張っていこうとした。彼らは生死にかかわることだと言って説得し、助言した。夫がどう頼んでも、無理強いしても外に出ようとしない妻たちがいた。年長の子供たちは臆病な母親たちを置き去りにした。子供たちは爆死し、母親たちは窒息死した。助かった者たちの大部分はたんに運が良かったにすぎない。死者の不運の原因については救援隊員や解剖学者が報告している。

ガスを吸入すると心臓の活動が促進される。意識が消える前には胸苦しさに襲われる。酸素欠乏は別の作用をおよぼす。人々は酸素を求めて吸い込もうとし、最後は床に横になる。酸素は下に残るからである。ハンブルクの解剖学者、ジークフリート・グレフとヘルムート・バニエッキはまだ熱気の残る地下室を調査し、そこにあった人体の残骸について詳細な記述を残している。

多くは、椅子や階段に並んで、あるいはバラバラにベンチに座っていた。そう、私は一体の死体が立ったままで壁にもたれているのを見た。残りは色々な姿勢を取って床に横たわっていた。布を巻きつけた者もあり、頭にヘルメットやウールの繊維を被ったり、ときには顔にガスマスクを当てている者もいた。(4)

この記録には繰り返し「まるで眠っているように」という表現が出てくる。ダルムシュタットでは、「コークスが燃えた」地下室を開けたときの様子が報告されている。(5) 国防軍の遺体収容隊は「アルコールなしでは作業できなかった」。収容された人々は「幽霊のように座り、毛布や布を顔に当てていた。それで煙から身を守ろうとしたようだ」。

地下室は、火災戦争の期間、人々の避難場所として使用された。数が十分あったからである。それ以外に、一五〇万人のハンブルク市民に防火設備の整った臨時住居を用意する方法はなかった。一九四三年夏になってようやく人々は、地下室に隠れる他に方法はないことを悟った。爆撃機の群れは戦闘機によっても高射砲の射撃によっても追い払うことはできない。ドイツは空からの戦争に耐えることに決めたが、地下室以外の避難所はなかった。丸天井を持つ地下室は信頼できるはずだったが、思いがけず危険な敵に変わることもあった。石炭の備蓄をよそに運び出せという要請も絶えずなされた。おとなしく従う者もあったが、「どこへ?」と問う者もいた。自分の練炭でガス中毒になるなどと思う者はおらず、怠慢によって問題はそのままにされた。他方、通風の問題は差し当たり、認識されていなかった。

外で何かが爆発したり、破裂したり、燃えたりすると、建物の住民は本能的に地下室に入る。地下の空気は冷たいが、時間とともに熱くなる。地下室は冷たいかまどである。かまど同様に、燃える街区は熱気を地下室の石材に伝え、これが熱をためる。救援隊員は大火災の後、数日間、ときには数週間も出口が塞がれた地下室に入ることができなかった。熱気があまりにもひどかったからである。火災で死んだ人々は、炎に当たっていない場合はミイラ化し、死因がガスか、酸素不足か、それとも熱によるものかは解剖してみなければ分からなかった。人々は死因を究明しようとした。部屋がかまどと化すには、通風が必要である。

ドレスデン防空組織は、一九四三年末に行われたカッセル空襲の経験から学んで、路面を掘り返して内壁を付けた通路で旧市街の地下室を連結する工事を開始した。(6) 通路と地下室は網目状に張り巡らされた。カッセルではフルダ川への出口が塞がれたが、ドレスデンでは網目のどこからでも北ならエルベ川へ、あるいは南なら大庭園に出るように造られた。ノイマルクト、シュロス広場、ポスト広場のエルベに面した場所には出口用の大規模な縦坑が掘られた。反対側の、中央駅、アモン通り、ヴィーナー通り、レンネ通り方面には出口はなく、個々の建物の扉がその役をすることになっていた。

ドレスデンにはブンカーはなかった。建物の地下室というカタコンベの網目が避難所となり、エルベ河畔の草地と大庭園が冷気と空気を提供してくれた。しかしこのシステムは良い方向には機能しなかった。地下室は内部の住民を閉じ込め、何千人もの人々がここで空気の流入によって死亡したのである。

旧市街地下の網目状通路は、入口としても出口としても機能した。計画によれば、住民は爆弾投下が始まるとここに入って、爆弾の破片と炎から身を守り、三〇分から六〇分後に爆撃機が帰ったら出ることになっていた。この時間なら地下室は冷気を保つことができる。石材がだんだんと火災による熱を吸い込み始めたら、住民は野外という天然の避難所に移動すればよい。しかし、この構想は地下室がかまどの性質を持つことも、それに気づいた人々がどんな行動を取るかということも考慮に入れていなかった。

ドレスデン旧市街の地下室の床面には最大一・五メートルの高低差があった。網目は平面ではなく、高い部分と低い部分に分かれていた。さらに、街区全体が燃えると、炎は地下にも入ってきて、備蓄物資、貯蔵品用戸棚、仕切り板、石炭に火がつく。単独に発生すればこれは簡単に消火できる現象である。しかしここに一つの事実が加わる。逃げ場を求めて来る人々は同時に入って来るわけではない。通行人は遅れて走って来る。そして扉や小窓を見つけ、助かった！と思う。地面に近い高い方の入口は完全に封印されない。開口部ができ、煙突効果が始まる。小さな火があちこちから隙間風を受け、燃え上がるのだ。熱せられた空気は上昇しようとする。火というものは屈曲部や角に当たっても弱まることなく、碁盤の目状になった通路を貫いて目的地へと突き進む。その際、高い方の通路に面している地下室全部に熱をまき散らしていく。一〇〇以上の地下室にいた人々が、熱風で蒸し焼きになった。

内部の人々は焦るあまり、数分もたたないうちに壁の抜け穴をほぼ全部穿ってしまい、これが風の勢いを数倍にも増すことになった。熱、ガス、炎、煙が迷路のような地下を駆け巡った。中の人々は逃げようとして通路に溢れた。通路は荷物、乳母車、中に入るのを待つ人々で塞がれた。旧市街中の人々が走り回り、それでなくても狭い通路が狭くなる。地下にはだんだん人がいなくなると想定されていた。しかし、パニック状態の群集は何とかして進もうとし、邪魔になるものを何でも叩き、潰し、死ぬまで踏みつけようとする。こうしたことが現実になった。通路であまりに激しく押し合いへし合いしたので、まるで瓶につまった栓のようになって五〇人全員が死んでしまい、遺体収容のときになっても、互いの体を無理やり引き離さなくてはならなかったことが報告されている。こうした例はいくつもあった。

地中に建造された高密度の網目は狂気の世界を作り出した。ホテル・ドライラーベンの向かいのマルガレーテン通りとマリーエン通りの角の地下で、直角に交差する二つの通路を一つの吊り戸がつないでいた。二つの地下室から出て来た人々が同じ瞬間に二方向からこの扉に向かい、扉はどちら側にも開かなくなった。両集団ともこの障害物の前に倒れ――彼ら自身が互いの障害物であった――どうすることもできず、熱による死が彼らを一つにしたのだった。

モーリッツ通りの地下には鋼鉄製の扉があり、大きさはわずか縦八〇センチ、横六〇センチであった。これが出口用の縦坑を塞いでいた。ある集団がここに向かって突進し、先頭の男がこれを開けた。後に続いていた人々が彼を引き戻した。自分が先に出たかったからだ。これで先頭にいた男は死亡した。その後から二〇〇人の人々が殺到したため、男の死体を通路からどけることができなくなった。それどころかその圧力で死体は縦坑に押しつけられ、出口を塞ぐことになった。死体を前か後ろかに動かす必要があったが、後から後から人々が殺到するので、もはやもうその余地はなかった。死んだ男を移動することはできず、彼は全員を道連れにした。

このように、地下の狭さ、熱気の増加、酸素の消失、燃焼ガスの侵入、通風によって、最も身近な避難所であった地下も火葬場と化した。爆弾による死者の多くはここで死亡した。もっとも、それより多くの人々が無事に地下を脱出したのではあるが、彼らが外で生き延びることができたかどうかは分からない。

ドイツは、もっと優れたものを速やかに建造しようとした。爆発や大火災に耐え、破壊不可能で燃えず、たとえ一切が崩壊し燃え尽きても残るようなもの、鉄筋コンクリート製の鉄拳、不屈の意思を表明するものを。

避難所建造にはランクづけがされていた。一般の建物の地下室に似ているがより堅固なものが「公共防空室」で、これらは政府機関の建物、デパート、駅舎、博物館、学校、銀行、要するにかなり立派な建造物の地下の、大きめの地下室のことである。外出中に警報を聞いた人々は、交通の繁華な場所にあるこうした施設に入ることになっていた。最大限の四〇〇人を収容した場合、一人につき三平方メートルの空間が割り当てられていた。強化天井、換気装置、化学兵器に備えた気密戸、耐爆の金属製扉、緊急出口が重要視された。規則によれば一〇〇〇キロ爆弾の直撃にも耐えることになっていた。これは敵の爆弾の標準的な大きさだったが、最終的に爆弾は三〇〇〇キロから六〇〇〇キロの大きさにまでなった。皮肉なことに、爆圧や炸裂に強いこの避難所は非常に火災を起こしやすかった。デパートはそもそも最も燃えやすく、広範囲に素早く火をつける松明となった。ハンブルクのバルムベーク地区にあったデパート、カールシュタットが燃えたときのような熱には、どんな地下室も耐えることはできない。三七〇人の死亡者はまるで眠っているような姿だった。彼らは倉庫にあったコークスから発生したガスによって中毒死したのだった。

郊外、小都市、村、公園、外国人労働者用バラックは、コンクリートのカバーの付いた溝にすぎない塹壕など、ひどく粗末な防衛設備で我慢するしかなかった。これは高さと幅が二メートルで、側面に板で補強がしてあった。脇に約五〇人が入れる小部屋があり、縦方向の爆風から身を守ることができた。第一次世界大戦時に使われたこうした塹壕は、爆弾の破片や爆風による被害から身を守るのに少しは役に立ったが、直撃弾を受ければ、地面にある覆いは崩壊し、どうしようもなかった。小さな市町村の、地下室のない建物に住む住民たちは、自分たちで掘った塹壕に身を隠して待つしかなかった。例えばヘルフォルトでは、住人の半数は適切な地下室を持っていなかったので、防空設備といえばこうした塹壕だけだった。地下室に避難した人々にとってトラウマとなったのは生き埋めという事態であるが、少なくとも塹壕ではその心配はなかった。爆弾を受ければすべて跡形もなく消えたからである。一九四四年秋以降、塹壕は改めて重宝されることになった。低空飛行の機体が地面で動くもの一切を射撃するようになったとき、塹壕にも少しは価値があることが証明されたのだった。

中級にランクされる避難場所であるコンクリート・パイプは、交差点、交通機関の停車場、町の中心部をはずれた人通りの多い地域の地下二メートルに埋められた。これは人の背丈ほどの高さのコンクリート製の管で、長さは一八メートルから八〇メートルあり、短時間身を潜めるのに役立ったが底部に多量の水が溜まり、ぬかるんで不快なものだった。通常は五〇人の人々が向かい合って椅子に座る構造で、換気装置、電気、非水洗トイレを備え、「隣室」にも同じようなパイプが並んでいた。こうしたパイプは最大五つまで並べて、ときには上下に重なって地中に埋められ、最大のもので一〇〇〇人以上を収容することができた。暖房と簡易ベッドが入れば、これは「パイプ・ブンカー」と呼ばれ、偽りの期待を抱かせることとなった。こうしたパイプは爆弾の破片と瓦礫の落下には耐えることができたものの、それ以上の役には立たなかった。ハンブルクには火災嵐発生の時点でこうしたパイプが三七〇個あり、六万人を収容できた。

地下に掘られた最良の防衛手段は、地下一〇メートルから一二メートルに掘られた深部坑道で、これに勝るものは山の斜面に掘られた斜面坑道のみであった。山や丘の奥まった場所はどんなサイズの直撃弾にも、火災兵器にも、火災嵐にさえも耐えられる最も安全な空間であった。鉱山を掘る方法で岩や地中を掘り進め、コンクリートを流し込み、あるいは鉄鋼のアーチで補強された穴は、一五〇〇人まで収容できた。多数を収容する場合には、一人当たり〇・三三平方メートルの床面積、〇・七五立方メートルの空間が必要とされた。

　斜面坑道は安価に早く出来上がるので好まれ、平地でも選炭微粒ズリや溶鉱炉鉱滓の山で作られた。用地は排水工事が施され、電気を引き、換気装置を付け、糞尿汲み上げ装置で衛生的に保たれ、多孔の建設石材を使用して内部で発生する水滴に対処していた。後に「地震爆弾」が落とされるようになると、砕けやすい石材には厚さ五メートルのカバーが掛けられ、入口付近には防御設備が整えられた。掘削作業に当たったのは若者たちで、発破作業やボーリングに際しては年長の鉱山労働者たちが指導した。エッセンのような鉱山の町では、五万八〇〇〇人が入れる坑道が人力で掘られた[7]。二万七〇〇〇人は鉱山の坑道に避難できた。合計一三万六〇〇〇人が縦坑の地下世界に、八万人がトンネルや高射砲塔とブンカーに避難した。エッセンにとどまった住民の四〇%から五〇%が、爆撃から逃れる安全な避難所を使うことができた。隣のドルトムントでは、一九四三年末までに中央駅からヴェスト公園まで、横方向の附属坑道と一九カ所の入口を備えた地下坑道システムが掘り進められ、これは八万人を収容できた[8]。壁には長椅子が並んでいた。ここを訪れる者は爆撃の夜を旅する旅客のように、穴の中で向かい合って座ったのだった。

　オスナブリュックは約二人に一人分の坑道避難所を設けていた[9]。終戦近くにはこのシステムは長さ五・七キロにおよび、一メートルに八人詰め込めば、四万五六〇〇人を収容できた。二本の縦坑と多数の横坑を持つカルク丘の地下では、警報が鳴ると人口密集地では二〇〇〇人の避難者で大混雑となった。国防軍関係者はモーツァルト通りとヨハン・ゼバスティアン・バッハ通りに入口を設けたバルバロッサ坑道を設置していた。クルス丘の岩山には八〇〇〇人を収容できる碁盤の目状の坑道が設置され、病院地下のいちばん大きい坑道には一万二〇〇〇人が避難した。市内の住民と通行人はここで、厚さ二五メートルの岩の下の避難所に入ることができた。シンケルベルク丘付近の住民は自力で二六六もの避難路を掘削した。

　丘に囲まれた地域の住民は通常、その地域内部で避難した。シュトゥットガルト渓谷盆地にはコンクリート製坑道の他にも坑木で補強されたU字型の工兵坑道が一一五個点在し、住民たちは仕事を終えると丘へとやって来た。坑道掘削を手伝った者はここに入ることを許された。長期有効入場券を獲得したわけである。そこに居場所を獲得した二万人の人々は、工兵の業務を手伝ったのだった。一九四三年一月はじめ、シュトゥットガルトには四八万一〇〇〇人が住んでいた[10]。一九四五年一月には二八万二〇〇〇人となった。その間には激しい空襲があったため、二〇万人が町を去って郊外に行き、残留した人々は四一万人分の避難所を共有した。これは最高レベルの比率である[11]。その半数以上は住居内の地下室に、二万五〇〇〇人は公共防空室に、四五〇〇人は塹壕に避難した。一〇万二〇〇〇人分のブンカーと坑道があった。最も危険だった時期に、二人に一人がここに入れた計算になる。軍需産業が存在したため、この町は五三回の空襲を受け、約二万個の高性能爆薬弾と一三〇万個の焼夷弾からなる二万七〇〇〇トンの爆弾を受けた。爆撃は継続して行われた上に破壊は集中的で、住居三戸に一戸が全壊した。盆地という地理的条件が災いして、一九四四年九月一二日の火事は火災嵐に発達した。シュトゥットガルトでは四四七七人が死亡した。在住人口を最低に見積もると住民の一・五六％に当たる数である。オスナブリュック市民は全員が避難場所を与えられ、避難場所の半数が耐爆構造であった。オスナブリュックに残っていたほぼ九万人の市民は一万トンの爆弾に晒された。これは一人当たり一〇〇キロの計算になる。死亡者数は一四三四人で、死亡率にすると一・五九％であった。シュトゥットガルトとオスナブリュックは、第二次世界大戦中のドイツの防空体制で可能だった最大限の防衛を実現したと言える。

　六万八〇〇〇人のシュトゥットガルト市民にはブンカーがあり、約一万人は三つの階と五つの扉を持つヴァーゲンブルクトンネルに入った。爆撃戦争中の巨大な城塞は、戦線にいる兵士を除くドイツ人をその中に集めた。もっとも、休暇で前線から戻って来た兵士が常にいたが、彼らは、戦場に戻る方がずっとましだと言っていた。地下室はドラマの場であった。ここは、抹殺が行われる外部空間とつながっている。建物の住民は黙り込んだり、祈ったり、叫んだり、泣いたりして、逃げるべきか、とどまるべきか悩む。ブンカーではこうしたことはありえない。町が、財産が、政府が、国家が、一切が滅亡することを、中の人間は覚悟している。しかし彼らの命だけは助かるのだ。生活は崩壊するが、命だけは救われる。ブンカーとは「我々」の場所である。多くを語らずとも――というのは秘密警察が聞いているからだが――「我々」は状況を理解した。

　ブンカーの状況がすでに一切を語っている。「ブラウンシュヴァイク式補強法」〔ブラウンシュヴァイク工科大学で開発されたためにこの名がある〕で造られた壁——鋼鉄の梁、ワイヤーメッシュ上に流された厚さ三メートルのコンクリート、内部に入れられた金属——に囲まれた複数階を持つ立方体の中で、三〇〇〇人の人々が生き延びることができた。外部では生き残れるかどうかは怪しいが、この立方体は生を抹殺から隔てる最後の境界線で、死はブラウンシュヴァイク式補強法を超えることはできない。この壁は、世界の終焉に加わらない架空空間を取り巻いている。クレーフェルトでブンカーの責任者だった建築監督官ヴェルナー・ヤンゼンは、これを「ノアの箱舟」[12]と呼んでいる。浮かぶことによって洪水にも破壊されず、生き延びるのだ。

素人建築家でもあったヒトラーは、町の火災のことを残念がってはいなかった。「我々は、我々の町を以前より美しく再建するのだ」[13]と、彼はアルベルト・シュペーア〔軍需大臣を務めた建築家〕に誓った。「必ずそうする。今まで存在したどんなものより記念碑的な建物を建てるのだ」。「その後」の世界を保証したのは、最初の記念碑であるブンカーだった。その後、ブンカーの中の人々は外へ出て、ドイツは消え去り、人々は新しいドイツを建設した。ヒトラーの熱狂の中以外にも、ドイツ再建の構想はあったのだろうか？「私はすべてを失った」というお決まりのセリフが示すように、地下室でともに過ごした同胞たちは存在の破滅を分かち合った。ブンカーの同胞たちもすべてを失ったが、ブンカーは、それは重要なことではないと教えてくれた。ブンカーの中に入っている限り、代替品を求めることができるからだ。こうしてブンカーは、代替品のドイツですますことができるかも知れないという考えを育んだ。ただ、生きてそこを出られさえすればいいのである。

現実には、地下室でともに過ごした同胞とブンカーでともに過ごした同胞は同じ人々である。住民は両方に避難したのだから。安全度には落差があったので、人々の群れは後に地下室からブンカーへと移動し、一九四三年以降、ブンカーは定員の三倍から四倍もの人で溢れた。これによって人的損失は平均して全人口の〇・七%という低率に抑えられた。国防軍はその約一〇倍の損失を蒙っていた。投下される爆弾の量が何倍にも増加するに従い人的損失も急増した。死者と爆弾トン数は増加したが、その度合いは同じではなかった。

防空は二つのものを守る上で非常に効果的だった。国民の存続と政治体制の存続である。都市は五〇%から九〇%も破壊されたというのに、都市住民の損失率は平均一・五%であり、防衛は成功と言えた。二つの損失率の開きは大きいが、それでもこれらは互いに関係し合っている。破壊が集中的になるほどドイツ人はブンカーに入る。すると破壊行為は彼らにそれほど害をおよぼさない。生き残りはまずまず保証されているのだ。そのため、爆撃機軍団とアメリカ第八航空軍はドイツ国土を少しずつ切り崩したものの、大いに動揺させたとは言えない。当時よく使われた言い回しを使えば、空戦はイギリス爆撃機とドイツのコンクリートのあいだで戦われたのだった。その反対も同じく正しい。爆撃機対コンクリート戦争は何ら成果を上げなかったが、ブンカーの外にあるもののすべてを破壊することはやめなかった。

ゲーリングは積極的な防空体制、つまり戦闘機と高射砲に望みをかけた。一方、ヒトラーにはこうした防衛思想はまったく気に入らなかった。恐怖を与える攻撃は、同じ手段によってしか破ることができないと考えたからだ。ヒトラーは攻撃を主張したものの、彼に唯一欠けているのが攻撃のための兵器であった。だから、七九都市に耐爆防空室を建築せよという一九四〇年一〇月一〇日の総統緊急計画は、予想外のものであった。その計画は、翌年夏までに五〇万人が避難できる部屋を造るため、四〇〇万立方メートルのコンクリートを速やかに使用することとしていた。リストにあげられているのはもっぱら工業地域であったが、中には小都市もあり、ヴュルフラート、ノインキルヒェン、オーバーヴェーゼルのような、爆撃機軍団が一度も飛来したことがない町もあった。これはヒトラーが神経質になっていたことを示している。

イギリス軍がエッセンの位置を探すのにも苦労している頃、ドイツは重要な兵器工場への計画的な攻撃を恐れていた。工場はブンカーに避難するわけにはいかないので、ヒトラーのプランでは労働者の家族を保護することになっていた。彼らは一九一八年のドイツ革命以来、精神的に脆弱とみなされていた集団である。まず労働者の家族を保護する必要があった。建造の責任を負った軍需大臣のフリッツ・トートはすでにアウトバーンやジークフリート線の建造を行っており、この新たなコンクリートとの格闘を、以前造った防塁、塹壕、砦に続くものと見ていた。今こそ、消えることがない「永遠の防衛」が完成するのだ。現実問題としては、クレーフェルト郊外イーアディンゲンで硫酸製造を行うI・Gファルベン社*の労働者用の、収容人数四

* I・Gファルベン社は一九一六年にBASF、バイエル社、ヘキスト社、その他の五社から結成されたカルテルで、当時ドイツ最大の企業だった。ここでは合成ゴム、毒ガス、爆薬、プラスチックなど、戦争に必要な物資が製造された。一九四三年にはアウシュヴィッツ強制収容所から労働者を集めて「I・Gアウシュヴィッツ」が設立された。

〇〇〇人の施設のような物件が緊急に必要だった。軍事的にそれほど重要でないのはヴォルムスやシュパイヤーの大聖堂付近の住民で、これはヒトラーのリストにはのらなかった。このブンカー建造計画はひとえに、爆撃によって労働者の蜂起を呼び起こそうというイギリスの意図に対抗するための防御対策だった。

計画より幾分遅れて一年後に、三四〇万立方メートルのコンクリートが消費された。次の一〇〇万立方メートルの消費にはさらに時間がかかった。一回目のルールの戦いの最中の一九四三年五月七日、使われたコンクリートは五一〇万トンに達した。その前の一九四二年九月には、「大西洋の壁」建造の決定が下された。ドイツの予想では、チャーチルの爆撃戦争は失敗しフランス北西岸で地上戦に出るに違いなかったので、上陸地点を要塞化する必要があったのだ。これの建設に使われた一〇四〇万立方メートルのコンクリートではブンカーの建築には足りなかった。そのためには三倍のコンクリートが必要となったであろう。

一九四四年五月、大西洋の壁は完成したものの、すぐに役に立たなくなった。その頃、ブンカー建造のための労働力は工業地帯に移動した。今や、人里離れた森林の地下にブンカーの世界が開け、工場を救った。市町村は防空に必要な物資を自分で管理することになっていたが、ドイツは建築資材の配給を渋った。第二級防空区域と呼ばれる、それほど危険が大きくない都市は出費を自分で賄ったし、第一級防空区域も一九四三年以降はそうする他なくなった。市長や警察長官は、ドイツ全体がそうだったように、生存に必要なものの調達を進めた。貨物用小型船に積んだセメントや列車の車両一両分の鉄棒ローラーが、まるで闇市のバターのように密売された。これは厳罰の対象であったが、生活の助けになった。

中央の当局が防衛施設造営から手を引いた後、およそ考えられるすべての機関は間に合わせの施設を造り始めた。ナチ党は一九四三年晩夏、二万三〇〇〇の塹壕を掘り、SSは強制収容所の囚人からなる建築班を設置し、例えばマインツのような町は大昔の要塞を使うことにした。建築会社が地域を訪問して機械、人手、物資など一切を提供した。ヴェストファーレン地方南部では一九四三年一二月以降、同じ建物に住む住民が協力し、急いで坑道を建造した。防空とは、それが機能する場所ならどこででも努力によって実行可能で、最先端の設備つまりブンカーの建造についても同様だった。その質は土地によって違うので平均的な数字をあげても実際の状況を説明することはできないが、爆弾一〇〇トンにつき死亡者数が六人から一六人なら、それは上等の防空設備と言えた。貧弱な設備では一二〇〇人から一七〇〇人の死者が出た。

爆撃戦争に関する数字や事実のすべてがそうであるように、全体的な統計は不確かで議論の余地がある。帝国会計監査院の調査によれば二〇〇〇個のブンカーがあった。しかし信頼できる担当役人らによると、その数は、三〇〇〇である。二〇×三〇×三〇メートルの小規模ブンカーでも合計二万トンの建築資材のうち最大八〇〇〇トンの鉄筋コンクリートを必要とした。これだけの質量があればブロックバスター弾が爆発するあいだ、その衝撃波を吸収することができた。指定された強度は、一平方センチ当たり三〇〇キログラムだった。

直撃弾が落ちると外殻には大音量の金属音が発生した。上の階は埃まみれになり、地中ブンカーは全体が揺れた。それは構造上の問題ではなく、背板で基礎を補強してはいたものの、ブンカーは砂や粘土の地盤の中でバランスを取ることによって、爆弾の衝撃を間接的に吸収していたからである。例外的に、ケルンのケルナー通りや四〇〇人が死亡したハーゲンで起きたように、ブンカー自体に亀裂が入る場合もあった。ボン、ミュンスターでも同じことが起きた。特別の型と思われる爆弾がミュンスターのシュッツェンホーフ・ブンカーを貫通して爆発し、大量のコンクリートが崩壊して中にいた六八人が犠牲となった。もっとも、その天井は一・四メートルの厚さしかなく、一五〇〇人を収容するブンカーとしては規定の半分の厚さしかなかった。新型の「ブンカー破壊爆弾」のニュースを聞いて、当時のミュンスターの人口の六%以上に当たる八〇〇〇人が町を逃げ出した。これで、詰めて入れれば五人に一人がブンカーに入れる計算になった。町が一〇二回空襲を受け、一四〇〇人が死亡したことを考えれば、このブンカー破壊による犠牲は特別大きいとは言えない。しかしこの事実は最後の拠り所としてのブンカーに対する信頼を損ねた。ブンカー破壊爆弾がいつかドイツ帝国という永遠のコンクリートを崩すやも知れぬと人々は恐れた。

郷土のブンカーが爆撃に耐えているのだから、戦線でも持ち堪えるようにとヒトラーは命令した。ブンカーは燃える町の中で耐える「最後の一兵」であり、同時にその最後の一兵の住処だった。指導部はそのことを知っていた。ブンカーの新造数は減少したが、その天井や壁の増強は怠りなく行われていた。とくに防衛が必要な地では、天井の厚さは四・五メートルにまでなった。一九四六年のアメリカ合衆国爆撃調査団が記しているように、「耐爆構造と、次第に貫通力を増す爆弾とのあいだの決着のつかない競争」が続いた。[14]

巨大ブンカー建造には九カ月の期間と七〇万マルクの費

用がかかり、アメリカ爆撃調査団によれば「これはドイツの大実験であった。アメリカやイギリスには、この『ブンカー』と呼ばれる避難用建造物に類似したものはない」[15]。敵側はこの防空建築物を、後のドイツ連邦共和国での世論が評価する以上に肯定的に評価している。ドイツの方は、労力を消耗するこの施設建造は時期的に遅すぎ、ほとんど役に立たなかったと考えた。ランクづけされた危険度に応じてドイツの都市住民を地下室、坑道、ブンカー、塹壕に収容し、入院患者、芸術品、書類、図書館、文書館をブンカーに移し、全員を一〇分以内に程度の差はあれ安全な、多くはガスを通さない避難所に到達可能にするこの試みを、アメリカ爆撃調査団は「これまで存在した民間の、あるいは受動的な防衛の中で最もすばらしい建築計画[16]」と呼んでいる。

最初の頃は地下ブンカーがよく造られたが、これは間もなく地上の塔状ブンカーに取って代わられた。費用が安くつくからである。巨大な地上ブンカーの威容は、一見するとその建造者の偉大さを誇示しているように見えたが、実際には資金難の産物であった。ブンカーの収容人数は三〇〇〇人から五〇〇〇人にも上り、それどころかハンブルクのハイリゲンガイストフェルトにある高射砲塔ブンカーには三万人もの人間が集まった。このことにナチ党は心穏やかでなかったが、五〇〇人収容のバッファロー・サイズの建築物を六つ建てるよりも、マンモス・サイズの建築物を一つ建てる方が安くついた。

ナチ党はブンカーに民衆が集合することを好ましく思っていなかった。人を結集させることはまさに党のおはこだったからだ。しかしここで彼らを集める主催者は爆撃戦争で、それは生活の只中に存在の破壊という事実を持ち込んだ。この破壊は演説によってではなく、ただ破壊の対蹠物によってのみ埋め合わせることができたが、党はそれを提供することはできなかった。党が提供できるものは言葉だけであったが、その言葉に実態がないことは分かっていたので人々はうんざりしていた。ブンカーに集まった人々はニュースを聞きたがったが、これもまた党が独占したがっていたものであった。

爆撃戦争中にニュースを広めたのはもっぱら噂話で、ブンカーは噂話交換の場だった。ケルン、ヴッパータール、ハンブルクのような場所で現実に何が起きたかは、風聞や口づてによって広がった。宣伝大臣ゲッベルスもロンドンのラジオ放送も、火災嵐の実態や死者数やどんな死に方をするかについて伝えたりはしなかった。どんなに不正確で、誇張され、不気味であっても、噂の方がプロパガンダ担当者の言葉よりも現実に起きたことに近かった。党も把握し

ディアコニッセン・ブンカー。ブレーメン。1945年。地上ブンカーは1000キロ爆弾にも耐える強度を持っていた。爆弾が貫通した例は45件あり、1945年3月15日ハーゲンで400人が死亡したのが最大の被害であった

ていたように、ブンカー内の人々は熱心に耳を傾け、すべてを信じ、それをすぐに誰かに伝えていた。ドイツは噂話が交わされる巨大な台所と化していた。公式にニュースや事実が発表されないので、すべてうまくいっているのだとヒトラー信奉者は確信したが、一方それを疑う人々は最悪の事態を覚悟しなくてはならないという確信を強めた。最悪の事態がどんなものかは、ひそひそ話や冗談の中で人々のあいだに広がった。

住宅の破壊が進むにつれ、ブンカーは宿泊施設と化した。数多くの幅広い階段とエレベーター一機が各階に通じ、各階の空間は六人、あるいはそれ以上の人員用に区切ってあった。内装は感じ良く整えるべし、とされていた。寝室には複数段のベッドが置いてあり、必要に応じ、長椅子のあるホールが加えられた。二五人がトイレ一つ、洗面所一つを共有した。三〇〇人につき最低一カ所の応急処置室が設けられ、最高に恵まれた施設では病院一つの設備がそっくりそのまま備えられた。換気設備には途方もない任務が課せられていた。こんなにも狭い空間に押し込められた多数の人々が出す二酸化炭素、さらには体臭を排出しなくてはならなかったのだ。燃焼ガス用のフィルターや、連合国軍が毒ガスを投下した場合に備えたフィルターも必要だった。一人に一分当たり、三立方メートルの空気が必要と計算されていた。温度の基準値は一七度から二四度、相対湿度は二五%から七五%とされた。換気と暖房設備のモーターは、電気、ディーゼル、手動の三つの方法で動くようになっており、石油の備蓄は最低八日分とされていた。

収容人員を超えると空気の状態は悪化した。失神した人々のために酸素マスクとアンモニアのカプセルが用意された。どのブンカーにも、出産前後四カ月の妊産婦と新生児のための部屋が一つ設けられた。空襲の危険のため、自宅での出産が難しくなり、病院にもはやその余地はなくなったので、ブンカー内分娩室が設置された。住民は保健室に病人を運び込み、当番の医師が応急処置を行った。

何度も空襲を受けた町で死の恐怖を味わった住民たちは、警報が鳴っても地下室や公共防空室に入ることを拒否した。略奪に対する備えが不十分だったので、自分の所有物に執着する人々はまだ自宅にとどまっていたが、多くの住民はブンカーに向かった。勇敢な住民は小部隊を結成し、無人となった近隣の地域をパトロールした。ベルリンの地下鉄は一六時から一七時のあいだ乳母車とスーツケースで溢れ、乗れなくなった通勤客が騒いだ。この時間は、早く安全な場所を確保しようとする「ブンカー女」たちの時間なのであった。

労働者は、午前の遅い時間からもうブンカーを占拠している「怠け者」に腹を立てた。ベルリンのノイケルン地区ではヘルマン広場にあるブンカーの二カ所の入口の前に、昼のうちから数百人の人々が集まり、その多くは子供を連れた母親であった。[17] 人々は苛立ちながら待ち続ける。場所を取っている女たちの中には、その土地の住民でない者もいた。彼女らには何時間も待つ暇があり、まっさきに中に入るのだ。「折り畳み椅子部隊」と呼ばれる人々は常にブンカー突入の準備をしている。ノイケルン地区のブンカーは最高レベル警報の五分前にならないと開かない。民族同胞たちは折り畳み椅子を広げ、通路に座り、道を塞ぐ。そのためブンカーに速やかに入れなくなり、普通の住民はもう自分の場所を確保できない。ベルリンのフリードリヒスハイン地区のブンカーは一部が閉鎖中だったため、開いているところに人々がまさしく嵐の如く突入した。人々は扉の前に立つ警官を避けようとした。内部には党の警備係や、ときには地区の指導者がいた。警備係は吼え立て、その指示は混乱していた。重い荷物を持った人々が入って来て座席を占領し、他の同胞たちは座れない。注意されても、「もし私の荷物がなくなったら、代わりの物をくれるの?」とにべもない返事をする。

二万人収容の大ブンカーに住民が入るためには、幅五メートルの扉四カ所を使って一五分かかった。それから扉が閉じられると、もう開くことはない。警報が鳴ってから爆弾の投下まで、平均一〇分だった。その後は、警察の主張によれば、路上に人がいることがあってはならない。荷物を持った人々が、幅五メートルの開口部を一秒間に六人通過するには軍隊的な規律が必要となる。不安と混雑の中で、子供や老人を連れ、背後には爆弾が迫るこの状況で、地獄を思わせる出来事が定期的に発生した。

ベルリンのノイケルン地区の地下鉄トンネルを改造した地下ブンカーの下層階には三〇〇〇人が収容できた。一九四四年八月、警報発令が遅れたことがあった。避難する人々がトンネルにたどりついたときにはすでに高射砲が射撃を始めていた。入口階段は塞がれ、三角形をなして扉からゆっくりと中に入っていく群集は、後から殺到する人々の圧力に押されて詰まってしまった。後から来た人たちは自分の目前で入口が閉まるのではないかという不安のあまり前の人々を力いっぱい押し、群集はもう身動きできなくなった。スーツケースを持ち、急ぐ人々は、まるで階段という瓶の首にはまったコルク栓のようになり、前に進まなかった。道を空けるために、兵士たちが上から人々を引っ張り出そうとしたが、下にいた人々が転んで踏み殺されてしまった。一〇分後に入口の詰まりは解消したが、一〇人の女性、子供、老人たちが死んでホームに並ぶことになった。この地区には爆弾は一つも落ちなかった。

似たような事件がほとんどすべての大都市で起きたことが語り伝えられている。一九四五年一月一六日のマグデブルク空襲では二一時三〇分に爆弾が投下された。エルベ川から通り三つ分離れたヤコビ教会の地下ブンカーでは、二重の鋼鉄でできた圧力扉がゴムの密閉パッキンで閉ざされた。火災嵐の後、その前に大量の死体があったため、扉はもはや開かなくなっていた。

ハノーファーでは一九四四年七月一四日夜、二人の娘を連れた父親がクラーゲスマルクト広場の地下ブンカー前に並んでいた[18]。赤色のマーカー弾が空から降って来て、鉄製の扉が閉まった。監視員が娘のうち一人を、半分しか人のいないブンカーに引き入れた。「人々は不安でパニック状態になってさらに勢いよく階段を駆け下りました。もう扉が閉まっているのを知らなかったのです。それで、とくに年寄りと子供たちが押されて踏み潰されました。手すりごしにその混乱の中に数人の男が飛び降りました」。もう一人の女の子は持ち物を入れたリュックサックを背負って階段の中ほどにいた。「女の子は上に押し上げられ、それで呼吸ができて生き残りました。警報解除の後、地下ブンカーの扉はもう開かなくなっていました。扉の前に、あまりに多くの死者と怪我人がいたからです。監視員が緊急用縦穴から上がり、扉を開けました」。

他の防空施設に比べてブンカーは優れた施設だったので、定員の四倍から五倍も人が入ることになった。ベルリンの動物園駅にあった高射砲塔ブンカーの定員は二万人だったが、三万人が入った。計算によるとベルリンのブンカーは人口の二％以下しか収容できず、その防空体制は、ドレスデンやライプツィヒに次いで最もお粗末であった。しかしベルリンは広大なので、ここよりはるかに防空体制が整えられたルール地方の都市に比べて死亡率は低かった。それでも避難場所を探し、走り回って苦労する必要がなかったわけではない。

地下鉄や都市鉄道は広い範囲にわたって避難場所を探す人々で溢れた。ブンカー内の場所取り競争の前に、ブンカーに向かう地下鉄の座席争奪戦が繰り広げられた。一九四五年二月三日の、二二〇〇トンの爆弾を投下したアメリカ軍による空襲の後、住民は不発弾や時限爆弾にも構わず大慌てで路上を走り回った。二三時にサイレンが敵機来襲を告げた。メーメラー通りとアレクサンダー広場のあいだを走る最後の地下鉄を、興奮した群集が待っていた。どの駅でも殴り合いが発生した。国防軍の報告書は記している。「人々は文字通り相手の服を引きちぎった。不安ですっかり我を忘れ、互いに殴りかかった[19]」。一九四〇年秋の夜にロンドン市民が地下で過ごしたように、本来、トンネルは地下鉄乗客の避難所として機能してもよかったはずだ。しかし、ベルリンの地下鉄は道路のすぐ下を通っていた。直撃弾の被害を経験したのは、一九四三年一月に行われた最初の本格的なベルリン爆撃のときに、ノレンドルフ広場の地下鉄駅に避難していた人々だった。それは地下深くにある地域にあり、重量爆弾が水道の主管を破壊したためトンネルが浸水してパニックが発生した。このパニックが、何より大きな被害を引き起こした。

爆撃戦争の観点から見れば、現代都市の地下施設にいる人間の命などガラクタ同然だった。アレッサンドロ・パスカリーニ設計によるユーリヒ市のルネサンス式要塞の壁は持ち堪えたが、四〇〇万都市住民の三分の一に避難場所を確保するだけでも二六〇のマンモス級ブンカーが必要となる計算だ。世界中探しても、そんなものはどこにもない。ベルリン市民の立腹の原因は別のところにあった。

ベルリン市民の大部分が場所を確保できなかったので、そもそもブンカーに入れることは特権だった。しかし人々が腹を立てたのは収容スペースが不足していることよりも、その配分に不公平があるのではないかと疑ったからだった。動物園地区のブンカーには美術品が多量に保管されていたために人間のスペースが奪われ、人々はこれを不満に思った。芸術だけが残り、国民は滅びかねない、これは逆ではないかと人々は言った。もっと腹立たしいのは「鉄道関係者のみ」と書かれたブンカー内の掲示であった。ベルリンで避難場所を探すのは気の滅入る、命の危険をともなう作業だった。どこに行っても席は予約済みだったのだ。ゲズントブルンネン地下鉄駅のような傷痍軍人や虚弱者用の空間はすぐに一般用に変えられた。帝国銀行の避難室は非常に堅固な丸天井の地下室で、ここは公共用ということになってはいたが、厳しく警備されていて、むりやり入るしかなかった。銀行へのこの突入は、その甲斐があった。三〇〇人の収容人員に対し、そこにいたのはたった二人の兵士と二〇人の戦争捕虜だけだったからだ。このスキャンダルはベルリン中を駆け巡った。

空軍省は一九四四年五月、ブンカー入場カードを配給してはどうかと提案していた。どのみち、選ばれた人しか入れないのだ。ハノーファーでは一六歳から六五歳の男性は当面入れないことになっていた。どこでも伝染病患者は拒否された。感染の不安が広がっていたからである。ブンカーは何でも運搬した。病原菌も例外ではなかった。そこは病気の温床と考えられていた。

戦争捕虜や外国人労働者は、強制労働者であれ志願者であれ、入場を拒否された。こうした人々は都市住民の中の多数を占めており、一般市民から分けるのは難しく、ブンカー内ではいつもこぜりあいがあった。一九四三年秋以降、枢軸国側のイタリアが降伏した後、いわゆる「バドリオ・イタリア人」〔連合国との休戦を画策したイタリアの軍人、ピエトロ・バドリオにちなんだイタリア人戦争捕虜の呼び方〕は裏切り者とされ、ブンカー内の場所を与えられなかったので、ポーランド人やロシア人たちとともに塹壕に入るしかなかった。人種はランクづけされ、西と東の労働者は異なる扱いを受けたが、ゲルマン民族とされたオランダ人が乱暴に扱われたり、大管区指導者（ガウライター）の妻がポーランド人メイドに愛着を抱いたりというふうに、命の扱いには例外があった。ブンカーを管理する地域共同体は、入場できる人々の選別にひどく頭を悩ませた。家族的な共同体の中で、人々を平等に扱おうとしたからだ。お偉方や役人たちの特権に対する人々の不信感は大変なものだったので、ブンカー入場カードというアイディアは憤怒の嵐にあい、つぶされることになった。

　ドイツはブンカーの中で生き延び、抵抗した。詰め込まれ、不安のあまりに汗まみれになり、市場を、図書館を、城を、コンサートホールを、大聖堂を粉砕する大型爆弾の、耳を聾するばかりの轟音の中で耐えた。この四年間のブンカー生活の中で国民の魂の底に生まれたものは、ドイツ人の気質的傾向の一部と化した。アメリカ爆撃調査団の社会分析家は、この心理を経験的・理論的に調査し、それを「士気部門調査」として発表し、重要な結論に達している。爆撃がおよぼした内的作用は、戦争の敗北以上に過去との決別を、つまり「ドイツの非ナチ化」を促進した、とそれは述べている。[20] しかしそれは、速やかに進んだわけではなかった。

　ブンカーを共有する人々はどんなことがあってもユダヤ人を仲間に入れなかった。フランクフルト市は九三三九人のユダヤ人の強制移送を一九四三年一〇月はじめまでに終えており、さらに七六人の移送が続く予定だった。古くからここに定住しているジンガーは、例外的に移送されなかった人々の一人だった。[21] 彼は一九一四年から一九一八年の第一次世界大戦に従軍し、功二級鉄十字章とヘッセン勇士メダル、傷痍軍人記章を授与され、ドイツ人女性と結婚していた。ドイツ婦人の夫ということで強制移送とガス殺を逃れ、戦線で戦った軍人ということで秘密警察のいやがらせを何とか逃れたジンガーは、煉瓦工場や東墓地で強制労働に従事していた。一九四三年一〇月四日午前の爆撃のとき、彼はいつも食事をとっていた小屋に避難し、そのとき軽傷を負ったが、呼ばれた衛生兵は治療を拒否した。そこでユダヤ人仲間のシュトルツがジンガーを手押し車に乗せ、ユダヤ人を示す黄色い星印をつけた二人は通行人に罵られながらユダヤ人医師のもとへ行った。

頭に包帯をしてジンガーが家に帰ると、空襲の第二波を告げるサイレンが鳴った。彼はブンカーや公共防空室に入れなかった。妻も夫から離れたがらなかったので、二人は建物の地下室に入った。そこには気力を失った隣人たちが集まっていた。

フランクフルトにある三八のブンカーに入れない人は四〇万人以上もいた。多くの人々が場所を確保できなかったのだ。そこから締め出されて地下室に集まる人々はブンカーに入れる人々の四倍にも上ったが、彼らもまたユダヤ人を地下室から締め出した。ジンガーの敵は防空監視員だった。彼はこの建物に住む全世帯の長で、これは威張り屋が就きたがる職務だった。しかし一〇月四日の空襲では、いつもユダヤ人ジンガーに「ごみの山」に行けと言うこの防空監視員の思い通りにはならなかった。隣人たちは、ジンガー夫妻がここにいてもいいと決めたのだった。どちらにしても、もう出ていくことはできなかった。炎に囲まれていたのだ。そこにはユダヤ人ジンガー、反ユダヤ主義の監視員、それに、人々に忌み嫌われている女が子供と一緒に暗がりに身を寄せていた。彼女は外国人で国防軍脱走兵の妻であった。

ジンガーはその女を気にかけてやった。女は泣き、力尽きていた。隣の地下室に抜けても、そこは炎の海だった。夫の脱走兵は仲間に撲殺されていた。女はノルウェー生まれで、追放された男の子供と二人でフランクフルトの地下室の片隅に座っていた。建物の上でも横でも炎が上がっていた。修羅場をくぐってきたジンガーは子供を抱えると、女を外へ押し出した。中庭に向かう逃げ道があったがそこはすでに火に囲まれていた。そこから通りに逃れ、それからもっと奥の地下室に着いた。そこは広く、人で溢れ、またもやジンガーは避難者たちから危険な目にあわされることになった。

しかし、どこにも親切な人はいるもので、このときは二人の女が助けてくれた。二人はジンガーと、彼と一緒に危険な目にあっていたもう一人の男を暗い片隅に連れていった。そこには大きな手動ポンプがあった。この二人のユダヤ人は二時間のあいだ、誰にも見られないようにポンプを動かし続けた。二人の妻は視線を遮る位置に立って、夫たちの姿が見られないようにした。その場に漂っていた怒りはついに、老いたユダヤ人オレンシュタインの上に降りた。爆撃の合間に路上で二人の歩兵が加えた傷が頭部にぱっくり開いていたこの男を、親切な二人の女が中に引き入れていたのだった。防空監視員は傷の手当てを拒んだ。ジンガーは生き延びたがオレンシュタインはその傷がもとで死んだ。

ブンカーは内側から崩壊した。もはや町は人が住めるところではなくなっていたので、被災民はそこに引っ越していた。ボットロプでは住民の六〇%がブンカー内に居を移した。カッセルでは二一%、メンヒェングラットバハでは二〇%、エッセンでは数千人がブンカーに住んだが、ドルトムントとハノーファーではこうした移転は一般的でなかった。こうした転居を禁じた都市もあれば、子供を連れた母親、老人、困窮者、家を失ったことが証明できる人間にだけ許可している都市もあった。今やブンカーは空襲のとき以外、出入り自由になった。ニュルンベルク駅にあるブンカーでは家を失った妻たちが外で働いている夫を待った。(22)一九四五年二月、アメリカ軍が二八〇〇トンの爆弾を投下し、電気と水道の供給が止まってから一週間後、外国人の女性労働者がブンカーを占領していた。彼女らはその直前に破壊されたジーメンス・シュッケルト社の変圧プラントの組立工で、高射砲兵部隊と親しくなっていた。国防軍の観察によると部隊は「女性労働者たちと同じ部屋の同じ長椅子で寝ている」とのことであった。ジーメンス・シュッケルト社の工場労働者の大部分はいつもそこにいた。

空襲時には定員の何倍もの人々が収容されたため、衛生状態は悪化し、換気設備はもはや空気中の炭素と湿度の上昇を制御できなかった。どんなに厳密に計算してみても酸素量は十分だったが、中の人間の吐く息と体や衣服から出る臭気と室温上昇が不快感と吐き気を催させ、幼児は病気になった。人々は空襲の中断を待ち、あるいは警報解除の後に扉を開けた。群集は窒息寸前だった。何とかして空気を入れ替える必要があった。しかし住人は中にとどまり続けたので、状況は改善しなかった。そして「ブンカー性発作」が蔓延した。数日そこにいると感覚は鈍り、人々は粗野で無関心になった。男たちは最初神経過敏になるが、その後不機嫌で無口になり、他人に乱暴を働き、女子供を気にかけなくなった。以前はきちんとしていた人々が何日も体も洗わず、髪も梳かず、髭も剃らず、服にも構わなくなった。秩序や清潔を重んじる感情は消え去った。母親は子供の面倒をみなくなり、男は避難場所を求めてくる女に乱暴狼藉を働いた。誰も食事の用意などせず、福祉団体の用意する食事を食べ、まずいと文句を言った。ブンカー住民の七〇%が「ブンカー病」と呼ばれる疥癬(かいせん)にかかっていたが、虱駆除剤などどこにもなかった。

ハム市の防空衛生係官は一九四五年一月末にこう報告している。

ブンカーの部屋で、猩紅熱やジフテリアの子供が毛布や布に包まれているのを見るといつもぞっとする。幸い今のところ発疹チフスは発生していない。こんなことを書くと誇張だと思われるかも知れないが、以前はきちんとしていた人々が、全財産を失った後に突然洞窟住民と化し、徐々に動物じみて粗野になることを、ブンカーの医師たちが観察している。[23]

この当時ハムは五五回の空襲で町の六〇％が破壊されていた。最後に行われた二月の空襲での死者は四人だけだった。ブンカーにスペースは十分あったが、壊れた水道管は九月から錆びたままで、市民は苦労して井戸や給水車から水を得ていた。市からの供給網がおよばない場所ではブンカーも機能不全に陥った。緊急用発電機もないか、あっても足りず、ゲルゼンキルヒェンのブンカーの担当医師たちは石油ランプの灯りの下で診察した。負傷者は病院に運ばれるまで三日間待たされた。灯りがないのでトイレまで行くのが難しくなり、またトイレは水不足で流れず、詰まってしまった。住民たちは暗がりで用を足した。外に設けられた緊急用トイレを使う者はなかった。疫病予防のため、ハムとゲルゼンキルヒェン市当局は毎朝、建物から人を外に出し、消防局を使って清掃と消毒をさせた。

ブンカーのおかげで生き延びた人々は、一見元気そうに見えたものの内面は打撃を受け、精神的に零落していた。ブンカーも、内部の避難民も支えを失った。地中深くの地下室同様、堅牢なコンクリートも生活環境の崩壊から人々の命を守ることはできない。彼らの世界が破滅したとき、人々はもはやそれに耐えることができなかった。人々は一九一八年当時のように限界に向かって突進したりはしなかった。すでに限界に達していたのだ。彼らは、不屈というカードにすべてを賭けていた。生きている限り——それはブンカーがもつかどうかにかかっていたが——打ち負かされることはないのだ、と。爆弾対コンクリートの戦いの賭金は、何世紀ものあいだ、市民の手に委ねられてきた都市だった。都市が燃え尽きたとき、住民は地下室やブンカーから出て降伏した。そうするしかなかった。

銃後

空襲に使う手段は、人間を一〇〇万人単位で殺すことを意図している。書類から読み取れる限りでは、連合国軍側はそれを実行するにやぶさかではなかった。一方ヒトラーは敵の都市をなかなか破壊することができずにいた。ヒトラーは一九三九年九月のワルシャワ爆撃の映像を見るのが好きで、ニューヨークの摩天楼を倒すことを夢想していた。彼にとって戦争とは、弱者を強者に、従順な種族を強靭な種族に委ねる自然の法則であった。彼は生まれついての爆撃戦略家であったものの、爆撃機の持ち合わせがなかった。ドイツの戦争目的は東方を併合することだったので、一九三五年、占領軍を召集し、それは戦車や飛行機による機動部隊によって急速に進軍した。しかしヒトラーが高く評価したのはトレンチャードが語ったような戦略爆撃理論、それをもっと派手に表現したイタリアのファシスト党員でドゥーエ主義*という名前の由来になったジュリオ・ドゥーエの理論であった。ヒトラーは徹頭徹尾、ドゥーエ主義者であったが、受動的ドゥーエ主義者であった。彼は決して空からの決定的な攻撃を遂行することができないのに、敵からの空襲には耐えなくてはならなかったからだ。

一九三八年に作成された、要塞建築に関するヒトラーの覚書の要点は、要塞化の目的は決して人命を守るためであってはならないという点にある。[24]「一定数の戦士の命をぜひとも守ることではなく、戦闘力の確保こそが要塞施設の目的である」。同様に地下室やブンカーも民間人が戦争を生き延びるためのものではない。兵士と民間人の区別などもはやなく、誰もが戦士である。その点における爆撃戦争の功用を、ナチ党の哲学者アルフレート・ローゼンベルクは一九三四年にはっきりと認めている。[25]爆撃戦争は民衆と戦争を再び結びつける、と。これまで市民は兵士を自分たちのために死なせ、平和への愛のうちに生きてきた。しかし、軍事的防衛はこれまで市民生活を守ってきたが、今度はこれが市民生活を破壊するのだ。未来の戦争は航空部隊というシンボルによって遂行され、全国民を生き残りを賭けた戦いへと結集させることになるだろう。こうローゼンベルクは言った。

戦火が実際に燃え上がったとき、ヒトラーは戦意増強の心理学についてこう付け加えた。戦力は自己保存に努める者たちによっては確保されない。「失うものが少なければ少ないほど、それだけ狂信的に住民は戦う。今や最も愚かな者でさえ、我々が勝利しないことには決して家を再建できないことを悟っている」[26]。爆撃戦争のあいだに、戦いと喪失は同義になった。しかしながら、イデオローグ、ローゼンベルクの言った空襲下では民間人が戦士となるという言葉は、差し当たりは正しかった。民間人は自分の住む土地を防衛したからだ。

ドイツでは、制服を着て行進し、「ジーク・ハイル」という軍隊調の挨拶をする政党が政権を握っていた。国家はすぐさま、命令と服従という軍の規律によってまとめられた。最初に命令するのは総統だが、それは目につかないところで行われた。生活は、総統に服従すると同時に民衆に命令する下級指揮官の命令で機能した。そのために下級指揮官はそれぞれ自分の部隊を必要とした。工場、職業集団、青年組織、SAやSSのエリート集団では、もっぱら指導と服従という上下関係だけが存在した。平和時には、こうしたことはまるで権威主義的仮装大会のように見えたかも知れない。しかし軍隊調の命令の内容は権威を演出することではなく、戦闘を命じるものだった。命令の内容は、人が決して進んではしない類のことであった。それは自己保存の法則に反し、財産、身体、生命を賭けることだった。軍隊とは、こうした認識によって成り立っている集団である。ドイツ国民も空襲によってこれに慣らされることとなった。航空部隊が破壊するものを、つまり都市、国家権力、社会機構を構成する物質的財産を防衛せよ、という命令が下される。

　爆撃に晒されて国民は戦争に赴くというのは主にナチ党が言ったことで、それは現実を見ていなかった。戦士となった国民は無防備で、何の武器も携帯しておらず、空軍が爆撃機軍団に対して何もできないでいるのを見て大いに当惑した。現代の戦場で、放水以外に攻撃に立ち向かう手段を持たないということが何を意味するか、人々は少しずつ学ぶことになった。一方で、空軍の専門家と防空専門家は、最初に多くの死者が出ることを計算していたがそれは誤りだった。そうなったのはロンドン市民だった。ドイツはフランスとオランダを征服することで作戦空域内での戦況をとりあえず改善し、爆撃戦争の地上戦線に人員を配置した。爆撃戦争の軍事的意味を民間人がはっきり知るには、それから二年かかった。大量の損失が始まったのはその後だった。市民はこれを弱者虐殺とみなした。敵はそれほどに卑怯で、政府の弱腰がそれを許したのだと考えた。この新たな国民戦争が明らかにしなければならないことは何よりもまず、どのような役割を演じながら国民は死ぬのかということだった。無垢な犠牲者としてか、それとも戦士としてだろうか？

　ゲッベルスは、爆撃の被害者をGefallene〔戦闘で死亡した兵士の意〕と呼ばせた。死者は軍隊式の栄誉を与えられて埋葬され、党は静かな太鼓の連打を伴奏に埋葬を演出した。総統自身が花輪を——簡略化のためにリボンで代用されたが——贈り、自治体が葬飾りを用意し、副官が費用を賄った。航空

＊　イタリアの軍人で軍事学者のジュリオ・ドゥーエ（一八六九―一九三〇）の論を支持する立場。ドゥーエはその著書『空の支配』で将来の戦争においては制空権を握った者が戦争に勝利すると予測した。

戦による死者の墓には鉄十字章が飾られ、生存者は戦功十字章を受け、負傷者には戦傷章が授与された。ライプツィヒの南墓地には「航空戦犠牲者のための栄誉の杜」が作られた。[27]「戦没客員ヨーロッパ人労働者埋葬式」が、ポーランド、フランス、ベルギー、チェコ、リトアニア、ウクライナの代表団の参列のもと行われることもあったが、これは珍しい例外と言えた。党のラジオ部門の全権代表ハンス・フリッチェは、一九四四年一〇月にシュヴァインフルトで行われた集団埋葬式で「ドイツが生きるために死者は戦場に散ったのだ」と叫んだ。[28]一九四三年七月に彼はラジオで「爆撃された領土に住む何百万人もの人々」について触れ、「彼らはこの戦争の真の英雄である。その額には見えないオークの葉が飾られ、全世代のヨーロッパ人がいつの日かその前に額ずくことだろう」と語った。

ゲッベルスは銃後の人々を「打たれても弱まることなく、逆に鍛えられる鉄」[29]と称えた。ヒトラーが東部戦線の戦士に向けた最初の声明は当時ベルリンを駆け巡ったが、この中でヒトラーは民間人防衛者を模範的兵士と述べている。「持ち場から退却する連隊や師団は恥ずべき行為を行っている。彼らはわが国の都市で爆撃の恐怖に耐えている女性や子供たちに恥じることになろう」[30]と彼は語った。

二〇〇〇万人もの協力者が航空戦による打撃に立ち向かったと言われる。これは全人口の四分の一以上である。戦争の最後の段階ではその大部分は女性であった。当初の案では、ドイツにおける防空は、もっぱら住民が担うことになっていた。確かに空軍省は上部組織として、形式上は大管区空域指令部に、実際には都市の警察組織に防空の責任を負わせており、消防団と修理部門がその下にあった。しかしこうした組織は一〇万戸もの建物を守ることはできない。そのためには、建物一戸あたりに一中隊と中隊長との訓練が必要となったが、中隊とはそこに住む住民で、中隊長とは防空監視員のことであり、これは緊急時には警察として権力を行使した。その上の単位は一〇戸から一五戸の建物、つまり一街区からなる大隊で、街区監視員がその指導に当たった。六から一〇の街区が一つの集団をなし、一万五〇〇〇人から二万人が一師団として防空管区を形成した。これは警察の最下部機関、警察管区と同等であった。航空戦におけるこのような市民軍は、それぞれの職務を果たす任務を負っていた。

建物の防空体制をどう整え、どう攻撃を避けるか、という基礎教育は帝国防空連盟（ＲＬＤ）が行った。これは帝国の各行政部と同等の公共団体であったが、実際はメンバーによって運営される団体だった。帝国防空連盟は大戦中二〇〇〇万人のメンバーを擁していた。彼らは防空問題に個人的興味を持つ人々で、年会費一マルクを支払い、白い金属に八画の星型を描いた会員章をつけていた。

　同じ建物に住む住人たちは防空共同体を結成した。部隊というものがいつもそうであるように、そこでは社会的階層の違いや、さらには世代間や男女間の葛藤を解消する必要があった。それは下士官たる防空監視員の仕事であった。戦争は、表面的には領土の占領に関わる。爆撃戦争の領土は建物の海であり、爆撃機軍団はこれを徹底的に現地調査した。建物が焼失すると、それは領土が占領されたことを意味する。焼失は主に建物の脆弱な部分、つまり床板、屋根の梁材、その上に並ぶ煉瓦などによって起きる。さらには、目に見える領土だけが攻撃に晒される。暗闇の中、高高度から見ると、漏れる灯りが建物群の場所を示している。目標を暗くし、屋根の小屋組みを守ることは防空監視員とその中隊の責任である。

　必ずしも必要ではない木材とガラクタは撤去を命じられ、どうしても必要な木材には、石灰、消石灰、生石灰などの耐火剤が塗られた。住宅内の絨毯は片付け、カーテンは外し、ドアは全部開け放たれた。大量に投下される焼夷弾のうち一個か二個が屋根の小屋組みや上の階に落ちても、最初の三分間の被害は最小限に抑えられた。初期の火災を消火するための砂と水を入れた容器が十分に用意されていたからだ。小屋組みに火がついたら、とにかくすぐに何らかの行動を取らなくてはならない。手動消火器、火叩き棒、シャベルで住民が最初の火を抑えることができれば、大火災には発展しない。冬季には水が凍結しないように家畜用食塩が混ぜられた。砂を袋に詰めるのは、あまり腕力のない女性防空係である。二、三個でも正しく配置すれば、チャーチルの努力を台無しにすることができる。テルミット棒状爆弾それ自体はまったく無害な兵器である。発見したら即座に鉄製の脚部を持って外に放り出せばよい。しかし一〇万個単位で投下されれば、大戦中に使われた中でも最も破壊力の強い攻撃手段の一つとなる。

　投下される数が増えるほど、そしてまた投下される爆発物質のトン数が増えるほど、一対一でその炎と戦うのは危険になる。火がついたことを発見するには少なくとも建物にとどまっている必要があり、それもできるだけ地下室以外の場所にいた方がよい。女性たちがいると地下室は居心地良くなった。ボンにいた、当時幼なかった人物は語る。「警報が鳴ると、近所の人たちはほとんど全員そこに集合して、私たち子供の面倒をとてもよくみてくれたので、居心地が良いとさえ思えました」[31]。ハノーファーの人物も居心地が良かったと証言する。「お菓子や肉団子を持参する女たちもいて、男たちはビールを持ってきていました。スカートをしたりして、いつも快適でした」[32]。女性は念のため、以前は一般的でなかった「現代的でシックな防空ズボン」なるファッションを身に着けていた。

そのあいだに防空監視員が建物をパトロールした。屋根裏部屋には砂を二〇センチの厚さで敷くことが義務づけられ、砂は保管所で無料配布された。詰め物が入った家具は窓辺に置いてはならず、内部に引っ込めることとされた。もし庭にホースがあれば、適合する口径を持つ連結部品を用意するよう定められた。ホースと連結部品は、航空戦中に大きな技術的進歩を遂げた。水はドイツのどこにでもあったが、蛇口とホースはドイツ工業規格に従うと決められていただけで、口径はまちまちであった。

パトロールの最後には建物とその附属建築物、厩舎、倉庫の防空体制を確認することになっており、空襲が続いているあいだ何度もこれは繰り返された。ヘルメットを被った監視員の守備位置は、覗き穴の開いた屋根棟の避難場所である。これは金属製、あるいはコンクリートの覆いで、小さな破片ならはね返すことができる。高性能爆薬弾が落ちれば命はない。激しい爆撃のあいだここにいるには、かなりの勇気が必要である。屋根で持ち場に就くのは誰にでもできることではなかった。ドルトムント第四防空地区の報告によると、一九四三年五月の空襲時の状況は次のようなものであった。

多くの男性は——その中には休暇中の国防軍兵士もいたが——まるで弱虫であることが判明した。火災を監視するために建物内にとどまることをせず、彼らは怯えたウサギのようにブンカーに入り込み、女子供を追い払ったので、警察とSAのパトロール隊が彼らを追い出して義務を果たすよう指示しなくてはならなかった。[33]

兵士は反射的に銃撃から身を隠す。戦線から休暇を取って戻って来た兵士たちはしばしば、故郷で不意に爆撃戦争に襲われるという、さかしまの世界に身を置くことになった。彼らは燃える通りに逃げることはせず、地下室で待機するようにと住民に言った。むざむざと敵の攻撃に身を晒すことは、彼らには、軍事的に見てじつに馬鹿げた英雄的芝居のように思えたからである。ケルンの防空地下室から逃げてきた男性は告白する。「兵隊のままでいた方がいい。明日にもまた戦線に戻るつもりだ。ああ！　ここよりましだ！」[34]

対照的に、防空監視員は自分の家へ戻って玄関先で八つ裂きにされるヒルデブラント〔古ゲルマンの詩に登場する勇士〕のようである。この任に当たるのは普通、職業上の義務感が強く、鍛え抜かれた中年以上の市民だった。ハンブルク警察長官は建物の管理人に叫んだ。「勇敢な人間は、他の人々にも我々の住処を破壊から守るよう行動させるものだ[35]」。ゲーリングは防空監視員にヘルメット、とび口、警笛を与えた。危険が去ると、防空監視員は住民に仕事を割り振り、バケツリレーをさせ、危険な家具を撤去し、不発弾や時限爆弾の撤去について上級機関に問い合わせた。救援が来ることはめったになかったので、監視員はそれを一人で試みなくてはならなかった。建物内の男性は空襲区域から出てはならなかった。女性、若者も含めて全員が、爆弾の信管を抜くようにと命令されていた。ケルンのある女性は衛生兵に黒こげの手に包帯を巻いてもらいながら語った。「こうするしかなかったのです。さもないと、夫は私のことをどう思うでしょう？　夫はノルマンディーにいます。家を燃やすわけにはいかないのです。二〇年も貯金して買ったのですから[36]」。

数キロ先からでも見える炎上する町の明るさと、灯火管制の暗さは奇妙な対照を見せていた。人工的な灯りはすべて消され、生活、経済、交通の存続に必要不可欠な灯りは弱めるか、彩色するか、目の詰んだ金網や網目板などで光を抑えなくてはならなかった。月明かりの夜に五〇〇メートル上空から認識可能な光が、窓や扉や天窓やガラス天井から漏れてはならない。ショーウィンドー、映画館、劇場の広告は紺色の光に変えられた。

学問的な根拠はなかったが、総統の見解によると波長の短い青色は識別が難しいということなので、使用中の電球は、国防軍が開発し商店で売られる溶液に浸すことになった。ヒトラーはじきじきに灯火管制を見て回り、国民は警報が鳴るとナイトテーブルの灯りを点け、こうした軽率な振る舞いで自分を危険に晒している、と大管区指導者（ガウライター）に命じて伝達させた。灯火管制命令違反は八日間の停電という罰を受け、郡の行政部は無用心な集落に一週間送電を停止した。地区におけるヒトラーの代理人である防空監視員は些細なミスもあげつらい、釈明を求め、罰を与えた。さもないと彼自身が罪を問われるのだった。その他には拡声器を積んだ車が巡回し、窓から灯りが漏れていると「灯りを消せ！」と命じた。

道路の縁石には、五〇メートル毎に区切られた燐光を発する線が、階段にはジグザグの線が塗られ、建物の突出部、電柱、柱、橋の欄干、柵、海岸、道路のカーブには石灰で印がつけられた。街灯は二二時に消え、人々はさまざまな色のフィルターをつけた懐中電灯を持って出かけた。建物の土台部につけられた、かすかに燐光を発する線と矢印は、いちばん近い防空室の位置とそこまでの距離を示していた。

人々は蛍光を発するバッジをつけて他人とぶつからないようにした。車や自転車のランプには横のスリットを入れたカバーを被せ、窓には暗い覆いが掛けられ、それは壁に打ちつけた釘で壁紙に固定され、光が漏れないようになっていた。

一九四二年、衝撃的な技術的事実が発見された。もし敵が明るい室内から放射される赤外線をとらえるなら、人工的なカバー、ブラインド、厚紙などは役に立たないという事実である。ドイツは、海軍で使われていた、赤外線を可視光線に変換する実験器具ゼーフント（アザラシ）を、シュパナー（覗き魔）という装置に発展させており、これは灯火管制の苦心を無にするものであった。当然ながら敵側も戦争末期には赤外線を測定する方法を開発していた。そこでドイツ側は灯火管制用の材質やブラインドにシュパナー対策の化学物質を塗った。

月光を反射するガラス天井、溶鉱炉、スラグ捨て場の火などのせいで工場は爆撃機の道しるべとなっていたのだが、灯火管制はこうした産業部門の生産力に深刻な影響を与えた。溶けた鉄を闇の中で運搬する蓋付ひしゃくや、すのこ、流出口用のシールド、流出ガスを燃やすための保護ひさしが役に立った。工場から出る灯りをごまかすのには補色の原理を使うことにした。フィルターを用いて、特定の色の光波を通過させないのである。そこで工場労働者は、青緑のフィルターを通した赤みがかった黄色の光の下で作業することになった。しかしこれは精神衛生上良くなかった。

さらに、白い塔、アスファルトの明るい街路、磨いた花崗岩、波状板の屋根は月光に当たると光を発する。これらはすべて爆撃機の誘導地点となってしまう。ライン川流域地方では白い建物が好まれたが、これは風景から浮き出して見える。「イギリス軍がいつも間違いなくライン流域を発見しそこに爆弾の雨を降らせるからといって、何も驚くことはない[37]」と、党の出先機関の職員は述べている。そこで建築家や画家は、建物にすっぽり覆いを被せたり、水溶性の塗料を塗って目隠ししようと考えた。これに効果があったかどうかは定かでない。最初の二年間は月明かりの夜に目標が目視できるかどうかが重要だったが、レーダー航法と絨毯爆撃によってそれはあまり問題でなくなった。パスファインダーがつける炎の目印によって、爆撃手は場所を確認できるからである。目標が灯りを出している必要はなくなった。灯りで照らし出すことができるからである。H2Sのモニターは認識が困難だったので、目標確認には目視も役立った。灯火管制は安心材料にはなったかもしれない。

子供は相手から見られたくないとき、手で目を覆うものである。見ることと見られることを混同することは、制御不可能なものを相手にするときにいくらか力を与えてくれる。灯りを消すことは普通に行われる軍事的偽装である。全ドイツは多大な労力を傾けて暗闇の中に沈み、その明るい顔に色を塗ることで、失っていたものを取り戻した。それは敵の標的になるならないを制御することである。制空権を獲得したことで敵は何でも視界に納めることができた。人を罰する神の目のごとく、敵は主に閃光とカメラによってすべてを見ることができた。これに耐えることは困難だった。おそらく、皆で穴倉のような暗闇に沈むことで、ドイツ人は敵の手の届かない場所にいるような幻想を抱いたのだろう。最も耐えがたい状態とは、まったくなす術もなく他者の手中にあり、救いを求めて恐怖に震えることだと、ドイツ人は皆一様に考えた。それなら身を隠すことは、少なくともなせる術があるということだった。

一九四二年春、ケルンに一〇〇〇の爆撃機による空襲が行われると、身を隠そうとする行動は行き詰まった。飛行機はライン川の銀色の流れで位置を確認するので、灯火管制は何の役にも立たなかった。爆撃機は北から飛来し、月光の中で川を南下した。最初の攻撃波がマーカーをつけ、区画内に焼夷弾を投下する。第二波と第三波の爆撃機からは、数キロ離れた地点からでも町が燃えているのが見えた。二〇分で一三九七個の高性能爆薬弾と、一五万三四一三個の焼夷弾を投下するという驚異的な爆撃機の川は、建物内で防衛するゲルマン人を手詰まりに追い込んだ。

戦争末期の攻撃方法では、爆撃機は一定時間、何の邪魔もなく攻撃できたし、大量の爆弾によって効果を累積させることができた。そのあいだ、防衛側は避難しているしかない。爆撃には休止がなくなった。一分当たり一二機の爆撃機が目標の上空にいた。次々と飛来する飛行隊は照らし出された区域を集中して攻撃し、以前のように町中に分散することはしなかった。弾薬調合の主眼は、今では火災の発生にのみ置かれ、その効果は新型三〇ポンド液体爆弾に凝縮された。これは、燃焼物質を二五〇平方メートルにわたって撒き散らす雷管をつけていた。燐の塊一つ一つがそれぞれ火災を起こし、水をかけても蒸発するだけで火を消すことはできなかった。

警報解除の後、ケルン市民が地下室や地下壕から這い出ると、そこは新たな戦場と化していた。火災戦争の戦場である。一万二〇〇〇件の火災が融合して発生した一七〇〇件の大火事は、手動消火器や砂袋では対処できなかった。町の消防隊はこのような業火を鎮める術を知らなかった。一五四の消防隊が要請を受け、防空司令センターの呼びかけでボン、デュッセルドルフ、デュースブルク、エッセン、ボッフム、ゲルゼンキルヒェンからケルンに急いだ。ケルンのドイツ地区にある見本市会場から来た消防隊は、早く出発しすぎたため橋の上で直撃弾に当たった。巨大なホースがライン川に沈められ、何百立方メートルもの水を一度に吸い上げた。建物の廊下に枝分かれして伸ばされた何キロにもおよぶ長さのホースの途中には、六六個のモーターがつながれて水圧を上げた。しかしライン川の水と近隣の援助があっても、一〇戸に一戸の住宅が全壊する被害を防ぐことはできなかった。何百軒ものパン屋、肉屋、レストランが崩壊し、市場では俵に包まれた二〇〇〇トンのジャガイモが燃えた。

ケルンには多くの兵舎があり、そこは軍の集結地であった。二五〇〇人の兵士、二〇〇〇人の戦争捕虜、一六五〇人の特殊部隊が片付け作業に携わった。ライン・ルール地方の町々からは市街電車の修理のため、「高架サービス」の作業車がやって来た。港では、直撃弾を受けて沈み、船の往来を阻んでいた四機のクレーンが海面下で破壊され、撤去された。二〇〇〇人のガラス職人を含む専門職の労働者が何千人もケルンへ向かった。そこではおびただしい数の修理と作業が必要だった。牛乳を積んだタンク車がやって来た。ソーセージをはさんだパンが雨のごとくふるまわれ、三〇〇万キロの米、二五〇万キロの小麦粉製品をはじめ、溢れるばかりの食料品が市外から運ばれた。車両はケルンに入る大通りの前に停車し、市内を通過する許可を待った。ドイツ中がケルンのための物資を入れる倉庫と化した。拠出された衣料、シーツ、家具は当地の商店ではさばききれなかったので、緊急の商店が建てられ、武器商店が靴下を商った。食料と並んで需要が大きかったのは石鹸である。爆撃戦争とは汚れるものなのだ。七〇万個の石鹸が火災の煤と埃を落とした。

一〇〇〇の爆撃機による空襲で地下室は崩壊した。ブラウバハ地区では大きな住宅群が火災に襲われ、一五〇人が防空室で助けを求めた。出口が埋まってしまったのである。中の住民はつるはしで壁を次々に壊し、ようやく外に出る穴を開けることができた。ライン小路に近い場所では一街区全体が崩れ落ち、外に出ることができなくなった。警官たちが瓦礫に通気用の穴を掘り、それを広げて支えをつけ、ショック状態の五一人が泣きながら脱出した。一人の男はやっと救助されて手を上げたがそのまま前に倒れ、息絶えてしまった。地下室自体は堅固な造りで、きちんと支柱も入っていた。ケルンの建物は、非常に頑丈なコンクリート製のT型梁で天井が強化されていた。

それまでの平均の約五倍にのぼる一四六〇トンの爆弾が投下されたことを考えれば、四六九人という人的損失は大きいとは言えない。一年後の空襲では、町の火災を消火し、市内で死んだ三四六〇人を掘り出すのに五日かかった。死者たちはまず身元確認のため、発見された場所に並べられた。例えばヴァイスビュッテン小路では、「一建物の住人三六名、四三年七月三日」というような字が書かれたバケツが置かれた。さらにその一年後、ケルンではじめて掘削機が導入され、瓦礫が積もった地下室の丸天井を壊さないように注意しながら一二〇〇人の生存者を掘り出した。

危険で疲労と嫌悪感をともなう重機を使う作業には、そこに宿営していた専門の国内戦線部隊が、福祉などの軽労働には後方部隊が当たり、全国民がその要員となった。警察には保安・協力部門が設けられ、これは後に防空警察と呼ばれた。これはプロとボランティアの消防士による消火活動、公益会社の従業員と専門の技術者による修理サービス、衛生部、市清掃局の人員による消毒サービス、そして、これが大きな部門であったが、強制収容所の囚人部隊による救出・遺体収容を行なっていた。空軍は機械化部隊を派遣し、鉄道や要塞を扱う工兵などの技術者からなる国防軍予備隊がこれに合流していた。さらには、工場技師、工場長、もう徴兵はできない年齢の士官たちからなる特別な集団である技術部隊があった。こうした人々が、生きるために必要な施設を運営しサービスを提供するという奇跡的な作業を不撓不屈の精神で行った。またこの機械化部隊は、地域の枠を超えた救助の屋台骨となった。

大空襲の被害は地区の備えだけではもはや対処できず、近隣町村からの救援がアウトバーン網を使って速やかにやって来た。一時間以内に効果的な救援部隊が来る必要があった。到着までの時間には一時間から三時間の幅があったが、最大で六〇〇〇人の人員がやって来た。人口二五万から五〇万の中規模都市は、通常の警察で働いている約一〇〇〇人、提携を結んでいる保安・救援サービス部門の人員、外部からの援助六〇〇〇人、国防軍予備部隊の数百人を動員できた。二万二五〇〇人の消防・修理・衛生サービス要員が、今日のノルトライン・ヴェストファーレン州に当たる地域で空襲を受けた中心地を守った。装備を整えているのは四分の三で、彼らの身体能力は五四歳という平均年齢に見合ったものだった。

火災に抗するのは水だが、爆撃戦争中はこれを十分に活用するのが難しかった。すべての要素が火災に有利だったのだ。水は車両、消火栓、脆いホースを使って人間が引いて来る必要があった。水道管は爆弾の第一目標なので、大空襲のときには常に栓を閉められた。建物が崩壊すれば水道管が破れ、瓦礫の下では水が地面に流れ、それによって水圧が下がった。航空戦では運河、河川、湖、池、人工的な水受け装置など、水道以外の水の供給源が必要となった。最も効果的なのは運河を街中に引き込むことであるが、ドイツはその出費に耐えられなかったので、代わりに給水塔、噴水、天水桶、大桶、樽、プールを用意した。廃墟の地下室にはコンクリートを注いで水で満たし、住民たちは浴槽やごみ用タンクに水を溜めた。ハイルブロンは消火用に、何と三二もの貯水用ブンカーを造った。水を汲み上げるためにはホースと、亜鉛メッキを施し、その場所に合った部品を取り付けた連結式の水道管を使った。多数のモーターポンプが遠くまで水を押し流し、さらに他の手段で火災現場まで運ばれた。その前に火災の位置を確認し、車両を割り当て、弾孔と瓦礫で通行不可能な通りにどうやって入るかを調べる必要があった。例えば人口三八万のシュテッティンのような大都市の職業的消防団でも、たった一四〇人あまりの消防士とボランティアの消防団員四〇〇人しか人員を確保できなかった。ラインラント地方とヴェストファーレン地方で大きな危険に晒されている二一の都市には、地元のためと近隣都市を援助するため、合計七五〇台のモーターポンプがあった。一方で、大空襲の際に投下される焼夷弾は一〇万から二〇万という数に上った。

塔にいる監視員が、落下する炸裂弾の位置と火災の発生を知らせた。彼らは高射砲に被弾する危険に晒されながら学校校舎、教会、市庁舎などのいちばん高い場所で任務に当たり、空襲の経過を調べた。昔、塔番人がホルンで連絡したように、防空警官や、後にこの任務に当たった若い女性たちは、専用回線や信号波で管理部門に状況を報告した。煙と雲のように立ち込める埃で視界が悪い上、大火災の中では詳細な報告はどのみち役に立たない。それでも歩哨は何とか状況を見渡そうと苦心し、どこか消防隊が出動できる場所を探して、自分の持ち場にとどまる。ミュンヘンの新市庁舎にいた監視員は鼓膜が破れないように口を開けたままでいろと言われていた。一九四四年九月にオスナブリュック旧市街を焼いた空襲では、聖マリア教会が塔もろとも炎に包まれた。塔の番をしていた四人の女性、オストホルト、テルヨハン、レヴォニク、マイヤーは、自分たちも危険な状態なのに最後まで被害を報告し、その上、無事に塔から降りることができた。[38]

瓦礫の野ではどこに道があったかは記憶に頼るしかない。建物のファッサードが崩壊して通りは見分けがつかなくなり、わずかに残った部分から過去の様子を想像して場所の見当をつけるしかない。埋もれた通りを通過するのは困難なばかりでなく、そこがどこなのか判断もできなかった。消防隊は、それが外部から救援に来たものならとくに、現場まで誘導してもらう必要がある。さもないといたるところが燃えているのでどこに行くべきか分からない。道に迷った消防団が燃える建物の前にただとどまっていることもあった。住民たちは助けを頼むが、この部隊は命じられた火災現場に行くための指示を待っているので何もしてくれない。呼べば消火してくれるわけではなかった。

外部から来る消防隊は、市に入る道路でいつも渋滞にあった。そこには消防車が集まり、出動命令と出動場所の指示を待っていた。どこにそれぞれの部隊を投入すればまだ間にあうのか、司令部には分からない。全部が一度に集中して作業したほうが効果的かも知れないが、誰もそんな訓練をしたことはなかった。旧来の消防団は患者を往診する医者のようなものだ。火災という疫病やそれを抑える経験をした者はいない。市へ入る道路では誘導担当者が外部からの消防車を出迎える。これを務めるのはたいてい、ドイツ政府の永遠なる予備兵たるヒトラー少年団員だ。彼は、たとえ夜間であっても自分の担当区域のことを熟知していて、道路の損害状況や迂回路を調べ、車を誘導し、教えることができる。遠方との連絡は走って、あるいはバイクや自転車で行った。

被害報告、出動命令、誘導、消火作業は、消防技術とはほとんど何の関係もない現実に直面した。空襲の外縁部では消火活動はまだ役に立つ。そこでは例えば八人の市民消防員が彼らの住む通りの一〇軒の建物を防衛する。そこは住民たちの防御陣地である。住民の手に負えなくなった火災は大きな水道管があれば対処できる。しかし大火災とは、敵側の放火技術者によって消火不能なものとされた火災である。ドイツ国内で同じく火を扱う者には、それが一目で分かった。そこでドイツ側は自分たちに残っているわずかな利点を利用することにした。

何よりドイツ側の消防技術者の方が町の構造をよく知っており、退却の司令者としてではあるが、自分たちがいる場所に防衛線を引いた。火の海となればそこは見捨てられ、技術的に見て適当な場所で封鎖された。封鎖を行うことができるのは強力な組織的集団だけで、これがしばしば猛火の蔓延を阻んだ。第二には、火の海の中には、広場、公園、岸辺、噴水、ブンカー、そして孤立した建物などの小島があり、気丈さと偶然の助けによって逃げおおせた者全員がそのような小島にいた。消防隊は何とかして人々をここから外に連れ出そうとした。最も一般的な方法は水の道を作ることであった。火の海の中に一五メートルの間隔を空けて、斜め上に水を上げる管を二つ平行に置くのである。火に閉じ込められた人々の多くはこんなもので逃げられるのかと疑ったが、これは必ず襲ってくる窒息死から逃れる最後の道となった。彼らは地下室やブンカーから這い上がる際に激しい熱に晒され、判断力が鈍くなっていた。力ずくで出されなければ死ぬ方を選んでいただろう。

一九四四年に爆撃機軍団は四回、ブラウンシュヴァイクを破滅させようとした。この町を貫いて南からオーカ川が流れ、中心部で川は二手に分かれて弓状をなし、一七〇〇メートル先で合流している。それによって形成された円状の地域内が歴史的旧市街で、そこには中世と近世初期に建てられ、数多くの木彫り装飾を施された木組みの家があった。中核地を取り巻いて住宅地があり、そこには三つの工場用地がある。これはイギリスの火災攻撃にとって格好の構造であった。

一〇月一五日の明け方、二三三機のランカスターが、オーカ川のあいだにある旧市街とそれを取り巻く住宅地を正確に狙って、一万二〇〇〇個の炸裂弾と二万個の焼夷弾を投下した[39]。空襲には四〇分間の中断があったが、消防警察の士官ルドルフ・プレッシャーは、非常に高密度で弾薬が投下されたことを報告している。焼夷弾は落下の際にブリキ板がはためくような音をたて、炸裂弾は笛のような音をたてた。

白い炎を上げて燃える焼夷弾は、ヒューヒュー音をたてて煤を撒き散らす火炎爆弾とはまったく違っている。その頃にはもう車で通りを通行するのは不可能だった。タイヤが焼夷弾ですぐに燃えてしまうからだ。爆弾が大量に落ちていたので、小型バイクでゆっくり走っても避けることはできなかった。

旧市街の建物が入り組んだ小路や横丁では、計算通りの速度で炎が走った。火災を分断できるような広い通りがなかったので、火災はすぐに融合して大火災となった。円状地域の中には約四万人が住んでいた。地下水面が高いため多くの建物には役に立ちそうな地下室はなく、そもそも地下室自体がないことも多かったので大規模ブンカー六個と公共防空室二つが用意されていた。空襲の夜、そこには二万三〇〇〇人が避難していた。大火災はオーカ川にはさまれた区域を襲い、激しい風で人々のコートは頭上まで巻き上げられ、椅子やテーブルは飛ばされた。逆方向に吹く突風が燃える瓦礫に向かって吹き、焼け落ちた地域には多量の火の粉が雨のように降り注いだ。プレッシャーは書いている。「そこに入ったものは火にあぶられ、溶解し、燃えてしまう。ブンカーにいた二万三〇〇〇人の人々はその只中にいたのだ」。

防空警察はヴォルマルクト、ランゲ通り、ヴェーバー通りに中規模の火災嵐が発生したことを確認した。ブンカーは厚いコンクリートの壁に守られているので、中の人間は爆風や火炎の被害は免れるだろうが、生き延びることは困難だろうと技術者たちは考えた。市内にある二四のブンカーは定員一万五〇〇〇人だったが、今、そのうちの六つのブンカー内に二万三〇〇〇人もの人々がぎっしりと座っている。「火災による恐ろしい熱は、まだ内部に浸透していないかも知れない。しかし、満員の防空室に足りる酸素を供給できる通風があるのだろうか？」

　ブンカー上部には外気取り入れ装置があったが、火災嵐と熱気で酸素が消費され、人間の呼吸用にはもはやあまり残っていなかった。しかも木組みの家の梁は何時間も火災嵐に燃料を供給するので、内部の人間は窒息死することになる。早朝五時頃には市外から十分な消防隊と装備が到着し、水の道を作ることができる状態になっていた。

　火災の中に入る作業はまず市内の北西で開始されることになった。その近隣には水が十分にあったのだが、そこは火災嵐の区域内だった。そこで長いホースが用意され、ポンプで加圧された。しかし火災嵐は局地的な風によって始終方向を変え、それが火事に与える影響は予測できなかった。

　熱気がやって来る方向に向かって消防隊員がホースを向けると、すぐに方向は変化し、また態勢を変えなくてはなりませんでした。熱から守るため、ホースは絶えず水に浸しながら火中に入れなくてはならなかったのです。一本一本のホースが届く範囲が重なり、人工の雨が降る区域ができました。

消防隊は七時頃ブンカーに到着した。

　扉を開けると、押さえた、しかし幾分いらだった声で話す人々のくぐもった音が聞こえました。皆、生きていましたが、ほとんどの人は危険が迫っているのを知りませんでした。群集は無事に外に出ることができました。ちょっとしたパニックもありましたが、救助隊が処理しました。救援隊は大惨事を避けることができたのです。

ブラウンシュヴァイクの火災嵐は五六一人の命を奪った。そのうち九五人はシェッペンシュテッター通りの防空室で一酸化炭素中毒によって亡くなった人々である。建物には何の損害もなかった。酸素の状態を確認するには蝋燭が欠かせなかった。蝋燭はガスの流入も知らせてくれた。中の人間は炎が青くなり、その後消えると自分たちがガスを吸っていることを悟った。彼らの選択肢は二つしかなかった。

窒息死か焼死かである。火災嵐の区域内だったのに死亡率が〇・二八％という稀なほど低い数値ですんだのは、ブンカーと消防隊による水の道という二つの盾のおかげであった。

持ち堪えることができなかった避難壕には生存者もしくは死者が、たいていの場合はその両者がいた。生存者は空襲を生き延びることができても、瓦礫に包囲されていた。時間はあまりなかった。死者にはちゃんとした墓場が必要だった。差し迫って必要なことは生存者の救出であったが、これは途方もなく大変な作業だった。ケルンで地下に閉じ込められた人々は、あらかじめ、こうした場合にどうするべきかを書いたチラシを読んでいた。いちばんしたくなるようなこと、つまり「叫んだり、助けを呼んだりすることは、ただでさえ欠乏した酸素を甚だしく浪費する」ので、これは避けなくてはならない。役立つのは「ハンマーまたは何か他の硬いもので壁や床を叩くことである。爪で引っかくだけでも聴音機が探知することができる」[40]。聴音機は空軍省の功績だった。これは牽引車、グリッパー、掘削機、穿孔機、スクレーパー、空気ハンマーなどの重機が導入できないときに使われた。ミュンヘンでもそうだったが、埋められた人々は、聴音機が探り当ててくれるのを待ち、それから壁を引っかいたり穴を掘ったりせよと教えられていた。警笛は、周波数が聴音機の増幅機と同じなので役に立たないと言われていた。

ノックの音や引っ掻く音を探知する訓練を受けたチームが防御装置をつけた車両に乗り、人が埋まっていそうな場所で振動板がとらえる音がケーブルを通して伝えられた。建物の支柱、パイプ、鉄製の物質が地中を通っている場所では、聴音機を持った隊員が金属を通してＳＯＳ信号を伝え、それから応答を待った。もし人が生き埋めになっていれば、中の人間は何かするだろう。返事がなければ、もう動くこともできないのかも知れない。その場合、聴音部隊はヘッドホンで何か生きた兆候をとらえるまで作業を進める。それからその下を掘る[41]。

チームはできるだけ、人が行方不明になっている場所を捜索することにしていた。そのためには住民の居場所を把握していなくてはならなかった。それを行うのが防空監視員で、出入りするたびに住人は彼に申請する必要があった。捜索部隊にとっては何ら不当なことではない。空襲では、まるで人が地中に飲み込まれたように消えることがあった。ミュンスターのエギディス通りに住むある住人は一九四三年一〇月のアメリカ軍による空襲の際、グリューネ小路の防空地下室へ行く途中で落下する爆弾に道を阻まれた。彼は爆風によって、ある建物の廊下を抜けて飛ばされたが、それだけですんだ。しかし外へ出てみると妻と娘、そして一緒にいた隣の女性がいなくなっていた。その後救出部隊はあたりの建物の瓦礫一帯を捜索したが無駄であった。男は、どこかに妻たちはいるはずだと言い張った。男は跡形もなく消えてしまった女たちと自分とのあいだにあった距離を示した。それは小路に開いた弾孔の大きさと同じだったので、救助隊は孔の中を掘り始めた。一・五メートル下に隣人の死体が、その三メートル下に娘が、六メートル下に妻が埋まっていた。

増幅器を使う聴音部隊

不安定な瓦礫野原での救助・遺体収容作業には高度な技術だけでなく、時間と精神力が必要だった。瓦礫除去作業は時間がかかるので、鉱山労働者の協力が得られる場合は地下室の床まで縦穴が通され、閉じ込められた人々はそこから救出された。穴は一時間で六〇センチから七〇センチ掘り進められた。専門家がいない場合、中の人々は崩れる瓦礫で首の上まで土に埋まった。建物は散々に揺すぶられていたので建築家に相談なく手をつけてはならなかった。建築家はこの時代、もともと仕事がなかったので、救援隊の上で建物が崩壊しないためにはどの部分を壊すのがよいかを指示する任務を負っていた。ミュンスターから来た建築士のショルンがそれを記録している[42]。彼は、オスナブリュック、ハム、ゲルゼンキルヒェンから来た最初は一五人、後には四人の修理部隊とともに四週間、瓦礫野原で一〇月一〇日の空襲の生存者と人間の残骸を捜索したのだった。

最大の災難をもたらした二つの直撃弾がクレメンス病院とクレメンス会修道女会館を破壊したのは、婦長たちが親類の訪問を受ける許可を得ていたその日だった。修道女たちと客たちを掘り出すためには「大量の瓦礫の中に縦穴を通すしかなかった」。何日間も建物全体を徹底捜索したが、総師長行方不明者を全員発見することはできなかった。

を含む看護師五二人の遺体は、その残骸だけが集められた。クレメンス病院は焼け落ち、行方不明者捜索は困難を極めた。

木材、ベッドその他のおかげで火は猛威を振るうことができました。残骸の撤去作業では作業を進めるために大量の瓦礫を水に浸す必要がありました。その一部は燠(おき)のようになっていたからです。こうした状況では掘削機を導入するのは不可能でした。行方不明者を見つける手がかりを壊してしまうからです。ですから行方不明者を探すため、大量の瓦礫をスコップで掘り返さなくてはならず、それには二週間かかりました。

もはや病人たちを救うことはできなかった。「患者たちがどんな状態で見つかったか、詳しく言わない方がいいでしょう」。

閉じ込められた地下室で一体何人の人々が何日も救助を待ち、そしてゆっくりと諦めたのだろうか。防空警備隊は、どこにまだ生存者がいそうか、そしてどこにいないかを慎重に判断した。多くの誤りもあったに違いない。多くの場合、その理由は瓦礫野原がおびただしい数に上ったからである。ハンブルクでは二一五キロメートル分の通りが燃えた。カイザースラウテルンの郵政上級秘書官ユリウス・ツィンクストは、一九四四年一二月二七日の戦闘爆撃機による空襲で生き埋めとなったが生き延びた。[43] 人口七万人のカイザースラウテルンはこの月、八回爆撃された。ツィンクストはプファッフェンベルクにある自宅の台所で低空飛行の飛行機が近づく音を聞き、同じ建物の住人五名とともに地下室に飛び込んだ。上で高性能爆薬弾が破裂し、建物が激しく揺れ、それから鈍い音をたてて爆発するのが聞こえた。「同時に恐ろしい音とともに上で建物が崩れ落ちました。それで私たちのいた防空地下室の一部が潰れました」。爆弾が命中したのは隣の建物だったが、爆風で彼の家の土台も吹き飛び、潰れた地下室だけが残った。

外界から完全に切り離され、新鮮な空気も入って来ないのだということに気づいて私たちは愕然としました。私たちが地下室にいることは隣の人が知っているはずですから、だんだん酸素もなくなる真っ暗闇の中で私たちはお互い励まし合って元気を奮い起こし、ときどきノックの音をたてたり助けを呼んだりしました。

四時間後、二人の隣人がその合図を聞き取り、唯一の正しい行動を取った。建物の地下室土台に向けて穴を掘ったのだ。これで半ば窒息死しかけていたツィンクストたちは生き返った。一時間後、彼らは外に出た。

私たちが埋められていたとき、救急技術部隊は通り過ぎてしまったのだと隣の人が教えてくれました。瓦礫の山を見て、隊員は「あんな瓦礫の下にはもう生存者はいない」と言って望みを捨ててしまったのでした。

救助できるか否かは時間にかかっていたので、爆撃機軍団は時限信管を使用し、投下後三六時間、七二時間、あるいは一四四時間で爆発するようにした。これで救援隊は近づけなくなり、抹殺力は如何なく発揮される。消防士は不発弾を処理することはできても、時限爆弾の信管を抜くことはできなかった。紙束、泥炭の塊のような日用品、小枝の束を使ってこれを除去しようとしたが、結局はそのあたりを封鎖して救援活動を中止するしか方法はないことが分かった。不発弾の分解で消防士たちは命を危険に晒した。ミュンヘンから来た、当時二六歳の爆発物担当官カール・ナーケルは記している。「しばしば我々は足をつるされ、頭を下にして爆弾の信管を抜かなくてはならなかった。粘土層の土地では、爆弾は地下四メートルにも潜り込んでいて、我々は暗闇の中で爆弾の信管を抜く必要があった。もうすでに墓場にいるようなものだった。爆弾を処理するたびに隊員は認識票と結婚指輪をはずし、持ち物を全部車に置き、それから爆弾のもとへ行った。それは覚悟を決めて死に赴くということだった(44)」。

死は他人に分かち与えることができるものになった。前代未聞の危険をともなうこの作業は、担当の国防軍の技術兵だけによってなされたのではない。「この仕事のためには強制収容所の被収容者がいた。早朝にダッハウの強制収容所に行って、一二人が必要だと言えば、一〇〇人が名のり出た。私は危険な目にあわずにすむ火薬処理係で通っていた」。それに加えて市は、「勇敢な振舞によって自由を手に入れるため」と称して、刑務所の囚人からボランティアを募集した。ズィーゲンではほんのわずかの報酬でこうしたボランティアを獲得することができた。消防隊はヴェルル地区から二〇人の囚人を連行し、警官の監視のもとで三五トンの不発弾の処理をさせた。その報酬として彼らは未決監に入れられた。消防団が朝、そこまで迎えに来て夕方に送り届けるのだ。

囚人、外国人労働者、強制労働従事者もまた吐き気をともなうような遺体収容作業に当たらせるための予備軍であった。爆撃直後の救助には、防空部隊は路上の市民を募った。まずすべきことは、通りを通行可能にすることである。

第二は瓦礫から被災者を引き出すことである。この順序には異論もあったが、これが普通であった。ザールブリュッケンのヒトラー少年団伝令長だったパウル・ケルナーは、生き埋めになって間もない人々を救助する手順は次のように行われたと報告する。一九四二年七月二九日夜に行われた最初のザールブリュッケン大空襲のときのことである。

我々は、ときには素手で石の塊や小屋梁や支柱を取り除き、とにかく急いで、埋められた人たちを出そうとした。その多くはもう亡くなっていて、本当にひどい有様の人もいた。誰か知っている人を見るたびにショックを受けた。すぐ近所の、角を曲がったほんの近くに住んでいたのだから。[45]

火災で崩壊した建物や、大火災にあった地区の瓦礫は何週間も熱を帯びていた。瓦礫は長いこと高温のままだったので手を触れることができず、地下室からの放熱がやまないと死者の収容作業を始めることはできなかった。修理部隊はもはや死者の状態を正視することができず、この作業のためにロシア人部隊が結成された。地下室は分解作用の展示場と化し、クロールカルキが撒かれた。

肉体が物質へと還元される様子を目の当たりにするのは真の恐怖である。戦時にだけ、この現象は白日の下に晒される。戦場の撤去作業はそれ自体が一つの任務となる。そのために特別の準備がなされる。一九三四年八月二八日付の内務省司令によれば、空襲の場合には警察、保健局、墓地局、衛生班が市内の遺体を片付けることになっていた。[46]一九三四年九月、ライプツィヒには二七の遺体収容部隊があり、これは指揮に当たる警官と協力者からなっていた。ザクセン地方は空襲を受ける心配がない地域とされていたにもかかわらず、一九三六年には教会ホール内に一〇三四人を安置できる場所が確保され、トリニタティス墓地、南墓地、西墓地に集合墓穴を掘るよう指示が出された。しかしこうしたことは、行政が現実を処理する際の形式にすぎない。現実の方は国家の秩序とはもはや一致しない姿を取っていた。

地下室を開ける際に現れる地獄絵の前では、どんな公権力の正当性も霞んでしまった。ダルムシュタットで起きたようなことが許されるなら、国家の存在理由など一体何であろうか。埋まった地下室で暖房用の管が破裂し、内部の人間は流出した湯によってどろどろに煮えてしまった。建物のブロックの下に並んだ地下室であちこちへと急ぐ人々の流れは壁に開けられた穴のところで渋滞した。ここで互いに絡み合って団子状になった人々が発見され、彼らを引き離すには機械が必要だった。切り傷や殴られた傷がある人々もいた。死の恐怖にかられて傷つけ合ったのに違いない。ダルムシュタットの中央郵便局にある喫茶店ハウプトポストの地下室の捜索では、内部の人々は爆風で死亡し、その中には出産中の女性もいたと報告されている。「地下室の中でコークスが燃えたのです。人々は湯に煮られてどろどろになるか、炭化しているかでした。毛布や布を顔に当て、まるで幽霊のように座ってる人もいました。そうやって煙から身を守ろうとしたのです。窒息した人たちはそんな様子で地下室に座っていました。凄まじい臭いでした」[47]。ガスによって死んだダルムシュタット市民に最期の時の到来を知らせたのは、酸素量を示す蝋燭だった。窒息死に対抗しようとする身振りが死後硬直した体から見て取れた。ロシア人、ウクライナ人、ポーランド人たちはアルコールの力を借りて感覚を麻痺させることなしには、この冥府の国へ下り、拷問にあって死んだ人々を集めることはできなかった。「この人たちにとっても状況は耐えがたいものでした。彼らは車両の端から嘔吐し、だんだん顔が青ざめ、日に日に具合が悪くなるようでした。車両は悲しい荷物を満載して走っていました」[48]。シュトゥットガルトでは「死者への畏敬の念を示す時間はない」と言われた。吐き気と、遺体の残骸に触れることで毒が移るのではないかという恐怖で感覚は麻痺した。それでも、死の光景が広がるたびに、遺体収容チームの人々には同情する理由などなかったけれども、彼らは繰り返し泣き崩れた。

遺体収容は防空に関する事項であると同時に家族の事項である。人々は空襲が終わって自分が生きていることを確認すると、次には肉親の無事を確認しようとした。通りから集められた遺体は歩道や緑地帯に置かれ、生き残った人々は、知った顔があるのではと恐れながらずらりと並んだ死者のあいだを身を屈めて歩いた。収容作業が進むにつれ、死者の列は増えた。地下室を開けると収容チームは上部の脆い瓦礫を除去した。すると、死んだ人々の体は自然と表面に上がってくる。真偽はともかく、しばしばそのような報告があった。

一九四五年二月のドレスデン空襲から六日後、空襲被害省庁間委員会の長テオドーア・エルゲーリングは、修理作業の進捗を巡視し、頭部、腕など遺体の一部が瓦礫から突き出しているのを見た[49]。彼は両親を探している若い女性に同伴した。遺体収容部隊が地下室の瓦礫を持ち上げると「地下室から熱気が出て来るのを文字通り肌で感じることができた」。

カンテラを手にして矢印を頼りに防空室に入ると、そこに建物の住人が座っていた。

防空地下室ではいつもそうだったが、人々は長椅子に並び、いわゆる「防空手荷物」を傍らに置いていた。三〇から四〇人位の人がいたがほとんどは老人、女性、子供だった。彼らは壁に沿った長椅子に座ったまま死んでいた。床に倒れていたのはほんの数人だった。あまりに衝撃的な光景だったので、その若い女性はこれを見てほとんど崩れ落ちそうだった。

彼女の両親はそこにはいなかった。一家は旧市街の地下の通路を区切る格子の所で別れたのだった。娘は煙が入って来るのを感じて逃げようとしたが、父親は心臓を患っていて煙が引くまで待ちたいと言い、母親も父に付き添った。二人は娘に、煙を抜け、何とかして大庭園まで行くようにと言ったのだった。両親はその後、地下室の後方の部屋で、絡まり合った一〇八体の遺体の中で見つかった。この集団は煙に追われていちばん近い中庭へ出ようとして、そこで圧死したのだった。

ドレスデンの墓地ではロシア人労働者と囚人が一万人の死者を入れる墓穴を掘った。その後、穏やかな初春の風が吹き腐敗を早めた。エルゲーリングは次のように書いている。

遺体を火葬にしてもよいという許可を与える他、選択の余地はなかった。火葬は旧市場で行われることになった。そこには鉄製梁で巨大な火格子が建てられ、その上に一回につき約五〇〇人の遺体が薪の上に並べられ、ガソリンをかけられ、燃やされた。ドレスデンの旧市場に置かれたこの火葬用薪は今世紀の歴史の汚点であり、他に類例を探すのは困難である。これを見た者はその恐ろしい光景を生涯忘れることはないだろう。

同じ頃プフォルツハイムでは、二万人の遺体を火炎放射器で処理するよう国防軍が指示を出していた。プフォルツハイムの広さはドレスデンの一〇分の一だというのに、ドレスデンの死者数の半分に当たる数の死者を埋葬しなくてはならなかったからだ。手押し車、家畜の引く車、干草車を使って、住民は身内の死者をシャンツ地区の墓地まで運搬した。ホールがいっぱいになり、バラバラになったり炭化した遺体の山がその脇に堆積すると、火炎放射器以外の方法は考えられなかった。そこでハイルブロンの市長が浚渫機を提供した。その一一週間前、これを使って一二月四日の空襲で犠牲になった六〇〇〇人のハイルブロン市民が地中に葬られたのだった。こうして墓地の東部に五〇メートルの長さの墓穴が三つ掘られた。作業に当たったアルト

（上）ドレスデン。一九四五年三月　（左下）ハンブルク。一九四三年八月

ウール・キューンは記している。「一つの穴に約三五〇〇人の死者を入れなくてはならなかった。一〇人から一四人を重ねて入れた。作業を行うため、遺体で階段を造った。こんなことができるほどに無感覚になっていたのだ。我々の仕事は恐ろしく、また困難だったが、やらなくてはならなかった」[50]。プフォルツハイム、ダルムシュタット、ハイルブロンのように一カ月にそれぞれ四人に一人、一〇人に一人、一一人に一人の住民が墓に入った町の例を探すには、ペスト流行の時代まで遡る必要がある。

一九四四年二月になってもヒトラーは爆撃による死者を集合墓穴に葬ることを厳しく禁じていた。こうした処置は別の人々に向けられた抹殺の仕方に似ていたからである。五週間燃え続けたドレスデン旧市場の火格子はシュトライベル部隊が参加して作り上げたものだった。SS大隊指導者カール・シュトライベル少佐は、ウクライナ、ラトヴィア、リトアニア人によるトラヴニキ〔ポーランド東部の村。SSの訓練キャンプがあった〕部隊の長で、この部隊は絶滅収容所の監視もしていたので、死体焼却の方法をトレブリンカ収容所で学んでいた。そこではコンクリートの土台の上に六本の鉄道線路を載せて作業を行っていた。

遺体収容は抹殺に似た手続だった。抹殺された人々は自分のための墓を作ってもらうことも、自分の死を死ぬこともできなかった。彼らには生きる権利はなかったからだ。権利はまるで上着を剝ぐように彼らから取り去られた。殺された一〇才以下の子供たち一〇〇〇人は罰として殺されたわけではない。爆撃屋ハリスは子供たちに罪があると思っていたのではない。チャーチルはただ、子供だからと言って特権を主張できるわけではないと言ったにすぎない。第一次世界大戦時には子供たちは特権を有していたが、第二次世界大戦ではそうはいかないと述べたのだった。ヒトラー、チャーチル、ルーズヴェルトは、子供たちから特権を剝奪した。兵士の墓は彼自身のものだが、都市に住んでいたために太陽の下を去らなくてはならなかった都市住民には、兵士用の墓も必要とされなかった。

兵士は、たとえ殺されても権利を持った人格である。彼自身が人を殺しているあいだはその状態が続く。武器を下ろせば彼は赦しを受ける。独ソ戦ではそうでないことも多かったが、この戦争でも兵士は最後には捕虜収容所に入った。ハイルブロンの子供たちはその手に何の武器も持っていなかったから、武器を下ろすこともできなかったし赦しを得ることもできなかった。それに、子供たちはどうすれば捕虜になれたのだろう。彼らは権利の主体でもなく、個人でもなく、目標地域に住んでいると定義される集団だった。爆撃機のパイロットの権利はジュネーヴ協定で定められていた。パラシュートで降りればとらえられるのだ。

ヒトラーの集合墓穴禁止令は民族同胞の人格を保護する最後の砦であったが、結局は墓地の面積不足のため実行できなかった。フランクフルト（アム・マイン）は一九四三年一〇月、取り決めを行い、死者一〇〇〇人までは完全な棺に、二〇〇〇人から六〇〇〇人までは紙製の覆いをつけた棺に、六〇〇〇人を超えた死者は紙の袋に収容することとした。「そのための紙と紐が用意された」[51]。ライプツィヒでは一九四三年一二月四日に死亡した一八〇〇人を、まだ列状墓地に葬ることができた[52]。二五〇人の兵士が特別に配給されたコニャックをもらい、三週間かかってこの作業を行った。二月二〇日に行われた次の空襲ではさらに九七二人が死亡した。ライプツィヒのヨハニス墓地はひどく破壊されて閉鎖されたので、集合墓穴に死者を埋葬することを考えて市民は慄然となった。そこで当局は「これらの男性、女性、子供は皆、自己犠牲を払った英雄として死んだのだ」と宣言して騒ぎを鎮めた。死者は皆、一人ずつ棺に入れられ、南墓地に埋葬された。諸国民戦争記念碑の傍らで死者を称える式典が催された。死者の中には三六八人の外国人もいた。彼らも東墓地に場所をもらったが、墓穴は一つであった。一九四五年三月末のヴュルツブルクには、五〇〇〇人の死者を選別する時間もエネルギーも、もはや残っていなかった[53]。住民の九〇％は避難していたので、残った市民二人につき一体の遺体が割り当てられた計算になる。兵士と外国人労働者が三〇〇〇体の遺体を中央墓地前の集合墓穴に急いで入れた。名前が分かっていたのはそのうちの八〇〇体だけであった。

どの家族も、墓に入れて追悼したい死者の骨をもらうのに大変な苦労をした。二人の未亡人がいた。その夫たちは灰となって混じり合い、もはや区別できなかったので、それを分け合い、死者の名残として埋葬することにした。ダルムシュタット市民は人間の残骸を集めて箱、バケツ、洗濯用桶に入れ、墓地に運搬した。墓地に墓を持っている家族はそこを掘って遺体を入れた。持たない者は容器に名前を書いて墓地に置いた。炭化した多数の骨しか残っていない場合には「キース通りの建物にいた二八人」[54]というような札が立っていた。これは少なくとも一つの防空室にいた人々のことなので、個人を識別するものが残っていた。プフォルツハイムでは、舗道の遺体に「集合墓穴に入れないでください。個別に埋葬される予定」と書いた紙が張ってあるのが見られた[55]。

死者の威厳を取り戻す最後のものは名前である。身元確認作業班はそれに留意した。名簿上死んだとされている者はそれ以上捜索されない。そうすることで生き残った家族は、身内が生死不明という中途半端な状態から自由になれる。それ以上に不愉快なのは、氏名不詳の遺体を地中に葬ることである。身体的特徴がもはや確認できない場合、ハイルブロンでは「身元確認袋」が設けられ、そこにアクセサリー、鍵、毛髪や服の生地の残骸が入れられた。カッセルの火災嵐の際の警察長官の報告にはこうある。

女性の場合はとくに身元確認が困難である。衣服にポケットがないため、身分証明書を直に身に着けていないことが多いからだ。だから女性の遺体においてはアクセサリーを確かめることが大切である。身元確認部隊には、指輪を外すための強力なやっとこと衣服の生地を切り取るはさみを準備しておくことを勧める。(56)

身元確認は刑事警察の仕事であった。彼らはまず身元の分かった死者と分からない死者を分け、身元不明の遺体に識別カードを貼り付け、警護のもとで発見場所に置いたままにし、住民から聴き取った内容を記入した。ニュルンベルクは身元確認用の安置所をマルティン・ベハイム〔最古の地球儀を作った大航海時代の航法士〕記念碑の下に設けた。カッセルでは「身元不明の遺体は腐敗作用が始まるまでそのままにしておくこと、という決定がなされた。ここでは身元確認という、より重要な要請のため、死者への畏敬の念は後回しにするしかなかった(57)」。

プフォルツハイムからは次のような報告がある。

建物の残骸には沢山の氏名がチョークで書かれている。たいていの名前の後には十字架が書いてある〔死亡したという意味〕。後に住所が書かれていることもある。プフォルツハイムの方言で「どこにいるの？」という文言があったが、その後には続けてブロック字体で「全員死亡」と書きつけられていた。ルイーゼン通りにはまだ特徴が認識できる死者が何列も並んでいた。その中には知り合いも沢山いた。ほとんど全員が日曜の晴れ着を着て、毛皮のコートと手袋を身に着けてハンドバッグを持ち、見開いた目には服に似合わない防空めがねをかけている。最も状態がひどいのはロイヒリン広場の遺体である。肉は青紫に巨大に膨れ上がり、足は太く、皆レスラーででもあったかのようだ。身体は膨れ、頭はかぼちゃのよう、唇は黒人のように厚く、硬直した腕を突き出している。大きな胴体部に残ったわずかな布地を二人の女性が見ている。「これはエンマじゃない？」一人が言う。「そう、地下室でこの服を着ていたわ」もう一人が答える。それから二人は制帽を被った兵に合図する。「書いてちょうだい、この人はエンマ・Fさんよ(58)」。

カッセルでは、身元確認部隊は墓場でも作業を行い、個人的特徴を書き残した。氏名の確認は遺留品収集所で続けられた。ハノーファーは市民に対し「小さなブリキ板に氏名と住所を刻んで携帯する」ことを勧めた[59]。一九四三年三月、市の医務参事官は帝国保健省大臣に、国防軍兵士のように国民に認識票をつけさせてはどうかと提案した。この措置は民族同胞に不安を呼び起こすだろうが、大空襲の際に効果は明らかになる。今の状況は三カ月前とは違っている。こうした措置は何であれ、状況を「緩和する」ものとして歓迎されるであろう、と参事官は続けている。

ケア

遺族には、埋葬費として死者一人につき二一〇マルクが国から、四〇マルクが市町村から支配われた。国民健康保険は加入者が自然死すると同様の金額を支払ったが、これら二つの総額を支給額から差し引こうとして帝国保険局に反対された。爆撃の犠牲者に支払う金を別の資金源からの要求によって相殺することはできないと保険局は考えた。「国家から与えられた埋葬援助金は社会福祉的性質のものだ。保険金給付のために、あるいはその利益に適うように、援助金を削減することは援助の趣旨と一致しない[60]」。

国家には三つの顔があった。それは政治機構として戦争を遂行し、敵対行為を交すことに責任を負った。軍事的機構としては長く続く苦しい戦闘、とくに空の戦いに失敗していた。福祉機構としては国民の困窮を救う者のように振舞っていた。しかし国民は、困窮状態を招いたのはこの救済者であることをよく知っていた。チャーチルのパンフレットは、この援助者ナチがもし駆逐されれば、そのときはドイツ人を困窮させる行為をやめると約束していた。チャーチルもまた、災厄を送り込んだのは彼自身なのに自分がドイツ人を救うと言っているのだった。しかし、このような「もし」とか「そのときは」の前に、まず困窮状態が存在した。爆撃戦争はそれにあって苦しむ人々に理性的な政治判断をさせることはなく、温かいスープへの欲求を起こさせただけだった。

一九四〇年から四一年にかけての冬、国家はまだ爆撃戦争が続くことを覚悟し、危険な都市から住民が大量に流出することをナチ党同様、航空省も内務省も覚悟した。この流出を抑えるため、町の周辺に障壁や受け入れ所が設けられた。しかし、住民を町から避難させ農村の宿泊所に移動させるには、国家とナチ党が説得し強制しなくてはならないことが後に明らかになった。福祉を施す国家と困窮した国民は、かつてなかったほどに社会的関係を深めた。

都市周辺には受け入れ施設が設けられたが警察は通行を遮断したわけではなかった。大空襲の後には予想通り、火災にあった地域から外に向かって大勢の人が移動した。こうした移動が規律正しく行われた場所もあった。例えばシュトゥットガルト市民はまっすぐ郊外の駅に向かい、バート・カンシュタット、エスリンゲン、ファイインゲン行きの切符を買った。市の周辺にある二二カ所の受け入れ施設のうち四カ所は駅周辺の目立たない場所にあった。ヴュルテンベルク・ホーエンツォレルン大管区（ガウライター）指導部は次のような指示を出していた。

> 民族同胞の心をなだめることは警察指導者の任務である。民族同胞はできるかぎり、ホールや倉庫など、腰を下ろし、横になることができる場所に宿泊させなくてはならない。着の身着のまま、あるいは避難する際にひどく衣類が損傷した被災者を当面世話するのは、国民社会主義の国民福祉の任務である。職業上シュトゥットガルトとつながりがある同志はシュトゥットガルト市内、あるいはその近郊にとどまらなくてはならず、シュトゥットガルトと職業上のつながりを持たない者だけが遠隔地に運ばれるということを、家を失った同胞たちにはっきりと告げることが必要である。
> ハイル・ヒトラー。　（署名）大管区指導者（ガウライター）〔ヴィルヘルム・〕ムル[61]

福祉担当者は自転車に乗ってあらゆる市に設置された受け入れ所をくまなく巡回して、混乱し絶望した人々を集め、慰めの言葉をかけ、飲み物を勧めた。「不安と興奮で人々は喉が渇いていたから[62]」である。渇きがいやされると絶望感は収まり、士気が回復する。

同じような食料配給所は被災地にも何カ所か設けられ、拡声器と口コミでその場所が伝えられた。爆弾が落ち始めるや、そこではサンドウィッチとお茶が準備された。「温かい飲み物とおいしいバター付パンは、神経をすり減らす夜を過ごした後では非常に大きな救いとなった」。一九四四年一一月、デュースブルクは三回の大空襲の後、毎日二二万個のバター付パンを分配した。戦争の最後の二年間、ケルンでは家を失った人々の数が増加し、住民の一部はあたかも市当局に賄い付で下宿をしているようなものであった。一九四三年夏、食料配給センターは三四日間に七三〇万食の温かい食事と、数百万個のバター付パンを供出した。最大では一日で三〇万食にも上った。空襲後には飲み水を積んだタンク車が市を走り回った。蛇口からはもう水が出なかったからである。給水装置は一時間に五リットルの水を供給した。濾過、浄水、消毒の後に、それほど塩分を含まず、有毒物質のない水が分配された。

防空対策の福祉的側面を組織したのはナチ党であった。一九四三年一二月、ヒトラーは宣伝大臣ゲッベルスを民間防空のための帝国監督官に任命した。今となっては有効な宣伝は行動だけであったので、爆撃の犠牲者のために何かをしなくてはならなかった。ナチ国民福祉局、ドイツ少女団、ナチ婦人団が被災者の世話を行った。社会福祉事務所には困窮者たちが洪水のように押し寄せ、彼らは教師、司書、さらには赤十字の素人助手、看護学校の生徒など、あらゆる部門で救急業務を義務づけられていた女性の大群に受け入れられた。「出動地図」によって、社会福祉事務所と党のあいだで誰が誰の面倒を見るかが取り決められていた。党は国民との連帯を強める仕事の中でその旗色を鮮明にアピールした。それは「二回目の政権獲得」と名づけられた。困窮状態を統制する中で、国民と政府の絆はそれまでになかったほど固められたのだった。

爆撃戦争による最も大きな被害は住宅の損壊であった。ケルンでは中規模の大空襲ごとに住宅の一〇から一二％が全壊の被害を受けた。一九四四年、最大の爆撃が開始され、六二％が全壊、または大きな被害を受けた。戦争の最後の年には、被災したものの何とか使用できる状態で残った住宅はわずか一九・六％だった。家を失った人々は頭上に屋根のある場所を提供してくれるものを支持した。当時の状況下では、それはナチ国家であった。

ナチ国家は、宿屋付レストランの予備用客室に被災者収容施設を作った。臨時の大宿泊所も設置された。その多くは学校で、外側に「N」と書かれた黄色がかった青の横断幕が下げられた。その中に、男女に分かれて最大三〇〇〇人が睡眠をとり滞在できる場所が作られた。一九四三年のルールの戦いにおける六回の空襲では、例えばデュースブルクでは四万人以上（五月一三日）、ドルトムントでは五万人以上（五月二四日）、ヴッパータールでは八万人（五月三〇日）、デュッセルドルフでは一四万人（六月一二日）、クレーフェルトでは七万二〇〇〇人（六月二二日）ミュールハイムでは三万人（六月二三日）の家を失った人々が保護を申請している。臨時宿泊所ではすでに各部署が活動しており、被災者に食料品と衣服の配給券を出し、地方公共団体の食料配給切符、家族扶養金、立替金、失った衣類や肌着、日用品の補償金を後で受け取るための証明書などを出した。最も需要が多く、それゆえに品薄だったのは牛乳用の容器だった。戦時の都市で、人口構成上最も多かったのは老人と、幼児を連れた母親だった。学齢に達した子供の大部分は一九四三年以降、疎開していた。

住宅供給を行う特別部門は家を失った人々に当座の住処を与えた。最初は住宅市場に空家を探し、後には接収を行った。ゾーストの市当局は、当地のユダヤ人に家を出て空襲の被災者に家を譲るように要求した。爆撃で焼け出された人々は着の身着のままであることが多かったが、当座の衣料をもらい、これは空襲被災者証明書に記載された。この証明書には、被害総額、窓、ドア、カーテン、家財道具の損害など被害の詳細が書かれていた。被害にあったこうした物は代替物を与えられるか、補償金が支払われた。濫用を防ぐため、こうした援助を受けるとすべてこの証明書に記入された。健康上の被害は医療扶助証明書によって補償された。医者による診察は空襲後すぐに行われることになっていた。空襲によってとくに損なわれることが多かったのが目であった。

爆撃戦争で最も危険に晒される器官は目である。燐の霧、煤やガスの粒子、煙、埃、中でも微細なガラスのかけらによる眼球の傷は失明の原因となる。こうした状況は回復可能なのだが、被災者にはそれが分からず、失明状態がずっと続くものと思い込んでしまう。少なくとも空襲、火災、時限爆弾の危険が続いているあいだ、目に被害を蒙った者は身動きできない。住宅、地下室、通りには一時的に盲目となった人々がとどまり、途方に暮れていた。彼らは後になっても救護所に行くことができずにいたので、女性係員が建物を巡回し、こうした人々を集めた。

爆圧によって頭部にまで飛んできた壁、石灰、モルタル、土を浴びて、被災者の顔も損傷を受け、これは「汚れの刺青」と呼ばれた。急激に顔の皮膚が腫れ、かさぶたになるので、瞼に浮腫が起こり、目が見えなくなるのだった。すぐに治療をすることはできなかった。赤十字の女性たちは負傷者を落ち着かせた。負傷者は手で瞼を開けようとしたり、目を固くつぶったりしてはならず、座ったままで運んでもらい、目は軽く閉じたままにしておく必要があった。ガラスの破片は目をひどく損傷したので外科医師に任せなくてはならなかったが、病院の組織自体も爆撃でひどい被害を受けていた。代替施設の数が足りないことが救助活動上の最大の問題であった。

最初の頃は、赤十字の印を描いておけば病院は攻撃目標からはずされるだろうと信じられていた。後に人々は、敵は大聖堂や病院を好んで破壊するという印象を受けた。大聖堂はその周囲に建設されている旧市街地域を示す格好の標的だったにすぎない。病院は他の建物より大きく、工場に似ているので早々と壊された。地下室には病室、手術室、分娩室ならびに伝染病患者用の隔離室が整えられていた。こうした部屋はガス、爆弾の破片、瓦礫から守られ、給水、電気が止まっても一二時間は稼動可能であった。

サイレンが鳴るとすぐに、歩けない患者を看護要員が地下に連れていった。もっとも地下室の収容人員はそこに入れるべき患者の数には全然足りなかったので、主任医師が場所の割り当てを行った。地下室が満員になると次は廊下が、そして廊下も満員になると窓側のベッドが壁側に移動された。一階に患者が詰め込まれ、一階が満員になると、一階に動けない患者は毛布の中に身を屈めて、焼夷弾が飛ぶ様子や地平線を染める火災の炎を見て、割れたガラスから侵入してくる、物が燃える臭いをかぎ、ひたすら祈りを捧げた。

代用ベッドや追加用ベッドの需要が空戦でこれほど高まるとは誰にも予測できなかった。一九三九年六月、第一級防空区域には一〇〇〇人に一床のベッドが必要と見積もられ、臨時病院としては、ユースホステルや寄宿舎で足りるとされた。一九四〇年終わり、ブンカー建造命令が出された直後、人々はもっと現実的に状況を見るようになっていた。一九四〇年一二月四日、帝国厚生委員会指導部は、「すべての医療施設からの寝たきり重病人の排除」を命じたが、ベルリンは当時、慢性病患者の「選別」を拒否している。しかし一九四三年、病院の被災が進み、その損失率がニュルンベルクで五五％、アウクスブルクで五七％、ミュンヘンで八一％、シュトゥットガルトで八二％に達すると、一九四四年二月一一日の内務省、つまりヒムラーの命令に従って不治の患者を家に送り返し、回復が見込めない患者受け入れを拒むことの他、選択の余地はほとんどなくなった。いたるところ、瀕死の人ばかりであった。

遠隔地の病院に患者を運搬しようにも、その見込みはあまりなかった。というのも、もっと緊急の需要、つまり国防軍の負傷者がいたからである。疾病者用ホームや老人ホームのような代替病院、必要なベッド、毛布、医療設備を巡って今や戦線と銃後が競争することになった。以前そこにいた患者はどうなったのだろうか？　デュッセルドルフの病院は空襲の後、満床なので負傷者の受け入れを断らなくてはならなかった。精神病患者たちは病院を出され、ネアンダータール渓谷の宿屋に連れていかれた。デュッセルドルフ郊外グラーフェンベルクの病院や看護施設では、毒物注射によって七〇〇床の空きが作られた。

一九四八年一一月二四日付のデュッセルドルフ地方裁判所による殺人罪に関する判決には次のようにある。

空襲によってラインラント地方の破壊が激しくなり、野戦病院や一般の病院に適した場所の需要が増大したので、この目的のためにとりわけ精神病院や福祉施設内の場所が要求された。そこで一九四二年秋には、被災した老人ホーム、リーラー療養所がケルンからホーフェン修道院に移転されることとなった。必要な空間を確保するため、そこでは三七〇人の精神病患者が排除されなくてはならなかった。ライン地方の施設内には十分な空間がなかったので、被告人ヴァルター・クロイツは帝国内務省に空いた場所を問い合わせた。そこからハダマー施設の名が上がった。[63]

この事例では合計九四六人の大人と三〇人の子供がハダマーとヴァルトニールで殺害された。彼らの多くは統合失調症患者だった。ナチ国家による、ある者に対する福祉とは、別の者に対するテロルを意味していた。両方ともに国家の結束と国防への意志を固めるのに役立ったのである。

　膨大な家財道具が火災で失われたため、代替物が必要だったが、ドイツの生産は戦時経済に転じていた上、産業自体、爆撃でひどい損害を受けていたのでそうしたものを製造できなかった。必要な金属、紡糸原料、人員は国内では調達できなかった。一九四四年一月、ヒトラーの秘書官マルティン・ボルマンは私企業に対し、ヨーロッパのドイツ占領地域で繊維や家政用品を買い占めるよう推奨した。そのあたりの事情についてはよく心得ているだろう、ということである。しかし市場は相変わらず逼迫しており、占領下のヨーロッパの労働力はとうの昔からドイツの軍備需要のために稼動していた。そこですでにある在庫から代替品が用意された。在庫の一部は抹殺されたユダヤ人からの強奪品であった。ユダヤ人のものであった食器セットやテーブルクロスで、再利用されないものはなかった。

　爆撃の被災者の物質的損害に対しては、貨幣や購入券で気前良く補償がなされた。この場合、購入できるものがあることが必要だが、それは後になると難しくなった。最初の頃、人々は活発に買物をし、被災者には困窮を嘆く暇もなかった。金や購入券を手にするや、被災者は忙しくなった。ケルンでは一九四二年五月の空襲の後、衣類と必需品に二万八〇〇〇件、宿泊所と食事に五万五〇〇〇件、家財道具の補償に一〇万件、その他の支出のために三〇万件、現金支払いによる注文が出されている。

　居住空間の被害補償は、この場合シュトゥットガルトがとくに見本となるが、市長に査定を申請することによってなされた。査定局は評価委員会を派遣し、委員会はただちに被害調書を作成した。予測される給付金の一部として、ミュンヘンは一〇〇〇マルクを先払いした。内容に誇張があっても、申請者を挑発するよりは申請を認めることが行政部では慣例となっていた。個人的財産の被害額申請は、普通五〇%が認められていたので、市民はそもそも欲しい額の二倍を申請した。空からのテロルという専横に対しては、行政部が取った秩序正しい対応が効果を発揮した。ドイツ式に対応することで、国家は被害を処理した。わが家で異邦人による暴力というこの上なく恐ろしいものを経験した後に人々が経験するのは、役所の規定であった。

大空襲の後には白パン、肉、火酒、ワイン、煙草が分配された。戦線で戦う者は特別配給に弱いものと決まっている。国家がまだ機能しているのを見てドイツ人は満足した。アンケートによれば五八％の人々は、可能なことはすべてされているとして救済事業に満足している。宿泊施設については五六％が満足しており、四四％が不満足と回答している。設備が非常に狭いという悪条件のもとにあってこれは、最高度に寛容な態度であると当局は解釈した。医療処置に満足している者は七人中六人で、これが最高率である。

国家があまりに気前良すぎるので困ったことが起きた。被災者は金に困らないものだから労働を拒否していると言って経営者たちが抗議した。市民の被害に介入することによって、国家は空戦を自分のために利用した。国家が勘定を払い続けている以上、この状況は続くだろう。爆撃戦争は困窮状態を作り出し、ナチ国家は自分がこれを処理すると宣言する。こうして国民と国家は結びついていたのである。

最終的に国家は人々を総動員し、互いに助け合うように仕向けた。宿泊所を提供する人間がそこを借りる人間を援助するわけである。一〇歳から一八歳までの子供と青少年約一〇〇〇万人が一九三九年三月以降、強制的に青年活動に狩り出された。青少年は疲弊しきった両親世代に代わって身を粉にして働いた。婦人団体、自動車運転手団体、SA突撃隊、国民福祉局、党と結びついた公務員団体など、あらゆる団体の組織は爆撃戦争のために結成されたがごとしであった。これはすでにドゥーエ主義者が主張していたことであった。全体主義社会とは民間における総力戦である。今起きているのは、そのような事態であった。

申請者は額面通りの補償金を受け取った。非物質的価値をいかに補償すべきかは各部局がアドヴァイスした。画家は自分の作品に、将来、名声を得た場合に蒐集家がつけるような値段をつけていた。もちろん、その前にもっと安くは売らなかっただろうという前提である！　ビーダーマイヤー風ソファーを失った人はソファーではなく、アンティーク家具として申請した。骨董品市場が増大し、価格が大幅に上がった。被災者は所有物を前例がないほど多く喪失した。この事態に対する抵抗とは、ソファーを、水彩画を、一切を取り戻すことであった。一切を奪われるというのは許すべからざる出来事だった。

新しく価格が固定され、販売されるものは配給制となった。品物数が増加するという裏付けのないままに大量のお金が分配されることでインフレが起こる心配があったが、この処置によってそれは避けられた。こうしてもう一つの調整弁、闇市が成立した。ショーウィンドーから消えた品は闇値をつけられて、闇市に姿を現した。また、混乱した状況下で物々交換も盛んに行われた。シュトゥットガルトからの報告によれば、バート・カンシュタットの闇市場では外国労働者がパンと煙草を交換し、煙草と靴を交換し、靴をズボンと、ズボンをパンと交換したという。物々交換経済を動かすのは小金を溜め込んだずる賢い小者たちであった。誰でも、欲しいときに欲しい物を手にすることができた。そのとき入手できるものを買い、取っておくのだ。こうして商業活動は一掃される。しかし人は購買力のある貨幣を手中にするのだ！

警察は食料品と衣類の流通を管理しようと無駄な努力をした。ヴェッツラーでは、物々交換の品物があまりにも多量に流通するので住民一人につき監視する警官が一人必要で、さらに警官一人につきもう一人の警官が必要、と言われていた。役所自体も密売に加担していた。一九四四年一〇月、ラインラント住民は、いっそドイツから分離独立した方がましではないかと感じるようになった。連合国軍の侵攻が近づくと、ラインラント地方はすでにドイツの一部ではないという声が高まった。一九四四年一〇月一八日、空襲で甚大な被害を受けたボンは、ライン川を航行する小型船から塩を接収した。他の都市と物々交換するための物資を、緊急に必要としていたのである。

他の多くの不法行為と同様、闇市場は外国人労働者の仕業とされていた。実際、彼らの故国とのつながりのおかげで、希少な物資が調達できた。しかし、闇商売は全ドイツをあげて行われていた。とりわけ、党のお偉方によって。闇市場のバザールである地下の廃墟で露天商が逮捕されることはしばしばだったが、卸業者が捕まることはなかった。これはそうした人々がどこに隠れていたのかを示している。ドルトムントではナチ党幹部、商人、給料の良い労働者が闇商人の中心をなしていた。

爆撃戦争による破壊と代替のシステムがもたらした闇商売は経済的犯罪には違いなかった。人々は犯罪に加担していたわけだが、それでもこの防空室的共同体を人は平等な社会と感じていた。特権がはびこる状況より欠乏状態の方が耐えやすい。価格統制と配給制度は欠乏を公平に分配する手段であったが、反対に闇市場は買うことができる人々と、じっと待つしかない人々を生んだ。最も売れるのは食料品で、闇市のバターは伝説となっている。ハンブルクには宅配までしてくれる、ほぼ完璧な闇市場があったと報告されている。ここで月に五〇〇マルク支出できるような人が裕福な人と言えた。一方、一般大衆は吸う煙草もないというときに、ケルンでは時価一六〇〇マルクにもなる量の煙草を入れた倉庫が差し押さえられ、人々はこれを聞いて溜飲を下げた。しかしまた、煙草のストックほど役立つものはなかった。闇市にはこうした相反する側面があったが、闇市への関与は外国人による犯罪の典型であると認識することで国民は納得していた。

「ドイツ人は略奪しない」という文句も同様に取締りの役割を果たした。もっとも、これがその通りではないことは司法によって完全に明らかにされた。一九四一年から一九四五年までに裁判所は、銃後の秩序を乱した罪によって一万五〇〇〇人のドイツ国民を死刑に処した[64]。その罪とは、略奪、士気を挫く言動、敵国の放送の受信である。ハンブルクのヴァンズベーク地区にある制服仕立て屋の女主人の店は、一九四三年七月二七日の大空襲で全壊した。女は年配の未亡人の家に避難した後、爆撃で破壊された建物での略奪を続けた。ハンブルク特別裁判所によれば、女はこうして衣類、食料品、日用品など、現金に換算して数千マルク相当を獲得した[65]。ハンブルク特別裁判所は一九四三年一〇月一八日、この仕立て屋の女に死刑の判決を下した。同じ日に死刑判決を受けたのは、爆撃で焼け出され、瓦礫の中で親類の財産を掘り出した夫婦だった。二人は他人の所有物を着服し、これによって警察長官の言葉によれば「所有欲から、大惨事を無責任に利用した」のである[66]。同じように事務員のフリードリヒ・ビューラーも、火災嵐の翌日七月二八日に、救い出された荷物を漁っているところを見つかった。このとき彼は大きな籠いっぱいの肌着、ラジオ一個、煙草数箱をわが物とし、一人の消防士に冬のコート二着と背広二着をやった。一週間後、彼は死刑となった。七月二七日の空襲による死者は四万人だった。ビューラーは、空襲による死者にドイツが付け加えたおまけと言えるだろう。八月三〇日、七一歳の年金生活者シュミットは、靴二足、ネクタイ五本、婦人用銀製腕時計二個を瓦礫から拾い上げ、これを死によって贖うこととなった。同様に三九歳の会社員マイアーは空襲の翌朝、ワイン倉庫からワインを一箱盗んだが、倉庫を出たところで警察に逮捕され、死刑となった。

当時ハンブルクの検事だったシューベルト博士は、犯罪学の見地から見て爆撃被災者に何が起きるかということを、終戦直後によく見られた人間理解に富む筆致で描いている。

一九四三年七月の空襲のように町の大部分を完全に破壊する空襲は、全体としての町の構造を変えるのみならず、そのような破局に晒された個々の人間も変えてしまう。そのような破壊は犯罪行為を犯す機会をふんだんに与えるのみならず、道徳の基準も緩め、爆撃被災者の社会的態度を変化させる。自分がそのために働き、何年も、ひょっとしたら一生涯苦労して得たものがすべて失われたことを知った人間、家庭と将来の夢すべてが火中にあるのを見た人間にとって、法や行政命令などまったくどうでもよいと思えることであろう。(67)

こうした犯罪が犯されている時点では、破滅し、困窮して瓦礫の町で略奪を行う犯罪者に罪が問えるかどうかという問題には、誰も興味を持っていなかった。大事なことは、瓦礫の野原から集めて通りに積み上げられ、かつての生活を偲ばせる、焦げ目のついたガラクタを守ることであった。一九四三年八月一九日の『ハンブルク・アンツァイガー』紙が威嚇的に記しているように、当時のような状況にあっては死者が一人多かろうが少なかろうが問題ではなかった。

司法と警察の不断の努力による厳しい介入により、略奪行為を行い、わが民族同胞の窮乏によって利益を得ようとする者には、しかるべき罰が与えられている。略奪を行ったことが証明され、それにより共同体の利益に著しく反する行為を行った者は根絶されるのだ！ 甚大なる被害を蒙った我々の町で盗みを働いたり、あるいは共同体の利益を犠牲にしてその他の非合法的利益を上げようともくろむ分子に対し、この記事はさらなる警告となるであろう。こうした分子は容赦なく除去されることを覚悟するがよい。(68)

一九三九年九月五日の「国民に害をなす者に対する条例」は、「空襲時における犯罪」の要件を示していた。それは主に、灯火管制下の都市におけるこそ泥のことで、暗黒犯罪という名称で呼ばれた。灯りの消えた町は毎晩、泥棒にうってつけの環境となり、人々の不安は広がった。修理部隊は死者や負傷者の収容と並んで瓦礫から出された家財道具の片付けを行った。空襲の夜が明けた後では、一足の丈夫な子供用靴ほどこの世で必要なものはなかったし、この欠乏状態の中で一枚のマットレスは、持ち主以外の人間にとっても貴重な財産となった。持ち物は瓦礫の山の中で取りに来る人を待っており、被災者は避難場所で宿があてがわれるのを待ち、そのあいだも自分の持ち物のことを案じていた。国家が国民の所有物を監視していた。

「家財道具保全」計画に従って作業班は所有物を倉庫に収容した。ケルンは三万二〇〇〇平方メートルの土地に一五〇棟の倉庫を設けた。保管物は世帯別に分けてあった。

一九四三年八月までに一万一七〇〇人がこの作業に当たったが、ほとんど何の役にも立たなかった。倉庫は次の空襲で全滅したからである。無事だった倉庫はほとんどなかった。

輸送手段が復活するまで被災した地域は封鎖されたが、そこの住民は入ってもよかった。被災者たちは煉瓦を掘り返し、なくなった品物や入用な物を探した。彼らが掘り返しているあいだは、ベルリンの傷病者エッゲブレヒトのような部外者がそれに加わることはなかった。この男は、まだくすぶる建物から靴九足を盗み、それを死によって贖うようベルリン特別裁判所から宣告されたのである[69]。

救助部隊は現場で結成された団体であることも多かったが、感謝の念で迎えられることも不信の目で見られることもあった。とくに外国人が多い場合はそうだった。仕事を探して自由意志でドイツにやって来た一八歳のフランス人、マリウス・カルパンティエにはそれが宿命となった。彼は救助部隊で作業中にベルト一本、双眼鏡一個、手袋数足、マーマレード一缶、ドミノゲーム一セットを瓦礫の中から引き上げたからである。ベルリン特別裁判所によれば、この行為は「甚だしく忌まわしいものであり、彼はこれによって法に従って思考する良識ある人間の共同体から追放された。よって死刑が相当である」。法廷は外国人を裁く際には常に厳しい罰で臨んだが、被告がドイツ国民の場合でも容赦はなかった。

一九四四年三月二四日、アメリカ航空軍はヴァイマルを爆撃した[70]。爆弾は北側の地区に投下され建物を燃やした。リースナー通り一一番地も燃えた[71]。その数時間前に、料理店ガンブリヌスで三九歳の伝令ゲオルク・ホプフェ、休暇でそこに滞在していた一等兵フリッツ・ゲルラハならびに労働者のフリッツ・ナウラントの三人が出会った。話に花が咲き何杯かビールを飲んだ後、彼らはシャルフェ・エッケに河岸を変え、そこでもビールを飲み、それからまたガンブリヌスに戻り、仕上げのビールはクロースター・カフェで飲んだ。それは七杯目のビールだった。それから家路に着いたところで爆撃に遭遇したのである。リースナー通り一一番地の建物では防空部隊と数人の士官や兵士が消防隊の到着を待っていた。ビールで上機嫌の一行はここぞとばかりに行動欲に燃えた。ナウラントはホプフガルテン夫人の住まいに通じるドアから入り、ホプフェと兵士たちが後に続いた。彼らはあたりを見回し、この居間の家具を出すことにした。ホプフェと兵士たちは家具を向かいの建物に移し、それから寝室に取りかかった。兵士たちがベッドと衣装ダンスを外に出そうとしているあいだに、ホプフェはそこの住人の香水瓶のセットを眺め、お礼代わりにと封の開いたオーデコロンを一瓶失敬した。化粧台にあったソーセージ二五〇グラムも駄賃にいただくことにした。そうこうする間に消防隊が到着し、気の良い三人組は上機嫌で仕事を続けた。ナウラントは化粧石鹸二個、ゲルラハは皮手袋一組という具合に各自、記念品を持ち帰った。ホプフェが取ってきたソーセージはゲルラハの家で食べた。それはとても塩辛かったので、三人はその後、駅の食堂に行ってビールを三杯注文した。その頃にはホプフガルテン夫人がなくなった物があるのに気づき、これを訴えた。

ホプフェとゲルラハは特別裁判所で裁判を受け、死刑を宣告された。ホプフェは、自分は一九時から外に出ており数時間にわたって何も食べていなかったのでソーセージを盗んだだけだと釈明した。イェーナ特別裁判所は一九四四年四月一一日にこう回答している。

もし被告の言う通りなら、彼はソーセージをすぐに食べ、こっそりとポケットに入れたりしなかったはずである。しかし被告はまさしくそうした。これは邪悪な意図があったことを示すものである。このような行為を行う者は法の意義と健全なる国民感情に照らせば略奪者であり、「国民に害をなす者に対する条例」第一条によって処罰されなくてはならない。[72]

実際、一九三九年九月五日に公布された国民に害をなす者に対する条例は、「任意に荷物を運び出された建造物や空間で略奪行為を行う」者を死刑に処すると規定している。もっとも、健全なる国民感情に照らしてこのソーセージを勤勉な労働の対価と評価するのも、地方裁判所裁判官ブランケンブルクの裁量の範囲内にあった。ビールを七杯飲んだ後では責任能力なしとすることもできたし、専門家による鑑定結果も考慮に入れることができたはずである。鑑定では、この事例の被告は軽い精神薄弱と、普通に見られる愚鈍さとの境界線上にあるとされていた。しかしブランケンブルク裁判官の決定によれば、ホプフェは「その行為を通して表現された底知れぬほど悪辣で国民の害となる心的態度と、その性格の卑劣さによって死刑に値する。このような忌むべき犯罪を犯す者は、民族同胞の外側に自らを置くのである」[73]とされた。

この判決は司法テロリズムの例である。これは、あるタイプの人間を――混沌とした瓦礫の世界で独自の行動を取るタイプの人間を――殲滅し、罪を贖うことを許さない。破壊による錯乱状態の中で法と秩序は、人を助けることによって、そして人を殺すことによって存在を維持するのである。一つの住居全体が三〇分で炎上するとき、マーマレード瓶の所有権などもはやそれほど重大なものではない。もっと重要なのは、敵側が軍事力を占有しているときにも、まだ国家が存在できるか否かということである。そのような国家がまだ権力を振るうことができる相手は誰だろうか？　一万五〇〇〇人の哀れな悪魔たちを見せしめに使うことで国家は権力を振るうのである。

一九三三年から一九四一年までに、ナチ政府は一〇〇〇件の死刑判決を下した。これは例えば、合計一三〇件の死刑判決を下したムッソリーニのイタリアに比べてみると恐ろしい数字である。戦時中であった政権最後の四年間にナチが下した一万五〇〇〇件の死刑判決は、もはや何かの行為に対して判決を下すのではなく、秩序の拘束力を疑うことができる性格の持ち主を次々と根絶するものであった。判決は正当である必要はなく、下されることで効果を発揮する。司法テロリズムによる判決はそれが下される当人にとっての罰なのではなく、周囲の人間にとっての教訓なのである。家を失った人々の収容施設で百万個のバター付パンを分配するナチ政権は同時に、くすねたソーセージ二五〇グラムのために人の首を刎ねることもする。ナチ政権が生殺与奪の権力を握っていた。爆撃戦争はまさにこのことにはっきりと異議を申し立てたのである。救命も抹殺もヒトラーの存在証明であった。福祉を施すことではなく、それがもたらす連帯感こそヒトラーの関心事であったように、司法テロリズムもまた、破壊に拍車をかけることでそれ以上の効果を発揮した。

無数のつまらない犯罪を標的にする司法テロリズムは、警察の監視によって遂行されるのではなかった。住民が刑法学者や密告者となり、舗道の汚れた家財道具に注意を払ったり、同じくほころびだらけの国家権力を尊重するよう求められていた。住民の一部はハンターとなった。追跡されるのは、国民に害をなす者や国防力破壊者である。

一九三八年八月一七日付の戦時特別刑法規定第五条によれば、ドイツ国民の国防への意志を公共の場で弱めたり破壊しようとする者は死刑の宣告を受けた。ここにある国防への意志とは、チャーチルが空から破壊しようとし、ヒトラーがこれを危うくする者を断頭台に送って維持しようとする類のものであった。チャーチルにとってドイツ人による破壊活動とは一九一八年一一月の民衆蜂起*のようなものだった。ヒトラーにとっても同様だった。しかしヒトラーには、そうなったらもう自分はお終いだと分かっていた。

＊　第一次大戦末期の一九一八年一一月はじめ、無謀な出撃命令に反発したキール軍港の海軍艦隊乗組員の蜂起に始まる反乱はドイツ各地に波及し、労働者がそれに加わって革命に発展し、大戦は終わった。

一九四四年六月二六日付の帝国法務省局長フォルマー博士の覚書には、戦意に関する政権の防衛線が次のように明確に示されている。

ゆえに次のような種類の発言はもはや寛恕できないものであり、そもそも死刑に値する。すなわち——戦争は負けである／ドイツあるいは総統は、意味なくあるいは無思慮に戦争を始めたので敗戦は必至である／ナチ党は退陣し、イタリアの例にならって妥協による平和に道を譲ることとなろう、あるいはそうするべきである／軍事独裁政権を樹立し、これが和平を締結するべきである／戦争が終わるよう、我々はもっとのろのろ働かなくてはならない／ボルシェヴィズムの介入は、宣伝されるほど悪いものではないし、損をするのは以前の国民社会主義の指導部だけだ／イギリスあるいはアメリカがドイツ国境でボルシェヴィズムを阻止してくれるだろう／銃を捨てるよう、あるいは銃口の向きを変えるように求める口頭もしくは郵便物によるプロパガンダ／総統は病気だ、無力である、あるいは人殺しである——などの発言。(74)

フォルマーは、話す人間の地位が高くなるほどに言葉の危険度も増すことに気づいていた。「例えば、部局長、支配人、患者と談話中の医師、教区で職務を行う聖職者、公共交通機関の職員」である。

ベルリン動物学博物館で働く五三歳の学芸員、アルント博士はちょうどそのような人物の一人であった。(75) 彼は一九四三年九月四日、シュレージェン地方のランデスフート駅のプラットホームで偶然、幼馴染のメールハウゼン夫人とその母親に出くわした。ちょうどその前夜、三一六機のランカスターがベルリンに飛来し、シャルロッテンブルク、モアビート、ジーメンスシュタットの各地区で住宅地を破壊し、一二三人の外国人労働者を含む四二二人が死亡していた。アルントはこの二人の女性に、これはそれまでで最大のベルリン空襲だったこと、ほんの少数の人間が始めたことのために皆が苦しまなくてはならないとは、酷いことだと報告した。メールハウゼン夫人は答えた。「戦争のことで私たちに罪はないわ」。アルントは言った。「もちろん私たちに罪があるのさ」。そして彼は、今こそ罪ある者が責任を問われるだろう、ドイツ軍はすべての戦線で敗退している。ムッソリーニは三日で処分された。ドイツも同様だろう、「党は四週間でお終いだ」と続けた。その前にお終いになるのはこの幼馴染の方だろうとメールハウゼン夫人は考えた。彼女はナチ党の軍指導部に行き、続いてベルリンの民族裁判所にこれを通告したのである。

裁判長のローラント・フライスラーは判決文に記している。「公判中の彼女を見れば、アルントを苦しめなくてはならないことでいかに心を痛めているかが見て取れた。確かに彼女は真実に沿うこと以外は何も言わなかったのである」。メールハウゼン夫人の姿を取った戦うドイツ国民の背中に戦意を失わせる言葉をかけた廉で、アルントは絞首刑となった。「メールハウゼン夫人はこの判決理由を聞いて非常に苦しんだ」とのことである。

オタースキルヒェンの司祭、ルートヴィヒ・ミッテラーは、二人のナチ党員修道女の告発によって国防力破壊者として処刑された。ハンブルクの火災嵐はドイツ人が求めていた全面戦争そのものだ、「私たちが戦争を始めたんだ。状況は一九一八年と同じように思える」と語ったことが原因であった。年金生活者のヴィルヘルム・レーマンは、ベルリンのクロイツベルク地区にあるマリアンネ広場の男性用トイレに青チョークで「大量虐殺者ヒトラーよ、お前は死なねばならぬ。そうすれば戦争は終わる」と書きつけた。労働者のマックス・ヴィリー・カール・ライヒェはこれを読み、消したが、書いた人間が戻って来ると考えて待ち伏せした。レーマンははたして戻り、また書き、そして死ぬことになった。

クレーン操作員フリッツ・ホフマンの告発によって民族裁判所はコンラート・ホフマンを絞首刑に処したが、その前に密告者に対し、自分の兄弟に不利な供述をする義務はないのだと教えるのを怠らなかった。しかしフリッツは「こんな奴は根絶しなくてはならない。我々は一九一八年のようなことを二度と経験したくはない」と法廷で叫んだ[76]。ヴッパータールの鋲前師ミュンターは、「爆弾が第三帝国中に落ちるぞ」と言った同僚を告発し、死刑判決が下されると「俺がやったのさ！」と勤務中に自慢した。裁判官は彼の手先であった。同じように秘密警察も、六六歳の商人パーシュの手先となった。パーシュは一九四四年三月はじめ、三〇年間結婚生活を送った妻の「ユダヤ女パーシュ」のことを密告したのだった[77]。

アマーリエ・パーシュは夫婦喧嘩の最中に、戦争に勝つ見込みはもうない、ドイツの兵隊は人殺しでヒトラー自身もハンブルク空襲で犠牲になった子供たちを殺した人殺しだ、ユダヤ人が復讐する日は目の前だ、と言ったのだった。パーシュとその姉はこれをナチの街区指導員に告げ口した。これはたんなる家族の問題が政治的形式を取っているだけだということに街区指導員は気づいた。党の地区集団指導員と協議した結果、党の側からはアマーリエ・パーシュに対し何の措置も取らないことが決定された。何の反応もないのでパーシュは秘密警察の所在地であるローテンバウム通り三八番地に赴き、自分の妻に対する告発がされていないかと問い合わせた。秘密警察の職員は何もないと答え、ユダヤ人に対し虚偽の告発を行うことは処罰の対象であると警告した。そこでパーシュは詳細な書類を作成し、秘密警察に正式に告発を行った。厳しい質問がなされると内容に間違いはないと宣誓し、それによってアマーリエ・パーシュはハンブルクのフールスビュッテル地区留置所に収監され、そこからアウシュヴィッツに移送された。

一九四二年七月二一日、民族裁判所は、哲学者で神学者でもあるアルフレート・カウフマン博士ならびに画家のA・ヴィルに対し死刑を言い渡したが、その罪とはドイツ中の半分が犯していそうなものであった(78)。つまり一九三九年九月一日〔ドイツがポーランドに侵攻し、第二次世界大戦が始まった日〕付の、ラジオ放送に関する非常時の規定に反したことであった。この既定の一から二条によれば敵側の放送を聴取した者は刑務所送りとされていた。「ドイツ国民の抵抗力を危機に陥れようとする外国の放送局のニュースを故意に広げる者は、最も罪が重い場合は死刑をもって罰せられる」と条文にはある。

カウフマンとヴィルはギーセンで、いわゆる「金曜日のサークル」を運営していた。これには他に女教師、女学生、女性支店長、教授夫人、それから冒険心と功名心から秘密警察の連絡員として活動していた主婦ダグマー・イムガルトも参加していた。この金曜日のサークルではロンドンの放送を聞き、その後戦争の経過について討論するのが常だった。民族裁判所は、カウフマンとヴィルが一緒に放送を聞いていたドイツ女性に敗北主義的感情を伝染させたとして二人に死刑を宣告した。「敵の宣伝は戦争遂行の手段である。放送は戦争行為とみなされる。国内においてその放送を受信し、敵の宣伝がもたらすニュースをともに聴取するよう他者を唆す者は、彼自身敵の戦争行為に加担し、これを促進するものである」と判決にはある。

国民に害をなす者、国防力破壊者、敵側の放送を聞く犯罪者は、皆揃って敵に加担し、敵に便宜を図る者として容赦なく虐殺された。しかもそれを告発するのは隣人、同僚、家族であった。戦争に関する犯罪を扱う特別裁判所の中で最も重要な民族裁判所は、一九四二年から一九四四年のあいだ、被告の二人に一人に死刑を宣告した。空からの火災戦争が始まった一九四二年には死刑判決は一〇倍に増加した。しかしこの激しい殺戮への意志も密告者の欲に比べればものの数ではない。一九四二年から一九四四年までの三年間で民族裁判所は一万二八九九人の被告を扱ったが、受け付けた告発は二万五二九七件に上った(79)。密告が最も多かったのは一九四四年で、告発は一万三九八六件と前年の二倍に上った。その年は荒れ狂う昼夜交代の爆撃に国が屈服した年でもあった。

秘密警察に雇われたのは、レムシャイトの女店員マリアンネ・コルのような者だった。彼女は月に八〇マルク、後には六〇マルクで知人を警察に引き渡したが、その中には自分の婚約者もいた。敗北主義者は当然、自分の士気が腐敗していることを隠しておくものなので、誘導して口を割らせなくてはならない。トリーアの秘密警察に「七〇〇六号」と呼ばれたおとり捜査官の手先ハンス・ヴィーンフーゼンは、二人の警部にゲーベン兵舎の食堂に来るように言った。[80] 食堂の隣席で、ヴィーンフーゼンが自分の上役である飲料工場主に話をさせる様子が聞こえた。

「俺たちはきっとこの戦争に勝つよ」と七〇〇六号が話を始める。

上役　「そう信じるのを邪魔する気はないね」

七〇〇六号　「総統はきっと敵に目に物見せてくれるさ」

上役　「君たちはすっかりのぼせてしまって、宣伝と現実を区別することもできないでいる」

七〇〇六号　「きっとうまくいくさ」

この会話は食堂の女マネージャーの登場で中断された。彼女は隣席の客に不信の念を抱いたのだ。「あれはきっと秘密警察ですよ。ここの話を聞いてます」。

七〇〇六号と上役　「馬鹿なことを」

食堂マネージャー　「私はあんたたちより勘がいいんです」

この上役が心置きなく話を続けられるよう、警部たちは姿を消す。三人の軍曹が話に加わる。一人は左足がない。「君たちは間抜けぞろいだ。敵の弾に撃ち抜かれてもそれが何のためかも分かっちゃいない」と上役が言う。

「ドイツのためさ」と片足の男。

「君が片足をなくしたのは、ドイツのためなんかじゃない。アドルフ・ヒトラーのためだろう」と上役は言う。

軍曹が応じて言う。「俺は何とかやっていくさ」

「君は本当におめでたい楽観主義者だ」と上役は叫んだ。

何とかやっていけないのは上役自身だった。彼の部下ヴィーンフーゼンが、彼を民族裁判所に密告したからである。裁判長フライスラーはこの上役に好感を持ったので死刑判決を避けようとし、主要な証言者のヴィーンフーゼンに対し、火酒六九杯分もの勘定書きが存在しているが、被告人は当時酩酊してはいなかったかと尋ねた。上役氏は完全に正気でしたし、それにもっとひどいことも言いました、というのがヴィーンフーゼンの回答であった。

会話に乗ってしまったため、この飲料工場主は絞首刑となった。ナチ党は人々が愚痴をこぼすのを完全に阻止できたわけではないが、孤立感を蔓延させることには成功した。国民は辛く孤独な生活を送っていた。誰も信用できない。盲目的に身を委ねれば、党だけは信用できる。ナチ党は以前から都会生活者を憎悪していた。都会は悪徳、退廃、知識人、政治活動と反乱の温床である。将来のドイツ国民はもっと健全な居住形式を取るべきである。一九世紀と二〇世紀の大都会がまるで騎士の館のごとく時代遅れなものであることは、まさに爆撃戦争によって証明されたではないか。そこは防衛のしようがないのだ。工業地帯と労働者居住区域の並存、巨大賃貸住宅、建て込んだ旧市街は、ひたすら爆撃戦争をおびき寄せるだけである。空が戦争の作戦領域と化して以来、従来型の都市は軍事的に見て狂気の沙汰のような存在である。

疎開者

職業は政治家であるが建築家の気質を持っていたヒトラーは、以前から都市と農村の決裂を融和するための計画を抱いていた。航空戦によって予想より早くドイツ人の居住形態を改める、つまり避難計画に沿って変更する機会が来た。ドイツ人は都会では生き延びることはないし、政権もまた同様である。都市は耐爆構造ではなかったし、今後もそうはならないだろう、と党は考えた。

一九四三年七月のハンブルク火災嵐の後、約一〇〇万の人々がこの町を離れた。警察長官は次のように記している。「こうした経験の後、人々は徒歩で行ける限り遠くへ行く。被災者がとどまる地はその後、こうした人々を保護する任務が増大することを覚悟しなくてはならない(81)」。地域共同体には宿舎と食事を用意する義務がある。「家を失った人々を無計画にたらい回しにすることは、とくに避けなくてはならない」。より遠くの地方にある受け入れ地域への移送を考えなくてはならない。

交通手段が通じるのを待つあいだ、避難民たちは森を彷徨い、野宿した。通過する被災者の姿は当地の人々を震撼させた。トレーニングウェアの者もおり、ある者はシャツとパンツに裸足という姿で、この放浪者たちはなぜこんなに落ち着いて自分たちの状況を受け入れているのかと人々は訝しがった。警察は被災者の群れを、ハンブルク周辺にある無事に残った駅舎にできる限り誘導し、そこに特別列車が用意された。五万人の被災者はエルベ川を航行する船に乗った。警察と国防軍の車両すべて、バス、調達可能な車と馬車をすべて使って、船着場と鉄道の駅のあいだでピストン輸送が行われた。六二五本の列車が約七八万六〇〇〇人を輸送した。

ハンブルク市民に割り当てられた受け入れ地域はバイロイトであった。それはバイロイトのヴァーグナー音楽祭の時期で、ナチ党は傷痍軍人と表彰を受けた軍人をオペラに招待していた。野戦病院や東部戦線から、外出用軍服を着た休暇中の兵士が特別列車でやって来て、プラットホームではマーチの音楽が彼らを迎えた。その隣のプラットホームでは、ぼろぼろの服を着て混乱し、空襲の衝撃冷めやらぬ顔のハンブルク市民が到着した。衰弱した者の多くはバイロイトまでの移送には加わることができなかった。家族を連れて来た男たちは、仕事のためハンブルクに戻り、あちこちを転々としながら、多くの人々は故郷へと戻った。「恐ろしい爆撃にあった町への忠誠心から」と警察長官は述べている。市民は破壊を免れた郊外に住みついた。

その年、一九四三年のはじめから帝国指導部は大量の市民を都市から移送する計画を立てていた。爆撃機軍団は他の何にも増して人口密集地の住宅を破壊した。家を失った人々のための代替宿舎は間もなく満員になる。場所が必要なので、そこにいる人間は場所を空けなくてはならない。戦時経済に不可欠でない人間は、できればチューリンゲン地方やアルゴイ地方に移転するのがよい。そうすれば防空体制も楽になるし、国民感情も上向きになる。一九四三年六月の概算で、人口一〇万人以上の都市に居住する二六〇〇万人のうち、少なくとも六五歳以上の者と一五歳以下の者は軍事関連の仕事をしていないことが判明した。これは人口の四分の一、つまり六五〇万人に当たる。この人々をどこかよそに移送するのがいちばんである。これは兵站上、福祉上、前代未聞の課題であったが、困難なことではなかった。

七月三日までにドイツは、疎開地域と疎開者受け入れ地域に分割された。計算によればエッセン住民の約半分はヴュルテンベルク、ティロル、ニーダードナウ、シュタイアーマルク、ケルンテン、シュヴァーベンの各地方に受け入れられることになっていた。党はこれをうまく実行できただろうが、ただ、人々を説得する方法は分からずにいた。政府は三年前から都市人口を少なくしようと圧力をかけ、それなりの成功を収めていた。一九四〇年一〇月にヒトラーは、ベルリンとハンブルクに住む一四歳以下の子供たちを地方都市の宿舎に入れるように推奨していた。一九四一年からは学級ごとの疎開が始まった。一九四三年八月までに三〇万人の子供たちが大都市の中心街から出て、年末までには空襲の危険がある地域の学校の多くは閉鎖された。しかし、ベルリンとハンブルクだけでも九三万五〇〇〇人の子供たちが住んでいた。ベルリンの子供たちの六分の一に当たる一〇万人の安全は確保できるだろうと政府は考えていた。両親は親戚のつてを頼って何とかこの計画を逃れようとし、農村に住む従兄妹や叔母たちに子供を置いてくれるよう頼んだ。

この「学童疎開」は第三帝国全体を通して最も評判が悪かった措置である。親たちは実行機関であるヒトラー少年団に親権を奪われるのではないかと心配した。児童は親の庇護のもとから国家の少年団に委ねられ、そこでは祈りの言葉ではなく、スローガンを子供に教えた。それに道徳的な堕落もひどいものであった！　アルプス渓谷の奥地、シュレージェン、バーデンの収容地で、学校の授業は普通の教員が行ってはいたが、そこでの生活は半人前のヒトラー少年団指導者が支配する実験の舞台となっていた。確かに食事はおいしく、ランカスターも農村の避難所を発見することはできなかったが、爆撃の夜に親は死に、子供は天涯孤独となるかも知れない。満員の疎開列車では心を引き裂かれるような別れの場面が繰り広げられた。ミュンヘンから疎開してきた四万四五〇人の子供の一割は、一九四三年一〇月までに帰郷してしまった。親たちが別離に耐えられなかったからである。しかし、ちょうどその頃にミュンヘン大空襲が始まり、四三五人の子供たちが死亡した。

そのあいだに都市部の校舎は、緊急時病院と家を失った被災者の収容所となっていた。一九四四年、老人ホーム、疾病老人施設、精神病院、孤児院、盲人施設など人が住める施設はことごとく、防空上その建物が必要となったためによそへ移転させられた。その年、ベルリンが九四回も空襲を受けた後では、オラーニエン通りにあった盲人施設はもはやこの町に残っていることはできなかった。盲人たちはズデーテン地方に移送され兵器工場で働かされた。

ゲッベルスの宣伝によっても家族を引き離すことはできなかったが、爆撃機軍団がこれを成し遂げた。一九四三年三月から八月までにルールの戦いとハンブルク大空襲「ゴモラ作戦」で約六万人が死亡した。八月初頭にゲッベルスはベルリンの全世帯に手紙を送り、町を離れるよう勧告した。事態はまさしく恐怖の様相を帯びてきた。きっと党指導部はこの首都がハンブルクのようになると予測している！　ということは、党はイギリスの計画を阻む手段を何も持っていないのだ。

九月二五日までに七二万人がベルリンから脱出した。先に移転していた人を含めて、これでベルリンの人口は二五％、つまり一一〇万人減少した。最初の頃は駅が混乱し、多くの人々は郊外の森にテントを張った。疎開計画によると、ブランデンブルク、東プロイセン、ポーゼン（ポズナニ）にたった三〇万人分の場所が確保されているだけだった。ルール地方でも同じように数十万の人々の身に危険が迫り、ラインラント地方とヴェストファーレンの住民はマイン・フランケン、上部バイエルン、バーデン、ザクセン、ズデーテン行きの列車に殺到した。見知らぬ土地で暮らす不便に別離の辛さも加わった。爆撃の夜を過ごす家族や親族を案ずるあまり、故郷に戻ってそこで運命をともにする人々も多かった。またある人々は故郷とのあいだを行ったり来たりして過ごし、別の人々は疎開地で安全な生活を送った。しかし、政権にとって事態はまたもや変化した。

都市は工業にとってもあまり良い場所とは言えなかった。カサブランカ指令に従ってイギリスとアメリカが二四時間攻撃を始めてからはとくにそうだった。都市から人間が疎開し、工業に場所を譲るよりは、工業を移転し、その周囲の危険が少ない地域に人々を住まわせる方が賢明である。しかし移転可能な製造業が従業員もろとも空いた土地に移転すると、そこには疎開者たちがいた。疎開民たちが厄介者となるのは二度目であった。彼らは軍備戦争のための場所を塞いでいたのである。

ドイツ内務省は、これ以上の移送を中止することにした。移送は最初、ためらいがちに開始され、それから後悔の対象となり、中止された。住民を区分けする方法は別にあるはずだ。そうこうするうちに爆撃方法は標準化されていたので、都市空間を危険度によって区分けし、郊外の広々とした地域に住宅地を作って人口を拡散させるという、以前から好んで作成されたモデルに従って移転が行われるようになった。アルゴイ地方に行くのを嫌がる人間は、大管区指導者（ガウライター）が近郊の保養地域に行かせてやった。

必要なのは、町の中心とその周囲の建物群を核として空襲する爆撃機軍団の方法と逆向きに住宅地を形成することだった。町は中央広場から同心円状に郊外に向かって広がる。この円のパターンに従い、住宅が建て込み、一ヘクタール当たり二〇〇人の人口を有する町の中心部を第一区域とし、非就労者はここから退去しなくてはならなかった。そこで行われる活動は生存に不可欠なものに限られる。大火災の危険が避けられないからである。それよりは人口が少なく、一ヘクタール当たり二〇人から三〇人が居住する都市周辺区域は第二区域とされ、そこの非就労者は退去し、第一区域の就労者が居住する。近郊通勤者の居住区である第三地域は庭と農業用地がある場所で、通勤に一時間かかる区域であるが、そこは第一区域、第二区域の家族で満員となった。さらには第六地域の「週末用地域」と、列車で四時間かかる第七地域の「遠隔居住地域」にまでしわ寄せがおよんだ。市内に何のつながりもない非就労者は全員そこに入れられることになっていた。

　こうした人口分散計画は国による居住形態変更計画に従って行われ、また、この計画を促進するものであった。当初、疎開人口は一一七七万人と見込まれていたが、実際に疎開したのはその半数で、彼らは爆撃の危険のない田舎や緑溢れる郊外に移動した。とくに、ベルリン、ハンブルク、ライン・ルール地方の人口密集都市には、人口の希薄な週末用保養地や「遠隔居住地域」など十分にはなかった。家族は必要に従って散り散りバラバラになった。これは二重の意味で航空戦争から攻撃目標地域を奪った。抹殺すべき目標は縮小した。戦争の最後の九カ月間に都市には途方もない量の爆弾が投下されたのに、その人口は少なくなった。さらには、人口を拡散したことでドイツ政権の負担は軽減された。都市住民はもはや行動力を持った社会組織ではなく、くたびれ、実態の定まらぬ群集となった。そこにいたのは家族から引き離された人々、駐屯地の部隊、囚人、外国人労働者で、市民として大管区指導者（ガウライター）に立ち向かう集団ではなかった。

　かつて家族であった人々は、一九四四年には次のような有様であった。父親はドルトムントで働き、母親は幼児を連れてアルゴイ地方にいる。一二歳の娘は学童疎開でチューリンゲン地方に、一四歳の姉はフランケン地方にある国民福祉局の職業訓練施設におり、一九歳の息子はレニングラードを包囲している。皆、ひたすら再会を願っており、総統が無料乗車券を支給してくれるので、家族はしょっちゅう移動の途上である。こうした状況下で国民は蜂起など起こさない。旅行計画を立てるだけである。

　原則として、疎開勧告が出された地域には受け入れ大管区（ガウ）や郊外の地域が割り当てられた。受け入れ大管区（ガウ）は彼らのための場所を空けた。党は福祉担当部門を設け、幼児の世話をし、制服を着た担当官に警備と苦情の受け付けを命じた。雰囲気は張り詰め、苦痛を訴える人々でいっぱいだった。ドイツ人たちはもはや限度を超えるほど接近して暮らしていた。バート・テルツ〔南ドイツのオーストリア国境にある町〕の女性は次のように不平を述べている。「戦争に負けるにしたって、プロイセン人がどんな人間かはよく分かりました。それだけでも甲斐があるというものです[82]」。ハンブルクの人々は同郷者たちに宛てて書いている。「ここオストマルク〔ナチによって併合された後のオーストリアの呼び名〕にはものの分かった人間などいません。爆弾にやられればいいのです。避難民がどんな思いをしているか、あなたたちに分かりはしないでしょう。我慢してハンブルクにいることです。ここの生活ほどひどくはないのですから！」（一九四三年八月一九日付）

ミュンヘン市民のための避難場所もないというのに、ハンブルクからの「北ドイツ文化の使者」が一〇〇〇キロも離れた南バイエルンにまで運ばれて来たというのでミュンヘンの人々は腹を立てた。バイロイトが属する大管区（ガウ）はニュルンベルクと隣接していたが、どうしてもニュルンベルクからの疎開民を受け入れたくなかった。それでなくてもハンブルクからの避難民五〇万人という負担に苦しんでいたからである。

田舎の食事は都会人には「豚の餌」であった。アルプスの村には料理用のガス器具も映画館もなかった。ラティボール（ラチブシュ）の疎開者たちは購入券で本物のコーヒーを手に入れようとしたが「全然なかった！」彼らは眉をひそめ、「何て原始的で面白みのない人たちだろう！」と呆れる。バイロイトのレストランではハンブルク市民が身を切られる思いをしていた。「虫けらが腹いっぱい飲み食いしているというのに、すべてを失った私たちは一滴のワインも飲めない」（一九四三年九月二七日付）。

田舎の生活は退屈だ。映画が上映されるにしても、新しい出し物はない。疎開者たちは「ハイル・ヒトラー」とは挨拶せず、「こんばんは」とか「こんにちは」とか北部訛りでつぶやくだけであった。彼らを迎える側はカトリックで、疎開者にはその言葉が理解できず、「バイエルンはこりごり」と感じた。バイエルン人の方も同じく限界に達していた。「またこんな目にあうくらいなら、いっそバイエルンが独立した方がましだ！」

疎開してきた女たちはベッドをきちんと整えなかったが、どのみちシーツも持ってきていなかった。迎える側のタオルや食器は尽きてしまった。爆撃被災者は避難先で優先的に買い物ができたので、すぐさまこの機会を大いに利用した。そこで婦人用コートなどをうまく手に入れ、爆撃された西部の闇市に持って行くのだ。ブレスラウ（ヴロツワフ）、ダンツィヒ、ケーニヒスベルク（カリーニングラード）、シュテッティン、ヴァイマルではすぐに婦人用下着の倉庫が空になった。靴も在庫がなくなった。都会人の履物は東方大管区（ガウ）では役に立たず、被災者は頑丈なオーバーシューズをはくことにしたからだ。

社会階層の違いは多くの面倒を引き起こした。ケルン旧市街の貧しい人々を住まわせた裕福な人々は、彼らの不潔さに呆れた。客を迎えた側ははじめて役所による虱駆除を経験し、それで避難民に親切に接したりはしなかった。一方、避難民たちの方は自分たちは殉教者だと感じており、それなりの処遇を求めていた。彼らは概して抑鬱状態にあり、不平を言うことでそれを表現した。

疎開者たちは朝から晩まで、割り当てられた住居の文句ばかり言っていた。ナチ党指導部は党の地区集団に対し、「これらの民族同胞らは常に世話をされ注目されることを求めている。一九四三年八月二八日、署名ボルマン」と示唆している。客の避難民も客を迎える側も、揉め事を減少させる賢明な法則を教えられた。ゲッベルスは狭い場所で見知らぬ者同士が共同生活をする際の心理的負担をうまく軽減するよう指示した。しかし強制しても無駄であった！党は疎開者の地元から使節団を招致し、使節団は避難民に歓呼の声で迎えられた。故郷は我々を見捨ててはいないのだ、と彼らは感動した。ハンブルク州立歌劇場がバイロイトで客演したとき、歓迎の声はやむことがなかった。

ドイツ人同士の軋轢に晒されることを望まない者は、農村部に住む親戚のつてを苦労して求めた。血族、後には親しい友人の家に個人的に避難することが認可され、無料乗車券、二重家賃の補助など、移住家族維持費の支給対象にもなった。何の援助も受けられずにいたのは法的強制によらず移住した人々、例えば家を失ったわけでもなく、移転届けなしに、自分の判断で空襲の危険のない地方へ移転した女性たちである。空襲のない地方はますます少なくなっていた。一九四四年から一九四五年にかけて、東部ドイツと南ドイツも、最後は小都市や村も激しい爆撃に晒されるようになった。組織はだんだんと混乱を極めてきた。ここは指定された大管区(ガウ)ではないとか、もう満員だとか言われて避難民移送は拒絶された。「どこか空いてるところへ行ってくれ！」というわけである。

避難民の群れはあちこちたらい回しにされ、人々はどうしてそうされるのか分からずにいた。彼らは鉄道や道路の渋滞を引き起こし、しばしば先に進むことができずにいた。エッセン、デュッセルドルフ、ケルンの市民たちはヴェーザー・エムス地方、南ハノーファー、モーゼル地方、ヘッセン・ナッサウ地方、クーアヘッセン地方、マイン・フランケン地方を彷徨い、援助体制が整っていない場所では、雨露をしのぐところを自分で見つけた。多くの市民は故郷にとどまる方を選んだ。

一九四四年五月のケルン空襲では二万五〇〇〇人が家を失い、四一一人の女性と子供を含む六六四人が死亡した。その後は疎開しようとする者はほとんどいなくなった。夫婦は困窮の時をともに過ごそうとし、人々は住まいを放置することを嫌がり、自分の故郷に愛着を示した。避難していた人々は、今一度普通の家庭生活を送るため、大挙してドルトムントに戻って来た。疎開者を統治する上で最も大きな問題は、別離を強いることだった。人々を町に呼び戻したのは、疎開者として送る困窮生活の苦しみというよりは、滅びゆく町との絆であった。

負わされた負担の大きさを考えると、大都市住民保護における郡部や小都市住民の行動は冷静だった。諍いはバックグラウンド・ミュージックにすぎない。警察の調査データによれば、疎開者を迎えた人々の中で、仕方なく迎えただけで彼らを好きではないと答えたのは三分の一である。三分の二は疎開者の傲慢さ、怠惰、都会人特有の鼻持ちならない態度に不満を覚えながらも、兄弟愛を持って耐えている。食糧と生活空間が乏しくなったと言う者もいる。疎開体制がきちんと整備されていないと考える者が九分の一いるが、それでも最も爆撃に晒された都市に住む一九一〇万人の四分の一が、爆弾の届かない地方に行くことができた。この数字は都市部にあるブンカーの最大収容人数の二倍である。[83]

ブンカーと疎開計画によって、危険に晒された人々の三人に一人に、狭くはあるが安全な避難場所が確保された。地下室は完全に安全ではなかったが、ここには一一六〇万人が入れた。こう考えると、一九四〇年に大急ぎで拵えられた防空体制が今日に至っても敵側から高く評価されているのももっともに思える。

疎開者たちは心情的にドイツ全土を爆撃戦争に巻き込んだ。彼らはすべてを知っていたし、報告する術を知っていた。彼らを迎える側に、どうしてこんなやっかいをかけることになったのか、分からせる必要があった。戦線の都市が実際どんな有様であることか！　ドイツの他の地方は戦線での戦いの様子を何も知りはしなかった。何の交通手段もなく、瓦礫の野を越え、雲のような埃の中を仕事に行くこと、水もガスも電気も止まっているので料理もできず体も洗えないこと、商店が壊れているので食料品も買えないこと、スープ皿やスプーンでも救い出せれば宝物であること、絶えず時限爆弾が破裂して壁が崩れることがどういうことか。そう、だいたいそういうことだった。爆撃の夜の話は、何度も繰り返されるうちにますます鮮やかに描写された。

マイン・フランケン地方の秘密警察への情報提供者は、ハンブルク空襲の目撃者たちが五〇万人以上も死者が出たと報告していること、また、次のように言っていることに不満を示している。政府は民族同胞の保全のために何もしてくれない。空襲時に家にいればバラバラに吹き飛ばされてしまうし、通りに逃げれば逃げたで燃える燐が雨のように降って来る。防空地下室も燐に対しては安全ではない。火災は小屋組みではなく、地下室で発生し、上に広がる。地下室で焼死するよりは家の中にとどまる方がいい。人間は燃える松明と化して通りを走り、女たちは燃える子供を水につけて溺死させてしまう。致命傷を負った人間はＳＳに銃殺される。

疎開者たちの話のあまりの恐ろしさに人々は凍りついている、とこの情報提供者は要約している[84]。人々は貪るように疎開者の話を聞き、身の毛のよだつような大げさな話を無批判に信じている。それに避難民たちは、新聞が伝えるように自分たちの運命に泰然と耐えているわけでもない。子供を失った女たちは怒りに震え、何の備えも行わなかったとして総統の罪を訴えている。一九四三年八月、フランクフルト（アン・デア・オーダー）にベルリンの女と子供が次々と到着し、彼らは、次の空襲の犠牲者用にベルリンではもう石灰を敷き詰めた穴が掘られているという噂を広めている。これは不安を呼び起こしている、とこの党の手先は案じている。

情報提供者は続ける。疎開者の報告はどんなプロパガンダも否定する効果を持っている。プロパガンダは爆撃戦争が多くの有名な文化的記念物を破壊したことばかり言い、何千人もの市民が死に町全体が抹殺されたことには触れないが、到着した避難民は着の身着のままの姿で、彼らを見ればハンブルクが荒野と化したこと、そこで疫病が発生したことが一目瞭然である。ハンブルクに比べればケルン空襲など児戯に等しいと言っている。今では一回の空襲で一万五〇〇〇人の死者が出る。次はシュレージェン地方の番だろう。いたるところに「空襲に対する病的な不安感」が蔓延している。農村の人々は戦場から遠く離れているからといって安心してはいない。自分の土地も戦場になるのではないかと恐れている。人々は、ドイツには空襲の恐怖に対処する手段がないと感じており、復讐を求めているものの、その手段がないことに失望している。この情報提供者は、疎開政策を戦意阻喪の元凶とみなしていたのである。

第5章

我々

「人々は不平は漏らすが協力はする」
SS諜報員

ドイツの民間人は自分たちが攻撃目標であること、敵が自分たちを思いのままにしようとしていることを知っている。ドイツ人はイギリスの都市と、どちらが苦難に耐えるかを競う。爆撃戦争は国家的結束力を試す。最初、忍耐はスポーツのようなものである。皆がともに爆撃の後片付けに携わる。意気消沈してはならない。しかし恐ろしいことに、防空体制がザル同然であることが明らかになる。爆撃機の川を攻撃して穴だらけにすることはできても、何トンもの爆弾が投下されるのを阻むことはできない。敵の兵器の途方もない威力を前にしては、じっと耐えるしかない。それが戦時における民間人の宿命で、これは死傷そのもの以上に耐えがたい。なす術のない政府は「報復」というモットーを作り出し、イギリス人にお返しができるかも知れないという希望を与える。緩慢な破局の代わりに、戦闘の様相を取り戻すことができるからだ。報復は、爆撃された共同体にとっての麻酔剤となる。しかしながら、連合国軍侵攻以降に投入されたドイツの報復兵器、Vロケットが殺した人間の数はプフォルツハイム空襲で死亡した者の数より少ない。その他の報復行為とは、爆撃機からパラシュートで脱出したパイロットに集団リンチを加えることである。

悪しき雰囲気、良き態度

スターリングラードの孤立地帯でドイツ第六軍が崩壊する頃、ゲッベルスは報道補佐官たちを集め、戦争開始以来彼らが行っていたプロパガンダの方法は誤りであったと伝えた。プロパガンダのモットーとは、以下のようなものであったと彼は言う。

戦争一年目。我々は勝利した。
戦争二年目。我々は勝利する。
戦争三年目。我々は勝利しなければならぬ。
戦争四年目。我々は降伏するわけにはゆかぬ。(1)

「たんに勝利したいとか、勝利しなくてはならぬのではなく、我々は勝利できるのだということをドイツ民衆は理解しなくてはならない(2)」。基本的に言って防衛に対する民衆の姿勢はまったく破滅的ではないか、とゲッベルスは述べた。

一九四三年初頭の情勢はちぐはぐな様相を呈していた。ドイツの民衆は勝利することはできず、爆撃戦争で完全に打ち負かされそうである。一方、勝利を収めることができる唯一の機関である軍隊は、戦線の状況を鑑みれば、目下のところ敗北することはなさそうである。それにはまだあと二年半かかった。そのうちに国内の市民は崩壊してしまうかも知れない。市民は鎖の中の最も弱い部分である。市民がある時点で壊れるかあるいは持ち堪えるかが戦況を左右する。「この困難の時期を乗り越えることは、まず何より心理的な問題である」とゲッベルスは述べている。

ドイツが勝利できるか否かは決してプロパガンダにかかっていたのではないが、心理状態が知らず知らずのうちに敗北を呼び寄せることもある。「六カ月間、これが続くと考えなくてはならない(3)」。一九四三年三月初頭、直前のベルリン空襲で四六八人の死者が出たことを聞いた後でゲッベルスは日記に記している。「六カ月後には多くの町が瓦礫の野と化し、何千人もの死者が出て、国民感情は幾分か揺らいでいるかも知れない。それはどんなことがあっても避けなくてはならない」。その翌日、ゲッベルスは宣伝省内で「雰囲気」という言葉の使用を禁じた(4)。建物が炎上し、町が荒廃しているときに雰囲気という言葉は使えない、誰もそんなことに歓呼の声を上げたりはしない。それよりは良き「態度」を強調するべきではないか。爆撃戦争中の雰囲気は悲惨なものに決まっている。しかし「気骨ある態度」の方はそうではない。これは陰鬱な時代にこそ真価を発揮する軍隊的美徳である。後に爆撃戦争の標的となるドイツ市民にも、黙々と耐え抜く能力、頑固さが具わっている。民間人とはしぶとい存在なのだ。

空の戦線は地上の戦線とは逆の方向に移動した。ドイツ軍が電撃戦でオランダ、ベルギー、フランスを征服した一九四〇年五月から六月にかけて、敵はドイツの上空に現れた。どんな兵器もこれを阻むことはできない。ドイツ人は信じられぬ思いでそれを確認した。五月二二日にアーヘン周辺に二〇〇個の爆弾が投下された。爆撃機はサーチライトに照らされ、三時間にわたって旋回を続けたが、一機も撃墜されなかった。こんな攻撃にはすぐにうまく対処できるはずだ、とドイツ側は信じていた。ケルン、コブレンツ、ドルトムント、デュッセルドルフ、ダルムシュタットでも、高射砲による防衛がなされなかったことがしきりに論議の的となった。戦闘機は現れず、警報さえ機能しなかった。三月の第二週、デュッセルドルフでは半日のあいだ、何度も警報と警報解除が続き、誰もが混乱状態に陥った。ハンブルクとブレーメンでは警報は鳴らず、防御の砲火が上がる前に爆撃機は一時間も市の上空を飛んでいた。

これらの爆撃では大規模な火災も物的・人的損害も生じなかったので、人々は不安になる代わりに、怒りを募らせた。夜間の襲来は敵の臆病さの印だったが、防空体制は失敗続きだった。軍事施設にはほとんど命中せず、もっぱら民間の目標だけが狙われることを不審がる声はなかった。適切な時期に警報が出れば人々は安心した。「国民ガスマスク」の需要が急増し、誰もが空襲が続くことを覚悟した。五月末に撒かれたビラは、「今後我々は、貴国が屈するまで毎晩やって来る」と約束していた。また、他のビラが列車で、市街電車で、商店で、路上で忙しく回し読みされたが、警察が見つけることはなかった。このビラには、五〇〇〇機のイギリス軍飛行機がルール地方攻撃の準備をしている、三日以内にこの地域を退去されたい、これは始まりにすぎない、その後は大規模なガス爆弾攻撃が続く、と書いてあった。

一九四〇年六月、爆撃機軍団は定期的に西部上空を飛び、無計画にわずかの爆弾を投下し、ほとんど損害を与えることもなく毎夜毎夜、熱心に都市上空を旋回した。警報センターは敵機飛来を追うことができず、夜間シフトの労働者を抱える工業は独自に従業員に警報を出した。住民は今や、気を抜くことができなくなった。同じ建物に住む住民は順番に不寝番を務めた。また、目覚まし時計を夜中の一二時に合わせ、遅くとも高射砲攻撃が始まるまでに地下室に入る者もいた。六月前半、別の町では途方もない人的・物的損害が出ているという噂が広がった。それでも被害の増大はたいしたものではなかった。一九四〇年の死者は月平均で一四三人である。[5]

警報解除がうまく伝えられなかったので、地下室に入った人々はそこで落ち着かぬ夜を過ごすことになった。ユーリヒの工場の半分は従業員の過労のため稼動できなかった。アーヘンの針製造工場で働く成人女性や少女たちは、職場で眠り込んでしまった。一方、西部でのドイツ部隊の勝利はドイツを有頂天にさせた。戦争は終わった。勝利したのだ！　デュッセルドルフでは六月一八日夜の空襲で一三〇個の爆弾が落ち、一〇人の死者が出た。責任の一部は空襲警報解除が早すぎたことにあった。防空体制の不備に対する怒りが抑えられたのはひとえに、もうすぐ何もかも終わると人々が考えたからである。

六月一七日から一九日までの夜間空襲に人々は驚いた。賽は投げられ、西部戦線ではドイツが勝利したのに、何のための爆撃なのか？　六月中にドイツ人は、戦争は終わらないことを悟った。戦場は静まってはいなかった。戦場は通りと家々へと拡大したのだ。それがまだ残っている唯一の戦場であった。その月の終わりにイギリスは北、西、中央ドイツ全土に、ナチの党章をつけた皮肉な「公式発表」を撒いた。それには、次のように書いてあった。空襲を戦闘機や高射砲で阻むことは不可能である、「民族同胞がすでに承知のごとく、ほとんどすべての都市内に、あるいはその近郊に軍事目標とみなすことができる施設が存在する」。これによって「ほとんどすべてのドイツの都市が苦難の運命をたどる」ことは避けられない。各人は「自分に必要と思われる結論を引き出すべし」とあった。[6]人々は「そんな馬鹿げた話」には動じないという結論を引き出すことにした。

イギリス軍が八月第一週に出した宣伝文句「ハンブルク粉砕」をハンブルク住民は大いに面白がった。もっともハンブルクでは、どちらの側のプロパガンダも信用されていなかった。おそらくドイツのニュースはすべてを語っているわけではない。ハンブルクでは一九四〇年七月四日の空襲で一六人が死亡し、そのうち一二人は子供であった。同じ日にキールでは八人の死者が出ている。その一〇日後、一時間以内に大空襲が始まるという噂が町中を駆け巡り、住民の不安は高まった。ドルトムントでは、空挺部隊員が降下してガス攻撃の準備をしているという知らせで人々がパニックに陥った。ガスマスクは十分あるのだろうかと人々は疑った。さらに敵機はジャガイモを駄目にする害虫を撒いて収穫を台無しにしようとしている、とも言われた。

バート・リップシュプリンゲを標的とした七月一四日夜の空襲の数時間後、一二〇〇人の保養客が慌てて逃げ出した。この「前衛的」空襲ではパラシュートに付けられた二〇の火の玉が、リゾート地バート・リップシュプリンゲを昼間のように明るく照らした。時限爆弾が炸裂したのだった。被害にあった町の住民が論議するのは爆弾のことばかりである。女や子供は頭痛、風邪の症状、過労を訴え、労働意欲は消失した。これは一九四〇年八月のことで、爆撃戦争が始まって一〇週間が経過していた。

ハンブルクの雰囲気は一変した。言葉でイギリスの爆撃機を追い払うことなどできない。これまでの死者は一〇〇〇人と言われている。報復を叫ぶに十分な数である。散発的な報復は役に立たない。効果を上げるのは大規模な攻撃である。七月に新聞はすでに報復が間近に迫っているという記事を載せていたが、まだ公式ではなかった。物事には順序があるし、火に油を注いではならない、と考えられていた。

八月にイギリス本土を巡る空戦が開始され、仰々しい言葉を並べたビラがベルリンに舞い降りた。

やっと思い知ったか？　ドイツ上空を飛ぶわが空軍が望み通りのことをなし、七月にはルールとラインラント地方の軍事目標上にだけでも三万七〇〇〇個の爆弾を投下したことを忘れたのか？　いつ、いかにしてこの戦争が終わるか、それを決定するのは我々と、我々の側に立つ全世界である。(7)

ハンブルク市民が望んだ対イギリス大攻撃は今すぐにでも行える、とゲッベルスは思っていた。ただ、政治的に考慮に入れなくてはならないのは「ロンドン抹殺はおそらく人類史上最大の破局となるだろうから、この措置を世界に対して何としても正当化しなくてはならない(8)」ことであった。「怒りの叫びを上げて」報復する理由となるような攻撃をイギリスはまだ行っていない、と彼は述べている。ベルリンで破壊されているのは、外国からの特派員に町の模型を使って示されているように、取るに足りないものばかりである。甚大な被害と発表されているが、ベルリンの広大さを鑑みればそれはまったく問題にならない。爆撃による死者は交通事故による死者の範囲内であったので、政府はこれを許容範囲内と考えていた。九月一一日、ゲッベルスは報道陣に対し、五月一〇日以降の爆撃による死者は一五〇〇人ではなく六一七人であるが、この数字は内密にしておくように、なぜならロンドンでは同じ数の人間が一日で死んでいるからだ、伝えた。(9)イギリス側は一〇月末にベルリンの死者数を二八七一人と主張したが、ドイツ宣伝省はこの数字を八九人と正し、さらにロンドンとベルリンが競っている死者数の合計を発表しようと提案した。これは総統司令部からあまりに軽薄な行いとみなされた。

両国ともに数字と成果をこね回し、民衆の想像力を刺激する道具にした。イギリスは四万三〇〇〇人のドイツ市民を殺したと自慢したが、実際の成果はそれほど華々しくなく、数字は四〇倍も誇張されていた。一方ドイツ側は、報復の理由になる大虐殺を待ち望んだ。爆撃されたベーテル小児精神病院を巡ってさんざんプロパガンダが行われたが、党に近い筋の人々は皮肉な微笑みでこれに応えた。これで我々にも「遺伝的障害を持つ者たちの苦しみに同情する心があることが分かった(10)」からだ。馬鹿者たちが何人か死んだからといって大騒ぎすることはない、「アメリカの餌食」となった「ベーテルの子供殺し」の犠牲者は、「イギリスにおける我々の容赦ない行動を世界に対して正当化する」のに役立つだろう、というのが彼らの考えであった。これによって国内の各派も結束するだろう。一方、キリスト教会はロンドン空襲に異議をほのめかしていたが、「この新たな悪行に報いるにはイギリスの住宅地を容赦なく攻撃するしかない(11)」というのが国民の総意であった。ビーレフェルト地域の住民は、殺された七人の子供たちの埋葬に際してフォン・ボーデルシュヴィング司祭が話したことに失望した。報復のことも、勝利のことも、死の原因となったことについてさえ、一言もないではないか。祈りの最後に司祭は、列席していた党の代表者にも、速やかな平和の到来を一緒に祈らせた。

秋のあいだ中、人々はロンドン粉砕の新聞見出しを貪るように読んだ。確認のために人々は破壊された町並みのクローズ・アップ写真を掲載するよう求め、それをワルシャワやロッテルダムの瓦礫の写真と比べた。これらの町よりロンドンの被害の方が大きいとはとても思えないではないか。地下鉄の坑道で寝泊りするロンドン市民の写真は、ドイツ人の今までの苦しみなどさほどのものではないことを示していた。人々は我慢競争をスポーツのように眺め始め、イギリス人の辛抱強さを賞賛した。ドイツ人はこんな目にあったら同じようにしぶとく耐え抜くことができるだろうか？　病院、児童施設、家庭菜園地区ばかりを狙うイギリスの攻撃をことさらに書き立てるドイツの新聞を読んでも、市民はもはや怒りを覚えることはなかった。「これが戦争なのだし、我々も同じことをしているのだ」。総力戦とはもっとずっと過酷なものだ、と人々は考えた。

民族同胞はイギリスの首都がどんなに広いか知らないし、ドイツ空軍の影響力について誤った考えを抱いている、と党は不満の意を表した。しかし、民衆も空軍もすぐに、何かが間違っているという感情を抱いた。一回目の爆撃の後で「死の町」と報じられた土地をどうして何度も爆撃しなくてはならないのだろう？　爆撃と警報に晒され続けて地下室から出られないはずのロンドン市民は、どうやって食料品を調達しているのだろう？　ロンドン市民はとっくに疎開していて安全なのではないだろうか、あるいは彼らはたんに警報など無視して用事をすませているのか？

コヴェントリー空襲は一陣の喜びの風を運んでくれた。報復とはこのようなものだ。それだけに一層謎なのは、何週間も攻撃を受けているはずのロンドンが、一夜の空襲後のコヴェントリーほどにも「消尽した」ように見えないことだ。一二月、イギリスの官庁街に直撃弾が落ちたというニュースにドイツは沸いた。チャーチルもひどい目にあっているといいのだが、と。一カ月に投下された爆弾の量が発表され、これは広く専門的興味を喚起した。この数字からは、ロンドンの火災のニュースからよりも多くのことが読み取れたからだ。新聞によればロンドンでは始終火災が発生し、一月の記事では「無事な建物は一戸もない」はずだった。そんなことを信じる者はなかったが、イギリス人の忍耐力には惜しみない称賛の声が上がった。それに比べればドイツ国内の爆撃など何であろう。「我々の飛行機がイギリスに与える被害に比べれば」こんなことは「お話にならない」。

西部の町、アーヘン、ビーレフェルト、ブラウンシュヴァイク、デュッセルドルフ、コブレンツの住民は夜間の警報に慣れてしまい、めったに防空室に入らなかった。地下室の寒さと湿気で病気になる危険の方が、爆弾に当たるというありそうにない危険よりずっと大きいのだ。そういう悪運に見舞われた者は国から補償金をもらえる。補償と防空に関する制度が整えられ、人々は空戦に順応した。以前には考えもしなかった問題が浮上した。もしもフランクフルトにある四万四〇〇〇戸の建物の住民が警報を聞いて勧告通りに地下室に入り、電気の暖房機のスイッチを入れたら、それだけで一挙に最大時電気使用量は一万二〇〇〇キロワットに上り、電力ネットワーク全体を脅かしてしまう。被害補償局では、ラジオは生存に必要であるか、失われた場合に代用品を与えるべきか否かについて論争が持ち上がった。もっと難しいのは、それが本当に破壊されたのかどうかを証明することであった。爆弾でベーコン一キロと小麦二・五キロが被害を受けた場合、どう対処したらよいのか、役人には分からなかった。こうした被害申請は諦めるように言っても被災者は納得しなかった。他方では、ろくに服も着ていない状態で瓦礫から引っ張り出してもらった夫婦たちは衣類を手に入れるために国民福祉局から購入券の発給所へと駆けずり回ったが、布地はどこにもないのだった。

行政部はまず規則を練り上げることから始めた。敵機来襲警報が鳴っているあいだの通りや広場への立ち入り許可についての条例は一〇回変更された。特定の職業集団だけに立ち入りが許されたが、それがどの職業かはなかなかはっきりしなかった。規則の詳細はすべての郡役所に知らせなくてはならなかったので、何百万通もの書状が巡回し、前代未聞の混乱状態となった。司教クレメンス・フォン・ガーレンの方が速やかに被災者の役に立った。彼はミュンスターラント地方で、爆撃の被災者や被害を受けた大聖堂のために品物を集めていた。田舎の人々は非常に気前よく物品を供出してくれた。ミュンスターの火災はナチ党のせいだ、破壊をもたらす力から身を守るために毎年行われる松明行列をナチ党が禁止したから罰を受けたのだ、と土地の人々は言った。

爆撃による最初の組織的放火は、リューベックが対処できる限度を超えていた。保安救助部隊の老人たちにはなす術もなかったが、一一七回の空襲の経験を積んだハンブルクの隊員たちがすぐに駆けつけた。休暇中の国防軍兵士たちが大勢リューベックに滞在中だったのは幸いだった。土曜日の夕方で住民たちは出かけており、能天気にもホース、水、砂、ピッケル、鋤、バールなど、消火に必要な道具の用意もなかったので、勇敢な兵士たちの行動だけが火災を鎮めることができた。ヒトラー少年団とドイツ少女団の団員たちが負傷者や家を失った人々のあいだを駆け回り、リューベック市民たちはと言えば破滅に直面して呆然としていた。「この夜ほど、民族同胞の連帯感と一体感が証明されたことはなかった」[12]。挑戦的な商人たちは日曜には店を開いた。ショーウィンドーの看板には「災害時用バターあります」とあった。人々を立腹させたのは、国防省の報告はこうした試練や勇敢な行為については何も触れようとせず、「若干の被害」とだけ述べたことだった。

数年前から毒ガス戦の恐怖を思い描いていた住民は、燐を混ぜた焼夷弾が投下されるのを見て、これは「空中化学戦」の始まりではないかと考えた。火災、毒ガス、バクテリアは同じ種類の戦争様式であると考えられていた。一〇〇〇の爆撃機を投入した五月のケルン空襲の後には、飲み水に気をつけろという警告が電光のごとく駆け巡った。イギリス軍が水をチフス菌で汚染したというのである。警察は広報車を出してこの噂を否定した。しかしこのパニックは故なきことではなかった。コレラ菌、チフス菌、赤痢菌で水源を汚染するのは、一九三一年の満洲事変の際に日本軍が使った方法だったからだ。しかしドイツの敵が選んだのは水ではなく、郵便物だった。一九四二年一二月、秘密警察はワルシャワにある四部屋付アパートで、発疹チフス病原体の入った生物兵器を発見した。一九四三年、ポーランドの地下活動組織はチフス菌に汚染された小包を七七個郵送し、それによって四カ月で、彼らの主張によると四二六人を感染させた(13)。空中化学戦に対するドイツ人の受けとめ方は、従来の爆撃に対するものとは違った。その戦いが始まる前からもう「無力感が蔓延し」「自分たちはなす術もなくこれに晒されていると確信していた(14)」。

リューベック空襲から一回目のルールの戦いまでの年、防空に励む地域共同体はまるでスポーツでもしているかのような態度をかろうじて保っていた。第五爆撃航空群によるアウクスブルク空襲作戦を、ドイツは軍事的に高く評価した。目標への大胆な接近、軍事施設への集中攻撃、高射砲の死角への急降下、高度一〇〇メートルから正確に狙いを定めた爆弾投下には誰もが感心した。自国のチームを見ているとドイツ人は胸苦しくなった。戦闘機製造業で世界に名高いアウクスブルクをどうして戦闘機が防衛できないのだろうか？　高射砲には要員がいないか、あるいは眠っているのだ！　町の上空を守る傘である戦闘機による防衛を、住民は渇望していた。しかし戦闘機は西のカムフーバー・ラインに移動しており、それだけに、ドイツの領空を通って敵の爆撃機がアウクスブルクまで何時間も飛んで来るのは、不思議で腹立たしいことだった。

戦線とはかつて市民にとっては地平線の彼方にあった。そこでは軍が戦線を守っていた。その戦線が突破されれば軍は打ち砕かれ、戦争は間もなく終わった。戦線が自分の頭上にあり、あいだには何もないという事態に人々は息を飲んだ。一九四〇年から一九四二年にかけて、近代戦の根本をなす二つの事実が改めて確認され、人々は落胆した。どうやって敵は我々の頭上にやって来るのか、それになぜ敵は反撃にあうことなく垂直に下に向けて射撃できるのか、ということである。

一九四二年七月、高射砲がハンブルク上空の爆撃機二九機を撃墜したが、人々はそれを信じる気にならなかった。夜間戦闘機は姿を見せず、住民は自分たちが完全に見捨てられたと感じ、三三七人の死者が出たことにひどく失望した。前から空襲は覚悟していたし、恐れてはいなかった。防衛体制があるので空襲には対処できると考えていたのだった。敵側の損失は七・二％で、これは軍事的に見て立派な成功であったが、成功したという気分にはなれなかった。人々は深く打ちのめされたが、気骨ある態度を失うことはなかった。「ヒトラーを倒せ、そうすれば平和になる」という敵のビラを見て、人々はこれを「世論に影響を与えようというじつに愚かな試み」と考えた[15]。

ハンブルクの全市民は連帯した。瓦礫からお互いに引き出し合い、危険な住まいから荷物を出し、放水し、砂を撒き、延焼の元凶となるバラックや垣根を解体した。女性と少女たちはめざましい活躍をし、進んで何でも行った。女性労働者たちは持っているコーヒー豆を全部供出した。後に二億五〇〇〇万マルクもの補償申請が出された。

「我々はイギリス軍から学ぶところが大きい。激しいロンドン空襲のあいだ、イギリス軍は自国民の態度を称賛し、ロンドンを神話と化した」とゲッベルスは語った[16]。国防省報告は今こそ空襲というドラマを生き生きと描いてみせなくてはならぬ。空軍の影が薄かったのはロシア進軍のためだ、と八月にゲッベルスは釈明した。当時は東部戦線が戦況に重要であった。「我々は東部でイギリスを打倒する」というスローガンは三カ月有効だった。西部戦線はその期間、歯を食いしばって耐えた。

ザール地方とプファルツ地方の人々の話題は、次に爆撃を受けるのはどの町かということだけだった。イギリスのやり方は、一カ所への空襲を短期間に何度も繰り返すことだと分かったので、この地方の多くの人々は毎晩町を離れ、夜明けに戻る生活を始めた。マイン・フランケン地方でも大都市住民は貴重品を用心のために農村に預けた。ヴュルツブルクの繊維会社は倉庫を移転した。その頃ロシア駐在ドイツ軍はドン川方面に向かっていたが、故国から、敵がわが家のサイドボードを壊してしまったという内容の電報を大量に受け取った。ケルン市民は壊れたリビングルーム用備品三万五〇〇〇点もの補充を求め、これはヨーロッパ中からかき集めて送られた。一九四二年六月の終りに、マルティン・ボルマンは党中央部で大管区(ガウ)、郡、地区集団の指導者に対し、戦闘中の部隊に洪水のように押し寄せる個人的電報の数を減らせと指示した。こうした知らせは意気阻喪させるからだ。郵便局員は緊急と証明できる場合にのみ電報を受け付けるように命じられた。出征兵士の親族は緊急時には居住地の国防軍部隊に相談できた。しかし、口輪をはめてこの話題を押さえることなどできないことはゲッベルスも承知していた。何百万もの人々が毎日、西部の危うい防空体制を心配し、今後どうなるだろうか、いつになったら状況が変化するだろうかと尋ね合っていたのだ[17]。希望を与えた方がいいのか、それとも事態の深刻さをそっと教えた方がいいのか？「これまでのところ、私たちは空戦について語る際の正しい論調を見つけられずにいる」。ドイツの住民はこのテーマについての討論に加わらずにはいられなかった。だが、一九四二年九月に人々が求めていたのは、結局「正しい論調」ではなかった。

ライン・ルール地方ではベルリンの政府に対する怒りが徐々に湧き上がった。九月にはさまざまな部局が爆撃された地域に調査委員会を派遣したが、委員は控えめな歓迎を受けた。住民は役人たちに話しかけられるのをいやがった。役人は時間ばかり取り、同情を演じたが、住民がほしいのは援助だけだった。一九四三年一月はじめ、クレーフェルトでは話題の中心はベルリン空襲だった[18]。それは例外なく深い満足とともに語られた。大口を叩くベルリン人がやられてもいい頃だ。ラインラント地方の苦難に対してベルリン政府はじつに鈍感だったのだから。ベルリンへの軽微な空襲に対してはすぐにイギリスに報復攻撃が行われたのに、ケルン、デュッセルドルフ、デュースブルクに加えられた類のない被害を罰するための飛行機は、東部戦線から一機も回してもらえなかったではないか。その上ベルリン住民は爆撃後、コーヒーの特別配給をもらっている。「イギリスの飛行機がもっとベルリンに飛んでいって、我々西部の人間の気持が分かるようになればいい[19]」というのが多くの人々の見解であった。「我々西部の人間は二級国民と見られているし、ラインラント地方全土は見捨てられている」と人々は感じていた。

一回目のルールの戦いの時点で雰囲気は一変した。一九四三年春と初夏には全国民が西部の都市に注目した。クルスク突出部での戦車戦も、連合国軍のシチリア島上陸さえも、ヴッパータールやレムシャイトの出来事から人々の目を逸らすことはなかった。延々と続く粉砕された街区、何キロにも広がる火災の海、煙に包まれた直径二六メートル、深さ八メートルの弾孔は、忍耐力を競うスポーツ気分に終止符を打ち、てきぱきとした救助活動は影をひそめた。何の意味もなかったからである。被災者たちは打ちひしがれ、命が助かっただけでも幸せで、苛立ちながら撤去部隊を待った。瓦礫から最小限必要なものだけを引っ張り出し、その後は草地に体を伸ばして自分たちの疑いを口にした。「総統は俺たちに大嘘をついた」。間の抜けた報復しかすることがないなら、さっさと終わりにしたらいいのだ、と彼らは言った。「連中は何とか報復しようとしているが、チャーチルは爆撃をやめない」。救助活動を行うヒトラー少年団、ナチ党、SAだけが被災者を励ました。人々の関心は「昨夜、敵はどこに飛来したか」ということだけだった。国防軍報告がそれを伝えたし、ラジオが伝える必要があることは、他にはなかった。二回目の大空襲でエッセンが松明のように炎上しているとき、ヒット曲〈あなたと踊って天国へ〉が流れると、まるでひどい嘲りのように聞こえた。人々はいらいらとラジオの目盛を回し、防空警報を聞こうとしたが聞こえてくるのは敵の放送だった。

一九一八年の記憶は暗い影を落としていた。第一次世界大戦ではアメリカが介入するや、一切が終わった。我々は「結局、またもや包囲されてしまった」。東部、シチリア島、空という三つもの戦線は維持できない。「またもやすべてが無駄になってしまった」。ヨーロッパ要塞は難攻不落なりというお喋りはまるで冗談のように響いた。もし連合国軍がシチリア島に足場を固めたら、イタリアはお終いだ。一九四三年夏、ドイツの戦い方ははじめて弱腰になった。「こんなに弱体化してはもう攻撃を続行することはできない」という声が高まっていることを、帝国保安本部は六月二五日、党官房に伝えている。「陸で、海で、空で、すべての戦線で、敵はこれまでは不可能と思われていたほど優勢になった」[20]。ドイツ国民は身を苛む不安とともに待っている。忍耐への意志は砕かれていないものの、たいした成果が上がっていないので噂話が広まっている。国民は悲観的になり、否定的な見解に傾きがちである。プロパガンダも総統談話もこの雰囲気を変えることはできない。戦争という出来事にどっぷり身を浸して「住民は一方では次の夜にも訪れるかも知れぬ破局を、他方では敵への報復を待ち望んでいる」。

党官房の指令により、ドイツ軍による空襲はすべてテロ攻撃ではなく、報復措置と表現すべしとされた。テロ攻撃なる概念は敵による犯罪行為を示唆するものであった。敵の本性は文化遺産や民間人を好んで攻撃することにある。これが空戦時のプロパガンダの柱であった。「文化的野蛮」なる言葉が喧伝されたので、被災者たちは「ケルン大聖堂を巡る大騒ぎ」にはすぐにうんざりした。ライン地方のカトリック教徒たちは大聖堂のファッサードに開いた穴にひどく心を痛めた。「もし正義が我々の側にあるのなら、主はこんなことを決してお許しにならないはずだ」[21]。主の祝福は我々を見捨てたのだ。

人々が伝える空襲の詳細はいつでもどこでも劇的な想像力で構成されていた。ケルン市民の半数は七月の空襲で家を失ったそうだ。人々はライン川の岸で野営している。二万五〇〇〇人の死傷者が放置されている。騒乱が発生し、商店は略奪され、部隊は発砲を命じられている。部隊は武器を捨ててしまったので、SSが治安維持に当たっている。ライン・ヴェストファーレン地方の町の再建には三〇年から五〇年かかるだろう。「この瓦礫をいったいどこに片付けたらいいのかさえ想像もできない」。そう人々は噂した。

国家は民族同胞から出された最も差し迫った問い「敵はどこを攻撃したか？　損失はどのくらいか？」に答えるのを避けた。新聞は「敵の放火魔に毅然たる態度」「イギリスのテロ攻撃に対し断固たる決意」という決まり文句でルールの戦いを飾り立てた。情報がないので噂話がその代わりをした。噂話は誇張されていたが、現実はその通りになった。噂のほうが現実に一歩先んじていたのである。七月はじめ、「敵勢力による新しい戦闘方法」のことが噂に上った。火災があっという間に広がり、「焼死による死者が圧倒的である」(22)と。「ルール地方を廃墟にした」後、空からのテロルはドイツ全土に拡大した。ベルリン、ミュンヘン、ニュルンベルクは「スターリングラードと化した」。西部には作戦展開地域と戦闘地域が広がり、何千という身元不明の死体が集合墓穴に入れられた。地下室で生きながらにして焼け死んだのだ。燐で焼かれた死者は縮んで小さなミイラとなった。深夜一時に住民はブンカーの前に行列していた。

ハンブルクの火災嵐によって、勝利への確信は消え去った。安心感は「あまりにも突然に崩れ去った」。このような攻撃を行う敵に打ち勝つことはできない、と人々は感じ苦しんだ。「敵は我々を片付けてしまうだろう」。もうやめるべきだ。「払える限りの犠牲は払って、終わりにしなくてはならない」「犠牲者の数は日に日に増大しているのだから」。ハンブルクに比べれば、ケルン空襲など児戯に等しい。「敵の空襲には太刀打ちできない」。対処法は色々と教えられているものの「町が次々に破壊されているのを我々はなす術もなくただ眺めているしかない」。イギリス軍はいつでも来たいときにやって来る。「そして昼も夜も定期的に上空を散策する」「空戦は我々ドイツ人を打ち負かすだろう」。女たちはこう考え、「命はないと覚悟した」。

敵の飛来が増えるにつれ、防衛力は低下した。夜空には何時間も敵機のエンジン音がうなっているというのに、高射砲が撃墜できるのはほんのわずかだった。飛行機は決して高高度ではなく、屋根をかすめるほどの低空を飛んだ。「弾薬不足がいつもドイツの命取りであった」。まだドイツの勝利を望む者は、どうしようもない楽観主義の愚か者とみなされた。「我々が勝つなんて、あなたは何を考えているのですか?」と。しかしロシア戦線から休暇で戻って来た兵だけは希望的観測を抱いていた。ボルシェビストたちは占領されたウクライナを失って必ずや飢饉に襲われる、と言うのだ。「もしも俺たちがあんたたちみたいな渋面をしてたら、とっくに戦争に負けて、あんたたちはそこらの木にぶら下がって腐ってただろうよ」(23)。それを聞いて農民たちは信じられぬ思いで頭を振り、呆れたのだった。

報復

一般的な見解によれば、ロシア軍は経済的に優位で人口も勝っていたが、戦争の勝敗を決するのは空戦であった。ルールの戦いでは希望は防衛力にあった。戦闘機と高射砲が爆撃機を駆逐した。一九四三年秋、戦闘機は何とか防衛をこなしていたが、人々はもう勝ち目はないと思っていた。「何機撃墜しようが関係ない。町は次々と爆撃されているのだ。イギリスの痛いところを突く武器を手にするしかない。さもないとドイツは完全に抹消される」。そうなれば、「私たちは死ぬしかない」と女たちは言った。そうなったら何ができるというのか？ 「報復がなされないうちは安心できない」。報復があらゆる会話の中心となった。報復こそ「我々が切実に望むこと」で、人々にとって唯一の心の支えであった。『ライン・マイン新聞』に載った死亡記事にはこうある。「我々の子供たちの死が贖われる日、我々の悲嘆もやむことだろう」。国民の抑鬱状態は、「どうしてドイツ指導部はこんなにも長いあいだ、こんな状況に甘んじているのか」という疑問から生まれたものだった。以前には「よその連中はお喋りをするだけだが、我々ドイツ人は行動する」という言葉がよく口にされたが、今では逆であった。「慰めの言葉」は人々をいっそう怒らせるだけだった。「何千人もの人々がほぼ毎日死んでいるのを傍観しているわけにはいかない」。最初、軍は大口を叩き、どんな不測の事態にも対処できると言っていたのに、今では防衛もできずにいる。それというのもわが国の技術者たちがまだ兵器を完成していないからだ、と人々は語った。

一九四三年初夏、ゲッベルスはロシアでの失敗から国民の目を逸らすため、報復兵器についての噂を流し、これは国民に激しい爆撃戦争を一年間我慢させることになった。九月には、ロケットで運搬され、光線で目標に誘導される途方もない威力を持った弾丸のことが噂に上った。ほんの数発でロンドンは全壊となる。問題は、精度が低いことで、二五キロの誤差が見込まれている。イギリスはもう、それを空中でとらえ、爆破する対抗手段を完成している。報復兵器の製造場所はウーゼドム島にあり、とっくに爆撃で破壊されているので報復が遅れている、というのが噂の内容であった。人々は、報復の日がいつなのかを、言い抜けを続ける指導部の言葉から何とか読み取ろうとした。報復は本質的に機密事項であった。ゲッベルスは曖昧に、報復の日はゆっくりとだがきっと来ると語り、人々はこの「きっと」という言葉に少しでもすがるしかなかった。

一九四三年一一月八日、ヒトラーは「老兵たち」に向かって最後の公式演説を行い、これはテープレコーダーに録音されて二〇時一五分にラジオ放送された[24]。ヒトラーが語ったのは主に犠牲が与える力についてであった。自分の所有物を失った者は、ただ勝利することで損失を取り戻すことができる。「こうして数十万人の爆撃被災者は復讐の前衛に立っているのだ」。工業の損失などたいしたことはない。崩壊した住宅二〇〇万戸や三〇〇万戸はすぐに再建できる。「敵は好きなだけ破壊すればよい」。自分は女性や子供たちの受難に心を痛めるものではあるが、全能の神に頭を垂れ、神がドイツ本土決戦というもっと甚大な試練を与えなかったこと、「至高の世界に対するこの戦いをドイツ帝国国境のはるか彼方にうまく運び去ってくれたこと」に感謝する。ドイツは決して、零時一五分前に武器を置くという一九一八年の失敗を繰り返さない。「これは信じてよい。最後に武器を置くのはドイツである。それは零時五分のこととなろう」というのが演説の内容だった。

ついでにヒトラーは、敵の戦争犯罪者はドイツ再建のために徴用されるだろうと述べている。「これが私がまず言うべきことだ。次に言うべきことはこうだ。ここにいる紳士諸君が信じようと信じまいと、報復の日は来る」。前年には「こんなことは何でもない」とか「屈服するな」という言葉が民衆の心情を表していたが、今、民衆が聞きたいのは自分に心地よい言葉であった。もし総統が報復という言葉を語るなら、報復の日は来るのだ、と。しかし他方では、ヒトラーは万策尽きている。さもなければ万能の神には、語りかけたりはしなかったはずだ。「困難が彼に祈ることを教えたのだ」。少なくともヒトラーは大聖堂の苦難ではなくて女子供の苦難のことに触れているではないか。しかしいつものヒトラーとは違って、ドイツが敵に与えることができる苦難のことより、ドイツが耐え忍ぶ苦難について語っている。

第一次世界大戦時の忍耐と今回の戦争での忍耐を比べる話に国民はうんざりだった。都市では、前の大戦の四年間で死んだ兵士より多くの人々が数時間で焼け死んでいる、と一一月一四日付のナチ機関紙『フェルキッシャー・ベオーバハター』は書いた。こんな犠牲を自慢しても意味はない。ヒトラーも他の人々が耐え忍んでいることを自慢の材料にしている。「党の同志諸君、もし我々がこの数年耐え忍んでいるように、前大戦時にももう一カ月耐えていたら、とは思わないか？[25]」今、皆が耐えているのは、前大戦の教訓のおかげである、とヒトラーは言う。しかしながらドイツ人は焼け死ぬ方法など教えてもらいたくはなかった。爆撃はドイツ人にたぎるような復讐欲を鬱積させたが、総統の演説は報復に触れていなかった。

憎悪の感情は全国民の上に渦巻いていた。「今こそイギリス国民を全滅させなくてはならぬ、と全国民は声を揃えて求めている。復讐はどんなに過酷でも過酷すぎることはない」。キリスト教者としての義務もこの復讐心を和らげることはなく、信者らは旧約聖書から呪いの言葉を吐いている。「その種(しゅ)は根こそぎにせよ」[26]。毒ガス攻撃への恐怖が再度広がり、ヘルマン・ゲーリングは爆撃機によるテロルに毒ガスで応戦しようとした。人々は報復を求めるか、あるいは絶望するかで、その中間はなく、一方から他方へ移り変わるだけだった。「もし反撃ができるものなら、ケルン大聖堂が壊される前にとっくにやっていたはずだ。でもできなかったではないか」。

　身を屈めて爆撃に耐えている人々は党への信頼を失ってしまった。「意図的なプロパガンダ」は人々を怒らせ、「もはや何の効果も上げなかった」。ドイツ中央部では一二月、「ライプツィヒ、マグデブルク、ハレ、そして戦争はおしまい(アレ)」という戯れ歌がはやった。ザクセン工業地帯の中心地が片付くまで報復を待つのなら、報復など必要ない。「無意味な破壊によって人々はますます深く苛まれている」。ドイツ人は魔法の兵器のことをこと細かく想像しては、「愛を込めて」語った。東部の人々は「その完成は近い」と希望を抱いていた。北海とバルト海沿岸では昼間、アメリカ軍のB17編隊が密集して飛び回っていた。一九一八年におけるアメリカの後光は、一九四三年における第八航空軍の大失敗を覆い隠していた。アメリカ軍編隊は「まるでナチ党大会のごとく」ドイツの空で訓練飛行していた。アメリカ軍の「飛ぶ要塞(フライングフォートレス)」――ゲッベルスの用語では「空飛ぶ棺」――は、多くが戦闘機に撃墜されていたものの、その数は減少したようには見えなかった。「報復の日が来る前に我々は皆墓の下だ」。

　ひどく沈鬱な雰囲気も人々の態度を変えることはなかった。冬の大空襲の後、家を失ったり被災した数十万人の人々がベルリンを彷徨ったが、彼らは平常時ほど不平を言わず、「非常に規律正しい印象」を与えた。じつはこの印象は被災者たちの忘我状態によるものである。熱のこもった救助活動はなりをひそめ、重い家具を片付ける段になるとこっそり逃げ出した。相変わらず熱心なのはヒトラー少年団であった。少年団は消火活動に参加し、二四時間耐え抜き、「黒人のように真っ黒になり、睡眠も取らず、まともな食事もしていなかった」。彼らは優れたメッセンジャーとして働き、家財道具の乗った手押し車を避難用列車に運び、命がけで高射砲を撃った。学校は閉鎖され、ベルリンには疎開先のない児童が一二万人もいた。何万人もの学童たちが路上を彷徨い、徒党を組んでたむろした。

一九四三年のクリスマスは報復への「克服し難い憧れ」とともに過ぎた[27]。爆撃被災者たちは「報復という考えに取り憑かれていた」。そして靴を求めて店から店へ走り回るのだった。婦人靴と子供用靴はほとんど手に入らなかった。ハンブルクでは煙道パイプ、洗濯桶、子供用バスタブを手に入れるのが難しかった。一一月中旬、火災嵐で焼け出された四〇万人のうちたった二万人だけしか料理鍋を手に入れることができなかったので、役所と商店では大変な騒ぎになった。フライパンとアイロンをもらえるのは四人以上家族がいる者だけだった。ハンブルク自由港には、ユダヤ人の持ち物だったベッド、マットレス、クッションがフランスとオランダから運ばれ、競売にかけられた。ひどく使い古した家具は時間をかけて運搬して分配する価値はないとSSはみなした。

一九四四年になってもベルリン空襲が続き人々はますます苛立った。「こんな打撃を受けても戦争に勝てるなんて言うのは馬鹿者だけだ」。一月二八日の空襲後、フランクフルトでは細菌戦争を求める声が上がった。敵がその兵器を我々に向かって使うまで待っているわけにはいかない。「我々は今まで、人間性がどうのと寝ぼけたことを言っていたが、それはもうお終いにするべきだ[28]」。指導部は「住民がただ殺されるのを傍観し続ける」という失敗を犯しているではないか。ミュンヘンとニュルンベルクでは空襲の後、ドイツ人は外国人労働者を「おまえにも責任がある」と言って罵った[29]。自発的に消火活動に参加した休暇中のフランス軍捕虜は、泊っていた宿舎から追い出された。ロシア人強制労働者と囚人は看守より先に塹壕から飛び出し、燃える工場に突進し、命令もされないのに火と戦った[30]。工場は火酒とソーセージをふるまった。「われらが東部労働者の勇敢な行動のことを、ぜひとも知らせなければならない。彼らは並ぶ者のない勇気を示した。東部労働者が焼夷弾の上に身を投げ、これを体で消そうとする光景が見られた」。一方、大多数の人々はまったく無関心で、飛行機にも爆弾にも火災にも高射砲にも関心を示さなかった。そして空襲の翌日、せっせと働く人々を幾分距離を持って眺めるだけだった。

オランダからの強制労働者は爆撃の日、「幾分か溜飲を下げた」。ドイツ人はオランダ人を扱ったようにはイギリス人やアメリカ人を扱うことはできないだろう。もっと爆弾が落ちれば、我々は家に帰れるのだ。爆撃を支持する気持から、故国に近いヴェーザーミュンデのオランダ人収容所では、被収容者の九五％が防空室に入らなかった。ベルリンでは、フランス人がドイツを嘲笑っているという噂があったが、一方、ラインラント地方からのニュースは外国人を称賛するものばかりだった。デュッセルドルフとデュースブルクでは囚人たちが「これはもはや戦争ではなく、人殺しだ」と言って熱心に救出活動に当たった。「我々の友人がここにいる！」という者もあった。イタリア人たちは不安に怯えて、「地下室から出すのに一苦労だった」が、火災の監視の任務では「有能な要員」として信頼されていた。

最も忠実とされたのがポーランド人とウクライナ人である。衣服に「P」の字をつけた労働者は自分たちが世話をしている農場や動物たちに愛着を持っていた。ケルン近郊では「二人のポーランド人が、炎をものともせず燃える小屋から家畜を連れ出した。彼らは放水してもらって身を守らなくてはならなかった」。爆撃中、東部労働者への厳しい監視は緩くなり、ドイツ人が自分たちのことで精一杯のあいだ、好きなことをできた。男たちは別の国から来た一団と接触する機会を得た。少女たちも同様であった。ケルンにいたロシア人女性が故郷に手紙を書いている。「男の子たちがいっぱいです。フランス人、オランダ人、ポーランド人にロシア人。でも私たちは夜には自由に外出できません。警報が鳴ると、彼らと会える絶好のチャンスです。警報解除の後もまだ三〇分は一緒にいられます」。激しい爆撃が始まると私たちは地下室に入るからです。

ドイツ人は外国人労働者を疑いの目で見ていた。たぶん彼らは空襲時の混乱を利用して逃げようとするだろう。オランダ人は爆撃機に点滅信号を送っているというし、略奪を始める気だ。打ちのめされた支配民族ドイツ人は、自分たちの側も観察されていることを知っていた。とくに油断ならないのがフランス人である。[31] フランス人は敗北とはいかなるものかを知っていて、じっとドイツ人を観察していた。ドイツ人の取る態度はいつも「その場限り」である。爆撃の後すぐにドイツ人は苦痛のあまり弱気になって、何としても戦争をやめなくてはならないと思う。爆撃後一週間も経つと、いつもの倦怠感と無気力が戻って来る。睡眠不足と長時間労働のせいだ。いつもドイツ人は「労働」という言葉を持ち出す。何かが壊れるといつも労働しなくてはならない。労働はこの国に奉仕し、報復兵器は勝利に奉仕する。国民全員がこの約束に執着した。「テロリスト」への報復欲の前で、無力な国家への怒りはかき消される。自分の住む町ではない他の町が破壊されても、ドイツ人は心を乱されない。ルール地方の住民はベルリン空襲を面白がっている。一方ベルリンでは、テンペルホーフ地区住民にとってはシャルロッテンブルク地区住民がどんな目にあっても無関心だし、その逆も同様だ。そもそも爆撃による破壊はそう悪いものではない。誰もがもっとましな住まいに移れるのだから。家族のどのメンバーも自分を兵士のように感じていて、自分の苦難を兵士の犠牲的行為と考えている。ドイツでは喪服を着る者などいない。ドイツの女たちはほんの数日細い黒リボンを結んでおくだけだ。大都市の人々は大空襲の後、信じられないほど速やかに死者のことを忘れる。ラテン系の国々ではこんなことは考えられない。これが外国人労働者の感想であった。

一九四四年五月、党は民族同胞のことを案じていた。聞こえるものと言えばサイレン、飛行機のエンジン音、高射砲の射撃音、爆弾の破裂する音だけで、騒音から逃げることもできなかった。「とくに女性は、お互いに気も狂わんばかりの不安を駆り立て合っている」。接近する爆撃機の情報を得ようと人々は朝から晩までラジオをつけっ放しである。ラジオの女性アナウンサーまでが飛来情報を伝える際に混乱に陥り、ラジオ聴取者に不安を伝染させている。放送を聞いて落ち着きを失い、震えだし、仕事は手につかず、涙を浮かべる女性の数はますます増加し、「生きるための競走」が続く。農村部の女たちは畑仕事の最中も、路上で遊んでいる子供のことだけを考え、機銃掃射にあうのではないかと心配する。列車や戸外にいる人々も攻撃を受ける今となっては、疎開者は都会にいるときと同じくらい不安だった。「一体いつになったらこの苦難は終るのだろう」。人々は空襲のことを話題にせずにはいられなかったし、空襲が脳裏を離れなかった。「今夜は我々の番だろうか」。

爆撃と並んで第二のテーマが登場した。地上戦である。遅くとも一九四四年一月からこれは避けられない事実とされていた。一九四三年七月の連合国軍シチリア島上陸直後、用心深い人々は「もうすぐ我々のところにもやって来る」と感じていた。上陸と報復兵器使用の約束は結びついていた。報復兵器使用は連合国軍上陸の試みとともに始まった。上陸開始とともに、もはや耐えがたいまでに張り詰めていた緊張はほどけた。「上陸が報復兵器使用を決めるカードである」という決定が下された。イギリス南部とロンドンを新型爆弾で攻撃するという六月一六日付国防軍軍報はすぐさま熱狂的に歓迎された。もしかしたら「報復の報復」が待っているかも知れない。敵はこの戦争をごく短期間で終結させる戦闘手段を持っている。「それは毒ガス以外の何であろうか」。この推論は誤ってはいなかった。

七月上旬、高揚した気分はすぐに醒めてしまった。報復兵器V1ロケットが効果を発揮するのには時間がかかるというのだ。良い兆候もあった。この兵器は国際法違反であるとイギリスは嘆き、ロンドン市民は疎開した。ロンドン中心部に命中したという知らせに人々は狂喜した。このロケットがおよぼす作用について、人々は貪るように知りたがったが多くは知らされなかった。もちろん「新兵器についての防衛上の機密」があった。この攻撃で二平方キロが壊滅状態になったとも、この兵器は百万個の在庫があって毎日五〇〇発が発射されているとも言われた。どちらも正しくなかった。

このロケットに対する疑問が持ち上がった。三週間にわたって発射されたというのに、何か変化があったとは思えなかったからだ。七月一一日から一九日にかけてアメリカ陸軍航空軍はミュンヘン一都市だけに、V1ロケットが三カ月間かかってイギリスに投下した以上の爆弾を投下した。イギリス爆撃機軍団はそれとほぼ同量の爆弾をシュトゥットガルトとブラウンシュヴァイクに投下した。ミュンヘン空襲はV1ロケット攻撃に対する報復と考えられるが、これは人々の熱狂に冷や水をかけた。もしこれが戦争のラストスパートというのなら、我々は自分の務めを果たし、残りの期間を耐え抜くだろう。しかしアメリカ軍による昼間爆撃が相変わらず続いているのを見ると、Vロケットは戦争の勝敗を決するような兵器ではなかったのだろう。高射砲はミュンヘン上空でほんのわずかの飛行機を撃墜したにすぎない。迎撃防衛には何も期待できない。敵の方が「著しく勝っている」。盲目的楽観主義はなりを潜めた。「空戦が続いているなら報復など何の役に立つのか?」これを一言で表現するある主婦の言葉をSSが引用している。「もっと効果があると期待してました」。

一九四四年八月には、敵の迅速な行動とパリ陥落に人々は心を奪われた。第一次世界大戦の戦場が占領され、老人たちは何とも言えぬ悲嘆を味わった。英仏海峡に面した最後の要塞シェルブールを失うと、敵は陸でも進軍を続けるだろうと誰もが予感した。侵攻軍が北西ドイツまで侵入したらどうしよう、とどこの住民も考えた。その前年、連合国軍は目標に到達する」。シチリア島で、ドイツ人が嘲笑的に言うところでは、歓迎されなくもなかった。党は秋に「ドイツを焼け野原にして逃げよ」というスローガンを発表した。新兵器による転回点を期待していたのは少数だった。爆撃があまりにも激しいので一〇月には工場は壊滅してしまい、最もすばらしい発明品さえも無駄になるだろうと軍需工場の労働者たちは考えた。ヴッパータールの人々は一〇月、敵と妥協して早く戦争を終わらせることを望んでいた。「国民はあまりに多くのことを求められている。人間にできることはすべてやったではないか」。一一月にV2ロケットが投入されたものの、ほとんど注目されなかった。イギリスも似たような兵器を持っている、と言う者もあった。ケルン市民はもう町を脱出している！　との噂が流れた。またもや噂の方が現実に先んじ、これはたった四カ月後には現実となった。

V1ロケットがはじめて発射される一〇日前、ゲッベルスはドイツ人に、自力で報復せよと勧告した。[32] 彼は三月二八日の『フェルキッシャー・ベオーバハター』紙に、罪もない人々に発砲する機銃掃射は「国際的に認められた戦争法の枠外にある犯罪的戦闘手段であり、これはもはや戦争ではなく、人殺しである」と書いている。射殺された子供たちの親は、不時着した、あるいはパラシュートで飛び降りたパイロットたちを殴り殺した。「子供殺したちが当然の処遇を受けているのを、警察と国防軍が告発するのは困難であろう」。党官房は大管区指導者（ガウライター）に向けて「英米の殺人者たちに対する民衆の裁き」を容認するよう指示している。機銃掃射のパイロットにも爆撃機のパイロットにも同じようにリンチが許可された。やりすぎを止める規則を作ることはできなかった。「アメリカ軍パイロットが撃墜された。彼は中央広場で、木切れで殴り殺された。子供たちもそれに加わった」[33] とマインツの消防士はその指示が出てからほどなく日記に記している。八月の終わり、三人の国防軍兵士がハノーファー近郊で撃墜されたB24リベレーター乗員八人を、リュッセルハイムを通過して連行した。線路は爆撃されて使用できなかったので、通行可能な場所にたどりつくため、町の中心部を通った。目的地はパイロット収容所のオーバーウルゼルであった。捕虜が通過するというニュースは町中を駆け巡り、男も女も杖、鉄の棒、箒、スコップ、垣根から引き抜いた横木で武装して集まり、捕虜たちに殴りかかった。国防軍兵士はそれを傍観していた。捕虜のアメリカ兵たちが地面に倒れると、一人のナチ指導者がハンマーを持って加わり、殴り、銃を発射した。死体は干草運搬車に積まれ、墓地に運ばれた。そうこうする間に空襲警報が鳴り渡り、殺人者たちはブンカーに急いだ。リンチにされたうちの二人はまだ息があったので、血だらけの荷車から這い出してライン川方面に逃げた。一人の警官が彼らを捕まえ、本来の目的地であるオーバーウルゼル収容所に連行した。逃げられなかった六人はリュッセルハイムに埋葬された。

戦争の最後の一年間に一〇〇人を優に超えるパイロットがリンチにあった。国防軍が組織的に関わっていることもあった。警官と兵士が捕虜を激しい復讐欲から守った例もあった。エッセンでは二人の空軍関係者が瓦礫野原を通って三人の爆撃機軍団パイロットを尋問に連行していた。間もなく興奮した市民の一団が彼らを取り囲み、イギリス兵たちをベルトで打ち、石を投げ、棒で打ちのめした。一行が陸橋にさしかかると、群集は捕虜を下に投げ落とした。捕虜の一人は首の骨を折り、人々はまだ生きている残りの二人のところに飛び降りると彼らを踏み殺した。
どんな防衛手段も報復手段も無駄で、戦闘機は撃墜され、高射砲はよそへ移動中か誰も配備に就いておらず、またロケットは棍棒ほどの効果しかないことが分かり、ドイツ人は空戦の最後の八カ月という業火に飲まれる他なかった。デュースブルクではもはや警報はやむことはなかった。「私は生きる意欲を失ってしまいました。汚れとごみがすべてを覆っています。物を清潔に保っておくことは不可能です。生きることはもう美しいことではありません[34]」。警戒警報はすぐに最高レベルの空襲警報に変わった。

姉と私は赤ん坊たちを乳母車に乗せ、父と一緒にブンカーに走りました。燐爆弾がどんどん落ちてきて、あたりの建物は火に包まれました。とうとう私は赤ん坊を乳母車から出して腕に抱き、走り続けました。ブンカーに着くと、あらゆる方向から爆弾が落ちてきました。私はくたくたに疲れて、こんなことはあと一回でも耐えられない、と言いました。私たちは一日中、家からブンカーへ、そしてブンカーから家へと走りっぱなしでした。

皆、神経をすり減らし、もう働くことはできない。コンクリート製のすさんだ牢屋では「ブンカー発作」が広まっている。「ブンカーでは牛乳が悪くなってしまい、うちの子供はよく具合が悪くなりました」。定員八〇〇人のブンカーには今や四〇〇〇人が入っていた。「私たちはぎっしり詰め込まれ、中は暑く、あちこちで嘔吐する人が出ました。それで一層空気が悪くなるのでした。暑さが耐えがたいので、私たちは羞恥心を捨ててさっさと服を脱ぐことにしました。たいてい、私はこうした公共のブンカーには入りませんでした」。地下室では炸裂弾が落ちると壁も天井も揺れ、男たちは梁を支えた。「皆、叫び声を上げたり祈ったりしました。こんな目にあうのも総統のおかげだと言って」。三月の終わり、ハンブルクでは空襲による破局が近いという噂が流れた。「西部ドイツにはもう、目標となるような都市は残っていないから[35]」。占領されるのもいいだろう、爆撃がやむのなら。港の居酒屋には暖房も灯りも電気もガスもない。ビールの在庫はあっても、寒いので誰も飲まない。「イギリス人が来て、とどめを刺してくれればいい」。三月一一日、二一三回のうちの一九七回目の空襲が行われた。一万個の爆弾が投下され、九七人が死亡した。ある中産階級のハンブルク女性が、爆弾が落ちる音を聞きながら言った。「爆弾が当たればいい。こんな世界にまだ何の用があるというの。子供たちは死んでしまったし、夫は戦死した。なのに今ではこんな犠牲も全部無駄になってしまった。これほど酷いことはない[36]」。

第6章

自我

「人は自分が体験していることの恐ろしさをそれほど感じません。
それは遮断されるのです」
衛生兵

人は爆撃の物理的圧力を自分なりに吸収する。神経と血管は爆弾が炸裂する瞬間に備える。爆発音は前もって覚悟され、不断の現存となって広がる。実際の攻撃に際して、自我の内的現実は変化する。自我は内なる時計が刻む時間の枠から抜け落ち、今起きている現象をとらえ、そして精神的には攻撃の経過に遅れて付いていく。時間感覚は萎縮し、人は間違った想定にもとづいて行動する。心にフィルターを被せることによって、空襲の持続時間は短く感じられ、そのショックは減少する。火災戦争を真に認識する力は、その瞬間も、その後も麻痺したままである。

感覚器官

一三七四年にアーヘンでペストが流行したとき、教会でも路上でも男女が取り憑かれたようにうっとりとダンスを踊って、やめることがなかったと伝えられている。爆撃戦争時の報告にも類似のものがある。空襲の後、皆しきりに、詳細にわたってその様子を語った。「すべてはまるで陶酔状態の中の出来事のようでした[1]」。人は冗談を交わし、興奮状態で歩き回り、被害を見学した。「修道女たちがいるのに、それも修道院長までいるというのに、私は女に聞かせられないジョークを言ったものです」。

修道女たちもそれほどもったいぶってはおらず、救助隊とともに怪我人や死者を地下室から引っ張り出した。死者は担架に載せられてミュンヘン東駅の入口ホールに運ばれ、怪我人は病院で包帯を巻いてもらった。「その後で、私は家に戻りました。中に入ると、すべては薪と化し、赤々と燃えているのが見えました。私は神経がおかしくなってしまい、瓦礫野原に立って恐ろしいほど笑いました[2]」。ある医師は、空襲後は「まるで戦争に勝ったかのような気分で」物事をうまく運ぶことができたと言う。

建物が壊れた後、「私たちは、クリスマスに起きたこの不幸を生き延びることができて、途方もなく嬉しくなりました。夫はひどく浮かれていたので、クリューガーさんからお宅は屋根でも壊れたんじゃないの〔頭がおかしいの意もある〕？とからかわれたほどでした」。陽気な雰囲気が漂い、人々は本物のコーヒーを淹れ、猛烈な空腹を覚えた。「空襲の後、私はじつに上機嫌になり、満足して葉巻に火をつけました。自意識がはっきりと高まり、今なら他の人たちとじっくり話ができるぞと思ったものです」。家具は壊れてしまったものの、皆「解放された」と感じていた。不発弾の上を軽々と飛び越えながら「一日中、まるで生まれ変わったような気分でした」。

しかし、無気力に陥った人の数は陶酔している人の倍もいた。「胸が押さえつけられるようで、話をするのも一苦労でした。時間が経ってもまだ興奮が治まらず、震えていました」。一方、この女性の姑はむしろ「無関心」な様子を示したという。姑は「何もかも意味がない」と言った。この女性は家に帰ると「空襲のあいだよりもっと不安になりました。本当に不気味な感じで、横にならずにはいられませんでした。まるで、体の上に壁が乗っているみたいでした」。

　政府は一九四四年一〇月、女性たちの神経は「限界まで張り詰めている」との懸念を示した。もはや夜に落ち着いて寝ることもできず、たいていは一日中服を着たままで、毎日一五回も警報が鳴っては家にいても安心はできない。「人々はまるで追い立てられた獲物のような暮らしをしている」。市民はもはや新聞も読まず、映画上映はしょっちゅう警報で中断されるので出かけていく甲斐がない。

　警報が鳴るのを予期している状態よりも実際に警報が鳴ったときの方が楽であった。そうなれば荷物を詰めたり、何かしらすることがあるからだ。「私は仰向けに寝て、右側の耳が塞がれないようにしていました。寝ているときでも常に耳を澄ましていたのです」。女たちは朝、体の痛みとともに目を覚ました。「今日はまたどうなるのだろう?」いつも警報を予想して暮らし、「警戒警報が聞こえただけでも体中がガタガタと震えました」。

　眠ることはできなくなった。ベッドで過ごす夜は物音に耳を澄ましているうちに朝になった。「この空襲の後、私は空からの危険に対していっそう敏感になりました。あまりびくびくしていたので、こんな経験をまだしていなかった妻に笑い飛ばされたほどでした」。地下室にいるのは生きながら埋められた気分である。「あの大空襲以来、私はもう地下室には行かず、警報が鳴ると外に逃げ出し、掩壕に入りました」。最も不愉快なのは、サイレンが鳴り始めるときのうなり声に似た音だ。まるで不安な夢の中で上げる叫びのように、最初は低い音で始まり、だんだんと大きく響き渡る。「それを聞いていると最後は怒りに襲われ、何かを叩き壊したいような気分になりました」。走る車のうなるような音、機関車の警笛、牛がうなり始めるときの声など、だんだん大きくなる音なら何を聞いても「聞こえた瞬間に心臓が口から飛び出そうな気分になりました」。窓に風が当たって振動する音、雷の音、電話のベル、「こうしたものは皆馴染みの音なのに」、「機関車車庫」「信号取扱所」「貨物引受所」などの単語を聞いてもぞっとした。それを聞くと気分が一変した。「それは何か逃れがたいもの、追い払うことができないものだったのです」。ビクビクして暮らす日常が続いた。「何てことだ。しっかりしろ。他の人たちも同じ目にあって耐えているじゃないか」と彼は自分に言い聞かせた。防空対策には違反していたが、「警報が鳴り、飛行機のエンジン音が聞こえると、外にいるのがいちばん楽でした。地下室にいると私はまるで野生動物のようにうろうろ走り回り、そうやって何とか息をすることができたのです」。

戦争中の危険は物音から察知することができる。何かが目に見える頃には、行動するにはもう遅い。砲弾や爆弾は目には見えないが、感じることはできる。人は虚空に向かってじっと耳を澄まし、何が来るかを聞き取る。それがやって来たら、聴覚はまず最初に遮断されてしまう。「神経を守るために耳を塞がなくてはならないのです」。爆弾の音を聞くのはそれを見るよりも恐ろしいことだった。「父はひどく耳が遠いので、とても落ち着き払っていました。ある人は、『何も聞こえないから平気なのよ』と言いました」。

爆弾の落ちる音とともに恐怖のときが始まる。空襲はあらゆる感覚を呼び覚ます。鼻は炎とガスの臭いをとらえ、皮膚は温度と空気の流れ、燃え上がる炎、それが運んで来る風を感じる。ついには血管がその衝撃波を吸収するか、あるいは破裂してしまう。爆風の吸引力で衣服は体から引きはがされる。

従来の戦争では、自我は行動力を持っている。自我は力を、巧みさを、勇気を示し、それは集団に移行される。軍団とは身体ではないので、物質的にではなく、その結束力と連帯の中に姿を現す。我々は行動し、我々の戦車が敵を撃破し、砲兵隊が我々を守る。爆撃が狙うのは個々の肉体である。戦争は戦うものではなく、耐えるものとなる。感覚はそれぞれに固有の組織を使って戦争に耐える。耳が聞こえないなら、それだけでも有利になる。聴覚が攻撃されることがなくなるからだ。

「直接被害を受けることはないと信じてはいましたが、私は屈んだ姿勢を取りました。他の人たちもそうしていました。立ったまま屈んで、両手を膝に当てて、少し顎を引いて」。衝動的にこのような屈んだ姿勢を取ることで、攻撃される面積が減少する。「こうしてだんだんと小さくなり」そしてすっかり頭を隠すのである。「私は自分の修道服の頭巾を頭に被りました。不安のあまり、衛生兵の肩にしがみつき、その肩に頭を埋めました。でもそうやってしがみついたところで何の助けにもなりません」。それは群れの中に逃げ込んで身を守ろうとする無益な本能的行動である。「私たちは押し合って一個の団子のように固まり、口にハンカチをくわえ、互いにしっかり抱き合っていました」。子供と親、妻と夫、隣人たちは互いにしがみついた。「私たちは抱き合い、まだ爆弾が落ちるだろうかと緊張してそのときを待っていました」。

人間の団子は次第にほどけ、爆撃機は去る。しかし戦争は感覚システムの中に刻み込まれ、もはや孫子の代になっても消えることはない。「いちばん不安なのはそれが実際に始まる前です。実際に爆弾が落下し始めると、ずっと楽になるのです」。

体は攻撃を内的に予期する。神経回路は過ぎ去ったプレッシャーを分析し、反応の仕方を人に教え込む。それは例えば電話のベルのような音に対する反応にも現れる。生物に生まれつき具わった感覚である「不安」が、「恐怖」に変わる。恐怖は何がその源かを知っており、人の心の上に皮膜を置く。その皮膜は危険の周波数に反応して、夜も昼も揺れているのだ。

肉体は、人格の介入なしに空襲を五体と内臓に吸収する。「空襲の第五波で、私たちの建物には多数の直撃弾が落ちました。息が出来ないような気がしました。その後は胃が痛くなって、下痢しそうでした。腸がかき回されるようだったのです。もう立ってはいられず、思わず地面に座り込んでしまいました」。

人の体はもはや足から降りて、地面とのより広い接触を求める。その方が目標になりやすいのだが、立った姿勢はエネルギーを使いすぎるのだ。外で空襲が始まった時点ですでに気力は尽き果てていたのだろう。「膝はまったく言うことをきかず、今にも崩れそうになります。ブンカーまでせいぜい二分の距離なのに、もう一歩も歩けないのです」。若者たちの羞恥心も捨てられる。「私の足はまるで小さな子供が怯えるようにガタガタと震えだしました。何とかそれを抑えようとしましたが無理でした」。最後には言葉を発することも大変な負担になる。「話そうとすると、唇が震えているのに気づくのでした」。会話とは一種の翻訳だが、感覚がとらえるこの暴力は翻訳不可能である。「私はいつものように言葉を発することができなくなりました」。罰当たりな言葉を言わずにすむよう、声を出す器官は働くのをやめる。「叔母は喋ることができませんでした。声を失ってしまったのです(3)」。

一人きりで事をやり過ごそうとする人もいた。「私は空襲があると片隅に引っ込んで一人きりでいました。そしていつも『来た。もうお終いだ』と考えていたものです」。

筋肉と舌からは力が抜け、その分だけ心臓、血管、分泌系の働きが高まる。「大量の血液が心臓に流れ込み、心臓がまるで風船のように破裂してしまうのではないかと感じました」。体のすぐ近くに落下する爆弾によって心臓は一瞬停止し、それから違うリズムで脈を刻み始める。「それはほんのわずかの時間でした。続いて激しい鼓動を感じて、心臓が口から飛び出そうでした。それからひどく汗をかいたので額を拭い、顔をあおがなくてはならないくらいでした。生温かい汗はすぐに冷え、べとつきました」。血管は激しく収縮し、それから激しく広がる。「きっと、顔面蒼白になったときに見られるような蜘蛛の巣状の血管が私の頰に浮き出ていたでしょう」。地下室は寒かったが脈は速くなり、生温かい汗が流れ、次には悪寒に変わった。服を着込んでいないときのように「体が震え、全身に鳥肌が立ちました。ものすごく寒気がしました。熱でもあるように悪寒がして、歯がガタガタ鳴りました」。

時間は脈拍の中に忍び込んでくる。自我は外的な時間の経過を感じなくなる。自我は「今」の中に呪縛され、以前と以後という感覚は消える。「ものを考えることはできませんでした。ひたすら、今だ、今度こそ私たちに当たるのだ、と思うだけでした」。四日経ってまた空襲がやって来たとき「私は正気を保っていられず叫んでしまいました。ハンス、今度こそ危ないよ、今度は私たちの番だ！　と」。

「今」という時間は不安とは無縁である。不安は未来を意識することから生まれる。「そこには不安感などありませんでした。それは多分、一種の諦念というものでしょう。今こそ爆弾が当たってお終いになるのだ、という気持です」。「今」は兵器と目標とがこの上なく緊密に交流するときである。両者は一体化している。爆弾の音が聞こえると「息を止め、爆音を和らげようと両手を耳に当て、今だ、また落ちてくる！　と自分に言うのです」。

時間が着弾の「今」の中に溶けてしまうと同時に、ぞっとすることが起きる。地面が揺れるのだ。通常、時間は進むが地面は動かない。しかし今や時間は止まり、地面の方が動き出す。こうしてもはや地面は不変の存在ではなくなり、存在の土台が消える。「地面がはっきりと揺れるのを感じ、それで私はひどく気分が悪くなりました。壁が崩れ落ちるのが見えたような気がして、死ぬのもそう悪くないと思いました。その瞬間は子供のことを心配する気持も消えていました」。

多くの人々の人格は身体器官と爆弾の相互作用に屈していたが、そうではない人もいた。それに火災攻撃においては直撃弾だけが問題なのではない。それは攻撃が引き起こす事象の一部にすぎない。出来事の全体像は、短時間の爆撃と、生き埋めになった人々、炎に囲まれた人々、抹殺空間から逃げ道を探す人々が行う、爆撃後何時間も続く戦いからなっている。人はまず、何かをしようという衝動に突き動かされるが、その後もはやどうしようもないという戦慄に襲われる。その中間にあるのは何かをしているという幻想である。「空襲のあいだ、私は手の平を壁にくっつけて過ごしました。そして極度に神経を集中して時間を測りました。お終いだ、もう終わりだ、と冷静にひどくはっきりと感じていました。時間は実際より短かったように感じました」。不動の壁と停止した「今」の中に凝固した時間は、主観的には一五分とも思われたが、実際には四五分が過ぎていた。

自我が反応するのは現実の時間の中だけである。本能が自我を、ブンカーや地下室などの避難所へと導いていく。ブンカーは現在という時間を密閉しているが、地下室では外部と同じ時間的秩序が支配している。空襲は細部まで計算されて行われる。それは、一分間に投下される爆弾数、火災が融合する時間、数秒単位で計算された信管の遅延調整など、さまざまなテンポにもとづいている。時計仕掛けの抹殺は敵に時間の感覚を失わせるのだ。敵の内的時間はあまりに早く過ぎる。「丸二時間くらいブンカーにいたような気がしました。実際にはそこを出たときにはもう明るくなっていましたから、約一二時間いたはずです」。ある医師は、爆弾が炸裂し壁が崩れる轟音の最中にあって自分の状態を観察していた。「あれはシャット・ダウンとでも呼べるようなものでした。いつ爆発が始まるかも知れない、という意識と、順応、あるいは宿命論的態度とでも呼ぶべき冷静さです。体が感覚異常に陥ったという記憶はありません」。現実の時間が圧縮されるので、体感される時間は常に現実の時間より短くなり、実際の時刻は思ったより遅くなっていた。逆の例は報告されていない。人々はたんに時間を測り損ねていた。「一体どのくらいの時間が過ぎていたのだろう？　どう言えばいいのだろうか。私には分からない。一〇分だったかも知れないし、一時間だったかも知れない。分からないのだ」。

外的事象との接触は人を内的事象から隔離する。身を守ることは意味ある行為である。何の役にも立たなくても。

編隊がやって来る音が聞こえました。私たち二人は急いで地下室に入りましたが、そこではもうすでに地獄のコンサートが始まっていました。私は途方もなく不安になって、天井を手で支えたい衝動に駆られました。その通路は狭かったのです。そして両手を上げていました。私は震えてはいませんでした。無意味な動作をしてでも、人は自分を落ち着かせようとするものです。空襲が終わると悪夢から覚めたような気分で、笑いたくなりました。

警報が鳴ったとき、ドレーガーは地下室に入ろうとしたがヘックマンは仕事を続けたがった。

窓ガラスがこちらに飛んで来るかも知れないなと考えていました。高射砲が射撃を始め、ドレーガーが「もう爆弾が落ちてるぞ」と言いました。私は廊下に通じるドアの方に行きましたが、ドアは爆風のためになかなか開きませんでした。私はドアに体を押し付けて開けようとしましたが、すぐに閉まってしまうのです。ヘックマンが「伏せろ」と叫び、私とドレーガーを床に押し付けました。ヘックマンが「口を開けろ！」と叫びました。轟音が聞こえたような気もしますが、爆弾が落ちるのが聞こえたかどうかは何とも言えません。ヘックマンは冷静な人間で、「起きてここを出るんだ」と叫びました。それからまたものすごい音がして、窓ガラスが震えました。私は呆然と立ち尽くし、途方に暮れてあたりを見回しました。地下室に下りると、病人や民間人たちが走り回ったり、祈ったりする姿が見えました。ヘックマンは人々を促して防空室に行かせました。私は地下室の入口まで進みました。ベンダーさんがやって来て私を抱きしめ、「もうお終いだ」と言いました。その瞬間、耳には何も聞こえませんでしたが、煙と埃が地下室に入って来るのが見え、硫黄の臭いがしました。ヘックマンは「落ち着け、何でもないから」と言うとまた走って外に出ました。

感情

ヘックマンは今や時の人となった。この下士官は状況に対処することができた。彼の有能さは、状況を正しく認識するのを拒むことにある。この状況で正しい認識は役に立たない。状況に左右される者に望みはない。差し迫って行うべきことがある。例えば爆圧を受けたら口を開けることだ。人は差し迫ってすべきことに注意を払いながら、――例えば次の二〇歳の女性速記者のように――同時にもっと大きな事柄に思いをはせることなどできない。この女性はこう思ったのだった。「私は戦争に一体何の意味があるのか、どうしてこんなことに苦しみ、耐えなければならないのか理解できませんでした」。その結果、彼女は「足が言うことを聞かなくなり、道の真中で倒れてしまいました。もう死んでしまいたい、と私は言いました。この先何が起きようと、もうどうでもいい気分でした。そうしたら誰かが私の腕をぐいと引っ張って一〇〇メートル引きずっていったのです。それは二人の軍曹でした。私は地下室で床に腰を下ろし、震えていました」。この女性はある意味で現実主義者と言える。

現実が人間を飲み込んでいるときに現実主義など役に立たない、と下士官ヘックマンは考える。「私は皆を落ち着かせようと、普段通りの物言いをしました」。強い支柱でしっかり支えられた地下室は母親と子供たちでいっぱいだった。

私自身、子供のように不安だったのですが、それを悟られてはなりませんでした。私の胆嚢はすぐに反応しました。そこで口に水を含み、こっそりアトロピン〔痙攣緩和に用いる〕を飲んだのです。突然、激しい爆風が起こり、私のヘルメットのあご紐がちぎれました。支柱が一本、こちらに飛んで来て、恐ろしい叫び声がしました。その瞬間、私は胆嚢のことも体のことも感じませんでした。ただ、落ち着いて皆を助けるんだ、とだけ考えていました。そうすると揺るぎない冷静さを自分の中に感じ、恐ろしいほどのストレスは急速に消え、すべてを落ち着いて冷静に考えられるようになったのです。

しかしそれは何の助けにもならなかった。というのは、ファッサードが崩壊して入口に落下したのだ。天井は一・五メートル下がり、怪我人が出た。「私たちが閉じ込められたことは確実になりました。またもや女たちは、恐ろしく不安がりました」。差し当たってすべきことは、子供たちにおとぎ話を聞かせることだった。それで母親たちも気を静めた。三時間待った後、救助隊が鋼鉄製の管を瓦礫の中に通し、意思の疎通が出来るようにした。朝の一〇時に全員が救助された。「嬉しくてコニャックを飲みました。具合も良くなりました」。

生き埋めという苦境にあっては、外の人が瓦礫に管を通してくれるという、ありそうもない可能性にすがることこそ唯一つの理性的行為となる。じっと耐えるしかない者は、見つけた幸運にしがみつく。爆撃戦争においては独自の理性的行動が存在し、爆撃の恐怖に似つかわしいはずの激情を呼び起こすことはない。心的な免疫作用という防御によって感情は除去されていたからだ。熱を帯びた瓦礫の中の地下室に一週間閉じ込められていた六一歳の女性は下痢に苦しみ、泣き、虚ろな抑鬱状態のなかで五カ月間ぼんやりと日々を送った後、正常に戻った。四肢を引きちぎられた者はいても、それほどひどく心を引きちぎられ神経を病んだ者はいなかった。精神病患者たちですら空襲のあいだは規律正しく、落ち着いて行動した。ケルンの野戦病院は一九三九年末から一九四四年末までに八〇〇〇人の神経科患者を受け入れたが、患者は全員兵士で、空襲の被災者はいなかった。「空襲で急性の精神的反応を起こした者は三人だけだったのを憶えている」とそこで働いていたフリードリヒ・パンゼ教授は記している。「ある兵士は、妻と子供たちと一緒に防空地下室に生き埋めになり、自分の下にいる妻の体がだんだん冷たくなるのを数時間にわたって感じていた。子供たちも死んだ。その兵士は救助されるとすぐに自殺を図り、病院に運ばれた後も数週間抑鬱状態だった」[4]。

冷静な行動と並んで、気分が容易に伝染する例の報告もある。「私は扉の枠組みの部分がいちばん安全だと判断し、そこから他の人たちの顔を見て、本当にそれほど危険が迫っているのかどうか判断しようとしました」。より冷静な人々は、冷静な態度が伝染することを知っている。「地下室にいた女たちはひどく気が立っていて、大声で話したり叫んだりしていました。そこで私は前よりゆっくりと歩くことにしました。女たちをこれ以上不安がらせてはいけないと思ったからです。それからゆっくりと二つのエア・ロックの扉まで歩いていきました」。

祈りほど人の心を動かすものはなかった。それは運命をより高い存在に委ねることである。神の子でありたいと人々は思った。「祖母は私たちに大きな影響を与えていました。祖母はとても信心深くて、一緒に祈りなさい、と落ち着いて真剣に促してくれたのです」。修道女たちが祈る低い声が静寂の中に広がり、患者たちは穏やかな気持になった。

一人の決断は他の者に伝染した。「一人が壁から消火器を外すと、他の人々もそれに倣い、激しく放水を始めました。水はまるで火花のように皆の上に飛びました。誰もが、皆がやっていることが正しいのだと思い、自分も加わりました」。各人の能力に応じてではあるが、人々は互いに影響をおよぼした。他人を見習い、それをまた他の人が見習った。「私」は他人がやってのけることは自分もやってみせなくてはならないし、「私」が前にはできなかったことを成し遂げなくてはならないと感じ、実際にやってのけた。爆撃戦争を処理する方法は人によってさまざまであったが、それは信じられないほどに柔軟だった。「知り合いが死んでいるという声が地下室から聞こえました。ふだんの私は血を見るのが苦手でした。知人が一七人生き埋めになっていて、それはひどい怪我をした者もいたのですが、そのときの私は平気でした。精力的に救援に加わり、赤十字の看護婦といっしょに包帯を巻きました」。

「私」はまるで自分の外に出てしまったかのように必要なことをこなす。反対に、感覚を感じる皮膚は麻痺する。「私たちをずっと追ってきた戦闘爆撃機が急に引き返しました」。この衛生兵は危険を察知し、地面に伏せた。病院列車の車両の扉が爆風で外れ、レールの上を飛んだ。まだ歩ける負傷者たちは車両から飛び出した。「手足を切断された負傷者たちはベッドで叫んでいました。私はすぐに立ち上がると患者のところに行き、一二人ほどいましたが、急いでベッドから起こし、車両の床に寝かせました」。この衛生兵が怪我人たちを引きずり降ろしているあいだにも、戦闘爆撃機は二回目の攻撃を仕掛けてきた。攻撃は全部で六回行われた。怪我人の一人は「『女房と子供たちによろしく伝えてくれ』と叫び、それから息を引き取りました。私の見たところでは、恐怖のため死亡したのです」。この衛生兵は床に横たわった。患者たちは彼にしっかりとしがみつき、「『衛生兵さん、これからどうしよう？』と叫びました。私は怪我人たちを落ち着かせようとし、じっとしていなさいと言いました」。その瞬間、感覚が消えた。「そのとき私の体は、何の感情も感じないようでした」。四肢は硬直し、「いつものやり方で言葉を発することができなくなりました」。彼は蛹にくるまれたようになり、外界から隔離された。過度のストレスによって知覚が一時的に遮断されたのである。この衛生兵はシャット・ダウン状態に陥った。

ブンカーに直撃弾が落ちた。軍用階である四階にいた兵士たちは小部屋の扉を開けようとし、扉はやっとのことで開いた。ブンカー内は静かで、暗闇から隙間風が吹いて来る。これは悪い兆候である。この風は換気扇によるものではない。停電しているからだ。「どこか壊れているに違いない」。マッチと懐中電灯で照らして様子を調べた。声が聞こえる。その中には高い声でぼんやりと「ラララ」と歌う少女の声も混じっている。「そのとき、廊下は積み重なった死体でいっぱいだということが分かりました」。その上を通って出口に向かう民間人の影が見えたが、出口も死体で塞がれていた。「仲間の一人が、ここで救助作業をしなくては、と言うのです」。皆はそれを嫌がった。「最初、救助作業をするのは気が進みませんでした。累々たる死体に触りたくなかったのです」。いやいやながら作業は進められた。

そこで私は「やらなければならないのだ」と自分に道徳的命令を与えました。神経の図太い仲間が二人いて、彼らは気丈に死体をつかんでいました。私は死体を引き出す様子を見ていられず、落ち着いて頭を冷やしながら死体を分類することにしました。普段私は力仕事が苦手なのですが、そのときはいつになく力が湧くのに気づきました。片手で軽々と子供の遺体を抱えていたのです。心はどこかよそにありました。

死体は一五〇体で、床には一二人の負傷者がいた。「仲間の一人が宝石を盗むのが見えました。しかし私は彼に声をかけてその一部を――ネックレスでしたが――また死体のところに戻させました」。

後に記録に残された報告から、爆撃戦争中の自我はときとして第二の自我であることが分かる。この第二の自我が第一の自我と異なる点は、感情が武装しているということにある。この武装によってショックと恐怖の浸透が弱められるのである。第一の自我では押し寄せる戦慄の場面に耐えられない。

駅のブンカーの前で多数の爆弾が爆発した。ブンカーの前にはまだ入れない人がたくさんいたので、死者は数百人に上った。ブンカーの壁にはバラバラになった死体が張り付いていた。駅構内のプラットホームに通じる地下道には固まりあった人々がいた。それは鉄道員、民間人、兵士たちで、まだ生きているかのようだったが、じつは皆、死んでいた。いちばん恐ろしい姿だったのは一人の年配の女性だった。彼女はすっかり腫れあがった目をして片隅にまっすぐに立ち、幼い少年が彼女にしがみついていた。少年も立ったままで、口のまわりには埃だらけの泡を付けていた。それを見ているのは私ではなく、見知らぬ人間のような気がした。自分はその場にいないような気分だった。

爆撃戦争を体験したのは誰なのだろう？　状況との個人的関わりを抑制し、懸命に救助活動を行うことで、人々はそれに耐えた。後になってそれを思い出す際にもそうした態度が人を守ってくれる。例えば、家族のバラバラになった遺体を集めて亜鉛のバケツに入れるようなとき、もはやそこに感情が混じることはない。こうした活動の際、人は落ち着いていたし、遺体収容活動の場面では全体的にそうだった。遺体を入れた容器にはラベルが貼られ、墓地に運ばれるか歩道に並べられた。「まるでキャベツでも運んでいるように、膨らんだものを五、六個入れた袋を引きずっている男の人がいました。それはその人の家族の頭だったのです。家族全員の分で、地下室で見つけたのでした(5)」。

午前中、プファウン小路のL氏とF夫人が大聖堂に私を訪ねて来た。L氏は自分の死んだ妻を、F夫人は死んだ夫を運んで来ており、埋葬してほしいとのことだった。L氏はバラバラになった妻の遺体を袋に入れていた。背骨が少し付いた骨盤と大腿骨の端である。F夫人のほうは夫を貯蔵用瓶に入れていた。臀部全体と背骨の一部である。臀部の周囲のズボンは焼けて肉に付着していた。ポケットに鉄道用時計があって、燃えてはいたものの、原型を保っていたので夫人は夫を識別できたのだった。私たちは穴を二つ掘った。私は埋葬の祈りを行い、それから私たちは墓穴を閉じた(6)。

一九四五年三月一六日の空襲の犠牲者が「獣のように埋められてはならない」として、ヴュルツブルクの聖職者たちはこうした務めを果たすように依頼されていた。

遺体の入ったバケツの写真は第二次世界大戦を象徴する図像（イコノグラフィー）として記録されてはいない。また、家族たちもこうした光景を語り伝えることはない。しかしこの光景が記憶から消えることはない。「記憶する自我」が忘れがたいものとして保管する像で、記憶は溢れかえっている。「経験する自我」は局部麻痺によってこうした光景に耐えた。戦後の精神療法家の所見によれば、情動麻痺によって人は爆撃戦争から自分を守ったのである。ドイツの民間人は耐えがたいと思われた苦痛に耐えた。麻痺状態は後になって消失したとは思えない。作り変えられた都市の姿からは、恐ろしい出来事が起きた場所から目を逸らしたいという意図が透けて見える。メドゥーサの頭を見るために振り返ることには意味がない。それはあまりにも近くにあるからだ。感覚麻痺は痛みをなくすことはできない。ただ、それを正しく認識することを阻むだけである。痛みは相変わらずそこにある。その光景の記憶はそのときの苦しみを後代に伝え、その苦しみは永久に表現されないままではいられない。さらに地下室、ブンカー、熱線、ガス、爆風、切断された四肢は近代がもたらした災厄である。これは過去の回想であると同時に未来への警告でもある。今も防衛を行う地、無防備な自我が受ける爆圧、肉体の融解、これらは今も深刻なテーマである。このテーマにはそれが始まった地点がありその時点ですでに消しがたい凶暴さを秘めていた。

体験

ブンカー内は「恐ろしい状態でした。怪我人は長椅子に横たわり、治療と水を求めて叫び、地面には結露による水が何センチも溜まっていました(7)」。直撃弾が落ちると「ブンカーはぐらぐらと揺れました。頭に包帯を巻いた女たちが上階から降りて来ました。コンクリートが頭に落ちて怪我をしていたのです。私たちは下の階にいました。一人の女は家に残っている子供の名前を呼び続けていました。ちょっと買い物に出ただけだったのに！　と言って」。警報がやむことがないので人々はブンカーに移住し、そこは人で溢れた。「私たちは廊下で一週間過ごしました。オムツはトイレで洗ったのでいつも汚く黒ずんでいました。爆撃の合間に近くの建物に走って、子供の体を何とか洗わせてもらえるよう頼んだものです」。

自家製の坑道は寒くて湿気が多かった。そこを共同で使う人たちにはこれを乾燥させておくことができなかった。壁からは水滴が落ち、床には泥が溜まって滑りやすくなる。そこは狭く、避難者は壁の両側に膝を付き合わせて座った。乳児は「ブンカー病」にかかった。重篤な腸の感染症である。ジフテリア、猩紅熱、結核も発生した。人々は疫病の拡大を恐れていた。感染者は坑道に入るのを拒まれた。避難した家族は自分たちの確保した場所にしがみついたが、皆、入口付近に座るのをいやがり、坑道の中央部に集まって来た。坑道での生活はただ漫然と過ぎた。呼吸が酸素を消費し、カーバイドランプの灯りと蝋燭は湿気で消えた。騒ぎが起きなければ人々は眠り、編み物をしたり、不平を言ったり、歌ったり、祈ったりし、子供はむずかった。

重いブロックバスター弾が炸裂するとブンカーは動きだした。それは揺れ、灯りが消えた。「皆、祈ったり、叫んだりし始めます。空気はますます悪くなりました。ひどく取り乱した若い女の人が乳飲み子を私の母の腕に押し付け、騒ぎの中に消えてしまいました」。揺れが激しくなると、何もかも埃だらけになる。壊れるはずがないものが壊れるとき、抑制できない騒動が起きる。

人で溢れかえったブンカー内は、突然パニック状態になりました。獣のような叫び声が響き、私たちは固まり合って五人の兵士のところに押し寄せました。そうすると何だか安心できたのです。揺れが激しくなると、私はしばらく空中を漂っているような気分になりました。この感覚は麻酔のはじめにクロロフォルムをかがされたときに経験したことがありました。人は自分が体験していることの恐ろしさをそれほど感じません。それは遮断されるのです。

耐久性が劣る防空室に避難した人々は「ひどく気が立っていた」。深い、丸天井で補強されたワイン貯蔵庫でさえ、「筆舌に尽くしがたいほどの騒ぎでした。壁は揺れ、一方の壁が私たちの上に落ちかかって来ました。ブロックバスター弾が落ちたのです。しかし、壁はまた持ち上がりました。今度は反対側に大型爆弾が落ち、壁を持ち上げたからです。私たちは地下室の真中に抱き合ってうずくまっていました」。

市立貯蓄銀行の見習行員の少女たちには、もはや防空地下室に避難する時間は残っていなかったので、地下深くにある更衣室へ走った。「私たちは爆圧であちこちに飛ばされました。皆祈ったり叫んだりしていましたが、誰も死なずにすみました。でも一人の女の子は家族全員を亡くしてしまったのです」。

最初の爆弾は庭に落下し、窓ガラスはいっぺんに震えだし、それから二発目が落ちた。これはかなりの威力があって建物は真っ二つになった。半分になった二つの側は地下室まで含めて傾いた。「私たちの真上に鋼鉄製の支柱があり、天井はまるでテントのように私たちの上に垂れ下がっていました。窒息しそうでしたが、その後は抜け穴からいくらか空気が入ってきて息をすることができました。その前の日、虫の知らせがしたので私は穴を開けておいたのです。間もなく『誰か生きてるか？』という声が聞こえました」。

地下室の中央にあった柱が崩れて、部屋は崩壊し始めた。「ほんの一瞬、閃光が見えました。意識が戻ったとき、頭をほんの少しだけ横に動かすことができました。瓦礫の中に閉じ込められているということに気づくまでに少し時間がかかりました」。地下室では水道の水が流れ出し、上半身まで上がって来た。頭の下には母親の赤いコートが見える。父親が修理部隊の隊員たちを連れて来た。「私は呼びかけと質問に答えて、まだかなり生存者がいるはずだということ、その人たちはここから離れた場所にいるということを言いました」。彼女の横には、隣家の子供カーリンが同じく瓦礫に閉じ込められていた。切妻屋根の壁が崩壊しそうで、それに支えを当てなくてはならないので、救助活動には時間がかかった。「私は修理部隊を罵りました。どうしてそんなに時間がかかるのか、分からなかったものですから」。地下室へ入る道は側面へ広げられ、何重にも支柱が当てられた。「カーリンの上半身はもう瓦礫が取り除けられていましたが、足は落下してくる瓦礫にはさまれていました。やっと瓦礫が取り除かれ、私の頭は自由になりました、私の下にいる母はもう死んでいるのが分かりました」。救助作業には一四時間もかかった。何度も支柱を当てないと大量の瓦礫が押し寄せ、はさまれている人々を埋めてしまうからだ。カーリンは家族の中でただ一人生き残った。その後病院で体を洗ってもらい、お茶とビスケットをもらった。

煉瓦の瓦礫からは這い出ることができるが、壊れたコンクリートの下敷きになると、重機なしには脱出は無理である。しかし重機はなかった。地中にU字型のコンクリート・パイプが埋められていた。エア・ロックの二重扉を備えた坑道ブンカーである。誰かが最初の扉を開けたとき、航空機雷が落ちた。その衝撃は管の中を通り、管はいったん持ち上がり、それから崩れ落ち、崩壊した。厚さ一メートルのコンクリート製外壁は動かすこともできず、叩き割ることも切断もできなかった。閉じ込められた人々はまだ生きていて、話すこともできた。「ついに聖職者がやって来ました。中の人たちに最後の助けを、つまり終油の秘蹟人々は助けを求めて叫んだ。消防隊は到着したが建物に入るのをためらった。燃える瓦礫がまだ落ちていたからだ。

そこに私は通りかかりました。そこで、消防隊の人にホースで水をかけてくれるように頼み、入口付近にはさまれている人たちを助け出そうとしました。誰かが「顔に乗らないでくれ」と叫びました。私たちは小さな瓦礫を取り除き、その人を助けることができました。

燃える鉄製かすがいが一人の女性の顔に飛んできた。彼は手に何度も放水してもらいながらこれを取り除けることができた。こうして計三人を助け出すことができた。下では誰かが「助けて」と叫んでいた。消火用の水で溺死しそうなのだ。しかし手の施しようがない。救助活動はよそで、さらなる人員によって続けられた。

水道の主管が壊れ、地下室はすぐに水でいっぱいになった。「水を地下室から出すためにバケツリレーをしようとしました」。しかし、地下室の狭い窓からバケツを入れなくてはならない。「水の勢いに追いつくことができず、その夜のうちに中の人たちは溺死しました。その叫び声は今でも耳から離れません。決して忘れることはないでしょう」。

と赦免を施すためです。中にいる大勢の人たちは痛さのあまり恐ろしい声で叫んでいました」。医者がモルヒネの注射をしてやった。「あれは戦争中、最悪の体験でした」。

地下一〇メートルに埋まった避難室は耐爆構造になっていた。連結扉の向こうには第二の部屋があったが、そこの天井は薄く、これが壊れてしまった。炎と煙が第二の部屋から第一の部屋に入って来た。誰かが扉を開け、煙が流れ込む。扉付近ではパニックが発生した。一人かせいぜい二人しか通れないのに、後ろの人が押してくる。「扉から四、五メートルのところで、うちの子供がだんだんひどく押されているのが分かりました。あたりはすごい騒ぎで、外で炎がパチパチはぜる音が聞こえました。私は力を振り絞り、大声を張り上げ『助けて！　子供がいるのよ！』と叫びました」。隣にいた男性が気づき、体を盾にしてくれたので「私のお腹のあたりに押し付けられていた子供を抱え直すことができました。あれは人生でいちばん恐ろしい経験でした。外に出たとき、乳母車を探しました。粉ミルク、小児用小麦粉、オムツが入っていたからです。乳母車はぺしゃんこになって、車輪が一つなくなっていました」。

精力的な救助活動は諸刃の剣ともなりかねないので、事態の把握が難しい場合、専門の救助隊は手出しをしなかった。ある場所で防空室の鉄鋼支柱が落下した。はさまれた生き延びて後に状況を語る人々は、動くことができた人たちである。彼らは、爆弾が炸裂した後に、動けずにそこに残された人々のことを記憶にとどめている。「炎がこちらに向かって来ました。私は片手に子供を抱え、もう片方の手で地下室の窓にはまった板を壊し、通りに出ようとしました。水で濡らしたシーツを泣いている子供に巻きつけました」。皆が路上に逃げられるわけではない。そのまま残った人々もいる。

壁が消えていたので、内部の様子が見えました。身長一五〇センチと小柄なキーゼルシュタインさんが「消防を！」と声を振り絞って叫んでいました。彼には体が麻痺した奥さんがいたので防空地下室に逃げなかったのです。一三年前から麻痺がある奥さんの姿は見えませんでした。それから炎がキーゼルシュタインさんをすっかり包んでしまい、彼は麻痺した奥さんもろとも生きながら焼かれてしまいました。彼の叫ぶ声が今も耳に残っています。

また、他の場所では、最後の瞬間に屈強な消防士が夜の闇から姿を現し、庭の石壁を飛び越え、瓦礫の中を進んでいった。

何も見えませんでしたが、どこか闇の中で誰かの泣き声が聞こえました。それから、老婦人が地面に横たわっているのが見えました。「歩くんだ、おばあちゃん、壁を越えるんだ！」私は言いました。彼女は動けなかったので、私はその肩をつかんで外に引き出しました。老婦人はずっと泣いていました。まだ中にダイアモンドの入ったハンドバッグがあるのに、と言って。

悲惨だったのは「八人目の子供を妊娠して臨月を迎えていた私の姉」と、ドランスドルファー通りでこの妊婦を外に出そうとした兵士の例である。「ここを出るのよ」と隣の女性は自分の子供たちに言った。「ノイマン草地の方に」。そのとき、彼女は燃えるバラックを見て、そこに臨月を迎えた「私」の姉がいるはずだと気づいた。妊婦は台所と寝室のあいだで、棚の陰にいた。燃えるタールが落ちていた。一人の兵隊が家に入って彼女に、「出るんだ。あなたも燃えてしまうぞ」と叫んだ。しかし妊婦はなかなか出ることができないので兵隊が手伝わなくてはならず、それで兵隊も一緒に焼け死んだのだ。――ここで隣の女性は話を中断し、でも誰もそれを見た人はいないのよ、と言った。だがその夫がこう続けた。「ドランスドルファー通りの住民は皆、死んだぞ。通りに棺おけが並んでる」。「このときまで私は、姉の身に何が起きたか知らずにいたのです。隣の女の人がご主人を遮りました。『黙りなさい。この人のお姉さんのご家族はそこに住んでるのよ』。私はすっかり動転して恐ろしくなりました」。

州立婦人科病院の産婦たちには「床と壁はまるでゴムでできているように思えました。爆弾が鈍い音をたてて建物を揺らすと、どこもゴムのように伸び、揺れて見えました」(8)。モルタルと壊れた壁が空中を飛び、濃い煙が入って来て、看護師は「どうか冷静に、と私たちに言いました」。

通常の疾病患者たちはとっくに病院を出され、病院はどこも爆撃の負傷者でいっぱいであった。「母は腕に板を当てられていて、身動きできないでいました」。夫や子供が見舞いに来ていた。そのとき警報が鳴った。「看護師がドアを開け、全員、地下室へ、と叫びました」。運良く夫がいた。夫は板を当てた妻を持ち上げ、服を着せてやった。「一人ではとても部屋から出られなかったことでしょう」。その直後、天井が崩れ落ちた。「私たちは半地下室に安全な一角を見つけました。そこには台所もありました。コックが台所にいて、ちょうどクリスマス用に肉を用意していたところでした。病人たちは床を転げ回り、叫んでいました。ドアや窓や台所用品があちこちに飛ぶので私たちは足を怪我してしまいました」。地下のさらに下の階では修道女たちが祈りを捧げていた。看護師は灯火管制のことを案じて「ヒューズを切らなくては。建物中に灯りがついている」と叫んでいた。兵士たちは外から死者や負傷者を病院に運び入れた。「シュタインハウアー教授とミリトーア博士は、まだ空襲が続いているうちに石炭庫で手術を始めました。病院は一部が破壊されました」。

婦人科病院と外科病棟は山の中に掘られたH型の安全な防空坑道の中にあった。そこには市立文書館も避難していた。一九四四年一二月の鉄道空襲による負傷者と機銃掃射に撃たれた近隣の村々の農夫たちが、病院用の区域に収容されていた。ブンカーは岩の奥深くに掘られていたので警報のサイレンも空襲の騒音も聞こえなかった。トラックがぼろ布や藁に載せられた負傷者を運んで来ると、職員は何が起きたかを知るのだった。「私は赤十字の救助人として訓練を受けたことがあったので、ブンカーに残ることができたのです。手術は灯油ランプの灯りの下で行われました。夜になると私たちは蝋燭を持って部屋から部屋へと巡回しました」。水は湧き水の支流から汲んだが、日中しか汲めなかった。「使用済みの便器は一部屋に重ねてありました。すぐに中身を捨てて洗うことなどできませんでしたから。外の変圧器の横には小部屋があって、そこに遺体が安置してありました。死体から出た体液がまるで雨水のように歩道を通って溝に流れていきました」。車が毎日やって来て、遺体を木箱に積み重ねて運んだ。後に遺体は紙の袋に入れられるようになった。「ブンカーには重傷を負った子供たちがおおぜいいました。ときどき私は家に戻って、砂糖、バター、牛乳、酢を使ってキャンディーをこしらえました。師長のヘレーネが材料をくれたのです」。

爆撃戦争は一四歳以下の子供約七万五〇〇〇人を死亡させた。男の子が四万五〇〇〇人、女の子が三万人である。そして負傷者は一一万六〇〇〇人に上る。死者総数の一五％は子供である。(9)

私は祖母にしがみついてうずくまりました。突然、ものすごい爆圧を感じ、それから下半身がはさまれているのに気づきました。大量の石の中にはさまれていたのです。後ろで祖母のうめき声が聞こえました。同時に私は、水が流れていて、水位がだんだん上がってくるのに気づきました。私は胸の下まで石に埋まっていて、片手だけ動かせました。母姉のウッシーが死んだことは一年間知らずにいました。母は生まれたばかりの赤ん坊と一緒に死にました。家族が全員死んでしまったことは少しずつ知らされましたが、当時はそれを受け入れることなどできませんでした。

このカーリン・メルヒャースは足が麻痺し、兵隊たちと並んで病院に横たわった。杖をついて、また歩けるようになるだろう。

爆撃戦争の子供たちは、この戦争を子供なりの方法で認識した。頭を失ったきょうだい、髪の毛に火がついた通行人、三歳児くらいの大きさに縮んで炭化した死者。「その男の人はボール紙に覆われていました。よく見てみると、頭がないのが分かりました。そこから一〇メートルほど離れた場所に私の親友の頭がありました。彼はパウル・ザウアーといって、ケッセルス小路に住んでいたのです」。子供には死体に対する畏怖の念が欠けているので、爆撃の直接的作用によって歪んだ死者の表情を冷静に観察した。「破壊された屋敷のところに一人の兵士が立っていました。彼は壁によりかかったまま死んでいました。肺が破裂したのです」。爆撃の直接的作用を受けたのは、例えば爆弾落下時に窓辺に立っていた一人の女性である。「頭は吹き飛んでいました」。頭を発見することはできなかった。バラバラになった遺体は、まるで隠れたかのように消えてしまうことが多かった。「父と兄たちは一週間かかって叔父の遺体を掘り出しました」。

瓦礫から掘り出された有機体は死者ではなく、死の状況を表す物体である。「並んで置かれた遺体は膨張していました」。高温によって死んだ人々は人形の大きさに縮んでいて、人々を驚かせた。「とても小さくなっていて、信じられないくらいでした」[10]。腕に子供を抱いた女たちの青紫の肌はまるで色をつけた仮面のようだった。「ママ、どうしてこの子はこんなに真っ黒なの?」子供たちは大人に付いて歩く。ダルムシュタットの死体置き場での身元確認作業にも。「これがパパなの?」息子たちが遺体収容作業を行う。「落ち着いて、ママ、今出してあげるから」。

「空軍の制服を着た少年が泣きながら地下室から出て来ました。手には蓋をした琺瑯(ほうろう)のバケツを下げていました。慰めようとした人が、どうしたのかと聞くと少年は、これが僕の両親なのです、と言いました」。親を失った場合、幼児たちは自分が誰かも分からないので、名前と親戚の名前を記した札を首にかけられた。

聖マリア病院の看護師アグネスは語る。「九歳か一〇歳くらいの二人の子供のことは決して忘れられません。この病院の地下室と死体置き場に父親を探しに来たのです。『他の場所は全部探した』と言って」。

「ある日、瓦礫が燃える路上で、頭がおかしくなった男の子に会いました。男の子はおぼつかない足取りで進み、金切り声を上げて笑っていました。破壊のゲームを楽しんでいるようでした」。晩秋のダルムシュタットを襲った地獄への転落劇で、破壊は死に取り憑かれた怪物を造り出した。熱、爆圧、落下する瓦礫は、弾丸や刃剣での攻撃のように人体を切断するのではなく、人体を解体する。こうした死に方は、放熱という宇宙の力と、血管と石を粉砕する目に見えない力、つまり爆圧とを褒め称える隠喩である。このような力は人体組織が老いて朽ちることを拒絶し、分解作用に晒された組織をただのごみとして扱う。遺体をバケツに入れる行為がそれを承認する。「だいたい四時くらいのことです。取り乱し、煤に汚れ、死んだように青ざめた人々が皆、信じられないくらい沈み込んだ雰囲気で黙り込んでいました。あれは最も恐ろしい瞬間でした。ルートヴィヒ通りの瓦礫の中から手足が突き出していたのです。顎まで瓦礫に埋まってガラス玉のように凝固した目を見開いたままの男の人の顔もありました」。彼は、墓地の入り口に半円形に並べられた桶、貯蔵容器、木箱のところへやって来た。「ダルムシュタット市民は古いバケツに死者を入れて一日中運搬しました。浴槽には一家族全員が入りました」。

あたかも住人の体の上に建つ家のごとく、現実は逆さまの様相を呈し、死者はまるで生きた人間のようだ。年配の男が一人、木に寄りかかって座っていた。「私は話しかけたのですが、男は返事をしませんでした」。臨月の妊婦が二人、死の瞬間に分娩する。子供は誕生と同時に死ぬ。「私の知人が一九二人死にました」。しかし、知人を確認したわけではなく、特徴が死者と一致したにすぎない。「建物のすぐ前に炭化した遺体があるのが煙を通して見えました。それは妻だと確信したので、私は妻を腕に抱え、長いことしっかり抱きしめていました。それから注意して結婚指輪と腕時計を外しました。そのときふと見ると、前歯に金の詰め物がありました。見たことがないものでした。そのときになって、それは妻のマルタではないと分かったのです」。

　焼死した肉体は姿勢で何かを表現しようとしていた。見る者はそれを読み解こうとする。

> 一人の若い女性がまるで出来の悪い彫像のようになって横たわっていました。炭化したハイヒールのブーツを履いた両足は後ろ向きにそり上がり、両腕は身を守るように高く上げられていました。顔はまだ識別可能で、口は茶色っぽい歯並びを見せて大きく開いていましたが、笑っているのか叫んでいるのかは、分かりませんでした。

笑っているのは楽しいからではないし、叫んでいるのは辛いからではない。この人間が表現しているのは感情ではなく、彼女をこうした姿にした原因である。これは爆撃戦争の彫像である。

第7章
石

saxa loquuntur「石が語る」
ウルガタ聖書　ルカ伝　一九章　四〇節

投下された弾薬は、町を造る原料である石、木、室内装備と一体化し、それによって破壊的効果をおよぼす。人間や芸術品のように、動けるものは弾薬から逃れることができる。それはどのくらい労力を払えるかによる。建造物は逃げることができないので火災の被害を受け、それを拡大する役目を果たす。建造物は外的にも内的にもドイツの財産であったが、失われてしまった。人々は移動可能な芸術品、史料、書物を避難させた。最初は町から離れた堅固な壁の内部に、最後には岩山の奥深くに。さもなければ文化はほとんどすべて破壊されたことだろう。図書館は石の中に書物を隠すことで、史上最大の焚書から多くの本を守った。

動かざるもの

一九四三年四月九日、ヒトラーは芸術的価値の高いフレスコ画の天井と壁をカラー写真に撮るように命じた。命令はケルン、デュッセルドルフ、アーヘンなどの西部行政地域で実行開始され、彫刻、教会内陣の聖職者席、家具も写真に収められた。一年半後、ヒトラーはこう付け加えた。「何物にも代えがたい芸術作品や文化財が空戦によって損害を受けている状況を鑑みて、価値の高い記念碑的建造物、その他の移動不可能な芸術作品をできるだけ広範囲にわたって、また詳細に写真に撮り保存することが差し迫って必要だと考える」(1)。一九四四年一二月、写真家たちは中小規模都市の写真も撮った。一九四二年春にリューベックとケルンが空襲にあった後、フランクフルトでは『フランクフルト新聞』が、一九世紀の富裕市民の邸宅の写真を撮っておくべきだと主張した。「このフランクフルトがいつまで存続するか、誰に分かるだろうか」と新聞は書いた(2)。

旧市街は一九四四年三月の空襲まで持ち堪えた。三月二二日、ゲーテの没した日にアム・グローセン・ヒルシュグラーベン二三番地にあるゲーテ生家が崩壊した。ここを守るため、市民は夜番をしていた。地下室は抜け穴を通じてフランクフルトの地下室網と連結しており、また近隣の出口が埋まってしまった際の脱出口にもなっていた。三月一八日にはマンサード屋根に火がついたが、ゲーテが生まれた部屋の上部で火を消すことができた。しかし四日後にはもはや手の施しようがなかった。ヒルシュグラーベン通りは両側から燃えて通行できず、そこに通じる通りも同様だった。住民たちは突風で方向感覚を失い、ここはどこだろうかと尋ね合った。三月二二日から二四日にかけて、一七五五年の増築に際し少年ゲーテが礎石を置いた建物はゆっくりと燃え落ちた。壁が湿っていたので長い時間がかかった。炎だけでなく、消火のための放水でも家はダメージを受けていた。二三日の朝、屋根裏部屋が消え、正午頃、階段室が崩壊した。翌日、残っていたのは地下室、地下階段、扉と窓の砂岩製側柱、窓の上の迫持だけであった。九月、一発のブロックバスター弾が一階に最後まで残っていた壁を倒した。それはフランクフルトに二〇〇〇戸残されていた古い富裕市民邸宅の一戸であった。そのうち一〇戸が無事に残り、一階部分の一部が残ったものもごくわずかあった。

三月の空襲は二〇〇万個の焼夷弾で、レーマーベルク広場と大聖堂のある丘近辺に連なる中世からの建物を破壊した。皇帝の間を持つゴシック様式の市庁舎レーマー、旧造幣所、聖パウルス教会、ショーペンハウアー生家も破壊された。ショーペンハウアーがその上で亡くなった長椅子と机は空襲前に一階の部屋から避難させてあった。一三五六年以来皇帝選挙の場で、一五六二年以来ドイツ皇帝戴冠式が行われた大聖堂の南袖廊に爆弾が落ちた。中世に建てられ、角櫓とギザギザの壁を持つ、中世の最も美しい富裕市民邸宅「石の館」は失われた。後に写真を元にしてそのコピーが建てられた。

ドイツの「石の館」は火災戦争の目標の中で最も爆弾に弱いものだった。その住民はしぶとく抵抗し、工業は再開され、文書や芸術品は移動可能なので八〇％が破壊を免れた。しかしその一方で、最も古く、最も耐久性があり、時代の架け橋となってきた材質には何の抵抗策もなかった。石は動くことができなかったのである。何世紀にもわたる堅固さを石に与えるのは、それが地面に根を下ろしているからだ。そのことが石を呪縛することになった。石は自分の場所から逃げられない。一九四三年一〇月にはフランクフルト市民の五人に一人が疎開できた。工業は、高さ三〇メートル、長さ五〇〇メートル、幅二〇〇メートルの巨大ブンカーに避難した。一方、フランクフルト市庁舎レーマーは五〇〇年前からそこにあり、運搬不可能であった。火災戦争は空間をまるごと被災させるので、石は不利を蒙る。

爆撃機はいたるところを旋回するが、爆弾が落ちるのは地面の一点である。爆弾は国土の大部分を覆い尽くすことはできないので、それを回避できる地域も存在する。ただ重量のある石だけが、地面の常に変わらぬ一画で爆弾を迎える。爆弾の破壊力と石の忍耐力が対峙する。爆撃の側から見れば、もし石造の館とその内部の家具一式がなかったらたいしてすることがない。空からの攻撃は田舎の住民にはほとんど害をなさない。爆弾の力はただ堅固なものを破壊し、人と財産を瓦礫に埋め、建物を火災を拡大するための橋となし、建物内に火が通るようにすることにある。こうして石と兵器が結びつく。爆撃戦争とは、何トンもの爆弾が落下することではなく、町が炎上することである。何世代にもわたって人々の住む地が台無しにされるだけではなく、町は石の塊と化して人々を打ち殺し、あるいは灼熱のかまどと化して人々を窒息させ、地下牢と化して人々をガス殺する。町は最後に復讐の女神フリアの顔を見せる。石は砕かれ、同時に敵に奪われる。石は敵の重要な手先、その恐るべき武器と化す。

六万八〇〇〇トンのブロックバスター弾と八〇〇〇〇万個のテルミット棒状爆弾によって石は兵器と一体化し、歴史に育まれてきた町の風景は無残な姿と化した。後に人々は色々な理由から戦前の町を再建するのをためらった。土地と歴史の調和を修復しようという意見に賛同する者はあまりなかった。人々は次のように言った。費用と労力がかかりすぎる。こうした土地は恐ろしい火災の記憶によって因縁の地となっている。それに、新たに町を建設した方が快適で交通の便が良く、生産性も高く、それにこれが最も大事な点だが、前の町より爆弾に強いだろう。結局、住民は爆弾が壊した量を上回る石を取り壊した。因縁のあるこうした建造物をもう見たくなかったからだ。

一九四二年夏、リューベックとロストック空襲で火災戦の端緒が開かれると、文化担当者と防空担当者たちは会合を開き、空襲の際に記念碑的建造物、美術品、図書館蔵書をどうすべきか話し合った。高性能爆薬弾が命中する危険は少なかったが、例えばベルリン王宮のように巨大な屋階を持ち、床板と梁のあいだの中間部に入ることがほぼ不可能な複雑な大規模建築には、建物の構造を熟知した大規模防火団が必要だった。城というものはまるで焼けるために存在しているかのようだった。そのことはすでにカッセル城の壊滅が証明していた。隣接するデパートから延焼した火事を消すための水と消防団員はまるで足りず、絹張りの内壁、扉と窓敷居の上の金箔を施した彫刻、寄木細工の床、赤砂岩は火災に十分すぎるほど燃料を与えた。こうした材料は大量の焼夷弾と結びつき、誰もその相互作用を断ち切ることはできなかった。アシャッフェンブルクにあるルネサンス様式のヨハニスブルク城は、この種の建物で最も美しいものの一つであったが、一九四四年一一月から一九四五年四月にかけて行われた数回の空襲で燃えた。城の屋根を守ることは不可能である。

空軍省は、屋階に砂を八〇センチの厚さで敷き詰めることを推奨した。四ポンド爆弾の断面は小さいので爆弾は最終的に速度が大きくなり、貫通力が増した。砂があれば爆弾を受け止めることはできるだろうが、軍の勧める通りにすると砂は一平方メートル当たり一・六トンという重さになり、普通の天井はそんな重さに耐えることはできなかった。二重の強化煉瓦、あるいは厚さ二〇センチの鉄筋コンクリートも弾薬の衝撃を抑えることができたが、ドイツ中の建造物をそうしたもので補強するのは無理な話だった。

バイエルン州の城管理局による実験にもとづいて、城の屋階には飛び散る火花と散発的な爆撃に耐えられるような措置が施された。一九四三年五月、火災嵐をともなう攻撃が始まる頃、ゲーリングとヒムラーは水漆喰と塩水溶液による旧市街保護対策を開始した(3)。ヴァルトブルク城を含め何千もの伝統的建造物に漆喰塗料が塗られた。これにより塗料が施された部分の木材が朽ちたが、耐火の役にはまったく立たなかった。秋には保護すべき建造物の一覧表が出されたが、警備係は火災を前になす術もなかった。大火災の中で保護指定区が生き延びることは難しかった。

一九四四年一〇月のボン空襲は午前一〇時半に始まり、三〇分後、爆撃機は去った。フランツ・ラーデマッハー博士はライン州立博物館の職場から旧市街の記念碑的建造物へと急いだ(4)。ポッペルスドルファー通りの跨線橋まで来るともう、あたり一帯が燃えているのが見えた。大学の南翼部はライン川まで炎に包まれ、手の施しようがなかった。カール・フリードリヒ・シンケル〔ドイツ最大の新古典主義建築家。一七八一―一八四一年〕の設計になるボン大学学術博物館は今のところ屋根の角に火がついているだけだった。リヒャルト・デルブリュック教授とエルンスト・ランクロッツ教授はすぐにバケツリレーを始め、ラーデマッハー博士も加わった。消火活動の途中で空襲警報が鳴ったので、彼らは博物館の地下室に逃げた。炎は拡大した。警報は誤りで、次の空襲はなかった。ラーデマッハー博士は博物館のことは両教授に任せることにして、炎上する家並みを通り過ぎ、レミーギウス通りを市場へ向かって走った。炎の壁が彼の後ろに迫っていた。旧市庁舎の周辺では、選帝侯時代に遡る建物はとうに燃えてしまい、それに構う人はいなかった。「私は次にベートーヴェン生家に向かいました。着いたのは一二時頃でした」。生家は窓が割れただけで無事だったが、北隣の建物は屋根から玄関ホールまで燃え、そこから延焼の危険が迫っていた。博士の大声を聞いて管理人のハッセルバハが扉を開けた。兵士が数名、廊下に立っていた。彼らはこの重要記念物の意味など何も知らなかったが、三〇分間絵画を地下室に運んでくれ、その後、姿を消した。ベートーヴェン生家の所蔵品はすでに疎開させてあった。

ハッセルバハとラーデマッハー博士はこの建物を、三つの場所で守ろうと決めた。屋根の朽ちた木組みに火花が飛んではならなかった。窓の開口部からよろい戸とカーテンを取り除き、よく見張っていなくてはならない。予測がつかないのは地下室のことであった。隣の地下にはクヴァンティウス社の煙草貯蔵庫があり、煙がくすぶっていた。地下室を仕切る厚い壁には例によって穴が開けられていたので、火はいつこちらに侵入するとも知れなかった。隣からは始終、小規模の爆発音が聞こえた。ハッセルバハは鉄板で穴を塞ぎ、水桶の水でそれを濡らした。クヴァンティス社は燃え落ちたが、北側の遠くない場所で大火災が発生した。「巨大な壁が見え、そこからものすごい熱気が出ていました」。火は斜め前にあるアダム家具調度商店の方に向かって来た。店にはマットレスが山積みされていた。

ラーデマッハー博士はアダム商店に突進し、マットレスと布団を窓から放り投げた。その様子を見ていた者たちがいたので博士は声をかけ、それをイエズス教会に運んで家をなくした人の野営地で使うように、と言った。「残念ながら手伝ってくれたのは子供のような男の子一人だけでしたが、じつに真剣にやってくれました」。心臓病を患っているハッセルバハは、すっかり疲労困憊してしまった。火は家具置き場に、そこから倉庫に、そこから通りを隔てたボンガッセ通り二一番地と二三番地の古い小屋組みへと広がった。ボンガッセ通りの北側では窓からの炎がすでに通りの上にアーチ型に広がっていた。消防車がないとベートーヴェン生家を火災から守ることはできなかった。中央広場の防火用池にモーター消火器を備えた消防隊がいることにラーデマッハーは気づいたが、運ぶ途中で消火器は壊れてしまった。

防空センターのブラント少佐は、消防車は出払っていると怒鳴った。「私は言いました。『ベートーヴェン生家を守るために、どうしてもボンに一台消防車がいるのです』と」。そこに消防署長が割って入り、なら一台用意しよう、と言った。「ベートーヴェン生家っていうのはいったいどこだ?」とブラント少佐が尋ねた。知っている、一五分で行くから、と署長は言った。ラーデマッハーは走って戻り、路上の家具を片付けた。夕方五時に消防車が到着し、ホースは中央広場の池につながれた。ポンプの放水が始まったとき、イエズス教会に隣接する建物が崩壊し、ホースは瓦礫に埋まって千切れてしまった。隊員はホースを掘り出し、つぎを当てた。今度は水圧が足りず、二一番地と二三番地の小屋組みまで届かない。「そこでホースをベートーヴェン生家の三階まで引き上げ、そこの窓から火と戦ったのです」。一時間後、建物の火は消えた。燃え残った天井の梁から、消防隊はベートーヴェン生家に放水した。「私は七時間ぶりに安心して家に帰ることができました。ボン旧市街はひどい被害を受けましたが、この町で生まれた最も偉大な人物の生家を守ることができたのです」。この幸運はひとえにラーデマッハーのお蔭である。

シュトゥットガルトではエードゥアルト・メーリケ〔一九世紀の詩人・小説家〕が没した家が、バイロイトではフランツ・リストの墓所が、ハノーファーの聖ヨハニス教区教会ではライプニッツの墓が、ハンブルクではヨハネス・ブラームスの生家が、フランクフルト（アン・デア・オーダー）では作家ハインリヒ・フォン・クライストの生家が、ハーナウではグリム兄弟の生家が、アイゼナハではルターの住んだ家が焼失した。

人間の五体を守るための救助隊すらおぼつかない状態にあって、政府には記念碑的建造物の安全確保に回すための余力はなかった。そこで政府は後世への形見となるものだけを守ることにした。正面玄関、人物像、各種記念碑、ローラント像〔主に北ドイツの広場に置かれた、剣を手にした騎士像。ブレーメンのものが有名〕、噴水は梱包され、壁で囲んで保護された。バンベルクの馬上騎士像は最初は砂袋を詰めた木箱で、その後すぐに、石膏を塗り強化コンクリート製の円錐形ブロックを詰めた八角形の煉瓦製塔の中に入れかえられて守られた。通気用には斜めに溝が掘ってあった。ニュルンベルクの聖ゼバルドゥスの墓にも同様の囲いが施された。ニュルンベルクの聖ローレンツ教会の西側正面は高さ一四メートルのつき固めコンクリート製の壁で塞がれた。

聖遺物は永久に守られるべく措置が施された。例えば、ヴュルツブルク城のジョヴァンニ・バッティスタ・ティエポロ作フレスコ画の前に置かれた鋼鉄製の壁のようなもので。しかしそうした被覆は一九四二年半ばにはもう供給できなくなっていた。砂袋用のジュート繊維は払底し、コンクリートの覆いを作ろうにも、枠型の木材がなかったので、貧配合コンクリートを詰めた紙袋が代わりを務めた。ケルン、フライブルク、クサンテン、ミュンスター、パーダーボルンの大聖堂正面玄関、ベルリンのウンター・デア・リンデン通りにあるフリードリヒ大王の馬上像、ニュルンベルクの「美しの泉」がそうしたものの中に梱包された。

もし爆弾がその中に入れば、防御措置は逆効果となった。石のかけらは弾丸のごとく作品の中にめり込んでしまう。石による防御は諸刃の剣である。塗り込められた教会の窓は火花からは守られるものの、通風が阻害される。フレスコ画は空気がないとカビが生え、消えてしまう。教会を飾る絵画は恐ろしいほど退色してしまった。梱包材料がなければ、彫刻や浮彫を守ることも困難だった。爆弾の性能は改良されていたので、中身の形に合わせた鉄筋コンクリートで以前より確実に防御する必要があったが、そんなものはとても手に入らなかった。エーガー〔現在のチェコのヘプ〕で行われた最後の会合で、空軍と警察の代表者たちは、文化財管理者たちに対し、耐爆の防御壁を提供することができなかった。そして一九四四年夏、爆撃の最終戦が始まり、運搬不可能な文化財はついにほとんど剝き出しのまま攻撃に晒されることになった。それは見捨てられたのである。写真だけがそのデスマスクを残している。後世の人はウルムがかつてどんな町だったか、写真でぼんやりと知ることができる。

高い切妻屋根のほっそりした富裕市民邸宅が並ぶ、ウルム大聖堂参道であるヒルシュ通りは、一九四四年一二月に全壊した。一六世紀のギルド集会所も、穀物貯蔵庫も、兵器貯蔵庫も同様に全壊した。一二月一七日の火災攻撃は市内の三分の二を焼き尽くし、一四〇〇年頃建造された「ゼールハウス」も容赦はされなかった。これはキリスト教的献身の証として、ゼール会の修道女たちが伝染病患者の避難所として建てたものだった。市庁舎と「シュヴェーアハウス（誓いの館）」も焼け落ちた。大聖堂には屋根に五〇カ所も火がついたものの、一八八〇年に小屋組みが鉄に変えられていたおかげで、大聖堂消防部隊はこれを消火することができた。ヴァルフィッシュ小路とヒルシュ通りに面した入口の葉型装飾がなくなった大聖堂は、まるで剝き出しの幹のように立っていた。

アンドレアス・シュリューター〔プロイセンの建築家・彫刻家。一六五九―一七一四年〕、カール・フリードリヒ・シンケル、ゲオルク・ヴェンツェスラウス・クノーベルスドルフ〔同じくプロイセンの画家・建築家。一六九九―一七五三年〕の作品などポツダムの歴史的な建造物の四七％が、一九四五年四月一四日夜に失われた。(5) 爆撃機軍団はこれに五〇〇機の飛行機、一七〇〇トンの爆弾を費やした。これは爆撃機軍団が行った最後の大空襲で、大規模建造物を目標とし、五〇〇〇人の死者を出した。この死者数は一九四〇年と一九四一年にドイツ全国で死亡した人の数を上回る。フリードリヒ大王が葬られている衛戍教会と、プロイセン・バロックの典型的建造物であるポツダム城はこのとき焼失した。爆撃のハンマーは壮麗な通りや複合建築物を狙って振り下ろされた。石には魂があるからだ。建築物とは、美と形式、尺度と目的とは何かを沈黙のうちに教える教師であった。爆弾もまた、誰が権力を持ち誰が無力なのか判決を下す教師だった。無力なのは、無防備な者、審判を求めることができない者である。打ち負かされる者は征服される。征服者は、宗教的、法的、倫理的規則を持ち出す者が罪を裁く法廷に召喚されることはない。彼自身が宗教であり、法であり、倫理なのだ。征服者はどんな法令にも権力を認めない。彼が被支配者を支配する。ポツダムは、プロイセンの軍国主義を歴史から消すために破壊された。

イギリスは頻繁に、しかも進んでプロイセンの軍国主義と手を結んだ。しかしそれは目下の問題ではない。イギリスはプロイセンが象徴する空疎なイデオロギーという敵と戦ったのである。この敵は狙うのが非常に困難である。極悪人とそれが行使する暴力は物理的な形を持つが、空疎なイデオロギーは反対に何らかの器に隠れている。それを壊そうとしても敵に当たるとは限らない。敵は変幻自在でどこかよそからまた姿を現す。この敵が姿を隠すことができる器はすべて破壊せねばならない。そうすればこの敵を抑えることができる。四月一四日に廃墟と化したポツダムはそうした努力の一例である。ポツダムやニュルンベルクという神秘的な石の町は華々しく打倒された。その壊滅は攻撃者の心を満足させた。敵はこれを喜んだが、今後喜ぶことはないだろう。

爆撃手はギーセン爆撃に何の満足も覚えなかった。彼は一九四四年九月から一九四五年三月までの二七回にわたる空襲で、人口四万七〇〇〇人のこの町を少しずつ破壊してきたが、この木組みの家で有名なヘッセンの町がナチの神殿だとは思えなかった。これは爆撃の日々で掃射された小都市にすぎない。爆撃手とは掃射するものだ。第五爆撃航空群に属する二五〇機のランカスターの三分の一が、一九四四年一二月六日のギーセン鉄道施設攻撃を行った。三分の二は旧市街攻撃に専念し、そこはまもなく消滅した。

ポツダムの芸術性の高い外観とは趣きを異にする奇怪な出窓のあるヒルシュ薬局や、古風な教授用邸宅やかつて教育学部として使われていた窓の多い建物などのファッサードが見せてくれるのは、いわば家族のアルバムである。他でもないこうした石造りの建物が過去の暖かな時代を語り伝える。こうした建物は造られ、改築され、残され、人間の一生の長さにそれとは違う別の尺度を添える。歴史とはそのような第二の時間である。石がそれに実質と節目を与える。一五世紀に建築が開始され、スレート葺きのルネサンス風切妻屋根を持ち、多角形の柱の上に建てられた市庁舎、ブラント広場の「古い城」、一四世紀に建てられた塔を持つヘッセン伯の城――これは一九世紀に裁判所となりその後ルネサンス様式に変えられた――、ヘッセン地方で最も古い木組みの家の一つである一三四九年建設のブルクマンネンハウス、一八一九年に擬古典主義様式で建てられた「旧病院」、一九〇六年にユーゲント・シュティール様式で建設された劇場――こうしたものは皆、その起源を物語っていた。専門家の解説などなくとも、その形と古色蒼然たる様相が多くを物語り、響きを奏でていた。石の中に秘められたこのような響きを爆撃機軍団は国中で抹消して回った。そして皆消えてしまった。

移送

運搬可能な芸術品は、人里離れた建造物や岩山に掘った穴の中で守られた。もしこうした疎開地がなかったら、紙や木や布に包まれた歴史的文化財は爆撃戦争後には断片しか残らなかっただろう。何が運搬可能で何が運搬不可能かはすぐに決められるものではない。ケルン大聖堂の中央祭壇の柱に置かれたゴシック彫刻を最後の審判の前に移動することなど、想定外であった。(6) この上なく繊細な彫刻が施された重さ一トンの人物像は、錆びた古いあわせ釘でつながれた祭壇天蓋とコンソール〔壁から突き出して天井などを支える部分〕と一緒に持ち上げられており、これを壊さずに彫刻を外すなど、できない相談だった。木製足場の上に置かれた砂袋は爆弾から彫刻を守るのに役立ったが同時に火災の危険も増した。板を頑丈な壁に変えようにも、下に地下墓所と丸天井の地下室があるので床の強度が足りなかった。大聖堂は装甲を施すこともできなければ分解もできない。

ゴシック建築の重厚な備品であるパイプオルガンの前面管、祭壇背後の高い棚、重い説教壇、椅子席も同じく運搬不可能だった。礼拝の対象となるものは蒼穹のごとく動かず、他の宿りを求めない。永遠の耐久を目指して作られたあわせ釘や各部分の木組み、中世に使用され、古い樫の木が出すタンニンの中に埋まった重い錆びた釘は多くの場合、個々の人物像や祭壇画を外すことは想定しているものの、祭壇の中核部は柱や天井と同じく移動不可能で、しっかりと据え付けられていた。壁で囲むこともできなかった。木材は通風を必要とするが、壁に囲まれた保護室に換気用穴を開けると、それがかまどの効果をもたらした。その上、複雑な保護対策を施す人員も専門家もいなかった。管理人は召集されており、残っていたのは数人の老人だけで、燃える教会内で夜間に消火活動や運搬作業をするなど無理な話だった。しかし、ドルトムントでは七〇歳の工芸職人がペトリ教会に姿を現し、フランドル風彫刻を施した重さ五トンもの祭壇の取り外し方を教えたのだった。一回目のルールの戦いで破壊される前に、この祭壇はヴェーザー川渓谷の人里離れた場所に運ばれ、エーダーダムが爆破された際もヴェーザー川は幸運にも氾濫しなかった。さもなければこの作品も失われるところだった。一三五三年建設のペトリ教会にはその後に直撃弾が落ち、聖堂内陣の北壁と丸天井はすべて破壊された。

最も危険に晒されたのは中世のステンドグラスだった。離れた地点に爆弾が落ちただけで、それは砕け散ってしまった。ケルン、クサンテン、アルテンベルクの大聖堂でも、他のおびただしい数の市町村の教会でも、ステンドグラス画家が古いガラスを枠から外し、木箱に詰めて乾燥した地下室に運んだ。最初は中世の、次にはルネサンス期のものが避難の対象となった。それは光に当たることを前提に作られているので、ほんのわずかでも湿気があると乳白色に濁り、分解した。一九四二年半ば、ラインラント地方には元の窓枠に残っている古いステンドグラスはほとんどなかった。

芸術工芸品の保管は最初、人里離れた地方で行われた。軍需産業や軍の施設からも、地上の目立つ地点からも離れ、できるだけ山脈や森林に近い何もない野原などである。うら寂しい地の、外壁が頑丈で丈夫な丸天井屋根の部屋を持つ城塞や城が倉庫に適していた。しかし、城には巨大な屋根があるので、戦争が火災戦争の様相を呈するに至ると、あまり適していないことが分かった。一方、周囲に池を巡らせた水城は消火用水を蓄えていたので理想的であったが、渓谷に建っており湿気が多いので保管物を傷めた。最も条件を満たしたのは険しい岩の上の山城で、爆弾は滑り落ち、通気も良かった。大規模な病院や療養施設の半地下室はあまり役に立たなかった。冷気に晒されていた祭壇画や家具は暖房のきいた部屋に耐えられなかったからだ。コンクリート製ブンカーは結露によって水気が多く、保管には最も不向きだった。

爆撃戦争が田舎にまで拡大するにつれ、文化財はさらに遠くへ、地下の岩の中へ、要塞の装甲室へ、縦坑や横坑へと移動を強いられた。人間は必要に迫られれば湿気やこもった空気に耐えられる。しかし絨毯、ゴブラン織り、絵画の絵の具、書類はそのような空気に慣れることはできない。カビ、衣蛾、キクイムシ、ハエにやられてしまう。長い年月、日光から守られてきた絵画は疎開場所で退色する。芸術品を地下に保管するには湿度と通風を管理する必要がある。コブレンツ郊外のエーレンブライトシュタイン要塞は、公文書を保管するため戦争前に建造されたものだった。ベルリンの博物館群の所蔵品もここに入れられた。ニュルンベルク城の地下施設も同じ役目を果たした。ベルリン当局はもともと、町が保管する、測り知れないほどの価値を持つ所蔵品のために独自の地下ブンカーを設置するつもりだったが、一九四三年、プロイセン国立公文書館館長のアドヴァイスに従うことにした。危機に晒されている文化財の保管場所として完璧なのは、廃坑となった塩坑とカリ坑だった。そこは乾燥し、清潔で、地下深く、延長が数キロもある。ヴュルテンベルク・バーデン地方、オーストリア、そしてハノーファー—マグデブルク間の中部ドイツ「カリ三角地帯」には十分な場所があった。

まず最初にプロイセン国立公文書館が一九四三年、シュタースフルト郊外の塩坑に書類を保管し、ベルリン攻勢による難を逃れることができた。ベルリンの博物館群がそれに続いた。シュトゥットガルトの博物館関係者は、コッヘンドルフに、支柱なしでも爆撃に耐える巨大な地下空間を見つけた。しかし、その入り口と昇降用リフトケージは祭壇画を入れることを想定していなかった。バイエルンでは、こうした大きな物を運ぶことができたのはバイエルン国立劇場の舞台装置運搬トラックだけだったので、通常はスプリングを効かせた家具運搬トラックが使われた。輸送担当者と学芸員がまるで家を取り壊す前のように博物館の文化財を片付け、いつ爆撃機が来てもいいようにした。大きな絵画は額縁から外され、薄紙に包んで用心深く木製のころに載せられた。

損失を最低限に抑えるため、蒐集品は分散して保管されてはならないし、第一級の作品が一カ所に集中してもならない。ルーベンスの絵画がすべて同じ場所に保管されてはならないし、第一級の作品が一カ所に集中してもならない。最も価値の高い作品は常に出口付近に置かれた。信頼に足る管理者が疎開した作品のできるだけ近くに住み、毎日数を数え、空気に触れるように所蔵品の束を積み直し、定期的に梱包を解いて状態を管理し、報告を行った。

専門家たちは、不満足な倉庫へ移動された芸術品がそれに耐えられるとは思っていなかったので、運搬可能な作品が元の場所で保管されることもあった。爆撃戦争中、時間も物資も不足する中、何千トンもの文化財がウールの毛布に包まれ、あるいは雑多に詰められて、小船や牛や馬の牽く農家の荷車に乗せられた。交通渋滞で車は立ち往生し、文化財は痛んだ。大急ぎで応急の梱包だけを施され、不安定な車の上でガタゴトと音をたてながら、国家的文化財は荒野へ、地下へと移動した。さもなければ燐と爆弾に晒される。こうした兵器は世界を可燃物と不燃物に分ける。人間は燃やすには動きが活発すぎる。テクノロジーと自然はしぶとい抵抗を行う。鉄道と工作機械、森と収穫物は電子テルミット棒やブロックバスター弾の望み通りにはならない。しかし文化財は他の何よりもよく燃える。

古くからの歴史は石、紙、木材、ガラス、布、皮の中に物質化している。こうしたものは火をつけるのに向いている。石はその舞台、紙はその記憶である。フランクフルトでは市の公文書の三分の一が燃えたが、ドイツ最古の成文による帝国法である一三五六年の金印勅書は残った。もしこれが失われても、その内容は失われることがない。しかし他の古文書は自らの保管庫であり、最終的な証明である。ほとんどの書類については、その内容を誰も知りはしない。家族は何世代も経るうちに原稿、書類、手紙、写真の束をため込んでいる。多くの人々は自分にとっていちばん大事なものを防空用スーツケースに詰めた。教会、産業界、貴族は文書や記録を保存し、国や地元の文書館と同様に情報を蓄えている。こうした情報は公開されることはないが、時代のミイラ化した一部分である。こうした歴史の証に火炎戦争が与えた損害は測り知れない。

救済可能な記憶、つまり公文書館、機密文書館を戦時中に移動することは昔から行われてきた。書類は戦利品なのだ。一九三八年夏の危機の際すでに、ライン西岸の研究機関は厳選した物品の移送を協議していた。敵勢力が接近したら、国家機密に関わる政治的・歴史的書類は疎開させることになっていた。空からの攻撃には、上階の物品を移動させることで備えた。開戦直後、ジークフリート線の西側地方の教会記録簿、戸籍、役所の文書は用心のためにジークフリート線東側に移動された。ドイツが西部戦線で初期に勝利を収めると役所は安心し、ラインラント地方には何事も起きないだろうと考えた。フランスが所蔵品を移動させた際の経験を参照してみると、当時、運搬による著しい破損があったことが判明した。そこで財宝は保管場所から出してはならぬということになった。所蔵品が放置され散逸するのではないかという専門家の意見がここでも受け入れられ、爆弾の危険を防ぐのは収蔵庫の武装化のみ、ということになった。

現代の文書館は非常に堅固な造りである。リューベックの空襲の後でさえそう信じられていた。窓を壁で塞ぎ、被弾に耐える壁を建て、階段に覆いを被せ、監視員を配置し、広間を防火壁で仕切り、防火扉を設け、火災の際に火格子となり暖炉の役割をする床材は取り払われた。

大半のドイツ人は空襲の心配などしていなかった。ただ疑り深い人々だけが、迫り来る破壊にその場しのぎで抵抗などできないと考えていた。実際には何の準備もなかった。しかしどんな準備をしようと、建物は爆弾の衝撃と火災に耐えることなどできなかっただろう。鉄筋とコンクリートでできた公文書館の保管庫でさえ、書類を火災から守ることはできなかった。鋼鉄製金庫に入れられた書類も焼け、炭化した。ベルリン造幣局の帝国銀行金庫も直撃弾には耐えられなかった。そんな事態を想定して造られてはいなかったからだ。保管されていた美術館所蔵品はあっさりと粉々になってしまった。他方、帝国経済省の地下保管庫は、建物が屋根から地下室まで焼失したにもかかわらず、無事だった。何メートルも積まれた砂袋がプロイセン国立図書館の目録を守った。ギーセン市内の銀行金庫には町の秘宝である大学図書館所蔵の「ギーセンのパピルス古文書」[7]が隠され、その中にはゴート語訳聖書の一部が書かれたドイツ最古の羊皮紙もあったが、至近距離に爆弾が落ちて金庫に亀裂が入り、そこから地下水が浸入してパピルス古文書に甚大な被害をおよぼした。

一九四二年九月三日、カールスルーエ州立図書館が被災し、三六万冊の蔵書のほぼすべてが失われた。残ったのは五〇〇〇冊だった。悲観論者の予想は当たった。爆弾はすべてを破壊する。中規模以上の町に置かれた公文書館は大変な危機に晒されたので、とりあえず教会管区内の代替保管地に分散して移し、危険に備えることになった。地上戦に巻き込まれるというもっともなリスクはあったが、そのような問題が浮上したのは一九四五年になってからだった。

一九四三年三月八日夜、ニュルンベルクが三度目の大空襲を受けた後、バイエルン国立公文書館は「我々の所蔵品を救うには山に隠すしかない」との結論を出した。[8] 三月一五日、この時点ではまだ大きな被害はなかったが、「公文書保護委員」として指揮に当たっていたポツダム帝国公文書館館長のエルンスト・ツィプフェルは、危険予防のため所蔵品の移動を命ずる布告を出した。その八カ月後、ハノーファー国立文書館が最初に大被害を受け、古い重要蔵書と蔵書検索のための目録が全部失われた。このときから諸機関は、迫り来る宿命との競争に追い立てられることになった。

一九四三年三月の時点で、ベルリン機密文書館はその膨大な所蔵品の八・五%を撤去していた。最上階の七階書庫はカラになった。ベルリン攻勢で大空襲が始まると六階の書類が疎開させられた。火災を覚悟した文書管理人たちは歯をくいしばり、息も絶え絶えになって今度は五階と四階に取りかかった。一二月二九日、爆弾が落ちたが、カラになった書庫に当たっただけですんだ。しかし今度は瓦礫の山が運搬作業を阻んだ。召集された六〇人の学童たちは休憩ももらえなかった。一九四四年二月一五日、この頑丈な建物についに直撃弾が落ち、建物翼部の上階を吹き飛ばしたが、文書はとうに搬出されていた。全所蔵品の四八%は別の場所に保管されていた。避難所とされたのは郊外の城、修道院、農場の建物、林務官宿舎、給水塔、教会、牧師館、校舎、岩をくり抜いた坑道、ワイン貯蔵庫、炭坑、要塞である。

公文書保護委員は国と市の所蔵品を移動し、非公共の小規模の蒐集物については助言を与えた。軍隊と教会は歴史的価値のある文書を独自に避難させ、教会の蒐集品は比較的うまく難を逃れることができた。一九四四年春から懸命の避難が始まった。中小都市もこれに加わったので、木箱、紐、袋は完全に払底し、その上輸送機関内のスペースや燃料を巡って毎日騒動が起きた。一九四四年六月一日時点で、公文書保護委員の管轄下の九六館のうち二七館ではその所蔵品の八〇から九〇%を、五三館では半数を安全な場所に移していた。一九四四年一一月までに二二五万の史料、五〇万の手稿と公文書、一七五万の書類の束が搬出された。[9] この当時、文書館にいた係員は各館平均四、五人であった。

所蔵品を遠隔地に運ぶ作業が半ば成功した頃には、ドイツにもはや「遠隔地」というものがなくなっていた。例えばシュヴァーベン地方レーヴェンシュタイン山地にある小都市レーヴェンシュタインも破壊され、そこにあったシュトゥットガルト市立公文書館の所蔵品が焼失した。東西二カ所の戦線からの地上侵攻作戦が間近に迫ると、どこが戦場になってもおかしくなかった。交通路攻撃によって地上侵攻の準備が行われると、所蔵品は地下へ、岩の中へ、塩坑へ、カリ坑へと再度移動させなくてはならなかった。東部戦線からマールブルク国立公文書館へ送られていた文書は、さらに奥のヘルムシュテット郊外のグラスレーベン塩坑へと送られた。鉄道七両に積まれて、ドイツ騎士団とプロイセン伯の書類を有するケーニヒスベルク国立公文書館の書類もそこに到着した。ダンツィヒ帝国公文書館の書類も車両五台でやって来て加わった。これは以前、プロイセンのマリーエンブルク（マルボルク）やヴァツィーン（ヴァツィノ）の、ビスマルク領地に保管されていたものである。一九四五年二月、ベルリン機密公文書館はその所蔵品を東部戦線に近いリュッベンから戻し、エルベ河畔のシェーネベック郊外の縦穴に移した。南東ドイツにあった文書はオーストリアのブルゲンラント地方奥地やシュタイアーマルク地方のザルツカンマーグートの洞窟に移動した。キールからヴィースバーデンに至る西部ドイツのプロイセン王国関連文書は戦争の最後の数カ月を、グラスレーベンやザルツデトフルトの塩坑で生き延び、南部ドイツの所蔵品はハイルブロン郊外コッヘンドルフの鉱山に隠された。一九四四年一二月、最大規模の避難場所であったエーレンブライトシュタイン要塞からの撤退が始まった。ここには手稿、皇帝・王・法王関連史料、写本、古判例集、中世の土地台帳があり、これらは鉄道封鎖の合間を縫って、あるいは貨物用ボートでザルツデトフルトやグラスレーベンに到着した。ズィーゲン郊外のハイン社製錬所坑道は一九四四年八月から暖房を入れ、通風を改良して湿気を管理しており、そこにカール大帝の遺骨と、アーヘン、エッセン、トリーアの大聖堂の秘宝が入れられた[10]。タンネンベルクの戦い記念碑から運ばれたホーエンツォレルン家側の軍旗が入るよう、坑道の数カ所では天井が高く掘り上げられたが、空襲の危険が大きく旗は結局運ばれないままに終わった。

ドイツの公文書の約半分は火災戦争から守られた。残り半数は戦火に晒され、その八〇%が焼失した。一九四五年四月、ドイツ軍の崩壊とともにポツダムの軍事文書館も破壊され、一八六四年のデンマーク戦争、一八六六年の普墺戦争、一八七〇年から七一年にかけての普仏戦争、それから両世界大戦に関する書類はすべて失われた。一九四五年三月のヴュルツブルク空襲では、城に保管されていたマインツ選帝侯とヴュルツブルク司教に関する書類が消え去った。ダルムシュタットを襲った火災嵐の中には、ヘッセン中央行政部の一九世紀と二〇世紀の書類が取り残された。ミュンヘンでは財務省、司法省、文化省でバイエルンの歴史に関する史料並びにバイエルン軍に関する書類二万冊が失われ、ハノーファーでは一九世紀のハノーファー王国の歴史関連の所蔵品がほぼすべて失われた。その多くは古文書で、一〇二六年に法王がヒルデスハイムの大司教本部に向けて書いた世界最後のパピルス文書も含まれていた。ベルリンのプロイセン機密文書館では、ブランデンブルク・プロイセンの歴史に関する書類の大部分がなくなった。ミッテルラント運河〔エルベ川とライン川を結ぶドイツで最大の運河〕ではニーダーライン公文書館の書類を積んだ貨物船が沈没し、書類は五カ月間水に浸かった。アウクスブルク商業組合もオスナブリュック司教文書館も書類を失った。ドルトムントは市立公文書館資料の四分の三を失った。フリードリヒ・クルップ〔ルール地方の巨大産業クルップ社の創業者〕記念工場文書館は甚大な被害を蒙り、ボッフム・ランゲントレーア地区新教教区文書館も、ディンスラーケンのカトリック教区文書館も、その他も同様に焼失した。

書籍

文化都市ミュンヘンの名声を確立させたのは、アルブレヒト五世（在位一五五〇―一五七九）である。彼はヨハン・ヤーコプ・フッガーを招き、フッガーはベルギー人とイタリア人の二人の司書をともなってミュンヘンに移住した。フッガーの蔵書の大部分は手稿と、後にインキュナブラ、つまり揺籃期本と呼ばれる一五〇〇年以前の印刷物であった。中世後期の人々が読んでそれについて思索する価値があるとみなした本、四万タイトルが伝えられた。それぞれの書には約二〇〇のコピーが作られ、その中の約五〇万冊が戦火を生き延びた。

印刷業者たちは印刷術の発展を証明しようとは考えず、彼らは手書きの文字と装飾を模倣した。最初に、典礼法規印刷者が章やページ、あるいは最初の文字を書き入れる。木版や金属版画が本文に挿絵をつける。そこに使われる字体、とくにゴシック字体は多様で、製本者の好みを反映している。製本者は手稿作者のように、印刷地、年、自分の名前を最後のページ、奥付に残した。一九〇四年から揺籃期本の調査が行われ、一九二五年からは、その全目録が作成された。最初のタイプ打ち目録は一九〇五年から一九二四年にかけて五巻で出版され、印刷会社名のない揺籃期本がどの印刷工房で作成されたかが分かるようになった。大多数の揺籃期本を保管していたのは公立図書館だった。

ヨハン・ヤーコプ・フッガーがミュンヘン宮廷図書館の基礎を築き、史料編纂に協力的だった選帝侯マクシミリアン一世がこれを蒐集品の集合から知識の源泉へ、同時代と過去の時代の知識の保管所へと発展させた。そのためには全蒐集品の目録が必要だった。[11] マクシミリアンは自分が有する図書館の総合目録を作成するため、最古の研究機関である修道院に命じ、所有する手稿の内容を報告させた。一六六三年以降、バイエルン国内で、あるいはバイエルン人の作家によって出された本の一部は宮廷図書館に置かれることとなった。こうして一八〇〇年頃に蔵書は約一〇万冊に達した。三年後に修道院が廃止されると、その蔵書と手稿は車でミュンヘンに運ばれた。以前は帝国直轄都市で、その後バイエルン公国所轄都市となった町が有していた蔵書もバイエルン公国の所有となった。こうしてドイツ語で書かれた書物を集めた中でも最大の図書館が成立した。

一八世紀、宮廷図書館はフッガー家邸宅の二四部屋をあてがわれていたが、蔵書が増大し一〇〇万冊を超えたので邸宅内の図書室という形式をやめ、ルートヴィヒ通りに壮麗な建物を建設した。戦時中、最初の九回のミュンヘン空襲ではこの建物に被害はなかった。一九四三年三月九日火曜日から翌日にかけての夜、爆撃機軍団は七万個の焼夷弾を投下した。[12] この空襲は夜半頃に始まり、監視係は屋根の小屋組み部分の倉庫を巡視し、約三〇個のテルミット棒を訓練通りに取り除いた。そのうちに、中央の建物で大規模な火事が起きたという知らせが届いた。監視係たちは理解に苦しんだ。その二分前に、彼らがそのそばを通ったばかりだったからだ。その後に炎が幅一五メートルにも広がったのだった。その直後、あたり一帯は炎に包まれた。火柱はガラス天井を吹き飛ばし、建物は一種の暖炉と化して高さ五〇メートルの炎が夜空に上がった。これは、最も脆弱な箇所に液体焼夷弾が投下された結果だった。古風な木造部分とガラス天井という、うってつけの材質が大規模火災を招いた。

強い南西の風で中央の建物の炎が北東の翼部に移った。六人の係員は力を振り絞り、二つの翼部を結ぶ通路から物を撤去し、北東翼部から来る炎をくい止めようとした。しかしそのためには建物の連結部に置かれていた神学の間と貴重な聖書コレクションが犠牲となるのは避けられなかった。深夜一時に国立劇場から最初の消防車が到着した。職員は迷宮のような階段や通路の中で消防隊に道を教え、今度は蔵書の救出に取りかかった。

深夜二時から国立図書館付近には民間人と軍人がぞくぞくと集まり、朝方には約一〇〇〇人になった。この人々のおかげで手稿、揺籃期本、音楽関連コレクション、目録を運び出すことができた。所蔵品の避難先は隣接するルートヴィヒ教会であった。明け方、火災は収まったように見えた。朝の光はまだ見えない。中庭は管、ポンプ、ホースで溢れ、それらは建物内へと入り、階上に伸ばされていた。その後また炎が上がり、勢いを増して北西翼部に向かい、二階全部を焼き尽くしてしまった。中央の建物ではまだ火がくすぶっており、黒煙が中庭に広がっていた。北西翼部の炎はめらめらと燃えた。ルートヴィヒ通りからは炎上する図書館の炎が暗い空に上がった。南風が強まって火災を煽り、燃え上がる本の残骸を襲い、焼けた紙切れが雪のように空中を舞った。

通りの奥の図書館と聖ルートヴィヒ教会のあいだでは両腕にいっぱい本を抱えた人々が、服に火がつかないよう気をつけながら走り回っていた。朝日を浴びる教会の側翼の壁龕と祭壇には救出された本が山と積まれた。八時頃、再度火は収まったが、またも消防隊は欺かれた。二重床のあいだに見えない火種があったのだ。それが午後に再燃し、北西翼部三階にある二つの広間を襲い、安全だと思われていた非ヨーロッパ地域の地理関係と北アメリカ関係コレクションを飲み込んでしまった。

最後の火災が消えたのは四週間後だった。中庭には三万五〇〇〇立方メートルの瓦礫が二階の高さまで積もっていた。バイエルン国立図書館は三月九日から一〇日にかけての夜、全所蔵品の二三％に当たる五〇万冊の蔵書を失った。古典文献学、考古学、美学、神学、非ヨーロッパ地誌学関連蔵書が被災した。取り返しがつかない損失は、学術施設や各種研究施設の出版物であるアカデミカのコレクション全巻であった。失われた蔵書数は三世紀のアレクサンドリア図書館の火災による損失に匹敵する。そのわずか四カ月後にはハンブルク大学図書館で六二万五〇〇〇冊が失われた。人類史上、これほどの書籍が焼かれたことはかつてなかった。

すでに一九三九年八月二八日、ハイデルベルク大学図書館はマネッセ写本〔中世の代表的な宮廷詩人の歌曲を収録した彩色写本。美しい細密画で有名〕を、フランケン地方奥地のエアランゲンに近い東部に送っていた。そこなら大丈夫とされていたのだが、さらに場所を変える必要に迫られ、ハイデルベルクから送られた写本はエアランゲンの地下室を出て、ニュルンベルク城塞下のさらに地下深い天然岩の中に移動した。ベルリンのプロイセン国立図書館は隣接する帝国経済省の金庫室に秘蔵の品を収容していたが、一九四三年までは平常通り業務を行い、その後になって全所蔵品を避難させることにした。一七五万冊の本がヴェラ河畔のカリ坑に隠され、残りはチェコのテプラー修道院とエルベ河畔シェーネベックの塩坑に入れられた。三〇〇トンの書籍が、手当たり次第に梱包されてシュプレー川を航行する小船に乗せられ、南部や西部ドイツに送られた。途中で六回も積み替え作業が行われた。ベルリンの図書館の揺籃期本部門は手痛い損失を蒙った。その蔵書の大部分である二一五〇冊が失われ、東洋関連部門は全部消えてしまった。

ドイツの学術図書館にあった四〇〇〇万冊の蔵書のうち、三〇〇〇万冊が戦時中に移送された[13]。こうした本は公文書と同じ運命をたどった。手稿と揺籃期本はまず最初に地下室に入れられた。一九四一年九月九日にカッセル州立図書館で三五万冊の蔵書が焼失すると、残った書籍は岩をくり抜いた醸造所の地下室、貴族邸宅、山城に、あるいは再び修道院へと移動した。ライプツィヒでは諸国民戦争記念碑の中に倉庫が造られた。災難だったのはハイデルベルク大学図書館である。ブルッフザール近郊のメンツィンゲン城に五〇トンの蔵書を疎開させたのに、ここが爆撃機に攻撃されて火災にあった。ハイデルベルク大学図書館本体には何の被害もなかった。ドレスデンのザクセン州立図書館蔵書の避難先では水道管が破裂し、アルブレヒト・デューラーによる数学関係の手稿とバッハのミサ曲ロ短調の総譜が失われた。

石炭・果物運搬用小船が、トラックが、そして最も貴重な物を手荷物として運ぶためには普通車が、書籍をその最終目的地である地下へと送っていった。製塩所、カリ坑の空気が理想的だった。砂岩を掘った洞窟は湿気が多すぎ、ハレにあるドイツ東洋協会は所蔵品をそこに入れていたので、その半数を駄目にしてしまった。本はあらかじめ塩坑の形に合わせて作った木箱に入れられ、塩坑にはこの木箱が長さ数キロにわたって置かれた。木箱が払底してしまうと、本は亜麻布やテント用布や包装紙に包まれ、あるいは剝き出しのままで人の手が届く高さまで積み上げられた。しかし、塩分を含んだ塵は有害なので、書物には油紙が必要だった。日光の下に戻されると、吸湿性の部分は湿気を吸って汚れ、費用をかけて修理しないと再び読めるようにはならなかった。剝き出しのまま移送された書物はすでに移送段階で損害を蒙っていた。急いで小船に乗せる際に川に落ちる本もあったし、鉄道車両から滑り落ちるものもあり、そうした場合、取り戻すことはほとんどできなかった。湿気の多い保管所ではカビが生え、鼠によって甚大な被害が出た場所もあった。

リスクを減らすため、諸機関は所蔵品を複数の場所に分散した。フライブルク大学図書館は一一カ所に分散した。手稿と揺籃期本を入れた二三の木箱がプフレンドルフの刑務所に収容され、ミュンスター渓谷にある聖トゥルートペルト・ベネディクト派修道院に八万冊が移送された。プフレンドルフ刑務所も危なくなると、揺籃期本はフライブルクの東端にあるヒルツ坑道の岩穴を深く穿って掘った、暖房装置付のコンクリート製地下牢に移された。しかしこの坑道も軍施設に提供しなくてはならなくなり、揺籃期本はさらに黒い森の山地へ向かった。国営醸造所ロートハウスの麦芽打殻場には地下深くに造られた地下室があり、ここで揺籃期本は安全を確保された。一九三三年以前に閉鎖されていたズルツブルクのユダヤ教会では、自然科学と医学関係の雑誌三万冊が守られた。

フライブルク大学蔵書の中で最大の被害は、ラール郊外の麦芽工場に入れていた教理神学と司牧神学部門の蔵書三万冊が蒙った除去不可能なカビである[14]。また、フライブルク大司教区事務局と、通りの地下八メートルに造られた地下室を有するレーヴェンブロイ醸造所に直撃弾が落ち、神学関係の揺籃期本六〇〇冊と考古学、音楽、英米文学の蔵書を床に叩き落したが、散らかっただけですんだ。

元の場所に置かれたままの書籍は大部分が焼失した。ライプツィヒのドイツ図書館は、一六〇万冊の蔵書をエルツ山脈とウンストゥルート渓谷に一〇カ所に分けて保管していたが、四〇万冊は地下室の通路に置いていた。一九四三年一二月四日、そのうちの五万冊が焼失した。運を天に任せていたギーセン大学図書館は一九四四年一二月一一日、蔵書の九〇％を失った。それは蔵書五二万冊と博士論文三〇万本であった。目録だけが残った。ミュンスターは疎開を始めるのがあまりに遅れ、大学図書館蔵書の三分の二に当たる三六万冊を失った。

書籍の大量避難を行わなかったら、その多くは残っていなかったことだろう。出来る限りの努力をしたにもかかわらず、ヘッセン図書館にあった三五〇万冊の蔵書のうち、二〇〇万冊は空襲の被害を逃れることができなかった。公共機関が所有していた書籍の中で失われたものは約八〇〇万冊と推測される。個人の所有になるものの被害は不明である。火災戦争はそれ以前に破壊されたすべての紙より多くの紙を破壊したが、その燃焼力は思いのままに紙を屈服させたわけではない。しかし紙はきっと、火に対し勝利を収めることだろう。それは炎より長い命を持つのだ。

編集付記

爆撃戦争については多くのことが書かれている。しかし長いあいだ、それを受けた人の苦しみという形では書かれなかった。数々の町が過去五〇年間、数字や証言を含む年代記を発表してきたが、学問的水準を満たすものはほとんどない。著者は公式の記録と、また、注意を払いながらではあるが、前述のような出版物を使用した。市の公文書館の記録を批判的に眺め、ドイツの町に加えられた爆撃の歴史を再構成することは公的な試みとして行われてもよかったはずだ。しかし今日まで、犠牲者については信頼できる数字すらないという有様である。例えば、五桁に上る犠牲者を出したプフォルツハイム空襲とスヴィーネミュンデ空襲は第二次世界大戦中の悲劇に数えられるが、正史には登場しない。これまで通用してきた統計を再検討することが早急に必要である。一九八〇年代中頃から終わりにかけてアンネリーゼ・バルバラ・バウムがボン空襲について記した記録のような、現存する最良の証言は、戦争体験者世代の記憶にどれほどのことが保管されているかを示している。こうした知識は速やかに記録されなくてはならない。

爆撃戦争についての我々の知識の一部は、学者生命をその研究に捧げた歴史家の業績に負っている。とくに、ホルスト・ボークとオーラフ・グレーラーの名をあげるべきであろう。著者は彼らの作品から多くを学んだ。一九八八年に出版された、ハルトヴィヒ・ベーゼラとニールス・グシコフの大著『戦時におけるドイツ建築の運命』を、著者は学問的最高水準にあるものと考える。この書の対象は当時のドイツ連邦共和国（西ドイツ）領土に限定されているが、一九八〇年に出版された、ドイツ民主共和国（東ドイツ）の作家グループによる作品『第二次世界大戦におけるドイツの記念碑的建築物の運命』が不足を補っている。

戦略的空戦の英米側の部分はウェブスターとフランクランド、クレーヴンとケイトによる公式の歴史記述や、『アメリカ戦略爆撃調査』並びに次々と出版され、信頼に値する膨大な論文に記録されている。

最後に、この仕事のために協力し便宜を図ってくれた方々および諸機関に感謝の意を述べる。原稿を審査してくれたのはギーゼラ・ヒッデ氏、その助手ジルヴィア・レッベルムント氏で、出版に際してはクリスティアン・ゼーガー氏のお世話になった。ベルリン州政府図書館、シュトラウスベルクの国防軍アカデミー図書館、ベルリン公文書館、フライブルクの軍公文書館の寛大な処置によって原史料に当たることができた。

日本の読者のための後書き

イギリス政府はロンドンのグリーンパーク内に「爆撃機軍団メモリアル」を建設する予定を立てており、それは二〇一一年に落成することになっている。ドイツの都市をうまく灰燼に帰すことができたという誇りを保ち続けるために、である。爆撃の記憶は薄れ、五年にわたる爆撃戦争は、一九四五年二月のドレスデン破壊というたった一つの電撃へと縮小してしまった。同様に、ヒロシマ上空に現れた原子のきのこ雲の影は、西側諸国の歴史の地平で、日本の都市への火災爆撃を覆い隠している。軍事的行動の一つ一つは、必要不可欠だったり余計なものだったり、また犯罪的だったり正当だったりしたのだろうし、それについては六〇年以上前から論争がなされている。そうでなくても戦争犯罪は普通の出来事である。他方、科学的な準備と多大なコストをかけて、手馴れた手順で四〇〇回にわたって行われた民間人殺害は、不法な戦争なのではないかとの疑いを抱かせる。そうした殺人は決して普通のものではない。

イギリスの作家フレデリック・テイラーによる、ドレスデン空襲を扱った最新の本[1]は、ドレスデン空襲はこの町にある軍事転用可能な光学上の精密機器製造にまるまる二〇日間の遅延をもたらしたと論述して、イギリス、ドイツ両国の新聞から賛同を得た。このために三万人の民間人が合法的に死亡させられたという。犠牲者に対する悪意はまったくなかった。彼らは残念なことに、飛行機やUボートの航法機器を製造する工業から五キロの距離に生活していたのであった。この見解に反駁しているのがあの偉大なジョン・キーガンをはじめとするイギリスの作家たちである。アメリカではNATO軍の元最高司令官ウェズリー・クラークが、一九四五年に日本の都市に対する放火を命じたカーチス・ルメイの伝記の中で、そのような行為は今日の法的状況に照らしてみれば当然ながら戦争犯罪であろう、と書いている[2]。それを除けばルメイは素晴らしい司令官だったとのことである。

ドイツ国防軍で作戦の指揮を執っていたアルフレート・ヨードルもまた、卓越した司令官だったとされている。一九三七年一二月に南京を征服した松井石根（いわね）も同様である。彼らは今日のウェズリー・クラークよりもっと緩い法則に従って戦ったのだろうか。当時の法的状況のもと、ニュルンベルクと東京における勝者の舞台で彼らは戦争犯罪人とされ絞首刑に処されたが、その主な罪状は民間人を必要なく死亡させたことであった。もし松井が「南京での婦女暴行」という銃剣の代わりに町を火災爆弾で抹殺していたら、彼は無罪となっただろうか。重慶爆撃による夥しい数の犠牲者について、東京裁判では誰も償いを求められなかった。重慶の死者は、南京の死者よりも合法的な手段でより人道的に滅ぼされたのだろうか。

ドイツの、ロシアの、日本の、英米の軍隊は皆、主として民間人を、しかも大量に死亡させた。ドレスデンもヒロシマも、決して個別の判断の結果運悪く爆撃されたのではない。それは、数年かかって体系的に行われた、都市の住民居住地に対する空からの攻撃の段階を示している。それは反駁の余地がない。見解が分かれるのは、法的に許される民間人殺害と法的に許されない民間人殺害があるのか、という問いに関してである。戦士は皆、人を死亡させる。それが彼の職業であり彼の目的である。戦争法はすべて、許される殺害と許されない殺害を区別する。それが戦争法の意義であり目的である。しかしこの世のどんな刑事裁判も、殺人者がどんな武器を使ったか、ナイフなのか石なのか、また拳銃なのか毒なのかによって殺人の事実を決めるようなことはしない。犠牲者が死亡し、殺人者がそれを引き起こそうとしたなら、その犯罪が起きたのである。それがどんな方法でなされたかは何の関係もない。しかし、第二次世界大戦の法律効果は使用された武器に関係する。民間人を地面で火器によって水平になぎ倒した側は、法的にも歴史的にも犯罪者とされる。同じことを爆弾を使って垂直に遂行した側は、法的に正当とみなされている。それに異議を唱える者もいるかもしれないが、今のところ歴史の判定によればそうなのだ。それは論理的ではないがそうされているのである。どのくらいの民間人を爆撃で死亡させた時点で戦闘者は法的に正当な戦士と認められなくなるのか―五〇万人か、五〇〇万人か、五〇〇〇万人か―という問題は、大規模な法廷でも後の一群の文献でも取り扱われていない。

一九四〇年から四五年には戦友だったアメリカとロシアが、両者ともに自分側に義があると見なしていたことのために、相手国の五〇〇〇万人かそれ以上の民間人を数時間以内に根絶する用意ができていたことを、我々は冷戦の数値予測書から知っている。「根絶」というのはヒトラーお気に入りの言葉であった。それに彼は、それを言葉だけに終らせなかった。冷戦の大量殺人の幻想は机上の計画に終った。他方、世界大戦でのドイツと日本の犠牲者の総数は現実の人間の命に関わるものである。また、サンクトペテルブルクただ一都市に対するドイツ国防軍の食糧封鎖だけでも、世界大戦の全戦線における英米軍の爆撃によるものと同じくらいの民間人の命を奪い去った。

法的正当性の遂行としてのルーズベルト－チャーチル－スターリン連合の栄光が、今後も最終的判決とされ続けるかどうかは不確定である。爆撃によってドイツと日本で死者一〇〇万人が達成されたことは、暴力的な歴史芝居のように思える。それが描写するのは、諸悪の根源を天の軍勢が襲う様子である。天の軍勢による炎の稲妻が正義を行ったというのではない。彼ら自身が正義であり、最終審判なのだ。彼らの行いに抵抗することも、それを覆すこともできない。彼らは独自の天球の中で活動する。何もない空という彼らの作戦領域が彼らを地上の苦悩の谷から分けている。通常の射撃の方向は空と平行に、地上の住民から地上の住民に向けて行われる。しかし爆弾は、神々の座から地上の住民に向けたものである。神々の前で人間は頭を垂れよ、と。神意とは理解を超えるものなのだから。神々は敵ではない。運命を下す存在である。

ドイツではいまだに人々は頭を垂れて爆撃戦争を追悼する。市民の多数、とりわけ戦後生まれの人々、政治家、報道機関、学者、歴史家、文学者たちは畏敬の念から、頑なに沈黙を守っている。描写しがたいことを描写する資格は我々にない。文学者のW・G・ゼーバルト(3)が一九九九年にこの沈黙を、何か不自然なもの、病的なものとして述べたとき、ドイツ中がこの沈黙について語った。空戦についてはようやくその三年後、本書が出てから語り始められた。これは世界中のメディアから反響を呼び起こしたが、彼らが都市爆撃の性質について語ることは、私がそのために選んだ用語について議論するという範囲内のみにとどまった。自由のためにこの戦争を戦った側もまた、ドイツ－日本という一対のならず者と同様に残酷な戦いをしたことを、その用語が示唆しているというのである。

私の考えでは、私は判定を下したのではなく、戦争を描写したのである。肖像画が対象の顔に似ているように、言葉によるポートレートもその対象物に似ていなくてはならない。しかし、爆撃の夜という顔に対して、関連文献はぼんやりとした輪郭を与えているにすぎない。たいていの場合それは、爆弾が飛行機から落ちた時点で終っている。その後に来るのは成果を示す統計である。私は、その三〇秒後、爆弾が地表に現れてから描写を始める。燃える建物の中の温度は、独自の時間的遅延を伴って地下では摂氏八〇〇度に上昇するが、その状況を描写するために私は「火葬場（Krematorium）」という用語を選んだ。建物の地下室は大多数のドイツ人にとって唯一使用可能な避難所であった。

そこで彼らはさしあたり崩壊と熱から守られたものの、多くの場合数時間経つと瓦礫に埋まり、生き埋めとなって容赦なく燃焼ガスや炎にさらされた。そうして彼らは灰となったが、火災爆撃の全手順とは、つまるところこれを狙ったものである。それは高温の空間を巧みに作り出すことによって肉体を灰燼に帰すことである。医学的書類には死因として「高温」と記されている。これによって爆撃の犠牲者の多数が死亡した。

私は、ドイツ消防署にある診断書を使ってこの過程を詳しく描写した。読者は、大火災が人間の組織に作用する様子を自分が知りたい以上に正確に知ることになる。私は高温の地下室を総括的に「火葬場」と名付けている。この用語の選択の正当性についてはニューヨークとロンドン間で、マドリッドとベルリン間で激しく論争がなされた。それに対し、戦争で民間人を火葬にすることの正当性についてはまったく論じられていない。これは核兵器による戦争のシナリオが描かれる時代にあっては当然のこととされている。こうした兵器を入手する者は、一定の状況下では、敵の民間人の命を塵へと溶解する用意があることを示している。それを拒否するなら、この兵器を使って威嚇することもできない。単に敵を抑止するためだけでも、自分は何ら躊躇しないのだということをはっきり確信していなくてはならない。イスラエルはこうした威嚇という鉄拳を使用するかも知れない。ロシア、中国、インド、パキスタン、北朝鮮、まもなくイランも、そうしない理由があろうか。民衆の自由と人類の友愛という概念を生み出した国々が何の躊躇も示さないということが、総力戦を行う要件となった。結局は、どんな国もそれを禁じられることはなくなる。

国連安全保障理事会の常任理事国である五カ国の世界の警官は、核による火葬を彼らが独占している状態が永遠に続くなどとは、自分でももはや信じていない。核を最初に使ったのは世界的に有名な将軍たちである。ヒトラー、スターリン、チャーチル、トルーマンが取った措置を思い出してみれば、今日、どこかの軍隊が敵の民間人を保護するために何らかの利点を諦めたり、軍の高い損失率を許容したり、ましてや降伏の危険を冒すなど、都市住民も農村住民ももはや期待することはできない。どういう方法でかは定かでないが——その法的性質を区別することはもちろんできようが——万一の事態となれば住民の身にそうした事態は降りかかってくるだろう。たとえ住民にとっては、空からの火葬のほうがヒトラーのSS方式の大量殺人よりも法的正当性があるように思えても、それを選択することはできない。戦争は許可を求めたりはせず、自分に役立つことが何かを知っている。

その後、都市住民は地下鉄でも、空港でも、ディスコでも摩天楼でも、万一の事態を覚悟しなくてはならなくなった。周辺にある軍事物資を当座のあいだ生産停止に追い込むために、三万人のドレスデン市民が抹消されてもよかったのだという文を読んで、ロンドンのイスラム原理主義者もチャーチル信奉者に劣らず喜ぶことだろう。ロンドンでも、預言者の帝国にひどい災いを引き起こす武器の部品が作られ、軍が調達され、誤った偶像が崇拝されていることはドレスデンに劣らない。いつ発生するかも知れぬテロを厳しく批判する声は、ロンドンでも事欠かない。テロリストですらテロを批判するが、自分のテロだけは批判しない。それは彼らにとって正義の行為である。悪の帝国を爆撃するより他に、チャーチルとトルーマンにどんな手段が残っていただろうか。聖なるテロにとって他に何が残っていようか。チャーチルがベルリンに、トルーマンが日本本土に進軍できなかったように、イスラム原理主義者もまたロンドンに地上進軍することはできない。流血の犠牲が大きすぎるのだ！

爆弾はあたかも全能者の腕のように見えるが、多くの場合、無力な者の最後の逃げ道である。爆弾がそもそも何なのか、何を引き起こすのか、軍事的、法的、人道的に見てどのような能力があり、またないのかを示す正しい言葉について、人々が合意することは決してないだろう。一方にとってのテロは他方にとっての正義である。天から降ってくるのが救いであるか、災いであるかは、世界のどの地点からこれを眺めるかにかかっている。この世の多くの民間人にとって、戦争は単独の戦場で行われる騎士道精神に則った力比べではなく、自分たちの只中に打ち込まれる打撃である。それは空を飛んできたり、横から、車のトランクからやって来たりする。また、コンテナ船用港、あるいは地下道からやって来る。その打撃の効果は大気に圧力、熱波、放射熱、病原菌を加えることによる。民間人の生命の保護地が死の空間と化す。人が呼吸するものとはもはや生命を担う酸素ではなく、計算づくで生命を停止させるものとなる。

そのような方法を適用する者は、それが至極正当なものと認められることに価値を置く。そのような正当性は、敵が自然に反しており、自分の側が救済者であることから得られる。自分は卓越した社会秩序と宗教からなっており、敵を単に相応に罰することだけでなく、敵を悪魔的要素から解き放つことができる。敵は浄罪火をくぐり抜け、生まれ変わって自分を拷問する者の似姿となり、拷問者は彼の救済者となる。今日のドイツ人にとってこの救済は自分自身にとっても喜ばしいものに思えるので、彼らはこの拷問を遅まきながら歓迎している。拷問は自業自得であり、望ましいものだった。そのおかげで自分たちは浄化されたのだ。好き放題し続けていたら、今頃どんなことになっていただろうか？

すでに述べたように、これはおおむね拷問された側の多数の見解ではなく、彼らの子供や孫たちの見解である。彼らは勝者によって打ち立てられた状況で成長し、他の状況を求めることもなく、また求めようとしてもできなかったことだろう。輝かしくないとは決して言えない戦後ドイツでの生活のために、我々のような敗北の相続人は、両親からの離反という対価を払った。両親世代はその忌まわしい行為のために至極正当な償いをしたのだし、それを認めることは、これを認める、より若い世代の人々に大きな利点を与えた。彼らは他人の罪、他人の苦難について論評したのだから。彼らは平和を享受し、彼ら自身は決して敗北者ではなかった。敗北の恥辱は彼らにとってより卓越した秩序の勝利へと変貌した。その到来を是認する者はもはや敗北者ではなく、勝利の分け前にあずかる。勝者が決まるとともにやっと平和が訪れたのであり、勝者が自分を理解するのと同じように他の人も勝者を理解する。それでよいのだ。平和を手にする方法は他になかったのだから。戦争を行った各党派が、違う道をたどってまったく別の方法で、しかしながら結局は同じことを、つまり文明からの離反をともに始めたことは、今日に至るまで筆舌に尽くしがたいほどである。しかしながら一九四九年から八九年までの文明の存続は、極く細い最後の一本の糸にかかっていた。それに続く一〇年では、思いがけず訪れた幸運によって危険は永遠に消え去ったかのように見えた。文明の全面的自己破壊は現実にはならなかった。それは出現を躊躇したのである。それにもかかわらず、それを引き起こすための道具はすべて揃っているし、改良と拡大が熱心になされている。名望あるシンクタンクは第二次世界大戦から受け継がれた政治的・軍事的計算をより洗練されたものにしている。法的・人道的な問題も解決済みと考えられている。正義に適うことのためには、その役に立つなら何をしてもよい。そしてこの不条理な所見が真面目に受け取られるように、ドイツと日本に対する爆撃が常に持ち出される。それが正当だったのなら、今日でも不正なはずはない。

アメリカの元国防長官で世界大戦当時カーチス・ルメイの学術協力者だったロバート・マクナマラは次のような万能の真理を用いて、ウェズリー・クラークのような人物の懐疑に反論している。[4] 何が戦争犯罪かは、戦争の結果が決める、と。勝者の使った兵器は批判されない。その兵器を使って人は引き続き勝利しようと思うからだ。確かに、有罪判決を受けない殺人者も殺人者であることに変わりない。ただ、これを確定する裁判官がいないなら、そして垂直方向に殺人をした者が自由に生活し、一方で水平方向に殺人をした者が絞首刑にされるなら、正義も司法もないと同じである。正義と司法が万人に対して適用されないなら、それは誰にも適用されないと同じである。勝者はどんな措置でも強要することができる。そのために勝者は何の正義も必要としない。死刑執行人を必要とするだけだ。かつて保護を求める民間人の正義があった場所に、今日では無法の空間が口をあけている。

世界大戦の勝者たちは当初、自国の民間人は国の強大さによって保護されていると思っていたが、二〇〇一年九月一一日以降、この強大さは万人をひるませるわけではないことを知った。彼らの力には隙間があり、内陸奥深くで密かに軍事作戦を行う部隊に対しては存在しないも同様である。もしそうした部隊がこっそりABC兵器（核兵器・生物兵器・化学兵器）を手にしたら、戦略家たちも言うように、それに対しては防衛のしようがない。イギリス空軍やアメリカ陸軍航空軍がドイツと日本の都市をさんざんに苦しめたようにイギリスとアメリカの住民居住区を容赦なく攻撃しようとする部隊は、非正規兵と区分される。しかしそんなことは彼らにとって何でもない。第二次世界大戦の正規戦闘員も、戦争の法則と慣習を尊重するように求められた。そうでなければ彼も非正規戦闘員とされた。しかし一九四〇年時点では四万人のハンブルク市民、三万人のドレスデン市民、一〇万人の東京都民を火葬にするという戦争上の慣習はなかった。チンギス・ハーンの時代にはそのようなことが行われた。ジョン・キーガンがいみじくも述べたように、西側列強はこれによって「敵の水準にまで下降した」[5]のである。ドイツの将官たちはニュルンベルク裁判で、英米軍による爆撃戦争を同業者として褒め称えたが、それによって彼らの水準を高めたわけではない。裁判官たちにとって、彼らのこうしたおもねりは実に不可解なものであった。垂直方向の民間人虐殺は勝利の一部であったから、ドイツ人将官は隠蔽の言語の持つ利点を利用したのである。それは虐殺などではまったくなく、「付随的被害」であり、「士気を挫く爆撃」であり、あるいは簡潔に言うと「軍事上の必要性」である。

軍事的に機能したことが司法上不利に働くことはありえない。敗者は裁判権を持たないからである。グリーンパークに建立される記念碑も「非正規戦士」のチームに捧げられるわけではない。たとえ彼らの戦闘にどんな規則もなかったとしても。今や彼らの戦闘こそが規則である。その戦闘が自分自身を規則として記したのだ。イギリス爆撃機軍団に対してドイツ国防軍の総司令部がライプツィヒで計画していた勝利の法廷は、勝利がかなえられなかったゆえに開かれずに終わった。きっとそこでは爆撃機軍団が、法的に確固たる理由によって「非正規者」の群れとして分類されていたことだろう。ドイツ国防軍がロシアで行った同じような措置を挙げるものは誰であれ、見当違いとして厳しく叱責されたことであろう。それはボルシェヴィスムに抑圧された人々を解放するためだったではないか、と。

後代の言説は、その行為がなされる時点においてはまったく筋違いである。自分の行為を説明するためにヒトラーの手先なら誰でも持ち出す簡潔な論述、つまり自分はより高次の命令、すなわちカーチス・ルメイの命令に従ったのだと述べたロバート・マクナマラが、法的に矛盾した自分の状況に苦しんでいないことは、どこかのイスラム原理主義の神の戦士と同様である。戦争に正規の手段で決着を付けることができない者は戦争に正規に負けようとはせず、非正規に勝利しようとする。他ならぬまさにこのことだけを、チャーチルは唯一の確固たるゲームの規則としていた。今日、無防備なままで新種の市街戦に足を踏み入れようとしている西側世界の民間人は、だんだんとそのことを感じ始めている。彼は世界大戦の結果によって苦しんでいるのではないが、それが残した痕跡にはまり込んでいる。戦争の痕跡が埋められることは決してなかった。その道には手が加えられ、そこを行く者はないが、興味深く研究がされている。おそらくは間もないうちに再びそこで、六五年前のドイツ人や日本人に降りかかったのと同じ宿命が現実となるだろう。戦略家たちはもはや「そうしてよいのかどうか」を疑ったりはしない。彼らの問いは「いつ、どんなふうに」というものである。

本書を読んだ非常に多くの読者は、著者が戦争犯罪人の問題を語っていないのは残念だと述べた。しかし、戦争犯罪人とは作家からではなくて裁判官からそう呼ばれるものである。イギリスとアメリカの裁判官の誰も爆撃戦争による七万人のドイツの子供の死を法的に審査する義務を感じないなら、爆撃戦争は公的に許容されるのである。しかし私は、こうした形式の死が法的に正当であったとは思わない。ただ、法はそのような行為を制御することができないだけである。法はこの領域から退却してしまい、それを野蛮の手に委ねてしまった。少なくとも核による野蛮を封じようとする、真に尊敬すべき政治家たちによる現在の努力は、それをともに行おうとしない野蛮人たちの手に世界を引き渡す結果にしかならないだろう。爆撃戦争を過去のものとして再発見することはできない。第二次世界大戦の呪いである爆撃戦は、この上なく生き生きとした大戦の産物である。爆撃戦争の子である私が特別の絆とともに日本の読者に提供するその肖像は、未来への回想なのである。

二〇一〇年九月　ベルリンにて

J・F

注

（1）Frederick Tayler, *Dresden: Tuesday, February 13, 1945*, London 2004.
（2）Barrett Tillman, *LeMay. A Biography*, Vorwort W. Clark, New York 2007.
（3）W. G. Sebald, *Luftkrieg und Literatur*, München 1999.
（4）Rober S. McNamara in: Errol Morris, *The Fog of War. Eleven Lessons from the Life of Robert S. McNamara*. @radical.media&senart films production, 2003 by Sony Picture Classics.
（5）John Keegan, *The Second World War*, London 1989, S.433.

訳者後書き

本書は *Der Brand : Deutschland im Bombenkrieg 1940 –1945* の全訳である。原題は直訳すると『火炎——一九四〇年から一九四五年までの爆撃戦争下のドイツ』となる。著者のイェルク・フリードリヒは、一九四四年生まれ。一九七〇年代からナチの犯罪を追及する著作を発表してきた。彼の現在までの著作は以下の通りである。

Freispruch für die Nazi-Justiz, Die Urteile gegen NS-Richter seit 1948. Eine Dokumentation（1983）『ナチ司法に対する無罪判決——ナチの裁判官に対して一九四八年以降に下された判決——ある記録』

Die kalte Amnestie : NS-Täter in der Bundesrepublik（1984）『冷たい特赦——ドイツ連邦共和国のナチ犯罪者』

Das Gesetz Des Krieges: Das deutsche Heer in Russland, 1941 bis 1945 : der Prozess gegen das Oberkommando der Wehrmacht（1993）『戦争の法則——一九四一年から一九四五年までのロシアにおけるドイツ軍——国防軍最高司令部に対する裁判』

Brandstätten : Der Anblick des Bombenkrieges（2003）『火災の現場——爆撃戦争の光景』

Yalu : An den Ufern des dritten Weltkrieges（2007）『ヤールー川——第三次世界大戦の瀬戸際で』

歴史家として精力的にこうした大著（例えば『戦争の法則』は一〇八五ページ）を発表する傍ら、彼はジャーナリストとしてメディアで戦争、ナチの犯罪、ドイツへの爆撃に関する発言を活発に行い、高い評価を受けている。

二〇〇二年に出版された本書はベストセラーとなったが、一方で著者はイギリスのみならずドイツ国内でも批判に晒されることになった。よく知られているように、戦後の西ドイツにおいては、ナチ・ドイツが犯した犯罪行為を償う「過去の克服」が歴史教育において最優先の課題であり、自国が受けた被害を語ることに関しては多くの人が引け目を感じていたからである。多くのドイツ人にショックを与えた最大の原因は、フリードリヒが本書で使っている用語の選択にある。彼の語り口は、普通の歴史書に使われているような中立的、事務的なものではなく、むしろ激しい感情を呼び覚ますようなものであった。とくに人々の神経を逆なでしたのは、従来ホロコーストの犠牲者を表現するために使われてきた言葉をドイツ人の爆撃被害者のために使用していることである。これは一部の人々にとって「限界を超える」冒瀆行為と感じられた。例えば爆撃航空群のことを「特別行動隊（Einsatzgruppe）」（二五八ページ）と表現しているが、これはＳＳの特殊行動部隊で、一九三九年にハインリヒ・ヒムラーとラインハルト・ハイドリヒによって組織され、ナチのポーランド侵攻と対ソ戦に従ってユダヤ人をはじめとする「敵性国民」の大量虐殺に従事した部隊のことである。さらに本書では、火災の熱を吸収して人々を死に至らしめた地下室について「火葬場（Krematorium）」（一五七ページ他）、爆撃による死亡者について「抹殺された人々（Ausgerottete）」（二六六ページ）という言葉が使用されている。こうした用語はホロコーストの被害者が抹殺されたガス室やその被害者を直接に連想させる。こうした言葉の使用によって、フリードリヒはホロコーストの罪を相対化しようとしているのではないかと疑われたのだった。これに対する著者の反論は「日本の読者のための後書き」を参照されたい。

その「後書き」に添えられた私信の中でフリードリヒは、こうした「論争」は著者と読者の双方によって作られるものだとして、第二次世界大戦に関する古典的著作とみなされている Gerhard L. Weinberg の *A World at Arms*（Cambridge University Press, 1994）を一例にあげている。この本は、アメリカ軍が日本に加えた近代的な大規模空襲を日本の発想によるものとしているが、その根拠は日本軍によるアメリカ本土への風船爆弾攻撃である。周知のように、これは気球に爆弾を搭載した、とても兵器とは言えぬ風まかせ・運まかせの代物であり、アメリカ側に生じた死傷者数は一桁であった。議論の余地なく「バランスのとれた」とみなされてきた多くの著書が内包する歪みは、大勢の歴史認識が許容する限りにおいて歪みとは認識されない。一方で、二五年にわたるナチの犯罪研究で評価を得てきた自分が、同じ筆致で歴史の別の側面を記述したとたんに「バランスを欠いた」と評されたことに、フリードリヒは違和感を覚えている。

ところで、本書のようなドイツに対する爆撃の被害を告発する書が登場するにあたっては、それなりの前段階があり、ドイツ世論の変化が根底にある。その変化の一つは、ドイツ文壇で起こった論争、いわゆる「空襲と文学論争」によってもたらされた。この論争は、イギリス在住のドイツ人作家W・G・ゼーバルトがチューリヒ大学で一九九七年に行った詩学講義に端を発する。この講義でゼーバルトは、ドイツの都市を標的にした第二次世界大戦末期の空襲で約六〇万の民間人が死亡し、三五〇万戸の住宅が破壊され、七五〇万の人々が家を失っていたというのに、この「それまでの歴史上類のない抹殺行為は（……）集団的意識の中にほとんど何の痛みの痕跡も残していないように見える」と述べ、空襲による死者についての記憶は「自分自身にさえも打ち明けることができない、一種のタブーが染み付いた家庭の秘密」となってしまった、と断定したのだった。この詩学講義は大きな波紋を呼び、講義をもとにした本も出版された（Sebald, *Luftkrieg und Literatur*, Hanser, 1999. 邦訳『空襲と文学』白水社ゼーバルト・コレクション　鈴木仁子訳）。この論争以降、これまで忘れられていた、あるいは無視されてきた空襲文学が再版されたり新たな空襲文学が出版されるようになった。本書もこうした流れの中で出版されたものであり、ドイツ人が自分の受けた戦争の被害を客観的に語ることが許される雰囲気が醸成されるに当たって、この本が果たした役割は非常に大きい。ドイツにおける「もう一つの過去の克服」は二一世紀に入ってようやく本格的に始まったばかりなのである。この作業があってこそ、本当の歴史認識が可能になるのではないだろうか。

最後に、本書を訳す機会を与えてくださった日本大学教授初見基先生に感謝申し上げる。翻訳に当たっては、恩師である岡山大学教授、ローデリヒ・ガートゲ先生に何度も貴重な時間を割いていただき、助言をいただいた。また、アリソン・ブラウン氏による優れた英訳がコロンビア大学出版から出版されているので適宜参考にし、また英語の原史料から引用されている場合にはできる限り原史料に当たった。英語からの翻訳に関しては、名城大学教授で英文学がご専門の西山徹先生からご指導をいただいた。また訳者の勤務する岡山商科大学教授小松原実先生、ピアズ・ダウディング先生をはじめ、多くの方々から軍事関係その他の訳語についての助言をいただいた。

　とりわけ、みすず書房の中川美佐子氏は、英訳と仏訳を参照して訳文を仔細にチェックしてくださったのみならず、訳者に代わって多くの資料に当たってくださった。心から深くお礼を申し上げる。もちろん、誤訳や勘違いがあれば、それはすべて訳者の責任である。

二〇一一年一月　岡山にて

香月恵里

イェルク・フリードリヒ

ドイツを焼いた戦略爆撃
1940−1945

香月恵里訳

2011年 2 月21日 第1刷発行
2013年 4 月19日 第2刷発行

発行所 株式会社 みすず書房
〒113-0033 東京都文京区本郷5丁目32-21
電話 03-3814-0131(営業) 03-3815-9181(編集)
http://www.msz.co.jp
本文印刷所 シナノ印刷
扉・表紙・カバー印刷所 栗田印刷
製本所 誠製本

Printed in Japan
ISBN 978-4-622-07551-6
[ドイツをやいたせんりゃくばくげき
せんきゅうひゃくよんじゅうねんからせんきゅうひゃくよんじゅうごねんまで]

著者略歴

(Jörg Friedrich)

1944年生まれのドイツ人歴史家・ジャーナリスト．専門は国民社会主義の犯した国家犯罪や戦争犯罪．陸戦および空戦における刑事犯罪について数々のテレビ番組を制作し，高い評価を受けている．最近の著書 *Der Brand : Deutschland im Bombenkrieg 1940–1945* (2002)（本書），*Brandstätten : Der Anblick des Bombenkriegs* (2003)，*Yalu : An den Ufern des dritten Weltkrieges* (2007) はいずれもベストセラーに．2001年，エーリヒ・ウント・エルナ・クローナウアー財団「歴史家賞」を受賞．

訳者略歴

香月恵里〈かつき・えり〉1961年生まれ．関西学院大学大学院博士後期課程退学．現在岡山商科大学准教授．主要訳書　ペーター・プシビルスキー『犯行現場は党政治局――ホーネッカー調書』（共訳）（駐文館 1996）『照らし出された戦後ドイツ――ゲオルク・ビューヒナー賞記念講演集』（共訳）（人文書院 2006）ハンス・エーリヒ・ノサック『ブレックヴァルトが死んだ――ノサック短編集』（未知谷 2003）．

索　引

地名

ア

アイゼナハ　Eisenach　446
アイフェル（高地）　Eifel　107, 114, 117, 120, 234
アイレンドルフ　Eilendorf　107
アイントホーフェン　Eindhoven　105
アウクスブルク　Augsburg　93, 267–73, 373, 403, 456
アウシュヴィッツ　Auschwitz　71, 101, 282, 384
アヴランシュ　Avranches　99
アシャッフェンブルク　Aschaffenburg　444
アフォルダーン　Affoldern　79
アーヘン　Aachen　40, 87, 105–112, 114, 116, 120–21, 130, 132, 199, 206, 234–35, 249, 254, 262, 288, 397–98, 401, 420, 442, 455
アーヘン回廊　Aachener Korridor　106
アムステルダム　Amsterdam　101, 145
アメリカ合衆国　Vereinigte Staaten　16–19, 46–47, 52, 55, 70, 79–82, 115, 117–18, 132–33, 199, 400
アルゴイ　Allgäu　389, 390
アルゴンヌの森　Argonnerwald　111
アルザス（地方）　Elsaß　228, 234
アルスター湖（内アルスター湖）　Alster, Binnenalster　34
アルテニルペ　Altenilpe　251
アルデンヌ　Ardennen　106–107, 114–15, 118, 224
アルテンベーケン　Altenbeken　169–70, 172, 174
アルテンベルク　Altenberg　450
アルプス　Alpen　144, 222, 388, 391
アルンスベルク　Arnsberg　169
アルンヘム　Arnheim　27, 104–5, 107–8, 110, 114, 196
アンクラム　Anklam　146, 148–49
アントウェルペン　Antwerpen　100, 103–5, 117, 161

イ

イーアディンゲン　Uerdingen　120
イェーナ　Jena　290, 380
イギリス　England　3, 8, 12–13, 16–23, 25, 28–32, 46–68, 102–105, 110, 151–52, 172, 186, 192, 216, 231, 234, 237, 251, 265–67, 286, 398–402, 407
イタリア　Italien　96, 144, 172, 206, 213, 218, 406

ウ

ヴァイクセル　Weichsel　135
ヴァイスヴァイラー　Weisweiler　113
ヴァイマル　Weimar　379, 391
ヴァケニッツ川　Wakenitz　64
ヴァツィーン　Varzin　455
ヴァルトニール　Waldniel　374
ヴィースバーデン　Wiesbaden　196, 226, 455
ヴィスマル　Wismar　146, 149
ヴィネタ　Vineta　149
ヴィルヘルミーナ運河　Wilhelminakanal　105
ヴィルヘルムスハーフェン　Wilhelmshaven　25
ヴィンターベルク　Winterberg　131
ヴェーヴェルスブルク（城）　Wewelsburg　176
ヴェーゲレーベン　Wegeleben　295
ヴェーザー・エムス　Weser-Ems-Gebiet　288, 392
ヴェーザー川　Weser　21, 23, 144, 159, 162–63, 168, 178, 195, 206, 295, 450
ヴェーザー川要塞　Weserfestung　162, 165–66
ヴェーザー山地　Weserbergland　143
ヴェーザーミュンデ　Wesermünde　411
ヴェスターンベーデフェルト　Westernbödefeld　250
ヴェストファーレン　Westfalen　105, 180–81, 186, 201, 332, 354
ヴェーゼル　Wesel　119–23, 195, 197–98, 237
ヴェッツラー　Wetzlar　376
ヴェーデル　Wedel　34
ヴェラ　Werra　459
ヴェルサイユ　Versailles　57, 97, 232, 270
ウェールズ　Wales　24
ヴェルダン　Verdun　104, 217, 232
ヴェルル　Werl　361
ヴェレダの洞窟　Veledahöhle　249, 251
ヴォージュ山脈　Vogesen　106, 254, 258
ヴォーリン　Wollin　137–38
ヴォルガ川　Wolga　67
ヴォルベルク　Wollberg　132
ヴォルムス　Worms　82, 120, 196, 222, 227–29, 332
ウクライナ　Ukraine　407
ウーゼドム（島）　Usedom　102, 135, 137, 408
ヴッパー川　Wupper　2, 5
ヴッパータール　Wuppertal　2–4, 6, 8, 12, 41, 70, 72, 87, 334, 371, 405, 414
ヴュルゼレン　Würselen　107–8, 110
ヴュルツブルク　Würzburg　14, 69, 82, 116, 158,

175, 258–60, 262, 266, 297, 300, 367, 404, 447, 455
ヴュルテンベルク Württemberg 277, 282
ヴュルテンベルク・バーデン Württemberg-Baden 451
ヴュルフラート Wülfrath 331
ウルム Ulm 447–48
ウンストゥルート渓谷 Unstruttal 460
ウンナ Unna 145

エ

エアヴィッテ Erwitte 216
エアフルト Erfurt 145, 258
エアランゲン Erlangen 458
英仏海峡 Ärmelkanal 27, 47, 49, 50, 54, 102, 104, 212, 256
エーガー Eger 447
エスリンゲン Esslingen 370
エーダー（ダム） Eder, -sperre 77–79, 450
エッカーンフェルデ Eckernförde 155
エッゲ（山地） Egge 162, 169
エッシュヴァイラー Eschweiler 110, 113
エッセン Essen 8, 24–25, 39, 40–42, 70–72, 76, 125, 245–46, 248–49, 304, 328, 342, 387, 405, 415, 455
エムシャー運河 Emscherkanal 127
エムスラント Emsland 167
エムデン Emden 25, 161, 237
エメリヒ Emmerich 105–6, 122, 195–96, 234
エルツ山脈 Erzgebirge 460
エルビング Elbing 135
エルベ川（河畔） Elbe, -tal 21, 34, 125, 144, 195, 206, 212, 235, 300–3, 324–25, 338, 459
エンスヘーデ Enschede 185
エンツ川 Enz 84
エンデニヒ・ポッペルスドルフ（地区） Endenich-Poppelsdorf 217

オ

オーカ川 Oker 192, 356
オーストラリア Australien 100
オーストリア Österreich 110, 231, 234, 253–54, 286, 391, 451
オスナブリュック Osnabrück, Alt-Osnabrück 59, 163, 166–68, 172, 328–29, 354, 359, 456
オーダー川 Oder 115, 135, 140
オタースキルヒェン Otterskirchen 383
オタースレーベン Ottersleben 294
オッペンハイム Oppenheim 120
オーバーヴェーゼル Oberwesel 331
オーバーウルゼル Oberursel 415
オーバーシュレージェン Oberschlesien 169
オーバーフンデム Oberhundem 249
オーバーヘンネボルン Oberhenneborn 132
オランダ Holland 74, 104–5, 122, 215, 256, 345, 397, 411–12
オルヌ川 Orne 99

カ

カイザーシュトゥール Kaiserstuhl 234
カイザースラウテルン Kaiserslautern 13, 234, 241–43, 245, 360
カイロ Kairo 92
カサブランカ Casablanca 70–72, 76
カストロプ・ラウクセル地区 Castrop-Rauxel 130
カタニア Catania 29
カッセル Kassel 77, 79, 83, 87, 89–91, 127, 158, 186, 249, 258, 288, 298–99, 316–19, 342, 368–69, 444, 459
カナダ Kanada 199
ガリア Gallien 195
カールスルーエ Karlsruhe 231–33, 287, 453
カルタゴ Karthago 52
カレー Calais 51, 59, 99, 104
カーン Caen 98–100
カンタベリー Canterbury 67
カンポ・フォルミオ Campo Formio 223

キ

キエフ Kiew 59, 145
ギーセン Gießen 127, 384, 449, 453, 460
北大西洋 Nordatlantik 58
ギフリッツ Giflitz 79
キューケルハイム Kükelheim 250
ギュータースロー Gütersloh 172
キール Kiel 13, 19, 58–59, 116, 136, 145, 154–56, 398, 455
キルヒヘルデ Kirchhörde 130
キルン Kirn 211
キンディング Kinding 266
ギンデリヒ Ginderich 123

ク

クーアヘッセン Kurhessen 392
クヴェードリンブルク Quedlinburg 177
クサンテン Xanten 119, 121–22, 195–97, 234, 447, 450

クターンス　Coutances　98
グラスレーベン　Grasleben　455
グラーフェンベルク　Grafenberg　373
クルスク突出部　Kursker Bogen　405
クレーヴェ　Kleve　31, 105–6, 113, 122
クレーフェルト　Krefeld　72–73, 120, 195, 200–1, 205, 330–31, 371, 405
グレペリンゲン　Gröpelingen　161
黒い森　Schwarzwald　12, 254
グロースデュンゲン　Großdüngen　172

ケ

ケーニヒスベルク　Königsberg　13, 140, 145–6, 161, 391, 455
ケムニッツ　Chemnitz　82, 258, 294
ケール　Kehl　196
ゲルゼンキルヒェン　Gelsenkirchen　58, 89, 343, 359
ゲルダーン　Geldern　196
ゲルマニア　Germanien　186, 195
ケルン　Köln　56, 58, 65–67, 69, 76, 85, 120–1, 125, 130, 145, 158–59, 166, 181, 195, 200, 209, 211–15, 237, 245, 250, 288, 302, 304, 333–34, 348–49, 351–53, 358, 370–71, 374, 377–78, 391–92, 394, 397, 402, 404–7, 410, 412, 414, 427, 442, 447, 449–50
ケルンテン　Kärnten　387
ゲンティン　Genthin　34
ケント州　Kent　32

コ

コヴェントリー　Coventry　23, 52, 57, 64, 147, 239, 401
ゴスラー　Goslar　173, 193
コスラー　Koslar　113
コゼロウ　Koserow　136
コッヘム　Cochem　223
コッヘンドルフ　Kochendorf　451, 455
ゴッホ　Goch　119
コブレンツ　Koblenz　91, 196, 217–20, 397, 401, 451
コマーシャイト　Kommerscheid　112
コルベルク　Kolberg　135, 138
コルマル　Colmar　255, 258
ゴルム　Golm　141

サ

ザウアーラント　Sauerland　127
サウサンプトン　Southampton　52
ザクセン　Sachsen　110, 162–63, 169, 193, 221, 231, 286, 288, 291, 297, 362, 389, 410
ザッセンドルフ　Sassendorf　180
ザームラント海岸　Samlandküste　135, 140
ザール　Saar　104, 404
ザルツカンマーグート　Salzkammergut　455
ザルツデトフルト　Salzdetfurth　455
ザルツブルク　Salzburg　158
ザールブリュッケン　Saarbrücken　234, 239–41, 302, 362

シ

シェーネベック　Schönebeck　455, 459
ジェノヴァ　Genua　101
シェフィールド　Sheffield　40
シェルブール　Cherbourg　98, 414
シェーンベルク　Schönberg　265
ジーク川　Sieg　127
シチリア　Sizilien　29, 95, 117, 405–6, 413–14
シベリア　Sibirien　208
シャンパーニュ　Champagne　212, 228
シュヴァインフルト　Schweinfurt　30, 81, 93, 265, 346
シュヴァッハハウゼン　Schwachhausen　158
シュヴァバハ　Schwabach　264
シュヴァーベン　Schwaben　387
シュヴァルトメッケ　Schwartmecke　132
シュヴァンメナウエル　Schwammenauel　110
シュヴェルテ　Schwerte　60
シュヴェルムダム　Schwelmdamm　79
シュタイアーマルク　Steiermark　387, 455
シュタイメル　Steimel　132
シュタースフルト　Staßfurt　298, 451
シュターデ　Stade　27
シュテッティン　Stettin　13, 89, 135, 146, 148, 151–53, 161, 192, 354, 391
シュテルクラーデ　Sterkrade　58
シュテンダール　Stendal　33
シュトゥットガルト　Stuttgart　8, 13, 30, 93, 277–83, 299, 328–29, 363, 373–74, 376, 414, 446, 451, 455
シュトラースブルク（ストラスブール）　Straßburg　254–55
シュトラールズント　Stralsund　145–46, 148, 150–51
シュトルベルク　Stolberg　114
シュパイヤー　Speyer　120, 222, 229, 332
シュミット（ヒュルトゲンの森の村）　Schmidt (Dorf im Hürtgenwald)　110–14
ジュラ（山脈）　Jura　228, 254

シュライスハイム Schleißheim 27
シュレージェン Schlesien 388, 394
シュレスヴィヒ Schleswig 155

ス

ズィーゲン Siegen 361, 455
スイス Schweiz 101
ズィーベンゲビルゲ Siebengebirge 217
スヴィーネ川 Swine 136, 138–39
スヴィーネミュンデ Swinemünde 135–37, 139–41, 294
スウェーデン Schweden 110, 150, 286
スカゲラク Skagerrak 27
スターリングラード Stalingrad 396, 407
ズデーテン Sudeten 388–89
スペイン Spanien 206, 254
スヘルデ川（河口） Schelde, -mündung 2, 26, 104, 107, 112, 213, 264
ズュンテル山 Süntel, Berg 162
ズルツブルク Sulzburg 460
スロヴァキア Slowakei 101

セ

セダン Sedan 115
セーヌ（川・盆地） Seine, -becken 96, 98

ソ

ゾースト Soest 59–60, 144–46, 169, 176–81, 250, 372
ソーヌ川 Saone 228
ソフィア Sofia 100
ゾーリンゲン Solingen 2, 8, 126, 252
ゾルペダム Sorpesperre 102, 104
ソンム川（河口） Somme, -mündung 258

タ

ダイスター Deister 188
大西洋 Atlantik, -küste 72, 106, 145–46, 225, 228
大西洋の壁 Atlantikwall 332
ダッハウ Dachau 361
ダルムシュタット Darmstadt 14, 57, 63, 89, 91, 158, 258, 290, 299–302, 324, 362–63, 367, 397, 438, 456
ダンツィヒ Danzig 82, 135, 146, 153, 391, 455
ダンツィヒ湾 Danziger Bucht 145
タンネンベルク Tannenberg 455

チ

チューリンゲン Thüringen 220, 387, 390
チューリンゲンの森 Thüringer Wald 12, 93

ツ

ツェルプスト Zerbst 294, 298

テ

帝国の森 Reichswald 105
ティロル Tirol 387
ディンスラーケン Dinslaken 123, 127, 195, 197, 456
デッサウ Dessau 258, 294
デトモルト Detmold 169
テプラー（修道院） Tepl, Stift 459
テヘラン Teheran 92
デーベリッツ Döberitz 27
デュースブルク Duisburg 8, 24, 60, 65, 71, 76, 78, 125–27, 195, 199–200, 240, 249, 253, 302, 370, 371, 405, 412, 416
デュッセルドルフ Düsseldorf 58, 60, 65, 67, 72, 76, 195, 199, 207–10, 237, 246, 249, 287, 314, 371, 373, 397–98, 401, 405, 412, 442
デューレン Düren 110, 113–14, 116, 158
テルクテ Telgte 184
デルネブルク Derneburg 172
デルフト Delft 161
テレージェンシュタット Theresienstadt 282
デンマーク Dänemark 26, 136, 140, 150, 152

ト

トイトブルクの森 Teutoburger Wald 162, 170
ドゥー川 Doubs 254
東京 156
ドゥーネ（渓谷） Dunetal 169
トラーヴェ川 Trave 64
トリーア Trier 82, 221, 234, 236–38, 385, 455
トリノ Turin 101
ドルトムント Dortmund 8, 52, 56, 125–26, 129, 132, 145, 180, 249–53, 328, 342, 348, 371, 376, 393, 397–98, 450, 456
ドレスデン Dresden 13, 42, 63, 82–83, 89, 92, 116, 134, 156, 246, 258, 266, 288, 298–300, 302, 309, 324–35, 338, 363–66, 459
トレブリンカ Treblinka 366

ドン川　Don　404

ナ

ナイメーヘン　Nimwegen　105
ナウエン　Nauen　33
長崎　85, 156
ナゴルト川　Nagold　84
ナッサウ　Nassau　226
ナポリ　Neapel　95
ナント　Nantes　101

ニ

西プロイセン　Westpreußen　136
西ポンメルン　Westpommern　150
ニーダードナウ　Niederdonau　387
ニーダーベルンドルフ　Niederberndorf　132
ニューハンプシャー　New Hampshire　17
ニューヨーク　New York　344
ニュルンベルク　Nürnberg　40, 82, 158, 193, 258, 262–66, 270, 312, 342, 368, 373, 391, 407, 411, 447, 449, 451, 454, 458
ニールシュタイン　Nierstein　120
ニールス川　Niers　120

ネ

ネアンダータール　Neandertal　373
ネッカー　Neckar　282, 284
ネーハイム・ヒュステン　Neheim-Hüsten　79

ノ

ノインキルヒェン　Neunkirchen　331
ノイシュタット・グレーヴェ　Neustadt-Glewe　149
ノイス　Neuss　195, 211
ノヴゴロド　Nowgorod　145–46
ノーフォーク　Norfolk　45
ノルウェイ　Norwegen　145
ノルトライン・ヴェストファーレン　Nordrhein-Westfalen　353
ノルトハウゼン　Nordhausen/Harz　169, 295
ノルトリンゲン　Nördlingen　277
ノルマンディー　Normandie　96, 99, 101, 117, 349

ハ

バイエルン　Bayern　110, 196, 207, 231, 286, 389, 391, 451, 454, 457
ハイケンドルフ　Heikendorf　155
ハイデルベルク　Heidelberg　228, 458–59
ハイルブロン　Heilbronn　14, 82, 229, 242, 258, 277, 282–85, 290, 300, 304, 354, 364, 366
バイロイト　Bayreuth　387, 391–92
ハインスベルク　Heinsberg　113
ハーゲン　Hagen　130
ハーゼ　Hase　166
バーゼル　Basel　215
パーダー川　Pader, -wiesen　128, 163
パーダーボルン　Paderborn　82, 127–29, 134, 145, 163–64, 166, 169, 175–76, 180, 447
ハダマー　Hadamar　374
バーデン　Baden　110, 207, 232, 388–89
バーデン・ヴュルテンベルク　Baden-Württemberg　231
バーデン・ドゥラハ　Baden-Durlach　231
バーデン・バーデン　Baden-Baden　229, 231–32
バート・カンシュタット　Bad Cannstatt　370, 376
バート・ゴーデスベルク　Bad Godesberg　217
バート・テルツ　Bad Tölz　390
バート・リップシュプリンゲ　Bad Lippspringe　399
パ・ド・カレー　Pas de Calais　98
ハーナウ　Hanau　446
ハノーファー　Hannover　146, 168, 186–92, 291, 313, 338–39, 342, 392, 415, 446, 451, 454, 456
ハミヒ尾根　Hamich-Kamm　114
バーミンガム　Birmingham　23, 40
バーミングホールテン　Barmingholten　198
ハム　Hamm　59, 157, 172, 180, 343, 359
ハムボルン　Hamborn　24, 127, 129
パリ　Paris　45, 99, 101, 104, 180–81, 206, 223, 267, 414
バル・ル・デュック　Bar-le-Duc　233
ハルツ　Harz　12, 295
ハルバーシュタット　Halberstadt　82, 176, 295–98
ハルベスヴィク　Halbeswig　249
ハレ　Halle　258, 294, 410, 459
ハンガリー　Ungarn　100, 228, 270
パンテッレーリア島　Pantelleria　96
ハンブルク　Hamburg　19, 21, 28–29, 31–32, 34, 57–58, 63, 83, 87–92, 95, 103, 106, 113, 125, 151, 154–58, 160, 200, 251, 288–89, 298–300, 314–15, 327, 334, 360, 376–78, 384, 386–88, 390–94, 398–99, 402–4, 407,411, 416, 446, 458
バンベルク　Bamberg　447

ヒ

東プロイセン　Ostpreußen　135–37, 386

ヒュルトゲンの森　Hürtgenwald　107, 110–14, 121, 130, 199
ピラウ　Pillau　140
ヒルデスハイム　Hildesheim　82, 163, 169, 172–76, 237, 258, 266, 296, 456
ピルマゼンス　Pirmasens　234
ピレネー　Pyrenäen　162, 222
ビーレフェルト　Bielefeld　169–72, 400–1
広島　88, 156
ビンガーブリュック　Bingerbrück　221–22, 225
ビンゲン　Bingen　196, 221–22, 229

フ

ファイインゲン　Vaihingen　370
ファルラー　Varlar　181
フェルデン　Verden　177
フェルメーデ　Velmede　249
フォセナック　Vossenack　112
ブカレスト　Bukarest　100
フーク・ファン・ホラント　Hoek van Holland　102
プファルツ　Pfalz　213, 229, 404
ブライザハ　Breisach　195–96, 234, 255
フライブルク　Freiburg　42, 82, 232, 253–56, 258, 300, 447, 460
ブラウンシュヴァイク　Braunschweig　13, 92, 146, 163, 176, 187, 192–93, 195, 258, 297, 313, 356–57, 401, 414
ブラックヴェーデ　Brackwede　170
プラハ　Prag　241, 286
ブラハト（村）　Bracht　132
フランクフルト（アン・デア・オーダー）　Frankfurt an der Oder　294–95, 394, 446
フランクフルト（アム・マイン）　Frankfurt am Main　90, 120, 193, 235, 301, 314, 340–41, 367, 401, 411, 442–43, 452
フランケン　Franken　145, 265, 458
フランス　Frankreich　47, 95–100, 104, 110, 116, 153, 161, 185, 195, 215, 222, 231–34, 238, 254–55, 266, 285, 291, 345, 397
ブランデンブルク　Brandenburg　33, 380
フランドル　Flandern　211, 246
フリチョフ　Fritzow　138
フリッシェ潟　Frisches Haff　135
プリッター　Pritter　139
プリバーノフ　Pribbernow　138–39
プリマス　Plymouth　52
ブリュッセル　Brüssel　211, 220
ブリーロン　Brilon　127, 131
プフォルツハイム　Pforzheim　14, 82–87, 133, 229, 258, 299, 364, 366–68
ブルガリア　Bulgarien　100
ブルグント（ブルゴーニュ）　Burgund　195, 211, 228, 254–55
ブルゲンラント　Burgenland　455
フルダ川　Fulda　91, 317, 322, 324
ブルターニュ　Bretagne　99, 101, 212
ブルッフザール　Bruchsal　459
ブルッヘ　Brügge　145, 211
ブレスラウ　Breslau　145, 391
フレーデブルク　Fredeburg　132, 249–51
ブレーメン　Bremen　25, 58, 67, 154, 158–62, 166, 397
プレーン　Plön　155
プロイセン　Preußen　110, 187, 197, 201, 215, 231, 285–87, 290
ブローニュ　Boulogne　98–100, 104

ヘ

ベヴィングハウゼン　Bövinghausen　129
ベーヴェルンゲン　Beverungen　177
ベーカ渓谷　Bekatal　169
ペグニッツ川　Pegnitz　263–64
ヘッセナウエ　Hessenaue　120
ヘッセン　Hessen　124, 449
ヘッセン・ナッサウ地方　Hessen-Nassau　392
ベーデフェルト　Bödefeld　250
ベーテル　Bethel　171, 400
ヘナーズム　Hönnersum　172
ペーネ川　Peene　148
ペーネミュンデ　Peenemünde　102, 137, 151
ヘヒンゲン　Hechingen　278
ヘムフルト　Hemfurth　79
ヘルヴェーク　Hellweg　144–46, 168
ベルギー　Belgien　95, 97, 104, 107, 256, 397
ベルギー領コンゴ（カタンガ鉱山）　Belgisch-Kongo (Katanga-Minen)　55
ベルク大公国　Berg, Großherzogtum　206
ベルクハイム　Bergheim　79
ベルクハウゼン　Berghausen　132
ベルゲン　Bergen　145
ヘルフォルト　Herford　163, 166, 169–72, 327
ベルリン　Berlin　9, 19, 30, 32–34, 36, 38–40, 45–46, 49, 51, 54, 69, 80, 87, 88–90, 92–93, 99, 106, 110, 116, 125, 152, 168–69, 192, 249, 258, 286, 288, 299, 303–309, 313, 336–39, 346, 379, 382–83, 388–90, 394, 396, 399–400, 405, 407, 410, 412, 444, 451, 453–56
ヘント　Gent　97

ヘンネ川　Henne　132

ホ

ポーゼン　Posen　115, 389
北海　Nordsee　25, 46, 78, 100, 104, 144, 148, 168, 217
ポツダム　Potsdam　33, 82, 295, 448–49, 454
ボットロプ　Bottrop　125, 342
ボッフム　Bochum　125, 180, 249, 253, 456
ポーツマス　Portsmouth　52
ポーランド　Polen　242
ボン　Bonn　65, 91, 107, 116, 124, 195, 215–17, 219, 333, 347, 376, 445–46
ホンベルク　Homberg　58
ポンペイ　Pompeji　70
ポンメルン　Pommern, -küste, Hinterpommern　135–39, 153
ポンメルン湾　Pommersche Bucht　145, 148

マ

マイン川　Main　222, 260, 316
マインツ　Mainz　82, 85–86, 173, 196, 222–26, 240, 287, 301, 332, 415, 455
マインフランケン　Mainfranken　389, 392–93, 404
マウリッツ　Mauritz　184
マグデブルク　Magdeburg　58, 82, 144, 176, 258, 266, 290–91, 304, 309, 313, 338, 410, 451
マース川　Maas　105, 144, 218
マーストリヒト　Maastricht　2, 104
マズーリ湖沼地帯　Masurische Seenplatte　135
マルヌ　Marne　27, 235
マールブルク　Marburg　127, 455
マンハイム　Mannheim　57–58, 196, 228, 230–31, 301

ミ

ミッテルラント運河　Mittellandkanal　456
ミュールハイム　Mülheim　371
ミュンスター　Münster　27, 30, 40, 56, 127, 163, 181–86, 333, 358–59, 447, 460
ミュンスター渓谷（黒い森）　Münstertal (Schwarzwald) 460
ミュンスターラント　Münsterland　121, 402
ミュンヘン　München　189, 272–77, 354, 358, 361, 373–74, 388, 407, 411, 414, 420, 456–57
ミンデン　Minden　163, 165, 169

メ

メクレンブルク湾　Mecklenburger Bucht　145
メシェデ　Meschede　131, 132
メス　Metz　27, 107, 110, 114
メッシナ　Messina　96
メーネ（ダム・渓谷）　Möhne, -damm, -talsperre　77–79, 82, 112, 258
メーネ・ルール渓谷　Möhne-Ruhr-Tal　79
メーレン　Mehlen　79
メンヒェングラットバハ　Mönchengladbach　2, 56, 342

モ

モイラント城　Moyland, Schloß　119
モスクワ　Moskau　207
モーゼル　Mosel, -land　105, 213, 217–19, 238, 392
モンシャウ回廊　Monschaukorridor　114

ヤ・ユ・ヨ

ヤルタ　Jalta　115, 125
ユトランド（半島）　Jütland　148
ユーリヒ　Jülich　111–13, 237, 339, 398
ユンクフェルンホーフ　Jungfernhof　279
ヨークシャー　Yorkshire　41

ラ

ライスワイク　Ryswijk　253
ライプツィヒ　Leipzig　46, 80, 258–91, 313, 338, 346, 362, 367, 410, 459–60
ライン（川・渓谷）　Rhein, -knie, -tal　2, 56, 60, 65–66, 79, 104–8, 110, 116, 119–24, 128, 144–45, 162, 168, 195–96, 199–201, 207, 212, 214–20, 222, 228–29, 234, 246, 258, 262, 350, 376, 390, 406, 415, 445, 453
ライン・ヘルネ運河　Rhein-Herne-Kanal　127
ラインラント　Rheinland　110, 136, 143, 195–96, 218–19, 373, 376, 399, 405, 411, 453
ラウインゲン　Lauingen　264
ラウフェン　Lauffen　259, 264
ラシュタット　Rastatt　229, 253–54, 258
ラティボール　Ratibor　391
ラーテノ　Rathenow　33
ラーデベルク　Radeberg　152
ラール　Lahr　460
ランガーヴェーエ　Langerwehe　113

ラーン川渓谷　Lahntal　127
ランゲンシュタイン　Langenstein　296
ランス　Reims　258
ランデスフート　Landeshut　382

リ

リヴァプール　Liverpool　52
リヴォルノ　Livorno　96
リッペ川　Lippe　121
リーディング　Reading　258
リュッセルハイム　Rüsselsheim　415
リュッベン　Lübben　455
リューデスハイム　Rüdesheim　196, 221–22
リュネヴィル　Luneville　230
リューベック　Lübeck　13, 19, 25, 63–65, 145–50, 193, 402–3, 442, 444, 453
リューベック湾　Lübeck Bucht　63
リール　Lille　97, 101

ル

ル・アーヴル　Le Havre　28, 98, 99, 104, 267
ルーアン　Rouen　96
ルーゲンシュタイン（ヴェルダン近郊）　Lugenstein bei Verden　162
ルートヴィヒスハーフェン　Ludwigshafen　196, 231–32
ルーマニア　Rumänien　100
ルール川　Ruhr, -tal　77, 110–14, 116, 119–20
ルール地方　Ruhrgebiet　2–3, 24–25, 27, 31, 36, 41, 59–61, 63, 70, 77, 79–81, 92, 105, 118, 123, 125, 127–28, 130–31, 164, 168–69, 176, 180, 199, 246–48, 253, 352, 389–90, 397, 405, 407

レ

レーヴァークーゼン　Leverkusen　195
レヴァル　Reval　145
レーヴェンシュタイン（山地）　Löwenstein　455
レーゲンスブルク　Regensburg　30, 81, 93
レース　Rees　195–97
レックリングハウゼン　Recklinghausen　89
レックマルト　Leckmart　132
レッジョ・ディ・カラブリア　Reggio di Calabria　96
レニングラード　Leningrad　390
レヒ川（運河）　Lech, -kanal　267, 272
レーマーゲン　Remagen　124–25, 127
レマン湖　Genfer See　228
レムシャイト　Remscheid　2, 8, 72, 87, 125, 249, 385, 405
レンズブルク　Rendsburg　155
レンブリングハウゼン　Remblinghausen　133

ロ

ロイナ　Leuna　58, 118, 299
ロシア（ソヴィエト）　Russland　54, 56, 59, 94, 108, 146, 232, 285, 407–8
ロストック　Rostock　13, 25, 145–46, 444
ロスバハ　Roßbach　197
ロッテルダム　Rotterdam　31, 44–45, 47, 52, 56, 195, 240
ロッテンブルク　Rottenburg　262
ロートハール山地　Rothaargebirge　131
ロートブッシュ　Rodbusch　132
ロートリンゲン　Lothringen (Lotharingien)　104, 195, 217–19
ローヌ川　Rhone　218
ローマ　Rom　96, 236–38
ロリアン　Lorient　101
ロンドン　London　40, 45–46, 49, 51–54, 59–60, 63, 74, 90, 101–103, 145, 146, 240, 399–401, 404, 408, 413
ロンバルディア　Lombardei　144

ワ

ワシントン　Washington　54, 101
ワーテルロー　Waterloo　186
ワルシャワ　Warschau　44, 47, 52, 108, 135, 240, 344, 403
ワルヘレン島　Walcheren　112

人名

ア

アイゼンハワー，ドワイト　Eisenhower, Dwight David　94, 96, 110, 114–16, 121, 123, 126–27, 129, 134, 235, 299
アウグスティヌス（聖）　Augustinus, hl.　75
アエティウス　Aetius, Fliavius　227–28
アーサー王　Artus　174
アッチラ　Attila　213, 228
アトリー，クレメント　Attlee, Clement　72

アドルフ1世　Adolf, I.　106
アーノルド，ヘンリー　Arnold, Henry　115–16
アブラモヴィッツ，モーゼス　Abramovitz, Moses　245
アルブレヒト5世　Albrecht, V.　456
アルボイーン　Alboin　166
アルント，フリードリッヒ　Arndt, Friedrich　382–83
アレクサンダー　Alexander der Große　174

イ

イェショネク，ハンス　Jeschonnek, Hans　51
イェンシュ，エファ　Jänsch, Eva　140
イザベラ（フリードリヒ2世の妃）　Isabella, Gemahlin Kaiser Friedrichs II.　229
イスラー，エルヴィン（牧師）　Ißler (Pfarrer)　281
イーデン，アンソニー　Eden, Anthony　101
イブラヒム・イブン・アフメド　Ibrahim Ibn Achmed　144
イムガルト，ダグマー　Imgart, Dagmar　384
イルムガルト（聖）　Irmgardis, hl.　197

ウ

ヴァイツマン，シャイム　Weizmann, Chaim　101
ヴァーグナー，リヒャルト　Wagner, Richard　51
ヴァルナー，コンラート　Warner, Konrad　305, 309
ヴァルブルガ（聖）　Walburga, hl.　133
ヴァーレ（少佐）　Wahle (Major)　250–51
ヴァレンシュタイン　Wallenstein, Albrecht Wenzel Eusebius von　297
ヴィクトリア女王　Victoria, Königin von England　186
ヴィクトール（聖）　Viktor, hl.　121
ヴィッツラフ1世　Witzlaw I., Fürst von Rügen　150
ヴィドゥキント　Widukind　162, 166
ヴィリギス（大司教）　Willigis (Erzbischof)　223
ヴィル，A（画家）　Will (Kunstmaler)　384
ヴィルク，ゲルハルト（司令官）　Wilck (Oberst)　109
ヴィルヘルム2世　Wilhelm II.　213
ヴィルヘルム富裕公　Wilhelm der Reiche　113
ヴィレハルト　Willehard　162
ヴィーンフーゼン，ハンス　Wiehnhusen, Hans　385–86
ヴェクス，トーマス　Wechs, Thomas　272
ヴェストファール，ジークフリート（幕僚長）　Westphal　108
ヴェラー，アンナ　Weller, Anna　284
ウェリントン，アーサー・ウェズリー　Wellington, Arthur Wellesley　186
ヴェレダ（予言者）　Veleda (Seherin)　249
ヴォーバン，セバスティアン・ル・プレストル・ド　Vauban, Sébastian le Prestre de　234, 253–54, 263
ウッドロフ，ジョン　Woodroffe, J.　161
ウルスラ（聖）　Ursula,hl.　211–13
ヴルムザー将軍　Wurmser, Dagobert　230
ウルリヒ（司教）　Ulrich (Bischof)　296–97

エ

エーカー，アイラ　Eaker, Ira Clarence　100
エックハルト（マイスター）　Eckart (Meister)　211
エバーハルト，ルートヴィヒ　Eberhard Ludwig (Herzog)　278
エバーハルト髭公　Eberhard I. im Barte　277
エメリヒ（大聖堂参事会員）　Emmerich (Domkapitular)
エラスムス　Erasmus von Rotterdam　257
エルゲリング，テオドーア（空襲被害省庁間委員会長）　Ellgering (Geschäftsführer)

オ

オストホルト（塔の番人）　Ostholt (Türmerin)　354
オストロップ，ヘルマン　Ostrop, Hermann　252
オーゼ（牧師）　Ohse (Pastor)　137, 139
オットー1世　Otto I.　144, 290
オットー2世　Otto II.　215
オットー3世　OttoIII.　215, 235
オットー4世　Otto IV.　218
オッペンハイマー，ヨーゼフ・ジュース　Oppenheimer, Joseph Süß　278
オリファント，M・L・E　Oliphant, M.L.E.　23

カ

カウフマン，アルフレート　Kaufmann, Alfred　384
カウラ，オットー　Kaulla, Otto　278
カエサル，ユリウス　Cäsar, Gajus Julius　174, 195
カーゲン，アンナ　Kagen, Anna　194
カシウス（聖）　Cassius, hl.　116
ガーハート（大佐）　Gerhart (Colonel)　182, 184–85
ガーベット（ヨークシャー大司教）　Garbett (Erzbischof von York)　75
カムフーバー，ヨーゼフ　Kammhuber, Josef　27–30, 39, 69, 403
ガラント，アドルフ　Galland, Adolf　94
カール・アレクサンダー　Karl Alexander　278

カール・ルートヴィヒ（プファルツ選帝侯） Carl Ludwig von der Pfalz 230
カール・ルドルフ Karl Rudolf 278
カール5世 Karl V. 197, 228, 268, 269, 273
カール大帝 Karl der Große 109, 144, 162–63, 165–66, 168, 174, 206–7, 217, 235–36
カール禿頭王 Karl der Kahle 217
カルクロイト Kalckreuth, Friedrich Adolph von 223
カルパンティエ，マリウス Carpentier, Marius 379
ガーレン，クレメンス・アウグスト・フォン Galen, Clemens August Graf von 183–84, 402

キ

ギデオン Gideon 174
ギブソン，ガイ Gibson, Guy 78, 80
キャベル，チャールズ Cabel, Charles 118
キュスティーヌ，アダム Custine, Adam Philippe de 223
キューン，アルトゥール Kühn, Arthur 364–65
ギリアム，F・D Gillham 265

ク

グシコフ，ニールス Gutschow, Niels 239
グスタフ，アドルフ Gustav II. Adolf 241–43
クニグンデ（ハインリヒ2世の妃） Kunigunde, Gemahlin Heinrich II. 163
クノーベルスドルフ，ゲオルク・ヴェンツェスラウス Knobelsdorff, Georg Wenzeslaus 448
クライスト，ハインリヒ・フォン Kleist, Heinrich von 446
クラウス，ゲオルク・メルヒオール（市参事会員） Kraus (Rat) 223
クラウゼ（目撃者） Krause (Augenzeuge) 297
クリスティアン司教 Christian (Bischof) 297
クリスティーナ（聖） Christina, sel. 113
グリム兄弟 Grimm, Jacob/Wilhelm 446
クリームヒルト（王女） Kriemhild 228
クリューガー，マルティン，とその母 Krüger, Martin und Mutter 139
グリュンシュパン，ヘルシェル Grynszpan, Herschel 206
クレーヴェ，ヨース・ファン Cleve, Joos van 211
グレゴリウス1世（教皇） Gregor I., der Große, hl. 173
グレフ，ジークフリート Gräff 323
クロイツ，ヴァルター（精神科医） Creutz 374
グローテ，ヨハン（建築職長） Grothe (Werkrmeister) 149
クロニカ，ヤーコプ Kronika, Jacob 308

ケ

ケイシー，リチャード Casey, Richard 100
ケッセルリング，アルベルト Kesselring, Albert 124–25
ゲッベルス，ヨーゼフ Goebbels, Josef 46, 49, 51–53, 303–4, 334, 345–46, 371, 388, 392, 396, 399, 404, 408, 410, 415
ゲーテ，ヨハン・ヴォルフガング・フォン Goethe, Johann Wolfgang von 178, 222–25, 442
ゲープハルト（司教） Gebhard (Bischof) 201
ゲーリング，ヘルマン Göring, Hermann 27, 29, 46, 49, 51–52, 94, 304, 331, 349, 444
ゲルストナー，エリーザベト Gerstner, Elisabeth 216
ケルナー，テオドーア Körner, Theodor 285
ケルナー，パウル Körner, Paul 362
ゲルハルト（司教） Gerhard (Bischof) 173, 176
ゲルハルト，アントニウス Gerhard, Antonius 183
ゲルラハ Gerlach (Brandmeister) 201, 205
ゲルラハ，フリッツ（消防隊職長） Gerlach, Fritz 379–80
ゲレス，ヨーゼフ Görres, Joseph 218

コ

ゴア，チャールズ Gore, Charles 223
コクラン，サー・ラルフ Cochrane, Sir Ralph 259
コリンズ，J・L Collins, J.L. 111
コル，マリアンネ Koll, Marianne 385
コルヴィル，ジョン Colville, John 46
コールダー，C・C Calder 171
コルドゥラ（聖） Cordula, hl. 212
コンスタンティン皇帝 Konstantin I., der Große 236–37, 239
コンドン，ジェームズ Condon, J. 112

サ

ザイデル，オットー Seidel, Otto 197
ザウアー，パウル Sauer, Paul 437
ザウアー，ヨーゼフ Sauer, Joseph 255
ザクスノート（軍神） Saxnot 162–63
ザンダー，ヴィルフリート Sander, Wilfried 136
ザントマン博士 Sandmann, Dr. 292

シ

シェリーフェン，アルフレート・フォン（伯爵） Schlieifen, Alfred Graf von 235
シェルトク，モシェ Schertok, Moshe 101
ジェローム（ヴェストファーレン王） Jerôme (König von Westphalen) 186, 291
シェントゲン（肉屋） Schöntgen (Metzger) 204
ジークフリート Siegfried 121, 246
シメオン（隠者） Simeon (Eremit) 236
シュヴァーベ（消防隊職長） Schwabe (Brandmeister) 201, 203
ジューコフ，ゲオルギー Schukow, Georgi 116
シュタイネル夫人（掃除係） Steinöl (Putzfrau) 233
シュタインハウアー教授 Steinhauer, Prof. 436
シュタルク，エリーザベト Stark, Elisabeth 5,6
シュテヒネリ（郵政長官） Stechinelli (Generalpostagent) 194
シュトゥデント，クルト Student, Kurt 105
シュトライベル，カール Streibel, Karl 366
シュトルテ，グスタフ Stolte, Gustav 171
シュトレーリン，カール Strölin, Karl 279
シュニットガー，アルプ Schnitger, Arp 64, 151–52, 157
シュペーア，アルベルト Speer, Albert 89, 93, 330
シューベルト博士（検事） Schubert (Staatsanwalt) 377
シュミット（行政長官） Schmidt (Regierungspräsident) 206
シュミット（首席司祭） Schmidt (Dechant) 250
シューリヒ，マテス（オルガン製作マイスター） Schurich (Meister) 152
シュリューター，アンドレアス Schlüter, Andreas 448
シュルツェ（警部） Schulze (Polizeikommissar) 291
シュルテ，カスパール（助任司祭） Schulte (Domvikar) 163
ジョージ4世 Georg IV. 186
ショーペンハウアー，アルトゥル Schopenhauer, Arthur 443
ショルン（建築士） Schorn (Baumeister) 359
ジョーンズ，R・V Jones, R.V. 102–3
ジョーンズ，S・E Jones, S. E. 31
シラー，フリードリヒ・フォン Schiller, Friedrich von 230–1
シンクレア，アーチボルド Sinclair, Archibald 63, 66, 72
シンケル，カール・フリードリヒ Schinkel, Karl Friedrich 445, 448
シンプソン，ウィリアム Simpson, William 107, 112, 119–20, 124, 127

ス

ズィーゲルト，ヴィルヘルム（ドイツ帝国軍航空隊検査官） Siegert (Oberstleutnant) 83
スウェイルズ，エドウィン（爆撃手長） Swales (Masterbomber) 83, 86
スクリプチャ，エリス・B Scripture, Ellis B. 181, 184–85
スターリン，ヨシフ Stalin, Josef 67, 73, 103, 115
ズッカーマン，ソリー Zuckerman, Solly 76, 95–96, 117, 168
ステーンヴィンケル，ラウレンツ Steenwinkel, Laurenz 161
スパーツ，カール Spaatz, Carl 95–96

セ

ゼヴェリーン（消防隊員） Severin (Feuerwehrmann) 201, 203–4
ゼーラント，ヘルマン Seeland, Hermann 174–75
ゼーリヒマン（専属畜殺者） Seligmann (Schächter) 278

ソ

ゾルトヴェーデル（提督） Soltwedel (Admiral) 150
ソーンドビー，ロバート Saundby, Robert 53

タ

ダイソン，フリーマン Dyson, Freeman 76
ダウディング，ヒュー Dowding, Hugh 55
タウラー，ヨハネス Tauler, Johannes 211
タキトゥス，コルネリウス Tacitus, Cornelius 249
タシニー，ジャン・ド・ラトル・ド Tassigny, Jean de Lattre de 254
ダビデ David 174
ダーリング，カーライル Darling, Carlyle 30
ダントン，ジョルジュ・ジャック Danton, Georges Jacques 222

チ

チャーチル，ウィンストン Churchill, Winston 29, 43, 45–47, 49, 51, 54–56, 58, 60–64, 66–67, 73, 80, 86, 88–89, 92, 95, 99–103, 121–23, 134–35, 148, 168, 188, 210, 213, 228, 231, 237, 260, 271, 298–99, 301–

2, 304, 332, 347, 366, 369, 381, 401, 405

ツ

ツィプフェル，エルンスト（帝国公文書館館長） Zipfel (Generaldirektor) 454
ツィンクスト，ユリウス Zingst, Julius 454

テ

ディヴィオン（コーンウォール侯爵） Divion (Herzog von Cornwall) 212
ティエポロ，ジョヴァンニ・バッティスタ Tiepolo, Giovanni Battista 447
ティザード，ヘンリー Tizard, Henry 23, 54, 67
ディートリヒ（司祭） Dietrich (Bischof) 212, 215
ティリー伯 Tilly, Johann von 230, 290, 297
テオファヌ（女帝） Theophanu 260
テダー，アーサー Tedder, Arthur W. 103, 100
デターリング（郡指導者） Detering (Kreisleiter) 295
デッサウアー，エミール Dessauer, Emil 282
デヒオ，ゲオルク Dehio, Georg 176
デューラー，アルブレヒト Dürer, Albrecht 264, 459
デルブリュック，リヒャルト Delbrueck (Prof.) 445
テルヨハン（塔の番人） Telljohann (Türmerin) 354

ト

トーアス，ゲルトルート Thors, Gertrud 136
ドゥーエ，ジュリオ Douhet, Giulio 344, 375
ドーソン，ジョー Dawson, Captain 109
トート，フリッツ Todt, Fritz 331
ドラウツ Drautz, Frau 284
ドルスス Drusus 144
トレンチャード，ヒュー Trenchard, Hugh 48, 50, 53, 59, 344

ナ

ナウラント，フリッツ Nauland, Fritz 379–80
ナーケル，カール Nakel, Karl 361
ナポレオン1世 Napoleon I. 110, 186, 195, 197, 206–9, 223, 230, 232, 236–38, 258–87
ナポレオン3世 Napoleon III. 187, 206

ニ

ニクソン（軍曹） Nixon (Sergeant) 35
ニコラウス（聖） Nikolaus, hl. 145
ニューアル，シリル Newall, Cyrill 46, 49

ネ

ネイ，ミシェル Ney, Michel 290
ネーブリング，アウグスト Nebling, August 244–45

ノ

ノイマン，バルタザール Neumann, Balthasar 69, 259

ハ

パイエルス，ルドルフ Peierls, Rudolph 54
ハイネ，ハインリヒ Heine, Heinrich 206–8
ハインリヒ1世 Heinrich I. 177
ハインリヒ2世 Heinrich II. 163
ハインリヒ獅子公 Heinrich der Löwe 165, 181, 186–87, 192–93, 296–97
ハインリヒ4世 Heinrich IV. 173
バウアー，フリッツ Bauer, Fritz 261
パウエル（軍曹） Powell (Sergeant) 38
ハウゼンシュタイン，ヴィルヘルム Hausenstein, Wilhelm 274–76
ハーケ，ルドルフ（市長） Haake (Bürgermeister) 288
ハゲネ（トロネゲの） Hagen von Tronje 227
ハーゲンベック（サーカス） Hagenbeck (Zirkus) 232
パーシュ，アマリエ Paasch, Amalie 383–84
パスカリーニ，アレッサンドロ Pasqualini, Alexander 113, 339
ハッセルバハ（管理人） Hasselbach (Kastellan) 445
パットン，ジョージ Patton, George 104–5, 107, 114, 120, 224
バッハ，ヨハン・ゼバスティアン Bach, Johann Sebastian 459
パッペンハイム，ゴットフリート・ハインリヒ Pappenheim, Gottfried Heinrich 290
バニエッキ，ヘルムート（解剖学者） Baniecki (Anatom) 156, 323
バニスター，シビル Bannister, Sybill 4–6
バニスター，マニー Bannister, Manny 6

パーブリック，レジナルド（下院議員） Purbrick (Abgeordneter) 258
ハリス，アーサー Harris, Arthur 46, 63, 67–70, 72–74, 82, 86–92, 103, 134–35, 153, 159, 168, 199, 224–25, 240, 246, 250, 267, 271, 294, 299, 302, 366
ハリソン，ジョン・C（中佐） Harrison (Lieutenant Colonel) 110
ハルトランプフ（警察長官） Hartrampf (Stadtkonunandant) 250
バルニム2世 Barnim II. 153
ハールブルガー，マルタ Haarburger, Martha 282
バルベロ，ジュゼッペ Barbero, Guiseppe 126
バーンサイド（空軍中佐） Burnside 39
パンゼ，フリードリヒ Panse, Friedrich 427

ヒ

ビーアガン，ハインリヒ Biergann, Heinrich 7
ビーヴァーブルック，ウィリアム・マクスウェル Beaverbrook, William Maxwell 56
ビスピンク，クリステル Bispink, Christel 136–39
ビスマルク，オットー・フォン Bismarck, Otto von 187
ヒトラー，アドルフ Hitler, Adolf 38, 46–47, 49–51, 53–56, 70, 89, 100, 103, 109, 111, 117, 120, 123–25, 128–29, 131, 147, 152, 183, 192–93, 195, 206, 217, 250–51, 271, 304, 330–31, 336, 343–44, 346, 349, 366–67, 371, 381, 383, 391, 403, 408–9, 442
ヒムラー，ハインリヒ Himmler, Heinrich 176–78, 255, 373, 444
ビューラー，フリードリッヒ Bühler, Friedrich 377
ヒルデブラント（大管区指導者） Hildebrandt (Gauleiter) 148
ビンコルト教授 Bingold, Prof. 321

フ

ファブリシウス（司教） Fabricius (Pastor) 152
ファムラー，ゲルト Fammler, Gerd 209
ブイヨン，ゴドフロワ・ド Bouillon, Gottfried von 174
フィリップ（シュヴァーベン大公） Philipp von Schwaben 218
フェーヴル，リュシアン Febvre, Lucien 211
フォッシュ，フェルナン Foch, Ferdinand 71, 233
フォルマー博士（帝国法務省局長） Vollmer (Ministerialdirektor) 382
フォルムブロック（主任司祭） Vormbrock (Rektor) 170
フッガー，ヤーコプ Fugger, Jacob 268
フッガー，ヨハン・ヤーコプ Fugger, Johann Jacob 456–57
フーフ，リカルダ Huch, Ricarda 163–64, 173–74, 237–38
フラー，J・F・C Fuller, J.F.C. 200
フライスラー，ローラント Freisler, Roland 383, 385
フライベルク，フランツ Freyberg, Franz 293
ブラウンシュヴァイク公 Braunschweig, Karl Wilhelm Ferdinand von 223
ブラケット，M・S・パトリック Blackett, B.S.M. 77
ブラスコヴィッツ，ヨハネス Blaskowitz, Johannes 124
ブラッドリー，オマール・ネルソン Bradley, Omar Nelson 110, 120
ブラームス，ヨハネス Brahms, Johannes 446
ブランケンブルク（裁判官） Blankenburg (Landgerichtsrat) 380
フランソワ1世 Franz I. 268
ブラント（消防団長） Brandt (Brandmeister) 202
ブラント少佐 Brandt (Major) 446
フリッシュ，オットー（物理学者） Frisch (Physiker) 54
フリッチェ，ハンス Fritzsche, Hans 346
フリードリヒ2世（大王） Friedich II., der Große 119, 201, 447
フリードリヒ，アウグスト（ザクセン王） Friedrich August, König von Sachsen 286–87
フリードリヒ・ヴィルヘルム大選帝侯 Friedrich Wilhelm, der Große Kurfürst 151, 215
フリードリヒ・ヴィルヘルム2世 Friedrich-Wilhelm II. 223
フリードリヒ2世 Friedrich II. 229
フリードリヒ・バルバロッサ Friedrich I. Barbarossa 235, 242, 297
フリードリヒ，ヨハン Friedrich, Johann 153
ブリュデンシュタイン嬢 Blydenstein, Frl. 250
ブリュッヒャー将軍 Blücher, Gerhard Leberecht 186
プレッシャー，ルドルフ Prescher, Rudolf 194, 356
ブロイン，バルテル Bruyn, Barthel 211
フロレンティヌス（聖） Florentinus, hl. 116

ヘ

ヘクトール Hektor 174
ベーゼラ，ハルトヴィク Beseler, Hartwig 239
ヘツィロ Hezilo 172–73, 175

ベッカー，ヴィルヘルミーネ　Becker, Wilhelmine　293
ベッカー，ディーター　Becker, Dieter　294
ヘッセ（消防隊員）　Hesse (Feuerwehrmann)　201–3
ベートーヴェン，ルートヴィヒ・ファン　Beethoven, Ludwig van　445–46
ヘトリング，デ（市長）　Hetling, de (Bürgermeister)　296
ベハイム，マルティン　Behaim, Martin　368
ヘーフェレ，フリードリヒ（公文書館館長）　Hefele (Stadtarchivdirektor)　257
ベル，ジョージ　Bell, George　75–76
ベルク，イザ　Berg, Isa　139
ヘルタース（見張番）　Hölters (Oberwachtmeister)　201, 205
ベルト氏（聖ウルリヒ党監視人）　Böld (Turmbeobachter)　272
ヘルト，バルタザール　Held, Balthasar　152
ベルンヴァルト（聖）　Bernward, hl.　172, 175–76
ヘンケ（消防隊員）　Henke (Feuerwehrleutnant)　201, 205
ヘンケル，カール　Henckell, Karl　226

ホ

ボアルネ，アレクサンドル・ド　Beauharnais, Alexandre Graf de　223
ボギスラフ10世　Bogislaw X.　153
ポータル，チャールズ　Portal, Charles　59, 61–64, 67, 86, 92, 103, 134, 299
ホッジズ，コートニー　Hodges, Courtney　107, 109, 110–12, 119, 124, 127, 131
ポッポ（大司教）　Poppo (Erzbischof)　236
ボーデルシュヴィング，フリッツ・フォン　Bodelschwingh, Friedrich von　171, 400
ボニファティウス（聖）　Bonifatius, hl.　162
ホプフェ，ゲオルク　Hopfe, Georg　379–80
ホプフガルテン　Hopfgarten, Frau　379–80
ホフマン，コンラート　Hoffmann, Konrad　383
ホフマン，フリッツ　Hoffmann, Fritz　383
ホリング（助任司祭）　Holling (Domvikar)　184
ホル，エリアス　Holl, Elias　273
ボールドウィン，スタンリー　Baldwin, Stanley　1, 16, 26, 48
ボルマン，マルティン　Bormann, Martin　374, 392, 404
ポワティエ，ディアーヌ・ド　Poitiers, Diane de　97
ボンランダー，ディートリンデ　Bonnlander, Dietlinde　138

マ

マイヤー（塔の番人）　Meyer (Türmerin)　354
マクシミリアン1世（選帝侯）　Maximilian I., Kurfürst　457
マクロイ，ジョン　McCloy, John　101
マッケルロイ（アメリカの火災専門工学者）　McElroy (US-Feueringenieur)　90
マティルデ（ハインリヒ獅子公の妃）　Mathilde, Gemahlin Heinrich des Löwen　165, 192
マール，ピエール・ド　Marres, Pierre de　211
マルクス，カール　Marx, Karl　211
マルモン，オーギュスト　Marmont, Auguste　286
マーン，ヴェルナー・ハインリヒ　Mahn, Werner Heinrich　222
マン，トーマス　Mann, Thomas　147

ミ

ミシュレ，ジュール　Michelet, Jules　196
ミッチェル，ビリー　Mitchell, Billy　117
ミッテラー，ルートヴィヒ　Mitterer, Ludwig　383
ミュンター（錠前師）　Münter (Schloßmacher)　383
ミリトーア博士　Militor, Dr.　436
ミルヒ，エアハルト　Milch, Erhard　89

ム

ムッソリーニ，ベニト　Mussolini, Benito　381
ムル，ヴィルヘルム　Murr, Wilhelm　370

メ

メーアス，ディートリヒ・フォン　Moers, Dietrich von　181
メムリング，ハンス　Memling, Hans　211
メラック（フランス軍大将）　Melac, Ezéchiel　228
メーリケ，エドゥアルト　Mörike, Eduard　446
メールハウゼン夫人　Mehlhausen, Frau　382–83
メルヒャース，カーリン　Melchers, Karin　437
メレンティン，フリードリヒ・ヴィルヘルム・フォン　Mellenthin, Friedrich Wilhelm von　130
メンドーサ（大将）　Mendoza (General)　197

モ

モーデル，ヴァルター　Model, Walter　105, 124
モルトケ，ヘルムート・フォン　Moltke, Helmuth Graf von　45

モンクラール将軍　Montclar, General　230
モントゴメリー，バーナード　Montgomery, Bernhard L.　98–100, 104–5, 107–8, 119–22, 124

ヤ・ユ

ヤンゼン，ヴェルナー（建築監査官）　Jansen (Baurat)
ユダ・マカバイ　Judas Makkabäus　174
ユンガー，エルンスト　Jünger, Ernst　143

ラ

ライヴェリング（助任司祭）　Leiwering (Domvikar) 182–83
ライグラーフ（消防曹長）　Leygraf (Hauptwachtmeister)　248
ライヒェ，マックス・ヴィリー・カール　Reiche, Max Willi Karl　383
ライプニッツ，ゴットフリート・ヴィルヘルム　Leibniz, Gottfried Wilhelm　446
ラーヴェス，ゲオルク・ルートヴィヒ・フリードリヒ　Laves, Georg Ludwig Friedrich　191
ラヴェット，ロバート　Lovett, Robert A.　101
ラウターバッハー（大管区指導者）　Lauterbacher (Gauleiter)　354
ラウテンシュラーガー，ヘルミーネ　Lautenschlager, Hermine　85
ラウマン，クリスタ　Laumann, Christa　132
ラーデマッハー，フランツ　Rademacher, Franz　445–46
ラート，エルンスト・フォン　Rath, Ernst von　206
ラーナー，ダニエル　Lerner, Daniel　245
ランクロッツ，エルンスト（教授）　Langlotz, Prof. 445
ランペ，ヴァルター　Lampe, Walter　190

リ

リー，R・B（中尉）　Leigh (Lieutenant)　38
リーヴズ，A・H　Reeves, A. H.　31
リーカー，ヴィルヘルム　Riecker, Wilhelm　84
リーカー，オットー　Riecker, Otto　84
リシュリュー，アルマン・ジャン・デュ・プレシ　Richelieu, Armand Jean du Plessis　241, 269
リスト，フランツ　Liszt, Franz　446
リデル・ハート，ベイジル　Liddel Hart, Basil H. 54
リングベック，ゲルハルト　Ringbeck, Gerhard　185
リンデマン，フレデリック（チャーウェル卿）　Lindemann, Frederick (Lord Cherwell)　23, 67, 80

ル

ルイ 14 世　Ludwig XIV　215, 218, 228, 231, 234, 253–54
ルイ 15 世　Ludwig XV　231
ルヴォワ，フランソワ・ミシェル・ド・テリエ　Louvois, François Michelle de Tellier　229
ルーズヴェルト，フランクリン　Roosevelt, Franklin D.　47, 50, 54, 92, 95–96, 99–100, 103, 148, 366
ルター，マルティン　Luther, Martin　228, 446
ルートヴィヒ（ドイツ王）　Ludwig der Deutsche 217
ルドルフ（ハプスブルク家の）　Rudolf I., von Habsburg　234, 253
ルプス，マリア　Lupus, Maria　85
ルーベンス，ピーテル・パウル　Rubens, Peter Paul 452

レ

レヴォニク（塔の番人）　Lewonik (Türmerin)　354
レオ 3 世（教皇）　Leo III.　163, 166
レコフ，フーゴ　Leckow, Hugo　138
レダー，エーリヒ　Raeder, Erich　51
レフラー，フリッツ　Löffler, Fritz　84
レーマン，ヴィルヘルム　Lehmann, Wilhelm　383
レンケ，パウリーネ　Lenke, Pauline　136
レンプ，ヴィルフリート（高位聖職者）　Lempp (Prälat)　281

ロ

ロコソウスキ，コンスタンティン　Rokossowski, Konstantin K.　135
ローゼンベルク，アルフレート　Rosenberg, Alfred 344
ロタール 1 世　Lothar I.　217–18
ロタール 3 世（ザクセンの）　Lothar von Sachsen 181
ロックハート（中尉）　Lockhart (Lieutenant)　35
ロート，オイゲン　Roth, Eugen　189
ロッホナー，シュテファン　Lochner, Stephan　211
ロンプフ家　Rompf, Familie　4–5
ロンプフ，ルイゼ　Rompf, Luise　4–5, 7
ロンメル，エルヴィン　Rommel, Erwin　98

文 献

Aders, Gebhard, *Die Geschichte der deutschen Nachtjagd 1917–1945,* Stuttgart, 1977.

Allen, Hubert Raymond, *The Legacy of Lord Trenchard*, London, 1972.

Ambrose, Stephen E., *Citizen Soldiers: The U.S. Army from the Normandy Beaches to the Bulge to the Surrender of Germany, June 7, 1944–May 7, 1945*, New York, 1998.

Bardua, Heinz, *Stuttgart im Luftkrieg 1939–1945*, Stuttgart, 1985.

Bauer, Fritz, *Würzburg im Feuerofen. Tagebuchaufzeichnungen und Erinnerungen an die Zerstörung Würzburgs*, Würzburg, 1985.

Bauer, Reinhard/Piper, Ernst, *München. Die Geschichte einer Stadt*, München, 1993.

Bauer, Richard, *Fliegeralarm. Luftangriffe auf München 1940–1945*, München, 1987.

Baumeister, Werner, *Castrop-Rauxel im Luftkrieg*, Castrop-Rauxel, 1988.

Bekker, Cajus, *Angriffshöhe 4000. Ein Kriegstagebuch der deutschen Luftwaffe*, Oldenburg, 1964.〔『攻撃高度4000――ドイツ空軍戦闘記録』カーユス・ベッカー著，松谷健二訳（フジ出版社 1974)〕

Bergander, Götz, *Dresden im Luftkrieg*, Köln, 1994.

Berthold, Eva/ Materna, Norbert, *München im Bombenkrieg*, Düsseldorf, 1985.

Beseler, Hartwig/ Gutschow, Niels, *Kriegsschicksale deutscher Architektur*, Neumünster, 1988.

Best, Geoffrey, *Humanity in Warfare: The Modern History of the International Law of Armed Conflicts*, London, 1983.

Blumenstock, Friedrich, *Der Einmarsch der Amerikaner im nördlichen Württemberg im April 1945*, Stuttgart 1957.

Boberach, Heinz (Hrsg.), *Meldungen aus dem Reich. Die geheimen Lageberichte des Sicherheitsdienstes der SS 1938–1945*, Herrsching, 1984.

Bode, Volkard/Kaiser, Gerhard, *Raketenspuren*, Berlin, 1999.

Boelcke, Willi A., *Wollt Ihr den totalen Krieg? Die geheimen Goebbels-Konferenzen 1939 bis 1943*, München, 1969.

Boelcke, Willi A. (Hrsg.), *Deutschlands Rüstung im Zweiten Weltkrieg. Hitlers Konferenzen mit Albert Speer 1942–1945*, Frankfurt/M., 1969.

Boog, Horst, »Der angloamerikanische strategische Luftkrieg über Europa und die deutsche Luftverteidigung«, in: Militärgeschichtliches Forschungsamt, *Das Deutsche Reich und der Zweite Weltkrieg*, Bd.6, *Der globale Krieg*, Stuttgart, 1990.

Boog, Horst, »Strategischer Luftkrieg in Europa und Reichsverteidigung 1943–1944«, in: Militär-geschichtliches Forschungsamt, *Das Deutsche Reich und der Zweite Weltkrieg*, Bd.7, *Das Deutsche Reich in der Defensive*, Stuttgart, 2001.

Bond, Horatio (Hrsg.), *Fire and the Air War*, Boston, 1946.

Borsdorf, Ulrich/ Niethammer, Lutz (Hrsg.), *Zwischen Befreiung und Besatzung. Analysen des US-Geheimdienstes über Positionen und Strukturen deutscher Politik*, Wuppertal, 1976.

Bosl, Karl, »Die Bibliothek in der Gesellschaft und Kultur Europas vom 6. bis zum 18. Jahrhundert«, in: Margarete Baur-Heinhold, *Schöne alte Bibliotheken*, München, 1972.

Braun-Rühling, Max, *Eine Stadt im Feuerregen*, Kaiserslautern, 1953.

Brunswig, Hans, *Feuersturm über Hamburg*, Stuttgart, 1981.

Brusch, Dieter, *Der Luftkrieg im Raum Mainz während des Zweiten Weltkriegs 1939–1945*, Mainz, 1988.

Calder, Angus, *The People's War 1939–1945*, London, 1973.

Carter, Kit C./Mueller, Robert, *Combat Chronology 1941–1945* (The Army Air Forces in World War II), Washington, D. C., 1973.

Churchill, Winston S., *Thoughts and Adventures*, London: Cooper, 1932.〔『わが思想・わが冒険』ウィンストン・チャーチル著，中野忠夫訳（新潮社 1956)．原書の抄訳〕

Churchill, Winston S., *Der Zweite Weltkrieg*, Berlin 1985.〔*Second World War.* 6 vols. Boston: Houghton Mifflin, 1985. First published in 1948.『第二次世界大戦』全4巻，W. S. チャーチル著，佐藤亮一訳（河出書房新社 1983–84)〕

Clark, Ronald W., *The Rise of the Boffins*, London, 1962.

Colville, John, *Downing Street Tagebücher 1939–1945*, Berlin 1988.〔*The Fringes of Power: 10 Downing Street Diaries 1939–55*. New York: Norton, 1985.『ダウニング街日記――首相チャーチルのかたわらで』ジョン・コルヴィル著，都築忠七，見市雅俊，光永雅明訳　(平凡社 1990/1991)〕

Connelly, Mark, *Reaching for the Stars: A New History of Bomber Command in World War II*, London, 2001.

Cooper, Alan, *Air Battle of the Ruhr*, London, 2000.

Crane, Conrad C., *Bombs, Cities, and Civilians: American Airpower Strategy in World War II*, Lawrence, Kan., 1993.

Craven, Wesley Frank/Cate, James Lea, *The Army Air Forces in World War II*, Chicago, 1965.

Czesany, Maximilian, *Europa im Bombenkrieg*, Graz, 1998.

Demps, Laurenz, »Die Luftangriffe auf Berlin. Ein dokumentarischer Bericht«, Teil 1–3, in: *Jahrbuch des Märkischen Museums* 3. 1978: S. 27–68; 8. 1982, S. 7–44; 9. 1983, S. 19–48.

Dettmar, Werner, *Die Zerstörung Kassels im Oktober 1943*, Kassel, 1983.

Deus, Wolf-Herbert, *Soester Chronik: Zugleich Bericht der Stadtverwaltung Soest über die Zeit vom 1. April 1942 bis 31. März 1948*, Soest, 1951.

Dittgen, Willi, *Der Übergang. Das Ende des Zweiten Weltkriegs in Dinslaken und Umgebung*, Dinslaken, 1983.

Dokumente deutscher Kriegsschäden. Evakuierte, Kriegssachgeschädigte, Währungsgeschädigte. Die geschichtliche und rechtliche Entwicklung, hrsg. v. Bundesminister für Vertriebene, Flüchtlinge und Kriegsgeschädigte, Bonn, 1962.

Domarus, Max, *Der Untergang des alten Würzburg und seine Vorgeschichte*, Würzburg, 1955.

Domarus, Max (Hrsg.), *Hitlers. Reden und Schriften*, München, 1965.

Douhet, Giulio, *Luftherrschaft*, [deutsche Ausgabe], Berlin, 1935.〔『戦略論大系⑥ドゥーエ』瀬井勝公編著，戦略研究学会編集（芙蓉書房出版 2002）．ドゥーエの代表的著作『制空』第1編（1921）と『制空』第2編（1927）の2編をイタリア空 軍が1995年に英訳して刊行したものから翻訳し収録．〕

Dreyer-Eimbke, Erika, *Alte Straßen im Herzen Europas*, Frankfurt/M., 1989.

Dyson, Freeman, *Weapons of Hope*, New York, 1984.〔『核兵器と人間』フリーマン・ダイソン著，大塚益比古ほか訳（みすず書房 1986）〕

Eckardt, Götz (Hrsg.), *Schicksale deutscher Baudenkmale im Zweiten Weltkrieg. Eine Dokumentation der Schäden und Totalverluste auf dem Gebiet der Deutschen Demokratischen Republik*, Berlin, 1980.

Eckel, Werner, *Saarbrücken im Luftkrieg*, Saarbrücken 1985.

Eisenhower, Dwight D., *Kreuzzug in Europa*, Amsterdam, 1948.〔原書 *Crusade in Europe*, Doubleday, 1948.『ヨーロッパ十字軍——最高司令官の大戦手記』D・D・アイゼンハワー著，朝日新聞社訳（朝日新聞社 1949）〕

Euler, Helmut, *Als Deutschlands Dämme brachen*, Stuttgart, 1975.

Euler, Helmut, *Die Entscheidungsschlacht an Rhein und Ruhr 1945*, Stuttgart, 1981.

Febvre, Lucien, *Der Rhein und seine Geschichte*, Frankfurt/M., 1994〔*Rhein: histoire, mythes et realités*. Paris: Perrin, 1997〕

Feuchter, Georg W., *Geschichte des Luftkriegs*, Bonn, 1954.

Feydt, Georg, »Betrachtung zur Frage der Rettungswege im baulichen Luftschutz«, *Ziviler Luftschutz*, 1953, Heft 5, S. 139 ff.

Findahl, Theo, *Letzter Akt Berlin 1939–1945*, Hamburg, 1946.

Fischer, Josef, *Köln '39–45'. Der Leidensweg einer Stadt*, Köln, 1970.

Foedrowitz, Michael, *Bunkerwelten. Luftschutzanlagen in Norddeutschland*, Berlin, 1998.

Freeman, Roger A., *Mighty Eighth War Diary*, London, 1981.

Friedrich, Jörg, *Die kalte Amnestie*, München, 1995.

Friedrich, Jörg, *Freispruch für die Nazijustiz. Die Urteile gegen NS-Richter seit 1948*, Berlin, 1998.

Friedrich, Jörg, *Das Gesetz des Krieges. Das deutsche Heer in Rußland 1941 bis 1945. Der Prozeß gegen das Oberkommando der Wehrmacht*, München, 1996.

Fröhlich, Elke (Hrsg.), *Die Tagebücher von Joseph Goebbels*, Teil 1, Bd. 4, München, 1987.

Galland, Adolf, *Die Ersten und die Letzten*, München, 1953.〔『始まりと終り——栄光のドイツ空軍』アドルフ・ガーラント著，フジ出版社編集部訳（フジ出版社 1972)〕

Garrett, Stephen A., *Ethics and Airpower in World War II. The British Bombing of German Cities*, New York, 1997.

Gelinski, Heinz, *Stettin. Eine deutsche Großstadt in den 30er Jahren*, Leer, 1984.

Gießen von 1248 bis 1948. Denkschrift zur Sieben-hundertjahrfeier der Stadt Gießen, Gießen, 1948.

Gilbert, Martin, *Second World War*, London, 1989.〔『第二次世界大戦——人類史上最大の事件』マーティン・ギルバート著，岩崎俊夫訳（心交社 1994)〕

Gilbert, Martin, *Auschwitz und die Alliierten*, München, 1982.〔*Auschwitz and the Allies*, New York: Holt, Rinehart and Winston, 1981〕

Girbig, Werner, *1000 Tage über Deutschland. Die 8. amerikanische Luftflotte im Zweiten Weltkrieg*, München, 1964.

Goethes Werke, Hamburger Ausgabe (Hrsg. Erich Trunz), München, 1981.〔本文中に引用されている「マインツ攻囲」は1943年に大東出版社から出されたゲーテ全集の第15巻（第二次羅馬滞在／滞佛陣營記／マインツ攻圍）に翻訳（實吉捷郎訳）が収録されている〕

Golücke, Friedhelm, *Schweinfurt und der strategische Luftkrieg 1943*, Paderborn, 1980.

Görlitz, Walter, *Model. Der Feldmarschall und sein*

Endkampf an der Ruhr, Frankfurt/M. -Berlin, 1992.

Grabe, Thomas, u.a. (Hrsg.), *Unter der Wolke des Todes leben. Hannover im Zweiten Weltkrieg*. Hannover, 1983.

Grewe, Wilhelm G. (Hrsg.), *Fontes Historiae Iuris Gentium*, Berlin, 1984.

Groehler, Olaf, *Bombenkrieg gegen Deutschland*, Berlin, 1990.

Groehler, Olaf, *Geschichte des Luftkriegs*, Berlin (DDR), 1975.

Groehler, Olaf, *Anhalt im Luftkrieg: 1940–1945. Anflug auf Ida-Emil*, Dessau, 1993.

Halm, Hans, *Die Schicksale der Bayerischen Staatsbibliothek während des Zweiten Weltkriegs*, München, 1949.

Hampe, Erich, *Der zivile Luftschutz im Zweiten Weltkrieg*, Frankfurt/M., 1963.

Harris Arthur, *Bomber Offensive*, London, 1947.

Harris, Robert/Paxman, Jeremy, *Eine höhere Form des Tötens. Die unbekannte Geschichte der B-und C-Waffen*, München, 1985.〔原書 *A Higher Form of Killing: The Secret Story of Gas and Germ Warfare*. London: Chatto & Windus, 1982. 日本語版『化学兵器――その恐怖と悲劇』大島紘二訳（近代文芸社 1996)〕

Hartmann, Werner, *Die Zerstörung Halberstadts am 8. April 1945*, Halberstadt, 1980.

Hasenclever, G., *Die Zerstörung der Stadt Remscheid*, Remscheid, 1984.

Hastings, Max, *Bomber Command*, London, 1981.

Hawkins, Ian, *Münster, 10. Oktober 1943*, Aschendorf 1983.〔*Munster: The Way It Was*, edited by Richard H. Perry. Anaheim, Calif.: Robinson Typographics, 1984〕

Heimatbund Niedersachsen (Hrsg.) in Zusammenarbeit mit dem Presseamt der Hauptstadt Hannover, *Tod und Leben Hannovers. 9. November*, bearbeitet von Heinz Lauenroth und Gustav Lauterbach, Hannover 1953.

Heine, Heinrich, *Werke und Briefe*, Berlin und Weimar, 1980.〔本文中に引用されている「ル・グランの書」と「ドイツ冬物語」は，『世界文学大系 78 ハイネ』（筑摩書房 1964）に収録されている.〕

Henke, Klaus-Dietmar, *Die amerikanische Besetzung Deutschlands*, München, 1995 [=Quellen und Darstellungen zur Zeitgeschichte, 17].

Herbert, Ulrich, *Fremdarbeiter. Politik und Praxis des Ausländereinsatzes in der Kriegswirtschaft des Dritten Reiches*, Bonn, 1985.

Hillgruber, Andreas, *Hilters Strategie, Politik und Kriegführung 1940–1941*, München, 1965.

Hinchcliffe, Peter, *Luftkrieg bei Nacht 1939–1945*, Stuttgart, 1998.

Hiroshima and Nagasaki: *The Physical, Medical and Social Effects of the Atomic Bombings*, edited by the Committee for the Compilation of Materials on Damage Caused by the Atomic Bombs, New York 1981.〔『広島・長崎の原爆災害』広島市・長崎市原爆災害誌編集委員会編（岩波書店 1979）．現在は本書の普及版が出ている．『原爆災害――ヒロシマ・ナガサキ』（岩波現代文庫 2005)〕

Höhne, Heinz, *Der Orden unter dem Totenkopf. Die Geschichte der SS*, München, 1967.〔『髑髏の結社――SSの歴史』ハインツ・ヘーネ著，森亮一訳（フジ出版社 1981)〕

Horn, Birgit, *Leipzig im Bombenhagel-Angriffsziel ›Haddock‹*, Leipzig, 1998.

Huch, Ricarda, *Im alten Reich. Lebensbilder deutscher Städte*, Bremen, 1927.

Hüttenberger, Peter, *Düsseldorf. Geschichte von den Anfängen bis ins 20. Jahrhundert*, Düsseldorf, 1989.

Huyskens, Albert, *Der Kreis Meschede unter der Feuerwalze des Zweiten Weltkriegs*, Bielefeld, 1949.

Interessengemeinschaft Gedenkstätte Golm, e.V. Kaminke/Usedom (Hrsg.), *Das Inferno von Swinemünde. Überlebende berichten über die Bombardierung der Stadt am 12. März 1945*, Iserlohn, 2001.

Irving, David, *Die Tragödie der deutschen Luftwaffe. Aus den Akten und Erinnerungen von Feldmarschall Erhard Milch*, Frankfurt/M., 1970.〔*Rise and Fall of the Luftwaffe: The Life of Luftwaffe Marshall Erhard Milch*, London: Weidenfeld & Nicolson, 1973〕

Irving, David, *Der Untergang Dresdens*, München, 1983.〔*The Destruction of Dresden*, New York: Holt, Rinehart and Winston, 1963〕

Irving, David, *Und Deutschlands Städte sterben nicht*, Augsburg, 1989.

Irving, David, *Churchill. Kampf um die Macht*, München, 1990.〔*Churchill's War*, 2 vols. Bullsbrook, W. Australia: Veritas, 1987〕

Jacobsen, Hans-Adolf, »Der deutsche Luftangriff auf Rotterdam am 14. Mai 1940. Versuch einer Klärung«, *Wehrwissenschaftliche Rundschau* (1958), S. 257–284.

Janssen, Gregor, *Das Ministerium Speer. Deutschlands Rüstung im Krieg*, Berlin-Frankfurt/M.-Wien, 1968.

Jordan, Karl, *Heinrich der Löwe*, München, 1979.〔『ザクセン大公ハインリヒ獅子公――中世北ドイツの覇者』カール・ヨルダン著，瀬原義生訳（ミネルヴァ書房 2004)〕

Kiepke, Rudolf, *Werden, Untergang, Wiedererstehen*, Paderborn, 1949.

Kluge, Alexander, »Der Luftangriff auf Halberstadt am 8. April 1945«, in: Ders., *Chronik der Gefühle*, Bd. 2, *Lebensläufe*, Frankfurt/M. , 2000.

Koch, Horst-Adalbert, *Flak. Die Geschichte der deutschen*

Flakartillerie und der Einsatz der Luftwaffenhelfer, Bad Nauheim, 1965.

Kock, Gerhard *»Der Führer sorgt für unsere Kinder...« Die Kinderlandverschickung im Zweiten Weltkrieg*, Paderborn u.a., 1997.

Krämer, Karl, *Christbäume über Frankfurt*, Frankfurt/M., 1983.

Kranich, Kurt, *Karlsruhe. Schicksalstage einer Stadt*, Karlsruhe, 1973.

Kraume, Hans-Georg, *Duisburg im Krieg. 1939–1945*, Düsseldorf, 1982.

Krause, Michael, *Flucht vor dem Bombenkrieg. »Umquartierungen« im Zweiten Weltkrieg und die Wiedereingliederung der Evakuierten in Deutschland 1943–1964*, Düsseldorf, 1997.

Krieg und Elend im Siegerland, Siegen, 1981.

Krüger, Norbert, *Die Geschichte der Bombenangriffe auf Wuppertal im Zweiten Weltkrieg*, Examensarbeit, Köln, 12. Juli 1967, 未刊文書.

Krüger, Norbert, »Die Luftangriffe auf Essen 1940–1945«, *Essener Beiträge*, Bd. 113, 2001, Historischer Verein der Stadt und des Stiftes Essen, Essen, 2002.

Landeshauptstadt Düsseldorf (Hrsg.), *Erlebtes und Erlittenes. Gerresheim unter dem Nationalsozialismus*, Düsseldorf, 1993.

La Farge, Henry (Hrsg.), *Lost Treasures of Europe*, New York, 1946.

Lauenroth, Heinz/ Lauterbach, Gustav, *Tod und Leben, Hannovers 9. Oktober*, Hannover, 1953.

Ledig, Gert, *Vergeltung*, Frankfurt/M. 1999.

L'Europe et la Révolution française, I. Partie. Les mœurs politiques 10e, Paris, 1904.

Leyh, Georg, *Die deutschen wissenschaftlichen Bibliotheken nach dem Krieg*, Tübingen, 1947.

Liddell Hart, Basil, *Geschichte des Zweiten Weltkriegs*, Düsseldorf-Wien, 1972.〔*History of the Second World War*, London: Cassell, 1970 『第二次世界大戦』リデル・ハート著，上村達雄訳（中央公論新社 1999)〕

Liddell Hart, Basil, *The Other Side of the Hill*, London, 1983.〔『ヒトラーと国防軍』リデル・ハート著，岡本鐳輔訳（原書房 2010)〕

Lindkvist, Sven, *A History of Bombing*, New York, 2001.

Longmate, Norman R., *The Bombers: The R.A.F. Offensive Against Germany 1939–1945*, London, 1983.

Lytton, Henry D., "Bombing Policy in the Rome and Pre-Normandy Invasion Aerial Campaigns of World War II", in: *Military Affairs* 47, no.4 (1983).

MacBean, John A./Hogben, Arthur S., *Bombs Gone: The Development and Use of British Air-Dropped Weapons from 1912 to the Present Day*, Wellingborough, 1990.

MacDonald, Charles B., *The Battle of the Huertgen Forest*, Philadelphia, 1963.

Macksey, Kenneth, *From Triumph to Disaster: The Fatal Flaws of German Generalship from Moltke to Guderian*, London, 1996.

Mainfränkisches Museum (Hrsg.), Katalog zur Sonderausstellung anläßlich des 40. Jahrestags, 10. 3.-5. 6. 1985, *»In stummer Klage, Zeugnisse der Zerstörung Würzburgs«*, Würzburg 1985, darin Heinrich Dunkhase, »Würzburg 16. 3. 1945, 21. 20-21. 42 Uhr, Hintergründe, Verlauf und Folgen des Luftangriffs der Nr. 5 Bomber Group«. Abdruck aus *Mainfränkisches Jahrbuch* für *Geschichte und Kunst*, Bd. XXXII, 1980.

Mann, Thomas, *Zeit und Werke. Tagebücher, Reden und Schriften zum Zeitgeschehen*, Berlin, 1956.〔文中に引用されている「ドイツの聴取者諸君」は『トーマス・マン全集』（新潮社 1971–72）第 10 巻「評論 2」に，また手紙は第 12 巻「書簡」に翻訳が収録されている〕

Messenger, Charles, *"Bomber Harris" and the Strategic Bombing Offensive 1939–1945*, London, 1984.

Meyer-Hartmann, Hermann, *Zielpunkt 52092 N 09571 O. Der Raum Hildesheim im Luftkrieg 1939–1945*, Hildesheim, 1985.

Middlebrook, Martin, *Die Nacht, in der die Bomber starben. Der Angriff auf Nürnberg und seine Folgen für den Luftkrieg*, Berlin, 1975.

Middlebrook, Martin, *Hamburg, Juli '43*, Berlin 1983.〔*The Battle of Hamburg: Allied Bomber Forces Against a German City in 1943*, London: Allen Lane, 1980〕

Middlebrook, Martin, *The Schweinfurt-Regensburg Mission: American Raids on 17 August 1943*, London, 1985.

Middlebrook, Martin, *The Berlin Raids: R.A.F. Bomber Command Winter 1943–44*, London, 1990.

Middlebrook, Martin/ Everitt, Chris, *The Bomber Command War Diaries: An Operational Reference Book 1939–1945*, Leicester, 1996.

Mierzejewski, Alfred C., *Bomben auf die Reichsbahn. Der Zusammenbruch der deutschen Kriegswirtschaft 1944–1945*, Freiburg, 1993.

Milward, Alan S., *Der Zweite Weltkrieg. Krieg, Wirtschaft und Gesellschaft 1939–1945*, München, 1977.〔*War Economy and Society*, University of California Press, 1977〕

Mues, Willi, *Der große Kessel. Eine Dokumentation über das Ende des Zweiten Weltkrieges zwischen Lippe und Ruhr/ Sieg und Lenne*, Erwitte, 1984.

Mühlen, Bengt von zur, *Der Todeskampf der Reichshauptstadt*, Berlin, 1994.

Müller-Werth, Herbert, *Geschichte und Kommunalpolitik der Stadt Wiesbaden*, Wiesbaden, 1963.

Murray, Williamson/Millet, Allan R., *A War to be Won: Fighting the Second World War*, Cambridge, Mass., 2000.

Nadler, Fritz, *Ich sah, wie Nürnberg unterging*, Nürnberg, 1955.

Neufeld, Michael J., *Die Rakete und das Reich*, Berlin, 1997.

Nossack, Hans Erich, *Der Untergang. Hamburg 1943*, Frankfurt/M., 1948.〔『短編集 死神とのインタヴュー』ノサック著, 神品芳夫訳（岩波書店 1987）所収「滅亡」〕

Overy, Richard, *Why the Allies Won*, New York, 1996.

Panse, Friedrich, *Angst und Schreck in klinisch-psychologischer und sozialmedizinischer Sicht, dargestellt anhand von Erlebnisberichten aus dem Luftkrieg*, Stuttgart, 1952.

Pape, Rainer, *Bis fünf nach zwölf. Herforder Kriegstagebuch*, Herford, 1984.

Pape, Robert A., *Bombing to Win: Air Power and Coercion in War*. Ithaca, N.Y., and London, 1996.

Patton, George, *War As I Knew It*, New York, 1947.

Peters, Fritz, *Zwölf Jahre Bremen 1933–1945*, Bremen 1951.

Piekalkiewicz, Janusz, *Luftkrieg 1939–1945*, München, 1978.

Piekalkiewicz, Janusz, *Arnheim 1944. Die größte Luftlandeoperation*, Augsburg, 1989.

Pieper, Hedwig, *Der westfälische Hellweg, Seine Landesnatur, Verkehrstellung und Kleinstädte*, Münster, 1928.

Pogt, Herbert（Hrsg.）, *Vor fünfzig Jahren. Bomben auf Wuppertal*, Wuppertal, 1993.

Pöhlmann, Markus, ›*Es war gerade, als würde alles bersten...*‹. *Die Stadt Augsburg im Bombenkrieg*, Augsburg, 1994.

Poll, Bernhard（Hrsg.）, *Aachen, Herbst 1944*, Aachen, 1962.

Prescher, Rudolf, *Der rote Hahn über Braunschweig*, Braunschweig, 1955.

Price, Alfred, *Herrschaft über die Nacht*, Gütersloh, 1968.〔*Instrument of Darkness*, London: Kimber, 1967〕

Price, Alfred, *Luftschlacht über Deutschland*, Stuttgart, 1996.〔*Battle Over the Reich*, New York: Scribner, 1974〕

Price, Alfred, *Bomber im 2. Weltkrieg. Entwicklung, Einsatz, Taktik*, Stuttgart, 1980.〔*The Bomber in World War II*, New York: Scribner, 1979〕

Rahier, Josef, *Jülich und das Jülicher Land in den Schicksalsjahren 1944/45. Kriegsgeschichtliche Ereignisse der Stadt und des Kreises Jülich nach authentischen Berichten*, Jülich, 1967.

Renz, Otto Wilhelm, *Deutsche Flugabwehr im 20. Jahrhundert. Flak-Entwicklung in Vergangenheit und Zukunft*, Berlin-Frankfurt/M.,1960.

Richard, Felix, *Der Untergang der Stadt Wesel im Jahre 1945*, Düsseldorf, 1961.

Rosenberg, Alfred, *Mythus des 20. Jahrhunderts*, München, 1934.〔『二十世紀の神話――現代の心靈的・精神的な價値 爭闘に對する一つの評價』アルフレット・ローゼンベルク著, 吹田順助・上村清延訳（中央公論社 1938）〕

Rostow, Walt W., *Pre-Invasion Bombing Strategy. Eisenhower Decision of March 25, 1944*, Austin, Texas, 1981.

Roth, Eugen, *Spaziergänge mit Hindernissen. Anekdoten*, München, 1982.

Rumpf, Hans, *Der hochrote Hahn*, Darmstadt, 1952.

Rumpf, Hans, *Das war der Bombenkrieg*, Oldenburg, 1961.

Rumpf, Hans, »Bomber Harris«, in: *Ziviler Luftschutz*, 17. Jahrgang 1953, Heft 7–8.

Rust, Kenn C., *The 9th Air Force in World War I, Fallbrook*, Calif., 1970.

Rüter-Ehlermann, Adelheid L./ Rüter, C.F.（Hrsg.）, *Justiz und NS-Verbrechen. Sammlung deutscher Strafurteile wegen nationalsozialistischer Tötungsverbrechen 1945–1966*, Amsterdam, 1969.

Rüther, Martin, *Köln, 31. Mai 1942. Der 1000-Bomber-Angriff*, Köln 1992［=Kölner Schriften zu Geschichte und Kultur 18］.

Saundby, Sir Robert, *Air Bombardment, The Story of its Development*, New York, 1961.

Saward, Dudley, *The Bomber's Eye*, London, 1959.

Saward, Dudley, *"Bomber Harris": The Story of Marshal of the Royal Air Force Sir Authur Harris*, London, 1984.

Sax-Demuth, Waltraud, *Weiße Fahnen über Bielefeld*, Herford, 1981.

Schäfer, Hans A., *Berlin im Zweiten Weltkrieg. Der Untergang der Reichshauptstadt in Augenzeugenberichten*, München, 1985.

Schaffer, Ronald S., *Wings of Judgement: American Bombing in World War II*, New York, 1988.

Scheck, Thomas, *Denkmalpflege und Diktatur im Deutschen Reich zur Zeit des Nationalsozialismus*, Berlin, 1995.

Schmalacker-Wyrich, Esther, *Pforzheim, 23. Februar 1945. Der Untergang einer Stadt*, Pforzheim, 1980.

Schmid, Armin, *Frankfurt im Feuersturm*, Frankfurt/M., 1965.

Schmidt, Klaus, *Die Brandnacht. Dokumente von der Zerstörung Darmstadts am 11. September 1944*, Darmstadt, 1964.

Schnatz, Helmut, *Der Luftkrieg im Raum Koblenz 1944/5*, Boppard, 1981.

Schramm, Georg Wolfgang, *Bomben auf Nürnberg.*

Luftangriffe 1940–1945, München, 1988.

Sebald, Winfried Georg, *Luftkrieg und Literatur*, München, 1999.〔『空襲と文学』W・G・ゼーバルト著，鈴木仁子訳（白水社 2008)〕

Seeland, Hermann, *Zerstörung und Untergang Alt-Hildesheims*, Hildesheim, 1947.

Seidler, Franz W., *Deutscher Volkssturm*, München, 1989.

Siedler, Wolf Jobst/Niggemeyer, Elisabeth, *Die gemordete Stadt*, Berlin, 1993.

Smith, Howard K., *Last Train from Berlin. Ein amerikanischer Korrespondent erlebt Nazideutschland*, Berlin, 1982.〔*Last Train from Berlin*, New York: Knopf, 1942〕

Sollbach, Gerhard E. (Hrsg.), *Dortmund. Bombenkrieg und Nachkriegszeit 1939–1948*, Hagen 1996.

Speer, Albert, *Spandauer Tagebücher*, Berlin, 1975.

Spetzler, Eberhard, *Luftkrieg und Menschlichkeit. Die völkerrechtliche Stellung der Zivilpersonen im Luftkrieg*, Göttingen, 1956.

Spratte, Wido, *Im Anflug auf Osnabrück. Die Bombenangriffe 1940 bis 1945*, Osnabrück, 1985.

Stadtmuseum Münster (Hrsg.), *Bomben auf Münster*, Münster, 1983.

Steinhilber, Wilhelm, *Heilbronn. Die schwersten Stunden der Stadt*, Heilbronn, 1961.

Strategic Air War Against Germany, The: Report of the British Bombing Survey Unit. London, 1998.

Terraine, John, *The Right of the Line*, London, 1988.

Thömmes, Matthias, *Tod am Eifelhimmel. Luftkrieg über der Eifel 1939–1945*, Aachen, 1999.

Ueberschär, Gerd E., *Freiburg im Luftkrieg 1939–1945*, Freiburg/Würzburg, 1990.

United States Strategic Bombing Survey, The. 10 vols. Introduction by David MacIssac, New York and London, 1976.

Verrier, Anthony, *Bomberoffensive gegen Deutschland 1935–1945*, Frankfurt/M., 1970.

Vetter, Walter, *Freiburg in Trümmern 1944–1952*, Freiburg, 1982.

Vieberg, Gerhard, *Justiz im nationalsozialistischen Deutschland*, hrsg. vom Bundesministerium für Justiz, Bonn, 1984.

Vogt, Hans/Brenne, Herbert, *Krefeld im Luftkrieg 1939–1945*, Bonn, 1986.

Vogt, Helmut, *Bonn im Bombenkrieg. Zeitgenössische Aufzeichnungen und Erinnerungsberichte von Augenzeugen*, Bonn, 1989.

Voigt, Hans, *Die Veränderung der Großstadt Kiel durch den Luftkrieg*, Kiel, 1950.

Wagenführ, Rolf, *Die deutsche Industrie im Kriege 1939–1945*, Berlin, 1963.

Walther, Friedrich, *Schicksal einer deutschen Stadt. Geschichte Mannheims 1907–1945*, Frankfurt/M., 1950.

Wagner, Walter, *Der Volksgerichtshof im nationalsozialistischen Staat*, Stuttgart, 1984.

Warner, Konrad, *Schicksalswende Europas? Ich sprach mit dem deutschen Volk...Ein Tatsachenbericht*, Rheinfelden, 1944.

Webster, Charles/ Frankland, Noble, *The Strategic Air Offensive Against Germany, 1939–1945*, 4 vols., London, 1961.

Weidenhaupt, Hugo, *Kleine Geschichte der Stadt Düsseldorf*, Düsseldorf, 1983.

Werner, Wolf, *Luftangriffe auf die deutsche Industrie*, München, 1985.

Westphal, Siegfried, *Heer in Fesseln*, Bonn, 1950.

Wette, Wolfram/Bremer, Ricarda/Vogel, Detlef (Hrsg.), *Das letzte halbe Jahr. Stimmungsberichte der Wehrmachtspropaganda 1944–1945*, Berlin, 2002.

Whitaker, Denis und Shelagh, *Endkampf am Rhein*, Berlin, 1991.

Whiting, Charles, *Die Schlacht um den Ruhrkessel*, Wien, 1978.〔*Battle of the Ruhr Pocket*, Ballantine Books, 1972〕

Wille, Manfred, *Der Himmel brennt über Magdeburg. Die Zerstörung der Stadt im Zweiten Weltkrieg*, Magdeburg o.J.

Wincker-Wildberg, Friedrich (Hrsg.), *Napoleon. Die Memoiren seines Lebens*, Bd. XIII, Wien o.J.

Zelzer, Maria, *Weg und Schicksal der Stuttgarter Juden. Ein Gedenkbuch*, hrsg. von der Stadt Stuttgart, Stuttgart, 1964.

Zenz, Emil, *Rauch und Trümmer. Trier 1944/45*, Trier 1962.

Zuckerman, Solly, *From Apes to Warlords: The Autobiography 1904–1946*, New York, 1978.

原　注

第1章　兵器

1 Krüger, *Die Geschichte der Bombenangriffe auf Wuppertal*, S. 41f.
2 以下の引用は Pogt 編 *Vor fünfzig Jahren* から.
3 Ebd., S.47.
4 Ebd., S. 156ff.
5 Ebd., S. 89.
6 Ebd., S. 137.
7 Ebd., S. 118.
8 James K. McElroy, "The Work of the Fire Protection Engineers in Planning Fire Attacks", in: Bond（Hrsg.）, *Fire and the Air War*, S.122–134.
9 MacBean/Hogben, *Bombs Gone*, S.135.
10 Ebd., S. 135.
11 *United States Strategic Bombing Survey*, Bd.I, S. 2.
12 Middlebrook/Everitt, *The Bomber Command War Diaries*, S. 707.
13 Vogt/Brenne, *Krefeld im Luftkrieg*, S.182ff.
14 Middlebrook/Everitt, *The Bomber Command War Diaries*, S.240–256.
15 数字については上掲書 241 ページならびに *The Strategic Air War Against Germany, Report of the British Bombing Survey Unit*, London 1998, 40 ページ以降参照.
16 Middlebrook, *The Schweinfurt-Regensburg Mission*, S. 243.
17 *The Strategic Air War Against Germany*, S. 36.
18 Middlebrook/Everitt, *The Bomber Command War Diaries*, S.708.
19 Price, *Herrschaft über die Nacht*, S.219f.
20 Crane, *Bombs, Cities and Civilians*, S.57.
21 Middlebrook, *The Schweinfurt-Regensburg Mission*, S.228.
22 Middlebrook, *The Berlin Raids: RAF Bomber Command*, S.58.
23 Ebd., S.81.
24 Cooper, *Air Battle of the Ruhr*, S.108.
25 Ebd. S.61.
26 Middlebrook, *The Berlin Raids RAF Bomber Command*, S.26.
27 Cooper, *Air Battle of the Ruhr*, S.44f.
28 Garrett, *Ethics and Airpower in World War II*, S.81.
29 Crane, *Bombs, Cities and Civilians*, S.58.
30 Garrett, *Ethics and Airpower in World War II*, S.82.

第2章　戦略

1 Hampe, *Der zivile Luftschutz*, S.14; Groehler, *Bombenkrieg*, S.316ff.
2 "Beobachtung von Bombenwirkung in Warschaw" BA-MA RL4,335, S.188; 引用は 199 ページ以降.
3 Churchill, *Thoughts and Adventures*.
4 Ebd.
5 Terraine, *The Right of the Line*, S.9f.
6 Colville, *Downing Street Tagebücher*, S.168. 機体数に関する記述は誤り.
7 Irving, *Churchill*, S.347. 引用は PRO, AIR（UK National Archives（Public Records Office）Air Ministry, Royal Air Force）14/ 775 にもとづく.
8 Ebd.
9 Fröhlich（Hrsg）, *Die Tagebücher von Joseph Goebbels*, Bd.4, S.296.
10 Liddell Hart, *Geschichte des Zweiten Weltkriegs*, S.139.
11 Hays Parks, in: Boog（Hrsg.）, *Luftkriegführung im Zweiten Weltkrieg*, S.239.
12 Fröhlich（Hrsg）, *Die Tagebücher von Joseph Goebbels*, Bd.4, S.296.
13 Irving, *Churchill*, S.348.
14 Fröhlich（Hrsg）, *Die Tagebücher von Joseph Goebbels*, Bd.4, S.301.
15 Domarus（Hrsg.）, *Hitler*, Bd.3. S.1580.
16 Groehler, *Geschichte des Luftkriegs*, S.264, 271.
17 Irving, *Die Tragödie der deutschen Luftwaffe*, S.164.
18 Fröhlich（Hrsg）, *Die Tagebücher von Joseph Goebbels*, Bd.4, S.318.
19 Ebd., S.320.
20 Ebd., S.320.
21 Ebd., S.363.
22 Ebd., S.367.
23 Ebd., S.402.
24 Ebd., S.402.
25 Boberach（Hrsg.）, *Meldungen*, Bd.V, S.1647.
26 Ebd., S.1739.
27 Saundby, *Air Bombardement*, S.96. 投入された機体数に関する記述は誤り.
28 Liddell Hart, *Geschichte des Zweiten Weltkriegs*, Bd.I, S.142.
29 Hillgruber, *Hitlers Strategie*, S.96.
30 Clark, *The Rise of the Boffins*, S.86f.
31 Ebd., S.66.
32 Colville, *Downing Street Tagebücher*, S.145f.
33 Ebd., S.145.

34 Terraine, *The Right of the Line*, S.261.
35 Ebd., S.259.
36 Ebd., S.263f.
37 Webster/Frankland, *Strategic Air of Offensive Against Germany*, Bd.V, S.135ff.
38 Garrett, *Ethics and Airpower*, S.91.
39 Webster/Frankland, *The Strategic Air Offensive Against Germany*, Bd.IV, S.205f.
40 Boog, "Das deutsche Reich und der Zweite Weltkrieg", Bd VI, S.471.
41 Webster/Frankland, *The Strategic Air Offensive Against Germany*, Bd.I, S.324.
42 Harris, *Bomber Offensive*, S.76.
43 Terraine, *The Right of the Line*, S.476.
44 *Dokumente deutscher Kriegsschäden*, 2.Beiheft, S.105.
45 Ebd., S.94.
46 Gilbert, *Second World War*, S.352.
47 Terraine, *The Right of the Line*, S.505f.
48 引用は Rumpf, "Bomber Harris" より.
49 BA R19/34a, Bl.4L 134; *United States Strategic Bombing Survey*, Bd.II, Civilian Defense Division, S.3f.
50 Verrier, *Bomberoffensive*, S.324.
51 *Dokumente deutscher Kriegsschäden*, 2.Beiheft, S.153.
52 Krüger, "Die Luftangriffe auf Essen 1940–1945", *Essener Beiträge*, S.262, 275f.
53 Cooper, *Air Battle of the Ruhr*, S.55.
54 Hastings, *Bomber Command*, S.202.
55 Ebd., S.202.
56 Hasenclever, *Die Zerstörung der Stadt Remscheid*.
57 Vogt/Brenne, *Krefeld im Luftkrieg*, S.233.
58 Ebd., S.228.
59 Garrett, *Ethics and Airpower*, S.89f.
60 Ebd., S.99.
61 Ebd., S.111.
62 Ebd., S.113.
63 Dyson, *Weapons of Hope*, S.VIII.
64 Garrett, *Ethics and Airpower*, S.71. Clark, *The Rise of the Boffins*, S.84, 157, 219, 211f., 226ff. も参照.
65 Garrett, *Ethics and Airpower*, S.72.
66 Euler, *Als Deutschlands Dämme brachen*, S.218f.
67 Harris/Paxman, *Eine höhere Form des Tötens*, S.126ff.
68 Ebd., S.127.
69 Ebd., S.128.
70 PRO, London Air 20/341.
71 Hampe, *Der zivile Luftschutz im Zweiten Weltkrieg*, S.147.
72 Groehler, *Bombenkrieg*, S.393.
73 Rumpf, "Bomber Harris", S. 115, 116.
74 Schmalacker-Wyrich, *Pforzheim*, S.229. プフォルツハイム市統計局が 1954 年 4 月，最終的なものとして発表した数をあげている．1948 年，市は死者数を暫定的に 17600 人と見積もって公表していたが，それを訂正した数字．Brunswig，Middlebrook（Brunswig を引用したもの），Groehler の文献では訂正前のこの数字があげられている．
75 Schmalacker-Wyrich, *Pforzheim*, S.154.
76 Ebd., S.151f.
77 Ebd., S.127.
78 Ebd., S.150.
79 Ebd., S.105f.
80 *Zentlarer Luftschutz*, Jahrgang17, Heft7–8, S.197ff.
81 Brunswig, *Feuersturm über Hamburg*, S.272ff.
82 Ebd., S.270f.
83 ハンブルクの死者数は 41,000 人であった．Groehler, *Bombenkrieg* 119 ページの注を参照．2.73％という死亡率については，爆撃時のハンブルクにおよそ 150 万人がいたという数字にもとづいている．平和時には 170 万人がいたという数値をもとにすると，死亡率は 2.41％となる．ベルリンについては，1943 年夏に 400 万人がいたという数字にもとづいている．
84 広島市・長崎市原爆災害誌編集委員会『広島・長崎の原爆災害』273 ページ．1951 年の日米合同調査報告書は死者数を 64,602 人としている．死者数を最大に見積もっているのは 1961 年の日本原水協で，119,000 人から 133,000 人としている．筆者は一般に流布している，死者 80,000 人という数字を採用した．
85 Irving, *Die Tragödie der deutschen Luftwaffe*, S.300f.
86 Harris, *Bomber Offensive*.
87 Bond（Hrsg.）, *Fire and the Air War*, S.128f.
88 Middlebrook, *The Berlin Raids R.A.F.Bomber Command*, S.307, 321.
89 Groehler, *Bombenkrieg*, S.141.
90 Dettmar は死者数を 10,000 人としている（Dettmar, *Die Zerstörung Kassels*, S. 141）．カッセル市は「8,000 人以上」という数をあげている．Groehler は 6,000 人，Hampe は 13000 人，Middlebrook は 9,000 人前後としている．
91 Verrier, *Bomberoffensive gegen Deutschland*, S.189.
92 Milward, *Der Zweite Weltkrieg*, S.107.
93 Horst Boog in: *Das Deutsche Reich und der zweite Weltkrieg*, Bd.7, S.67f.
94 Ebd., S.67f.
95 Ebd., S.99.
96 Galland, *Die Ersten und Letzten*, S.314. 1941 年 6 月 1 日から 44 年 10 月 31 日までの数字.

97 Ebd., S.281.
98 以下を参照. Zuckermann, *From Apes to Warlords; Rostow, Pre-Invasion Bombing Strategy*, S.527–530; Lytton, "Bombing Policy in the Rome and Pre-Normandy Invasion Aerial Campaigns of World War II", S.54; Schaffer, *Wings of Judgement*, S.40–43.
99 Schaffer, *Wings of Judgement*, S.40–43.
100 Ebd.
101 Ebd., S.40.
102 Ebd., S.44.
103 Ebd., S.42.
104 Gilbert, *Second World War*, S.548.
105 Ebd., S.587.
106 Ebd., S.440f.
107 Schaffer, *Wings of Judgement*, S.56.
108 Ebd., S.39f.
109 Gilbert, *Second World War*, S.546.
110 Ebd., また, モノヴィッツの燃料製造工場に対する米軍の爆撃に関しては, Gilbert, *Auschwitz und die Alliierten* 369 ページ参照のこと
111 Calder, *The Peoples'War*, S.648.
112 Gilbert, *Second World War*, S.557.
113 Bode/Kaiser, *Raketenspuren*, 118 ページの数字.
114 Gilbert, *Second World War*, S. 557.
115 Hastings, *Bomber Command*, S. 343.
116 Bode/Kaiser, *Raketenspuren*, S.218.
117 Gilbert, *Second World War*, S.601, 613.
118 Piekalkiewicz, *Arnheim 1944*, S.9.
119 Liddel Hart, *Geschichte des Zweiten Weltkriegs*, Bd.2, S.702.
120 Liddel Hart, *The Other Side of the Hill*, S.429.
121 Ambrose, *Citizen Soldiers*, S. 151.
122 Ebd., S.154.
123 MacDonald, *The Battle of the Huertgen Forest*, S.120.
124 Ebd., S.113.
125 この爆撃自体は「クイーン作戦」という暗号名で行われた. Rahier, *Jülich und das Jülicher Land*, S.27–45; Thömmes, *Tod am Eifelhimmel*, S.116f.
126 Groehler, S.121.
127 *United States Strategic Bombing Survey*, "Civilian Defense Division-Final Report (European Report#40)", S.3f.; Groehler, *Bombenkrieg*, S.319.
128 Crane, *Bombs, Cities and Civilians*, S.111.
129 British Bombing Survey, S.56ff.; Middlebrook/Everitt, *The Bomber Command War Diaries*, S.641.
130 Ebd., S.704.
131 Seidler, *Deutscher Volkssturm*, S.208.
132 Gilbert, *Second World War*, S.651.
133 Richard, *Der Untergang der Stadt Wesel*, S.107.
134 Ebd., S.107.
135 Whiting, *Die Schlacht um den Ruhrkessel*, S.40.
136 Krüger, "Die Luftangriffe auf Essen", S.325.
137 Sollbach, *Dortmund*, S.52.
138 Whiting, *Die Schlacht um den Ruhrkessel*, S.120.
139 Ebd., S.167, 164.
140 これ以降の記述は Huyskens, *Der Kreis Meschede unter der Feuerwalze* による.
141 Ebd., S.26.
142 Ebd., S.60.
143 Groehler, *Bombenkrieg*, S.320.
144 Saward, *Bomber Harris*, S.290f.
145 Ebd., S.290.
146 Interessengemeinschaft Gedenkstätte Golm (Hrsg.), *Das Inferno von Swinemünde*, S.48.
147 Brustat-Naval, *Unternehmen Rettung*, S.146.
148 New York/London 1976, Bd.IV; *The Effects of Strategic Bombing on German Moral*, Bd.I, S.9.

第3章 国土

1 引用は Groehler, *Bombenkrieg*, 43 ページより.
2 上掲書同ページより引用. Mann, *Zeit und Werke*, 655 ページも見よ.
3 Groehler, *Bombenkrieg*, 42 ページより引用.
4 上掲書 59 ページより引用.
5 上掲書 134–35 ページおよび Eckardt, *Schicksale deutscher Baudenkmale*, 57 ページ以降も参照.
6 Ebd., S.85f.
7 Groehler, *Bombenkrieg*, S.374.
8 Gelinski, *Stettin*, 54 ページ参照.
9 Voigt, *Die Veränderung der Großstadt Kiel*, 45 ページ参照.
10 Ebd., S.19ff.
11 Brunswig, *Feuersturm über Hamburg*, S.450ff.
12 *Dokumente deutscher Kriegsschäden*, 1.Beiheft, S.137.
13 情報は Peters, *Zwölf Jahre Bremen*, 194 ページによる.
14 Ebd., S.278. 引用したブレーメン空襲の記録もここから採られている.
15 Huch, *Im alten Reich. Der Norden*, S.244f.
16 Sparatte, *Im Anflug auf Osnabrück*, S.27.
17 Pape, *Bis fünf nach zwölf*, S.199.
18 Ebd.
19 Sax-Demuth, *Weiße Fahnen über Bielefeld*, 34 ページ参照.
20 Ebd., S.26.
21 Hampe, *Der zivile Luftschutz*, S.166.
22 Huch, *Im alten Reich. Der Norden*, この箇所以降は 141, 143, 152 ページ.

23 Seeland, *Zerstörung und Untergang Alt-Hildesheims*, S.13. その他の事件史も参照のこと.
24 Seeland, *Zerstörung und Untergang Alt-Hildesheims*, S.35.
25 Höhne, *Der Orden unter dem Totenkopf*, S.143f.
26 Scheck, *Denkmalpflege und Diktatur im Deutschen Reich*, S.103ff を参照.
27 Stadtmuseum Münster (Hrsg.), *Bomben auf Münster*, S.44.
28 Ebd., S.56.
29 Hawkins, *Münster*, 10. Oktober 1943, S.94.
30 Stadtmuseum Münster (Hrsg.), *Bomben auf Münster*, S.58.
31 *Tod und Leben Hannovers*, S.61.
32 Grabert, *Unter der Wolke des Todes leben*, S.7.
33 Public Record Office AIR, 14/3766. 上掲書 80 ページより引用.
34 Dettmar, *Die Zerstörung Kessels*, S.54 のファクシミリ.
35 Roth, *Spaziergänge mit Hindernissen*.
36 Grabe, *Unter der Wolke des Todes leben*, S.60 より引用.
37 Ebd., S.793.
38 PRO AIR 14/3766, S.A.Frankland, *Strategic Air Offensive*, Bd.II, S.161; Grabe, *Unter der Wolke des Todes leben*, 74, 77 ページより引用.
39 Ebd., S.76.
40 *Tod und Leben Hannovers*, S.40–44.
41 Grabe, *Unter der Wolke des Todes leben*, S.80; PRO AIR 14/3766 もみよ.
42 Jordan, *Heinrich der Löwe*, 232 と 233 ページ参照.
43 Huch, *Im alten Reich. Der Norden*, S.40.
44 Prescher, *Der rote Hahn über Braunschweig*, S.95.
45 Febvre, *Der Rhein und seine Geschichte*, 95 ページより引用.
46 Dittgen, *Der Übergang*, 46 ページより引用.
47 Otto Seidel の報告. 上掲書 53 ページより引用.
48 Middlebrook/Everitt, *The Bomber Command War Diaries*, 601 ページより引用.
49 Vogt/Brenne, *Krefeld im Luftkrieg 1939–1945*, S.295.
50 Ebd., S.233.
51 Ebd., S.234.
52 Ebd., S.340–357.
53 Heine, *Werke und Briefe*, Bd.VII, S.185.
54 Heine, *Deutschland ein Wintermärchen*, in: Ebd.Bd.I, S.557f. (CaputVIII, 49–52, 65–67 行)
55 Heine, "Ideen-Das Buch Le Grand", in: Ebd., Bd.III, S.153, 158f.
56 Hüttenberger, *Düsseldorf*, Bd.3., S.634.
57 Landeshauptstadt Düsseldorf (Hrsg.), *Erlebtes und Erlittenes*, S.307.
58 Hüttenberger, *Düsseldorf*, Bd.3., S.636.
59 Weidenhaupt, *Kleine Geschichte der Stadt Düsseldorf*, 170 ページ以降参照.
60 Fevbre, *Der Rhein und seine Geschichte*, S.118.
61 Fischer, *Köln* '39–45', S.133 より引用.
62 Vogt, *Bonn im Bombenkrieg*, 224. 以下は 217 ページより引用.
63 PRO AIR 25/79; Ebd., S.68 より引用.
64 Grewe (Hrsg.), *Fontes Historiae*, S.482f.
65 Schnatz, *Der Luftkrieg im Raum Koblenz*, S.283.
66 Ebd.
67 Ebd., S.285.
68 Busch, *Der Luftkrieg im Raum Mainz*,14 章に描かれている.
69 Ebd., S.200 より引用.
70 "Die Belagerung von Mainz", in: *Goethes Werke*, Bd.X, S.363–400.
71 Busch, *Der Luftkrieg im Raum Mainz*, S.321 より引用.
72 Ebd., S.321, 357ff. を参照.
73 Groehler, *Bombenkrieg*, S.423 参照.
74 この部分およびその他の記述については Müller-Werth, *Geschichte und Kommunualpolitik der Stadt Wiesbaden*, 200–204 ページを参照のこと.
75 *Das Nibelungenlied*, hrsg. v. Helmut Brackert, Frankfurt/M. 1970, Bd.2, S.208, Vers2118.
76 *L'Europe et la Révolution française*, S.84.
77 Walther, *Schicksal einer deutschen Stadt*, Bd.II, S.275. より引用.
78 Kranich, *Karlsruhe*, 69 と 70 ページを参照.
79 Huch, *Im alten Reich. Die Mitte des Reiches*, S.30.
80 Thömmes, *Tod am Eifelhimmel*, S.271f., 278 参照.
81 上掲書 71 ページ参照；Middlebrook/Everitt, *The Bomber Command War Diaries*, S.634.
82 Huch, *Im alten Reich. Die Mitte des Reiches*, S.32.
83 Beseler/Gutschow, *Kriegsschicksale deutscher Architektur*, S.997.
84 Eckel, *Saarbrücken im Luftkrieg*, 161 ページより引用.
85 Ebd., S.168.
86 Braun-Rühling, *Eine Stadt im Feuerregen*, S.57 による記述.
87 Ebd., S.79.
88 Brecht,Lerner und Abramovitz Borsdorf/Niethammer (Hrsg.), *Zwischen Befreiung und Besatzung*, 29, 47–48 ページ.
89 数字および以下の引用は Krüger,"Die Luftangriffe auf Essen 1940–1945", *Essener Beiträge*, S.159–329.

90　Ebd., S.285.
91　Ebd., S.287.
92　Ebd., S.306.
93　Ebd., S.310.
94　Ebd., S.325.
95　Huyskens, *Der Kreis Meschede unter der Feuerwalze*, S.19 を見よ.
96　Ebd., S.78f.
97　Dettmar, *Die Zerstörung Kassels*, 55 ページのファクシミリ.
98　Sollbach（Hrsg.）, *Dortmund*, 53 ページを見よ.
99　Ebd., S.53.
100　Tagebuch Sauer, in: Vetter, *Freiburg in Trümmern*, S.24ff.
101　Mainfränkisches Museum（Hrsg.）, Katalog, S.54.
102　PRO Air 27, 1931 in ebd., S.74.
103　Bauer, *Würzburg im Feuerofen*, S.19ff.
104　Ebd.
105　PRO Air 24, 312, Mainfränkisches Museum（Hrsg.）, Katalog, S.74.
106　Middlebrook, *Die Nacht, in der die Bomber starben*, S.126f.
107　Nadler, *Ich sah, wie Nürnberg unterging*, S.125.
108　Pöhlmann, "Es war gerade, als würde alles bersten...", 94 と 95 ページを参照. その他の記述も同書から.
109　*The Times*, 20.4.1942, 96 ページより引用.
110　Ebd., S.86.
111　Ebd., S.84.
112　Ebd., S.84.
113　Webster/Frankland, *Strategic Air Offensive*, Bd.IV, S.162.
114　Pöhlmann, "Es war gerade, als würde alles bersten...", S.101.
115　Ebd.
116　Ebd., S.102.
117　Ebd., S.103.
118　Ebd., S.102.
119　Ebd.
120　Ebd., S.105.
121　Ebd., S.104.
122　Ebd.
123　Bauer/Piper, *München*, 87 以降ページ参照.
124　Ebd., S.112ff.
125　Bauer, *Fliegeralarm*, S.44.
126　Ebd., S.67.
127　Ebd., S.80.
128　Ebd., S.100.
129　Ebd., S.131.
130　Ebd., S.135.
131　Bardua, *Stuttgart im Luftkrieg*, S.147.
132　Ebd., S.270. Strölin 報告.
133　Ebd.
134　Ebd., S.273.
135　引用は上掲書 144-156 ページにある 1944 年 9 月 12 日より.
136　Zelzer, *Weg und Schicksal der Stuttgarter Juden*, S.237.
137　Steinhilber, *Heilbronn*, S.99.
138　Wincker-Wildberg（Hrsg.）, *Napoleon*, S.289.
139　この部分およびその他の数字は, Horn, *Leipzig im Bombenhagel*, 41 ページその他による.
140　Ebd., S.40.
141　Groehler, *Bombenkrieg*, S.208.
142　Horn, *Leipzig im Bombenhagel*, S.87.
143　Ebd., S.78.
144　Groehler, *Bombenkrieg*, S.208.
145　Wille, *Der Himmel brennt über Magdeburg*, 31.
146　上掲書 58-83 ページ中の, さまざまな目撃者が 1950 年に行った報告をまとめたもの.
147　Ebd., S.45.
148　Eckardt, *Schicksale deutscher Baudenkmäler*, S.249ff.
149　Groehler, *Bombenkrieg*, S.433.
150　Hartmann, *Die Zerstörung Halberstadts*, S.10.
151　Groehler, *Bombenkrieg*, S.432.
152　Hartmann, *Die Zerstörung Halberstadts*, S.17.
153　Eckardt, *Schicksale deutscher Baudenkmäler*, S.226ff.
154　Hartmann, *Die Zerstörung Halberstadts*, S.39.
155　Schmidt, *Die Brandnacht*, S.5f.
156　Groehler, *Bombenkrieg*, S.406.
157　Bergander, *Dresden im Luftkrieg*, S.127.
158　Ebd.
159　Piekalkiewicz, *Luftkrieg 1939–1945*, S.592f.
160　Ebd., S.593.
161　Ebd., S.592.
162　Schäfer, *Berlin im Zweiten Weltkrieg*, S.267.
163　Craven/Cate, *The Army Air Forces in World War II*.
164　Groehler, *Bombenkrieg*, S.319.
165　Piekalkiewicz, *Luftkrieg 1939–1945*, S.593.
166　Schäfer, *Berlin im Zweiten Weltkrieg*, S.112.
167　Smith, *Last Train from Berlin*. ここの引用は上掲書 122 ページより.
168　Ebd.
169　Warner, *Schicksalswende Europas?* 上掲書 155 ページで引用.
170　Ebd., S.184.
171　Warner, *Schicksalswende Europas?* 144 ページよりの引用.
172　Ebd., S.145.
173　Ebd., S. 148.
174　Ebd., 158.

175 Findahl, *Letzter Akt Berlin 1939–1945*. 上掲書 274 ページより.
176 Ebd., S.294.
177 Ebd., S.168f.
178 Warner, *Schicksalswende Europas?* 上掲書 192 ページで引用.

第４章　防衛

1 *United States Strategic Bombing Survey*, Bd.V., S.1, 50.
2 Dettmar, *Die Zerstörung Kassels*, S.120f.
3 Ebd., S.218–224. 名前は変えている.
4 *Dokumente deutscher Kriegsschäden*, 1.Beiheft, S.132ff.
5 Schmidt, *Die Brandnacht*, S.101.
6 Feydt, "Betrachtung zur Frage der Rettungswege im baulichen Luftschutz", *Ziviler Luftschutz*, 1953, Heft 5, 139 ページ以降を見よ.
7 *Dokumente deutscher Kriegsschäden*,Bd.II, 1, S.348.
8 Sollbach, *Dortmund*, S.20.
9 Spratte, *Im Anflug auf Osnabrück* を参照.
10 Bardua, *Stuttgart im Luftkrieg*, S.200.
11 Ebd., S.97.
12 Vogt/Brenne, *Krefeld im Luftkrieg*, S.78–92.
13 Speer, *Spandauer Tagebücher*, S.309.
14 USSB; New York 1976, Bd.V., S.50.
15 Ebd., S.157.
16 Ebd., S.150.
17 Middlebrook, *The Berlin Raids R.A.F.Bomber Command*, S.208f.
18 Grabert u.a. (Hrsg.), *Unter der Wolke des Todes leben*. S.153. Lisa Bachmann による記述.
19 Wette/Bremer/Vogel, *Das letzte halbe Jahr*, S.203.
20 *United States Strategic Bombing Survey*, Vol.IV., S.1.
21 Schmid, *Frankfurt im Feuersturm*, S.55f. 名前は変えている.
22 Wette/Bremer/Vogel, *Das letzte halbe Jahr*, S.365f.
23 BA-MA, RL4-448, Bericht 21.1.1945. ハム市については RL4-445 も見よ.
24 Domarus, *Hitler*, Bd.I/2, S.875.
25 Rosenberg, *Mythus des 20. Jahrhunderts*, S.557.
26 Speer, *Spandauer Tagebücher*, S.309f.
27 Horn, *Leipzig im Bombenhagel*, S.154.
28 *United States Strategic Bombing Survey*, Bd.IV, S.74.
29 "Die Seifenblase", *Das Reich*, 12. Dezember 1943.
30 Domarus, *Hitler*, Bd.IV, S.22f.
31 Vogt, *Bonn im Bombenkrieg*, S.121.
32 Grabert, *Unter der Wolke des Todes leben*, S.118.
33 Sollbach, *Dortmund*, S.33f.
34 Fischer, *Köln* '39–45', S.139.
35 *Dokumente deutscher Kriegsschäden*,Bd.II, 1, S.311ff.
36 Fischer, *Köln* '39–45', S.58.
37 BA NS 19/14.
38 Spratte, *Im Anflug auf Osnabrück*, S.71f.
39 Prescher, *Der rote Hahn über Braunschweig*, S.94f.
40 Fischer, *Köln*'39–45', S.128.
41 Krämer, *Christbäume über Frankfurt*, S.115.
42 Stadtmuseum Münster (Hrsg.), *Bomben auf Münster*, S.59.
43 Braun-Rühling, *Eine Stadt im Feuerregen*, S.83. 名前は変えている.
44 Berthold/Materna, *München im Bombenkrieg*, S.105.
45 Eckel, *Saarbrücken im Luftkrieg*, S.41.
46 Horn, *Leipzig im Bombenhagel*, S.41.
47 Schmidt, *Die Brandnacht*, S.101.
48 Ebd., S.80.
49 *Dokumente deutscher Kriegsschäden*, Bd.II, 1, S.443.
50 Schmalacker-Wyrich, *Pforzheim*, S.103.
51 Schmid, *Frankfurt im Feuersturm*, S.62.
52 Horn, *Leipzig im Bombenhagel*, S.155 参照.
53 Domarus, *Der Untergang des alten Würzburg*, S.236.
54 Schmidt, *Die Brandnacht*, S.26.
55 Schmalacker-Wyrich, *Pforzheim*, S.79.
56 Dettmar, *Die Zerstörung Kassels*, S.130.
57 Ebd., S.130.
58 Wilhelm Riecker 報告. Schmalacker-Wyrich, *Pforzheim*, S.156.
59 Grabert, *Unter der Wolke des Todes leben*, S.63.
60 *Völkischer Beobachter*, 30.1.1945, in: *Dokumente deutscher Kriegsschäden*, Bd.II, 1, S.488.
61 Dokumente deutscher Kriegsschäden, Bd.II, 1, 23.8. 1943, S.70f.
62 Ebd., S.106.
63 Rüter-Ehlermann/Rüter (Hrsg.), *Justiz und NS-Verbrechen*, Bd.III, S.465–529. 引用は 486 ページ.
64 Vieberg, *Justiz im nationalsozialistischen Deutschland*, S.54.
65 *Dokumente deutscher Kriegsschäden*, Bd.II, 1, S.474.
66 Ebd., S.475.
67 *United States Strategic Bombing Survey*, Bd.IV, Moral Divison, S.91.
68 *Dokumente deutscher Kriegsschäden*, Bd.II, 1, S.476.
69 Friedrich, *Die kalte Amnestie*, S.381.
70 Ebd., S.384.
71 Ebd., S.383.
72 Ebd.
73 Ebd., S.384.
74 BA R22 Gr5/457.
75 Friedrich, *Die kalte Amnestie*, S.391.

76 Friedrich, *Freispruch für die Nazijustiz,* S.575.
77 Friedrich, *Die kalte Amnestie,* S.149f.
78 Friedrich, *Freispruch für die Nazijustiz,* S.551ff.
79 Wagner, *Der Volksgerichtshof,* S.876f.
80 Friedrich, *Die kalte Amnestie,* S.151.
81 *Dokumente deutscher Kriegsschäden,* Bd.II, 1, S.109.
82 Heinz Boberach, *Meldungen* からの引用.
83 Groehler, *Bombenkrieg,* S.246.
84 BA NS6/823.

第5章　我々

1 Willi A. Boelcke, *Wollt Ihr den totalen Krieg?,* S.417f.
2 Ebd., S.418.
3 Ebd., S.450.
4 Ebd., S.452.
5 Groehler, *Bombenkrieg,* 317ページに引用されている，国防軍総司令部による数字.
6 Heinz Boberach, *Meldungen,* Bd.5, S.1413f. 以下の引用は，とくに断りがない限りこのシリーズからのものである.
7 Ebd., S.1504.
8 Boelcke, *Wollt Ihr den totalen Krieg?,* S.128（7.9.1940）.
9 Ebd., S.133.
10 Boberach, *Meldungen,* Bd.5, S.1605f.
11 Ebd., S.1595.
12 Ebd., Bd.10, S.3597.
13 Harris/Paxman, *Eine höhere Form des Tötens,* S.114f., 282.
14 Boberach, *Meldungen,* Bd.14, S.5311.
15 Ebd., Bd.11, S.4019.
16 Boelcke, *Wollt Ihr den totalen Krieg?,* S.353.
17 Ebd., S.366.
18 *United States Strategic Bombing Survey,* Bd.IV, S.18.
19 Ebd.
20 Boberach, *Meldungen,* Bd.14, S.5402f.
21 Ebd., S.5449.
22 Ebd., S.5355.
23 BA NS6/411, S.62.
24 Domarus, *Hitler,* Bd.4, S.2055ff.
25 Ebd., S.2058.
26 BA NS6/411, S.56f.
27 Boberach, *Meldungen,* Bd.16, S.6205.
28 Ebd., S.6299f.
29 *United States Strategic Bombing Survey,* Bd.IV, 2, S.58.
30 空襲時の外国人労働者の態度については Boberach, *Meldungen,* Bd.13, 5295–5301ページを見よ.
31 *United States Strategic Bombing Survey,* Bd.IV, Appendix D, Pilot study on French escapees, S.52–61.
32 Friedrich, *Das Gesetz des Krieges,* 310ページ以降を参照.
33 Busch, *Der Luftkrieg im Raum Mainz,* S.104.
34 *United States Strategic Bombing Survey,* Bd.IV, 2, S.113–118.
35 Wette/Bremer/Vogel, *Das letzte halbe Jahr,* S.401.
36 Ebd., S.390–404.

第6章　自我

1 429ページまでの引用は，とくに断りがない限り，Panse, *Angst und Schreck* から取ったもの.
2 Berthold/Materna, *München im Bombenkrieg,* S.78.
3 Vogt, *Bonn im Bombenkrieg,* S.269.
4 Panse, *Angst und Schreck,* S.17.
5 Schmidt, *Die Brandnacht,* S.65.
6 Bauer, *Würzburg im Feuerofen,* S.35.
7 この部分およびこれ以降の引用はとくに断りがない限り，Vogt, *Bonn im Bombenkrieg, Zeitzeugenberichte* 116–320ページからのものである.
8 Kiepke, *Paderborn,* S.52.
9 Hampe, *Der zivile Luftschutz,* 176, 142ページおよび，第II章にあげられている推定死者数50万人という数から筆者が計算した.
10 この章の最後までの引用は Schmidt, *Die Brandnacht* からのものである.

第7章　石

1 Groehler, *Bombenkrieg,* S.313.
2 Schmid, *Frankfurt im Feuersturm,* S.25; Dolf Sternberger が1942年6月12日に編集長 Hecht に宛てたもの.
3 Groehler, *Bombenkrieg,* S.312.
4 Vogt, *Bonn im Bombenkrieg,* 100ページ以降における Rademacher 報告.
5 Eckardt, *Schicksale deutscher Baudenkmäler,* S.147.
6 *Dokumente deutscher Kriegsschäden* II, 1, S.383.
7 *Gießen 1248 bis 1948,* S.61.
8 Wilhelm Rohr,“Die zentrale Lenkung deutscher Archivschutzmaßnamen”, *Der Archivar,* 3. Jahrgang, Nr.3, S.111.
9 Ebd., S.116.
10 *Krieg und Elend im Siegerland,* S.144.
11 Bosl, “Die Bibliothek in der Gesellschaft”, S.7f.
12 Halm, *Die Schicksale der Bayerischen Staatsbibliothek,*

S.3–8.

13 Hampe, *Der zivile Luftschutz,* S.525.

14 Leyh, *Die deutschen wissenschaftlichen Bibliotheken,* S.84ff.

略年表

1939年 9月1日　ドイツ軍のポーランド侵攻．ヨーロッパにおける第二次世界大戦のはじまり．

9月25日　ドイツ軍によるワルシャワ空襲．

1940年 5月11日　ウィンストン・チャーチル，イギリス首相に就任．

5月11-12日　メンヒェングラットバハ空襲．イギリス空軍による最初のドイツ都市空襲．死者4人．

5月14日　ドイツ軍によるロッテルダム空襲．死者825人．

6月22日　フランス降伏．

8月　イギリス本土爆撃（バトル・オブ・ブリテン）開始．

8月24日　ドイツ軍による最初のロンドン空襲．おそらくは誤爆によるもの．

8月25日-9月4日　イギリス空軍による5回のベルリン空襲．

9月7日　ドイツ軍によるロンドン空襲．死者約300人．

9月17日　ヒトラー，イギリス本土上陸を断念．

11月14日　ドイツ軍によるコヴェントリー空襲．死者568人．

1941年 7月9日　チャーチル，ドイツ市民の「士気を挫く爆撃」を命令．

1942年 2月22日　アーサー・ハリス，イギリス爆撃機軍団司令官に就任．

3月28-29日　リューベック空襲．最初の絨毯爆撃．死者約320人．

5月30-31日　イギリス空軍の千年紀作戦開始．ケルン空襲で死者約480人．

6月1日　ドイツ軍，ケルン空襲の報復としてカンタベリーを空襲．

1943年 1月14-23日　カサブランカ会談．英米合同で爆撃を行うことに同意．

3-7月　1回目のルールの戦い．

5月16-17日　イギリス空軍によるドイツのダム爆破作戦．洪水による死者は1300人以上．

7月27-28日　ハンブルク大空襲．最初の火災嵐発生．死者4万1000人．

8月-1944年3月　ベルリン攻勢．民間人死者9390人．

10月22-23日　カッセル空襲．2回目の火災嵐発生．死者約1万人．

1944年 4-11月　連合国軍によるベルギーとフランスへの交通路攻撃．死者1万5000人以上．

6月6日　連合国軍ノルマンディー上陸．

6月13日　ドイツ軍，V1ミサイル発射開始．V1，V2ミサイルによるイギリスの死者8938人．

9月11-12日　ダルムシュタット空襲．死者1万2300人．

10月-12月　ヒュルトゲンの森の戦い．

10月–12月　2回目のルールの戦い．民間人死者約１万5000人．
10月18日　ドイツに対する24時間爆撃開始．
12月–1945年2月　ドイツ軍のアルデンヌ攻勢．
1945年 2月13–14日　ドレスデン大空襲　死者３万人以上
12日　スヴィーネミュンデ空襲．死者約2万3000人．
19日　ヒトラーの焦土命令．
23–24日　プフォルツハイム空襲．死者約２万277人．
3月28日　チャーチル，ドイツに対する爆撃についての懸念を表明．
4月１日　ルール包囲網完成．
30日　ヒトラー自殺．
5月８日　ドイツ降伏．

本略年表は，本書の記述にもとづいて訳者が作成した．死者数は本書に従ったが，記載がない場合は Christoph Kucklick: *Feuersturm. Der Bombenkrieg gegen Deutschland*, (Ellert&Richter Verlag, Hamburg, 2003) その他を参考にした．